"大学堂" 开放给所有向往知识、崇尚科学，对宇宙和人生有所追问的人。

"大学堂" 中展开一本本书，阐明各种传统和新兴的学科，导向真理和智慧。既有接引之台阶，又具深化之门径。无论何时，无论何地，请你把它翻开……

CHRISTIAN THEOLOGY
An Introduction

基督教神学导论

（第5版）

［英］阿利斯特·麦格拉斯（Alister E. McGrath） 著　赵城艺　石衡潭 译

北京联合出版公司
Beijing United Publishing Co.,Ltd.

简 目

第一部　划时代的里程碑：历史时期、主题、基督教神学家

导　论　003

第一章　教父时期（约100—约700年）　005

第二章　中世纪与文艺复兴时期（约700—约1500年）　023

第三章　宗教改革时期（约1500—约1750年）　045

第四章　现代时期（约1750—现今）　069

第二部　来源与方法

第五章　准备启程：起步的基础　107

第六章　神学的来源　127

第七章　认识上帝：自然与启示　161

第八章　哲学与神学：对话与争辩　183

第三部　基督教神学

第九章　论上帝　211

第十章　论三位一体　253

第十一章　论基督的位格　291

第十二章　信仰与历史：现代的基督论议题　325

第十三章　论基督的拯救　347

第十四章　论人性、罪与恩典　385

第十五章　论教会　417

第十六章　论圣礼　445

第十七章　基督教与世界宗教　473

第十八章　末后的事：基督徒的盼望　495

神学术语表　519

出版后记　528

目 录

第一部 划时代的里程碑：历史时期、主题、基督教神学家

导 论 003

第一章 教父时期（约100—约700年） 005

1.1 神学活动的初期中心 005

1.2 教父时期概述 006

名词解释 006

教父时期的神学议题 006

1.3 重要神学家 008

殉道士查斯丁（约100—约165年） 008

里昂的爱任纽（约130—约200年） 008

德尔图良（约160—约225年） 009

奥利金（约185—约254年） 009

迦太基的奥普里安（死于258年） 009

阿塔那修（约293—373年） 010

卡帕多西亚三杰 010

希波的奥古斯丁（354—430年） 010

1.4 重要的神学争辩与发展 011

确定《新约》正典的范围 011

传统的作用：诺斯替争辩 012

普世信经的制定 013

基督的神人二性：阿里乌争辩 015

三位一体教义 016

教会教义：多纳图争辩 017

恩典教义：伯拉纠争辩 018

重要术语 019

研讨问题 020

基本问题 020

标准问题 020

第二章 中世纪与文艺复兴时期（约700—约1500年） 023

2.1 "中世纪"的定义 023

2.2 中世纪神学的里程碑：西欧 025
加洛林复兴 025
教会与修道院的神学院校的兴起 026
修会及其神学流派 027
大学的建立 028
彼得·伦巴德的《箴言四书》 028
经院神学的兴起 029
意大利的文艺复兴 029
人文主义的兴起 030

2.3 中世纪神学的里程碑：东欧 031
拜占庭神学的形成 031
圣像争辩 032
静修争辩 032
君士坦丁堡的陷落（1453年） 033

2.4 重要神学家 033
大马士革的约翰（约676—749年） 033
新神学家西门（949—1022年） 034
坎特伯雷的安瑟伦（约1033—1109年） 034
托马斯·阿奎那（约1225—1274年） 035
邓斯·司各特（约1265—1308年） 036
奥卡姆的威廉（约1285—1347年） 037
鹿特丹的伊拉斯谟（约1469—1536年） 037

2.5 重要的神学进展 038
巩固教父的遗产 038
探讨理性在神学中的作用 038
神学体系的发展 040
圣礼神学的发展 040
恩典神学的发展 040

玛利亚在拯救计划中的角色 041
直接回到基督教神学的源头 041
批判《武加大译本》 041

重要术语 042

研讨问题 043

第三章 宗教改革时期（约1500—约1750年） 045

3.1 宗教改革概况 045
一场宗教改革？抑或多场宗教改革？ 046

3.2 宗教改革的动力 046
德国宗教改革：路德宗 047
瑞士宗教改革：归正宗 048
激进派宗教改革：再洗礼派 049
英国宗教改革：圣公会 050
天主教改革 051
第二次宗教改革：制定信纲 051

3.3 宗教改革之后的运动 053
天主教的巩固 053
清教 054
敬虔主义 055

3.4 哥白尼争辩与伽利略争辩 056

3.5 重要神学家 058
马丁·路德（1483—1546年） 058
胡尔德里希·茨温利（1484—1531年） 059
约翰·加尔文（1509—1564年） 059
阿维拉的特蕾莎（1515—1582年） 059
西奥多·伯撒（1519—1605年） 060
罗贝托·贝拉明（1542—1621年） 060
约翰·格哈德（1582—1637年） 060
乔纳森·爱德华兹（1703—1758年） 061

3.6 重要的神学进展 061
神学的来源 061
恩典教义 062
圣礼教义 062
教会教义 063

3.7 神学著作的发展 063
教义问答 063
信 纲 065
系统神学著作 066

重要术语 067
研讨问题 068

第四章 现代时期（约1750—现今） 069

4.1 西方的神学与文化进展 070
启蒙运动对传统神学的批判 070
浪漫主义与神学想象力的复兴 073
马克思主义：基督教的知识对手 074
英国维多利亚时代的信仰危机 075
达尔文的进化论：人类起源的新理论 077
后现代主义与神学新议题 077

4.2 重要神学家 079
施莱尔马赫（1768—1834年） 079
约翰·亨利·纽曼（1801—1890年） 080
卡尔·巴特（1886—1968年） 080
保罗·蒂里希（1886—1965年） 080
卡尔·拉纳（1904—1984年） 081
汉斯·乌尔斯·冯·巴尔塔萨（1905—1988年） 081
于尔根·莫尔特曼（1926— ） 081
沃尔夫哈特·潘能伯格（1928— ） 082

4.3 神学的宗派发展 082
天主教 082
东正教 084
新 教 084
福音主义 085
五旬节派与灵恩运动 086

4.4 西方近年来的一些神学运动与潮流 087
自由派新教 087
现代主义 089
新正统主义 091
回到源头或新神学 092
女权主义 093
解放神学 095
黑人神学 097
后自由派神学 098
激进正统主义 100

4.5 发展中国家的神学 100
印 度 100
非 洲 102

重要术语 103
研讨问题 103

第二部 来源与方法

第五章 准备启程：起步的基础 107

5.1 神学的定义 107
神学的实用定义 107
神学这一概念的历史发展 108
神学作为学科的发展 109

5.2 神学的结构 110
圣经研究 111
系统神学 111

哲学神学 112
历史神学 113
教牧神学 114
灵修神学或神秘神学 115

5.3 导论的问题 116

5.4 神学中的委身与中立 117

5.5 正统与异端 119
历史角度 119
神学角度 120

5.6 基督教与世俗文化的关系 121
殉道士查斯丁（约 100—约 165 年） 122
德尔图良（约 160—约 225 年） 122
希波的奥古斯丁（354—430 年） 123
20 世纪：理查德·尼布尔（1894—1962 年） 124

研讨问题 125

第六章 神学的来源 127

6.1 《圣经》 127
《旧约》 127
《新约》 128
其他著作：次经与伪经 129
《圣经》各卷书及其简称 130
参照《圣经》的写法 131
《圣经》相关的常见术语 131
《旧约》与《新约》的关系 132
《圣经》的正典：历史与神学问题 134
上帝的话 135
叙述神学 136
解释《圣经》的方法 138
圣经的默示论 142

6.2 传统 144

传统的单一来源论 147
传统的双重来源论 147
彻底否定传统 148
神学与崇拜：礼仪传统的重要性 149

6.3 理 性 149
理性与启示：三种模式 150
自然神论 151
启蒙运动的理性主义 152
批判启蒙运动的理性主义 153

6.4 宗教经验 154
存在主义：人类经验的哲学 155
经验与神学：两种看法 156
路德维希·费尔巴哈批判以经验为基础的神学 159

研讨问题 160

第七章 认识上帝：自然与启示 161

7.1 启示观 161

7.2 启示的模式 163
启示为教义 163
启示为同在 164
启示为经验 165
启示为历史 166

7.3 自然神学：范围与局限 167
托马斯·阿奎那论自然神学 168
约翰·加尔文论自然神学 170
归正宗传统论自然神学 171
上帝的两部书：自然与《圣经》 172

7.4 在自然中辨识上帝的方法 173
人的理性 173
世界的秩序 173
世界之美 174

7.5 反对自然神学 175

神学的反对：卡尔·巴特 175

神学的回应：托马斯·托伦斯 176

哲学的反对：阿尔文·普兰丁格 177

哲学的回应：威廉·奥尔斯顿 178

卡尔·巴特与艾米尔·布伦纳的争辩（1934） 178

7.6 自然科学与基督教神学：互动的模式 179

科学与神学的延续性 180

科学与神学的独特性 180

科学与神学的趋同性 181

科学与神学对立 181

研讨问题 182

第八章 哲学与神学：对话与争辩 183

8.1 哲学与神学：婢女的观念 184

柏拉图哲学 186

亚里士多德哲学 187

实证与证伪：可以证明基督教的观念吗？ 188

实在论：神学命题是指什么？ 190

8.2 能够证明上帝的存在吗？ 191

坎特伯雷的安瑟伦的本体论论证 192

托马斯·阿奎那的"五法" 195

凯拉姆论证 197

经典的设计论论证：威廉·佩利 198

8.3 神学语言的本质 201

否定神学与肯定神学 201

类　比 202

隐　喻 204

迁　就 206

个案研究：哥白尼学说之争 207

研讨问题 208

第三部　基督教神学

第九章　论上帝 211

9.1 上帝是男性吗？ 211

9.2 有位格的上帝 213

"位格"的定义 214

对话式的位格论：马丁·布伯 216

9.3 上帝能受苦吗？ 218

古代的看法：上帝不受苦 219

受苦的上帝：于尔根·莫尔特曼 220

上帝死了？ 223

9.4 上帝的全能 225

全能的定义 225

上帝的两种能力 226

上帝自我限制的观念 228

9.5 上帝在世界上的作为 229

自然神论：上帝通过自然律施展作为 229

托马斯主义：上帝通过第二因施展作为 230

过程神学：上帝通过劝说施展作为 231

9.6 上帝为创造者 232

创造教义的发展 233

创造与否定二元论 234

希波的奥古斯丁的创造教义 235

从无中创造的教义 236

创造教义的含义 237

上帝为创造者的模式 238

创造与基督教对生态的看法 239

9.7 神义论：恶的问题 240

里昂的爱任纽（约130—约200年） 241

希波的奥古斯丁（354—430年） 242

卡尔·巴特（1886—1968年） 243

阿尔文·普兰丁格（1932— ） 243
近代的其他贡献 244

9.8 圣灵 245
圣灵的模式 245
关于圣灵神性的争辩 246
希波的奥古斯丁：圣灵为爱的结合 248
圣灵的功能 249

研讨问题 251

第十章 论三位一体 253

10.1 基督教三位一体教义的起源 253
三位一体看似不合逻辑 253
三位一体说明耶稣基督 255
三位一体说明基督教的上帝 255
伊斯兰教对三位一体教义的批评 257
三位一体教义在《圣经》中的基础 258

10.2 三位一体教义的历史发展 259
三位一体用语的出现 259
三位一体概念的出现 260
理性主义者对三位一体的批判：三位一体的衰落（1700—1900年） 262
形象化的问题：三位一体的类比 263
"管理的"三位一体与"本质的"三位一体 264

10.3 三位一体的两种异端 264
形态论：年代形态论与功能形态论 265
三神论 267

10.4 和子句争辩 268

10.5 三位一体：古代与现代的六种看法 272
卡帕多西亚三杰 272
希波的奥古斯丁（354—430年） 273

卡尔·巴特（1886—1968年） 275
卡尔·拉纳（1904—1984年） 277
约翰·麦奎利（1919—2007年） 278
罗伯特·詹森（1930— ） 279

10.6 近代神学中对三位一体的一些讨论 280
施莱尔马赫论三位一体的教义定位 280
于尔根·莫尔特曼论社会性三位一体 281
艾伯哈德·云格尔论三位一体与形而上学 282
凯瑟琳·莫里·拉库格纳论三位一体与拯救 283
莎拉·科克利论女权主义与三位一体 284

10.7 三位一体的复兴：几个例子 285
传教的三位一体神学 286
崇拜的三位一体神学 286
赎罪的三位一体神学 287
三位一体的教会论 287

研讨问题 289

第十一章 论基督的位格 291

11.1 耶稣基督在基督教神学中的地位 293
耶稣基督是基督教的历史起点 293
耶稣基督启示上帝 293
耶稣基督承担拯救 294
耶稣基督界定得救生命的形态 294

11.2 《新约》的基督论头衔 295
弥赛亚 295
上帝的儿子 296
人子 297
主 297
救主 298
上帝 299

11.3 教父对基督位格的辩论　300
初期的贡献：殉道士查斯丁到奥利金　300
阿里乌争辩　302
亚历山大学派　305
安提阿学派　306
属性相通　308
阿道夫·冯·哈纳克论教父基督论的发展　310

11.4 中世纪基督论中道成肉身与堕落的关系　311

11.5 基督论与救赎论的关系　312

11.6 基督论的模式：古代与现代　314
上帝在基督里的实质性同在　315
基督为上帝与人之间的中保　316
上帝在基督里的启示性同在　317
基督为上帝的象征性同在　319
基督为圣灵的载体　319
基督为敬虔生活的榜样　321
基督为英雄　322
基督论的虚己论　323

研讨问题　324

第十二章　信仰与历史：现代的基督论议题　325

12.1 启蒙运动与基督论　325
历史的哲学无用性　326
批判神迹　326
教义批判的发展　327

12.2 信仰与历史的问题　327
时代的难题　328
形而上学的难题　328
存在性的难题　329

12.3 探寻历史的耶稣　330
第一次"探寻历史的耶稣"　330
探寻耶稣的宗教人格　331
对探寻的批判：1890—1910年　332
鲁道夫·布尔特曼：暂停探寻　335
再次探寻历史的耶稣　336
第三次探寻历史的耶稣　338

12.4 基督的复活：事件与意义　339
启蒙运动：复活为"非事件"　339
大卫·弗雷德里希·斯特劳斯：复活为神话　340
鲁道夫·布尔特曼：复活为门徒经验中的事件　341
卡尔·巴特：复活为超越批判研究的历史事件　342
沃尔夫哈特·潘能伯格：复活为可接受批判研究的历史事件　343
复活与基督教的盼望　344

研讨问题　345

第十三章　论基督的拯救　347

13.1 基督教对拯救的看法　348
拯救与耶稣基督联系在一起　348
耶稣基督塑造拯救　350
拯救的末世层面　350

13.2 拯救的基础：基督的十字架　351
十字架为献祭　352
十字架为胜利　355
十字架与赦罪　359
十字架彰显上帝的爱　366
暴力与十字架：勒内·吉拉尔的理论　370

13.3 男性救主能拯救女性吗？女权主义者论拯救　371

13.4 基督拯救的模式：传统与现代　372

保罗的一些拯救意象 373

神化：使人成为上帝 374

在上帝面前称义 375

个人的圣洁 375

人真正的存在 376

政治解放 377

灵性的自由 378

13.5 基督拯救的分配 378

拯救的体制化：教会 378

拯救的私有化：个人信仰 379

13.6 基督拯救的范围 380

普救论：所有人都将得救 381

只有信徒能得救 381

特定救赎论：只有蒙拣选者将得救 382

研讨问题 383

第十四章 论人性、罪与恩典 385

14.1 人类在受造物中的地位：初期的反思 385

上帝的形象 385

罪的观念 387

14.2 希波的奥古斯丁与伯拉纠争辩 388

"自由意志" 389

罪的本质 390

恩典的本质 391

拯救的基础 392

14.3 中世纪对恩典教义的综合 393

奥古斯丁的遗产 393

中世纪对"实际性恩典"与"习惯性恩典"的区分 394

中世纪晚期对习惯性恩典的批判 395

中世纪关于功德的本质和基础的争辩 396

14.4 宗教改革关于恩典教义的争辩 397

从"靠恩典得救"到"因信称义" 397

马丁·路德的神学突破 397

路德论使人称义的信仰 398

法庭式称义的观念 399

约翰·加尔文论称义 401

特伦托会议论称义 401

14.5 预定的教义 404

希波的奥古斯丁（354—430年） 404

天主教的争辩：托马斯主义、莫里纳主义和詹森主义 406

新教徒的争辩：加尔文主义与阿明尼乌主义 407

卡尔·巴特（1886—1968年） 409

预定论与经济学：韦伯的理论 411

14.6 达尔文争辩与人类的本质 412

年轻地球创造论 413

年老地球创造论 413

智能设计论 414

有神进化论 414

研讨问题 415

第十五章 论教会 417

15.1 《圣经》中的教会 417

《旧约》 417

《新约》 418

15.2 教会论的早期发展 419

15.3 多纳图争辩 420

15.4 初期新教的教会教义 423

马丁·路德（1483—1546年） 423

约翰·加尔文（1509—1564年） 424

激进的宗教改革 426

15.5 基督与教会：20世纪的一些主题 428
基督通过圣礼同在 428
基督通过上帝的道同在 430
基督通过圣灵同在 431

15.6 第二次梵蒂冈会议论教会 432
教会为团契 433
教会为上帝的子民 433
教会为灵恩的团契 434

15.7 教会的"标志" 434
一 个 435
圣 洁 438
大 公 439
使 徒 442

研讨问题 444

第十六章 论圣礼 445

16.1 圣礼神学的早期发展 445

16.2 圣礼的定义 447

16.3 多纳图争辩：圣礼的功效 450

16.4 圣礼的多种功能 452
圣礼传达恩典 452
圣礼坚固信仰 453
圣礼增进教会内的合一与委身 455
圣礼为上帝对我们之应许的确据 456
复杂的案例研究：圣餐的功能 457

16.5 圣餐：真实同在的问题 460
公元9世纪关于真实同在的争辩 461
"记号"与"圣礼"的关系：中世纪的看法 462
变质说 463

意义变换与目的变换 464
合质说 466
真正的缺席：纪念说 466

16.6 婴儿洗礼的争辩 467
婴儿洗礼除去原罪的罪咎 468
婴儿洗礼的基础是上帝与教会的约 469
婴儿洗礼不合理 470

研讨问题 471

第十七章 基督教与世界宗教 473

17.1 西方多元主义与其他宗教的问题 474

17.2 对宗教的看法 475
启蒙运动：宗教为原始自然宗教的堕落 476
路德维希·费尔巴哈：宗教为人类情感的客体化 477
卡尔·马克思：宗教为社会经济异化的产物 478
西格蒙德·弗洛伊德：宗教为欲望的实现 479
埃米尔·涂尔干：宗教与仪式 481
米尔恰·伊利亚德：宗教与神话 481
卡尔·巴特与迪特里希·朋霍费尔：宗教为人的发明 482
宗教的三位一体神学 484

17.3 基督教对其他宗教的看法 485
排他论 486
包容论 487
多元论 492

研讨问题 494

第十八章 末后的事：基督徒的盼望 495

18.1 末世论的发展 496
《新约》 496
初期基督教与罗马人对死后团聚的信仰 497

奥古斯丁：两座城 498
费奥雷的约阿基姆：三个时代 499
但丁·阿利盖利：《神曲》 500
死亡面前的盼望：杰里米·泰勒 502
启蒙运动：末世论为迷信 503
20世纪：重新发现末世论 503
鲁道夫·布尔特曼：末世论的去神话化 504
于尔根·莫尔特曼：希望神学 505
赫尔穆特·蒂利克：伦理学与末世论 506
时代主义：末世论的结构 507
《在希望中得救》：本笃十六世论基督教盼望 508

18.2 末后的事 509

地　狱 510
炼　狱 511
千禧年 512
天　堂 514

研讨问题 517

神学术语表 519

出版后记 528

第一部　划时代的里程碑：历史时期、主题、基督教神学家

第一章　教父时期（约100—约700年）

第二章　中世纪与文艺复兴时期（约700—约1500年）

第三章　宗教改革时期（约1500—约1750年）

第四章　现代时期（约1750—现今）

导 论

任何思考基督教神学重要主题的人很快会发现，其中许多都已经被探讨过了。神学不是凭空而来的，研究神学必须回顾过去，看一看前人的研究成果和他们的答案。从某种意义上讲，"传统"愿意认真对待流传至今的神学遗产。卡尔·巴特注意到，在今天的神学争辩中，以往的神学大师仍然发挥着重要作用。巴特敏锐、直接地说出了这种看法：

> 就神学而言，既然身在教会，我们便不能不对过去与自己时代的神学负起同样的责任。奥古斯丁、托马斯·阿奎那、马丁·路德、施莱尔马赫（Schleiermacher）和其他所有神学家都没有逝去，而是依旧活着。他们还在说话，要求我们倾听，如同倾听活着的声音；我们深知，他们与我们同在教会之中。

因此，熟知基督教以往的主要观点和对话非常重要，它们本身就十分有趣，在我们自己时代的神学争辩中，它们也成为不可或缺的参考依据。

本书第一部分旨在概述基督教神学的发展，将用四章界定影响这一发展过程的重要时期、主题和神学家，并以文艺复兴以后的发展为重点，因为这一时期的发展对现代西方神学的影响最大。然而，对于现代神学研究来说，至少要了解教父时期和中世纪神学发展的某些方面，这些是必不可少的背景知识。因此，本书第一部分将概述这些时期最重要的神学发展，其中包括：

- 基督教思想的中心
- 争辩的神学问题
- 神学问题背后的思想学派
- 当代的重要神学家及其特别关注的问题

在本书第一部分概述的神学发展中，包括以下神学发展的形成时期：

- 教父时期，约100—约700年（第一章）；

- 中世纪与文艺复兴，约 700—约 1500 年（第二章）；
- 宗教改革与宗教改革之后，约 1500—约 1750 年（第三章）；
- 现代时期，约 1750 年至今（第四章）。

以上各个时期的区分通常难以清楚划分。例如：中世纪、文艺复兴与宗教改革之间的界线至今仍争论不休，有些学者认为，文艺复兴和宗教改革是中世纪的延续；另一些学者却将三者视为各自独立的运动，各具特色。历史时期的每一种划分都存在一定的武断。

第一章　教父时期（约 100—约 700 年）

基督教于公元 1 世纪起源于巴勒斯坦——更确切地说是犹大地，尤其是耶路撒冷城。基督教自认为是犹太教的延续和发展，最初兴盛于传统上与犹太教有关的一些地区，特别是巴勒斯坦。但是，基督教迅速传播到附近地区，从某种程度上讲，这要归功于初期基督教福音传播者的努力，如大数的保罗（Paul of Tarsus）。

1.1 神学活动的初期中心

到了公元 1 世纪末，基督教不仅在东地中海世界得以建立，更在罗马帝国的首都罗马取得重要进展。然而，随着罗马教会日益强大，罗马教会的领袖与君士坦丁堡教会的领袖之间的关系开始紧张，这预示了东西方教会后来的分裂，主要原因是它们之间的权力之争。

在教会扩张的过程中，许多地区成为神学争辩的重要中心。三座城市可能特别重要：两座讲希腊语，一座讲拉丁语。

1. 亚历山大（Alexandria）。亚历山大位于今天的埃及，是基督教神学教育的中心。后来，逐渐形成一种与亚历山大有关的独特的神学风格，反映出这种神学长期受柏拉图传统的影响。读者将发现，在基督论（Christology）——讨论耶稣基督的身份与重要性的神学——和圣经解释等方面，都涉及"亚历山大学派（Alexandrian）"的看法，反映出亚历山大的基督教的重要性和特点。

2. 安提阿（Antioch）和附近的卡帕多西亚（Cappadocia）地区。这个地区位于今天的土耳其。基督教很早便强势出现在东地中海北部的这片地区。保罗曾到这里传教，根据《使徒行传》记载，在初期教会的历史中，安提阿经常起到重要作用。安提阿很快便成为基督教思想的重要中心。同亚历山大一样，在基督论和圣经解释方面，安提阿与一种独特的神学看法有关，"安提阿学派"（Antiochene）通常被用来称呼这一独特的神学风格。公元 4 世纪，"卡帕多西亚三杰"（Cappadocian Fathers）也在神学上非常重要，特别是他们对三位一体教义的贡献。

3. 非洲西北部，特别是今天的阿尔及利亚一带。在古代，地中海沿岸的大城迦太基（Carthage）就在这里，迦太基曾是罗马帝国统治非洲西北部的政敌。当基督教在这个地区扩张时，迦太基已经沦为罗马帝国的殖民地。这个地区的重要基督教作家有：德尔图良（Tertullian，约160—约225年）、迦太基的奚普里安（Cyprian of Carthage，死于258年）、希波的奥古斯丁（Augustine of Hippo，354—430年）。

这不是说，地中海沿岸的其他城市不是基督教生活与神学的中心。罗马、君士坦丁堡、米兰和耶路撒冷也是基督教神学的中心，只是它们都没有取得对手那么大的成就。

1.2 教父时期概述

在基督教思想史上，教父时期是最令人兴奋、最具创造力的时期之一。单单这一特点便足以确保教父时期在未来许多年仍将是重要的研究领域。就神学思辨而言，教父时期也非常重要。基督教的每一个主流教派——圣公会、东正教、路德宗、归正宗和罗马天主教——都将教父时期视为基督教教义发展中决定性的里程碑。每一个教派都自认为继承并发展了初期教会神学家的看法——当然必要时也对其进行批判。例如，17世纪重要的圣公会神学家兰斯洛特·安德鲁斯（Lancelot Andrews，1555—1626年）宣称，正统基督教的基础是《旧约》和《新约》，尤其是三大信经、四部福音书，以及基督教最初五百年的历史。

名词解释

"教父"（patristic）一词源自拉丁词pater，即"父亲"，既表示教父这一时期，也代表这一时期内形成的独特思想。虽然这个词不能涵盖所有，但是，在学术界至今尚未出现一个更被广泛接受的术语。以下相关术语经常遇到，应当特别指出：

● **教父时期**（patristic period）：这个术语定义模糊，通常指《新约》各卷书的成书（约100年）至划时代的卡尔西顿普世大公会议（Council of Chalcedon，451年）。

● **教父学**（patristics）：这个术语通常指神学研究中与"教父"（patres）相关的研究。

● **教父神学**（patrology）：这个术语以前按字面意思理解是"对教父的研究"，很像神学（theology），意为"对神的研究"（study of theos）。但是，近年来，这个术语的意义有所改变，现在指教父文献的参考著作，如德国著名学者约翰内斯·夸斯滕（Johannes Quasten）的相关著作，让读者能轻易了解到教父的主要思想和一些诠释上的相关问题。

教父时期的神学议题

教父时期至关重要，因为许多备受争议的问题在这一时期得以解决。基督教初期必须解决的一个问题是基督教与犹太教的关系。《新约》的保罗书信说明，这个问题在公元1

世纪的基督教史中相当重要，因为保罗在书信中论述了一系列相关的教义与实际问题：外邦基督徒（即非犹太基督徒）是否必须受割礼？基督徒必须遵守犹太人的饮食律法吗？如何解释《旧约》才是正确的？

然而，其他问题很快便出现了。公元2世纪出现了十分重要的护教学（apologetics），就是用理性驳斥其他人的批判，捍卫、证明基督教信仰。在初期基督教史中，教会经常受到罗马帝国的迫害，因此最重要的问题是生存；当教会朝不保夕时，神学争辩自然没有多少空间。因此，我可以理解护教学为何对初期教会非常重要。例如，当时的基督教神学家殉道士查斯丁（Justin Martyr，约100—约165年）所关心的问题是，向充满敌意的异教群众解释、维护基督教的信仰和实践。这一时期造就了几位杰出的神学家，如西方的里昂的爱任纽（Irenaeus of Lyons，约130—约200年）和东方的奥利金（Origen，约185—约254年）——神学争辩直到教会不再受害时才正式登场。

公元4世纪，君士坦丁（Constantine）归信基督教，作为罗马帝国的皇帝，这为神学争辩创造了有利条件。在位期间（306—337年），君士坦丁成功地调解了教会与罗马帝国的关系，结果是教会不再四处遭受攻击。公元321年，君士坦丁下令，规定星期日为法定假日。由于他对罗马帝国的影响，公众开始关注有益的神学争辩。除了背教者尤里安（Julian the Apostate）在位期间（361—363年）短暂的不安之外，教会始终能得到罗马帝国的支持。因此，神学从教会秘密聚会这种隐秘的世界走出，成为全罗马帝国关注的焦点。从神学和政治上讲，教义辩论越来越重要。君士坦丁希望自己的帝国有一个统一的教会，因此最关心教会通过辩论解决教义分歧。

因此，教父时期的后期（约310—451年）可以被视为基督教神学史的分水岭。在这一时期，神学家不必担心遭受迫害，能自由地讨论许多重要问题，巩固教会内正在达成的共识。然而，共识的达成引发了广泛的争辩，这成为教会一个痛苦的学习过程，教会发现必须甘心忍受分歧和持续紧张的局势。尽管如此，在这段成长期，教会还是达成一些重要共识，最终将共识写进教会的普世信经。可以说这是教父时期的一大进步。

对于基督教神学来说，教父时期显然相当重要。但是，现代许多学习神学的学生却发现教父时期学起来并不容易。这主要因为以下四个原因：

1. 教父时期的一些争辩与现代世界似乎毫无关系。这些争辩当时或许至关重要，但是，现代读者通常却难以体会，很难理解这些争辩为何能引起如此广泛的关注。就这一点而言，将教父时期与宗教改革做一番比较将十分有趣。在宗教改革时期神学家所争辩的许多问题，仍是今天的教会所关注的；许多神学教师发现，他们的学生更能与宗教改革所关注的问题产生共鸣。

2. 教父时期的许多神学争辩都基于哲学问题，要想理解它们，读者必须熟知当时的哲学争辩。事实上，在学习神学的学生中，至少有一些学生熟知柏拉图（Plato）对话录的思想；但问题是，在教父时期，柏拉图的思想在地中海世界有了很大发展，又受到很多批判。中期的柏拉图主义（Platonism）与新柏拉图主义（neo-Platonism）截然不同，它们又与柏拉图最初的思想大相径庭。教父时期许多陌生的哲学思想又成为学习教父时期的另一个障碍，导致许多初学神学的学生难以完全理解教父时期的一些争辩究竟在辩论什么。

3. 教父时期的教义层出不穷。这是一个百家争鸣的时代，划时代的、标准的文献和教义逐一出现，包括《尼西亚信经》（Nicene Creed）和基督二性的教义。《圣经》正典的确立始于公元4世纪，这对神学争辩相当重要。基督教教义在其他时期相对稳定（如基督的位格在宗教改革时期并不是非常重要的问题），但是，熟知教义这一稳定性的学生发现，教父时期的教义却是易变的。

4. 在教父时期，由于政治和语言等诸多因素，东方说希腊语的教会与西方说拉丁语的教会出现了严重分裂。许多学者注意到，就神学气质而言，东西方的神学家存在明显差异：东方神学家通常具有哲学倾向，更喜欢神学思辨，而西方神学家往往敌视哲学侵入神学，认为神学是探讨《圣经》所阐述的教义。

1.3 重要神学家

本书将论及教父时期许多重要的神学家。以下几位特别重要，值得我们逐一介绍。

殉道士查斯丁（约100—约165年）

公元2世纪，基督教受到异教徒的猛烈批判，致力于为基督教辩护的神学家被称为护教士（apologists），查斯丁可能是最伟大的。查斯丁生于巴勒斯坦，最终在罗马定居，赢得了基督教教师的赞誉。他在《第一护教文》（First Apology）中指出，可以在异教伟大的作家那里看到基督教真理。他提出"道种论"（logos spermatikos），这让他肯定，通过将真理蕴藏在古代哲学中，上帝已经为自己在基督里的最终启示预备好道路。查斯丁是初期一些神学家的重要代表，我们能从他这里看到，这派神学家试图将福音与希腊哲学观联系在一起，这种倾向在东方教会中特别明显。

里昂的爱任纽（约130—约200年）

人们相信，爱任纽生于士麦那（Smyrna），在今天的土耳其，后来定居在罗马。公元178年左右，他成为里昂的主教，并一直担任这一教职，直到约二十年之后去世。他有力地回应了诺斯替主义（Gnosticism）的挑战，积极为基督教的正统教义辩护，这令他特别著名。

他最重要的著作是《驳异端》（Adversus Haereses），这部著作是捍卫基督教传统和救赎论的重要著作。爱任纽在《驳异端》中向世人证明，在非基督徒的诠释面前，传统在坚守使徒见证中起到了重要作用。

德尔图良（约160—约225年）

德尔图良原本是北非迦太基（Carthage）的异教徒，在三十多岁时才信奉基督教。由于他对西方教会的巨大影响，他通常被视为拉丁神学之父。他捍卫《新约》与《旧约》的统一，驳斥马西昂（Marcion），因为马西昂认为，《新约》和《旧约》的上帝不是同一位上帝。在驳斥马西昂的过程中，德尔图良为三位一体（Trinity）教义奠定了基础。他极力反对根据《圣经》以外的资源建立基督教神学或为基督教辩护。在初期教会中，他是大力倡导《圣经》完全够用的基督徒之一，还抨击为求真正认识上帝而借助世俗哲学的人，如雅典学园（Athenian Academy）的那一类人。

奥利金（约185—约254年）

奥利金的基地是亚历山大，他是公元3世纪最重要的基督教护教士之一。他的神学为东方基督教思想的发展奠定了重要基础。就基督教神学的发展而言，奥利金的巨大贡献在于两个领域：《圣经》的解释和基督论。在解释《圣经》方面，他提出寓意释经法（allegorical interpretation），主张应当区分经文的字面意义与更深一层的灵性意义。就基督论而言，他确立了一个传统，即区分父完全的神性与子较不完全的神性。一些学者认为，阿里乌主义（Arianism）便是这种区分所导致的必然结果。奥利金还热衷于"万物复原论"（apocatastasis），认为一切受造物——包括人类和撒旦——都将得救。

迦太基的奚普里安（死于258年）

我们对奚普里安的早年生活知之甚少。他大约生于公元200年，父母是北非的罗马人，且都是异教徒。他成为杰出的律师和技艺娴熟的雄辩家。大约于公元246年，他归信基督教。公元248年，他被选为北非重要的城市迦太基的主教。在公元258年德西乌斯（Decius）迫害基督教期间，奚普里安在迦太基殉道。他的重要论文《论大公教会的合一》（On the Unity of Catholic Church）强调基督徒可见的、具体的合一的重要性，以及主教在保证教会合一方面的作用。在基督教理解教会本质的发展史中，《论大公教会的合一》被普遍视为重要的里程碑。

阿塔那修（约 293—373 年）

阿塔那修（Athanasius）的重要性主要与一场神学争辩有关，即于公元 4 世纪至关重要的基督论争辩。他可能才二十多岁就写成《论道成肉身》（*On the Incarnation of the Word*）。在这部著作中，他有力地捍卫道成肉身的信仰，即上帝在耶稣基督这个位格里取得了人性。事实上，这个问题在阿里乌争辩（Arian Controversy）中是最重要的，阿塔那修在这场争辩中做出了重要贡献。阿塔那修指出，如果真像阿里乌（Arius）所说，基督不是完全的上帝，一系列毁灭性的结论将接踵而至。首先，上帝不可能拯救人类，因为没有哪个受造物能拯救受造物。其次，基督教会犯下偶像崇拜的罪，因为基督徒经常崇拜基督并向他祷告。既然"崇拜偶像"被定义为"崇拜人手所建造的或受造物"，这种崇拜就是崇拜偶像。阿塔那修的看法最终赢得胜利，令教会否定了阿里乌主义。

卡帕多西亚三杰

在神学文献中，"卡帕多西亚三杰"被广泛用来称呼说希腊语教会的三位重要神学家（两位是兄弟，一位是他们的密友），他们都生活在卡帕多西亚地区，就是今天的土耳其。卡帕多西亚三杰是：

1. 大巴西勒（Basil the Great，约 330—379 年）。他是凯撒利亚（Caesarea）的主教，也是尼撒的格列高利的哥哥。

2. 尼撒的格列高利（Gregory of Nyssa，约 330—约 395 年）。他是尼撒的主教。

3. 纳西盎的格列高利（Gregory of Nazianzus，329—389 年）。他先后是塞西玛（Sasima）和君士坦丁堡的主教。

他们当中的每一位都相当重要。但是，他们共同为三位一体教义于公元 4 世纪的发展做出了巨大贡献。通过对本质（hypostasis）的强调，他们将三一上帝合理并条理清楚地表达出来：一个本质和三个位格。

希波的奥古斯丁（354—430 年）

奥勒利乌斯·奥古西努斯（Aurelius Augustinus）通常被称为"希波的奥古斯丁"，在漫长的基督教史中，他可能是基督教会最伟大、最具影响力的一位智者。米兰的主教安布罗斯（Bishop Ambrose of Milan）的讲道引起奥古斯丁对基督教信仰的兴趣，在米兰的一座花园中，奥古斯丁戏剧性地归信了基督教。

奥古斯丁离开意大利，回到了北非，于公元 395 年被任命为希波（今天的阿尔及利亚）的主教。在余下的 35 年中，他见证了许多对西方教会的未来至关重要的神学争辩，他对解决每一场神学争辩所做的贡献都是决定性的。他以严谨的态度解释《新约》，尤其是保罗书信，这为他赢得享誉至今的荣誉："基督教信仰的第二位缔造者"〔哲罗姆（Jerome）〕。在中世纪早期的神学复兴时期，奥古斯丁大量的神学著作成为神学复兴和发展的重要基础，并巩固了他对西方教会的影响。

奥古斯丁的一大贡献是将神学发展成一门学科。严格地讲，初期教会还未发展出任何"系统神学"，其首要任务是护教，驳斥外界的批评（如殉道士查斯丁的护教著作），以及驳斥异端，阐明教会的核心思想（如爱任纽驳斥诺斯替主义的著作）。尽管如此，在最初的四百年中，教会还是在教义上取得了重要进展，尤其是在基督的位格和三位一体方面。

奥古斯丁的功劳是整合了基督教思想，这主要体现在他的巨著《上帝之城》（On the City of God）中。《上帝之城》就像查尔斯·狄更斯（Charles Dickens）的著名小说《双城记》（The Tale of Two Cities）。奥古斯丁的《上帝之城》也讲述两座城的故事，即世俗之城和上帝之城。此外，我们还可以说，奥古斯丁在以下三个重要的基督教神学领域做出了关键性贡献：教会论和圣礼论——得益于多纳图争辩（Donatist Controversy）；恩典论——得益于伯拉纠争辩（Pelagian Controversy）；以及三位一体教义。有趣的是，奥古斯丁其实从未深入探讨过基督论（即关于基督位格的教义），就基督论而言，我们无疑可以从他独到的智慧和见解中获益良多。

1.4 重要的神学争辩与发展

如前所述，对于基督教神学的形成来说，教父时期至关重要。在教父时期，以下神学领域的探讨异常活跃。

确定《新约》正典的范围

基督教神学从一开始便自认为以《圣经》为基础。然而，"圣经"一词的确切所指其实仍不太明确。教父时期见证了一个决策过程，期间，《新约》的范围确定下来，就是通常所说的"确立正典"。"正典"（canon）一词需要解释。canon源于希腊词kanon，意为"准则"或"一个固定的参照点"。"圣经正典"是指一套固定的、确定的著作，在基督教会中被公认为权威。"正典的"（canonical）用来指被接受为正典文献的著作。例如，《路加福音》被称作"正典的"，即"圣经正典"，而《多马福音》（Gospel of Thomas）被称为"旁经"（extra-canonical），就是在《圣经》的正典之外。

对于《新约》的作者来说，"圣经"主要指《旧约》。但是，没过多久，初期教会的基督教神学家（如殉道士查斯丁）便开始说"新约"（为了区别于"旧约"），坚持认为《新约》与《旧约》有同等的权威。到了爱任纽的时代，四部福音书已被普遍接受；到了公元2世纪末，四部福音书、《使徒行传》和一些书信已被公认为上帝所默示的经文。因此，亚历山大的克雷芒（Clement of Alexandria，约150—约215年）承认的正典是：四部福音书、《使徒行传》、保罗的十四封书信——《希伯来书》被认为是保罗所著——和《启示录》。德尔图良声称，"福音书和使徒书信"应当与"律法书和先知书"一同来读，在教会中具有同等的权威。教会就上帝所默示的《圣经》及其排列顺序渐渐达成共识。公元367年，在写给众教会的第三十九封节日书信中，阿塔那修将二十七卷书确立为《新约》的正典，就是我们今天所熟知的《新约》。

《圣经》的许多书卷曾是争辩的焦点。关于《希伯来书》是否由某位使徒所写，西方教会持怀疑的态度；东方教会则对《启示录》被列入《圣经》的正典持保留态度。在《新约》早期的目录中，四封篇幅较短的书信通常被排除在外：《彼得后书》《约翰二书》《约翰三书》和《犹大书》。现在没有被列入正典的某些书卷得到部分教会的喜爱，但是，它们还是没有被公认为《圣经》的正典，包括罗马的早期主教克雷芒（Clement）约在公元96年所写的《克雷芒一书》（The First Letter of Clement），以及于公元225年左右问世的、教会初期的一本论道德和教会实践的小指南《十二使徒遗训》（Didache）。

《圣经》各卷书的排序也经历过多次调整。教会很早便达成共识，四部福音书列在正典之首，随后是《使徒行传》。东方教会往往将七封"大公书信"（catholic letters）——《雅各书》《彼得前书》《彼得后书》《约翰一书》《约翰二书》《约翰三书》和《犹大书》——列在保罗的十四封书信（《希伯来书》被承认是保罗所写）之前。可是，西方教会却将保罗书信列在《使徒行传》之后，其后才是"大公书信"。东西方教会都将《启示录》列为《新约》的最后一卷书，尽管东方教会就《启示录》是否为《新约》的正典曾争论过一段时间。

确立《圣经》正典的标准是什么？基本原则应该是普遍认同，而不是将权威强加于人。换句话说，确立为正典的各卷书被公认为已经具有权威，而不是任意将权威强加给它们。对于爱任纽来说，教会没有创造《圣经》的正典；教会只是根据各卷书所固有的权威对其加以认定、保存和接受。初期教会的一些基督徒似乎将"由使徒所著"（apostolic authorship）视为筛选《圣经》正典的决定性标准；其他基督徒却不坚持这一标准，愿意接受似乎不是使徒所写的著作。虽然筛选《圣经》正典的具体细节已经不得而知，但是，西方教会到了公元5世纪初显然已经确立《圣经》的正典。直到宗教改革时期，《圣经》正典的问题才被再次提出。

传统的作用：诺斯替争辩

初期教会面临的一大挑战，是一场被称为诺斯替主义的运动带来的。诺斯替主义是五花八门、错综复杂的运动，就像现代的"新纪元"（New Age）现象，在罗马帝国晚期产生了相当大的影响。在此，我们所关注的不是诺斯替主义的基本观念，而是诺斯替主义似乎在许多方面都与基督教非常相似。诺斯替派作家通常以完全非正统的方式解释《新约》

的经文，从而引发如何正确解释《圣经》的重要问题。因此，诺斯替主义被许多初期的基督教神学家视为基督教的一大挑战，尤其是里昂的爱任纽。

在这种情况下，诉诸传统就变得非常重要。"传统"一词的字面意义是"被传承下来或移交出去的"，但是，它还可以指"传承或移交的行为"。爱任纽坚持认为，"信仰准则"（regula fidei）被使徒教会忠实地保存下来，在《圣经》的正典中得以表达。从使徒时代直到今天，教会始终在忠实地传扬同一个福音。诺斯替派根本没有初期教会的这种传承，只是发明了新观念，然后错误地将其纳入"基督教"。

因此，爱任纽强调教会及其神职人员（尤其是主教）的教导与传讲的职分之间的延续性。后来，传统意味着"对《圣经》的传统解释"或"对基督教信仰的传统表述"，这反映在教会的信经和教会公布的教义中。信经向公众说明教会的教义，制定信经就变得非常重要。在以下部分中，我们将清楚地看到这一点。

德尔图良也有类似看法。他认为，如果从整部《圣经》的角度来读，我们可以清楚理解《圣经》。但是，他也承认，就解释某些经文而言，争议是不可避免的，他同时痛苦地看到，异端邪说能随从自己的喜好任意曲解经文。因此，教会的传统十分重要，因为传统让我们看到教会接受、解释《圣经》的态度。所以只有在保留基督教的真信仰和真教纪的教会中，才可以看到对《圣经》的正确解释。阿塔那修也有类似看法，认为如果阿里乌坚信教会对《圣经》的解释，他永远不会曲解耶稣基督独特的身份。

因此，传统被视为使徒的遗产，引导并指引教会正确地解释《圣经》。传统不被视为《圣经》之外的"秘密的启示之源"，爱任纽否定这种观念，将其视为"灵知派"（Gnostic），即诺斯替主义。相反，传统是一种方法，可以确保教会忠于使徒的历史教导，远离对《圣经》的怪异解释。

普世信经的制定

"信经"的英文是 creed，源自意为"我相信"的拉丁文 credo。在基督教的所有信经中，人们可能最熟悉的《使徒信经》（Apostles' Creed）便是以"我相信上帝……"开篇。后来，信经逐渐指信仰声明，概括所有基督徒都相信的基督教信仰的要点。因此，"信经"一词从未被用于新教某个宗派的信仰声明。新教宗派的信仰声明通常被称为"信纲"（confession），如路德宗的《奥格斯堡信纲》（Augsburg Confession）和归正宗的《威斯敏斯特信纲》（Westminster Confession）。"信纲"属于某个宗派，包含这个宗派所相信与强调的特殊信仰；"信经"属于整个教会，所声明的信仰正是每一位基督徒都应当接受与遵守的。"信经"逐渐被公认为对基督教信仰要点的简明的、正式的、为所有基督徒接受的、权威的声明。

在教父时期，两部信经在所有教会中逐渐赢得权威和尊重。它们是《使徒信经》和《尼西亚信经》（Nicene Creed）。教会的实际需要促成了这两部信经，当时，教会越来越需要适于重要的宗教场合使用方便的信仰概要，尤其是在洗礼时。初期教会通常在复活节为新信徒施洗，利用大斋期为即将当众宣告信仰与委身的新信徒进行准备与教导的工作。希望受洗的新信徒都被要求当众宣告他或她的信仰。信经便开始被用作新信徒可以在这些场合使用的统一的信仰声明。

《使徒信经》可能是西方基督徒最熟悉的。《使徒信经》分三个部分，分别论及上帝、耶稣基督和圣灵，还论到了教会、审判和复活。《使徒信经》的历史发展相当复杂，起源于希望受洗者被要求宣告的信仰声明。《使徒信经》的十二条传统上被认为是十二使徒各写一条而成，但是，这种信仰没有任何历史依据，因为《使徒信经》似乎到了公元8世纪才最终成形。东西方教会各自的《使徒信经》略有不同：东方教会的《使徒信经》没有"降在阴间"和"圣徒相通"的信仰告白（我们在下面的《使徒信经》中将其用小括号标出）。

《使徒信经》：

1. 我信上帝，全能的父，创造天地的主。
2. 我信我主耶稣基督，上帝独生的子；
3. 因圣灵感孕，由童贞女玛利亚所生；
4. 在本丢彼拉多手下受难，被钉于十字架，受死，埋葬；（降在阴间；）
5. 第三天从死人中复活；
6. 升天，坐在全能父上帝的右边；
7. 将来必从那里降临，审判活人死人。
8. 我信圣灵。
9. 我信圣而公之教会；（我信圣徒相通；）
10. 我信罪得赦免；
11. 我信身体复活；
12. 我信永生。

《尼西亚信经》更准确的名字是《尼西亚君士坦丁堡信经》（Nicene-Constantinopolitan Creed），这部信经较长，加入了论基督的位格和圣灵的工作这两个部分。为了回应关于基督神性的争辩，《尼西亚信经》有力地肯定基督与上帝的本质相同，宣告基督是"出于上帝而为上帝"和"与父一体"。作为驳斥阿里乌主义的一部分，公元325年6月的尼西亚普世大公会议（Council of Nicea）基于耶路撒冷教会使用的洗礼信经制定了一份简短的信仰声明，它就是《尼西亚信经》。

《尼西亚信经》的目的在于肯定基督有完全的神性，驳斥阿里乌派将基督理解成受造物。这部信经明确谴责了阿里乌派的看法，并包括三个信条。尼西亚普世大公会议完整详细的会议记录现已遗失，要想弄清《尼西亚信经》的本来面目，我们只能依靠二手材料，如教会的历史学家和阿塔纳修与大巴西勒等基督教神学家的著作。

《尼西亚信经》：

> 我们信独一的上帝，全能的父，创造天地和有形无形万物的主。我们信独一的主耶稣基督，上帝的独生子，出于父的实质，出于上帝而为上帝，出于光而为光，出于真神而为真神，受生，而非被造，与父一体，天地万物都是藉着他造的；为要拯救我们世人，从天降临，取得肉身而为人，受难，第三天复活，升天，将会来审判活人和死人。我们信圣灵。

然而，"凡曾说有一段时间还没有他（圣子），他在被上帝所生之前尚不存在，他出于无有，上帝的儿子与上帝有不同的实质或本质，他是被造的、会改变或变化的"，这些人都被大公教会或使徒教会诅咒。

信经的发展是推动初期教会达成教义共识的重要因素。在初期教会中，关于基督位格的教义既取得了巨大进展，也经历过激烈争辩，我们现在就来探讨。

基督的神人二性：阿里乌争辩

可以认为，教父时期对两个教义的发展做出了决定性贡献。这两个教义是关于三一上帝的本质和基督位格的。（如前所述，在基督教神学中，关于基督位格的神学通常被称为基督论。）这两个教义的发展有机地联系在一起。到了公元325年，初期教会已经得出结论，耶稣与上帝"本体相同"（homoousios，还可以译为 of one substance、one in being、consubstantial，"同体"或"同本质"）。

就理性层面而言，耶稣与上帝"本体相同"的基督论可以被视为强化了教会的这一理解：在基督徒的灵性上，耶稣基督有重要作用。但是，这种基督论也向过于简单的上帝观提出严峻挑战。如果耶稣基督被承认为与上帝"本体相同"，那么，必须根据这种信仰重新思考与修订整个上帝论。因此，在基督教史上，在教会取得基督论的共识之后，三位一体教义才开始发展。只有当基督的神性被视为一致同意与确信的出发点时，才开始有关于上帝本质的神学思考。

应当指出，初期教会的基督论争辩主要爆发在东地中海世界，所使用的语言基本是希腊语，依据通常是希腊重要哲学流派的哲学假设。事实上，这意味着在初期教会的基督论争辩中，许多重要术语都是希腊文，已经在希腊的哲学传统中使用了很久。

关于教父时期基督论的主要特点，我们将在第273—280页更详细地探讨，读者可以参阅这个部分。但是，在本章中，我们可以概述教父时期基督论争辩的重要里程碑，根据是两大神学学派、两场神学争辩、基督教的两次普世大公会议。

神学学派　**亚历山大学派**通常强调基督的神性，根据"道成了肉身"解释。对于亚历山大学派来说，《约翰福音》1章14节至关重要："道成肉身，住在我们中间。"由于强调道成肉身，他们特别重视圣诞节。相对地，**安提阿学派**强调基督的人性，尤其重视他的道德榜样。

神学争辩　公元4世纪的**阿里乌争辩**被普遍视为基督教史上最重要的争辩之一。阿里乌（约250—约336年）认为，《圣经》用于基督的一些称谓似乎表明，基督与上帝有同等的地位，但是，它们只是对基督的尊称。基督被视为受造物，尽管他是受造物中最出色的一位。

这激起阿塔那修的强烈反对。阿塔那修认为，对于基督教的救赎论（soteriology）来说，基督的神性至关重要。他指出，阿里乌的基督论在救赎论方面有缺陷。阿里乌的基督不能拯救堕落的人类。最终，阿里乌主义（同阿里乌有关的运动）被宣布为异端。

这场神学争辩一旦解决，又爆发了新争辩。老底嘉的阿波利那里斯（Apollinarius of Laodicea，约310—约390年）是**阿波利那里斯争辩**的中心，焦点为基督是否为完全的人。阿波利那里斯强烈反对阿里乌，认为基督不应当被视为完全的人。在基督里，具有神性的逻各斯取代人的灵。结果，基督不能有完整的人性。纳西盎的格列高利等基督教神学家认为，这种基督论有严重的缺陷，因为它暗示，基督不能完全拯救人性。

大公会议　尼西亚普世大公会议（325年）是第一位基督徒皇帝君士坦丁召开的，目的是解决破坏罗马帝国稳定的基督论分歧。君士坦丁意识到，教会的合一对帝国的稳定必不可少，他想解决基督论争辩，从而实现教会的合一。在尼西亚〔今天土耳其的伊兹尼克（Iznik）〕召开的这次会议是第一次"普世大公会议"（ecumenical council），即整个基督教世界的主教召开的会议，今天，他们的决议仍被视为教会的标准。

尼西亚普世大公会议肯定耶稣与父本体相同（"同体"或"同本质"），从而驳斥了阿里乌主义，有力地捍卫了基督的神性，这解决了阿里乌争辩。后来，公元451年的**卡尔西顿普世大公会议**（Council of Chalcedon）——第四次普世大公会议——重申尼西亚普世大公会议的决议，回应了随后围绕基督的人性爆发的新争辩。

三位一体教义

一旦解决初期教会的基督论争辩，神学家便开始探讨解决了争辩的各项决议。在这个基督教神学极具创造力、令人兴趣盎然的年代，三位一体教义开始发展、形成。这个教义的基本特点是，上帝有父、子和灵三个位格，这三个位格有相同的神性和地位。基督论争辩促成了尼西亚普世大公会议，这次大公会议解决了父与子具有同等地位的问题；此后，圣灵的神性也得以解决，尤其是通过阿塔那修和大巴西勒的著作。

后来，在重要的三位一体争辩中，神学家越来越关注如何理解三位一体，而不是它的基本合理性。两种截然不同的看法逐渐形成，一种是东方教会的，另一种是西方教会的。

生活在今天土耳其的三位基督教神学家尤其奠定了**东方教会**三位一体教义的基础。在今天的希腊东正教和俄罗斯东正教中，他们所开创的三位一体教义仍然十分重要，他们是大巴西勒、纳西盎的格列高利和尼撒的格列高利，被共同称为"卡帕多西亚三杰"。他们思考三位一体的出发点是经验父、子和圣灵的不同方式。**西方教会**三位一体教义与希波的奥古斯丁特别有关，他从上帝三个位格的统一性出发，探讨上帝的爱对我们理解三一上帝之本质的意义。在本书恰当的地方，我们还会更详细地探讨东西方教会对三位一体的理解。

东西方教会很少共同关注同一个神学问题，三位一体教义是个例外。现在，我们的目光将转向两场与西方教会和希波的奥古斯丁特别有关的神学争辩。

教会教义：多纳图争辩

西方教会所争辩的一个重要的焦点问题是教会的圣洁。在今天的阿尔及利亚，曾生活着一群被称为多纳图派（Donatist）的非洲基督徒，他们憎恨罗马教会在北非日益壮大的势力。由于某些我们马上就会讲到的原因，多纳图派对教会信徒的要求越来越严厉，认为教会是圣徒的团体，根本容不下罪人。

公元303年，戴克里先（Diocletian）开始迫害基督教，他的迫害一直持续到君士坦丁于公元313年归信基督教，这场迫害提升了教会的圣洁这一问题的重要性。在迫害期间，拥有《圣经》是违法的，许多基督徒向当局交出《圣经》。他们立即受到谴责，谴责他们的人，是在迫害的压力下不肯屈服的基督徒。在迫害结束之后，许多"以经换命者"（traditores）回到教会。（traditores是拉丁文，意为"交出［《圣经》］的人"）多纳图派要求将他们逐出教会，因为他们在迫害中屈服了。

奥古斯丁却不这样认为。他认为，教会应当被视为包括圣徒和罪人的"混合体"，他拒绝将曾在迫害期间或因其他原因而背教的基督徒逐出教会。教会的圣工和讲道的有效性不取决于执行者的圣洁，而是取决于耶稣基督。圣礼施行者个人的不配不能损害圣礼的有效性。这种看法很快便成为教会的标准，深刻影响到基督教如何理解教会及其神职人员的本质。

我们还会更详细地探讨多纳图争辩，这场争辩第一次触及教会论（ecclesiology）及其相关问题，如圣礼如何产生功效。在宗教改革时期，当教会论再次变得重要时，多纳图争辩所引发的许多问题再度出现。恩典教义也是如此，我们现在就来探讨。

恩典教义：伯拉纠争辩

在说希腊语的东方教会的神学发展中，恩典教义不是重要问题。但是，公元420年左右，爆发了一场关于恩典的激烈争辩。生活在罗马的英国苦修士伯拉纠（Pelagius）极力主张，人必须担负道德责任。他惊恐于罗马教会的道德松懈，坚持认为人必须按照《旧约》的律法和基督的榜样不断提升自我。在以奥古斯丁为首的反对派看来，这种主张似乎否定了恩典在开始与延续基督教生活方面的真正地位。伯拉纠主义（Pelagianism）集合伯拉纠及其派系的思想，被视为人拥有自主权的宗教，认为人在自己的得救方面掌握主动权。

奥古斯丁强烈反对伯拉纠主义，坚持认为在基督教生活从始至终的每个阶段，上帝的恩典都居于首要地位。在奥古斯丁看来，人不具备主动寻求拯救所必需的自由。人没有"自由意志"，而只具有被罪所败坏与玷污的意志。这种意志令人倾向于作恶，远离上帝。只有上帝的恩典才能抵挡这种向恶的倾向。奥古斯丁对恩典如此有力的辩护让他被后人称为"恩典博士"（doctor of grace）。

奥古斯丁思想的核心主题是人性的**堕落**。堕落的意象源自《创世记》第3章，所要说明的观念是，人已经从他最初纯真的状态中堕落。因此，人性现在的状态不是上帝原本期望的。受造秩序不再直接与它原本整全的"美善"相符。拯救和称义这两个教义坚持认为，尽管堕落了，遭到败坏和损伤，但是，堕落的人性仍然可以得救。"堕落"的意象所传达的观念是，现在，受造物处于低于上帝原本期望的层次。

奥古斯丁认为，所有人在出生那一刻都被罪玷污了。这与20世纪的存在主义不同，存在主义认为，"堕落"是我们自己的选择（不是别人为我们做出的选择）。奥古斯丁认为，"罪"是人性固有的，是我们存在的一部分，而不是一种选择。奥古斯丁的原罪教义将这种见解说明得更严格。这种见解对奥古斯丁的罪和拯救这两个教义都至关重要，所有人都是罪人，所以都需要拯救；所有人都亏缺了上帝的荣耀，所以都需要拯救。

对于奥古斯丁来说，如果依靠自身的力量和方法，人永远不能与上帝建立关系。无论男女，做什么都不能挣脱罪的捆绑。举一个奥古斯丁幸好从未遇到的例子：就像一名吸毒者想要摆脱海洛因或吗啡的困扰。人不能依靠自身改变这种处境，只能凭借外在的力量。奥古斯丁认为，上帝介入人的困境。上帝本不需要这样做，但是，出于对堕落人类的爱，为了拯救人类，上帝以耶稣基督之身进入人的处境。

奥古斯丁相信，"恩典"从上帝而来，是人不配得到、不应得到的恩赐，凭借恩典，上帝主动打破了罪对人的束缚。救恩只能是上帝的恩赐。我们不可能实现自我拯救，是要依靠上帝拯救我们。因此，奥古斯丁强调救恩的源泉在于上帝，在人之外。发起救恩的是上帝，不是凡夫俗子。

然而，在伯拉纠看来，情况却不是这样。他认为，救恩的源泉就在于人自己。每一个人都有能力拯救自己。人没有被罪所困，而是有能力做得救所必需的一切。救恩是通过善功赚得的，上帝有义务奖赏人的道德成就。伯拉纠忽视了恩典，将恩典理解为上帝对想要得救的人提出的各种要求，如十诫（Ten Commandments）或基督的道德榜样。简而言之，伯拉纠主义主张"凭借善功得救"，而奥古斯丁教导"依靠恩典得救"。

以上两种不同的神学显然涉及对人性极为不同的理解。在奥古斯丁看来，人性是软弱的、堕落的、无力的；对于伯拉纠而言，人性是自主的、自足的。奥古斯丁认为，只有依靠上帝，人才能得救；伯拉纠主张，上帝只是说明如何做才能得救，然后由人自己去独立完成这些要求。奥古斯丁相信，救恩是人不配得到的恩赐；伯拉纠觉得，救恩只是人赢得的奖赏。

在奥古斯丁对恩典的理解中，有一个方面需要进一步解释。人不能自我拯救，上帝将他的恩典赐给一些人（而不是所有人），因此，上帝已经"预先拣选"（pre-select）将得救的人。奥古斯丁在《圣经》中找到暗示"预先拣选"的经文，提出了"预定"（predestination）的教义。"预定"指上帝最初或永恒的决定是拯救一些人，不是所有人。奥古斯丁思想的这一方面是他的许多同代人难以接受的，更不用说承袭他思想的人。不用多说，伯拉纠完全没有预定论的思想。

公元418年的迦太基会议（Council of Carthage）支持奥古斯丁对恩典和罪的看法，坚决谴责伯拉纠主义。然而，在未来一段时间里，各种形式的伯拉纠主义仍是争辩的焦点。随着教父时期结束，西欧进入"黑暗时期"，许多神学问题仍未得到解决。在中世纪，这些悬而未决的问题再度浮现，后来在宗教改革时期备受关注。

重要术语

你在本章遇到以下术语，它们会在书中多次出现，请务必熟记！每一个术语都有页码索引，可以帮你在书中迅速找到它们。标有 * 的术语将在以后的章节中更详细地探讨。

*阿波利那里斯主义（Apollinarianism）

护教学（apologetics）

*阿里乌主义（Arianism）

奥古斯丁主义（Augustinianism）

正典/正典的（canon/canonical）

卡帕多西亚三杰（Cappadocian Fathers）

*基督论的/基督论（Christological/Christology）

信经（creed）

*多纳图主义/多纳图派（Donatism/Donatist）

*教会论（ecclesiology）

普世大公会议（ecumenical council）

旁经（extra-canonical）

*诺斯替主义（Gnosticism）

*道成肉身（incarnation）

教父学（patristic）

教父神学（patrology）

*伯拉纠派/伯拉纠主义（Pelagian/ Pelagianism）

*预定（predestination）

*救赎论（soteriology）

*三位一体的（Trinitarian）

*三位一体（Trinity）

研讨问题

许多学生会阅读本章，所以在此提出两组问题。第一组是基本问题，第二组涉及本书其他部分。

基本问题

1. 请在地图中找出以下城市或地区：亚历山大、安提阿、卡帕多西亚、君士坦丁堡、希波、耶路撒冷、罗马。

2. 请于地图1中找出拉丁文与希腊文的分界线。界线的西方主要使用拉丁文，东方主要使用希腊文。请找出第1题中各座城市使用的主要语言。

3. 以下基督教神学家主要使用什么语言：阿塔那修、希波的奥古斯丁、奥利金、德尔图良？

4. 在教父时期，这些运动非常重要：阿里乌主义、多纳图主义、诺斯替主义、伯拉纠主义。指出以这些运动为中心的神学争辩分别与以下哪位神学家有关：阿塔那修、希波的奥古斯丁、里昂的爱任纽。（请注意：其中一位神学家与多场神学争辩有关。）

标准问题

1. 阿里乌争辩的主要问题是什么？为什么阿里乌的反对者认为这个问题非常重要？

2. 为什么教会普遍认为信经的制定是有益的进展？

3. 为什么就《圣经》的正典达成一致非常重要？这对当时的神学争辩有什么实际意义？

4. 英国历史学家托马斯·卡莱尔（Thomas Carlyle）曾提出，历史基本是伟人们的传记。

读完本章之后,你认为教父时期的哪位神学家对基督教神学的形成贡献最大?

5. 为什么教父时期对教会论的关注相对较少?多纳图争辩在西方教会爆发,而不是在东方教会,你觉得为什么会这样?

第二章　中世纪与文艺复兴时期（约700—约1500年）

在基督教神学中，中世纪是极富创造力与革新力的时期。欧洲的宫廷、修道院和后来的大学都成为神学思考的杰出中心，从中发展出对基督教思想与生活之间关系的新看法。文艺复兴的兴起又为中世纪注入了新活力。这场充满活力的文化运动试图通过创造性地重用古代遗产，来复兴教会和整个社会的生活和思想。就始于中世纪的许多神学里程碑而言，认清并思考它们的成就及其对神学议题的贡献非常重要。

2.1 "中世纪"的定义

一个时代何时结束，另一个时代何时开始，总是难以准确区分。从传统上讲，记述基督教神学发展的方法是，教父时代结束（以公元451年的卡尔西顿普世大公会议为标志）之后，紧接着西欧神学在中世纪的大复兴。因为许多原因，这种区分不能令人满意。最明显的原因是，"中世纪"特指西欧的文化发展。它忽略了这一事实：相对来说，罗马于公元410年的陷落并没有影响到东罗马帝国。我们难以将拜占庭神学的发展纳入西欧的历史。它还忽略了西欧的基督教神学之前的复兴，如神圣罗马帝国第一任皇帝查理曼（Charlemagne）统治期间重要的神学进展。"加洛林复兴"（Carolingian renaissance）始于公元6世纪，一直持续到公元9世纪，其间出现了一些重要的神学进展——本书将探讨其中一些。

"中世纪"一词是现代的术语，指古代与现代知识辉煌时期之间的过渡期。中世纪也有类似于"中世纪"的用语，但是，它们的意义与"中世纪"一词的现代意义大不相同。因此，托莱多的朱利安（Julian of Toledo，死于约685年）用"时代中间"或"时期中间"（tempus medium）指基督道成肉身与基督再来之间的时代。文艺复兴时期的思想家所使用的"中世纪"是贬义色彩浓厚的词，指一个有些乏味的年代，他们认为，这个乏味的时代将古代的辉煌知识与其在文艺复兴时期的复兴分隔开。

穆斯林于公元7世纪在地中海各地扩张，导致大范围的政治动荡和政治的进一步重组。

到了 11 世纪，地中海各地的局势稳定下来，出现了三大权力中心，它们取代了昔日的罗马帝国。

1. 拜占庭帝国。拜占庭帝国的中心是君士坦丁堡——今天土耳其的伊斯坦布尔。以前主导这一地区的基督教使用希腊文，深深植根于东地中海地区的教父著作，如阿塔那修、卡帕多西亚三杰和大马士革的约翰（John of Damascus，约 679—749 年）的著作。我们将探讨拜占庭神学一些独特主题。

2. 西欧。主要是法国、德国、低地国家和意大利北部。主导这一地区的基督教以罗马及其主教（被称为"教宗"）为中心。〔但是，西方教会的"大分裂"（Great Schism）造成一种混乱局面：两位敌对的教宗都声称是合法教宗，一位在罗马，另一位在法国南部城市阿维尼翁（Avignon）。〕西欧的神学中心是巴黎和其他地区的大教堂和大学，神学主要基于几位教父的拉丁文著作，如希波的奥古斯丁、安布罗斯（约 337—397 年）和普瓦蒂埃的奚拉里（Hilary of Poitiers，约 300—368 年）的著作。

3. 穆斯林国家。这一穆斯林地区包括地中海东部和南部的边远地区。随着君士坦丁堡于 1453 年陷落，穆斯林的扩张还在继续，这股扩张狂潮席卷欧洲的许多地区。到了 15 世纪末，穆斯林已经在欧洲大陆的两个地区建立了重要据点：西班牙和巴尔干半岛。西班牙摩尔人（Moors）于 15 世纪的最后十年战败，1523 年，穆斯林军队在维也纳城外溃败，穆斯林的入侵狂潮终于结束。

这一时期，发生了一件教会史上至关重要的事件。因为各种原因，从公元 9 世纪到 10 世纪，以君士坦丁堡为中心的东方教会与以罗马为中心的西方教会之间的关系越来越紧张。造成这种日益紧张局面的重要导火索与西方教会的《尼西亚信经》的"**和子**"（filioque）一词有关，东西方教会的分歧越来越大。西方教会说圣灵"从父和子而出"，而东方教会只说圣灵"从父而出"。（这场争辩通常被称为"**和子句争辩**"，得名于拉丁文 filioque，意为"和子"。）其他因素也加剧了东西方教会的紧张关系，包括说拉丁语的罗马与说希腊语的君士坦丁堡在政治上的敌对，以及罗马教宗索要越来越大的权力。西方的天主教与东方的东正教最终决裂，决裂的年份通常被定在 1054 年——尽管将决裂的年份定在这一年有些武断。

这种紧张的关系造成一个严重后果：东西方的神学几乎没有任何互动。西方神学家如托马斯·阿奎那愿意自由地引用希腊教父的著作，但是，这些都是教会分裂之前的著作。后来的东正教神学家的著作——如格列高利·帕拉玛斯（Gregory Palamas，约 1296—1359 年）的著作——在西方基本不受关注。可以说直到 20 世纪，西方神学才开始真正重新发现东正教传统的丰富宝藏。

"中世纪神学"一词通常用来指这一时期的西方神学。东方教会的神学（大约从同一时期到君士坦丁堡于 1453 年陷落）被称为"拜占庭神学"。在西欧历史的这一时期，基督教神学的中心逐渐北移到法国中部和德国。罗马仍是西欧教会的权力中心，但是，知识活动渐渐转移到法国的修道院，如沙特尔（Chartres）、兰斯（Reims）和贝克（Bec）的修道院。随着中世纪大学的建立，神学迅速成为学术研究的核心领域。一所典型的中世纪大学有四个院系：一个低等的文科系，三个高等的神学系、医学系和法学系。在以下部分，我们先来探讨西欧的一些发展，然后再将目光转向拜占庭的进展。

2.2 中世纪神学的里程碑：西欧

关于"中世纪"开始的时间，历史学家争论了一段时间。可以想象，这个问题的答案取决于如何定义"中世纪"。雅典柏拉图学园的关闭和卡西诺山（Monte Casino）大修道院于公元529年左右的建立几乎是同期的，这被许多人视为从古代后期向中世纪过渡的标志——尽管这两件事没有直接导致这一过渡。还有些人认为，中世纪始于阿拉里克（Alaric）于公元410年征服罗马，结果，知识生活的中心逐渐从地中海地区转移到提奥多里克（Theodoric）和查理曼的北欧，后来又渐渐转移到法国的修道院、教会学校、巴黎大学和牛津大学。因此，我们可以先来探讨神学在神圣罗马帝国第一位皇帝查理曼（742—814年）统治时期的复兴，以此开始概述西欧中世纪的神学发展。

加洛林复兴

在查理曼统治之下，大家同心协力复兴教会的精神生活。阿尔昆（Alcuin，735—804年）可能是加洛林神学复兴中最重要的人物，他曾在约克的教会学校接受训练，后来成为约克大修道院院长。应查理曼的邀请，阿尔昆担任图尔的圣马丁（St. Martin of Tours）修道院院长，将圣马丁修道院建设成一流的学术中心。按照皇帝的一系列法令，北欧各地建立起两类神学院校：修道院学校和教会学校，前者主要培养志在继续修道呼召的人，后者由主教建立，旨在更广泛的教育。加洛林复兴的一个结果是承认修道院和教会学校作为学术中心的重要性。公元744年，德国的富尔达（Fulda）大修道院成立，富尔达修道院成为德国最重要的神学与世俗学术中心之一。公元8世纪和公元9世纪，拉巴努斯·毛鲁斯（Rabanus Maurus）、瓦拉弗里德·斯特拉博（Walafried Strabo）、塞瓦图斯·卢普斯（Servatus Lupus）和魏森腾堡的奥特弗里德（Otfried of Weissenburg）在富尔达修道院学习。

由于越来越动荡的政治经济局势，加洛林复兴最终衰亡。然而，查理曼建立的至关重要的神学教育机构存活下来，对于12世纪的神学复兴来说，这些机构起到了关键性作用。我们马上就来探讨这一进展。

教会与修道院的神学院校的兴起

修道主义运动通常被认为在教父时期源于埃及和叙利亚东部部分地区的遥远山区。大量基督徒开始在这里安家,远离人口中心及其安逸的生活。对于这些社群来说,逃离罪恶安逸的世界非常重要。只有少数个人坚持离群索居,但是,远离世界而集体独居的观念被绝大多数人接受。

公元6世纪,修道院的数量大幅增长。正是在这一时期,最全面的修道"会规"之一——"本笃会规"(Rule of Benedict)——出现了。公元529年左右,努尔西亚的本笃(Benedict of Nursia,约480—550年)在卡西诺山建立了自己的修道院。本笃修道院遵循的原则是无条件地跟随基督,定期的集体与个人祷告和阅读《圣经》是修道院的生存之本。本笃的妹妹斯科拉蒂亚(Scholastica)也活跃在修道主义运动中。

尽管修道院的起源可以追溯到教父时期,但是,在中世纪的神学发展中,修道院却起到了至关重要的作用。中世纪大多数大的神学院校同法国的关系密切,沙特尔大教堂的神学院便是最重要的神学院之一。富尔贝尔(Fulbert,约960—1028年)从1006年到去世一直担任沙特尔的主教,在他的领导之下,沙特尔成为11世纪研习神学最重要的中心之一。诺曼底的贝克的本笃修道院是11世纪两位最重要神学家兰弗朗克(Lanfranc,约1010—1089年)和安瑟伦(Anselm,约1033—1109年)的基地。

中世纪大的女修道院成为基督教女神学家的基地,让她们得以对基督教思想产生重要影响。宾爵的希尔德加德(Hildegard of Bingen,1098—1179年)便是很好的例子。她是宾爵附近鲁伯斯堡(Rupertsberg)的女修道院院长,作为极具独创精神的神学家和灵修作家而闻名于世。她在1163至1173年间写成的《神迹录》(*Book of Divine Works*)是她最著名的成就。锡耶纳的凯瑟琳(Catherine of Siena,1347—1380年)因其对话式神学著作而闻名于世,她属于道明会第三修会,即她没有立下修道誓愿,是平信徒,遵守道明会略有宽松的会规。

然而,不是中世纪所有女神学家都生活在女修道院。英国的诺威奇的朱利安(Julian of Norwich,约1342—约1415年)是隐修士,过着离群索居的生活,她的《上帝之爱的启示》(*Revelations of Divine Love*)让后人记住了她。马格德堡的梅西特希尔斯(Mechthild of Magdeburg,约1207—约1282年)被普遍誉为13世纪最重要的女灵修作家之一。《三一上帝的流光》(*Flowing Light of the Godhead*)是她最著名的著作,包括她的异象和信件——建议、评论、比喻、冥想和祷告。梅西特希尔斯是贝居安(Beguine)女修会的修女,虽然立下修道誓愿,却不受修道誓愿所限,她没有生活在封闭的修道院中,也不完全放弃婚姻。

拉昂(Laon)大教堂位于巴黎西北方,在拉昂的安瑟伦(Anselm of Laon,死于1117年)的领导之下,这里成为非常重要的神学院校,在鼎盛时期吸引来彼得·阿伯拉尔(Peter Abelard,1079—1142年)等优秀学者。圣维克托皇家修道院(Royal Abbey of St. Victor)

于12世纪建于巴黎,成为最重要的神学教育中心之一,对新生的巴黎大学制定神学课程产生了重大影响。圣维克托皇家修道院12世纪的大师有圣维克托的于格(Hugh of St. Victor)、彼得·阿伯拉尔、圣维克托的安德鲁(Andrew of St. Victor)和圣维克托的理查德(Richard of St. Victor)。

这些神学院校越来越重要,这与另一个进展密不可分,我们现在就来探讨:与某个特定修会密切相关的独特神学风格形成了。

修会及其神学流派

在中世纪,一些重要的新修会成立了。1097年,西多会(Cistercian Order)在索恩河(Saone)附近的荒野山村西多(Citeaux)成立。伟大的灵修神学家和布道家明谷的伯尔纳(Bernard of Clairvaux,1090—1153年)是西多会最著名的领袖之一。据估计,到了14世纪初,大约有六百座西多会的男女修道院建立起来。

一百多年之后,另外两个重要的修会成立:方济会(Franciscan Order)和道明会(Dominican Order)。方济会的创建者是阿西西的方济各(Francis of Assisi,约1181—1226年),他放弃了富裕的生活,过着祷告与贫穷的生活。阿西西的克拉雷(Clare of Assisi)也加入到方济各的行列,她曾是女贵族,现在建立了"贫穷克拉雷会"(Poor Clare)。因为身着暗色衣服,方济会的修道士经常被称为"灰色托钵修士"(Gray Friars)。方济会的著名之处在于强调个人与集体的贫穷。

道明会的创建者是西班牙神父古斯曼的道明(Dominic de Guzman,1170—1221年),他特别强调教育。〔有时,道明会的修道士被称为"黑色托钵修士"(Black Friars),因为他们将黑色斗篷穿在白色衣服外面。〕到了中世纪晚期,道明会在欧洲一些最重要的城市都建有修道院,为教会的知识生活做出了重要贡献。

1. 道明会。道明会的一些神学家发展出道明会特有的神学,如大阿尔伯特(Albert the Great,约1200—1280年)、托马斯·阿奎那和塔兰泰斯的彼得(Peter of Tarantaise,1102—1174年)。

2. 方济会。中世纪有三位重要的神学家来自方济会:波拿文都拉(Bonaventure,1221—1274年)、邓斯·司各特(Duns Scotus,1266—1308年)和奥卡姆的威廉(William of Ockham,约1285—1347年)。

3. 奥古斯丁修会(Augustinian Order)。罗马的吉勒斯(Giles of Rome,约1244—1316年)和斯特拉斯堡的托马斯(Thomas of Strasbourg,约1275—1357年)先后发展出奥古斯丁修会的独特神学。

在中世纪,这些不同神学流派的重要性显而易见,并一直持续到16世纪。如果不对这些神学流派有所了解,就不可能理解特伦托会议(Council of Trent)的神学争辩或原奥古斯丁修会修道士马丁·路德（1483—1546年）的神学思想的发展。

大学的建立

法国的政局于11世纪末渐趋稳定，这有助于巴黎大学重现活力，并迅速被公认为欧洲的知识中心。在新建的巴黎圣母院的光辉之下，许多"神学院"迅速在塞纳河左岸和西堤岛（île de la Cité）建立起来。

索邦学院（Collège de la Sorbonne）便是其中一所，它非常著名，最终成为整所巴黎大学的代名词。即使到了16世纪，巴黎大学仍被公认为神学和哲学的研究中心，并培养出许多杰出的学生，包括鹿特丹的伊拉斯谟（Erasmus of Rotterdam，约1469—1536年）和约翰·加尔文（John Calvin，1509—1564年）。这种研究中心很快便在欧洲其他地区建立起来。这时，神学出现一种新走向，注重巩固基督教会生活的知识、律法和灵性。

巴黎大学很快就成为神学思考的重要中心，其中的学者有彼得·阿伯拉尔、大阿尔伯特、托马斯·阿奎那和波拿文都拉。最初，可以与巴黎大学媲美的最重要的大学只有英国的牛津大学。但是，在14和15世纪，大学在西欧迅速发展，一些著名的大学在德国和其他地区纷纷建立。

彼得·伦巴德的《箴言四书》

中世纪神学的特点是，努力收集与神学解释中某些特定问题相关的《圣经》经文和教父的看法，逐步完善神学解释方法，解决在解释过程中遇到的明显矛盾。这些教父"箴言"集的编排似乎模仿圣典学者所编纂的教会法典，他们最初按照年代为自己收集的教令分类，后来才根据主题。阿基坦的普鲁斯珀（Prosper of Aquitaine）所编的《奥古斯丁著作箴言集》（*Book of Sentences from the Works of Augustine*）是这种现象较早的一个例子。这些教父的"箴言"集主要摘自希波的奥古斯丁的著作。最著名的成为中世纪的标准神学教科书。

1140年左右，彼得·伦巴德（Peter Lombard，约1100—1160年）开始在巴黎大学授课。他最关心的事之一，是让自己的学生努力解决各种棘手的神学问题。他的贡献是一部名为《箴言四书》（*The Four Books of the Sentences*）的神学教科书。该书主要收集了《圣经》的经文和从教父著作中摘入的引文，按照主题予以编排。该书通常被称为"奥古斯丁摘要"（Augustinian breviary），因为书中大约百分之八十的内容是从奥古斯丁的著作中摘取的一千条引文。伦巴德交给学生的任务非常简单：构建一种可以调和他所收入的不同引文的神学。就发展奥古斯丁的遗产而言，《箴言四书》其实非常重要，因为学生必须全力解决奥古斯丁明显矛盾的思想，为那些不一致的思想做出合理的神学解释。

一些基督教神学家试图取缔《箴言四书》，注意到伦巴德偶尔提出一些不太慎重的看法（例如，基督没有作为人真实地存在过，这种看法被称为"基督论的虚无主义"〔Christological nihilism〕）。但是，到了 1215 年，《箴言四书》已经牢固成为当时最重要的神学教科书。神学家必须研究、评注伦巴德的《箴言四书》。结果便出现了所谓的《箴言四书注释》（Commentaries on the Sentences），这种"注释"在中世纪成为人们最熟悉的神学著作。一些杰出的注释者包括托马斯·阿奎那、波拿文都拉和邓斯·司各特。到了 16 世纪，神学家仍在使用《箴言四书》，马丁·路德甚至也评注过。

经院神学的兴起

经院神学（scholasticism）得名于中世纪大的"学院"（拉丁文：scholae），神学和哲学的传统问题在这里辩论。尽管经常被描述得非常负面，但是，我们其实可以更积极地理解经院神学——经院神学试图创造一种壮丽的基督教思想综合体，能支撑生活的各个方面。经院神学可以被视为"思想的大教堂"〔埃特纳·吉尔松（Etienne Gilson）〕：经院神学试图像中世纪伟大的石匠处理石头那样处理思想——他们建造出人类有史以来最值得欣赏、最令人向往的一些大教堂。在经院神学最鼎盛的时期，经院神学之于思想的世界，就如大教堂之于建筑的世界。

如何定义经院神学呢？就像定义"人文主义"或"启蒙运动"等文化术语，难以给出一个能涵盖中世纪各大学派所有不同立场的定义。下面这个仍被接受的定义或许有所帮助：最好将经院神学视为中世纪的一场运动，盛行于 1200 至 1500 年之间，强调合理地证明、系统地阐释宗教信仰。因此，"经院神学"不是指**一套独特的信仰体系**，而是**一种研究、整理神学的特殊方法**——以一套极为严谨的方法处理资料，对其做出细致入微的区分，试图取得一种全面的神学观。

可以认为，经院神学在基督教神学的许多重要领域都做出了巨大贡献，特别是关于理性和逻辑在神学中的作用。就神学的这一领域而言，三位经院神学家的著作做出了重大贡献，他们的著作成为这一神学领域的里程碑，因为他们通常被视为有史以来最具影响力的经院神学家——托马斯·阿奎那、邓斯·科图斯和奥卡姆的威廉。

意大利的文艺复兴

法文"文艺复兴"（Renaissance）一词现在普遍用来指于 14 和 15 世纪爆发在意大利的文学和艺术的复兴。有些历史学家认为，文艺复兴造就了现代，瑞士学者雅各·布克哈特（Jacob Burckhardt）是其中最具影响力的，声称正是在文艺复兴时期，人类开始将自己视为**独特的个体**。在许多方面，布克哈特对文艺复兴的定义是纯粹个人主义的，这非常有问题。但是，从某种意义上讲，他无疑是正确的：新奇与令人兴奋的**某些东西**在文艺复兴时期的意大利发展起来，它们令一代又一代思想家着迷。

不是完全清楚，为什么意大利会成为思想史上这场全新运动的摇篮。可以确定，这与许多因素有关。

1. 经院神学——中世纪主要的知识力量——从未在意大利产生特殊的影响。尽管许多意大利人作为神学家而闻名于世，但是，他们普遍在北欧工作和生活，如托马斯·阿奎那和里米尼的格列高利（Gregory of Rimini，约1300—1358年）。因此，14世纪的意大利有一个知识真空。真空往往需要填补，文艺复兴时期的人文主义恰好填补了这个特殊的缺口。

2. 意大利随处可见古代辉煌的遗址，而且确实是切实可见的。意大利到处都有古罗马的建筑和纪念碑的遗址，在文艺复兴时期，它们似乎不仅唤起人们对古罗马文明的兴趣，也促使文艺复兴时期的思想家在文化枯燥与贫瘠的年代去发现古罗马文化的生命力。

3. 随着拜占庭帝国的没落——君士坦丁堡最终于1453年陷落，大批说希腊语的知识分子逃到西方。意大利恰巧成为他们的合适之地，因为意大利距君士坦丁堡非常近，结果，许多流亡者定居在意大利的城市。因此，希腊语必然会复兴，人们随之对希腊文经典著作重燃兴趣。

意大利文艺复兴的核心世界观显然是回归古代文化的荣耀，忽视中世纪的知识成就。文艺复兴时期的思想家不太重视中世纪的知识成果，认为古代的伟大成就更有价值。总的来说，文化方面是这样，神学上也是这样：他们认为，古代晚期的神学著作在内容和风格上都完全胜过中世纪的神学著作。从某种程度上讲，文艺复兴的确可以被视为对中世纪治学方法的反抗，因为在中世纪，治学方法越来越紧密地与北欧大学的文科系和神学系联系在一起。文艺复兴时期的思想家非常反感经院神学家专业的术语和辩论，他们完全忽略这些。就基督教神学而言，未来的关键在于直接处理《圣经》的经文和教父时期的著作。我们很快会进一步探讨这个问题。

人文主义的兴起

在现代，"人文主义"（humanism）已经完全是世俗的术语，意味着否定上帝的存在和意义。在文艺复兴时期，人文主义却完全不是这个意思。当时的大多数人文主义者是基督徒，他们想洁净、更新基督教，而不是消灭基督教。要想实现基督教的重生，必须回归西方思想的源头。

拉丁文口号"回到源头"（ad fontes）清楚说明了人文主义者的计划，就是让西方的现代文化回归古代世界的源泉和源头，令古代世界的思想和价值更新、复兴现代文化。对于文艺复兴来说，古代既是源头，也是标准。在艺术、建筑、文字和语言中，古代都被视为可被文艺复兴借用的文化源泉。就基督教人文主义而言，基督教人文主义者直接回归简单明了的《新约》，从而避开中世纪复杂繁琐的神学计划。但是，中世纪的神学家广泛使用《圣经》的拉丁文译本《武加大译本》（Vulgate），而不是希腊原文的《新约》。

同人文主义的兴起密切相关的最重要的神学进展之一，是人们越来越怀疑《武加大译本》的可靠性。人们所掌握的希腊文和希伯来文知识越来越多，研究希腊文和希伯来文《圣经》越来越被认可，因此，如果《武加大译本》被证明并不可靠，哪些神学思想可能基于错误的《武加大译本》？我们还将在本章探讨这个问题。

目前为止，我们始终以西欧为中心，但是，我们现在必须再来探讨东欧在中世纪的一些重要进展。

2.3 中世纪神学的里程碑：东欧

"拜占庭神学"得名于希腊城市拜占庭，公元330年，君士坦丁将拜占庭选为自己的新首都，这时，拜占庭更名为君士坦丁堡（君士坦丁之城）。但是，拜占庭这座城市的旧名被保留下来，用来命名一种独特的神学。这种独特的神学——拜占庭神学——盛行于拜占庭，直到穆斯林军队于1453年攻陷君士坦丁堡。必须指出，君士坦丁堡当时不是基督教思想在东地中海一带惟一的中心，埃及和叙利亚也一度是神学思考的中心。但是，作为首都，君士坦丁堡的政治权力不断增长，因此，君士坦丁堡作为神学中心的地位也相应提高。

在东罗马帝国皇帝查士丁尼一世（Justinian I）统治期间（527—565年），拜占庭神学开始成为一股重要的知识力量。随着东西方教会日益疏远（早在东西方教会于1054年最终分裂之前就已经开始），拜占庭神学家经常强调自己与西方神学的分歧（如"和子"一词），因此，这巩固了他们通过辩论性著作所表现出的神学方法的独特性。例如，拜占庭神学家倾向于从神化（deification）的角度理解拯救，而不像西方神学家那样，在法律或关系的范畴内理解。此外，炼狱教义令拜占庭神学家疑惑不解，而这个教义却在西方天主教中大行其道。在中世纪，东西方教会也尝试取得一定程度的合一，但是，复杂的政治、历史和神学因素导致东西方教会的合一难上加难。到了君士坦丁堡陷落时，东西方教会的分歧没有任何好转。

拜占庭神学的形成

要想理解拜占庭神学的独特本质，我们需要大概了解拜占庭神学的神学观。拜占庭神学家不是特别注重系统阐释基督教信仰。在他们看来，基督教神学是上帝"赐予"的，从而需要捍卫，驳斥反对者，向信徒解释。对于拜占庭的神学精神来说，"系统神学"的观念普遍有些格格不入。大马士革的约翰著有《论正统信仰》（On the Orthodox Faith），就巩固东方独特的基督教神学而言，《论正统信仰》十分重要，但是，即便是大马士革的约翰，也应当被视为信仰的解释者，而不是善于思辨或具有独创精神的思想家。

拜占庭神学可以被视为忠于阿塔那修最早在著作《论道成肉身》中确立的原则：肯定神学是说明圣徒的思想。因此，拜占庭神学（包括承袭拜占庭神学的现代希腊东正教和俄罗斯东正教的正统神学）严格以"传统"（paradosis）为导向，尤其是希腊教父的著作。例如，在这一方面，尼撒的格列高利、认信者马克西姆（Maximus the Confessor，约580—662年）和托名为"亚略巴古人狄奥尼修斯"（Dionysius the Areopagite）者等基督教神学家特别重要。

圣像争辩

在拜占庭神学史上，两场争辩特别重要。第一场爆发于公元725至842年之间，通常被称为**捣毁圣像**争辩（iconoclastic controversy）。这场争辩的起因是皇帝利奥三世（Leo Ⅲ，717—742年在位）决定捣毁圣像，理由为圣像是犹太人和穆斯林归信基督教的障碍。虽然这场争辩的政治色彩浓厚，但是，它也涉及一些极为重要的神学问题，特别是道成肉身教义在多大程度上可以证明用圣像表现上帝是合理的。

在圣像争辩中，大马士革的约翰起到了重要作用。就支持使用圣像而言，他最基本的论点之一，是他的这一信念：物质世界有能力表现精神世界，成为表现精神世界的媒介。

> 最神圣的福音书的墨汁不是物质的吗？从赐予生命的圣坛上，我们领受生命之饼，圣坛不是物质做成的吗？金银不是物质吗？然而，十字架、圣餐盘和圣餐杯都是我们用物质做成的。更为重要的是，我们主的身体和血不是物质吗？或是废弃这些东西应得的殊荣和崇敬，或是接受教会的传统，崇敬圣像。

静修争辩

第二场神学争辩爆发于14世纪，焦点是**静修**的问题。静修（hesychasm）源自希腊文hesychia，意为静默（silence）。静修是一种默想的方法，通过训练肉体，让基督徒用自己的双眼看见"上帝之光"。静修特别强调"内心的宁静"，是在内心直接得见上帝异象的方法。与静修特别有关的神学家包括新神学家西门（Simon the New Theologian，949—1022年）和1347年当选为帖撒罗尼迦（Thessalonika）大主教的格列高利·帕拉玛斯。静修的反对者认为，静修的方法经常缩小上帝与受造物的差异，上帝可以被"看见"的看法特别令他们惊恐。

面对这种批评，帕拉玛斯提出一套今天被普遍称为"帕拉玛斯主义"（Palamism）的教义体系，将上帝的能量（energies）与本质（essence）加以区分。这种区分让帕拉玛斯能为静修这种看法辩护，因为他可以证实静修能让基督徒遇见上帝的能量，而不是上帝不可见与不可名状的本质。基督徒不能直接分享上帝的本质；但是，他们可以直接分享上帝非受造的能量——上帝与基督徒合一的方式。

平信徒神学家尼古拉斯·卡巴希利斯（Nicolas Cabasilis，约 1320—约 1390 年）拥护并阐发了帕拉玛斯的神学，他的著作《活在基督里》（Life in Christ）仍是拜占庭灵修神学的经典之作。近年来，他的著作被新帕拉玛斯派神学家重新取用，如弗拉基米尔·洛斯基（Vladimir Lossky）和约翰·迈恩多夫（John Meyendorff）。

君士坦丁堡的陷落（1453 年）

1453 年，伟大的城市君士坦丁堡最终被奥斯曼土耳其的穆斯林军队攻陷，他们向君士坦丁堡的基督徒发起一场圣战，拜占庭神学的黄金时代随之结束。君士坦丁堡的陷落标志一个时代的结束。随着拜占庭陷落，大批东正教徒逃到俄罗斯，其中有许多知识与政治领袖。公元 10 世纪，通过拜占庭传教士的努力，俄罗斯人归信基督教，在 1054 年的东西方教会大分裂中，俄罗斯人支持希腊人。到了 15 世纪末，莫斯科和基辅已经牢牢确立牧首区的地位，它们各自都有自己独特的东正教神学。希腊当时是奥斯曼帝国的一部分，只是到希腊于 1829 年最终摆脱土耳其人的统治之后，希腊东正教神学才开始复兴。

可以从本章的内容清楚看出，在中世纪和文艺复兴时期，东西方的基督教神学都取得了重要进展。随后数代的神学家都把这一时期的许多贡献视为基督教神学某些领域重要的里程碑，这一时期的许多神学家被视为具有永恒的价值。对于完全理解希腊与俄罗斯东正教后来的发展而言，拜占庭的兴衰特别重要，就像经院神学和人文主义的兴起对塑造西方神学相当重要。

2.4 重要神学家

在中世纪和文艺复兴这一极具创造力的时期，出现了许多重要的神学家，以下几位特别重要，尤其值得关注。

大马士革的约翰（约 676—749 年）

大马士革的约翰是叙利亚神学家，他是东方教会最具影响力的神学家之一，通常被视为最后一位希腊教父。当时，穆斯林正横扫北非和勒朗（Levant）的大部分地区，穆斯林牢牢控制住叙利亚。约翰是在大马士革的哈里发阿卜杜勒·马利克（Abdul Malek）家中长大的，他子承父业，成为哈里发的首席财务官。关于约翰的生平，我们几乎一无所知，只能依靠后来一些不可靠的材料，得到我们今天所知的一些零散信息。大约在公元 726 至 730 年之间，他辞去在哈里发宫廷中的职务，进入耶路撒冷东南的圣撒巴斯（St. Sabas）修道院。

在职业生涯早期，约翰卷入了圣像争辩，他强烈反对想要捣毁圣像的人。荒谬的是，约翰在穆斯林宫廷的地位让他免受许多拜占庭敌人的攻击。他为使用圣像辩护，依据是道成肉身教义，认为道成肉身不仅是证实上帝愿意被人看见的基础，也是用圣像表现上帝的形象或传扬上帝真理的基础。

约翰的成名作是《智慧之泉》（*The Fountain of Wisdom*），该书由三部分组成。第一部分主要处理亚里士多德的本体论，前提显然是这有助于理解基督教教义。第二部分改写了以前埃皮法纽（Epiphanius）论异端的著作。第三部分是最重要、最有价值的，题为"正统信仰精解"（A Precise Analysis of Orthodox Faith）。在这一部分，约翰详细阐释了他从以前的神学家那里所领受的基督教信仰的基本原理。这一部分通常被视为独立的著作，简称为《论正统信仰》（*Orthodox Faith*）。说拉丁语与说希腊语的基督徒都极其重视《正统信仰》，1150年，比萨的布贡德尔（Burgundius of Pisa）将其译成拉丁文。彼得·伦巴德在《箴言四书》、托马斯·阿奎那在《神学大全》（*Summa Theologiae*）中都引用过布贡德尔的译本。

新神学家西门（949—1022年）

公元949年，西门（Simeon，或西美昂〔Symeon〕）生于小亚细亚帕夫拉戈尼亚（Paphlagonia）一个富裕家庭。11岁时，他被送到大城市君士坦丁堡继续深造。他的父母希望他将来从政，但是，他在20岁时有了一次灵性体验，让他相信直接与上帝相遇十分重要。他没有立即放弃自己的政治梦想，但是，他所经历的狂喜——遇见活生生、满有荣光的上帝——显然让他印象深刻。他在27岁时进入斯丢迪奥斯（Studios）修道院，接受敬虔者西门（Symeon the Pious）的灵性指导。为了向导师敬虔者西门表示敬意，他将自己的原名乔治改为西门。他后来进入君士坦丁堡的圣玛玛斯（St. Mamas）修道院，他被按立为神父，最终成为修道院院长。在担任院长期间，他开始革新修道院的祷告与默想生活，并完成了许多灵修论文，强调默祷和默想的力量。

就对当代东正教的影响而言，西门仍是最重要的神学家之一，反映出他极受尊重。今天拜占庭神学的许多传统主题——尤其是对道成肉身教义和"神化"就是拯救的强调——仍反映出他的神学。在东正教传统中，他被称为"新神学家西门"（Simeon the New Theologian），以区别于"福音书作者约翰"（John the Evangelist）和纳西盎的格列高利，前者被称为"神学家约翰"（John the Theologian），后者在东正教传统中被称为"神学家格列高利"（Gregory the Theologian）。

坎特伯雷的安瑟伦（约1033—1109年）

安瑟伦（Anselm）生于意大利北部，但是，他很快便移居到当时著名的学术中心法国。

他迅速掌握了逻辑和文法这两种技艺，成为诺曼底的贝克修道院极负盛名的教师。安瑟伦生活在12世纪神学复兴前夕，对两方面的神学讨论做出了决定性贡献：证明上帝的存在和合理解释基督在十字架上的死亡。

《论证》（*Proslogion*，该词其实无法翻译）大约写于1079年。在这部精彩的著作中，安瑟伦致力于建立一套论证，引人相信至善上帝的存在及其本质。结果就是我们常说的"本体论论证"（ontological argument），安瑟伦从上帝的存在推论出，上帝是"无法设想比之更伟大的存在者"（that than which nothing greater can be conceived）。这个论证从一开始就饱受争论，但是，直至今日，它仍是哲学神学最吸引人的部分之一。《论证》非常重要，因为它显然在神学问题中使用了理性，并肯定逻辑的作用。在许多方面，《论证》都代表着经院神学的精华。安瑟伦的名言"信仰寻求理解"（fides quaerens intellectum）早已广为流传。

在诺曼人于1066年入侵英国之后，安瑟伦应邀于1093年担任坎特伯雷的大主教，从而巩固了诺曼人对英国教会的影响。由于教会与君主因土地权而爆发的一系列激烈冲突，安瑟伦在英国的生活不是十分愉快。他离开英国，回到意大利述职，在此期间完成了《上帝何以化身为人》（*Cur Deus Homo*）——可能是他最重要的著作。他在书中试图合理地证明上帝化身为人的必要性，解释上帝的道成肉身和上帝之子的顺服带给人的益处。

在本书以后的部分中，我们还会详细探讨这个论证。就对"救赎论"——理解基督的死亡和复活的意义及其对人的重要性——的所有讨论而言，安瑟伦的上述论证十分重要。《上帝何以化身为人》再次展现出巅峰时期的经院神学的独特性：使用理性、逻辑缜密的论证、不遗余力地探究概念的意义，以及坚守这一基本信念：从本质上讲，基督教的福音是合理的，而且也能证明这一点。

托马斯·阿奎那（约1225—1274年）

托马斯·阿奎那生于意大利罗卡塞卡（Roccasecca）城堡，是阿基诺的兰道夫公爵（Count Landulf of Aquino）最小的儿子。从他的绰号"哑巴牛"推断，他非常胖。1244年，十九岁的阿奎那决定加入道明会——也被称为"宣道会"（Order of Preachers）。这种想法遭到他父母的强烈反对：他们宁愿阿奎那加入本笃会，将来或许能成为卡西诺山修道院院长——中世纪教会最显赫的教职之一。他的兄长们将他囚禁在自家城堡中一年，希望能迫使他改变主意。面对亲人们的百般阻挠，阿奎那没有动摇。他终于成功了，成为中世纪最著名的宗教思想家之一。据说他的一位老师曾说："那头哞哞叫的牛必将名满天下。"

阿奎那在巴黎开始求学，1248年又来到科隆。1252年，他回到巴黎学习神学。四年之后，他获得在大学教授神学的资格。在随后三年中，他讲授《马太福音》，开始撰写《驳异教大全》（*Summus contra Gentiles*）。在这部重要的著作中，阿奎那提出的论证有利于在穆斯林和犹太人中传教的基督教传教士传扬福音。1266 年，他开始撰写自己众多著作中最重要的一部——通常以拉丁名字被世人所知的《神学大全》。阿奎那在书中详细研究了基督教神学的重要主题（如理性在信仰中的作用），并分析了重要的教义问题（如基督的神性）。《神学大全》分为三部分，第二部分又分为两小部分。第一部分主要阐释作为造物主的上帝；第二部分的两小部分题为"第二部的第一部分"（prima secundae）和"第二部的第二部分"（secunda secundae），第二部分阐述人性复原成上帝的形象；第三部分思考基督的位格和工作如何拯救人类。

1273 年 12 月 6 日，阿奎那宣称不能再继续写作。他说："对于我来说，我写的一切就如草木禾秸。"他可能因过度工作而精神崩溃。1274 年 3 月 7 日，阿奎那去世。他对基督教神学做出许多重要贡献，以下这些特别重要，还会在本书其他地方讨论。

"五法"（Five Ways），论证上帝的存在；
"类比"（analogy）的原则，提供了通过受造物认识上帝的神学基础；
信仰与理性的关系。

邓斯·司各特（约 1265—1308 年）

邓斯·司各特无疑是中世纪最杰出的思想家之一。在短暂的一生中，他先后在剑桥、牛津和巴黎任教，还撰写了三版《箴言四书评注》。他经常在术语可能的意义之间做出极为细致的区分，从而被称为"精细博士"（Subtle Doctor）。就基督教神学的发展而言，他做出过许多重要贡献。在此仅特别指出他的三个贡献。

1. 司各特拥护亚里士多德的知识论。在中世纪早期，盛行一种不同的知识论，被称为**光照论**（illuminationism），可以追溯到希波的奥古斯丁，认为知识可以被理解为上帝对人类理智的光照。根特的亨利（Henry of Ghent，约 1217—1293 年）等神学家极其推崇光照论，但是，光照论受到司各特毁灭性的批判。

2. 司各特提出了**意志论**（voluntarism），认为上帝的意志先于上帝的理智。托马斯·阿奎那拥护上帝的理智居首位；基于上帝的意志在先的假设，司各特为神学指明新的研究方向。善功功德（merit）的例子可以说明他们的分歧。功德指人的道德行为被认为配得上帝的奖赏。可是，这个理论的基础是什么？阿奎那认为，上帝的理智认可人的道德行为所固有的价值，然后告诉意志进行合理的奖赏。司各特却以极为不同的思路论证：上帝凭借意志奖赏道德行为，之前不需要评估道德行为所固有的价值。这种论证对因信称义教义和预定论相当重要，以后还会更详细地探讨。

3. 司各特拥护耶稣的母亲玛利亚无罪成孕（immaculate conception）的教义。托马斯·阿奎那曾教导，玛利亚也有普通人的罪（macula），同基督以外的所有人一样也被罪所玷污。但是，司各特认为，凭借基督完美的拯救工作，他能让玛利亚不被原罪玷污。由于司各特的影响力，到了中世纪晚期，"无罪成孕论"——源自意为"无罪"（free of sin）的拉丁文 immacula——已经成为主导的教义。

奥卡姆的威廉（约 1285—1347 年）

在许多方面，奥卡姆的威廉（William of Ockham）都可以被视为发展了司各特的一些理念。特别重要的是，他坚决为意志论辩护，强调上帝的意志高于上帝的理智。但是，或许是他的哲学思想，让他在基督教神学史上永远占据一席之地。他的教导有以下两个要素。

1. **奥卡姆的剃刀**（Ockham's Razor），通常被称为"俭省原则"（Principle of parsimony）。奥卡姆的威廉坚持认为，简单（simplicity）是神学和哲学的优点。他的"剃刀"剃去了所有并非绝对必要的假设。这对他的称义神学意义重大。中世纪早期的神学家（包括托马斯·阿奎那）认为，上帝必须通过所谓的"受造的恩典习性"（created habit of grace）让罪人称义——换句话说，为了将罪人宣布为义人，上帝将一个超自然的中间体注入人的灵魂。奥卡姆的威廉认为，这种理论纯属画蛇添足，宣布称义是上帝直接接纳罪人。上帝接纳每一个罪人，这根本不需要有任何中间环节。奥卡姆的威廉认为，上帝可以直接让罪人称义，而不像阿奎那所认为的那样，需要"受造的恩典习性"这种中间体。因此，一条宽敞的大路畅通无阻：个人更容易被上帝称义，如宗教改教家的思想。

2. 奥卡姆的威廉是**唯名论**（nominalism）的坚定拥护者。从某种程度上讲，这是因为他的"剃刀"：共相（universals）被视为毫无必要的假设，因此必须被剃除。"现代方法"（modern way）在西欧的影响力越来越大，在很大程度上是因为奥卡姆的威廉。事实上，他的另一个思想也特别重要，即上帝两种能力之间的辩证。这种辩证法让奥卡姆的威廉将"事物现在的情形"与"事物原本的情形"加以对比。我们以后还会详细探讨这一点。现在只需指出，关于讨论上帝的全能——这在今天仍十分重要，奥卡姆的威廉做出了决定性贡献。

鹿特丹的伊拉斯谟（约 1469—1536 年）

德西德里乌斯·伊拉斯谟（Dersiderius Erasmus）被普遍视为文艺复兴时期最重要的人文主义者，他对 16 世纪上半叶的基督教神学产生了深远影响。他是第一批利用印刷术这种新方法宣传自己思想的神学家。就奠定 16 世纪宗教改革的知识基础而言，他做出了巨大贡献，尤其是通过大量的编辑工作，包括他出版的第一部印刷版希腊文《新约》和大量的教父著作。他的《基督徒精兵手册》（*Handbook of the Christian Soldier*）成为畅销书，也是宗教出版业的里程碑。

《基督徒精兵手册》提出了当时革命性与极具吸引力的看法：可以通过整体回归教父著作和《圣经》改革教会。伊拉斯谟提出，经常阅读《圣经》是培养新一代敬虔平信徒的关键，这是复兴、改革教会的基础。他相信，《基督徒精兵手册》可以引导平信徒阅读《圣经》，为他们简明且富有学术性地解释"基督哲学"。事实上，这种"哲学"是一套实际的道德，而不是学术性哲学。《新约》想认识善与恶，目的是让读者弃恶从善。《新约》是要求基督徒遵守的"基督的律法"（lex Christi）。基督是要求基督徒效法的榜样。然而，伊拉斯谟没有将基督教信仰仅仅理解为对道德规条的外在遵守。他是典型的人文主义者，强调内在的信仰，这让他提出阅读《圣经》能改变读者，给他们带来爱上帝和爱邻舍的新动力。伊拉斯谟还进行了大量的学术工作，其中两项对基督教神学的发展特别重要：

1. 出版第一部希腊文《新约》。如前所述，这让神学家直接读到希腊原文《新约》，这带来了爆炸性结果。

2. 出版可靠的教父著作，包括奥古斯丁的著作。因此，神学家可以完整地阅读这些重要著作，而不是必须依赖于通常被从上下文中摘出的二手引文，如《箴言四书》。结果，神学家对奥古斯丁的神学有了新的理解。对于当时的神学发展来说，这具有极其重要的意义。

2.5 重要的神学进展

在中世纪和文艺复兴时期，神学取得了重要复兴，我们将探讨的这些重要复兴集中在许多问题上，以下这些特别重要，在此只是简单介绍，以后还会在书中详细讨论其中大多数问题。在这个部分中，我们将简要介绍八个重要的神学进展，前六个关系到经院神学，后两个与人文主义有关。

巩固教父的遗产

在 12 世纪与其后的神学复兴中，基督教神学家自认为巩固并扩展了教父时期遗留下来的神学遗产。西方教会使用拉丁文，西方教会的神学家自然会阅读希波的奥古斯丁的大量著作，将其作为他们自己神学思辨的起点。彼得·伦巴德的《箴言四书》可以被视为批判地汇编主要摘自奥古斯丁的著作的"箴言"，中世纪的神学家必须注释伦巴德的《箴言四书》。

探讨理性在神学中的作用

经院神学关注的是，将基督教神学建立在完全可靠的基础之上，这个新关注让经院神学家注重探讨理性在神学中的作用，这成为经院神学最重要、最突出的特点。随着中世纪早期神学复兴的继续,两个主题开始主导神学辩论:一是需要将基督教神学**系统化并加以扩展**;二是需要证明神学**所固有的合理性**。中世纪早期的大多数神学只是重复奥古斯丁的看法,但是,越来越紧迫的是,将奥古斯丁的思想系统化,并将其进一步发展。怎样才能做到呢?急需一套"方法论"。基于哪种哲学体系才能证明基督教神学的合理性呢?

11世纪的神学家坎特伯雷的安瑟伦相信,基督教信仰是合理的。他用两句拉丁文名言表达了自己的信念,即"信仰寻求理解"和"我信,是为了我能理解"(credo ut intellegam),这两句话成为安瑟伦的名言。他的基本见解是,虽然信仰先于理解,但是,信仰的内容是合理的。这两句决定性的话肯定信仰先于理性,也肯定信仰完全合理。在《独语》(Monologium)的序言中,安瑟伦明确指出,仅仅依靠《圣经》,他什么都不能确定;但是,他所能确定的一切,都是依靠理性证据和真理的自然之光。然而,安瑟伦根本不是理性主义者——他也认为理性有其自身的局限!

在11世纪和12世纪初,神学家越来越相信,就两个不同的层面而言,哲学对基督教神学有难以估量的价值。首先,哲学能证明基督教信仰的合理性,从而为信仰辩护,驳斥非基督徒的批判。其次,哲学提供了系统探讨、处理信条的方法,因此可以更好地理解信仰。究竟是哪一种哲学呢?答案是于12世纪末和13世纪初被重新发现的亚里士多德的著作。到了1270年左右,亚里士多德已经被普遍接受为"哲学家"。他的观念逐渐主导了神学思想,却也遭到保守派的强烈反对。

通过托马斯·阿奎那和邓斯·司各特等神学家的影响力,亚里士多德的观念被牢固确立为巩固、发展基督教神学的最好方法。因此,亚里士多德的假设成为系统处理与关联基督教神学思想的基础。同样,亚里士多德的观念是证明基督教信仰符合理性的基础。因此,托马斯·阿奎那对上帝存在的一些著名证明其实依赖于亚里士多德的物理学原则,而不是出于基督教的独特见解。

起初,这种进展受到许多神学家的欢迎,他们认为,哲学提供了证明基督教信仰符合理性的重要方法——即此后所谓的"护教学"(apologetics,源自希腊文 apologia,意为辩护)。托马斯·阿奎那的《驳异教大全》便是护教学很好的例子,该书使用了亚里士多德哲学,因为他的哲学是基督徒和穆斯林都接受的,这就让基督教神学家能在穆斯林世界解释基督教信仰的魅力。有时,阿奎那的论证似乎是:如果你同意书中亚里士多德的观念,你就应当成为基督徒。许多穆斯林学者当时极其推崇亚里士多德,因此可以认为,阿奎那是在挖掘这位哲学家的护教潜力。

到了中世纪晚期,一些神学家开始担忧这种进展,如奥尔维耶托的休格利诺(Hugolino of Orvieto)。这些批判者认为,由于越来越依赖亚里士多德这位异教哲学家的观念和方法,许多重要的基督教观念似乎都已遗失。他们特别担心因信称义教义,因为亚里士多德的伦理观念对这个教义产生了巨大影响。"上帝的义"（righteousness of God）用亚里士多德的"分配正义"（distribute justice）来讨论。在此，"义"（righteousness）被定义为"给予某人他有权得到的"。这似乎令因"信"称义变成因"功德"称义。换句话说，称义的基础是权利，而不是恩典。不难看出，这种担忧导致马丁·路德越来越讨厌亚里士多德，并最终抛弃经院神学的称义教义。

神学体系的发展

如前所述，越来越迫切的是，巩固教父——尤其是奥古斯丁——的遗产。将教父遗产系统化是经院神学必不可少的一部分，这一迫切的需要促使神学发展成极为复杂的体系，当今著名的历史学家埃特纳·吉尔松将其说成"思想的大教堂"。托马斯·阿奎那的《神学大全》或许能最好地体现这种发展，该书有力地展现出经院神学内容广泛、包罗万象的特征。

圣礼神学的发展

在讨论圣礼时，初期教会没有得出明确的结论。就圣礼的定义和数目而言，初期教会几乎没有达成共识。洗礼和圣餐被普遍视为圣礼；但是，遗憾的是，关于其他可能的圣礼，教会却没能达成共识。然而，随着中世纪神学的复兴，教会在社会中的作用越来越重要。教会随之遇到一个新挑战：要为教会的公共崇拜建立一个稳固的知识基础，同时巩固崇拜的神学理论。结果，圣礼神学在这一时期迅速发展。关于圣礼的定义、数目及其确切的特性，教会都达成了共识。

恩典神学的发展

恩典神学是奥古斯丁遗产的基本要素。但是，奥古斯丁必须在激烈的争辩中阐释他的恩典神学，经常要回应对手的质疑和挑战。结果，他阐释恩典神学的著作通常缺乏系统性。他偶尔也会因时局所需而提出一些独特的观念，却难以为这些观念建立足够的神学基础——至少其中一些是这样的。中世纪的神学家认为，他们的工作是巩固奥古斯丁的恩典教义，为他的恩典论建立一个更牢固的基础，同时探究其意义。结果，恩典和称义这两个教义在中世纪有了很大发展，为以后宗教改革时期所争辩的这两个重要教义奠定了基础。

玛利亚在拯救计划中的角色

随着对恩典和称义的兴趣渐浓,神学家开始关注如何理解耶稣的母亲玛利亚在拯救中的角色。基督徒越来越喜欢将玛利亚作为灵修对象,神学家特别注重思考原罪和拯救的本质,这两个因素使关于玛利亚的一系列神学理论发展起来。其中许多理论与邓斯·司各特有关,他为圣母论(Mariology)——关于玛利亚的神学——构建了一个远比以往稳固的基础。受罪成孕派(maculists,认为玛利亚同所有人一样被原罪所玷污)与无罪成孕派(immaculists,相信玛利亚得蒙保守而未受原罪玷污)爆发了激烈争辩。此外,还爆发了是否能将玛利亚说成同为救主(coredemptrix)的争辩,即是否能将玛利亚视为同耶稣基督一样的拯救者。

直接回到基督教神学的源头

人文主义者的一项重要工作是回归西欧文化在古罗马和古雅典的源头。这个要素的神学对应物是直接回到基督教神学的基本源头,尤其是《新约》。事实上,这项工作十分重要。最显著的结果之一,是《圣经》再次受到重视,成为神学的基础。随着《圣经》越来越受重视,越来越明显的是,《圣经》现有的拉丁文译本都有一些翻译错误。《武加大译本》是最重要的,这个拉丁文译本在中世纪的影响力最大。随着修订《圣经》的译本,尤其是《武加大译本》,神学必然需要修正。《新约》的原文是希腊文,拉丁文译本又出现了错误,因此,一些教义似乎基于这些错误的译本。

人文主义者的考证技巧和哲学知识都有所提高,这暴露出《武加大译本》与原文之间的差异,从而为教义改革开辟了道路。正因为如此,人文主义才对中世纪的神学发展产生了决定性影响:揭示出《武加大译本》并不可靠,因此,一些基于这个拉丁文译本的神学观念似乎也不足为信。这样,中世纪一些神学发展在《圣经》中的基础遭到了质疑,如人文主义者的学术成就对一些根本的《圣经》译本提出了质疑。我们以后还会进一步探讨这个问题;它无疑是这一时期基督教神学史上最重要的发展之一。

批判《武加大译本》

人文主义的文学与文化计划可以概括为一句拉丁文口号:"回到源头"。在基督教会中,这句口号意味着直接回到基督教的"所有权契据"(title-deeds)——教父著作,尤其是《圣经》,并研读原文的《圣经》,即必须直接阅读希腊原文的《新约》。

1516年,伊拉斯谟出版了第一部印刷版的希腊文《新约》。伊拉斯谟这一版的可信度不如预期的高:就《新约》的大部分书卷而言,他只参照了四种抄本,而《新约》的最后一卷书《启示录》仅参照了一种。事实上,他所参照的《启示录》的抄本缺少五节经文,他必须将《武加大译本》的这五节经文译成希腊文。尽管如此,他翻译的《新约》仍是文学上的里程碑。神学家第一次有机会比较希腊原文的《新约》与其后来的拉丁文译本《武加大译本》。

根据意大利人文主义者洛伦佐·瓦拉（Lorenzo Valla，1406—1457年）之前的研究，伊拉斯谟指出，在《武加大译本》中，《新约》的几处重要译文是错误的。这些译文通常用来支持中世纪教会的许多习俗和信仰，因此，伊拉斯谟的结论不仅让许多想要保留这些习俗和信仰的天主教保守派大为震惊，也使希望废除它们的宗教改革家非常高兴。两个典型的错译足以说明伊拉斯谟的圣经研究成果的意义。

1.《武加大译本》将耶稣开始传道的第一句话译成"天国近了，你们应当**忏悔**"（参马太福音4：17）。这样的翻译说明，天国的到来直接关系到告解（忏悔）这一圣礼。伊拉斯谟指出，这节经文的希腊原文应当译成"天国近了，你们应当**悔改**"。换句话说，《武加大译本》翻译的这节经文似乎指外在的仪式（告解的圣礼）。伊拉斯谟坚持认为，这节经文的原文指内心的态度，即"悔改"的态度。支持中世纪圣礼制度的一个重要依据再次受到质疑。

2. 根据《武加大译本》翻译的《路加福音》1章2节，天使加百列所问安的玛利亚是"充满恩典的人（gratia plena）"，说明玛利亚储藏了无尽的恩典，可以在需要的时候取用。伊拉斯谟指出，希腊原文只是意为"蒙恩的人"或"得到恩典的人"。玛利亚是得到上帝恩典的人，不一定是能向其他人施予恩典的人。因此，人文主义者的新约研究成果似乎又一次质疑了中世纪神学一个重要进展的圣经依据。

这些进展削弱了《武加大译本》的可信度，并开辟了一条道路：基于对《圣经》更好的理解修正神学。这也说明圣经研究对神学的重要性。绝不允许将神学建立在错误译文的基础之上！因此，在16世纪20年代，圣经研究对基督教神学的重要性得到肯定。这也带来宗教改革时期所关注的神学问题，我们将在下一章探讨。

在下一章中，我们将探讨广为人知的宗教改革运动的爆发。一般认为，宗教改革确立了现代西方基督教的区别性特征，无论是天主教，还是新教。

重要术语

你在本章遇到以下术语，它们会在书中多次出现，请务必熟记！每一个术语都有页码索引，可以帮你在书中迅速找到它们。标有 * 的术语将在以后的章节中更详细地探讨。

回到源头（ad fontes）

护教学（apologetics）

拜占庭（Byzantine）

* 五法（Five Ways）

第二章 中世纪与文艺复兴时期（约700—约1500年）

静修（hesychasm）

人文主义（humanism）

捣毁圣像（iconoclastic）

无罪成孕（immaculate conception）

中世纪的（medieval）

中世纪（Middle Ages）

奥卡姆的剃刀（Ockham's razor）

*本体论论证（ontological argument）

文艺复兴（Renaissance）

经院神学（Scholasticism）

*救赎论（theories of the atonement）

*上帝的两种能力（two powers of God）

*意志论（voluntarism）

《武加大译本》（Vulgate）

研讨问题

1. 在中世纪和文艺复兴时期，西方大多数神学家说哪种语言？
2. "人文主义者是研究古罗马的学者"。这个定义对你有帮助吗？
3. 经院神学的主题是什么？
4. 神学家在圣像争辩中争辩的问题是什么？
5. 中世纪的神学家为什么非常关注圣礼神学？
6. "回到源头"这个拉丁文口号是什么意思？

第三章 宗教改革时期（约 1500—约 1750 年）

基督教神学在中世纪取得了重要的发展和变化。在鼎盛时期，中世纪对基督教神学做出一些极其重要的贡献。然而，在 15 世纪，这一迷人时期的许多学者发觉一种疲惫感和知识活力的丧失。这时，文艺复兴深化了对许多神学教育与学术中心的影响，从而令建立起新的神学范式、用新的方法说明神学紧迫起来。在西欧，基督教神学的方法、概念和术语发生重要变化的时机已经成熟。从历史上看，这一范式转变（paradigm shift）始于 16 世纪初。虽然我们在讨论的这场运动非常复杂，但是，我们通常只用一个词来称呼：宗教改革。

3.1 宗教改革概况

西方基督教神学于 16 世纪进入一个重要的新阶段。新的神学范式取代了中世纪基督教神学的风格。最重要的进展是西欧教会的宗教改革，诸多运动试图推动西方教会的信仰体系、道德和体制回归更符合《圣经》的基础，因此，宗教改革爆发了。在基督教史的这个阶段，基督教几乎只是欧洲的宗教，但是，随着基督教扩张到世界新的地区，宗教改革注定会对其后全世界基督教神学的发展产生重大影响。

起初，宗教改革导致欧洲大批新教宗派形成，随后又促成欧洲天主教的改革和复兴，最后不可避免地引起新教与天主教、新教各宗派的冲突。对于历史学家来说，这一时期的重要性在于宗教改革造成的社会与政治后果：分宗派的欧洲诞生了；新教和天主教的改革（通常被分别称为"第二次宗教改革"和"天主教改革"）深化了；所谓的激进派改革爆发了；世俗与教会当局强化了宗教、生活和性这些方面的纪律；埋下了宗教战争的祸根。

然而，我们将在本章看到，宗教改革对现代基督教神学的发展至关重要。在宗教改革后期，基督教取得一个特别重要的进展，即西欧基督教开始从欧洲向世界其他地区扩张。英国清教徒在马萨诸塞湾定居，西班牙和葡萄牙的传教士到南美洲传教，这为基督教进一步扩张开辟了道路，也对现代神学有越来越重要的意义。

一场宗教改革？抑或多场宗教改革？

从传统上讲，"宗教改革"一词被历史学家和神学家用来指西欧的这场运动：以马丁·路德、胡尔德里希·茨温利（Huldrych Zwingli）和约翰·加尔文等神学家为中心，关注于改革欧洲教会的道德、神学和体制。就当时席卷整个欧洲的这场改革运动而言，近年来的学术成果正确说明，我们应当说"多场改革运动"。使用"多场改革运动"一词不仅保障了主流新教改革运动的意义，也认可了这一事实：在宗教改革时期，还爆发了天主教改革、激进派改革、我们现在普遍所说的"第二次宗教改革"。

从最初直到1525年左右，宗教改革可以被视为以马丁·路德和今天德国东北部的维腾堡大学（University of Wittenberg）为中心。但是，在16世纪20年代初，宗教改革最初也在瑞士的苏黎世独自进行。经过许多复杂的发展之后，瑞士的宗教改革逐渐经历了一系列政治与神学演变，最终与日内瓦和加尔文联系在一起。（日内瓦今天属于瑞士，但是，它当时是独立的国家。）

宗教改革非常复杂，也不是一场整齐划一的运动，它的议题不只是改革教会的教义，还涉及社会、政治、经济的根本问题，这些问题错综复杂，根本不可能在本书详述。宗教改革的议题因国而异，例如，在德国非常重要的神学问题通常在英国的影响力相对较小。

为了回应新教改革，天主教着手整顿内部秩序。起初，由于法国与德国的紧张关系在欧洲造成的政治动荡，教宗保罗三世（Paul III）难以顺利召开大公会议，但是，他最终于1545年召开了特伦托会议。此次会议旨在阐释、捍卫天主教的观念和习俗，驳斥福音派反对者的批评。

宗教改革本身是西欧的现象，尤其以西欧的中部和北部为中心，但是，加尔文主义（Calvinism）向东渗透到匈牙利。后来，尤其在1600年之后，大量移民来到北美，且移民数量越来越多，他们将宗教改革之后的新教神学和天主教神学带到北美。哈佛学院是新英格兰早期神学教育的中心之一。在远东，包括印度、中国和日本，耶稣会（Society of Jesus）进行了大量的传教工作。基督教神学逐渐从西欧的基地向外扩张，最终成为一种全球现象——这一进展在现代最终完成，我们很快会再来探讨。现在，我们先来思考与宗教改革和后宗教改革时期相关的术语。

3.2 宗教改革的动力

正是因为被称为"宗教改革"的运动非常复杂，这个术语才被以广泛不同的意义使用。有时，"宗教改革"一词用作复数"诸多宗教改革"，旨在强调一个不争的历史事实，即西欧当时爆发了多场改革运动，它们通常爆发在不同地区，有不同的宗教议题。在文献中，我们会读到六种不同意义的"宗教改革"：

1. 德国宗教改革，路德宗（Lutheranism）从中诞生；
2. 瑞士宗教改革，从中诞生了基督教的归正宗（Reformed Church），通常被称为"加尔文主义"；
3. "激进派宗教改革"，通常仍被称为"再洗礼派"（Anabaptism）；
4. 英国宗教改革，从中诞生了一种独特的基督教，被称为"圣公会"（Anglicanism）；
5. "天主教改革"，有时被称为"反宗教改革"（Counter-Reformation）；
6. "第二次宗教改革"，爆发在新教内部。

广义上讲，"宗教改革"一词用来指所有这些运动。

"新教徒"一词需要解释。该词源自1529年2月的施派尔帝国会议（Diet of Speyer）的后果：此次帝国会议投票表决不再宽容德国的路德宗。1529年4月，这项压迫性措施引起德国六位选帝侯和十四座城市的抗议，他们要求捍卫良心的自由和弱势群体的信仰权利。"新教徒"（Protestant）一词源自这次抗议，指反对施派尔帝国会议压迫的"抗议者"（protesters）。因此，严格来讲，"新教徒"用来指1529年4月之前的人或事构成了"新教改革"是错误的。在此之前，"福音派"（evangelical）一词通常在文献中用来指维腾堡大学和其他地区（如法国和瑞士）的少数改革派。"新教徒"广泛用来指1529年4月之前的人或事，但是，严格地讲，这种用法犯了时代错误。

德国宗教改革：路德宗

路德宗改革运动尤其与德国和马丁·路德（1483—1546年）这名极具魅力与影响力的基督徒有关。路德特别关注因信称义的教义，这是他宗教思想的核心。起初，路德宗改革运动是一场学术运动，旨在改革维腾堡大学的神学教育。维腾堡大学不是非常重要，路德与其在神学系的同工发起的改革几乎不受关注。路德自己的举动引起外界的广泛关注，让维腾堡大学内盛行的观念有了更多听众。例如，他于1517年10月31日张贴了举世闻名的《九十五条论纲》（Ninety-five Theses），抗议为重建罗马圣彼得大教堂而销售赎罪券（indulgence）。

事实上，路德宗改革运动始于1522年，就是路德从被迫藏匿的瓦特堡（Wartburg）回到维腾堡时。1521年，沃尔姆斯帝国会议（Diet of Worms）谴责了路德，罪名是"虚假教义"。由于担心他的安危，几位支持他的贵族秘密将他转移到艾森巴赫（Eisenbach）的瓦特堡城堡，直到他的安全有了保障。当路德不在维腾堡时，安德烈斯·博登施泰因·冯·卡尔施塔特（Andreas Bodenstein Von Karlstadt）——路德在维腾堡大学的同工——开始改革，但是，他的改革在维腾堡造成混乱。这让路德相信，只有他出面，改革才不会被卡尔施塔特的莽撞葬送。路德结束了安稳的生活，回到维腾堡。

这时，路德的学术改革演变成教会与社会改革。他的活动不再局限于大学的思想世界；他现在发现，他俨然变成一场宗教、社会和政治改革运动的领袖，在一些当代观察家看来，这场改革运动为欧洲的社会与宗教新秩序开辟了道路。事实上，路德的改革远比他的几位归正宗同道保守，如胡尔德里希·茨温利。此外，他的改革远没一些人期望的那样成功。

除了扩张到斯堪的那维亚（Scandinavia），路德宗始终未能走出德国，建立强大的基地，就像即将落下、熟透的苹果。在路德的理解中，"敬虔的王子"能有效确保君主掌控教会，但是，事与愿违，他的这种理解似乎没有多少吸引力，尤其是对比加尔文等归正宗思想家普遍具有的共和思想之后。英国尤其能说明这一点：主导英国的新教神学是归正宗神学，而不是路德宗神学，这同低地国家的情况一样。

瑞士宗教改革：归正宗

瑞士宗教改革产生了归正宗的许多教会，如长老会（Presbyterian Church）。瑞士宗教改革源于瑞士联邦（Confederatio Helvetica）于16世纪初的一些进展。德国宗教改革主要源于学术界，而归正宗改革植根于一系列改革教会的崇拜和道德的尝试（不一定改革教会的教义），目的是让教会的崇拜和道德更符合《圣经》的标准。必须强调，尽管约翰·加尔文（1509—1564年）最终确立了归正宗的这种改革模式，但是，归正宗的起源可以追溯到以前的改教家，他们都生活在瑞士的重要城市苏黎世，如胡尔德里希·茨温利（1484—1531年）和海因里希·布林格（Heinrich Bullinger，1504—1575年）。

早期的大多数归正宗神学家都有学术背景，如茨温利，但是，从本质上讲，他们的改革不是学术性的。他们的目标是自己在瑞士建立的教会，如苏黎世、伯尔尼和巴塞尔的教会。路德相信，在自己的社会与宗教改革中，因信称义教义至关重要；相对来说，早期的归正宗神学家却不是十分关注教义，更不用说某一个教义。他们的重点在于制度、社会和道德的改革，在许多方面类似于人文主义者所倡导的改革。

1531年，茨温利阵亡，在他的继任者海因里希·布林格的领导之下，苏黎世的宗教改革稳步前进。到了16世纪50年代，日内瓦成为归正宗的权力中心，约翰·加尔文成为日内瓦的主要代言人。一般认为，归正宗在这一时期得以巩固。在16世纪20到60年代之间，归正宗的权力逐渐转移（最初从苏黎世到伯尔尼，又从伯尔尼到日内瓦），最终在日内瓦牢固确立，其政治制度（共和制）和宗教思想家〔加尔文和继任者西奥多·伯撒（Theodore Beza）〕成为了主导。这一进展得以进一步巩固，因为以训练归正宗牧师为宗旨的日内瓦学院（Genevan Academy）于1559年成立。1815年，日内瓦成为瑞士的一部分，但是，在拿破仑战争之后，宗教改革时期，日内瓦又成为独立的城邦。这意味着，"瑞士宗教改革"一词用在这一时期有些随意，而且还犯下了时代错误。

"加尔文主义"一词通常用来指归正宗的宗教思想。尽管在有关宗教改革的文献中经常可以读到"加尔文主义",但是,现在普遍不赞同这种用法。事实上,越来越明显的是,16世纪后期的归正宗神学开始引用加尔文以外其他人的观念。将16世纪后期和17世纪的归正宗神学称为"加尔文主义"意味着,这一时期的归正宗神学基本是加尔文的神学;但是,现在公认的看法是,加尔文的继承者巧妙地修改了他的神学。现在,"归正宗"一词更多被用来指主要位于瑞士、低地国家和德国的教会或西奥多·伯撒、威廉·珀金斯(William Perkins)和约翰·欧文(John Owen)等基督教思想家,因为这些教会和神学家的观念基于加尔文著名的宗教教科书《基督教要义》(*Institutes of the Christian Religion*)或以《基督教要义》为基础的教会文件,如1563年出版的颇具影响力的《海德堡教义问答》(*Heidelberg Catechism*)。

激进派宗教改革:再洗礼派

"再洗礼派"(Anabaptist)一词的字面意义是"再施洗者"(re-baptizer),指再洗礼派可能最独特的传统:坚持认为只有当众宣认信仰的人才应该受洗。再洗礼的观念似乎源于苏黎世附近,在茨温利于16世纪20年代初在苏黎世进行改革之后。再洗礼派的领袖〔其中之一是康拉德·格雷贝尔(Conrad Grebel,约1498—1526年〕)认为,茨温利没有信守自己的改革原则,而是说一套、做一套。茨温利声明忠于"惟靠圣经"(sola scriptura)的神学原则,但是,格雷贝尔认为,茨温利保留了许多既不被《圣经》允许也不是《圣经》要求的传统——包括婴儿洗礼、政教的紧密关系和基督徒参加战争。格雷贝尔等思想家对**惟靠圣经**的理解是极端的;归正宗基督徒只相信并奉行《圣经》明确的教导。这令茨温利惊恐万分,认为再洗礼派是破坏稳定的运动,可能割裂苏黎世归正宗教会的历史渊源及其与以往基督教传统的延续性。

再洗礼派运动不是整齐划一的运动,但是,可以看出这场运动有许多共同的基本原则:普遍不相信外在的权威;否定婴儿洗礼,主张为成年信徒施洗;凡物公用;强调和平主义和不抵抗主义。以第三个基本原则为例:1527年,苏黎世、伯尔尼和圣加伦(St Gallen)的政府提出控诉,指责再洗礼派相信"任何真基督徒都不能依靠资本获利;所有世俗物品都是免费共享的,所有人都完全有权享用它们"。

正是因为这个原因,再洗礼派经常被称为"宗教改革的左派"〔罗兰·班顿(Roland H. Bainton)〕或"极端派宗教改革"〔乔治·亨斯顿·威廉姆斯(George Hunston Williams)〕。对于威廉姆斯来说,"极端派宗教改革"与被他笼统等同于路德宗改革和归正宗改革的"官化宗教改革"(magisterial Reformation)截然不同。这些术语在宗教改革的学术研究中越来越被接受,你可能会在近年来的相关研究中经常遇到它们。

英国宗教改革：圣公会

同欧洲大陆的宗教改革相比，英国宗教改革走上了略有不同的道路。在英国教会内部，的确有人迫切希望改革——至少在某种程度上是这样的，但是，英国教会改革的主导力量是1509年登上王位的亨利八世（Henry VIII，1491—1547年）。1527年，亨利八世迈出了改革的第一步，解除了自己与阿拉贡的凯瑟琳（Catherine of Aragon）的婚姻。这个决定是因为亨利八世想确保英国王位的顺利继承。他与阿拉贡的凯瑟琳只生下一个女儿玛丽·都铎（Mary Tudor）；亨利八世想要一位男性继承人。他希望再婚，可是，教宗拒绝解除或废除亨利八世与阿拉贡的凯瑟琳的婚姻。

教宗禁止亨利八世离婚导致了英国宗教改革的观点未免过于简单。然而，这无疑是促使亨利八世开始在英国限制教宗权力的因素之一，他逐渐采取了用自己的权力取代教宗权力的政策。创建英国国教是这一政治构想的一部分。亨利八世似乎不关心神学或教义的问题，而是更在意宗教与政治的实际权力。他决定将托马斯·克兰麦（Thomas Cranmer，1489—1556年）任命为坎特伯雷的大主教，这至少令新教对英国教会产生了一定影响。

1547年，亨利八世去世，他的儿子爱德华六世（Edward VI，1537—1553年）继承了王位。爱德华六世继位时只有九岁；结果，实权旁落到他的顾问手中，他们普遍都是信仰坚定的新教徒。爱德华六世在位期间，克兰麦一直担任坎特伯雷的大主教，从而能推行显然属于新教的公共崇拜仪式，鼓励主要的新教思想家〔如马丁·布塞（Martin Bucer）和彼得·马图·韦米利（Peter Martyr Vermigli）〕定居英国，在神学上指导英国宗教改革。但是，爱德华六世于1553年意外去世，这导致英国的宗教不断变换。

爱德华六世的继任者是玛丽·都铎（1516—1558年），她是十分敬虔的天主教徒。她采取一系列迫害新教的政策，恢复了天主教最初在英国的地位。她的一些政策很不得人心，特别是1556年在牛津当众烧死了托马斯·克兰麦。温和的天主教徒雷金纳德·波尔（Reginald Pole）接替克兰麦出任坎特伯雷的大主教。到了玛丽·都铎于1558年早逝时，天主教还未在英国重新站稳脚跟。玛丽·都铎同父异母的妹妹伊丽莎白一世（Elizabeth I，1533—1603年）继承了王位，伊丽莎白一世可能采取哪种宗教政策当时尚不完全明朗。

结果，伊丽莎白一世采取了复杂的政策，可能旨在安抚新教徒和天主教徒，同时让女王在宗教事务中享有至高无上的权力。通常所说的"伊丽莎白解决方案"（Elizabethan Settlement，1558—1559年）将英国国教改革成归正宗主教制教会：信仰上基本是新教，崇拜礼仪更接近于天主教。事实上，没有人完全满意这个结果，都将其视为一种妥协；但是，这种结果却让英国走出宗教紧张期，避免了当时肆虐欧洲其他国家的宗教战争。

天主教改革

"天主教改革"一词经常用来指天主教于1545年特伦托会议之后的复兴。在较老的学术著作中,天主教改革通常被称为"反宗教改革"(Counter-Reformation):顾名思义,为了限制新教的影响力,天主教逐渐完善了对抗新教的方法。但是,越来越明显的是,为了回击新教改革,让新教徒不再有批判的理由,天主教在内部进行了一定程度的改革。从这种意义上讲,天主教改革既是内部改革,也是为了回击新教改革。

北欧的新教改革所关注的问题同样促成了天主教的复兴,尤其是在西班牙和意大利。特伦托会议是天主教改革最重要的部分,澄清了天主教对许多令人困惑的问题的教导,并进行了急需的改革:神职人员的行为、教纪、宗教教育和传教活动。

许多老修会的改革和新修会(如耶稣会)的成立极大地促进了天主教的改革运动。就天主教改革中更具体的神学问题而言,我们还会思考天主教对《圣经》与传统、因信称义和圣礼的教导。由于天主教改革,许多最初被要求改革的弊端——不论是人文主义者要求的,还是新教徒要求的——都被根除了。

第二次宗教改革:制定信纲

今天被普遍称为"第二次宗教改革"的时期,力图巩固宗教改革最初阶段的见解和成就。形成了一系列对基督教神学的系统阐释,这巩固了改教家的见解,他们的见解也被编辑成书。这个过程通常被称为"认信"(confessionalization),意思是诞生了各种参照"制定信纲"(Confessions of Faith),如《奥格斯堡信纲》(1530年)来界定自身的基督教。随着新教发展壮大,新教不同宗派的关系越来越紧张——尤其是路德宗与归正宗的关系,并最终达到以前新教与天主教之间的那种紧张关系。

这可以在路德宗和归正宗的神学中看出。在以下部分中,我们将集中探讨归正宗的情况,这特别能说明问题。在加尔文去世之后,归正宗神学家开始关注研究神学的方法,即系统组织观念并对其进行条理清晰的推理。归正宗神学家发现,他们必须为自己的观念辩护,驳斥路德宗和天主教的反对者。加尔文有些怀疑亚里士多德哲学(Aristotelianism),但是,现在,归正宗神学家将亚里士多德哲学视为盟友。就证明加尔文主义的内在一致性和连贯性而言,亚里士多德哲学越来越重要。结果,许多加尔文派神学家转向亚里士多德,希望他探讨方法的著作能启发他们,告诉他们如何将神学建立在更牢固的理性基础之上。

要想理解这些进展的原因,我们需要思考欧洲16世纪后半叶的政治局势,尤其是德国的。到了16世纪50年代,路德宗和天主教已在德国的不同地区站稳了脚跟。基督教陷入僵局,路德宗不可能再扩张到天主教地区。因此,路德宗神学家集中精力在学术层面捍卫路德宗,证明它的教义符合《圣经》及其内在的一致性。他们相信,凭借证明路德宗在知识层面的优越性，他们能让路德宗吸引那些对自己的信仰体系倍感失望的天主教徒。

事与愿违，天主教神学家的回应是，援引托马斯·阿奎那的著作，撰写越来越复杂的系统神学著作。在天主教内部，耶稣会（1543年成立）迅速将自己建设成一股重要的知识力量。就在知识领域为天主教辩护而言，耶稣会的重要神学家做出了重要贡献，如罗贝托·贝拉明（Roberto Bellarmine，1542—1621年）和弗朗西斯科·德·苏亚雷斯（Francisco de Suárez，1548—1617年）。

在16世纪60至70年代之间，德国的局势更加复杂，加尔文主义渗透到路德宗以前的领地，在这里站稳了脚跟。现在，基督教三个重要的宗派在同一地区得以牢固建立：路德宗、归正宗和天主教。这三个宗派都顶着确立自己独特身份的巨大压力。路德宗基督徒必须分别解释自己如何不同于归正宗基督徒和天主教徒。事实上，教义是确立身份、解释彼此之间差异最可靠的方法："我们这样相信，但是，他们那样相信。"从1559到1622年，路德宗、归正宗和天主教都开始强调自己的教义，由于这个显著特点，这一时期被普遍称为"正统时期"。一种新的经院神学开始在新教和天主教的神学家中形成，他们都极力证明自己神学体系的合理性和全备性。

路德宗与加尔文主义在许多方面都非常相似。它们都自称是福音派，或多或少都否定中世纪天主教某些核心教义。但是，应当把它们加以区分。就大多数教义而言，路德宗与归正宗的基督徒基本上达成了共识。然而，他们在一个问题上彻底分裂：预定教义。从某种程度上讲，归正宗基督徒从1559到1622年对预定教义的强调反映出一个事实，即这个教义将归正宗基督徒与路德宗基督徒明确区分开。

在宗教改革时期，以下两个进展特别重要：

再次关注神学方法 相对来说，路德和加尔文等改教家很少关注方法问题。对于他们来说，神学的主要目的是解释《圣经》。的确，加尔文的《基督教要义》可以被视为一部"圣经神学"，条理清晰地阐释了《圣经》的基本观念。加尔文的继任者是西奥多·伯撒，他是日内瓦学院（为整个欧洲培养归正宗牧师）的院长，但是，可以在伯撒的著作中看到，归正宗神学家再次关注方法问题——如前所述。逻辑地编排材料与基于某些基本原则处理材料，被认为是至关重要的。或许，在西奥多·伯撒阐释预定教义时，这一进展的影响力表现得最为明显，我们以后会讲到。

系统神学著作的发展 经院神学在路德宗、归正宗和天主教内的兴起，导致篇幅浩大的系统神学著作出现了，它们在许多方面都能与托马斯·阿奎那的《神学大全》媲美。这些著作旨在细致全面地解释基督教信仰，证明他们看法的优点和反对者见解的弱点。

3.3 宗教改革之后的运动

在新教和天主教的改革之后，是各自在内部巩固神学的一段时期。在新教内部，路德宗和归正宗（或"加尔文派"）都开始了一段所谓的"正统时期"，特点是强调教义的规范和定义。尽管赞同这种教义倾向，但是，清教（Puritanism）更强调实际的灵性和牧养工作。相反，敬虔主义（Pietism）不赞同这样强调教义，觉得强调正统教义使基督徒需要有"活的信仰"微不足道。在特伦托会议之后的天主教中，天主教传统的延续性越来越受重视，新教被视为革新派，因此是异端。

天主教的巩固

特伦托会议（1545—1563年）是天主教对宗教改革的最终回应。此次会议的主要成就可以概括如下：第一，此次会议纠正了天主教内导致宗教改革爆发的问题，采取措施消除了教会内的腐败和恶习。第二，此次会议着手制定天主教对基督教神学一些核心观念的教义主线，它们因宗教改革而饱受争议，如《圣经》与传统的关系、因信称义教义和圣礼的本质与功效。（应当指出，此次会议没有讨论基督论和三位一体教义，正是因为它们不是天主教与新教反对者所要争辩的。）结果，天主教已经准备就绪，随时可以应对新教反对者的挑战。在16世纪最后几十年，天主教能自信并不断地对新教进行影响深远的批判。

天主教在教父研究中取得的学术成就，是天主教重燃自信最明显的表现之一。起初，新教徒十分有效地运用了教父，以致16世纪中期的一些天主教神学家认为，奥古斯丁等教父原本是新教徒。但是，到了16世纪末，天主教神学家越来越确信，他们才是教父的继承者。确立与教父的延续性最重要的著作是马格林·德·拉·比涅（Marguerin de la Bigne）于1575年出版的八卷本巨著《教父书库》（*Library of the Fathers*）。此后，安托万·阿尔诺（Antoine Aenauld）和皮埃尔·尼科尔（Pierre Nicole）等天主教神学家也对此做出了重要贡献。

天主教神学家对天主教传统的延续性重燃自信，这令他们越来越强调天主教教义的不变性。雅克·贝尼格·波舒哀（Jacque-Benigne Bossuet，1627—1704年）是其中最著名的，他的《新教演变史》（*History of the Variations of the Protestant Churches*）成为天主教徒与新教徒论战的重要武器。波舒哀认为，教会教义历代以来始终没变。新教徒偏离了教会教义，他们或是发明一些新教义，或是否认一些核心教义。因此，他们丧失了被尊为正统的权利。耶稣的十二使徒已经把亘古不变的真理传给了继任者，必须将真理世代谨守相传。

> 教会的教导亘古不变。……福音仍是以前的福音，从未改变。因此，无论何人，不论何时，只要说信仰包括一些昨天不被视为"信仰的"东西，就是异端，

绝不是正统。认清虚假的教义或关于虚假教义的论证非常简单；不论何时出现，它都会被立刻识破，原因非常简单：它是新的。

拉丁文口号**亘古不变**（semper eadem）在天主教驳斥新教中十分重要。对于波舒哀来说，可以轻易证明新教是创新，因此是异端。

在这一巩固期，还爆发了许多重要的神学争辩。其中两场特别重要，都是关于恩典与人的自由意志之间的关系。**莫里纳主义**（Molinism）以耶稣会神学家路易斯·德·莫里纳（Lius de Molina，1535—1600年）命名，莫里纳主义提出一套似乎肯定人的自由意志的神学框架，同时承认当人归信上帝时，上帝起到了决定性作用。为了解决这个矛盾，莫里纳提出了"间接知识"（mediate knowledge），上帝借此知道每一个人对各种环境的回应。这让上帝自由地决定这些环境，由此得出的结论是，人对各种环境的回应仍是自由的。

莫里纳主义遭到**詹森主义**（Jansenism）的反对，这场运动得名于伊普尔的主教利尼利斯·詹森（Cornelius Jansen the Bishop of Ypres，1585—1638年）。詹森解释了希波的奥古斯丁论恩典的著作，在批判者看来，他的解释方法让他更接近新教，而不是天主教。1640年，詹森的《奥古斯丁》（Augustine）在他死后出版，他在书中提出，奥古斯丁教导人不能抗拒上帝的恩典，恩典的功效不取决于人是否同意领受恩典。詹森主义于17世纪在法国的影响力特别大，吸引到布莱斯·帕斯卡（Blaise Pascal，1623—1662年）等支持者。

清教

在16世纪末的英国，出现了英语世界最重要的神学流派之一。或许，我们最好将清教理解为归正宗正统的一种，特别强调信仰的经验和牧养。清教的重要神学家有威廉·珀金斯（1558—1602年）、威廉·埃姆斯（William Ames，1576—1633年）和约翰·欧文（1618—1683年），他们的著作明显深受西奥多·伯撒的影响，尤其是这两方面的教导：基督之死的意义和上帝在他的眷顾（providence）与拣选方面的主权。

近年来，学者特别关注清教的教牧神学。17世纪初的清教神学家努力将神学的重点放在实际的教牧问题上，如劳伦斯·查德顿（Laurence Chaderton）、约翰·多德（John Dod）和阿瑟·希德森（Arthur Hildersam）。普遍认为，清教的教牧传统在理查德·巴克斯特（Richard Baxter，1615—1691年）的牧养和著作中达到顶峰。从某种程度上讲，巴克斯特的名望应归功于他的巨著《基督教指南》（Christian Directory，1673）。该书共有四卷，阐释如何在日常生活中将神学付诸实践。但是，巴克斯特最著名的教牧神学著作仍是《新牧人》（Reformed Pastor，1656），该书从清教徒的角度阐释教牧问题。

清教是英国17世纪初一股重要的神学与政治力量，但是，它最重要的发展是在新大陆。国王查理一世（Charles I）对清教徒的宗教镇压政策迫使他们离开英国，殖民到北美洲东海岸。结果，在 17 世纪，清教成为塑造北美基督教的重要力量。美国最重要的清教神学家是乔纳森·爱德华兹（Jonathan Edwards, 1703—1758 年），他将清教徒对上帝主权的强调与积极解决理性世界观的兴起所提出的新问题结合在一起。时局急需他成为灵性导师，尤其是在 18 世纪的"大觉醒运动"（Great Awakening）之后（他在其中起到了重要，也许是决定性的作用），但是，他的神学在实践中很好地表达出来，尤其是在他的伦理学中。他的《哥林多前书》13 章的一系列讲章于 1746 年出版，书名是《慈爱与它的果实》（*Charity and Its Fruits*）。

在某些方面，特别是基督教经验方面，清教与敬虔主义非常相似，我们现在就来探讨敬虔主义。

敬虔主义

随着正统主义在主流新教中越来越有影响力，它潜在的缺陷和弱点暴露无遗。正统主义充其量只是注重为所谓的基督教真理进行理性辩护，热衷于教义的正确性。然而，这时常给人留下的印象是，正统主义关心逻辑缜密的学术，而不注重将神学应用到日常的实际生活。"敬虔主义"（Pietism）源自拉丁文 pietas〔最准确的翻译是"敬虔"（piety）或"敬神"（godliness）〕，它最初是贬义词，被这场运动的反对者用来讥讽这场运动强调基督教教义对基督徒日常生活的重要性。

敬虔主义运动通常被视为始于菲利普·雅克布·斯彭内尔（Philip Jakob Spener）于 1675 年出版《渴慕虔诚》（*Pia Desideria*）。在该书中，斯彭内尔为德国路德宗在三十年战争（1618—1648 年）之后的悲惨状况感到悲痛，他提出了复兴当时教会的建议。最重要的建议是再次强调个人研读《圣经》。斯彭内尔的建议遭到学术神学家的嘲笑；但是，他的建议在德国教会是有影响力的，反映出当时社会对正统派无力应对三十年战争期间骇人听闻的社会状况越来越失望，越来越没有耐心。对于敬虔主义来说，教义改革必须始终与生活改革同时进行。

敬虔主义沿着许多方向发展，尤其是在英国和德国。在这场运动的诸多代表中，以下两位应当特别关注。

1. 尼古拉斯·路德维希·冯·亲岑道夫（Nikolaus Ludwig von Zinzendorf, 1700—1760 年）建立了普遍所说的"守望村"（Herrnhuter）的敬虔派社群。〔"守望村"以德国村庄胡恩赫特（Herrnhut）命名。〕亲岑道夫疏远了当时他所说的乏味的理性主义和空洞的正统主义，强调"心的信仰"的重要性，以基督与信徒之间亲密的个人关系为基础。他再次强调（同理性或正统主义对立的）"情感"在基督教生活中的作用，这可以被视作为德国后来宗教思想的浪漫主义奠定了基础。亲岑道夫所强调的个人信仰通过"活的信仰"这个口号得以表达，以此反对正统新教提倡信纲式的死板教条。这些观念将分别被施莱尔马赫和约翰·卫斯理（John Wesley）继承发展。可以认为，约翰·卫斯理将敬虔主义引入英国。

2. 约翰·卫斯理（1703—1791年）在英国教会发起了循道宗运动，后来从中诞生了独具特色的新教宗派——循道宗（Methodism）。卫斯理相信，自己"需要一个单单依靠它，我们就能得救的信仰"。在1738年5月的伦敦阿尔德门街（Aldersgate Street）的聚会中，当心灵被"异样地温暖"时，卫斯理经验到归信基督的经验，这次经历让他发现，基督徒需要一种"活的信仰"，以及信仰经验在基督徒一生中的作用。卫斯理强调基督教信仰的经验，这与英国当时死气沉沉的自然神论（Deism）截然不同，为英国带来一场重要的宗教复兴。

尽管存在差异，但是，各场不同的敬虔主义运动成功地将基督教信仰融入普通基督徒的经验世界。这场运动可以被视为对片面强调正统教义的反抗，有利于将信仰与最深层的人性联系起来。

3.4 哥白尼争辩与伽利略争辩

在人类历史上的一些争辩中，科学进步对神学享有的地位提出了质疑，在现代初期，第一次爆发了这种争辩。在这一部分中，我们将探讨尼古拉斯·哥白尼（1473—1543年）和伽利略·伽利雷（1564—1642年）提出的观念，以及他们的观念如何点燃了关于解释《圣经》的激烈的神学争辩。

在古代晚期，天文学家克劳迪乌斯·托勒密（Claudius Ptolemy）提出了最被普遍接受的宇宙观。他的理论被称为地心说，认为地球是宇宙的中心。托勒密在埃及的亚历山大进行研究，是公元2世纪上半叶的天文学家。随着科学的进步，对行星和星体越来越细致准确的观测导致地心说越来越难以成立。起初，再增加"本轮"就能解决地心说的矛盾。到了15世纪末，地心说更复杂，更脱离实际，已濒临崩溃。哪种学说能取而代之呢？

在16世纪，太阳系的地心说逐渐被抛弃，日心说深得人心，认为太阳是太阳系的中心，地球被视为众多围绕太阳旋转的行星之一。这场"哥白尼革命"代表彻底抛弃现有的理论，就人类在过去一千年理解现实而言，这场革命必须被视为最重要的变革之一。

哥白尼于1543年5月出版《天体运行论》（*On the Revolution of the Heavenly Bodies*），这没有引起太大轰动。中世纪神学家普遍接受以前的地心说，他们习惯了戴着地心说这副"眼镜"阅读《圣经》，因此有些难以接受日心说这个新理论。

普遍认为，较早出版的为哥白尼的日心说辩护的著作，是最早明确处理《圣经》与哥白尼日心说之间关系的尝试，如雷蒂库斯（G. J. Rheticus）的《论〈圣经〉与地球的运动》（*Treatise on Holy Scripture and the Motion of the Earth*）。因此，这些著作必须解决两个问题。首先，它们必须拿出观测的证据，证明地球和其他行星绕着太阳旋转。其次，它们必须证明日心说符合《圣经》,长久以来,对《圣经》的各种解读都支持地心说。

太阳系的日心说越来越被接受,这无疑促使神学家重新审视解读《圣经》某些经文的方法。我们会在以后探讨这些问题,因为它们对解释《圣经》的普遍问题意义重大。现在,我们只需指出,真正的问题是教会已经非常习惯从地心说的角度解释《圣经》,以致教会认为,地心说就是《圣经》的明确教导。

在17世纪初的意大利,围绕太阳系的日心说又爆发了新争辩。争辩的焦点现在以伽利略的理论为中心,因为他为哥白尼的太阳系日心说进行了重要的辩护。伽利略的观点起初得到教会高层的支持,从某种程度上看是因为教宗的亲信乔瓦尼·钱波利(Giovanni Ciampoli)非常尊敬他。钱波利的倒台导致伽利略逐渐丧失教宗一派的支持,普遍认为,这为伽利略的敌人谴责他扫清了障碍。

这场以伽利略为中心的争辩通常被描述成科学对抗宗教,或自由主义对抗独裁主义,但是,真正的问题还是与正确解释《圣经》有更大的关系。伽利略的批判者认为,《圣经》的一些经文便能驳斥他。例如,他们宣称,《约书亚记》10章12节说,约书亚命令太阳停住了。这难道不能合理证明太阳绕着地球旋转吗?伽利略反驳称,这只是很普遍的说话习惯,不该期望约书亚懂得现代天文专家都难以理解的错综复杂的事物,因此,约书亚的说话方式是"适应性的"。

教宗基于两方面考虑而正式谴责了伽利略的看法。首先,《圣经》必须根据"字句的正确意思"解释,即优先采用这种更以字句意义为基础的释经法。其次,《圣经》必须根据"圣教父和博学神学家的共同解释与理解"解释。换句话说,按照这两个要求,任何对《圣经》的创新解释都是错误的。因此,伽利略的看法被否定的原因是创新,在基督教思想史上根本没有先例。

理解上述第二点需要根据新教与天主教一场旷日持久的激烈争辩:新教是喜欢创新的异端,还是合理恢复了真基督教。天主教传统亘古不变这个观念是天主教驳斥新教必不可少的一部分。如前所述,雅克·贝尼格·波舒哀坚持认为,"教会的教导亘古不变"。创新是异端的标志。就这一点而言,伽利略对《圣经》的解释似乎就是创新。

显而易见,当时高度紧张和带有政治色彩的氛围对神学争辩造成极为不利的影响,因为天主教担心,只要对新方法做出妥协,就相当于间接向新教妥协,承认新教的合法性。只要承认天主教的重要教义已经"改变",便可能打开防洪闸门,必然导致新教徒要求承认他们的核心教义是正统——天主教便不能一如既往将新教教义作为"创新"予以驳斥。

因此,伽利略的看法必然招致抵抗。神学创新是关键因素:肯定伽利略对《圣经》某些经文的解释,将严重削弱天主教对新教的批判——包括新教对《圣经》某些经文的解释是错误的。伽利略不幸卷入这场激烈争辩的暗流。更不幸的是,他的看法迟早会被否定,他的看法与新教和天主教就解释《圣经》和过去的教义遗产的激烈争辩纠缠在一起。

3.5 重要神学家

宗教改革时期被普遍视为基督教神学史上最具创造力的时期之一。三位神学家被普遍认为特别重要：马丁·路德、约翰·加尔文和胡尔德里希·茨温利。在这三位神学家中，马丁·路德和约翰·加尔文又尤为重要。尽管茨温利的重要性毋庸置疑，但是，同路德和加尔文的创造力与深远的神学影响力相比仍稍显逊色。

马丁·路德（1483—1546年）

马丁·路德最初在爱尔福特大学（University of Erfurt）文科系学习，后来开始在爱尔福特的奥古斯丁修道院学习神学。1512年，他被任命为维腾堡大学的圣经研究教授，讲授《诗篇》（1513—1515年）、《罗马书》（1515—1516年）、《加拉太书》（1516—1517年）和《希伯来书》（1517—1518年）。在这一时期，路德的神学取得一系列进展，尤其是因信称义教义。他对《圣经》原文的研究似乎让他对当时盛行的神学越来越不满，并令他提出神学改革的计划。

1517年，路德发表了论赎罪券的《九十五条论纲》，这令他第一次受到公众的关注。随后在莱比锡论战（Leipzig Disputation，1519年6至7月）中，他因彻底批判经院神学而闻名于世。1520年，他陆续发表的三篇论文巩固了他作为神学改革家的地位。在《致德国基督徒贵族书》（Appeal to the Christian Nobility of the German Nation）中，路德疾呼教会需要改革。就教会的教义和实践而言，16世纪初的教会背离了《新约》。路德的德文精练诙谐，这有助于普通基督徒关注一些极为重要的神学思想。

《致德国基督徒贵族书》取得了巨大成功，在此鼓舞之下，路德又发表了《教会的巴比伦之囚》（The Babylonian Captivity of the Christian Church）。路德在这篇有力的论文中指出，福音已经沦为体制教会的俘虏。他认为，通过复杂的祭司与圣礼制度，中世纪的教会已经囚禁了福音。教会本该是福音的仆人，却已经成为福音的主人。路德在《基督徒的自由》（The Liberty of a Christian）中进一步阐释这种看法，还探讨了因信称义教义对基督教生活的意义。

路德可能是最有创造力的改教家。然而，他的神学影响力不在于任何一部重要的著作。他的大多数著作都是为解决某一场神学争辩而著。只有他的两部教义问答（1529年）可以被视为系统阐释了基督教信仰的基本观念。严格来讲，他的著作不能算是学术神学著作，因为它们主要是教牧著作。然而，路德的神学对西方基督教思想产生了深远影响。例如，1518年海德堡论辩（Heidelberg Disputation）的一份简短文献阐释了他的"十字架神学"（theology of the cross），他的"十字架神学"对20世纪的神学产生了极大影响，如于尔根·莫尔特曼（Jürgen Moltmann）的《被钉十字架的上帝》（Crucified God）。

胡尔德里希·茨温利（1484—1531 年）

瑞士改教家胡尔德里希·茨温利先后在维也纳大学和巴塞尔大学接受教育，之后在瑞士东部的教区担任教职。他显然对基督教人文主义非常感兴趣，尤其是伊拉斯谟的著作，他也深信当时的教会需要改革。1519 年，他成为苏黎世的牧师，在最重要的教堂苏黎世大教堂（Great Minster）的讲坛上宣传改革计划。他的改革最初主要关注改革教会的道德。但是，改革很快便延伸至批判教会当时的神学，尤其是圣礼神学。"茨温利教义"（Zwinglian）用来特指茨温利的这一信仰：基督没有在圣餐中同在，圣餐只是纪念基督的死。

在早期的宗教改革宣传中，尤其是在瑞士东部，茨温利的作用非常重要。但是，他的影响力永远不如路德和加尔文：他既没有路德的创造力，也缺乏加尔文的系统性。读者会遇到茨温利的名字 Huldrych（胡尔德里希）的不同拼写，有 Ulrich（乌东里希）和 Huldreich（胡尔德里希），最常见的是 Huldrych（胡尔德里希）。

约翰·加尔文（1509—1564 年）

1509 年，加尔文生于巴黎东北部的努瓦永（Noyon）。他在以经院神学为主导的巴黎大学接受教育，后来到人文主义氛围更为浓厚的奥尔良大学学习民法。他原本志在学术，却在二十多岁时有了一次"归信"的经验，让他越来越多地参与巴黎的宗教改革运动，后来被迫逃亡到巴塞尔。最终，他定居在已经独立的日内瓦，于 1535 年改信了新教。到了加尔文于 1564 年去世时，他已经令日内瓦成为一场以他的名字命名的国际运动的中心。在人类历史上，加尔文主义仍是最具影响力、最重要的知识运动之一。

第二代改教家比第一代更意识到系统神学著作的必要性。加尔文是第二代改教家中最重要的，他就看到需要一部清楚阐释福音派神学的基本观念、基于《圣经》证明这些观念、在受到天主教批判时为其辩护的著作。1536 年，他出版了一本只有六章、名为《基督教要义》的小册子。在随后 25 年中，加尔文不断修订《基督教要义》，陆续增添新的章节，并重新编排了书中的内容。到了最后一版时（1559 年），《基督教要义》已有八十章，共分四卷。此时，《基督教要义》已经牢固成为 16 世纪最重要的宗教著作之一。

阿维拉的特蕾莎（1515—1582 年）

我们本章指出的大多数神学家都是系统神学家。阿维拉的特蕾莎（Teresa of Ávila）代表一种完全不同的神学——"神秘神学"或"灵修神学"，这种神学也值得关注与重视。对于特蕾莎来说，神学是关于个人与上帝改变之后的关系，这是人的语言不能完全表达的。特蕾莎是加尔默罗修会（Carmelite）的修女，加尔默罗修会属于 16 世纪下半叶西班牙灵修大复兴的一部分。特蕾莎最著名的著作是《内心的灵魂城堡》（*The Interior*

Castle of the Soul），在该书中，她基本是以三位一体的神学框架探讨上帝如何光照、改变基督徒的生命。她认为，祷告中的成长能使个体基督徒与上帝建立更亲密的关系，为了说明这一点，她使用一个比喻，即从城堡最外面的房间走到中心明亮的房间是一段渐进的旅程。1970 年，教宗保罗六世（Paul VI）将特蕾莎追封为"教会博士"——第一位受此殊荣的女基督徒。

西奥多·伯撒（1519—1605 年）

西奥多·伯撒（Theodore Beza）的法文名字是西奥多·德·贝泽（Théodore de Bèze），他是著名的加尔文派神学家，从 1559 至 1599 年在日内瓦学院担任神学教授。在三卷本的《神学论文》（Theological Treatises，1570—1582 年）中，他用亚里士多德的逻辑学对归正宗神学进行了条理清晰的合理解释。结果便是势均力敌的激烈争辩，以及对加尔文的神学进行合理的辩护性解释。在这个过程中，加尔文神学中尚未解决的矛盾得以阐明，主要是预定和拯救这两个教义。一些神学家提出，伯撒注重逻辑清晰，这令他歪曲了加尔文许多关键的观念；另一些神学家却认为，伯撒只是简化了加尔文的神学，梳理了一些尚未解决的零散问题。

罗贝托·贝拉明（1542—1621 年）

特伦托会议之后是天主教神学的黄金时代，在这一时期，出现了一批卓越的天主教神学家，罗贝托·贝拉明可能是最重要的。他于 1560 年加入耶稣会，后来于 1576 年在罗马讲授论辩神学，直到于 1599 年成为枢机主教。普遍认为，他最重要的著作是《驳基督教信仰之争》（Disputations Concerning the Controversies of the Christian Faith，1586—1593 年），在该书中，贝拉明有力地捍卫天主教神学的合理性，驳斥新教（路德宗和归正宗）的批判。

约翰·格哈德（1582—1637 年）

约翰·格哈德（Johann Gerhard）可能是路德宗最重要的正统神学家。1616 年，他被任命为耶拿大学（University of Jena）的神学教授，并在这里终身授课。格哈德承认必须系统阐释路德宗神学，驳斥加尔文派的猛烈批判。1521 年，当菲利普·梅兰希顿（Philip Melanchthon）出版《神学共同要义》（loci communes rerum theologici）第一版时，路德宗系统神学著作的基本形式就已经定型。在《神学共同要义》中，梅兰希顿按主题阐释神学，而不是系统处理。格哈德承袭了这种传统，但是，他越来越多地引用亚里士多德的逻辑学著作。他的《神学共同要义》多年来始终是路德宗神学的经典著作。

乔纳森·爱德华兹（1703—1758年）

乔纳森·爱德华兹被公认为是美国第一位伟大的神学家。许多人也认为，他仍是美国最伟大的神学家——尽管有人对此表示异议。1703年10月5日，爱德华兹生于康涅狄格的东温莎（Eastern Windsor）。他的父亲是当地牧师，在他于18世纪20年代牧养教会期间，教会出现了一系列复兴。1716年9月，爱德华兹进入纽黑文的耶鲁学院（今天的耶鲁大学），后来从1724到1726年担任这里的助教。爱德华兹大约在17岁时有了归信上帝的经验。当他读到《提摩太前书》1章17节时，上帝的伟大和荣耀让他折服。他后来在日记中写道："当我读到这些经文时，我的灵魂感觉到上帝本体的荣耀，可以说，上帝的荣耀充满了我的灵魂；这种新感觉完全不同于我曾有过的任何一种感觉。"

爱德华兹在"大觉醒运动"（可能是当时最重要的复兴运动）中起到了重要作用。1757年，爱德华兹应邀成为新泽西学院（今天的普林斯顿大学）的院长。后来，他因注射抗天花疫苗而不幸染病，于1758年3月22日在普林斯顿去世。

爱德华兹作为卓越的神学家而流芳千古。可以将他视为清教神学家，为一场通常因过度强调道德和反理智主义而闻名于世的运动注入不竭的知识与灵性活力。他是这样一位神学家：他意识到启蒙运动给传统的基督教神学带来的挑战，他的先见和神学睿智为基督徒在理性至上的文化中宣讲与用概念解释基督教提供了一种可选的方法，这可能更加重要。

3.6 重要的神学进展

宗教改革是相当复杂的运动，有众多的改革目标。16世纪的神学争辩一直延续到17世纪，乃至以后，争辩的焦点一部分在于基督教神学的源泉，一部分在于源自这些源泉的教义。现在，我们就分别探讨这些问题。

神学的来源

主流的宗教改革不想创建新的基督教传统，而是着重复兴、纠正当时的传统。路德和加尔文等改教家认为，《圣经》是基督教神学的最终源头，主张基督教神学需要回归《圣经》，作为评判基督教神学最重要的依据。"惟靠圣经"这个口号成为新教改教家的特点，表达出他们的基本信仰：《圣经》是基督教神学惟一必不可少的充足源泉。但是，我们以后将看到，这不意味着新教改教家否定传统的重要性。

再次强调《圣经》产生了许多直接的影响，以下两方面特别重要：

1. 凡是被证明在《圣经》中找不到任何依据的信仰要么被否定，要么被宣布为没有任何约束力。例如，改教家不太关注玛利亚无罪成孕的教义（相信耶稣的母亲玛利亚未染原罪而成孕）。他们认为，这个教义在《圣经》中根本找不到任何依据，所以被他们否定。

2. 再次强调《圣经》在教会信众中的重要地位。解释《圣经》的讲道、《圣经》的注释和圣经神学方面的著作（如加尔文的《基督教要义》）成为宗教改革的特点。特伦托会议回应了这些进展，坚持认为《圣经》和传统在神学研究中同样重要。《圣经》需要有可靠的解释；在贝拉明等天主教神学家看来，新教徒将《圣经》解释得过于个人化、主观化，这不仅会破坏教会的秩序，也会毁掉教会的教义。

恩典教义

马丁·路德的个人关注主导了宗教改革的第一阶段。他相信，教会已经不知不觉陷入一种伯拉纠主义，他提出自己独特的教义：因信称义。"我怎样才能找到一位满有恩典的上帝？"这一问题和"惟靠信仰"（sola fide）的口号在西欧许多地区产生了共鸣，为路德在教会中赢得大量倾听者。因信称义教义所涉及的问题非常复杂，将在恰当的地方详细探讨。

因信称义教义与路德宗宗教改革的关系特别密切。加尔文仍重视这个教义，但是，他开创一种新的思想趋向，在后来的归正宗神学中越来越重要：从预定论，而非称义的角度讨论恩典。在归正宗神学家看来，"上帝的恩典"最终不在于上帝将罪人称义，而是在于上帝在不预先考虑人的功德或成就的情况下拣选人类。"无条件的拣选"（unconditional election）这个教义可以被视为简明概括了恩典的本质：人不配得到上帝的恩典。

特伦托会议和后来的天主教神学家认为，这种看法歪曲了奥古斯丁的教导，坚决主张回归奥古斯丁的教导。他们认为，新教对因信称义的强调忽视了《新约》所强调的善行对基督教生活的重要性。此外，他们坚持认为，新教徒曲解了奥古斯丁所教导的称义的真意，将称义解释为"算作义"，而奥古斯丁的明确教导是"成为义"。

圣礼教义

到了16世纪20年代，改革派已达成共识，坚信圣礼是上帝不可见之恩典的外在记号。将圣礼与称义这个教义联系在一起（主要是路德及其维滕堡的同工菲利普·梅兰希顿），使圣礼神学再次受到关注。圣礼神学很快便成为激烈争辩的焦点。关于圣礼的数量和本质，改教家与天主教反对者产生了分歧，就基督是否在圣餐时真正同在，路德与茨温利也有过激烈争辩。

特伦托会议重申对圣礼的数量和本质的传统教导，同时为"变质论"（transubstantiationism）进行了有力的辩护，驳斥新教（路德宗和归正宗）的批判。

教会教义

如果说第一代改教家关心恩典的问题，第二代改教家则开始阐释教会这个问题。改教家就恩典教义已经与主流天主教决裂，他们面临的压力越来越大，要建立一套逻辑缜密的教会论，支持他们与天主教的决裂，为西欧城市中新兴的福音派教会提供理论基础。路德与恩典教义的联系特别密切，马丁·布塞（1491—1551年）和加尔文对新教教会论的发展做出了决定性贡献。他们的教会论此后在全世界的基督教中越来越重要，以后将更详细地探讨。

为了应对这些新进展，特伦托会议强调，教会的历史性和体制性非常重要，认为新教徒逾越了教会的界限。教会是上帝设立、组织的团契；教会之外无救恩。

3.7 神学著作的发展

16世纪的新教改革促使神学著作取得重要进展，这很好地反映出当时的神学问题。新教改革最关心的问题之一，是宣传、捍卫它的观念。这促成了几种重要的神学文献，它们在当时发挥了重要作用。

1. **教义问答**：从宗教改革的角度普及基督教信仰，特别是教育儿童。
2. **信纲**：某个新教宗派（路德宗、归正宗或再洗礼派）对主要神学观念的声明，主要针对成年人。
3. **系统神学著作**：包括梅兰希顿的《神学共同要义》和加尔文的《基督教要义》，系统分析、捍卫路德宗或归正宗的神学。

我们现在就来分别阐释这些神学著作。

教义问答

中世纪教会就有现在公认的教义问答，但是，一般认为，教义问答特别在宗教改革时期被广泛使用。在1528至1529年间，路德探访了萨克森（Saxony）的路德宗教会，发现萨克森的大多数牧师和几乎所有平信徒都不知道基督教的基本教义。他的发现让他大为震惊，他决定采取措施，让信众更了解基督教的基本教导。

路德在这个领域的新关注于1529年4月有了第一个成果。他自己将其称为《德国教义问答》（German Catechism），但是，它现在被普遍称为《大教义问答》（Greater Catechism）。《大教义问答》详细分析了十诫（Ten Commandments）、《使徒信经》和主祷文（Lord's Prayer），随后阐释了教会的两个圣礼：洗礼和"圣坛礼"（圣餐）。《大教义问答》没有展现出巅峰时期的路德思想，只是援引此前的讲章，它也不是专为教导而写。结果，《大教义问答》没有实现预期的目标。

不久之后的 1529 年 5 月，路德撰写了我们今天所熟知的《小教义问答》(Lesser Catechism)。《小教义问答》有明确的目标，它的笔触轻盈，易于传达信息，通篇的表达简洁明了，这确保它能被广泛使用与理解。《小教义问答》取得了巨大成功，被路德宗教会广泛采用。它采用的问答形式非常适于背诵，被宗教院校广泛使用。应当指出的重要一点是，路德 1529 年的这两部教义问答是用普通人的语言德文写成的。他没有用拉丁文撰写教义问答，认识到用学术语言拉丁文撰写将极大限制教义问答的吸引力和阅读量。

要想说明路德所采用的方法，我们可以思考以下这段从《小教义问答》中摘取的段落。请特别注意其中的问答形式，这是为了便于教学。

问：什么是洗礼？
答：洗礼不只是水，而是按照上帝的命令使用的水，与上帝的道联系在一起。
问：上帝的道是什么？
答：记载在《马太福音》28 章 19 节，我们的主基督说："所以，你们要去使万民做我的门徒，奉父、子、圣灵的名给他们施洗。"
问：洗礼赐给什么，或带来什么益处？
答：洗礼带来赦罪，救我们脱离死亡和魔鬼，将永恒的祝福带给所有相信的人，这是上帝的道和应许。
问：上帝的道和应许是什么？
答：记载在《马可福音》16 章 16 节，我们的主基督说："信而受洗的必然得救，不信的必被定罪。"

归正宗教会也很快认识到教义问答的重要性，及其在教导基督徒方面的明显优势。在几次尝试之后，加尔文最终写出两版《日内瓦教义问答》(Geneva Catechism)——1542 年法文版和 1545 年拉丁文版。《日内瓦教义问答》被归正宗教会广泛使用，直到《海德堡教义问答》于 1563 年问世。重要的《海德堡教义问答》源于德国归正宗教会的壮大，尤其是帕拉廷 (Palatinate) 的归正宗教会。选帝侯腓特烈三世 (Frederick III) 委派两位归正宗神学家卡斯帕·奥勒维努斯 (Kaspar Olevianus) 和扎哈里亚斯 (Zacharias) 编写一部适合在他的教会使用的教义问答。结果就是有 129 个问题的德文《海德堡教义问答》。这 129 个问题被编排成 52 组，以保证全年 52 个主日的常规教导。

新教徒广泛使用教义问答，且取得了重要成果，这促使他们的天主教对手也开始编写教义问答。较早的天主教教义问答往往避免采用问答的形式，而是广泛讨论重要的神学问题。约翰·迪滕贝格 (Johann Dietenberger) 于 1573 年编写的教义问答便是很好的例子，他的教义问答讨论了《使徒信经》、主祷文、十诫、《圣母经》(Hail Mary) 和七个圣礼。

但是，问答式的教义问答显然更有优势，彼得·卡尼修斯（Peter Canisius）就采用问答的形式编写了他从 1554 至 1558 年相继出版的三部教义问答。他的教义问答是用拉丁语出版的，就像于 1566 年出版的内容更充实的《特伦托教义问答》（Tridentine Catechism）。《特伦托教义问答》因繁琐的编排而几乎没有被用过，但是，在特伦托会议之后出版一部教义问答还是被视为意义重大地肯定了教义问答的重要性。

信 纲

如前所述，宗教改革十分强调《圣经》的权威。然而，《圣经》需要解释。"官化"改教家与"激进派"的争辩说明，一些解释问题既会导致分裂，又会让人困惑。为了避免混乱，显然需要某种"正式"的方法阐释宗教改革的观念。这便是"信纲"（Confessions of faith）的作用。考虑到信纲的重要性，我们可以思考它们在宗教改革思想中的地位。

在特别强调《圣经》权威的同时，官化宗教改革也承认基督教过去的一致意见——这种观念通常被称为"单一传统论"。总的来说，新教神学家承认三个层面或层次的权威。

1. **《圣经》**：官化改教家认为，就基督教信仰和基督徒的行为而言，《圣经》有最高的权威。

2. **基督教国家的信经**：官化改教家认为，信经代表初期教会的一致意见，是对《圣经》正确的、权威的解释，如《使徒信经》和《尼西亚信经》。尽管信经的权威被认为是衍生的、次要的，但是，信经仍被视为检验激进派改革的个人主义的重要依据（激进派通常不承认信经具有权威）。新教徒、天主教徒和宗教改革的各个主流宗派都承认信经的权威。

3. **信纲**：信纲只被宗教改革的某些宗派承认具有权威。因此，早期的路德宗教会认为，《奥格斯堡信纲》（1530）具有权威，但是，宗教改革的其他宗派却不承认《奥格斯堡信纲》。例如，有些信纲是宗教改革的其他宗派起草的，有些信纲与某些城市的宗教改革密切相关，如《巴塞尔第一信纲》（First Confession of Basel，1534）和《日内瓦信纲》（Geneva Confession，1536）。

因此，宗教改革的宗派承认权威的基本模式是，《圣经》具有最高、普世的权威；信经具有次要、普遍的权威；信纲具有第三、地方性的权威（因为信纲只被某个宗派或某个地区的教会承认）。在宗教改革的宗派中，归正宗的发展非常复杂，结果，许多信纲——就是与某个地区密切相关的信仰声明——十分有影响力。以下信纲特别重要：

日期	名称	地区
1559	《高卢信纲》	法国
1560	《苏格兰信纲》	苏格兰
1561	《比利时信纲》	低地国家
1563	《三十九条信纲》	英国
1566	《第二瑞士信纲》	瑞士西部

系统神学著作

宗教改革初期就显然需要系统阐释宗教改革的神学。填补这一空白的第一部著作出自路德宗改革。1521年，菲利普·梅兰希顿出版了《神学共同要义》，这确定了路德宗系统神学著作的最终形式。第一版《神学共同要义》简要阐释了许多与路德宗改革明显有关的教义，包括因信称义。

然而，出于辩论和教育的考虑，梅兰希顿不得不逐渐大幅增补自己的著作。新的问题需要阐释，必须收入新的材料，以满足读者日益增长的需要。梅兰希顿接受了这一挑战，但是，应对的方法存在惊人的缺陷。他只是一味增补材料，无视这样做会导致整部著作缺乏统一的结构。很快就显而易见的是，这种处理材料的方法既笨拙，又杂乱无章，还不能进行16世纪末和17世纪的神学争辩所需的系统分析。在这类著作中，最伟大、最后一部是耶拿大学的教授约翰·格哈德的九卷本著作（1610—1622年）。正是因为上述原因，梅兰希顿系统阐释神学的方法才最终输给了加尔文更系统的方法，我们现在就来探讨。

加尔文的《基督教要义》源于新教改革的归正宗。第一版于1536年3月出版，模仿路德1529年的《小教义问答》。《基督教要义》的结构和内容都表明，加尔文在很大程度上参考了德国宗教改革初期这部教育基督徒的重要著作。《基督教要义》的第一版是小开本，分6章，共516页，前4章模仿路德的《小教义问答》。加尔文在斯特拉斯堡期间开始用拉丁文撰写《基督教要义》的第二版，于1539年出版。第二版与第一版最明显、最重要的差异是篇幅：第二版的篇幅大约是1536年第一版的三倍，从原来的6章增加到17章。第二版的前两章探讨对上帝和人性的认识。此外，增加的新章节还论述了三位一体、《旧约》与《新约》的关系、补赎、因信称义、上帝的眷顾与预定的本质及其关系，以及基督教生活的本质。尽管第二版《基督教要义》保留了第一版的许多内容，但是，第二版的性质和地位显然已经改变。它不再是教义问答，而是成为对基督教信仰之本质的权威阐释，可以同托马斯·阿奎那的《神学大全》媲美。

以后各版都有扩充和修订。1559年的最后一版共有80章，比1536年第一版的最初6章增加了极大的篇幅。最后一版《基督教要义》共分4卷，编排如下：

1. 对创造者上帝的认识；
2. 对救赎主上帝的认识；
3. 分享基督之恩典的方式；
4. 上帝用来将我们带到耶稣基督面前的外在工具或提供的外在帮助。

加尔文可能为重新编排材料而修改了1543年版的《基督教要义》。但是，另一个解释是，他注意到并采用彼得·伦巴德的《箴言四书》对材料的四分法，因为伦巴德是加尔文经常引用的重要的中世纪神学家。加尔文自认为是彼得·伦巴德的新教继承人吗?他的《基督教要义》是否继承了伦巴德伟大的神学教科书《箴言四书》?对此,我们永远不会完全清楚。我们的确知道,《基督教要义》牢固成为新教改革最具影响力的神学著作,令路德、梅兰希顿和茨温利的同类重要著作黯然失色。

在特伦托会议之后,撰写大量的系统神学著作是巩固、复兴天主教神学的一部分。系统神学著作的形式各种各样。事实上,新教神学家梅兰希顿首创的"神学要义式"或"神学主题式"系统神学著作吸引了许多天主教神学家。西班牙道明会的神学家梅尔基奥尔·卡诺(Melchior Cano,1509—1560年)采用了这种形式,注意到这种著作既便于阐释天主教的思想,又利于驳斥新教的观念。在去世三年之后,即1563年,卡诺的第一版《神学共同要义》(Theological Commonplaces)问世。该书共刊印26版,在西班牙8版,在意大利9版,在德国7版,在法国2版。17世纪的许多天主教神学家或多或少采取同样的方法撰写系统神学著作,如泽拉菲姆斯·拉克提乌(Seraphimus Ractius,死于1613年)(或拉齐〔Razzi〕)和佩得鲁斯·德·洛尔卡(Petrus de Lorca,死于1606年)。

大多数评论家认为,天主教神学当时主要关注于驳斥新教,罗贝托·贝拉明几乎将论辩神学发展成一门艺术。他最著名的著作是1586年首次出版的《就基督教信仰之争驳这个时代的异端》(Disputations Concerning the Controversies of the Christians Faith against the Heretics of This Age)。

重要术语

你在本章遇到以下术语,它们会在书中多次出现,请务必熟记!每一个术语都有页码索引,可以帮你在书中迅速找到它们。标有 * 的术语将在以后的章节中更详细地探讨。

* 再洗礼派(Anabaptism)

圣公会(Anglicanism)

* 加尔文主义(Calvinism)

天主教改革(Catholic Reformation)

认信(confessionalization)

福音派(evangelical)

路德宗(Lutheranism)

循道宗(Methodism)

正统(orthodoxy)

敬虔主义(Pietism)

* 预定(predestination)

新教徒（Protestant）
清教（Puritanism）
归正宗（Reformed）
惟靠圣经（sola scriptura）

研讨问题

1. "宗教改革"的含义是什么？
2. 宗教改革时期的哪一位新教神学家特别注重因信称义教义？
3. 人文主义对宗教改革的起源和发展有何重要性？
4. 为什么新教改教家非常强调修正教会现有的教义？
5. 哪些因素促进宗派主义和敬虔主义的发展？
6. 为什么特伦托会议之后的天主教神学家非常强调与初期教会的延续性？

第四章　现代时期（约 1750—现今）

在探讨基督教神学史的最后一部分中，我们要思考基督教神学直到现代的发展。在这一时期，基督教在欧洲的传统家园之外有了意义重大的变化和发展，同时也在内部遇到了巨大困难，出现了紧张的局面。从 1700 年起，基督教神学冲出西欧，走向了世界。

西欧人——尤其是斯堪的那维亚人、德国人和英国人——在北美洲殖民，这使新教不同宗派的神学——路德宗、归正宗和再洗礼派的神学——在北美洲牢牢扎根。乔纳森·爱德华兹（1703—1758 年）是这一时期最重要的美国神学家，他与被普遍称为"大觉醒运动"的宗教复兴密切相关。后来的移民浪潮——尤其是爱尔兰和意大利的移民——让天主教神学越来越重要。

新教各个宗派纷纷建立自己的神学院（如长老会的普林斯顿神学院），这巩固了美国作为基督教神学的教学与研究主导中心的地位。但是，直到 20 世纪中叶，美国才在全世界的神学讨论中占据重要地位；在此之前，德国和英国的神学往往占据主导地位。一部分原因是欧洲神学家不断移民到美国。这些神学家在欧洲接受训练，就他们的教学和神学取向而言，他们通常仍以欧洲的思想为重。

基督教还在世界其他地区扩张。在澳大利亚、印度、远东、撒哈拉沙漠以南的非洲，基督教的传教成绩斐然，使得基督教的神学院、高中和大学纷纷建立，并逐渐摆脱西欧的渊源。在这些地区，发展"本土神学"的问题越来越重要，尤其是在本土神学家认识到并强烈批判了许多基督教"神学化"中的"欧洲中心论"之后。

这种情况可以在拉丁美洲看到。在拉丁美洲，随着西班牙和葡萄牙的征服者而来的天主教遭到强烈反抗。解放神学（liberation theology）的兴起缓解了这种局面，却没能扭转。解放神学的特点是强调行动的重要性、优先考虑穷人的处境、神学着眼于政治解放。解放神学的最大受益者可能是拉丁美洲的福音派和灵恩派。

在现代，基督教进行了大扩张，基督教的神学创作、探讨和争辩表现出多样化，因此，本章只能概述一些重要的神学趋向和发展。由于篇幅所限，不太可能为全面了解现代神学而详细阐释每一个细节。但是，我们还是可以试着概述当代神学，即使不可能详细阐释为其他许多目的而必须详述的每一个细节。

许多文化进展塑造了最近几百年研究神学的环境，我们先来概述一些文化进展，随后探讨近年来神学争辩的一些宗派特色，最后思考在现代出现的一些重要的神学流派和运动。

4.1 西方的神学与文化进展

对于西欧和北美洲的基督教来说，我们今天通常所说的"启蒙运动"开创了一个怀疑时代。在欧洲大陆，宗教改革及其导致的宗教战争所造成的创伤还未抚平，基督教又即将面临更重大的新挑战。从某种程度上讲，启蒙运动源于 17 世纪末在英国发展起来的自然神论。艾萨克·牛顿（Isaac Newton，1643—1727 年）认为，宇宙就像一台巨大的机器，由一位智慧的造物者合理地设计制造。自然神论将信仰的超自然成分减少到最少，基本将基督教描述成合理、道德的宗教，极易与人类理性调和。上帝创造一个条理有序的宇宙，这是牛顿的力学已经揭示出来的。

"理性时代"（Age of Reason）经常被用作启蒙运动的同义词，但是，这种用法容易令人误解。它暗示理性此前一直被忽视或排斥。我们在第二章讲过，中世纪完全可以被合理地视为"理性时代"。启蒙运动强调人类理性有能力参透世界的奥秘，这可以明确说明启蒙运动的特点。人能独立思考，根本不需要上帝的帮助。在不需要上帝帮助的情况下，人类理性能理解世界——包括传统上专属神学家的领域。

启蒙运动对传统神学的批判

启蒙运动相信，人类理性是全能的；正是基于这个原则，启蒙运动批判基督教的许多传统信仰。可以看到，启蒙运动对传统神学的批判经历了许多阶段。

首先，一些哲学家认为，基督教信仰是合理的，所以经得起批判的检验。可以在约翰·洛克（John Lock）的《基督教的合理性》（The Reasonableness of Christianity，1695）和德国 18 世纪初的一些哲学流派中看到这种看法。基督教合理补充了自然宗教。因此，仍有哲学家赞同上帝启示的观念。

其次，有些哲学家认为，基督教的基本观念是合理的，可以通过理性推理得出。上帝启示的观念根本没有必要。约翰·托兰德（John Toland）在《基督教并不神秘》（Christianity not Mysterious，1696）和马修·廷德尔（Matthew Tindal）在《基督教与创世同龄》（Christianity as Old as Creation，1730）中认为，基督教基本只是自然宗教的翻版。基督教没有超越自然宗教，只是自然宗教的实例。事实上，一切所谓的"启示宗教"只是再次肯定通过合理思考自然便可以得到的知识。"启示"只是合理地重申启蒙理性已经认识的道德真理。

最后,理性评判启示的能力得到肯定。既然批判的理性是全能的,就有一些哲学家认为,批判的理性最有资格评判基督教的信仰和实践,目的是铲除所有不合理或迷信的成分。这种看法将理性坚决置于启示之上,其提倡者有德国的赫尔曼·塞缪尔·赖马鲁斯(Hermann Samuel Reimarus)和法国 18 世纪的许多理性主义作者(通常被共同称为哲学家〔les philosopnes〕)。这种理性观的象征是法国大革命一件意义重大的事件:1793 年,理性在巴黎圣母院被加冕为女神。

在概述过启蒙运动质疑基督教传统思想的普遍原则之后,我们再来探讨它们如何影响到基督教教义。启蒙运动的理性宗教与基督教许多重要的传统神学存在矛盾。以下这些特别重要。

启示观　启示的观念对基督教的传统神学至关重要。许多基督教神学家(如托马斯·阿奎那和约翰·加尔文)承认,通过自然可以认识上帝,但是,他们坚持认为,这种认识需要上帝超自然启示的补充,如《圣经》中的见证。启蒙运动对超自然启示的观念越来越批判。首先,超自然启示的观念不是不可或缺的。其次,超自然启示的观念没有人类理性的普遍性。人人都有理性;只有一少部分被拣选的人才能得到启示。当时,启蒙运动思想家通常用"特殊事件的丑闻"(scandal of particularity)表达他们对传统启示观的担忧。

《圣经》的地位与解释　在正统基督教中,新教徒和天主教徒都将《圣经》视为上帝的启示,是教义和道德的源泉,跟其他所有著作都不同。启蒙运动质疑这个假设,结果兴起了对《圣经》的考证研究。这种观念已经在自然神论中形成,德国启蒙运动的神学家提出一种论点,即《圣经》出自多人之手,有时会有内在的矛盾,可以像研究其他著作那样,采用文本分析与解释的方法加以研究。

耶稣基督的身份与意义　启蒙运动对基督教正统信仰提出的第三个重要挑战,涉及拿撒勒人耶稣。应当指出两个特别重要的进展:"探寻历史的耶稣"(quest of the historical Jesus)的起源和"道德救赎论"(moral theory of the atonement)的兴起。

自然神论和德国启蒙运动都提出一个论点:历史上真实的耶稣与《新约》对其意义的解释存在巨大差异。在《新约》所描述的人类超自然救主的背后,藏着一个普通的耶稣,一个普通意义上的优秀教师。启蒙运动的理性主义难以接受超自然救主,却可以接受开明的道德教师。赖马鲁斯和其他人认为,可以探寻《新约》背后的耶稣,找到一位更普通、更人性化的耶稣,是时代的新精神能够接受的。

启蒙运动思想家对关于耶稣的传统信仰所提出的第二个挑战,涉及耶稣之死的意义(这个神学领域通常被称为"救赎论")。对于正统基督教来说,耶稣在十字架上的死是从耶稣复活的角度解释的(启蒙运动不愿承认耶稣复活是历史事件),耶稣在十字架上的死是上帝赦免人类罪的一种途径。在启蒙运动中，这种"救赎论"受到越来越多的批判，被视为像原罪那样被武断提出的难以接受的假设。

耶稣在十字架上的死被重新解释为舍己和献身的最高道德榜样，目的是激发他的追随者也能献身与舍己。正统基督教往往认为，耶稣的死（和复活）所固有的意义比他的道德教导更重要；但是，为了强调耶稣的道德教导，启蒙运动忽视耶稣之死的意义，否定他的复活。

三位一体教义 三位一体指上帝有三个位格：圣父、圣子和圣灵。启蒙运动的思想家嘲笑三位一体教义，认为三位一体在逻辑上是荒谬的。有理性的人怎能接受这种数学上的胡言乱语？在理性主义者批判的压力之下，许多正统基督教思想家不再强调三位一体，相信时代精神不可能让他们有效捍卫三位一体教义。应当指出的重要一点是，到了20世纪，随着启蒙运动的影响力日渐衰弱，三位一体教义才开始复兴。

对神迹的批判 许多关注耶稣基督的身份和意义的基督教传统护教学，都基于《新约》的"神迹证据"，其顶点是复活。牛顿学说最重要的知识遗产，可能是开始强调宇宙机械式的规律有序，这导致人们怀疑《新约》的神迹。大卫·休谟（David Hume）的《论神迹》（*Essay on Miracles*，1748）被普遍视为证明了神迹不可能被实际的证据证明。休谟强调，当代没有类似《新约》的神迹发生，如复活，从而迫使《新约》的读者不得不完全依靠人对这类神迹的见证。对于休谟来说，根本没有人足以证明神迹的发生，因为当今没有神迹，这已是不证自明的公理。同样，法国的理性主义者丹尼斯·狄德罗（Denis Diderot）宣称，如果全巴黎的人都向他保证有个死人刚从死人中复活，他也不会相信。

否定原罪 正统的原罪教义指，人的本性从某种意义上讲已经有瑕疵或已经败坏，启蒙运动强烈反对这种看法。法国启蒙运动的主要思想家——如伏尔泰（Voltaire，1694—1778年）和让－雅克·卢梭（Jean-Jacques Rousseau，1712—1778年）都批判这种教义，认为它导致人对自己能力的消极态度，阻碍人的社会与政治进步，鼓励放任自由的思想。德国启蒙运动的思想家往往批判原罪教义较晚的历史起源，认为它是希波的奥古斯丁的思想，始于公元4世纪和公元5世纪，并非永远正确，永远适用。

恶的问题 在启蒙运动时期，人们对世界上存在恶的态度发生了根本转变。在中世纪，恶的存在不被视为对基督教的一致性构成了威胁。慈爱全能的上帝与恶共存，其中隐含的矛盾不被视为信仰的障碍，只不过是神学的学术问题。这种情况在启蒙运动时期彻底改变：恶的存在对基督教信仰的一致性和可信性提出挑战。自然界中恶的存在（如1755年著名的里斯本大地震）为基督教的世界观带来难题，许多著作都凸显这一主题，伏尔泰的小说《老实人》（*Candide*，1759）只是其中一部。在启蒙运动时期，德国哲学家戈特弗里德·威廉·莱布尼茨（Gottfiied Wilhelm Leibniz，1646—1716年）发明了"神义论"（theodicy）一词，反映出越来越被承认的共识：恶的存在于启蒙运动对宗教的批判中有了新意义。

浪漫主义与神学想象力的复兴

在18世纪最后十年，枯燥乏味的理性主义越来越令人担忧。理性曾被视为解放者，如今却越来越被认为是精神的奴役者。在大学的哲学系中，这种忧虑还不明显，在文学界和艺术界却十分强烈，尤其是在普鲁士的首都柏林。浪漫主义运动诉求于人的直觉、想象和情感，以取代诉求于纯粹的理性。

"浪漫主义"（Romanticism）极其难以定义。将这场运动视为反抗启蒙运动某些核心主题可能是最好的，尤其是这种思想：人的理性能认识现实（reality）。浪漫主义反对用理性对现实进行一系列简化。相反，浪漫主义诉求于人的想象，认为人的想象能综合在自然和人的情感中所觉察到的复杂事物和矛盾。浪漫主义对启蒙运动的批判是，启蒙运动没有恰当解释世界的复杂事物，而是试图将"宇宙的奥秘"——奥古斯图斯·威廉·施莱格尔（Augustus William Schlegel，1767—1845年）在著作中所说的——简化成整齐的逻辑公式。

浪漫主义的发展对欧洲的基督教意义重大。基督教（尤其是天主教）因自己的象征主义和诉求于情感而不被理性主义所接受的部分却激起了浪漫主义者的想象。理性主义被视为缺乏经验和情感，不能满足人的真实需要；但是，从传统上讲，基督教信仰始终关心人的真实需要，并能满足它们。弗朗索瓦-勒内·德·夏多布里昂（François-René de Chateaubriand，1768—1848年）这样评论法国19世纪最初十年的情形："人需要信仰，渴望宗教慰藉，正是因为人已经太久没有这样的安慰了。"在18世纪最后几年，类似观念在德国非常普遍。

理性主义没有削弱宗教，这在英国、德国和北美洲的发展中显而易见。在18世纪，德国的敬虔主义和英国的福音主义都展现出新活力，这说明理性主义已经失败，没能提供一种令人信服的选择，来回应人所强烈意识到的个人需要和生存意义。哲学渐渐被贬低为毫无活力的"纯学术"，因为哲学不仅脱离了外在的真实生活，也脱离了人类意识的内在生命。

人们对理性越来越失望，对人的"情感"越来越重视，在这个背景下，才能最好地理解弗雷德里希·丹尼尔·恩斯特·施莱尔马赫（Friedrich Daniel Ernst Schleiermacher，1768—1834年）对基督教的贡献。施莱尔马赫认为，一般来说，宗教是一种"情感"或"自我意识"，尤其是基督教。他重要的系统神学著作《基督教信仰》（The Christian Faith，1821—1822年，1830—1831年修订）试图证明基督教神学与"绝对信靠感"（feeling of absolute dependence）的关系。《基督教信仰》的结构复杂，以罪与恩典的辩证为中心。

该书分为三个部分。第一部分探讨对上帝的意识，重点是创造。第二部分处理对罪的意识及其意义，如可能有需要拯救的意识。最后一部分阐释对恩典的意识，论述基督的位格和工作。通过这种方式，施莱尔马赫可以提出，"一切都与拿撒勒人耶稣所完成的拯救有关。"

然而，浪漫主义对传统基督教的态度是矛盾的。浪漫主义承认宗教情感和探索生命超验方面的重要性，但是，一些浪漫主义思想家认为，这种探索与基督教信仰没有必然联系，如珀西·比希·雪莱（Percy Bysshe Shelley，1792—1822年）。这自然会让我们思考"维多利亚时代的信仰危机"，它通常被视为许多现代神学思想形成的背景。

马克思主义：基督教的知识对手

马克思主义可能是在现代出现的最重要的世界观之一，对20世纪的基督教神学产生了重要影响。到了20世纪末，在东欧作为一种国家意识形态的马克思主义崩溃了，导致马克思主义的影响力明显下降。但是，在20世纪晚期的神学讨论中，马克思主义的影响力仍然存在，尤其是在拉丁美洲解放神学和某些"希望神学"（theology of hope）中，如于尔根·莫尔特曼在20世纪60年代阐释的。因此，对马克思主义与其对基督教神学的影响有所了解是非常重要的。

在《1844年经济学哲学手稿》（Economic and Philosophic Manuscripts of 1844）中，卡尔·马克思（Karl Marx, 1818—1883年）提出，所有宗教（他没有区分各种宗教）都是对社会与经济状况的直接回应。"宗教世界只是现实世界的映像。"这里有一点非常重要：马克思明显在暗指费尔巴哈对宗教的批判，我们以后会讲到。马克思认为，"宗教只是想象出来的太阳，在人看来，这个太阳似乎在绕着他转，但是，他终究会认识到，他只是在自己绕着自己转。"换句话说，上帝只是映射出人自己关心的事。人类"在虚幻的天国中寻找一位超人，却什么也没找到，只找到他们自己的映像"。

然而，为什么宗教应该存在？如果马克思是正确的，为什么人应该继续相信一种非常拙劣的幻想？马克思给出了答案，其核心观念是"异化"（alienation）。"人创造了宗教；不是宗教创造了人。宗教是人没有在自身发现或已经再次丧失的自我意识和自尊。"宗教是社会与经济异化的产物。宗教源于这种异化，同时促进这种异化，其手段是麻醉大众的精神，让他们不能认清自己的状况，从而难以将其改变。宗教是安慰剂，让人能容忍他们的经济异化。如果没有这种异化，根本不会再有宗教信仰或实践的动力。

1917年的俄国革命带给马克思主义急需的喘息。可是，虽然修正后的马克思主义（马克思列宁主义）在苏联站稳了脚跟，但是，马克思列宁主义在其他国家其实不算成功。它在第二次世界大战之后于东欧的成功主要归功于苏联的军事实力和东欧动荡的政治局势。20世纪70和80年代，东欧各国尝试了马克思列宁主义，但是，这些国家很快就对马克思主义这种新哲学感到失望，结果便是经济失败和政治停滞。在欧洲，马克思主义的影响力迅速下降。它的主要拥护者成为越来越抽象的理论家，他们不再出身于工人阶级，几乎没有任何政治经验。社会主义革命的观念逐渐丧失吸引力，也不再可信。

如果有，马克思主义在美国和加拿大的社会吸引力也不是非常大。但是，从1970到1990年，马克思主义对学术界的影响力还是很大的。苏联于1968年入侵捷克斯洛伐克，导致西方知识界对马克思主义的热情明显下降。在柏林墙于1990年被推倒之后，东欧的马克思主义政权瓦解，与此同时，马克思主义在西方学术界的影响力也在下降。

然而，马克思的观念在恰当的改良之后进入现代基督教神学。事实上，拉丁美洲解放神学欣赏马克思主义者的洞见，并利用了他们的观念；但是，解放神学不能被视为真正的"马克思主义运动"。我们将在后面探讨解放神学。

英国维多利亚时代的信仰危机

在重要的著作《上帝的葬礼：信仰在西方文明中的衰落》（*God's Funeral: The Decline of Faith in Western Civilization*，2000）中，安德鲁·诺曼·威尔逊（Andrew Norman Wilson）证明、分析了英国维多利亚时期无神论的兴起。该书最有趣的地方之一，是威尔逊仔细证明了19世纪晚期的英国因信仰缺失所感受到的矛盾心理。到了19世纪末，以极大热情开始的世俗事业已经取得巨大成功。从政治和社会的角度来看，基督教在国民生活中仍然非常重要，这种情况一直持续到第一次世界大战之后。但是，在小说家、诗人和艺术家看来，基督教思想越来越不值得相信，越来越没有吸引力，越来越陈旧。威尔逊明确指出，无情地扼杀上帝导致严重的情感缺失和混乱。

难以用某一个人说明英国维多利亚时期的信仰危机，或认定某一个人造成了这场信仰危机。但是，在这种正在形成的怀疑与敌视宗教信仰的氛围中，小说家乔治·艾略特（George Eliot，1819—1890年）——原名是玛丽·安·埃文斯（Mary Ann Evans）——通常被视为一位非常重要的人物。她对基督教有许多怀疑，认为基督教教义明显不关心道德问题。艾略特问道：为什么基督教只注重赞美上帝，却极其贬低人的爱？在此，我们可以看到维多利亚信仰危机的重要主题：因基督教的主要观念而越来越在道德上反对基督教。由于越来越意识到原罪、预定和代赎（substitutionary atonement）等教义缺乏道德，一些作家放弃了自己的基督教信仰，如詹姆斯·安东尼·弗劳德（James Anthony Froude）、马修·阿诺德（Mathew Arnold）和弗朗西斯·威廉·纽曼（Francis William Newman）。

因此，艾略特同许多作家一样接受了"人道宗教"（religion of human sympathy），放弃了令人压抑与沮丧的上帝观。在她的所有小说中，从《亚当·贝德》（*Adam Bede*，1895）到《米德尔马奇》（*Middlemarch*，1871—1872年），都能看到这种疏远传统信仰的类似模式。她相信，如果基督教没有形而上学的基础，信仰的道德成分也能被保留下来。

没有上帝，我们也能行善。的确，信仰基督教的上帝，能成为获得"个人与社会幸福"的巨大障碍。这些看法成为那个时代被普遍接受的智慧，在维多利亚时代晚期塑造了这一正在形成的共识：人有能力掌握自己的命运。同艾略特相比，一些作家对人在没有上帝时构建道德的能力更为悲观，如托马斯·哈代（Thomas Hardy），但是，他们只是这场讨论中为数不多的著名人物。

普遍认为，维多利亚时代大约从1870到1900年经历了重大转变，这些变化可以被视为最终颠覆了以前的价值观和信仰。维多利亚时代的许多作家意识到，自己正在步入新时代，他们不确定新时代会带来什么，却怀疑旧的思维方式已经过时。在写于维多利亚时代的《写于雄伟的卡尔特教堂的诗章》（*Stanzas from the Grande Chartreuse*）中，马修·阿诺德（1822—1888年）说被困在

> 两个世界之间，一个已经死去，
> 另一个无力诞生，
> 我无路可走。

阿诺德以阿尔卑斯山的旅行为背景，探讨他的流离失所感，他特别关注自己的文化——或许是他自己——的信仰丧失。他的话充满留恋之情：他曾经强大的信仰现在似乎"只不过是逝去时代的南柯一梦"。阿诺德对祖国的信仰丧失深感悲伤，他痛苦地看到，那就像多佛海滩正在退去的潮水：

> 信仰之海
> 也曾满潮，围绕地之海岸，
> 似彩练，似云卷，涌动人间。
> 但如今我只听见，
> 它忧伤、悠长的后退之吼，
> 在后退，和着夜风的呼吸，
> 退下世界硕大阴沉的海岸，
> 和茫茫的一滩裸石。

信仰的潮水正在退去，阿诺德从未期望看到再次涨潮。如果品读他的诗歌《多佛海岸》（*Dover Beach*），不可能不瞥见他的一些伤痛与困惑，因为他的祖国甘愿撇弃自己的信仰之魂。

达尔文的进化论：人类起源的新理论

维多利亚时代的大多数历史学家认为，达尔文的进化论在很大程度上导致了维多利亚时代的信仰危机。在《物种起源》（Origins of Species，1859）中，英国自然学家查尔斯·达尔文（Charles Darwin，1809—1892年）对生物物种的起源提出新解释，从根本上质疑了基督教的一些传统信仰，尤其是普通人的信仰。许多普通的基督徒认为，上帝逐一创造万物，这是一种独特的创造；但是，达尔文提出，新物种是经过漫长的进化而来的。

要想理解达尔文向普通人的信仰提出的挑战，我们需要了解大约同一时期的流行神学著作对英国基督教的影响。1802年，英国牧师威廉·佩利（William Paley，1743—1805年）出版了一部名为《自然神学》（Natural Theology）的著作，他在书中指出，自然界展现出设计的证据。例如，人的眼睛构造复杂，这清楚显明作为设计者与创作者的上帝的智慧。自然界的复杂事物越来越被视为上帝存在的证据。

达尔文的进化论给出另一种选择，可以解释自然界的设计论。因此，他极大地削弱了帕利看法的可信度。达尔文自己也意识到这一点：

> 既然物竞天择的规律已被发现，佩利所提出的老的自然设计论就不再成立，而这以前似乎对我极有说服力。例如，我们不能再认为，双壳贝类生物的美丽蝶绞是一位智慧存在者的创造，就像人制造门的合页。

在许多人看来，支持基督教的证据又被削弱了。但是，有些人却并不这样认为，相信达尔文只是证实了某些流行神学的错误。他们认为，更深刻反思信仰的神学没有受到影响。例如，颇具影响力的神学家查尔斯·金斯利（Charles Kingsley，1819—1875年）提出，达尔文其实提供了一种新生命。"我们以前知道上帝极有智慧，他能创造万物；但是，请注意，他远比那更智慧：他能让万物自我创造。"达尔文经常被描述为给信仰造成了新危机，但是，支持这种看法的历史证据却不像人们普遍认为的那样有力。我们今天所熟知的许多争辩都是近年来的发展，源于美国紧张的宗教局势。

后现代主义与神学新议题

后现代主义（Postmodernism）通常被视为一种文化感受，即不相信绝对不变的真理或基础，钟爱多元化和分歧，旨在理解人类所有思想的根本"情境性"。在这些方面，后现代主义都可以被理解为有意识地反抗启蒙运动的综合化。

不可能给后现代主义下一个充分的定义。从某种程度上讲，这是因为就后现代主义所取代的"现代性"的本质远未达成共识。可以认为，"后现代主义"一词其实本身便已经暗示，"现代性"——无论是什么——已被充分定义与理解，且已经终结，并被取代。这个问题在文学中特别严重，因为"现代主义"（Modernism）在文学中始终是备受争议的观念。不管怎样，仍可能确认后现代主义普遍的主要特点：有意识地系统放弃集中叙述（centralizing narrative）。

因此，有一点显而易见：就真理的问题而言，后现代主义坚持相对主义（relativism）或多元主义（pluralism），这是后现代主义固有的前提。如果借用这场运动的术语，我们可以说，后现代主义代表这样一种情况：能指（signifier）已经取代所指（signified），成为"指向"和"意义"的中心。结构语言学（structural linguistics）最早由费迪南德·德·索绪尔（Ferdinand de Saussure, 1857—1913年）提出，后来由罗曼·雅科布松（Roman Jakobson, 1896—1982年）等人进一步完善，在结构语言学中，承认语言符号的**任意性**（arbitrariness）及其与其他符号的相互依存，意味着不可能有绝对不变的意义。

索绪尔认为，"语言符号"由三个要素构成：**能指**（信息接收者所听到的语言的声响）、**所指**（能指在信息接收者心中产生的意义）和**两者的结合**。对于索绪尔来说，能指与所指的结合是一种文化惯例，即在文化中是约定俗成的。根本没有普遍的或超验的基础，将能指与所指联系在一起；能指与所指的结合是任意的，反映出文化适应的偶然性。

一些哲学家发展了这一见解，如米歇尔·福柯（Michel Foucault, 1926—1984年）、让·鲍德里亚（Jean Baudrillard, 1929—2007年）和雅克·德里达（Jacques Derrida, 1930—2004年）。他们认为，语言终究是任意的、无常的、多变的。语言不是基于任何全面绝对的语言学定律，所以不能揭示出意义。鲍德里亚认为，现代社会陷入无边无际的人造符号体系，这种符号体系**毫无意义**，只能令其创造者的信仰体系永存。

在后现代主义中，有一股思潮能很好说明这种趋势——同时也说明它仍沉迷于文字和语言。这就是**解构主义**（deconstructionism）。解构主义是一种批判法，其实是在宣称文字作者的身份和意图跟解释文字无关，继而坚持认为文字绝对没有固定的意义。解构主义主要源自雅克·德里达于20世纪60年代末对马丁·海德格尔著作的解读。就解读文字而言，解构主义的基础是以下两个普遍原则：

1. 任何写下的文字都将表达作者无意表达和原本不想表达的意义。
2. 作者不能充分利用文字表达他或她最想表达的意义。

因此，所有解释都同样正确或同样没有意义（取决于你的看法）。正如美国一位重要的解构主义者保罗·德曼（Paul de Man, 1919—1983年）所说，就连"意义"的观念都带有法西斯主义的意味。解构主义在越战之后的美国开花结果，受到一些学者的重视，如德曼、杰弗里·哈特曼（Geoffrey Hartman, 1926— ）和海利斯·米勒（J. Hillis Miller, 1928— ）。"元叙述"（meta-narrative）——即自称为认清意义提供了通用框架的普遍性叙述——因其独裁性而被否定。元叙述绝不是认清意义，而是以一种法西斯主义的方式将自己的意义强加于人。

就神学而言，应当指出两个特别重要的进展。

《圣经》的解释　历史考证法（historico-critical method）始终主导着传统的学术圣经解释。历史考证法于19世纪发展起来，强调应用历史考证法的重要性，如确定福音信息的"生活背景"（Sitz im Leben）。20世纪80年代许多重要的文学评论家——如弗兰克·克默德（Frank Kermode, 1919-2010）和哈罗德·布卢姆（Harold Bloom, 1930—　）——向"教会所认可的"或"学术上受尊重的"圣经解释提出挑战。因此，有一种观念——即《圣经》的文字是有意义的（无论是教会权威确定的，还是学术界认可的）——在后现代主义看来非常令人怀疑。但是，就《圣经》的解释而言，斯坦利·菲什（Stanley Fish, 1938—　）所提出的"解释群体"（interpretive community）有重要意义。它强调群体是围绕某种解读文字的特殊方式而形成的。

系统神学　按其本质，后现代主义反对"系统化"的观念或任何已经认清"意义"的主张。马克·泰勒（Mark Taylor）的研究著作《犯错》（*Erring*，1984）很好地说明了后现代主义对系统神学的影响。"犯错"的意象——而不是构建神学体系更传统的方法——让他发展出一种非系统神学，这种神学提供多种方法，来解决真理或意义的问题。尼采曾宣称"上帝死了"，泰勒的研究探讨了它的后果。在这种研究的基础之上，泰勒主张放弃自我、真理和意义等观念。语言没有任何所指，真理不与任何事物相对应。

4.2　重要神学家

仔细研究过去二百年的神学著作表明，相对较小一群神学家经常被作为神学标准来引用。我的担心是，这一发现会证实认为神学由欧洲白人男性神学家所主导之人的担忧。我希望这种情况将发生改变，随着时间的推移，新的神学家会越来越被认可，因此，本书以后的版本也能做出相应的回应。

本章这一部分的目的是概述在现代神学思考中极具影响力的神学家及其议题。许多神学家还将在本书其他章节更详细地探讨，但是，读者将发现，这部分的概述将帮助你在复杂的现代神学中不迷失方向。

施莱尔马赫（1768—1834年）

弗雷德里希·丹尼尔·恩斯特·施莱尔马赫被普遍视为19世纪最重要的新教神学家。他承认需要让基督教的启蒙运动的"文化蔑视者"与基督教建立联系，使他们理解基督教，这让他声名鹊起。他的《基督教信仰》（1821—1822年，1830—1831年修订）系统阐释了基督教神学，其基础是"绝对信靠感"。他因促成对伊曼纽尔·康德（Immanuel Kant）

的解释与批判以及他论解释学的著作而广受敬重。但是，施莱尔马赫最好被视为神学家，为自由派新教于 19 世纪和 20 世纪初的崛起奠定了知识基础。

约翰·亨利·纽曼（1801—1890 年）

很少有说英语的神学家像约翰·亨利·纽曼（John Henry Newman）那样有影响力。纽曼在牛津大学学习，后来担任牛津大学教会的牧师，成为牛津运动（Oxford Movement）的主要人物。牛津运动试图复兴英国圣公会高教派的传统。1845 年，纽曼正式加入天主教，于 1879 年成为枢机主教。他写过许多历史神学著作，但是，这些著作饱受质疑，不能最好地展现纽曼的思想。他最重要的工作是探讨教义的发展（参《论基督教教义的发展》〔Essay on the Development of Christian Doctrine，1845〕）和阐释信仰与理性的关系（参《论赞同的基本原理》〔Essay in Aid of a Grammar of Assent，1870〕）。

卡尔·巴特（1886—1968 年）

瑞士神学家卡尔·巴特现在几乎被公认为 20 世纪——可能是宗教改革以来——最伟大的新教神学家。他在自由派新教的环境中长大，强调上帝的启示，这让他必须重新审视现有的许多神学。巴特的神学起初被称为"辩证神学"（dialectical theology）或"新正统神学"（neo-orthodoxy），但是，这两个术语都不是特别有助于理解他的神学议题。对于巴特来说，神学是独立的学科，任务是回应上帝的自我启示。巴特早期的著作通常是批判性的，不是构建系统思想（如他于 1919 年发表的名著《罗马书释义》〔Commentary on Romans〕），他的《教会教义学》（Church Dogmatics）在他去世时还没有最终完成，代表他积极构建自己的神学计划。巴特对神学的许多领域都产生了重要影响，尤其是启示观。普遍认为，三位一体神学于 20 世纪的复兴归功于巴特的影响。

保罗·蒂里希（1886—1965 年）

保罗·蒂里希（Paul Tillich）最初在德国学习神学，但是，由于反对纳粹主义，他被迫辞去教职。他移居到美国，起初在纽约协和神学院任教，后来到哈佛大学教书。1940 年，他成为美国公民。蒂里希可以被视为延续、发展了施莱尔马赫的神学计划。他的神学议题可以概括为一种尝试，即将文化与信仰"关联"在一起："信仰能被当代文化接受，当代文化能被信仰接受。"通过广泛使用存在主义（existentialism），蒂里希开始向现代西方文化阐释基督教信仰，强调人的"终极问题"（ultimate questions）与基督教信仰所提供的答案之间的"关联"。这种方法在《根基的动摇》（The Shaking of Foundations，1948）等著作中被清楚阐释，但是，"关联法"（method of correlation）最好通过他的重要著作《系统神学》（Systematic Theology，1951—1963 年）来研究。

卡尔·拉纳（1904—1984 年）

在 20 世纪众多杰出的天主教神学家中，耶稣会的德国神学家卡尔·拉纳（Karl Rahner）被普遍视为最重要的。他最傲人的成就之一，是让论文重新成为探讨神学的工具。了解拉纳的思想最重要的材料，不是一部教义神学巨著，而是一套相对松散、并不系统的论文集，出版于 1954 至 1984 年间，英文名为《神学研究》（Theological Investigations）。这些论文说明，相对并不系统的神学方法也能研究出系统神学。在拉纳的神学计划中，他的"超越法"（transcendent method）可能是最重要的，将其视为基督教对已经丧失超越的上帝的世俗世界所做的回应。前几代神学家试图通过自由派或现代派的妥协方针应对这一挑战，但是，拉纳主张，要想恢复超越感，只能重新取用基督教神学的经典源泉，尤其是奥古斯丁和托马斯·阿奎那。拉纳独特的方法是将托马斯主义（Thomism）同德国唯心主义（idealism）和存在主义的核心观念融合在一起。

汉斯·乌尔斯·冯·巴尔塔萨（1905—1988 年）

瑞士天主教神学家汉斯·乌尔斯·冯·巴尔塔萨（Hans Urs von Balthasar）对近年来的神学争辩产生了巨大影响，尤其是对美的问题。他的主要著作是《主的荣耀》（The Glory of the Lord，1961—1969 年），阐释了基督教是对上帝自我启示的回应，并特别强调信仰回应了主之美的异象。他从默想真、善、美的角度分析神学，这为他赢得许多人的钦佩。他的其他重要著作包括《上帝的戏剧：神学戏剧论》（Theo-Drama: Theological Drama Theory，1971—1983 年）和《上帝的逻辑》（Theo-Logic，1985—1987 年）。《上帝的戏剧》有五卷，阐释所谓的"上帝的戏剧"（Theodramatics），尤其是在耶稣受难日、复活前夕和复活日的事件中所看到的上帝的作为和人的回应；《上帝的逻辑》阐释了耶稣基督与真理的关系。

于尔根·莫尔特曼（1926— ）

在英国诺丁汉附近的战俘营中，德国新教神学家于尔根·莫尔特曼想起了读过的《人的本性与命运》（The Nature and Destiny of Man，1941）——莱因霍尔德·尼布尔（Reinhold Niebuhr）的划时代著作，因此燃起对神学的兴趣。回到德国之后，莫尔特曼开始了神学家的生涯。他的神学三部曲——《希望神学》（The Theology of Hope，1964）、《被钉十字架的上帝》（The Crucified God，1972）和《圣灵大能中的教会》（The Church in the Power of the Spirit，1975）让他享誉世界。在《希望神学》中，莫尔特曼在与马克思主义思想家恩斯特·布洛赫（Ernst Bloch）的对话中阐释希望的问题。《被钉十字架的上帝》探讨基督对饱受苦难的世界的意义，提出一个开拓性观念，即"受苦的上帝"。莫尔特曼后来对基督教神学的其他领域（尤其是创造教义、三位一体教义和生态问题）做出划时代的贡献，但是，主要是他的神学三部曲让他流芳后世。

沃尔夫哈特·潘能伯格（1928—　）

德国新教神学家沃尔夫哈特·潘能伯格（Wolfhart Pannenberg）因其论"历史为启示"的著作而于20世纪60年代成为杰出的神学家。这种神学方法认为，可以在历史的进程中看到启示。对于潘能伯格来说，上帝通过自己的作为（主要是在以色列人的历史，以及耶稣基督的降生、受死和复活中）彰显自己。在《耶稣：上帝与人》（Jesus: God and Man，1968）中，潘能伯格阐释了这个主题，指出基督的复活为正确解释历史提供了有利的视角。潘能伯格的兴趣包括探讨神学方法，这可以在他早期的著作《神学与科学哲学》（Theology and the Philosophy of Science，1977）中看出。近年来，他又有了新兴趣，对基督教神学与自然科学的互动进行了重要讨论。他的《系统神学》（Systematic Theology，1988—1993年）能权威地说明他最成熟的神学。

4.3　神学的宗派发展

自宗教改革以来，基督教已经有了许多发展趋向，随之发展出来的各种"基督教"通常被称为"宗派"（denomination）。在以下部分中，我们将阐释各个宗派的一些进展，我们先来探讨最大的宗派天主教——在神学著作中通常被称为"罗马天主教"。

天主教

普遍认为，现代天主教神学最重要的进展始于第二次梵蒂冈会议（Second Vatican Council，1962—1965年）之前的那段时间。在18和19世纪，天主教在欧洲受到严峻的政治与社会挑战，这种局势限制了天主教，使天主教无法积极进行神学思考。在以新教为主导的，天主教通常必须自卫，因此，至关重要的是神学辩论，而非构建神学。19世纪的情况仍是如此，当时，俾斯麦向德国天主教发动了"文化战争"（Kulturkampf）。然而，世俗的势力也十分重要。法国大革命及其后果向天主教提出了巨大挑战，导致天主教再次陷入自卫状态。

然而，缺乏创造力也有神学原因。天主教始终深受雅克·贝尼格·波舒哀（1627—1704年）的观念的影响，尤其是他强调的天主教传统的延续性。神学通常被理解成忠实地复述过去的遗产，第一次梵蒂冈会议（First Vatican Council，1869—1870年）又鼓励这种倾向。在这一方面，教宗利奥十三世（Leo XIII）的一个决定特别重要，即赋予托马斯·阿奎那的著作特殊地位，这其实使阿奎那成为神学的标准（尽管这不一定是利奥十三世的本意）。

然而，可以在19世纪明确看到一种渴望复兴神学的趋势。浪漫主义的唯心主义兴起，德国天主教深受影响，这再次唤起神学家对天主教许多信仰和习俗的兴趣，包括其中的经验层面。19世纪30年代，天主教图宾根学派（Tubingen School）兴起，从中可以看出对经验的新兴趣。当时，约翰·塞巴斯蒂安·冯·德雷（Johann Sebastian von Drey，1777—1853年）和约翰·亚当·墨勒（Johann Adam Moehler，1796—1838年）等神学家开始强调传统是教会活的声音。约翰·亨利·纽曼（1801—1890年）原本是圣公会基督徒，后来才归信天主教，他也非常重要，为19世纪后期的天主教神学注入自信和锐利的神学见解。但是，有人认为，他的影响力在20世纪比在当时更大。就天主教神学的发展而言，他最重要的贡献可能是教义的发展和平信徒在教会中的作用。

第二次世界大战（1939—1945年）之后，天主教神学大复兴的迹象出现了。在天主教的神学复兴中，复兴基督教在教父时期和中世纪的遗产是最重要的主题之一，这在亨利·德·吕贝克（Henri de Lubac，1896—1991年）和伊夫·孔加尔（Yves Congar，1904—1995年）的著作中非常明显。第二次梵蒂冈会议提倡讨论教会和圣礼的本质与作用，并创造出更有利于天主教神学家工作的环境。爱德华·谢列比克斯（Edward Schillebeeckx，1914—2009年）和汉思·昆（Hans Küng，1928— ）的著作说明了第二次梵蒂冈会议之后的天主教神学的新活力。在20世纪的天主教神学家中，汉斯·乌尔斯·冯·巴尔塔萨和卡尔·拉纳被普遍视为最重要的两位。

1994年，天主教出版了一份非常重要的文献。《天主教教义问答》（*Catechism of the Catholic Church*）是按照第二次梵蒂冈会议精神修定的，用简洁的语言概述了现代天主教的主要思想。该书是一本实用的概论，概括了当代的天主教思想，本书有时会引用该书。

当代天主教许多重要的神学运动值得特别关注。在20世纪初，天主教的现代主义在英国特别重要，阿尔贝特·卢瓦西（Albert Loisy，1857—1940年）和乔治·蒂勒尔（George Tyrrell，1861—1909年）等神学家试图改造天主教教义，以顺应时代精神，这引起巨大的争议与异议。近年来，在说法语的天主教中，出现了一场被反对者称为"新神学"（La nouvelle Théologie）、被拥护者称为"回到源头"（La ressourcement）的运动。这场运动的神学家有玛丽·多米尼克·彻努（Marie-Dominique Chenu，1895—1990年）、伊夫·孔加尔、让·达尼埃卢（Jean Daniélou，1905—1974年）和路易斯·布耶（Louis Bouyer，1913—2004年）。在其他地区，拉丁美洲的解放神学成为拉丁美洲天主教一场重要的运动，在整个基督教中引起极大的关注（和不小的争议）。

东正教

拜占庭陷落之后，拜占庭的神学传统还在发展，但是，形式已有所不同。随着穆斯林入侵者攻陷君士坦丁堡，东方基督教思想的主要中心转移到俄罗斯，尤其是基辅和莫斯科。19世纪，俄罗斯东正教神学的知识基础得以奠定，霍米亚科夫（A. S. Khomyakov, 1804—1860年）和弗拉基米尔·索洛维约夫（Vladimir Soloviev, 1853—1900年）等神学家为此做出了巨大贡献。但是，俄国革命之后对宗教的压制政策导致神学教育不可能在本国开展。乔治斯·弗洛罗夫斯基（Georges Florovsky, 1893—1979年）和弗拉基米尔·洛斯基（Vladimir Lossky, 1904—1958年）等流亡神学家继续在逃亡中发展东正教传统。

苏联解体为俄罗斯复兴俄罗斯东正教充满活力的神学与灵性传统开辟了道路，但是，散居各地的俄罗斯人仍可能在这一方面继续发挥重要作用，尤其是散居在美国的俄罗斯人。

19世纪20年代，希腊最终摆脱土耳其人的统治。从而为希腊东正教这一神学传统的复兴开辟了道路。但是，希腊东正教到20世纪60年代才真正复兴。事实上，19世纪的许多希腊东正教神学著作表明，希腊东正教的神学在很大程度上依赖于西方思想，与希腊的思想格格不入。后来，约翰·吉祖拉斯（John Zizoulas, 1931— ）和克里斯托斯·杨纳拉斯（Christos Yannaras, 1935— ）等神学家极大地促进了希腊东正教的复兴。散居各地的希腊东正教神学家越来越重要，如纽约和墨尔本的神学家，但是，希腊本国的神学家未来仍可能继续对东正教神学产生重要影响。

新　教

如前所述（参第三章），新教诞生于欧洲16世纪的宗教改革。新教最初只局限于西欧，但是，它在现代进行了意义重大的扩张。在新教扩张的第一个阶段，英国、荷兰、德国和欧洲其他国家的新教移民定居在北美洲，令新教成为主导许多地区的宗教。乔纳森·爱德华兹被普遍视为这一时期最重要的神学家之一。到了18和19世纪，随着传教工作的开展，新教进一步扩张。圣公会、路德宗和浸信会的传教会活跃在非洲、亚洲和澳洲的许多国家与地区。

18世纪晚期兴起于新教腹地的启蒙运动非常重要。新教神学经常要自卫，回应周围文化的文化进展与议题。要想更好地理解这一现象的重要性，可以研究自由派新教的出现和发展，自由派新教通常被视为最受文化同化的神学方法之一。一些新教神学家越来越担心，自由派新教会让它的信仰和标准越来越迎合世俗的价值观，这促成了以卡尔·巴特为代表的新正统主义的兴起。新正统主义仍然十分有影响力，但是，也出现了其他应对自由派新教遗产的方法，最值得关注的是后自由派神学和激进正统主义。

一场反抗这些神学进展的运动于20世纪初爆发在美国，现在被普遍称为"基要主义"（fundamentalism）。普遍认为，基要主义得名于一系列题为《基要信仰》（The Fundamentals）的著作，出版于第一次世界大战不久之前。这些著作重申新教的传统信仰，强调它们在应对越来越世俗、越来越具批判精神的文化时非常重要。在20世纪20年代，美国一些新教宗派——最引人注目的是长老会（Presbyterianism）——经历了激烈的争辩和严重的危机，这通常被解释为"基要派"与"现代派"的冲突。

从此以后，"基要主义"一词便有了宗教教条主义和文化孤立主义的意味，用来指新教之外的宗教与文化运动，如"伊斯兰教基要主义"（Islamic fundamentalism）被广泛用来指1979至1980年伊朗革命期间与阿亚图拉·霍梅尼（Ayatollah Khomeini, 1902—1980年）有关的伊斯兰教。因此，区分作为社会文化现象的基要主义与神学基要主义非常重要。从神学的角度而言，基要主义的动力源自保护"信仰的基本要素"（fundamentals of faith）免受当代文化的知识、道德与社会的威胁；从社会学的角度来看，基要主义是脱离主流宗派或文化，认为主流宗派的神学被污染了。

20世纪下半叶，新教的两场运动促成了两个独立的新宗派：福音派（evangelicalism）和五旬节派（Pentecostalism）。在以下部分中，我们将分别探讨这两场运动。

福音主义

"福音派"（evangelical）一词早在16世纪便出现了，当时用来指这样一批天主教神学家：他们希望回归更符合《圣经》的信仰和习俗，抛弃中世纪晚期教会的信仰和习俗。到了16世纪20年代，évangélique（法文）和evangelisch（德文）成为宗教改革初期辩论性著作的主要特色，所以有了特殊用法。现在，"福音派"被普遍用来指神学和灵性方面的超宗派倾向，即特别强调《圣经》在基督教生活中的重要性。福音主义通常被视为以四个假设为中心：

1. 《圣经》的权威性和充分性。
2. 拯救的独特性，即拯救是基督死在十字架上成就的。
3. 亲自经历归信基督的必要性。
4. 传扬福音的必要性、恰当性和紧迫性。

其他所有事往往都被视为新教改教家所说的"可行可不行之事"（adiaphora）——不受重视的事，从很大程度上讲，关于这些事的各种看法都是可以接受的。尤其重要的是，福音派愿意灵活处理教会论的问题。从历史上讲，福音主义从未坚守任何一种独特的教会论，认为就教会论而言，《新约》可以从许多角度解释，对于福音来说，各个宗派的独特性是次要的。这意味着，福音主义通常是新教主流宗派的一种潮流或趋势，尽管现在有许多独特的福音派。福音主义通常有意识地区别于基要主义，强调同文化和知识对话的重要性。

自第二次世界大战以来，出现了许多重要的福音派神学家。卡尔·亨利（Carl F. H. Henry，1913—2003 年）撰写了六卷《上帝、启示与权威》（*God, Revelation and Authority*，1976—1983 年），这部巨著让他享誉世界。该书对《圣经》的权威进行了细致的研究。唐纳德·布勒奇（Donald G. Bloesch，1928—　）也强调《圣经》的权威，尤其是他的《福音派神学纲要》（*Essentials Evangelical Theology*，1978—1979 年）阐释了不同于自由主义和基要主义的福音派神学。詹姆斯·帕克（James Packer，1926—　）强调圣经神学的重要性，在畅销书《认识上帝》（*Knowing God*，1973）中，他率先探讨了系统神学与灵修的关系。护教学是福音主义最重要的神学领域之一，爱德华·约翰·卡内尔（Edward John Carnell，1919—1967 年）和克拉克·平诺克（Clark H. Pinnock，1939—　）等神学家对此做出了重要贡献。

五旬节派与灵恩运动

20 世纪基督教最重要的进展之一，是灵恩派和五旬节派的兴起。他们肯定现代基督教可以重新发掘与运用《圣经》，尤其是《使徒行传》所记载的圣灵的能力。"灵恩"（charismatic）一词源自希腊词 charismata（"恩赐"，特别指"属灵的恩赐"），灵恩派基督徒相信，今天仍可以获得这种恩赐。相关的词"五旬节"（Pentecostal）指五旬节当天发生的事（使徒行传 2：1—12），灵恩派基督徒认为，五旬节事件是基督教生活的标准模式。

现代对属灵恩赐的重新发现与五旬节运动密不可分。普遍认为，五旬节运动是现代第一场清楚展现灵恩倾向的运动。彼得·瓦格纳（C. Peter Wagner）对 20 世纪灵恩运动发展的研究极具影响力，在《圣灵的第三波浪潮》（*The Third Wave of the Holy Spirit*，1988）中，瓦格纳将灵恩运动分为三波"浪潮"。第一波浪潮是传统的五旬节运动，兴起于 20 世纪初，特点是强调说方言。第二波浪潮出现在 20 世纪 60 和 70 年代，波及新教的主流宗派和天主教，标志是运用圣灵的医治和其他属灵的恩赐。约翰·温伯（John Wimber，1934—1997 年）等基督徒可以代表第三波浪潮，他们强调"神迹奇事"。

灵恩运动被认为有着悠久的历史渊源，但是，它在 20 世纪的发展一般被追溯到查尔斯·福克斯·帕海姆（Charles Fox Parham，1873—1929 年）的教牧工作。1901 年，帕海姆提出一些基本观念，后来成为五旬节运动的标志，包括"说方言"和相信"圣灵的洗礼"是基督徒归信基督教之后的第二次祝福。约瑟夫·威廉·西摩（Joseph William Seymour，1870—1922 年）发展、巩固了这些思想。他是一位黑人牧师，从 1906 至 1908 年在洛杉矶市区的阿苏萨街教会（Azusa Street Mission）主领盛大的灵恩复兴聚会。北美洲大多数重要的五旬节派都起源于这一时期，如神召会（Assemblies of God）。

重新认识、经历圣灵与现代教会的同在引起一系列争辩：圣灵洗礼的本质是什么？在各种"属灵恩赐"中，哪一种对个人的信仰与灵性和建造整个教会最重要？由于这些原因，五旬节派普遍怀疑许多传统神学，认为它们过于强调对基督教信仰的理性思考，从而忽视了基督教信仰的经验。

4.4 西方近年来的一些神学运动与潮流

在本章前面的部分中，我们已经概述过现代文化对基督教神学的影响和一些宗派问题。在以下部分中，我们将探讨西方神学近年来一些重要的运动和潮流。

自由派新教

自由派新教（liberal Protestantism）无疑是兴起于现代基督教思想中最重要的运动之一。自由派新教的起源相当复杂。但是，有助于我们理解的思路是，将自由派新教视为回应施莱尔马赫的神学计划，特别是他对人的"情感"的强调，以及必须将基督教信仰与人的处境联系在一起。传统的自由派新教起源于19世纪中叶的德国，背景是一种越来越普遍的认识，即必须根据现代知识重建基督教的信仰和神学。在英国，查尔斯·达尔文的物竞天择论（通常被称为"达尔文进化论"）越来越被认可，这营造出这样一种气氛：一些传统的基督教神学（如七天创造的教义）似乎越来越站不住脚。自由派神学最初致力于消除基督教信仰与现代知识的隔阂。

在处理传统的基督教神学时，自由派神学需要很大的灵活性。重要的自由派神学家认为，要想在现代世界的知识界保持强大的竞争力，基督教必须重建信仰。因此，就传承基督教教义与运用传统的圣经解释方法而言，自由派神学家要求有一定的自由。如果人的知识进展可能危及圣经解释的传统方法或传统信仰，它们就必须被抛弃或重新解释，以使它们符合现今对世界的认识。

对于基督教神学来说，这一转变意义重大。基督教的许多信仰被视为与现代文化标准极为不符。这些信仰是以两种方法处理的：

1. 被抛弃，因为它们以过时或错误的假设为基础。原罪教义便是很好的例子：这个教义被认为根据奥古斯丁的著作而误解了《新约》，奥古斯丁对原罪的理解过分受制于一个主张宿命论的教派（摩尼教〔Manichaean〕）。

2. 被重新解释，以使其更符合时代精神。关于耶稣基督位格的许多核心教义是被这样重新解释的，包括他的神性（被重新解释为肯定耶稣基督是一个全人类都有望效法的榜样）。

除了重新解释教义（这在"教义史"运动中继续进行），还可以看到一种新关注：将基督教信仰建基于人的世界——尤其是人的经验和现代文化。自由派神学认为，将基督教信仰完全建基于《圣经》或耶稣基督可能遇到困难，所以试图将信仰的基础建立在人类共同的经验之上，以符合现代世界观的方式加以解释。

激励自由派神学的异象是一种信念，即人类正迈入进步与繁荣的新国度。进化论又为这一信念注入了新活力，19世纪晚期，西欧的文化稳定，并取得长足进步，这又是一个强有力的证据。人们越来越相信，宗教与现代人的灵性需求相关，能为社会提供道德指导。

许多批判者——如欧洲的卡尔·巴特和北美洲的莱因霍尔德·尼布尔（1892—1971年）——都认为，自由派新教的基础是过度乐观地相信人性。他们相信，这种乐观主义已被第一次世界大战摧毁，从此以后，自由派神学将失去文化可信性。事实上，这是一种严重误判。自由派神学最多可以被视为一场致力于重新阐释基督教信仰的运动，以使基督教信仰能被当时文化接受。自由派神学仍自认为调和了另外两种难以接受的选择：一种只是重申基督教的传统信仰（被自由派神学家批评为"传统主义"或"基要主义"），另一种则完全否定基督教。自由派神学家始终致力于在这两种死板的选择之间探索一条中间路线。

德国流亡神学家保罗·蒂里希（1886—1965年）可能对自由派新教进行了最成熟、最具影响力的阐释，这可以在他的著作中读到。蒂里希于20世纪50年代末和60年代初成名于美国，但是，他当时已处于事业的晚期。他被普遍视为乔纳森·爱德华兹之后最具影响力的美国神学家。（但是，有些学者更愿意将蒂里希称为"新自由派"，认为他的工作是阐发新教自由派的传统主题，而不只是重述。）用一个术语便可以概括蒂里希的神学计划："关联法"。通过"关联法"，蒂里希将现代神学的任务理解为开启人类文化与基督教信仰的对话。蒂里希对卡尔·巴特的神学计划心存警惕，认为他错误地将神学与文化一分为二。

在蒂里希看来，人类文化已经表明与揭示出存在的问题——或他经常说的"终极问题"。现代的哲学、文学和创造性艺术都指向人关心的问题。神学给出这些问题的答案，同时将福音与现代文化关联在一起。福音必须向文化说话；但是，只有聆听文化所提出的实际问题，福音才能真正向文化说话。对于芝加哥大学的大卫·特雷西（David Tracy）来说，福音与文化的对话具有调控性：福音与文化的对话包括福音与文化的相互纠正与丰富。因此，神学与护教学关系密切：神学的任务被理解为解释基督教信仰如何回应文化分析所展现的人类需要。

因此，"自由派"或许可以被理解为这种神学家：他们"继承了施莱尔马赫和蒂里希的神学传统，致力于为回应现代文化而重建信仰"（大卫·特雷西）。按照这种说法，现代的许多著名神学家都属于"自由派"。但是，必须指出，近年来对"自由派"的使用不是完全准确，也容易产生误解。

自由派新教在许多方面受到批评，以下几点最具代表性。

1. 自由派新教往往十分强调全人类的宗教经验。但是，这是含糊不清的概念，难以经受公开的检验。批判者也有很好的理由提出，由解释塑造的"经验"远远超过自由派神学所能允许的范围。

2. 批判者认为，自由派神学过于强调短暂的文化进展，结果，自由派神学似乎失去了批判精神，被世俗的议题牵着鼻子走。

3. 有人提出，为了让当代文化接受基督教，自由派神学太过容易地放弃了基督教独特的教义。

自由派神学似乎于20世纪70年代末到80年代初在北美洲达到顶峰。尽管自由派神学仍在神学院和宗教学院占有重要的一席之地，但是，20世纪90年代的文化变革让一些人看到，自由派神学正在现代神学和教会生活中衰弱。后自由派阵营中的批判者抓住自由派神学的弱点不放，我们很快就会探讨。同样的批评也是针对一场被笼统地称为"现代主义"的运动，我们现在就来探讨。

现代主义

"现代主义者"（modernist）最早用来指19世纪末的一派天主教神学家，他们对基督教的传统教义采取批判态度，尤其是拿撒勒人耶稣的身份和意义的教义。这场运动促进了一种积极的态度，即对《圣经》进行彻底的考证研究，同信仰的神学层面相比，这场运动更强调信仰的伦理方面。在许多方面，"现代主义"可以被视为天主教神学家尝试向启蒙运动的世界观做出让步，而在此之前，天主教在很大程度上忽视了启蒙运动。

在天主教的现代派神学家中，阿尔贝特·卢瓦西（1857—1940年）和乔治·蒂勒尔（1861—1909年）值得特别关注。在19世纪90年代，卢瓦西批判了《圣经》所记载的传统创世论，认为能从《圣经》中看出教义的真正发展。他最重要的著作是1902年出版的《福音与教会》（The Gospel and the Church）。这部重要的著作直接回应阿道夫·冯·哈纳克（Adolf von Harnack，1851—1930年）对基督教起源和本质的阐释。哈纳克两年前所著的《基督教是什么？》（What is Christianity ?）阐释了这些观点。哈纳克认为，耶稣与教会没有任何关系。卢瓦西却否定这种看法。但是，他非常赞同哈纳克从自由派新教的角度解释基督教的起源，同意在解释福音书时要承认圣经考证研究的作用和有效性。结果，天主教当局于1903年将卢瓦西的《福音与教会》列为禁书。

英国的耶稣会神学家蒂勒尔追随卢瓦西，继续彻底批判天主教的传统教义。同卢瓦西一样，他在《站在十字路口的基督教》（Christianity on the Crossroads，1909）中批判哈纳克对基督教起源的阐释，不赞同哈纳克重现历史的耶稣，将耶稣描述成"向深水井底观望所反映出的自由派新教的嘴脸"——他的这句话非常著名。《站在十字路口的基督教》还为卢瓦西的著作辩护，认为天主教当局对他及其著作的敌意已经造成这样一种普遍印象：天主教在为自由派新教辩护，驳斥天主教的立场，而"现代主义只是一场好抗议、重理性的运动"。

从某种程度上讲，这种看法的形成可能由于类似的现代主义在新教主流宗派中的影响力越来越大。1898年，推动宗教自由思想的"牧师协会"（Churchman's Union）在英国成立；1928年，"牧师协会"更名为"现代牧师协会"（Modern Churchman's Union）。在与现代牧师协会联系尤为紧密的神学家中，黑斯廷斯·拉什德尔（Hastings Rashdall，1858—1924年）最值得关注，他的著作《基督教神学的救赎论》（Idea of Atonement in Christian Theology，1919）能大体说明英国现代主义的要旨。他有些不加批判地引用以前自由派新教神学家的著作，如阿尔布雷希特·本杰明·利策尔（Albrecht Benjamin Ritschl，1822—1889年）的著作。拉什德尔认为，同与"代替献祭"（substitutionary sacrifice）的观念相关的传统救赎论相比，中世纪神学家彼得·阿伯拉尔提出的救赎论更容易被现代思想接受。这种强烈的道德式或榜样式救赎论将基督的死几乎完全解释为彰显上帝的爱，这种看法深刻影响到20世纪20和30年代的英国——尤其是圣公会——的思想。但是，第一次世界大战和法西斯主义随后于20世纪30年代在欧洲的兴起削弱了这场运动的可信性。直到20世纪60年代，改头换面的现代主义或激进主义才成为英国基督教的显著特点。

现代主义在美国的兴起大同小异。自由派新教于19世纪末和20世纪初的不断壮大，被普遍理解为直接向较为保守的福音派观点发起的挑战。纽曼·史密斯（Newman Smyth）的《正在远去的新教与来临中的天主教》（Passing Protestantism and Coming Catholicism，1908）认为，天主教现代主义在某些方面可以成为美国新教的导师，至少在这两个方面：批判教义和理解教义的发展史。这种局势越来越两极化，因为反抗现代主义的基要主义兴起了。

第一次世界大战引领美国的现代主义进入一个自省的时代，理查德·尼布尔（H. Richard Niebuhr，1894—1962年）等激进的社会现实主义神学家又强化了这种趋势。到了20世纪30年代中期，现代主义似乎迷失了方向。1935年12月4日，在《基督教世纪》（The Christian Century）上一篇颇具影响力的文章中，哈里·埃默森·福斯迪克（Harry Emerson Fosdick）宣称必须"超越现代主义"。在《现实主义神学》（Realistic Theology，1934）中，沃尔特·马绍尔·霍顿（Walter Marshall Horton）提出，美国神学的自由主义已经溃败。但是，自由派神学在第一次世界大战之后重拾信心，有人认为，这场运动在越战时达到顶峰。

然而，我们现在必须回到20世纪初，看看当时一场反抗自由派神学、与卡尔·巴特联系特别紧密的运动:新正统主义。

新正统主义

自由派神学与施莱尔马赫及其追随者紧密联系在一起,第一次世界大战令人们对自由派神学越来越失望——尽管未被完全否定。许多神学家认为,施莱尔马赫其实将基督教简化为宗教经验,从而让基督教以人为中心,而不再以上帝为中心。有人认为,第一次世界大战摧毁了自由派神学的可信性。自由派神学似乎在探讨人的价值。但是,如果人的价值导致如此大规模的全球冲突,还如何重视人的价值?卡尔·巴特(1886—1968年)等神学家强调上帝的"他性"(otherness),相信他们能逃离以人为中心的自由派神学所遭受的厄运。

巴特在《教会教义学》(1936—1969年)中系统阐释了这些思想,该书是20世纪最重要的神学成就之一。巴特生前未能完成这部巨著,因此,他对救赎论的阐释并不完整。整部《教会教义学》始终回荡着一个重要主题:必须认真对待上帝透过《圣经》在基督里的自我启示。这似乎只是重申加尔文或路德所坚持的主题,但是,巴特刻苦钻研,为自己的神学注入一定的创意,让他不可动摇地成为独具特色的重要思想家。

《教会教义学》分为五卷,每一卷又细分为若干部分。第一卷探讨上帝的道(上帝的话语)——对于巴特来说是基督教信仰和基督教神学的源泉和出发点;第二卷论述上帝;第三卷讨论创造;第四卷阐释和好的教义(或许可以说是"救赎论",德文 Versöhnung 有这两种含义);第五卷探讨拯救的教义——却没有最终完成。

除了可想而知的"巴特主义"(Barthianism,这个词提供的信息相对有限),还有两个词用来指巴特的神学。第一个词是"辩证神学"(dialectical theology),源自巴特特别在《罗马书注释》(1919)中阐释的看法:"时间与永恒的辩证"或"上帝与人的辩证"。"辩证神学"说明巴特的这一特点:他坚持认为,上帝与人存在着冲突或辩证的关系,而非延续的关系。第二个词是"新正统主义"(neo-orthodoxy),它让人注意到巴特的神学与归正宗正统神学的相似之处,尤其是17世纪的归正宗正统神学。从许多方面而言,巴特可以被视为在与17世纪几位重要的归正宗神学家对话。

"上帝之道的神学"可能是巴特最独特的神学。在他看来,神学这门学科要竭力保证基督教会宣讲的信息忠于它在耶稣基督里的根基,就是已经在《圣经》中被启示给我们的耶稣基督。神学不是回应人的处境或问题;神学是回应上帝的道,这是上帝之道的固有本质所要求的。

20世纪30年代,新正统主义在北美洲非常重要,莱茵霍尔德·尼布尔等神学家在著作中将新正统主义介绍给北美洲,强烈批判当时自由派新教的许多社会思想所持的种种乐观的假设。新正统主义在很多方面受到批判,以下几点特别重要:

1. 新正统主义强调上帝的超越性和"他性"，使人感到上帝非常遥远，可能脱离实际。许多批判者提出，这导致极端的怀疑主义。

2. 新正统主义主张只能依靠上帝的启示，从某种程度上讲，这是一种循环论证，因为除了上帝的启示，再也没有其他任何能检验新正统主义的途径。换句话说，根本没有任何公认的外在标准，来证实新正统主义所宣称的真理。这让许多批判者提出，新正统主义是惟信主义（fideism）——即新正统主义是不受任何外界批判影响的信仰体系。

3. 新正统主义根本无法有效地回应被其他宗教吸引的人，只能否定他们，认为他们是堕落的人，或他们扭曲了真理。其他神学能解释其他宗教的存在，将它们与基督教信仰联系起来。

回到源头或新神学

大约从20世纪30到50年代，西欧的传统天主教神学面临一系列挑战，是传统、甚至经院神学都难以应对的。德国、意大利、比利时和荷兰的许多神学家试图回应这一挑战，他们发展出新神学，既保留了优秀的传统，又能应对当时的问题。但是，特别是法国神学家，积极、睿智地处理了当时的问题。在法国那些年的神学复兴中，出现了20世纪天主教学术界一些最伟大的神学家，如亨利·德·吕贝克、让·达尼埃卢、汉斯·乌尔斯·冯·巴尔塔萨、伊夫·孔加尔、玛丽·多米尼克·彻努和路易斯·布耶。

为什么是法国？一个原因是问题在法国的紧迫性。法国有漫长的世俗主义传统，可以追溯到法国大革命。但是，我们在这场运动中看到的神学反思，却是让·戈丁（Jean Godin）于1943年发表的著作《法国：一个迷失的国度？》（*France: A Nation of Mission?*）激起的。该书认为，天主教正失去对年轻人和工人阶级的影响力。这刺激了天主教：从1946到1947年，天主教出现了史无前例的反省和复兴。

复兴的一部分是一场运动，被倡导者称为"回到源头"，被批评者称为"新神学"——他们否定这场运动，认为它是不加批判的革新。"回到源头"的核心主题是回归初期教会的源头、传统和信经。许多人认为，这场运动的宣言是年轻的耶稣会神学家让·达尼埃卢于1946年发表的一篇文章，题为"宗教思想的当今取向"（The present orientation of religious thought）。达尼埃卢宣称，系统神学已经与圣经解经学（biblical exegesis）脱节。必然的结果是，教会发展出的神学不仅脱离了圣经研究，也脱离了教会的生活和灵修。

达尼埃卢解决这一难题的方法非常简单，不像16、17世纪的基督教人文主义者采取的方法。要想具备应对现代挑战的能力，教会必须回到基督教传统的最初源泉，重新发现教会两千年历史的丰富宝藏。"回到源头"的计划是"重新发现、重新取用神学的原始资源"。

这些神学家认为，"回到源头"不是简单地重述传统，而是根据现代问题审问、解释传统。正如夏尔·贝玑（Charles Péguy）所说，现代的信仰危机要求"重新更深入地聆听古代用之不竭的共同资源"。同文艺复兴时期的人文主义者一样，这场改革的倡导者发现，他们正在倡导的改革似乎自相矛盾：为了取得神学进展，必须要先后退。"如果神学发展有时是必需的，你必须回到起点，一切从新开始，否则神学永远不可能发展。"（埃特纳·吉尔松）

这些神学家也不认为，神学学术只在学术上重要。他们设想与倡导的"回到源头"首先是宗教复兴工作，而不是学术工作。事实上，许多神学家强调神学的教牧取向，必须保证神学不脱离普通人的处境。"教牧居首位"（伊夫·孔加尔）扩展到敬拜中，纠正了这样一种普遍的看法：纯理论的神学已经减弱人们对上帝所怀有的情感，即上帝是超越的奥秘。重新发现神学的超越者被视为"回到源头"不可或缺的一部分，也有助于我们理解为什么这场运动会强调神学与灵修的联系。

女权主义

女权主义（feminism）已经成为现代西方文化的重要组成部分。就其核心而言，女权主义致力于解放女性的全球运动，倡导男女平等，正确理解当代的神学和习俗所肯定的男女之间的关系。女权主义以前被称为"女性解放运动"，这个旧名说明一个事实，即从本质上讲，女权主义是解放运动，致力于为女性在现代社会赢得平等的地位，尤其是通过除掉一切阻碍男女平等的障碍——包括信仰、价值观和态度。

因此，女权主义神学（feminist theology）旨在理解、批判男性主导的神学传统，质疑上帝的男性形象和人类以男性为中心的意象。近年来，女权主义神学越来越多样，一个原因是人们愿意承认，在不同的文化和种族中，女性的问题应当以不同的方式处理。因此，北美洲黑人女性的宗教著作越来越被称为"黑人妇女神学"（black womanist theology）。

女权主义与基督教产生了冲突（也与大多数宗教产生了冲突），因为它认为，宗教将女性视为二等人，一方面体现在宗教赋予了女性这种角色，另一方面表现在人们对上帝的理解，即上帝主要是男性形象。西蒙娜·德·波伏娃（Simone de Beauvoir，1908—1986 年）的著作——如《第二性》（*The Second Sex*，1945）——详细阐发了这些看法。许多后基督教时代女权主义神学家的著作，如玛丽·戴利（Mary Daly，1928—　）所著的《超越父上帝》（*Beyond God the Father*，1973）和达芙妮·汉普森（Daphne Hampson，1944——）所著的《神学与女权主义》（*Theology and Feminism*，1990），都认为基督教以男性为上帝的象征，基督教的救主是男性，漫长历史中的领袖和思想家也是男性，因此，基督教对女性存有偏见，也就无法实现拯救的目标。她们极力主张，女性应当脱离压迫的环境。还有一些女权主义神学家认为，彻底抛弃传统的基督教，复兴古代女神的宗教（或发明类似的新宗教），能让女性实现宗教解放，卡罗尔·克赖斯特（Carol Christ，1945— ）的《阿芙洛狄特的微笑》（Laughter of Aphrodite，1987）和娜奥米·吕特·戈尔登贝格（Naomi Ruth Goldenberg）的《诸神的改变》（Changing of the Gods，1979）都表达出这种看法。

然而，同上述几位敌对基督教的女权主义者不同，不是所有女权主义者都对基督教有负面评价。有些女权主义神学家强调，从新约时代起，在基督教传统形成和发展的过程中，女基督徒始终发挥着积极作用，在基督教的整个历史上，许多女基督徒也成为主要领袖。事实上，许多女权主义神学家指出，必须重新评价基督教的过去，尊重、肯定许多敬虔的女基督徒，因为以前许多基督教会及其历史学家（主要是男性）都忽视了她们在实践、捍卫和宣扬信仰方面的成就。在这场讨论中，莎拉·科克利（Sarah Coakley，1951— ）非常重要。在《权力与屈从》（Powers and Submissions，2002）中，她进行了一项研究，即在不失批判精神和纠正作用的情况下，如何用女权主义建设性地重新评价教会初期的一些人物。

可以认为，女权主义对基督教思想最重要的贡献在于质疑传统的神学公式。女权主义神学家认为，传统神学通常是男权主义（即反映出男性所主导的信仰）和性别主义（即对女性的偏见）。就女权主义对神学的贡献而言，以下几个方面特别重要。

上帝的男性身份　在基督教传统中，上帝始终用男性代词称呼，这遭到许多女权主义神学家的批判。她们认为，至少从逻辑上讲，用女性代词称呼上帝同用男性代词称呼是一样的，使用女性代词还可以从某种程度上纠正对上帝男性化模式的过度强调。在《性别主义与言说上帝》（Sexism and God-Talk，1983）中，罗斯玛丽·拉德福德·蕾瑟（Rosemary Radford Ruether，1936）提出，对上帝的正确称呼应该是God/ess（双性神），尽管这个很别扭的词不大可能受欢迎。

在《隐喻神学》（Metaphorical Theology，1982）中，塞利·麦克法格（Sallie McFague，1933— ）主张，必须恢复上帝男性模式的隐喻意义，例如"父"：**类比**往往强调上帝与人的相似之处；**隐喻**却肯定，除了相似之处，上帝与人还有重要的差异（如性别方面的差异）。

罪的本质　许多女权主义神学家提出，从本质上讲，将骄傲、野心或过度自负等视为罪是男性的定位。她们认为，这不是女性的经验，她们所经验的罪是**缺乏骄傲**，**缺乏野心**，**缺乏自尊**。在这种情况下，特别重要的一点是，女权主义神学家提出非竞争性关系，这可以避免自暴自弃和消极的模式，就是女性对男性主导的社会特有的传统回应。这种看法被朱迪丝·普拉斯科（Judith Plaskow，1947— ）阐释得特别有力，在《性别、罪与恩典》（Sex, Sin and Grace，1980）中，她从女权主义的角度深刻批判了莱茵霍尔德·尼布尔的神学。

教牧神学　教牧神学（或实践神学）探讨基督教传统如何供养教牧关怀，在过去几十年中，教牧神学越来越受关注。女权主义神学家指出，许多教牧工作从男性的角度进行，她们提出可选或补充的方法。在颇具影响力的著作《改造实践》（*Transforming Practice*，1993）中，伊莱恩·格雷厄姆（Elaine Graham，1959—　）指出，女权主义教牧神学对传统教牧神学进行了重要修正。女权主义神学家不依赖于有些抽象的教牧关怀模式，即科学的治疗模式，而是试图通过圣礼、祷告、讲道和团契生活将教牧神学建设成信仰团契和恢复健康的源泉。

基督的位格　许多女权主义神学家提出，基督论是基督教内部许多性别歧视的根本原因。罗斯玛丽·拉德福德·蕾瑟的《性别主义与言说上帝》是阐释这种看法最著名的著作。在《思考耶稣：基督论的复兴浪潮》（*Consider Jesus: Waves of Renewal in Christology*，1990）中，伊丽莎白·约翰逊（Elizabeth Johnson，1941—　）探讨耶稣的男性身份在神学上被滥用的情形，并提出相应的改正方法。其中两点特别重要，需要特别指出。

第一，基督的男性身份有时被用作神学基础，来支持这一信仰：只有男性才最适合成为上帝的形象，只有男性才能最恰当地类比或表现上帝。第二，基督的男性身份有时被用作一种基础，来支持一套关于人类各种标准的信仰体系。有人认为，既然基督是男性，人类的标准便是男性的标准，结果，女性变成二等人或不理想的人。托马斯·阿奎那便能说明这种趋向：他将女性描述成拙劣的男性（显然是基于亚里士多德迂腐的生物观）。这对教会的领袖问题产生了重要影响。

女权主义神学家做出回应，认为基督的男性身份只是他可能的一个身份，就像他的犹太人身份。男性身份只是基督可能的一个历史身份，而不是他的实质身份。因此，基督的男性身份不能成为男性统治女性的基础，就如不能授权犹太人统治外邦人或木匠支配管工。

至于女权主义批判传统神学的意义，本书在相应的部分还会探讨。

解放神学

"解放神学"现在用来指一种独特的神学，源自20世纪60和70年代拉丁美洲的处境。从理论上讲，解放神学可以用来指任何一种探讨、解决压迫的神学。就这种意义而言，女权主义神学也可以被视为解放神学，就如它的旧名"女性解放运动"所表明的。同样，"黑人神学"（black theology）特别关心美国民权运动期间的解放问题。事实上，一些阐释女权主义神学和黑人神学的经典著作几乎同第一批重要的拉丁美洲解放神学著作同时出版。但是，"解放神学"现在被普遍用来专指密切关注人类解放的拉丁美洲解放神学。

这场运动的起源通常被追溯到拉丁美洲的天主教主教于1968年在哥伦比亚麦德林（Medellín）召开的会议。此次会议——通常被称为第二次拉丁美洲主教会议（CELAM

II）——震惊了拉丁美洲，因为会议承认，教会过去经常支持拉丁美洲压迫人民的政府，但是，教会以后将站在穷人一边。

这种教牧和政治立场很快便趋于完美，因为它有了牢固的神学基础。在《解放神学》（Theology of Liberation，1971）中，秘鲁的天主教神学家古斯塔沃·古铁雷兹（Gustavo Gutiérrez，1928— ）提出一些代表性主题，它们最终成为这场运动的特点，我们马上就来探讨。这场运动的其他著名神学家有巴西的天主教神学家莱昂纳多·波夫（Leonardo Boff，1938— ）、乌拉圭的天主教神学家胡安·路易斯·塞贡多（Juan Luis Segundo，1925—1996年）和阿根廷的新教神学家何塞·米格斯·博尼诺（José Míguez Bonino，1924— ）。在这场天主教神学家主导的神学对话中，博尼诺比较特殊，因为他是新教徒（更确切地说是循道宗基督徒）。

拉丁美洲解放神学的基本主题可以概括如下：

1. 解放神学以穷人和受压迫者为中心。"就理解基督教的真理和实践而言，穷人才是神学的真正源泉。"（洪·索夫宾诺〔Jon Sobrino，1938— 〕）。在拉丁美洲的处境中，教会支持穷人："上帝显然站在穷人一边"（博尼诺）。这个事实进一步导出一种见解，即就解释基督教信仰而言，穷人有特别重要的地位。基督教的所有神学和传教必须从"底层观点"和穷人的痛苦与不幸开始。

2. 解放神学包括批判地反思实践。正如古铁雷兹所说，神学是"根据上帝的道批判地反思基督教实践"。神学不可以，也不应当脱离社会或政治行动。西方的传统神学认为，行动是反思的结果，解放神学却颠倒了这个顺序：行动在先，随后才是批判的反思。"神学不必再去解释世界，而是开始改造"（博尼诺）。只有参与并委身于穷人的事业，才能真正认识上帝，如果漠不关心或置身事外，永远无法真正认识上帝。这种看法从根本上否定启蒙运动的理解，即委身于信仰是知识的障碍。

第二点引起了争论，因为解放神学显然受益于马克思的理论。解放神学家为使用马克思的理论辩护，他们有两个理由。第一，马克思主义被视为"分析社会的工具"（古铁雷兹），由此可以认清拉丁美洲当前的社会形势，才有可能改善穷人骇人听闻的社会处境。第二，马克思主义提供政治纲领，照此可能消灭当前不公平的社会制度，从而建立更平等的社会。事实上，解放神学竭力批判资本主义，热烈拥护社会主义。解放神学家指出，就神学方法而言，托马斯·阿奎那采用亚里士多德哲学，他们只是如法炮制——利用世俗哲学家使基督教信仰更富内涵。必须强调，解放神学宣称上帝偏爱、眷顾穷人，这是福音之本，这不是某种源自拉丁美洲局势的附加看法，也不是完全基于马克思的政治理论。

解放神学显然对近年来的神学争辩十分重要。可以认为，两个重要的神学问题可以说明解放神学的影响力。

圣经释经学　《圣经》被解读为解放的故事，特别强调以色列人从埃及为奴之地的解放、先知对压迫的斥责、耶稣向穷人和被抛弃者宣讲的福音。解放神学家认为，阅读《圣经》不是为了理解，而是想将其中解放的见解应用到拉丁美洲的处境。西方的学术神学往往难以容忍这种释经方法，认为在这类经文的解释上，这种方法根本不具备圣经学术的水准。

拯救的本质　解放神学往往将拯救等同于解放，强调拯救的社会、政治与经济层面。解放神学特别强调"结构的罪"，指出社会已经败坏，需要拯救的是社会，不是个人。在批判者看来，解放神学已经将拯救完全简化为世俗事件，忽视了它超越而永恒的层面。

黑人神学

"黑人神学"是20世纪60至70年代在美国特别重要的运动，致力于从神学层面阐释黑人的切实经验。1964年，约瑟夫·华盛顿（Joseph Washington）的《黑人宗教》（*Black Religion*）出版，该书有力地肯定黑人宗教在北美洲的独特性，这是美国黑人社会迈向神学解放的第一个重要迹象。华盛顿强调，黑人神学的见解必须融入主流新教的观念，将它们整合为有机的整体；但是，随着阿尔伯特·克利奇（Albert Cleage）的《黑色弥赛亚》（*Black Messiah*，1968）出版，华盛顿的看法受到很大冷落。克利奇（1911—2000年）是底特律黑圣母圣殿（Shrine of the Black Madonna）的牧师，他敦促黑人将自己从白人的神学压迫中解放出来。他声称，《圣经》是黑皮肤的犹太人所著，为了让欧洲人能够接受，保罗歪曲了黑色弥赛亚的福音。尽管许多观点言过其实，但是，《黑色弥赛亚》成为黑人基督徒的凝聚力，他们决心发现、维护自己独特的身份。

1969年，这场运动做出几项肯定自己神学特点的决定性宣告。在密歇根州的底特律召开的社会组织宗教界基金会（Inter-Religious Foundation for Community Organization）所发表的"黑人宣言"（Black Manifesto）将黑人经验的问题提上神学议程。全美黑人牧师委员会（National Committee of Black Churchmen）的声明强调，黑人神学的主旨是解放：

> 黑人神学是解放黑人的神学。它尝试根据上帝在耶稣基督里的启示探讨黑人的状况，使黑人社会能够看到，福音与黑人的成就是相当的。黑人神学是"黑色"的神学。它肯定黑人，承认黑人从白人的种族歧视中解放出来，从而使白人和黑人都得到真正的自由。

虽然这项声明与拉丁美洲解放神学的目标和重点显然非常相似，但是，必须强调，在这一阶段，这两场运动根本没有正式互动。解放神学主要源于南美洲的天主教，而黑人神学通常兴起于北美洲的新教黑人社会。

詹姆斯·孔恩（James H. Cone, 1938—　）被普遍视为最重要的黑人神学家，他的《黑人解放神学》（*Black Theology of Liberation*，1970）主要发挥了这一上帝论：上帝关心黑人的解放斗争。孔恩指出，耶稣特别偏爱受压迫者，"上帝是黑人的上帝"，即上帝与受压迫者紧密地站在一起。但是，孔恩所使用的巴特的神学范畴受到批判。有人质问道：为什么一位黑人神学家要用白人神学家的神学范畴说明黑人的经验？为什么他不多用黑人的历史和文化？孔恩在后来的著作中回应了这些批判，更多地以"黑人经验"作为黑人神学的主要源泉。但是，他还是保留了巴特神学的核心：基督是上帝自我启示的中心（同时强调他是"黑色弥赛亚"），在解释人类的普遍经验方面，《圣经》是最终的权威。

后自由派神学

大约从1980年以来，最重要的神学进展之一，是自由派神学看似合理的世界观越来越受怀疑。后自由派神学的兴起被普遍视为西方神学自1980年以来最重要的进展之一。后自由派神学源于美国，最初与耶鲁神学院密切相关，尤其是保罗·赫尔默（Paul Holmer, 1916—2004年）、汉斯·弗莱（Hans Frei, 1922—1988）和乔治·林德贝克（George Lindbeck, 1923—　）等神学家。严格地讲，将后自由派神学称为"耶鲁学派"不是十分准确，但是，从20世纪70年代末到80年代初兴起于耶鲁神学院的许多神学都有明显的"类似"（family resemblances）。从此以后，后自由派神学就在北美洲和英国的学术神学中牢牢站稳脚跟。后自由派神学的核心基础是从叙述的角度探讨神学，如汉斯·弗莱发展起来的神学，以及社会解释学派，强调文化和语言在产生与解释经验和思想方面的重要性。

后自由派神学的基础是阿拉斯代尔·麦金太尔（Alasdair MacIntyre，1929—　）等哲学家的著作，它不仅否定传统的启蒙运动所主张的"普遍理性"，也否定自由派神学的假设，即所有人都有共同的直接宗教经验。后自由派神学认为，历史和社会是传达所有思想与经验的媒介，后自由派神学的基础应当回归宗教传统，因为其价值观是内在固有的。因此，后自由派神学是**反基础的**（因为它否定知识有普遍的基础）、**重团体的**（因为它看重群体的价值观、经验和语言，而不是优先考虑个人）、**讲历史的**（因为它坚持传统和与其相关的历史群体在经验和思想形成过程中的重要性）。

后自由派神学的哲学基础十分复杂。在后自由派神学中，特别要理解哲学家麦金太尔的看法，如前所述，他的方法强调叙述、群体和道德生活之间的联系。在这一方面，后自由派神学再次着重强调基督教信仰的**独特性**，反对自由派神学强烈的类同化倾向，自由派神学的理论（所有宗教都探讨同样的事）与结论（宗教是不同的）是一致的。

后自由派神学的自由派批判者认为，后自由派神学退化成"贫民窟伦理"（ghetto ethic）、某种"惟信主义"或"部落文化"（tribalism），因为它抛弃了普遍的价值与理性标准。后自由派神学对批判者的回应是,自由派神学似乎不能接受启蒙运动已经终结的现实,任何"通用语言"或"人类共同经验"的观念只是虚构的——汉斯-格奥尔格·伽达默尔(Hans-Georg Gadamer)的著名比喻是鲁宾逊·克鲁索(Robinson Crusoe)想象出的孤岛。

乔治·林德贝克的《教义的本质》(Nature of Doctrine, 1984)仍是对后自由派神学最重要的阐释。他拒绝以"认知-命题"的方法研究教义,将其视为现代时期之前的神学方法;他也否定自由派神学家的"经验-说明"的理论,认为这种理论没有考虑到人类经验的多样性,以及文化在人类的思想和经验中的媒介作用。林德贝克提出一套所谓的"文化-语言"方法,这种方法体现出后自由派神学的显著特征。

"文化-语言"方法认为,根本不存在不通过人类的语言和文化传达的人类共同经验。相反,"文化-语言"方法强调,宗教的核心在于活在特定的历史宗教传统中,将其观念和价值观在内部实现出来。这种传统基于一套通过历史传达的观念,在这一方面,叙述是特别合适的方法。

这种观念可以在对后自由派神学兴起非常重要的较早的著作中读到:保罗·赫尔默的《信仰语法》(Grammar of Faith, 1978)。对于赫尔默来说,基督教有一套核心语法,来调控基督教"语言游戏"的结构和形式。基督教语言不是神学发明或强制实行的;它是《圣经》的范式所固有的,神学最终依赖于这些范式。因此,神学的任务是发现《圣经》的规则(如崇拜、论述上帝的方法),而不是强制实行《圣经》之外的规则。在赫尔默看来,自由派神学最根本的缺陷之一,是试图"重新解释"或"重申"《圣经》的观念,这必然退化成调和《圣经》与时代精神。"为适应时代而继续重新解释《圣经》只是复杂地,或许是无形地被时代束缚,这不是渴望为上帝赢得时代。"神学以《圣经》的范式为基础,神学必须全力说明、应用它们。肯定神学是调控的权威,不是说神学能调控《圣经》,而是承认《圣经》已经有了独特的调控模式,它是神学要去揭示、阐释的。后自由派神学在以下两个基督教神学领域特别重要。

系统神学 神学被主要理解为说明性学科,要探讨基督教传统的标准基础,而这是通过《圣经》对耶稣基督的叙述传达的。至少从某种程度上讲,真理可以被等同于笃信基督教信仰独特的教义传统。这导致批判者指责后自由派神学脱离公众的大舞台,蜷缩在基督教的贫民窟。正如后自由派神学所说,如果基督教神学是系统内的(即着重探讨基督教传统的内在关系),它的有效性就应当按照其内在的标准判断,而不是依据大众认可或普遍的标准衡量。这种看法再次受到批判,批判者指出,神学应当有外在的评判标准,接受公众的检查,这样才能验证神学的有效性。

基督教伦理学 斯坦利·豪尔瓦斯(Stanley Hauerwas, 1940—)被普遍视为后自由派神学最杰出的伦理学家。他否定启蒙运动一套普遍的道德观或价值观,认为基督教伦理学只想认同一个历史群体（教会）的道德异象，使这个异象在其成员的生活中实现。因此，伦理学是系统内的，因为它想研究一个群体内在的道德价值观。有道德，便是认同某一个历史群体的道德异象，应用这个群体的道德价值观，在这个群体内将其实践出来。

激进正统主义

最后，我们再来探讨近年来在英语神学中出现的一场运动，它引发一些重要的讨论和争辩。"激进正统主义"（radical orthodoxy）用来指兴起于 20 世纪 90 年代广泛的神学，与约翰·米尔班克（John Milbank，1952— ）、凯瑟琳·皮克斯托克（Catherine Pickstock，1952— ）和格雷厄姆·沃德（Graham Ward，1955— ）等神学家密切相关，他们最初都在剑桥大学任教。阐释激进正统主义的著作有约翰·米尔班克的《神学与社会理论：超越凡俗理性》（*Theology and Social Theory: Beyond Secular Reason*，1993），尤其是编著《极端正统主义：一种新神学》（*Radical Orthodoxy: A New Theology*，1999）。

激进正统主义的神学计划非常复杂，且十分前沿，可以最好理解激进正统主义的角度是，基督教必须加强自身建设，取代现代性和后现代性。米尔班克、皮克斯托克和沃德希望清楚阐释一种全面的基督教神学，取代现代和后现代的世俗主义，他们在希波的奥古斯丁等神学家那里找到值得效仿的模式。现在便断定激进正统主义有多么成功还为时尚早，但是，它在不久的将来显然仍将是继续讨论的主题。

4.5 发展中国家的神学

我们已经探讨过拉丁美洲"解放神学"的重要性。普遍认为，解放神学可以很好地说明在西方处境之外发展起来的神学。尽管采用西方的一些观念和看法（马克思的社会分析法是最著名的），但是，解放神学显然源自拉丁美洲 20 世纪 60 和 70 年代的独特处境。

随着基督教在现代继续在全世界扩张，在以前基督教不为人所知的地区，基督教站稳脚跟。20 世纪，基督教在撒哈拉沙漠以南的非洲和韩国取得惊人的进展，说明基督教正在全世界扩张，这与基督教在西欧的经验正好相反。基督教仍在东南亚扩张，包括中国大陆，但是，由于通讯困难，很难确切知道一些地区的真实情形。在这些地区，一个重要的神学议题是基督教与地方文化（包括其他宗教）的关系。

以下部分将概述印度和非洲南部的神学：印度的基督教神学传统早已存在，非洲南部的神学传统还正在形成。

印　度

基督教相对较早在印度次大陆站稳脚跟。根据传统，使徒多马于公元 1 世纪就建立了印度马多马教会（Mar Thoma Church）。就算这个传统是敬虔的基督徒有些夸张的说法，还是有很好的理由相信，到了公元 4 世纪，基督教已经在印度的宗教舞台上成为本土化宗教。欧洲殖民者在印度殖民，为印度基督教开启了重要的新时代，带有各自欧洲传统的外来基督教丰富了印度本土化的基督教传统。随着时间的流逝，荷兰、英国和法国的殖民者开始在印度殖民，一同带来他们各自的基督教。

殖民者最初认为，传教是次要的，贸易才是正事。传教机构和传教士能在印度非常顺利地开展传教工作，没有遇到很大障碍，但是，他们根本得不到英国政府的任何支持。例如，东印度公司反对传教，因为传教可能让当地的印度人心生反感，从而危害公司赖以生存的贸易。但是，英国议会于 1813 年 7 月 13 日通过的《授权法案》（Charter Act）让英国传教士受到保护，可以在印度次大陆相对自由地开展传教工作。宗教冲突在所难免。1830 年，宗法会（Dharma Sabha）成立，这显然是在反抗西方对孟加拉的侵略。1857 年的起义（被当时的英国学者称为"印度叛乱"）通常被视为印度人越来越憎恨西化的结果。

印度的一些基督教源于欧洲，对它们的关注促进了印度本土化神学的发展。在发展的最初阶段，印度本土化神学通常是印度人将基督教融入他们自己的世界观。例如，孟加拉的神学家克里希纳·莫汉·班纳吉（Krishna Mohan Banerjee，1813—1885 年）认为，吠陀（Vedic）的真实自我（Purusha）的献祭观念与基督教的救赎论非常相似。

雷舒卜·琼德尔·森（Reshub Chunder Sen，1838—1884 年）发展起来的基督教神学基于一个假设，即基督实现了印度教的精华。他认为，虽然婆罗门（Brahman）是不可见的，难以形容的，但是，他可以从他"本体"（Sat）、"理性"（Cit）和"至福"（Ananda）的内在关系思考。这三者的关系可以与基督教对三一上帝的理解联系起来：父是"本体"，子是"逻各斯"，圣灵是"保惠师"或"带来喜乐和爱的那一位"。近年来，雷蒙多·潘尼卡（Raimundo Panikkar，1918— ）在《印度教的未知基督》（Unknown Christ of Hinduism，1964）中提出类似看法，认为基督隐藏在印度教的习俗中，尤其是在公义和怜悯中。

印度独立（1947）导致基督教必须对抗两种意识形态：甘地主义（Gandhism）和马克思主义。玛达希巴拉米尔·码门·托马斯（Madathibaramil Mammen Thomas，1916—1996 年）是这场辩论特别重要的参与者。他来自印度马多马教会，普遍认为，在现代神学中，托马斯是印度神学的一位重要代表。

在未来一段时间里，继续探讨基督教与印度教的关系可能仍将成为印度基督教神学的重要特点。例如，在印度神学中，基督教的道成肉身教义与印度教天神下凡（avatar）这个观念之间的关系，已经成为辩论的重要主题。在当代印度基督教思想中，至少有五种解决这个问题的方法：

1. 宇宙的基督包含所有不同的宗教经验，包括印度教和印度的其他宗教。
2. 基督是印度教探寻的终极目标。
3. 印度教与基督教的关系，就像《旧约》与基督教的关系，因此，印度教起到类似于犹太教的作用。
4. 基督教与印度教完全对立，没有任何联系。
5. 印度的处境产生独特的印度基督教。

非 洲

主要是英国传教士最先将基督教传到撒哈拉沙漠以南的非洲。从一开始，非洲基督教便与西方的贸易与政治利益紧密联系在一起。1857 年，英国传教士大卫·利文斯通（David Livingstone，1818—1873 年）在剑桥著名的演说中声称，他回到非洲的目的是"为贸易和基督教开辟宽敞的大道"。但是，大多数欧洲传教士不是非常了解非洲文化，所以对非洲的处境通常不太在意，也就无法认识到与非洲信仰体系互动的重要性。结果，"非洲神学"只是将欧洲神学照搬到非洲，与非洲文化没有任何真正的互动。

随着非洲于 20 世纪 60 和 70 年代逐渐摆脱以前的殖民统治，非洲人越来越重视重新取用曾被欧洲殖民列强始终压制的非洲的文化和价值观。自 20 世纪 70 年代以来，非洲基督教最重要的进展之一，是出现了非洲本土的基督教神学家，如肯尼亚的约翰·姆比蒂（John Mbiti，1931—　）和加纳的夸梅·贝迪亚科（Kwame Bediako，1945—2008 年），他们致力于发展非洲真正的神学范式，而不是屈服于西方的神学标准。例如，西方神学家通常对一些关键的非洲传统不屑一顾，如祖先的重要性。非洲基督徒拒不接受这种轻蔑的态度，认为必须重视这些传统，充分利用它们在护教方面的潜力，从内部将它们基督教化。坦桑尼亚神学家查尔斯·尼亚米蒂（Charles Nyamiti，1931—　）在《基督为我们的祖先》（Christ as Our Ancestor，1984）中便给出一个这样的例子。

因此，在非洲南部，与非洲传统的文化和宗教的互动十分重要。但是，与种族隔离这种意识形态的对话近年来主导了非洲南部的基督教神学。在白人统治南非期间，种族隔离迫使白人与黑人彻底隔离。多年以来，非洲南部的神学其实完全局限在这一个问题上，致力于阐释彻底废除种族隔离的神学理由。西方一些神学家鼓励这种趋势，他们能理解神学与种族隔离的对话，因为它类似于解放神学，即争取自由和公义的斗争。但是，随着种族隔离于 20 世纪 90 年代初结束，基督教神学现在能再来肩负起更为传统的任务：同非洲文化互动。

本章概述了过去几百年的基督教，说明基督教在现代不仅扩张了，也有相当大的发展。

我们现在必须再来更详细地阐释基督教神学的重要主题，在本书第二个部分中，我们先来探讨基督教神学的来源和方法。

重要术语

你在本章遇到以下术语，它们会在书中多次出现，请务必熟记！每一个术语都有页码索引，可以帮你在书中迅速找到它们。标有 * 的术语将在以后的章节中更详细地探讨。

黑人神学（black theology）

辩证神学（dialectical theology）

启蒙运动（Enlightenment）

福音主义/福音派（evangelicalism）

女权主义（feminism）

自由派神学（liberalism）

解放神学（liberation theology）

现代主义（modernism）

新正统主义（neo-orthodoxy）

后自由派神学（postliberalism）

后现代主义（postmodernism）

探寻历史的耶稣（quest of the historical Jesus）

激进正统主义（radical orthodoxy）

* 理性主义（rationalism）

回到源头（ressourcement）

浪漫主义（Romanticism）

研讨问题

1. 启蒙运动的主要特点是什么？
2. 启蒙运动的思想特别影响到基督教的哪些神学？为什么？
3. 概述以下运动的特征：自由派新教、新正统主义、福音主义、解放神学。
4. 以下神学家各与哪些神学运动有关？卡尔·巴特、莱昂纳多·波夫、詹姆斯·孔恩、斯坦利·豪尔瓦斯、伊夫·孔加尔、罗斯玛丽·拉德福德·蕾瑟、施莱尔马赫。
5. 近年来的许多神学运动是"取回神学"（theology of retrieval）。为什么现代对复兴老思想兴趣盎然？

第二部　来源与方法

第五章　准备启程：起步的基础

第六章　神学的来源

第七章　认识上帝：自然与启示

第八章　哲学与神学：对话与争辩

第五章 准备启程：起步的基础

本章将概述基督教神学一些常见的基础性问题。在探讨基督教神学之前，必须先弄清基督教神学的由来。基督教神学的基础是什么？基督教神学的来源是什么？本书第二部分将探讨这些和其他许多相关问题，然后再在本书第三部分深入探讨基督教神学的内容。

5.1 神学的定义

神学到底是什么？在基督教神学中，神学一词的用法略有不同，你会发现，神学有许多意义。这个词经常用作功能性的，意指"通常在大学或神学院开设的宗教专业研究课程"。但是，在以下部分中，我们将尝试说明基督教神学的一些特征。

神学的实用定义

"神学"一词被普遍用来指"对宗教思想的系统研究"，包括宗教思想的来源、历史发展、相互关系和实际生活中的应用。因此，"基督教神学"被普遍理解为系统研究基督教信仰的思想，包括以下问题：

1. **来源**。基督教神学的核心任务是研究基督教思想的来源及其相互关系。对于大多数基督教神学家来说，基督教神学的来源包括基督教的《圣经》、传统、理性和经验。基督教神学一些最重要的争辩是关于哪一个来源应当最具权威的。

2. **发展**。这是研究基督教神学的历史发展。基督教神学通常像是正在生长的植物。它有时在生长，有时需要修剪。基督教神学的这个领域通常被称为"历史神学"（historical theology）。

3. **关系**。这是研究基督教思想的相互关系。英国神学家查尔斯·戈尔（Charles Gore，1853—1932年）曾说："基督教教义有惊人的一致性"。在他看来，基督教教义好像思想的互联网——知识的蜘蛛网，各个教义彼此关联，相互支撑。在此只举两个例子，来说明基督教教义非常紧密的联系，它们都是我们以后要在本书探讨的：道成肉身与三位一体；基督的位格与基督的工作。

4. 应用。基督教神学在基督教生活中的实际应用是不同的,这体现在以下几个方面:基督徒怎样祷告,崇拜,处理彼此的关系和活在世界上。基督教神学不只是一套思想;它可能让我们重新看待自己、他人和世界,影响我们的行事为人。英国平信徒神学家刘易斯(C. S. Lewis,1898—1963 年)的名言可以概括基督教神学的这个方面:"我信仰基督教,就像我相信太阳已经升起——不仅因为我看见太阳,也因为我凭借太阳看到了一切。"

神学这一概念的历史发展

"神学"(theology)一词可以轻易分为两个希腊词:"神"(theos)和"话语"(logos)。因此,"神学"是对神的论述,就像"生物学"(biology)是对生命(希腊文:bios)的论述。如果只存在一位神,这位神就是"基督徒的上帝"(借用公元 3 世纪的神学家德尔图良的话),那么,神学的本质和范围便相对容易界定:神学是反思基督徒所崇拜与敬仰的上帝。

然而,基督教诞生于多神信仰的世界,人们相信存在许多神,这种信仰非常普遍。最早的基督教神学家有一个使命,似乎是在宗教市场上将基督教的上帝与其他神区分开。别人有时会问,基督徒在谈论的上帝究竟是哪一位,这位上帝与《旧约》那位非常著名的"亚伯拉罕的神、以撒的神、雅各的神"有什么关系?从某种程度上讲,三位一体教义回应了当时的压力:基督教神学家必须**澄清**他们所谈论的上帝。

随着时间的流逝,人们开始认为,多神信仰(Polytheism)已经过时,甚至相当原始。只存在一位神,这位神就是基督教的上帝,这个假设非常普遍,以致它在中世纪早期的欧洲似乎成为不证自明的真理。因此,托马斯·阿奎那在论证上帝存在时认为,不值得证明他所证明其存在的上帝是"基督徒的上帝":难道还存在其他神吗?证明上帝的存在,明显是在证明**基督教**上帝的存在。

"神学"最初被理解为"上帝的教义",但是,到了 12 和 13 世纪,随着巴黎大学开始发展,神学发展出新的意义。必须为在大学里系统研究基督教信仰找到合适的名字。在巴黎大学的彼得·阿伯拉尔(1079—1142 年)和普瓦蒂埃的吉尔贝(Gilbert of Poitiers,1070—1154 年)等神学家的影响之下,拉丁文 theologia 逐渐指"神圣的学习这门学科",包括基督教的所有教义,不是只有上帝的教义。

近年来,注意力转移到研究人类的宗教现象。"宗教研究"致力于研究宗教问题,例如:宗教研究并不武断地坚持基督教或佛教的真理,而是研究这些宗教的信仰和习俗。事实上,"神学"现在通常指从委身(坚守信仰)的角度研究宗教,而"宗教研究"是从批判或中立的角度研究。但是,这种用法不是一成不变的。

在本书中,"基督教神学"指系统研究基督教信仰的基本观念。"神学是信仰的科学。它有意识、有方法地解释与说明在信仰中所领受和领悟的上帝启示。(卡尔·拉纳)

神学作为学科的发展

正如本书强调的，基督教神学是可能学到的最引人入胜、最值得学习的学科之一。但是，这门学科如何出现的呢？神学怎么成为一门学术课程的呢？我们首先要问，神学一词的历史是什么？

"神学"一词不是出自《圣经》，而是在教父时期的早期至少被偶尔用来指基督教信仰的某些方面。因此，公元2世纪末的基督教神学家亚历山大的克雷芒（约150—约215年）对比了基督教的神学（theologia）与异教的神话（mythologia），他显然将"神学"理解为"基督教宣讲的上帝真理"，以区别于异教徒捏造的神话故事。凯撒利亚的尤西比乌（Eusebius of Caesarea，约263—339年）等教父时期的其他基督教神学家也用"神学"指"基督教对上帝的理解"。但是，"神学"似乎只是指与上帝直接相关的方面，而不是基督教的所有思想。

在神学作为学科的历史中，大学于12世纪在西欧的建立可能是最重要的。中世纪的大学——如巴黎大学、博洛尼亚大学和牛津大学——通常有四个学院：文学院、医学院、法学院和神学院。文学院被视为入门学院，在文学院成绩合格的学生才有资格继续到另外三个"高等学院"深造。这个发展的结果是，神学成为欧洲大学高等研究一个重要的组成部分。随着西欧大学纷纷建立，神学的学术研究也越来越普遍。

起初，西欧的基督教研究以教会学校和修道院为中心。神学通常被理解为理论性的，而不是实践性的，如祷告和灵修。但是，随着大学的建立，基督教信仰的学术研究逐渐走出修道院和教会，走上公众大舞台。在13世纪的巴黎大学，"神学"被广泛用来指系统研究基督教的所有信仰，而不只局限于关于上帝的信仰。较早的神学著作在一定程度上这样使用"神学"一词，如彼得·阿伯拉尔的著作。但是，普遍认为，在最终确定"神学"被这样广泛使用方面，托马斯·阿奎那于13世纪写成的《神学大全》起到了决定性作用。尽管有些人不大赞成，但是，神学越来越被视为理论性的，而不是实践性的。

13世纪初的许多神学家担心，神学的实际意义被忽视了，如黑尔斯的亚历山大（Alexander of Hales，约1183—1245年）和波拿文都拉（1221—1274年）。但是，托马斯·阿奎那认为，神学是思辨的理论性学科，这种看法越来越被神学家接受。这让中世纪的许多灵修神学家感到不安，例如，托马斯·厄·肯陪（Thomas à Kempis，1379—1471年）认为，这种看法鼓励思考上帝，而不是顺服上帝。宗教改革时期，马丁·路德等神学家试图复兴神学的实践性。加尔文于1559年创办的日内瓦学院最初致力于牧师的神学教育，其定位是教会工作的实际需要。神学的重点是教会工作的实际问题，新教的许多神学院和大学仍保留这个传统。但是，后来在大学任教的新教神学家普遍重拾中世纪神学家对神学的理解：神学是理论性的，但是，他们同时表明，神学的确在灵修和道德方面有一定的实际意义。

启蒙运动于18世纪的兴起令神学在大学的地位受到质疑，尤其是在德国。启蒙运动的思想家认为，学术研究不应当受任何外在权威的束缚。神学受到怀疑：它被视为建立在"信条"的基础之上，如基督教的《信经》或《圣经》的信条。神学越来越被视为过时的东西。哲学家伊曼纽尔·康德（1724—1804年）认为，大学的哲学院致力于探索真理，而其他学院（如神学院、医学院或法学院）注重更实际的问题，如伦理和健康。久而久之，哲学被视为探索真理的学科；要想继续留在大学里，神学院必须找到其他合理的理由。

神学院需要留在大学中，施莱尔马赫于19世纪初给出最具说服力的理由之一。他认为，为了教会和国家的益处，受过良好教育的神职人员是非常必要的。施莱尔马赫在《神学研究纲要》（*Brief Outline of the Study of Theology*，1811）中提出，神学有三个重要组成部分：哲学神学（理解"基督教的本质"）；历史神学（研究教会历史，理解教会的现状和需要）；实践神学（侧重于领导教会和教会实际工作的"技巧"）。这样理解神学的结果是，神学的学业证书与公众的共识联系起来，即受过良好教育的神职人员对社会非常重要。这个假设在19世纪初的柏林（施莱尔马赫工作的地方）完全可以接受。但是，随着西方世俗主义和多元主义（pluralism）的兴起，这个假设的合理性越来越受质疑。

后来，在一些世俗主义强大的国家，基督教神学几乎被排除在大学的课程之外。1789年的法国大革命导致一系列旨在将基督教神学从各级公共教育中完全铲除的措施。澳大利亚大多数较老的大学（如悉尼大学和墨尔本大学）都是以强烈的世俗主义理念为基础创办的，从原则上讲，神学完全被排除在外。现在，这种强烈的世俗主义意识形态在减弱，因此，澳大利亚的大学开始授予神学本科学位或开设重要的神学课程。

然而，西方现在盛行的是多元主义，不是世俗主义，尤其在北美洲。在北美洲，基督教神学在公共教育中的独特地位受到质疑，因为这被认为赋予一种宗教高于其他宗教的特权。这种潮流的一个结果是，国立大学开设"宗教学院"，各种不同的宗教立场都可以自由表达。因此，在宗教学院讲授的基督教神学只是所有宗教研究的一部分。所以基督教神学教研最重要的中心现在往往是神学院（seminaries），教师和学生在这里都能以更忠于信仰的态度研究神学。

现在，我们来进一步探讨神学的结构及其各个部分。

5.2 神学的结构

埃特纳·吉尔松曾将经院神学的宏大体系比作"思想的大教堂"。这是非常形象的意象，反映出当时的神学家所看重的持久性、稳固性、组织性和结构性。神学有独特、一致的结构，这种观念仍然非常重要。神学是非常复杂的学科，集合许多相关领域，因此，神学有时与这些相关领域结成不稳固的同盟。以下部分将阐释基督教神学的一些分支。

圣经研究

《圣经》是基督教神学最根本的来源，其中记载以色列人的历史和耶稣基督的生平、死亡和复活，这些构成基督教的历史根基。(请注意，在神学中，这两组英文术语是同义的：Scripture 与 Bible（《圣经》）和 Scriptural 与 Biblical〔"圣经的"或"符合圣经的"〕）。我们经常提到，基督教是关于一个人（耶稣基督）的信仰，不是信仰一本书（《圣经》）。但是，耶稣基督与《圣经》紧密联系在一起。

从历史角度而言，我们对耶稣基督的认识来自《新约》对他的历史记载。其他文献——如 1945 年在上埃及的拿哈玛地（Nag Hammadi）发现的一组古代文献——不被视为可靠的历史文献，一个原因是它们的起源相对较晚。为了设法弄清耶稣基督的身份和重要性，基督教神学必须深入研究能让人们认识他的文献。结果，基督教神学与圣经考证学和圣经解释学紧密联系在一起——即设法理解《圣经》独特的文学风格、历史真实性和经文的意义。

圣经研究对神学的重要性非常容易说明。16 世纪初兴起的人文主义圣经研究暴露出《圣经》现有的拉丁文译本的一系列翻译错误。结果，修正基督教现有一些教义的压力越来越大，因为曾经支持这些教义的经文原来有极为不同的意义。有很好的理由认为，在神学极大偏离《圣经》的时代，16 世纪的宗教改革努力使神学重新符合《圣经》。

因此，系统神学依赖圣经研究，尽管依赖的程度尚存争议。所以读者一定会在本书中发现，会提到现代神学对《圣经》的历史与神学作用的学术争辩。例如，如果完全否定圣经研究在过去两百年取得的一些进展，就不可能理解现代基督论的发展。可以认为，鲁道夫·布尔特曼研究神学的"福音宣讲法"（kerygmatic approach）将当时的新约研究、系统神学和哲学神学（特别是存在主义）结合在一起。这说明至关重要的一点：系统神学不是在密闭的空间中研究的，与其他知识成果隔绝。系统神学可以回应其他学科（尤其是新约研究和哲学）的成果。

系统神学

"系统神学"（systematic theology）一词被理解为"神学的系统组织"。但是，"系统"究竟是什么意思？对"系统"的解释主要有两种。第一，"系统"被理解为"按照教育或阐释的目的来组织"。换句话说，主要的目的通常是按照《使徒信经》的模式条理清晰地阐释基督教信仰的重要主题。第二，"系统"可以意为"按照方法的前提来组织"。换句话说，关于如何获得知识的哲学观决定编排材料的方法。这种方法在现代特别重要，因为神学方法更受重视。

在神学的古代时期，神学的主题通常按照《使徒信经》或《尼西亚信经》组织，开始是上帝论，最后是末世论。许多神学著作可以代表组织神学的传统模式。西方神学第一部重要的神学教科书是彼得·伦巴德的《箴言四书》，于12世纪在巴黎大学汇编成书，大约从1155到1158年。事实上，《箴言四书》是汇编而成的引言（或"箴言"），以教父——尤其是奥古斯丁——的箴言为主。这些箴言按照主题汇编。第一部阐释三位一体，第二部论述创造和罪，第三部讨论道成肉身和基督教生活，最后的第四部探讨圣礼和末后的事。中世纪的神学家通常都评注《箴言四书》，如托马斯·阿奎那、波拿文都拉和邓斯·司各特。一百年之后，托马斯·阿奎那的《神学大全》以三个部分概述整个基督教神学，他采用类似于伦巴德的方法，却更强调哲学问题（尤其是亚里士多德提出的问题），以及必须整合教父的不同观点。

宗教改革时期出现了两种不同的新教模式。就路德宗而言，菲利普·梅兰希顿（1497—1560年）于1521年出版了《神学共同要义》。该书按照主题概述基督教神学的重要主题。约翰·加尔文的《基督教要义》被普遍视为新教最具影响力的神学著作。该书第一版于1536年问世，最具权威的最后一版于1559年出版。1559年版分为四部，第一部是上帝论，第二部讨论上帝与人之间的中保基督，第三部探讨拯救，最后一部论述教会的生活。近年来，其他重要的系统神学著作都采用类似模式，包括卡尔·巴特的巨著《教会教义学》。

在现代，方法的问题越来越重要，结果，"导论"（prolegomena）的问题变得重要起来。例如，现代的系统神学著作深受这种影响的例子是施莱尔马赫的《基督教信仰》，第一版从1821到1822年出版。该书对材料的编排基于一个假设，即神学致力于分析人的经验。因此，施莱尔马赫著名的顺序是将三位一体教义置于自己系统神学的最后，而阿奎那将这个教义放在最前面。

哲学神学

神学本身便是独特的知识学科，要探讨有史以来许多令人着迷的问题。上帝是否存在？上帝是什么样子？我们为什么在这里？基督徒和非基督徒都会提出这种问题。基督徒与非基督徒如何展开对话？就上帝的本质而言，基督教的讨论与西方哲学传统的论述有什么关系？有共同的基础吗？从某种程度上讲，哲学神学致力于一种所谓的探索，即在基督教信仰与其他知识领域之间"寻找共同基础"。托马斯·阿奎那的"五法"（证明上帝存在的五种论证）通常被举为哲学神学的例子，来说明非宗教的论证或思考也能得出宗教结论。

哲学神学还有另外一个重要作用：阐释观念。许多重要的神学争辩都涉及重要的哲学问题，它们也能被严谨的哲学思辨阐明。例如，上帝与时间的关系（如上帝的永恒与全能），以及关于知识的基础和可靠性的一般问题。"位格"便是很好的例子，它能说明哲学为什么对神学非常重要，尤其是犹太哲学家马丁·布伯（Martin Buber，1878—1965年）在著作中对"位格"这个观念的阐释，他的理解对探讨、阐释基督徒对"有位格的上帝"

的理解非常重要。在以后部分中，我们将回过头来阐释马丁·布伯对"位格"的理解。的确，哲学神学通常被视为现代神学最引人入胜的领域之一，阿尔文·普兰丁格（Alvin Plantinga，1932— ）、尼古拉斯·沃尔特斯多夫（Nicholas Wolterstorff，1932— ）和理查德·斯温伯恩（Richard Swinburne，1934— ）等神学家对神学的许多领域做出了划时代贡献。

在本书中，我们将探讨一些对基督教神学产生过重大影响的哲学思想。举例来说，教父对上帝本质的分析说明他们明显受到古希腊哲学的影响；托马斯·阿奎那对上帝存在的论证深受亚里士多德物理学的影响；斯特劳斯（D. F. Strauss，1808—1874 年）等 19 世纪探讨基督论的神学家受到黑格尔历史观的影响；鲁道夫·布尔特曼用存在主义阐释基督论。在每一个例子中，哲学都被视为神学发展的来源或神学在其中的对话对象。

然而，一些神学家对哲学神学的地位持保留态度。德尔图良于公元 2 世纪问道："雅典与耶路撒冷有什么关系？雅典学园与教会有何相干？"近年来，类似批判可以在卡尔·巴特的著作中看到，他认为，用哲学研究神学最终会导致上帝的自我启示依赖某一种哲学，所以会损害上帝的自由。但是，基督教神学的普遍共识是，就神学工作而言，哲学与神学的对话和哲学思考是有益的、有效的、必不可少的。

历史神学

神学是有历史的。这种见解很容易忽视，尤其是被更有哲学思想的人。可以认为，基督教神学试图用每一个时代所谓的最好方法，来理解信仰的基本资源。这意味着，某时某地的环境对阐释神学有重要影响。基督教神学自认为是普世真理，因为它讲论上帝如何在历史的每一个时期开展自己的拯救工作。然而，基督教神学也有自身的独特性，因为上帝的拯救工作是在特殊的文化中进行的，受到经历者自己的见解和局限性的影响——他们要在自己独特的环境中活出福音。因此，基督教信仰在实际生活中**独特**的应用，不但没有否定基督教的**普世性**，反而补充了。

历史神学是神学的一个分支，旨在探讨思想发展或以独特的方法阐释思想的历史背景。它的目的是揭示环境与神学的关系。例如，它说明，因信称义教义在文艺复兴晚期才非常重要绝非偶然。它也说明，拉丁美洲解放神学的拯救观与拉丁美洲的社会经济状况密切相关。它还说明，世俗的文化思潮——如自由主义或保守主义——如何相应地反映在神学中。

基督教经常不自觉地从自己的文化背景中吸取思想和价值观，可以说，这几乎是不证自明的事实。但是，这个结论十分重要，可以说明一个事实：基督教神学有**暂时的**或**条件性的**成分，这不是它的基本资源必然决定或隐含的。换句话说，某些被视为基督教观念的思想，可能只是源自世俗环境。一个典型的例子是**上帝不受苦**的观念，即上帝不能受苦。

这种观念在希腊哲学中根深蒂固。初期基督教神学家渴望赢得希腊哲学家的尊重和信任，他们没有质疑这种观念。结果，它成为基督教神学传统根深蒂固的思想。

基督教史的研究能有力地修正静态的基督教神学观。历史神学让我们看到：

1. 某些观念在非常特殊的环境中形成；这些观念需要时间的检验和证实——这个过程通常被称为"接受"。

2. 神学发展是可逆的；过去对神学不充分、没有帮助的阐释可以修正。

因此，历史神学的研究不仅是积极的，也是颠覆性的，因为它说明神学家很容易被"时代的自我形象"引离正路（阿拉斯代尔·麦金太尔）。这绝不只是过去的人才会犯的错误！神学的现代思潮通常只是对短暂的文化潮流所做的下意识反抗。历史研究不仅会让我们警惕过去的错误，也可以警示我们不要重蹈覆辙，在今天重犯可怕的历史错误。"历史会重演。一定会的。没有人第一次就学到教训（伍迪·艾伦〔Woody Allen〕）。"

因此，本书旨在为读者最大限度地解释当代问题的历史背景。我们很多时候的心态是，今天正在探讨的神学问题仿佛是昨天才爆发的争辩。为要在了解充足的历史背景的情况下探讨这些问题，我们必须理解它们的整个发展过程。

此外，过去对问题的讨论通常是今天的重要资源。如果不了解卡尔·巴特或卡尔·拉纳等神学家如何与过去的神学家或争辩对话，就不可能读懂他们。人们认为，希波的奥古斯丁、尼撒的格列高利和托马斯·阿奎那仍在今天的争辩中说话。许多神学争辩将长期进行下去，它们划时代的思想仍将定义争辩中的术语。

教牧神学

必须再三强调，基督教今天能成为全球性信仰，不是大学的神学院或宗教学院的功劳。基督教有非常强的教牧与实践层面，神学学术讨论通常没有充分反映这一点。事实上，许多学者认为，拉丁美洲解放神学修正了西方神学过度偏重学术的倾向，将神学调整到社会实践的健康方向。其实早应该这样。神学被视为给改革提供了模式，而不只是纯理论的反思。

然而，侧重学术只是近年来的进展。将神学反思与教牧关怀联系在一起，是初期基督教许多神学家的特点，这在大格列高利的《教牧规章集》（*Book of Pastoral Rules*，590）中特别明显。清教主义便是非常好的例子，他们认为，纯正的神学与教牧的可行性同样重要，相信二者缺一不可。理查德·巴克斯特（1615—1691年）和乔纳森·爱德华兹（1703—1758年）都认为，教牧关怀和牧养灵魂能真正表达神学。近年来，为了保证神学能应用到教牧关怀中，教牧神学又开始受到关注。

教牧神学（或实践神学）——这个术语不是一成不变的——在第二次世界大战之后有了新活力。瑞士著名的神学家爱德华·图尔奈森（Edward Thurneysen，1888—1974年）——

卡尔·巴特早年的朋友——于 1946 年写了他的名著《教牧关怀神学》（*A Theology of Pastoral Care*）。该书着重阐释讲道的这个功用：将上帝的话语传达给人，带来医治和希望。但是，美国神学家很快便成为教牧神学的领袖，如爱德华·法利（Edward Farley, 1929—   ）和唐·布朗尼（Don S. Browning）。就基督教传统如何引领、丰富教会的牧养工作而言，他们起到了重要作用。

教牧神学没有将神学视为同教牧关怀和治疗的实际技巧毫不相关的学术，而是强调神学基础如何为教牧关怀提供框架和方法。它"试图回答的问题是，我们在遇到困难和对信仰行为的质疑时应该怎样做"（布朗尼）。因此，从本质上讲，实践神学是根据福音和基督教传统批判地反思教会的行为。这样，神学提供评估情况的方法，并给出应对的方法。

灵修神学或神秘神学

"灵修神学"（spirituality）近年来已被普遍接受为较好的方法，来指宗教信仰的灵修实践，特别是信徒个人的内心经验。学术文献还经常用 spiritual theology（灵修神学）和 mystical theology（神秘神学）指神学的这个层面。用"神秘"指灵修神学（与纯学术神学相对）可以追溯到亚略巴古人狄奥尼修斯于公元 6 世纪初撰写的论文《论神秘神学》（*On Mystical Theology*）。

现代术语"灵修神学"和"神秘主义"都源于 17 世纪的法国，特别是与盖恩夫人（Madame de Guyon）密切相关的沙龙的一批精英。法文 spiritualité（灵修神学）和 mysticisime（神秘主义）都是用来指对神祇或超自然者直接的内在认识，当时显然几乎被视为同义词。从此之后，这两个词便被广泛使用，尽管它们的不同用法导致它们的确切意义有些混乱。有些神学家认为，它们只是说明个人与上帝真实关系的不同方法，而有些神学家相信，神秘主义应当被视为特殊的灵修方式，特别强调个人对上帝的直接经验。近年来的许多神学家避免使用"神秘主义"，认为它不仅没有任何帮助，还会产生误解。因此，"灵修神学"（spirituality）更可取，用来取代在较老的著作中经常读到的许多术语，包括"神秘神学"、spiritual theology（灵修神学）和"神秘主义"。

灵修神学通常与纯学术、客观或超然的宗教研究方法截然不同。纯学术的宗教研究方法只被视为辨别、列出宗教的关键信仰和习俗，而不探讨宗教的个别信奉者如何经验、实践自己的信仰。灵修神学没有明确的定义，一个原因是灵修神学以不同的意义使用，一个原因是研究灵修神学的专家就应当如何使用这个词存在争议。但是，有一点显而易见：灵修通常被理解为对上帝的经验和这种经验所带来的生命改变。因此，灵修是指一种生活，即在生命中经历上帝，过祷告的生活，具有由此而来的行为；但是，灵修又不能孤立地理解，即脱离灵修生活的根基——神学信仰。

托马斯·默顿（Thomas Merton, 1915—1968 年）把这一点说得十分清楚。他是特拉普会（Trappist）修道士，对20世纪后期的西方现代灵修神学产生了重大影响。默顿认为，神学与灵修有紧密联系，必须予以肯定和认可，这对神学和灵修都有益处。

> 默想绝非与神学对立，其实是正常的完美神学。我们不必把对上帝启示真理的理性研究与对这种真理的默想经验分开，仿佛它们毫无关系。相反，它们只是同一个事物的两个方面。教义神学和神秘神学，或神学和"灵修"不应当被置于两个相互排斥的范畴，仿佛神秘主义是给圣洁的女性，神学研究是给不圣洁的男性。或许，这种错误的区分能很好地解释神学和灵修的许多实际不足。但是，神学与灵修紧密联系在一起。除非当它们结合在一起时，神学没有热情，没有生命，没有灵性的价值；默想生活没有主旨，没有意义，没有确定的方向。

因此，默顿将神学与灵修联系在一起，指出人为将这两门学科分开将导致它们都有损失。

人们一致认为，灵修神学是基督教神学非常重要的组成部分，在基督教的神学院中，这个领域的教研应当越来越受重视。神学与灵修到底该如何互动？这个问题已经成为近几十年激烈讨论的话题。这场争辩已经超出本书概述的范围，但是，任何一部优秀的基督教灵修神学概论无疑都会研究这场争辩。

5.3 导论的问题

任何开始研究陌生学科的人都面临同样的问题：该从哪里开始？这个问题必然让人有些困惑，因为哲学、自然科学和神学等学科似乎有很多研究方法。在神学中，关于神学该从哪里开始的争论被称为"导论的问题"。希腊文 prolegomena（导论）可以被译为"前言"——即在开始研究神学之前必须先说明的一些事。

起点应当是什么？这个问题不仅对神学非常重要，也对许多相关学科相当重要。护教学便是非常明显的例子，这个学科旨在让非基督徒相信基督教。例如，公元2世纪的护教家（如殉道士查斯丁，他致力于让受过教育的反对者认真聆听基督教信息）竭力要找到基督徒能与异教徒分享的经验和信仰。从这一点出发，他们相信自己可以证明，基督教是如何建立在这些共同经验和观念之上的，并如何补充它们的。

自启蒙运动以来，导论的问题格外重要。在神学可以探讨基督教信仰的内涵之前，必须首先说明我们如何知道上帝的事。讨论我们**如何**知道上帝的事，至少与讨论我们知道上帝的**什么**同样重要。欧洲和北美洲越来越世俗化，这意味着，神学家不能再假设自己的听众赞同基督教信仰。因此，许多神学家认为，找到共同的起点至关重要，这样，非基督徒才有机会了解基督教的见解。基督教神学家试图将基督教神学建立在人类基本经验的基础之上，以下几种看法特别重要。

1. 施莱尔马赫认为，人的共同经验是"绝对信靠感"。基督教神学将人类的这种基本情感表达并解释为"对**上帝**的信靠感"，并将它与基督教罪与拯救的教义联系起来。

2. 保罗·蒂里希发展出"关联法"，其基础是他的一个信念，即人会对自己的存在提出"终极问题"。"运用关联法，系统神学可以这样进行：分析导致存在问题产生的人类处境，然后证明基督教信息所使用的象征就是这些问题的答案。"

3. 卡尔·拉纳指出人类基本欲望的重要性，即超越人性的局限。人有这样一种意识：自己现在被造成的样子应该还远不如此，或应该还有依靠自身能力能取得的成就。基督教的启示填补了人的经验所渴望的"应该还"。

然而，这些看法（特别是施莱尔马赫及其追随者的看法）遇到了反对。其中最重要的来自卡尔·巴特所代表的新正统主义。新正统主义认为，上述三种看法将神学简化为人的需要或将神学囚禁在某种人类存在的哲学中。

巴特宣称，基督教神学根本不依赖人的哲学，而是独立的，自给自足的。上帝完全能启示自己，不需要人的任何帮助。"导论"不应当被理解为"在神学成为可能之前需要说明的事"。相反，神学应该被理解为"神学中必须先说明的事"——即上帝之道的教义。

方法的问题主导着现代神学，尤其是因为启蒙运动的挑战，即为知识建立可靠、普遍的基础。但是，近年来对启蒙运动的哲学批判质疑，知识的"普遍基础"是否真的存在？能将神学拴在一匹死马拉的车上吗？此外，正如普林斯顿大学的杰弗里·斯托特（Jeffrey Stout）所说："沉迷于方法就像清嗓子——清得太久，听众就会跑光。"

因此，当代沉迷于方法的做法遭到反对，尤其是后自由派神学的反对。汉斯·弗莱、乔治·林德贝克和罗纳德·蒂曼（Ronald Thiemann）等神学家认为，基督教信仰好像是语言：要么你会说，要么你不会。基督教被视为多元环境中的一种选择，根本不需要论证的普遍标准或原则。在反对者看来，这是退化成惟信主义：由自己内部的标准证明的信仰体系，不需要其他任何人相信或认可。

5.4 神学中的委身与中立

神学家应当"委身"（坚守信仰）到什么程度？再把这个问题说得浅显一些：非基督徒能教授或理解基督教神学吗？对于想要教授、研究基督教神学的人来说，对基督教信仰的委身是否是必不可少的条件？

在基督教传统中，这个问题始终在详细地辩论。普遍认为，随着巴黎大学于12世纪成立，这场辩论彻底展开了。神学家就这个问题展开公开辩论：有些神学家相信，神学的任务是委身地为基督教信仰辩护（明谷的伯尔纳），另一些神学家坚持认为，神学是学术研究，要求参与者置身度外（彼得·阿伯拉尔）。重要的是，前者往往以修道院为基地，后者集中在大学里。这场争辩尚未解决，因为每一种看法都有支持自己的大量论证。以下是各自的主要论点。我们先来思考支持置身度外和中立的论点。

1. 对于探求真理来说，学者必须完全置身度外。如果学者已经委身于某一种理论（如基督教的真理），将导致他或她难以公允地评价所研究的材料。启蒙运动带来一种观念，即"委身"与"真理"是矛盾的。唯有对基督教信仰持中立态度的人，才能凭借理性评判基督教信仰。

2. 神学必须做好准备，提出关于自身的理性可信性、方法和观念的难题。现代大学的批判环境迫使神学家必须提出这些在大学之外不可能被提出的难题。"如果神学现在因为许多人坚持的理由（因神学根本上与权威联系在一起而不够科学）就被迫从大学里退出，将重挫基督教对真理的理解。"（沃尔夫哈特·潘能伯格）。大卫·特雷西也坚持同样的看法，强调基督教必须将自己所宣扬的真理建立在公开、普遍的标准之上，让公众检验基督教真理的可理解性和合理性。

在思考过倡导中立的论点之后，我们再来阐释赞同委身的三个理由。

1. 拉丁美洲解放神学家严厉批判"学术置身度外"的观念，认为它严重阻碍了社会公义和政治改革。如果真有真理，难道我们不应该委身吗？拉丁美洲解放神学家的论点依据马克思的原则和相当传统的基督教观念，认为真理与委身并不矛盾：事实上，真理要求委身。

2. 实际上，学术"事先委身于"某些观念和价值观，无论是否清楚察觉到这一点。例如，在《宗教中立的神话》（*The Myth of Religious Neutrality*，1991）中，罗伊·克劳泽（Roy A. Clouser）对物理学和心理学各种理论的本质进行复杂的分析。他的分析说明，在物理学和心理学中，"事先委身"——即便是隐藏的——发挥着重要作用。这些学科绝不是"中立的"，其实是隐秘地委身于某些信念。神学不也是这样吗？换句话说，即使是自称"置身度外"的人，其实也隐秘地事先委身于或事先接受了某些假设。

3. 基督教神学的产生是回应某一群体的信仰。坎特伯雷的安瑟伦的名言是"信仰寻求理解"。因此，信仰意味着委身。如果不委身其中，将基督教神学作为纯学术学科研究，便没有认识到一个事实，即基督教是宣扬信仰、祷告和崇拜的宗教。神学正是源于这些活动，如果神学家不宣扬信仰，不向上帝祷告，不崇拜已经复活的基督，就不能说他或她真正理解了神学。

这些赞成和反对"中立"的论点各有优点与缺点。例如，有些人认为，唯有非基督徒才能可靠地解释基督教观念，即非基督徒最有资格著述阐释基督教神学。这种看法有其优点。非基督徒研究者更可能提出难题，进行批判的评断，注意到基督徒眼中不证自明的基督教信仰的怪事。但是，由于非基督徒研究者难以体会基督教信仰的内在动力——如祷告或崇拜的信仰生活，他或她无法理解神学发展的动力。批判的代价是缺乏理解。

由于这些原因，神学中关于委身的争辩陷入僵局。但是，近几十年来，社会的发展使基督教神学研究转到神学院中进行，而不是在大学里——所以是在委身的环境中进行的。随着多元文化在欧洲、北美洲和澳大利亚兴起，没有信仰的人对基督教神学在大学的特权地位越来越不安。为什么只给予基督教的——而不是犹太教或伊斯兰教的——思想这种特权地位？

这种进展在美国导致"宗教学院"或"宗教研究院"的诞生，其宗旨是研究各种不同的宗教或普遍的宗教，而不是专门研究基督教。大多数学习基督教神学的人想要担任圣职，结果，大批学生来到教授基督教神学的神学院。因此，许多重要的神学家——包括重要的欧洲天主教神学家汉斯·乌尔斯·冯·巴尔塔萨和伊夫·孔加尔——从未在大学中任教。同样，美国现代的许多福音派神学家更愿意留在神学院中，而不是到世俗大学的"宗教研究院"工作。

5.5 正统与异端

"正统"（orthodoxy）和"异端"（heresy）现在已经大大失去它们最初的神学意义。反权威主义在现代的兴起已经导致"正统"（字义为"正确的观点"）被视为"强制性的权威强加于人的教条"，而"异端"通常被理解为受到毫不宽容的教会或政权镇压的受害者。我们以下将讲到沃尔特·鲍尔（Walter Bauer，1877—1960年）提出的理论，认为被后人视为"异端"的基督教其实比"正统"的观念出现得更早，影响力也更大；罗马教会蓄意镇压这些观念，将它们宣布为"异端"，并将自己更不受欢迎的观念强行确立为"正统"。近年来的学者非常质疑这种理论，但是，在今天较为自由的学者中，它仍然颇为流行。

应当指出，异端经常与社会上被边缘化的群体紧密联系在一起。例如，多纳图派（公元4世纪末的北非异端）主要得到北非柏柏尔人（Berber）的支持，而反对他们的正统基督徒主要是罗马帝国的殖民者。基督教会经常落入试探，去镇压教会内外的反对者，但是，"异端"的观念确实有，也仍将有重要的神学意义，需要更仔细地研究。在以下部分中，我们将从历史和神学的角度分别阐释异端和正统的观念。

历史角度

"正统"与"异端"的观念与初期教会特别有关。那么，它们如何发展起来的？我们是否能认为异端是正统的堕落？在研究著作《初期基督教的正统与异端》（*Orthodoxy and Heresy in Earliest Christianity*，1934）中，德国历史学家沃尔特·鲍尔认为，初期教会的基本合一似乎不在于教义，而在于与同一位主的关系。基督教的合一在于崇拜同一位主，而不在于正式的教义声明（而"正统"往往被这样定义）。

鲍尔继而指出，初期教会能容忍的各种观念逐渐受到后来教会的怀疑。"一致认可的正统"开始出现，曾被容忍的观点被视为立论不足而遭到抛弃。但是，异端与正统是如何区分的？鲍尔认为，"正统"是罗马教会权力越来越大的结果，罗马教会越来越将自己的观念强加于人，并用"异端"指它所否定的观点。鲍尔认为，正统与异端的差异通常似乎是任意的。他对教义标准这种观念的敌视反映出他的信念，即教义标准是后来在基督教内发展起来的。

近年来，鲍尔的理论受到毁灭性批判，目前尚不清楚，他的理论在未来是否可行。从历史的角度来看，初期基督徒显然注重追求真实性，包括探索各种不同的方法，来说明与用概念解释信仰的核心主题。毫无疑问，初期基督徒的一些尝试被后来的基督徒否定。但是，这似乎与权力或权威完全无关，而是更关系到必须找到说明信仰核心主题的最好方法。

神学角度

关于异端与正统这两个观念的历史起源的争辩，似乎说明只有古物家才感兴趣。事实上，这两个观念仍有非常重要的神学意义。异端对于神学非常重要。或许，这可以在施莱尔马赫《基督教信仰》（第一版：1821—1822 年）对异端的讨论中看出——他的讨论是最重要的讨论之一。施莱尔马赫认为，异端保留基督教的**外貌**，却否定基督教的**本质**：

> 如果基督教的独特本质在于这一事实：在基督教中，所有宗教情感都与耶稣基督完成的拯救密切相关，那么，异端将以两种方式出现。这就是说：这个基本公式一般会被保留……但是，**或是**人性受到极大限制，以致严格意义的拯救不可能实现，**或是**救主受到极大限制，以致他不能完成拯救。

施莱尔马赫对异端的讨论非常有趣，我们将详细思考。一方面因为他的讨论说明了异端与不信者的区别，另一方面因为他的讨论表明，神学仍需要"异端"的观念，即使这个词可能因被滥用而失去权威性。

施莱尔马赫认为，基督教独特的核心观念是，上帝已经通过耶稣基督拯救我们，除他之外，上帝再没有借助他人，也没有用其他方法。因此，基督教对上帝、耶稣基督和人类的理解必须符合这种救赎论。以下是对这一点几种明显的应用：

1. 基督教对**上帝**的本质的理解必须是，上帝能通过基督拯救人类。
2. 基督教对**基督**的身份的理解必须是，上帝能通过基督，也只能通过基督拯救我们。
3. 基督教对**人类**的理解必须是，得救是可能的，也是真实的。

换句话说，最重要的是，基督教对上帝、基督和人类的理解必须**符合**一个原则，即拯救只能通过基督实现。

在施莱尔马赫看来，否定上帝已经通过耶稣基督拯救我们，就是否定基督教信仰所宣讲的最根本的真理。是否是**基督教**，就在于是否接受这个原则。但是，**正统**与**异端**的差别在于，在同意、接受这个原则之后，如何理解它。换句话说，异端不是某种不信；它是在信仰中出现的对基督教核心信仰的错误或不充分的理解。对于施莱尔马赫来说，异端基本是**某种不充分或假的基督教信仰**。

基于对上帝在基督里拯救的分析，施莱尔马赫分辨出以下四种异端，都源于对拯救教义不充分的理解：

1. **伊便尼主义**（Ebionitism）：伊便尼主义对基督的解释是，基督没有优于人类的本质，能让他成为我们的惟一救主。

2. **幻影论**（Docetism）：幻影论对基督的解释是，基督只有人的外貌，从而没有能力与我们建立拯救所必需的联系。

3. **伯拉纠主义**：伯拉纠主义认为，人有能力自救，所以根本不需要基督。

4. **摩尼教**（Manichaeism）：认为人没有能力回应可能在基督里的得救。

对于施莱尔马赫来说，以上四种异端可以被视为基督教信仰的四种"自然异端"，每一种都源于对在基督里得救这个教义不充分的解释。它们是初期教会所争辩的最重要的异端，这绝非偶然。

因此，施莱尔马赫认为，从根本上讲，异端是对基督教信仰不充分或不系统的理解。它保留正统的外在形式，却没能够保持支持基督教核心信仰所必需的神学。事实上，这是思考异端卓有成效的方法，被近年来的神学家进一步发展（参拙著《异端》〔*Heresy*，2009〕）。

5.6 基督教与世俗文化的关系

神学研究是有背景的，即普遍的文化。"文化"特别不好定义，在《基督教与文明》（*Christianity and Civilization*，1948）中，瑞士神学家艾米尔·布伦纳（Emil Brunner，1889—1966年）将文化定义为"意义的物质化"。教会历史研究有力地表明，阐释自身与文化的关系是基督教会永远进行的斗争。基督徒应当如何定位自己？在文化之中？还是在文化之外？他们应当忽视文化吗？应当孤立文化吗？还是试着改造文化？更重要的是，这些态度的神学基础是什么？人们对基督教福音之实质的信仰如何影响到他们对文化的态度？

这些争辩在基督教整个历史上都在进行，在教父时期特别重要。初期教会最重要的争辩之一，是基督徒能在多大程度上取用古代世界丰富的文化遗产——诗歌、哲学和文学。

一些基督教神学家渴望利用古代的写作手法阐释、传扬自己的信仰,那么,他们能怎样采用与改用"诗艺"(ars poetica)呢?使用这种文学方法等于对基督教本质信仰做出妥协吗?基督教应当抛弃古代遗产吗?或是修改后再用?由于这场争辩非常重要,且备受关注,我们将大量引用为这场争辩做出贡献的一些最重要的著作。

殉道士查斯丁(约100—约165年)

殉道士查斯丁很早便给出这个重要问题的答案。他是公元2世纪的基督教神学家,特别注重利用基督教与柏拉图哲学的相似性传扬福音。对于查斯丁来说,上帝智慧的种子已经撒满人间,这意味着,基督徒可以,也应该期待在教会之外发现反映福音的东西。因此,在查斯丁看来,基督徒可以自由地取用古代文化,他们知道,无论"被说得多好",古代文化终究源自上帝的智慧和见解。

尽管非常重要,但是,查斯丁的论点还是在大多数基督教会中多少遭到了冷遇。主要的难题是,他的论点被视为将基督教完全等同于古代文化,因为他没有充分说明如何区分基督教与古代文化,且显然认为,基督教神学和柏拉图哲学只是理解同一位上帝的不同方式。查斯丁的学生塔提安(Tatian,约120—约180年)怀疑古代修辞学和诗歌的价值,认为它们都怂恿欺骗,无视真理。

德尔图良(约160—约225年)

对这种方法最严厉的批判可以在德尔图良的著作中看到。德尔图良是公元3世纪的罗马律师,后来才归信基督教。他问道:雅典与耶路撒冷有什么关系?柏拉图学园与教会有何相干?提问的方式便令德尔图良的回答非常明确:基督教必须不受世俗环境的影响,从而保持自身的独特身份。对异教文化的全盘否定有个优点,即非常容易理解。在德尔图良看来,基督教基本是反文化的运动,完全不让自己受到扎根于其中的思想或道德环境的污染。

然而,这样坚决否定异教文化也有难题。这似乎令基督徒不能接触或取用任何知识与文化遗产,即使他们出于完全值得称赞的目的——宣讲福音。许多初期基督教神学家研究古代修辞学,目的是提升他们讲道与写作的水平,从而更容易向非基督徒传扬福音。德尔图良不赞同这样做吗?

这种实用的方法还有神学问题。所有真智慧不都是来自上帝吗?如果不都是,基督徒不应该尊重真理的来源吗?在批判者看来,德尔图良似乎没有回答这些问题。

这个问题后来更重要,因为随着罗马帝国皇帝君士坦丁归信基督教,基督徒可以更积极地评价基督教生活与思想的方方面面同古代文化的关系。由于这个进展的重要性,我们需要稍微详细地讲下它的背景。自基督教于公元5世纪于罗马首次牢牢扎根以来，基督教的法律地位显然含糊不清。一方面，基督教没有在法律上被认可，也就不能享有任何特权；另一方面，基督教又没有被禁止。但是，基督徒的数量不断增长，导致基督教不时被暴力镇压。迫害有时是地方性的，如北非的迫害；有时，基督教在全罗马帝国受到制裁。

很自然的是，在这种情况下，许多基督徒否定古罗马的文化。这是压迫者的文化，他们决心铲除基督教。在这种背景下，德尔图良论点的说服力非常容易理解。接受罗马的文化标准，便相当于背叛基督教信仰。但是，如果古代文化与基督教的关系改善了，德尔图良论点的说服力将被大大削弱。

随着君士坦丁归信基督教，基督教与古代文化互动的问题有了新意义。罗马现在是福音的仆人；罗马文化不同样如此吗？如果基督教能积极看待罗马帝国，为什么也不积极看待罗马帝国的文化遗产呢？这仿佛为一些非常有趣的可能性敞开了大门。公元313年之前，探讨基督教与异教文化的关系只是梦想。公元313年之后，在重要的基督教神学家看来，这种探讨已经是迫在眉睫。

希波的奥古斯丁（354—430年）

希波的奥古斯丁的看法最好被称为"批判地取用古代文化"。对于奥古斯丁来说，情况就像以色列人出埃及时从埃及的被虏之地逃出。尽管他们抛弃埃及的偶像，但是，他们带走了埃及的金银，以便更好、更正确地使用这些财富，因此，它们被解放出来，服务于比以往更高尚的目的。同样，基督徒能利用古代世界的哲学和文化，这似乎没有错，因此，它们便服务于基督教信仰的事业。奥古斯丁最终明确提出自己的论点，指出一些杰出的基督徒在传扬福音时也取用了古代智慧。

> 如果被称为哲学家的人，尤其是柏拉图主义者，说过什么真理和符合我们信仰的话，我们一定不要否定，而要取为己用，要知道他们是非法占有这些。埃及人有偶像和重担，是以色列的子民憎恨的，是他们要逃离的；但是，埃及人也有金器、银器和衣裳，在离开埃及时，我们的祖先暗中把这些东西一同带走，想要更好地使用它们（出埃及记3：21-22；12：35-36）。……同样，异教知识不完全是错误的教导和迷信。……它也包括一些很好的道德价值观，以及很适合真理所用的出色教导。事实上，异教徒的教导包含一些崇拜独一上帝的真理。可以这样说，这些现在是他们的金银，却不是他们自己发明的，而是从上帝恩典的宝藏中挖出的，上帝恩典的宝藏散布在世界各地，却被错误地、非法地用于崇拜魔鬼。因此，基督徒可以将这些真理同它们不幸的环境分开，把它们取走，正确地用来传扬福音。

这个论点的基本主题是，取走迄今为异教徒所用的思维——写作或讲话——的方法，将它们解放出来，以便服务于福音。奥古斯丁认为，精华——中立却极有价值的思维或自我表达的方法——已从"上帝恩典的宝藏中"挖掘出来。难题是它们被用在异教文化中，因为它们已"被错误地、非法地用于崇拜魔鬼"。

因此，奥古斯丁的看法为这个主张奠定了基础：只要是真善美，都能用来服务福音。事实上，这种看法将成为西方教会的主要观点，为基督教神学家批判取用教会之外的文学体裁提供神学基础。除了教会已知的、被公认为完全适于基督教使用的文学体裁——如讲章和圣经注释，还有其他世俗文化的文学形式可供基督教使用，例如戏剧和（可预见的后来的发展）小说。

因此，一座巨大的舞台已经搭起，基督教的神学、仪式和灵修可以与古代世界的文化传统创造性地互动——这无疑是人类知识史上跨文化互动最有趣、最富有成效的范例之一。

20 世纪：理查德·尼布尔（1894—1962 年）

如前所述，关于基督教与世俗文化的关系，神学家已经争辩了两千年。近年来，美国神学家理查德·尼布尔提出思考这个问题的神学框架，被普遍认为非常有帮助。在极具影响力的著作《基督与文化》（*Christ and Culture*，1951）中，尼布尔阐释了五种神学范式或框架。该书最初基于尼布尔 1949 年 1 到 2 月在得克萨斯奥斯汀神学院的讲稿。

对于尼布尔来说，阐明信仰与文化的神学关系非常重要，刚刚结束的第二次世界大战又让这项工作有了新意义。自第二次世界大战以来，西方文化已经发生很大变化，令许多神学家怀疑尼布尔的五种神学范式是否还有价值。但是，它们在神学文献中仍被大量引用，有助于概述基督教神学对文化的主要看法。

以下是尼布尔发现的五种看法：

1. **"基督与文化对立"**。这种看法鼓励反对、完全脱离和敌视文化。根据这种看法，上帝之国的价值观与世界的价值观截然不同。如前所述，德尔图良持这种看法；尼布尔认为，宣称与世界断绝联系的俄国作家列夫·托尔斯泰和门诺·西蒙斯（Menno Simons）等再洗礼派神学家也是这类人。再洗礼派神学家强调必须建立另一种教会，他们通常倡导在乡村建立。他们拒不与世俗权力或权威建立任何联系，拒绝使用暴力。可以看到，在这一点上，激进派神学家与主流改教家（如马丁·路德和约翰·加尔文）存在矛盾，主流改教家倡导与社会和文化更积极地互动。北美洲的新教基要派今天也有类似态度。

2. **"文化的基督"**。这种看法多少直接反对"基督与文化对立"的看法：它试图融合文化与基督教，尽管二者存在差异。"肯定世界"这种看法，可以在 19 世纪德国的自由派新教中看到，他们往往将德国文化与基督教理想混为一谈。鼓舞自由派新教的是一种异象，即人类正在迈入进步与繁荣的新国度。进化论为 19 世纪晚期西欧稳定的文化所孕育出的这种信念注入新的活力。解放神学、过程神学（process theology）和女权主义神学都是类似趋向在现代的例子。

3. **"基督超越文化"**。这种看法试图将文化的基本问题与基督教启示所给出的答案联系起来。托马斯·阿奎那的名言可以说明这种看法："恩典不是废除自然，而是成全自然。"

4. **"基督与文化是矛盾的"**。这种模式基于所谓的"二元论"，认为基督徒属于"（灵性和世俗）这两个国度"，所以必须生活在同时履行这两个国度的义务的矛盾之中。尼布尔认为，16世纪的德国改教家马丁·路德可以很好代表对基督教与文化之间关系的这种理解。按照这种模式，基督徒必须做好与世界生活在一定矛盾之中的准备。马丁·路德对这种矛盾关系的解释是"两个国度"的教义——"世俗的国度"和"上帝的国度"。这两个不同的权威是共存的、共时的，结果，基督徒生活在矛盾之中：生存在一个国度，却要努力服从另一个国度的权威。

5. **"基督是文化的转化者"**。这种模式包括"转化主义者"（conversionists），他们试图转化世俗文化的价值观和目标，使其服务于上帝的国度。我们已经看到，希波的奥古斯丁属于这类人。约翰·加尔文、约翰·卫斯理和乔纳森·爱德华兹也有类似看法。

在本章，我们探讨了研究神学必需的许多预备性问题。事实上，目的是稍微澄清问题，然后继续阐释与神学相关的实质性问题。下一章的目的也是如此，旨在探讨神学必须使用的来源。

研讨问题

1. 评论对神学的这个定义："神学是对上帝的论述"。这个定义的优点和缺点是什么？
2. 在教会和神学院中，灵修越来越受关注，这对"神学为一门学科"的观念造成了什么难题？
3. 请解释以下神学家的著作在神学发展中的作用：彼得·伦巴德的《箴言四书》、约翰·加尔文的《基督教要义》、施莱尔马赫的《基督教信仰》。
4. 基督教神学家是否必须是基督徒？
5. "异端"现在已经是对基督教神学没有任何意义的过时的观念吗？
6. 你如何评价希波的奥古斯丁对基督教与文化之间关系的理解？

第六章 神学的来源

同大多数学科一样，基督教神学有许多来源。在基督教传统中，关于这些来源的特征及其对神学分析的相对重要性，已经有过许多讨论。本章的目标是探讨这些来源的特征，评估它们构建神学的潜力。

大体而言，基督教传统承认四个主要来源：

1. 《圣经》
2. 传统
3. 理性
4. 宗教经验

尽管不被认为同样重要，但是，每一个来源都对神学研究做出独特的贡献，将在以下部分中详细探讨。

6.1 《圣经》

"圣经"的英文是 Bible 和 Scripture，其派生的形容词是 biblical 和 scriptural（"圣经的"或"符合圣经的"），Bible 与 Scripture、biblical 与 scriptural 完全可以通用。"圣经"指一组经文，被公认为基督教思想的权威。必须强调，《圣经》不只是基督教内部的正式学术研究对象；它也在公开崇拜中被诵读、讲解，而且是每一个基督徒默想与灵修的内容。

《旧约》

"旧约"被基督教神学家用来指基督教《圣经》中曾经（和现在仍）被犹太人视为圣书的著作。对于基督徒来说，《旧约》为拿撒勒人耶稣的来临做好了准备，他成全了《旧约》的核心主题和制度。初期基督徒——包括耶稣和《新约》的许多作者——只使用"经文"或"著作"（希腊文：graphe）——指我们今天所说的《旧约》。不清楚这种指称《旧约》的独特方式是何时确定下来的。

当然，犹太人今天仍将《旧约》视为圣书。这意味着，不同人对《旧约》的称呼是不同的。这让一些人建议为《旧约》重新命名，但是，迄今还没有一个名字被普遍认可。以下三个名字值得特别关注。

1. **《希伯来圣经》**。《旧约》的这个名称强调一个事实，即《旧约》是用希伯来文写成的，是希伯来人的圣书。但是，它忽略了基督教思想中《新约》与《旧约》之间必不可少的延续性。还有一个小的难题是，《旧约》的部分经文是用亚兰文写成的，而不是用希伯来文。

2. **第一约**。《旧约》的这个名称避免使用"旧"这个词，它被一些人视为贬义的。他们认为，"旧"意味着"过时了"或"无效了"。将《旧约》称为"第一约"，将《新约》称为"第二约"，强调《旧约》与《新约》的延续性。

3. **塔纳赫（Tanakh）**。塔纳赫是"律法书"（torah）、"先知书"（nevi'im）和"著作"（ketuvim）的三个希伯来词开头字母的缩略词，是犹太人对基督徒所说的"旧约"的标准称呼。犹太人完全可以接受这种称呼，但是，它不能反映出基督教对以色列人与教会之间延续性的独特理解。

目前根本没有被公认的名称，能取代传统的名称——"旧约"，因此，本书还会使用"旧约"。但是，读者应当知道其他名称和导致它们出现的问题。

《新约》

《新约》共有 27 卷书，远远少于《旧约》。《新约》基本是用晚期希腊文写成，也就是当时东地中海世界普遍使用的语言。《新约》的开头是四部福音书：《马太福音》《马可福音》《路加福音》和《约翰福音》。"福音"的基本意义是"好消息"。福音书的每一位作者——有时被称为"福音书作者"（evangelist）——都记载福音背后的基本事件：耶稣基督的生平和教导，高潮是他的复活。

福音书之后是对基督教扩张的记载。福音书记载的事件当时是如何被接受的？福音如何从巴勒斯坦传到了欧洲？这些问题的答案都能在《新约》的第五卷书中找到，这卷书的全名是《使徒行传》，有时被简称为《行传》。《路加福音》和《使徒行传》被普遍视为一人所著：路加。

《新约》接下来的一大部分内容是书信。这些书信记载对基督徒的信仰和行为的教导，在今天同在它们最早成书时同样重要。教会史初期流传的一些错误教导再次兴起，这些书信成为今天捍卫基督教信仰纯正性的重要来源。

大部分书信是保罗所写，归信基督教之后，他开始了重要的工作：传扬福音，建立教会。他的许多书信是写给自己建立的教会，给予它们劝导。其他书信被认为是使徒彼得和约翰所写。通常来讲，书信记载福音遇到的困难，或福音给书信作者和受书人带来的喜乐。这提醒我们，基督教不仅关于信仰，它也关于改变之后的生命。书信不应当被主要视为教义教科书，而是基督教信仰方方面面活的见证，包括教义教导、道德教导和灵性鼓励。**教牧书信**有时用来指保罗写给提摩太的两封书信和写给提多的一封书信，它们特别阐释了具有教牧意义的问题。

《新约》的最后一卷书是《启示录》，是一部经典的启示著作。它记载历史终结的异象，上帝允许它的作者在异象中看见天堂，瞥见上帝为信徒预备的新耶路撒冷。

其他著作：次经与伪经

"正典"（canon）通常用来指《圣经》。canon 源自希腊文 kanōn（意为"尺度""标准"或"准绳"），它用来说明，基督徒达成共识，规定了"圣经"的界限，因此，这些著作成为基督教神学的权威。长久以来，天主教神学家与新教神学家一直在进行一场争辩，即通常被称为"伪经"或"次经"的著作有怎样的地位。

如果比较《希伯来圣经》的《旧约》与希腊文和拉丁文的译本（如《七十士译本》〔Septuagint〕和《武加大译本》），我们便会发现，译本有许多《希伯来圣经》的《旧约》没有的著作。16 世纪的改教家同哲罗姆一样认为，只有《希伯来圣经》的《旧约》才能被视为《圣经》正典。

因此，"旧约"与"次经"是有区别的：《旧约》是《希伯来圣经》包括的著作，而"次经"是希腊文和拉丁文的《圣经》包括但《希伯来圣经》不包括的著作。一些改教家认为，次经是有教育意义的读物，但是，他们的共识是，这些著作不能作为基督教神学的基础。1546 年，特伦托会议对《旧约》的定义是，"希腊文和拉丁文的《圣经》包括的《旧约》"，从而排除了"旧约"与"次经"的区别。

事实上，这种区别或许不像乍看之下那么重要。对 16 世纪这场争辩的研究表明，是否能为死人祷告，才是这场争辩真正重要的神学问题。属于次经的《马加比书》（Maccabees）鼓励为死人祷告，而新教神学家通常不接受这种做法。

今天仍然重要的神学问题涉及《圣经》正典。教会制定《圣经》正典的事实意味着教会的权威高于《圣经》吗？还是教会只是承认并正式认可《圣经》正典已经具有的权威？制定《圣经》正典的过程是教会将外在权威强加给《圣经》吗？还是教会承认《圣经》固有的权威？前一种看法特别吸引天主教神学家，后一种被新教神学家所认同。

事实上，近年来越来越多的人认识到，信仰团契与《圣经》、人与书是共存的，明确区分它们有些武断。可以认为，《圣经》正典是在已经决志使用、尊敬它的信仰团契中有机形成的。我们马上会进一步探讨这些问题。

《圣经》各卷书及其简称

旧约：

创世记	创	传道书	传
出埃及记	出	雅歌	歌
利未记	利	以赛亚书	赛
民数记	民	耶利米书	耶
申命记	申	耶利米哀歌	哀
约书亚记	书	以西结书	西
士师记	士	但以理书	但
路得记	得	何西阿书	何
撒母耳记上	撒上	约珥书	珥
撒母耳记下	撒下	阿摩司书	摩
列王纪上	王上	俄巴底亚书	俄
列王纪下	王下	约拿书	拿
历代志上	代上	弥迦书	弥
历代志下	代下	那鸿书	鸿
以斯拉记	拉	哈巴谷书	哈
尼希米记	尼	西番雅书	番
以斯帖记	斯	哈该书	该
约伯记	伯	撒迦利亚书	亚
诗篇	诗	玛拉基书	玛
箴言	箴		

新约：

马太福音	太	哥林多后书	林后
马可福音	可	加拉太书	加
路加福音	路	以弗所书	弗
约翰福音	约	腓立比书	腓
使徒行传	徒	歌罗西书	西
罗马书	罗	帖撒罗尼迦前书	帖前
哥林多前书	林前	帖撒罗尼迦后书	帖后

提摩太前书	提前	彼得前书	彼前
提摩太后书	提后	彼得后书	彼后
提多书	多	约翰一书	约一
腓利门书	门	约翰二书	约二
希伯来书	来	约翰三书	约三
雅各书	雅	犹大书	犹
		启示录	启

参照《圣经》的写法

在文章中提到《圣经》的参考经文时，通常列出三个要素。首先，列出**卷名**（注意，"卷"有不同的用法，有时，一"卷"书其实是一封书信）。其次，列出**章数**。最后，注明是**哪（几）节**经文。

卷名可以用全名或简称。章数可以用阿拉伯数字注明。章数与经节数通常用冒号隔开。

以下例子是引用经文时经常采用的几种写法，这节经文是保罗最为人所知的经文之一，在牧师祝福时经常使用。

《哥林多后书》13章14节

林后 13：14

注意：

1. 在提到书卷时，不必指出是《旧约》，还是《新约》。
2. 在提到书卷时，不必指出作者。

《圣经》相关的常见术语

摩西五经（Pentateuch）：《旧约》的前五卷书：《创世记》《出埃及记》《利未记》《民数记》《申命记》。

律法书：《旧约》的前五卷书：《创世记》《出埃及记》《利未记》《民数记》《申命记》。

大先知书（major prophets）：《旧约》的前四卷先知书：《以赛亚书》《耶利米书》《以西结书》《但以理书》。

小先知书（minor prophets）：《旧约》余下的十二卷先知书：《何西阿书》《约珥书》

《阿摩司书》《俄巴底亚书》《约拿书》《弥迦书》《那鸿书》《哈巴谷书》《西番雅书》《哈该书》《撒迦利亚书》《玛拉基书》。

符类福音、类观福音、共观福音、同观福音或对观福音（synoptic Gospels）：《新约》的前三卷福音书：《马太福音》《马可福音》《路加福音》。

教牧书信（pastoral epistles，pastoral letters）：《提摩太前书》《提摩太后书》《提多书》的统称，主要论及教牧问题与教会的秩序。

大公书信（Catholic epistles, Catholic letters）：《新约》中没有明确指明某个受信人的书信：《雅各书》《彼得前书》《彼得后书》《约翰一书》《约翰二书》《约翰三书》《犹大书》。在较老的著作中，这些书信有时被称为"普通书信"（epistles general）。

《旧约》与《新约》的关系

基督教所使用的"旧约"和"新约"从本质上讲有很强的神学意义。基督教的这两个词基于一种信仰，即《旧约》的内容属于上帝在某个时期对世界的处理，由于《新约》中基督的到来，《旧约》已被取代或成为相对的了。犹太教神学家将大致同一部经典集称为"律法、先知书和著作"，而基督教神学家称之为"旧约"。因此，如果不是惯例，非基督徒根本没有特别的理由必须将这些著作称为"旧约"。

导致"新约"与"旧约"这种区分的原因是基督教的一种神学框架，即"约"或"时代"。基督徒的基本信仰是，基督的到来开始了某件新事，但是，它仍是上帝以前历史作为的延续。这便导致对《旧约》一种独特的态度，可以被概括为两个原则：

1. **神学的原则和观念**（如一位至高的上帝活跃在人类历史中）被基督教承袭下来；
2. **仪式**（如割礼、饮食规条和献祭仪式）没有被基督教接受。

那么，按照基督教神学的看法，《旧约》与《新约》是什么关系？公元2世纪的神学家马西昂提出一种激进的看法，他于公元144年背叛基督教。马西昂认为，《旧约》是同基督教毫无关系的宗教的圣书。在马西昂看来，基督教是爱的宗教，《旧约》中强暴、注重律法的上帝在其中没有任何地位。《旧约》的上帝不同于《新约》的上帝；《旧约》的上帝只是创造世界，他沉迷于律法。但是，《新约》的上帝拯救世界，他注重爱。马西昂认为，基督的目的是废除《旧约》的上帝（他非常像诺斯替派的"造物主"，负责塑造世界的半神），基督领人崇拜满有恩典的真上帝。

马丁·路德的著作似乎对这种观念略有回应。他坚持认为，《旧约》与《新约》都讲述同一位上帝的作为，同时也坚持认为，律法与恩典完全对立。路德认为，犹太人完全沉迷于凭借行为称义，相信人可能靠功绩博得上帝的恩宠，相反，福音强调称义完全是无偿的，只依靠上帝的恩典。《旧约》中有恩典（如以赛亚书40至55章），《新约》中有律法（如马太福音5至7章的"登山宝训"），但是，路德似乎经常提出，《旧约》主要是律法的宗教，与强调恩典的《新约》截然不同。

在基督教神学中，绝大多数看法一方面强调《旧约》与《新约》的**延续性**，一方面又指出它们的**差异**。约翰·加尔文对《旧约》与《新约》的关系进行过简明且具有代表性的讨论。他认为，基于三个原因，《旧约》与《新约》存在根本的相似处和延续性。第一，加尔文强调上帝旨意的不变性。上帝不可能在《旧约》中做一件事，接着又在《新约》中做一件截然不同的事。在《旧约》与《新约》之间，上帝的作为和目的一定有根本的延续性。第二，《旧约》和《新约》都赞美、宣扬上帝在耶稣基督里彰显的恩典。《旧约》或许只能"从远处模糊地"见证耶稣基督；但是，《旧约》对基督要来的见证是真实的。第三，《旧约》和《新约》都有"相同的记号和圣礼"，见证上帝同样的恩典。

因此，加尔文认为，《旧约》和《新约》基本是相同的。它们的差异只是实行上的（administratio），而非本质上的（substantia）。就实质和内容而言，《新约》基本延续了《旧约》。在上帝的拯救计划中，《旧约》恰巧占据不同于《新约》的年代；但是，它的内容（如果正确地理解）是相同的。

在讨论《旧约》与《新约》的差异和《新约》优于《旧约》时，加尔文谨慎地认为，《旧约》的某些人物——如以色列人的列祖——能觉察《新约》的暗示。上帝的旨意或本质从未改变；它们只是按照人类理解力的限度被启示得更清楚。只举一个例子：上帝最初不是只决定给以色列人这一个民族恩典，后来才决定让所有人都蒙恩；相反，只是随着耶稣基督来临，上帝的拯救计划才真相大白。加尔文用一句话概述这个普遍原则："论到整个律法，福音与它的差别只在于说明的清晰度。"《旧约》和《新约》都显明基督和圣灵的恩典——但《新约》说得更清楚、更完整。

这种看法已经成为主流基督教特有的看法。例如，在第二次梵蒂冈会议肯定《旧约》对基督徒的重要性的宣言中，可以看到这种看法：

> 基督教会承认，在上帝的拯救计划中，她的信仰和拣选的开端可以在列祖、摩西和先知那里看到。她声明，基督的所有信徒都是有信仰的人，都是亚伯拉罕的子孙（参加拉太书3：7），他们得到同列祖一样的呼召，在上帝的选民从为奴之地逃出时，教会的拯救已经被神秘地预示出来。因此，教会不能忘记，她得到《旧约》的启示的方法，是通过上帝以自己难以言表的怜悯与之建立古老之约的那些人。

《圣经》的正典：历史与神学问题

我们前面指出，教父时期的成就之一，是就"圣经"所指的内容逐渐达成共识。"正典"（希腊文：kanōn，意为"尺度"或"标准"）的发展提出两个相关问题。第一，正典是怎样形成的？第二，制定正典的神学原则是什么？在这部分中，我们将思考《新约》正典形成过程中的历史与神学问题。

历史问题　从历史的角度来看，《新约》正典的形成是一个逐渐接受的过程，就应当被视为标准的宗教著作而言，地中海沿岸的基督徒逐渐达成共识。历史证据表明，初期基督徒的阅读范围广泛，通常不会区分自己所认为的"标准"著作与"有益"的著作。例如，可以看到地方基督徒的偏爱：一些教会定期阅读《十二使徒遗训》、克雷芒书信和《赫马牧人书》（Shepherd of Hermas）等著作。但是，对于相对较少的一部分著作来说，绝大多数基督徒逐渐认可它们，认为它们有普世的实用性与权威，这完全没有妨碍地方基督徒用其他著作补充它们。"正典"不是一系列被强加给教会的权威性著作，而是正式认可整个基督教已经普遍使用与赞扬的著作的重要性和实用性。

到了公元3世纪中期，教会就我们今天所说的"新约"的核心书卷达成共识，却也围绕四封书信——《彼得后书》《约翰二书》《约翰三书》和《犹大书》爆发了重要争辩，一些教会的领袖和信徒提出，这四封书信有可疑之处。当时的教义争辩很少援引这四封书信，因此，它们是否属于《新约》正典的争辩没有预期的重要。就《新约》正典达成的一致不是被强加给基督教会的；事实上，所达成的一致最好被视为认可现有的习俗或现已取得的一致。后来的神学家试图确定制定正典的标准（如是否由使徒所著），但是，有证据表明，初期基督徒不真的地按照"正典的标准"制定正典，而是根据接受和使用的程度。

从历史上讲，同最初四百年较大的神学争辩相比，正典界限的问题远不如预期的重要。最初四百年的基督论争辩或三位一体争辩通常涉及的《新约》文献（特别是四部福音书）的权威已被普遍认可。

神学问题　制定正典过程中所涉及的神学问题，是"接受经文的信仰团契"与"被接受的经文"在正典被接受的过程中所发挥的作用。制定正典过程中所涉及的历史问题，是排除与收入哪些经文。这显然提出一个神学问题，即信仰团契与《新约》的关系，这个问题在当代神学思考中仍相当重要。在选择《新约》正典时，教会将自己的权威强加给这些经文吗？或是教会发现这些经文固有的权威？前一种看法主要将权威给予教会，后一种主要将权威赋予经文。

就信仰团契与经文、教会与《圣经》的关系而言，基督教思想史上有三种神学看法。

1. 教会的权威高于《圣经》。天主教神学家通常持这种看法，希波的奥古斯丁的话通常可以说明这种看法："对于我来说，只有在大公教会的权威驱使之下，我才相信福音。"认可《圣经》的权威，是一种接受的过程，包括诉诸正典性的标准，即使徒传统。"教会根据使徒传统甄别可以被列入圣书的著作"（《天主教教义问答》）。

2. 《圣经》的权威高于教会。这往往是新教神学家的看法，认为教会承认《圣经》的固有本质，这种本质不取决于教会是否决定承认。例如，约翰·加尔文认为，只有圣灵秘密的（或固有的）见证，才能在信徒心中证实上帝所默示的《圣经》。当宣布某部著作为《圣经》正典时，教会是在回应《圣经》的固有本质，不是把自己的判断强行变为对《圣经》权威的表达。

3. 教会与《圣经》合成一体，成为信仰团契与《圣经》的有机统一体，使"权威"不可能被分配给教会或《圣经》。这第三种看法通常被这些神学家接受：他们认为，上述两种神学计划都不能很好地解释正典的历史形成。不论是将权威给予"人"，还是将权威赋予"书"，都是把问题集中在交叉点上："人和书"。这与先前两种模式矛盾，却将它们都置于更广泛的背景下。

在此应当指出另一个问题：《圣经》正典是否已经最终确定。正典是封闭的吗？或是至少在理论上还存在一种可能性，即增加新的书卷或删除现有的书卷？大多数基督教神学家认为，正典已经最终确定，是教会已经承认的、真正见证教会信仰的最终文献。但是，近年来，重新发现的诺斯替派著作——如科普特文的《多马福音》——让一些学者提出，应当将后来发现的此类著作列入《圣经》正典。其他学者认为这并不合适，指出这些著作成书较晚，只在地方影响力较大。

上帝的话

"上帝的话"和"主的话"（译者注：也译为"上帝的道"和"主的道"）深深根植于基督教崇拜，就像它们深深根植于基督教神学。"话"意味着行动和沟通。人的话展现出他或她的性格和心意，同样，《圣经》（尤其是《旧约》）也这样理解上帝：上帝对人说话，这让人明白上帝对他们的旨意和心意。

"上帝的话"一词非常复杂，它的含义有细微差别，集许多观念于一身。在基督教传统和《圣经》中，可以看到这个词三个广义且明显相关的含义。

1. "上帝的话"用来指耶稣基督的道成肉身（约翰福音1：14）。这是该词在《新约》中最成熟的用法。当说基督是"成为肉身的上帝的话（道）"时，基督教神学试图说明一种思想，即上帝的旨意、目的和本质通过耶稣基督在历史中彰显出来。通过耶稣基督的作为、品性和神学身份——不只是通过他的话，上帝的本质和目的被彰显出来。

2. "上帝的话"也用来指"基督的福音"或"关于耶稣的信息或对耶稣的宣讲"。从这种意义上讲，"上帝的话"指上帝通过基督的生平、死亡和复活所彰显的事。

3. "上帝的话"通常指整部《圣经》，被视作为基督的到来做好了准备，讲述基督降临的故事，为信徒解析他的生平、死亡和复活的意义。对于许多基督徒来说，"上帝的话"

是"《圣经》"的一个神学代名词。

卡尔·巴特在使用"上帝的道（话）"时考虑到这些。巴特对《圣经》在教会中的作用进行**神学解释**（同历史或文学解释截然不同），将《圣经》基于一种观念，即上帝在基督里的自我启示。巴特的教义——"上帝之道的三种形式"——区分三种运转：从基督所体现的上帝的道到《圣经》为上帝的道所作的见证，最后到在信仰团契的讲道中宣扬上帝的道。因此，教会的讲道与耶稣基督存在直接、有机的联系。

这种看法有一些难题。一些较为保守的新教徒难以接受巴特所强调的主张：《圣经》不应当直接等同于上帝的启示。对于巴特来说，《圣经》"见证"或"象征"上帝的启示。但是，巴特也坚持认为，启示不会"绕开"《圣经》这个见证。当上帝通过《圣经》说话时，《圣经》这个见证变成上帝的启示。这种看法将《圣经》的权威简化为我们主观地接受自己通过《圣经》中人的话所遇到的上帝的道吗？巴特当然不这样认为，尽管他的批判者是这样解释他的。

叙述神学

《圣经》的主要文体是叙述体。《圣经》讲述一系列故事，它们揭示出上帝的本质和性情，以及通过基督实现的拯救。亚伯拉罕蒙召的故事、出埃及的故事、流亡巴比伦的故事、耶稣基督降生的故事，都是揭示出上帝的本质和意志的更宏大故事的一个个故事。那么，这种结论对《圣经》与神学的关系有什么意义？关于这个主题，近年来发展起来的"叙述神学"（narrative theology）能说明很多问题。

叙述神学基于这个观察：《圣经》讲述上帝的故事，就像它做出教义或神学声明。例如，可以说，《旧约》主要讲述与复述上帝如何带领以色列人出埃及，进入应许之地的故事，以及这个事件对上帝子民的意义。同样，《新约》主要讲述上帝在历史中拯救的故事，这个故事的核心是耶稣基督的生平、死亡和复活。这个故事对基督徒有什么意义？对他们的思想和行为有什么影响？例如，这样做会非常有帮助：将保罗书信视为系统地说明耶稣基督的故事对基督徒的意义，即它如何影响基督徒的思想和行为。

重视理性客观真理的启蒙运动已经衰落，从某种程度上讲，这导致叙述神学的兴起。启蒙运动的《圣经》解释者认为，《圣经》的叙述结构令人愤怒，他们旨在从中提取命题性真理。在划时代的著作《圣经叙述的没落》（*The Eclipse of Biblical Narrative*，1974）中，汉斯·弗莱指出这种趋向，提出启蒙运动的衰落意味着，它对叙述的偏见再也不能对神学产生决定性影响。一条大路畅通无阻：重新运用《圣经》的叙述传达上帝的启示。

这种进展导致**叙述神学**——近几十年最重要的神学运动之一——的兴起。叙述神学主要在北美洲发展，许多观察家发现，叙述神学与耶鲁神学院及其神学家密切相关，如汉斯·弗莱、乔治·林德贝克和罗纳德·蒂曼。在对这场运动做出贡献的其他神学家中，我们应当提到詹姆斯·古斯塔夫森（James Gustafson）和斯坦利·豪尔瓦斯。但是，必须强调，叙述神学根本不是泾渭分明的运动，或许最好将其视为一种神学潮流，而不是泾渭分明的神学流派。

那么，叙述神学的优点是什么？缺点又是什么？为什么它在学术神学中赢得很多拥护者？以下几点对理解这种新方法的魅力非常重要，尤其是理解对这些神学家的吸引力，即想重申《圣经》在现代神学中处于核心地位的神学家。

1. 叙述体是《圣经》的主要文体。事实上，近年来的一些作者甚至提出，它是《圣经》**惟一的**文体——这显然是夸大其辞，却或许可以理解。叙述能以各种形式出现：《旧约》的历史、福音书对耶稣生平的记载和耶稣自己讲的比喻——这些都是叙述的例子。从叙述的角度研究神学，可能比采用理论研究更忠于《圣经》。

2. 叙述神学避免**抽象**的枯燥感，通常认为，许多学术神学著作都有这个特点。叙述神学抛弃抽象、概括性的神学方法，而是邀请我们思考故事——生动、难忘地叙述真实发生过的事（如耶稣的故事）或仿佛真实发生过的事（如耶稣的比喻）。思考故事需要我们发挥想象力（这是刘易斯等神学家特别强调的），同时给予我们真实感和身临其境感，这是过去更注重概念的神学显然不会有的。

3. 叙事神学肯定，上帝在历史中与我们相遇，作为历史参与者向我们说话。道成肉身教义肯定，耶稣基督的故事也是上帝的故事。叙述神学宣称，上帝真正参与到我们这个有时间与空间的世界，真正进入历史，真正在我们的世界与我们相遇。系统神学经常给人这种印象：上帝呈现给我们一大堆观念，仿佛启示是某种资料库。叙述神学能让我们重新发现一个核心见解，即上帝参与到我们的历史。上帝的故事与我们的故事有了交点。如果将自己的故事与上帝的故事联系起来，当在《圣经》中读到时，我们便能理解自己的故事。

叙述神学的这个方面产生了巨大影响，在伦理学上最为明显。在深受影响的基督教伦理学家中，斯坦利·豪尔瓦斯可能是最杰出的一位。他们认为，福音的故事立下基督徒应有的行为典范。例如，耶稣基督的故事被视为设立了基督徒的故事特有的模式。从叙述的角度来看，伦理学完全以真实的生活为基础。福音不主要是一套伦理原则；它是与上帝的相遇对个人生活和国家历史的影响。通过讲述这类故事，《圣经》作者宣称："这是被上帝的恩典改变的结果。那是基督徒应有的行为模式。"

4. 承认《圣经》的叙述特点，让我们理解《圣经》如何有效地说明这个矛盾：故事中的人物认识有限，而上帝是无所不知的。在《圣经叙述的艺术》（Art of Biblical Narrative，1985）中，罗伯特·阿尔特（Robert Alter）是这样说的："这样做会非常有帮助：将圣经故事视为各种可能的道德、灵性与历史知识方面的叙述实验，方法是精心对比讲述者默默却坚决陈述的人物的各种有限认识与上帝的全知。"或许，《旧约》的《约伯记》能特别清楚地说明这一点。《圣经》的叙述结构让读者从上帝的角度解读故事，从上帝的角度理解人对处境的无知和误解与真实处境之间的相互影响。

解释《圣经》的方法

所有文字都需要解释,《圣经》也不例外。从某种意义上讲,基督教神学史可以被视为解释《圣经》的历史。在以下部分中,我们将探讨一些解释《圣经》的方法,是研究神学的人可能感兴趣的。但是,解释《圣经》的方法显然太多了,只能从中选择一些具有代表性的。

我们先从教父时期谈起。解释《圣经》的**亚历山大学派**采用犹太学者亚历山大的斐洛(Philo of Alexandria,约前30—公元45年)和早期犹太传统想出的方法:用寓意补充对《圣经》的字面解释。什么是寓意?希腊哲学家赫拉克利特(Heracleitus)的定义是:"说一件事,却意指另一件事。"斐洛认为,当解释《圣经》时,必须找到经文表面意义之下更深一层的意义。这种观念被亚历山大的一群神学家接受,普遍认为,亚历山大学派最重要的神学家是克雷芒、奥利金和盲人狄迪莫斯(Didymus the Blind)。〔事实上,哲罗姆将盲人狄迪莫斯戏称为"明眼人狄迪莫斯"(Didymus the Sighted),因为他运用寓意解经法得出许多灵性洞见。〕

乍一看,寓意解经法似乎沦落为**肆意解经**(eisegesis):解经者只将自己喜欢的意思读进《圣经》经文。但是,事实不一定如此,因为有狄迪莫斯的著作为证(在第二次世界大战期间,他的著作在埃及一个临时军火供应站被偶然发现)。当时似乎形成一种共识,即可以用寓意解释《旧约》的意象和经文。例如,耶路撒冷的寓意通常被解释为教会。

相反,**安提阿学派**强调根据《圣经》的历史背景解释《圣经》。塔尔苏斯的狄奥多尔(Diodore of Tarsus)、约翰·克里索斯托(John Chrysostom,约347—407年)和莫普苏埃斯蒂亚的提奥多尔(Theodore of Mopsuesia,约350—428年)都是安提阿学派著名的神学家。他们强调《旧约》预言的历史背景,是奥利金和亚历山大学派其他神学家的著作完全没有的。因此,当解释《旧约》的预言时,提奥多尔强调,先知的预言关系到预言的直接听众,其衍生意义才与基督徒有关。先知的每一个预言都应当被解释为有惟一不变的历史意义或字面意义。结果,提奥多尔往往只将《旧约》相对较少的几处经文解释为直接预言基督,而亚历山大学派神学家认为,基督隐藏在《旧约》的许多经文中,先知书和历史书中都有。

在西方教会中,稍有不同的解经法发展起来。米兰的安布罗斯(Ambrose of Milan,约337—397年)在许多著作中发展出一套对《圣经》意义的三重理解:除了**自然**意义,解经者还可以分辨出**道德**意义和**理性**或**神学**意义。奥古斯丁沿用这种解经法,但是,他主张双重意义:**字面–肉体–历史**的意义和**寓意–神秘–灵性**的意义,可是,他容许一些经文兼具两种意义。"先知的预言有三重意义,因为有的先知想到地上的耶路撒冷,有的先知想到天上的城,还有的先知是指二者。"要想理解《旧约》,单从历史层面理解是不行的；理解的关键在于对《旧约》的正确解释。

在此，我们看到预表论（typology）的基本概念。typology 的希腊文是 typos，意为"图形"（figure）。根据预表论，历史事件被解释为预示基督来临的某些方面。寓意解经法主要涉及《圣经》的意象，而预表论主要涉及《圣经》的历史事件和个别历史人物。预表论的一个典型例子是《旧约》的亚伯拉罕和以撒的故事（创世记 22：1—14）。这个故事讲述亚伯拉罕如何相信上帝呼召他将自己的儿子以撒献为"燔祭"。当他们走到荒野时，以撒问父亲为什么没带来献祭的羊羔。亚伯拉罕回答说："上帝必自己预备作燔祭的羊羔。"当亚伯拉罕要杀以撒时，耶和华的使者出来干涉，预备了一只代替以撒的公羊，就是两角扣在附近稠密小树中的公羊。根据预表论，这个故事预示上帝献出自己的独生子耶稣基督：他是上帝的羔羊，背上自己的十字架，在十字架上被献为祭，又像以撒那样，从死中复活。

最为重要的是，需要正确解释这些预表。对于奥古斯丁来说，关键的问题在于，堕落世界的语言、符号和象征如何指明上帝。奥古斯丁认为，如果人的所有符号在人堕落之后都已经败坏，不再完美，它们的真意只能在他所说的"上帝光照"（divine illumination）的帮助下重新知道。由于人的堕落，人的语言往往只能说明肉体或世俗的事。堕落人类的语言要想说明上帝的事，必须克服或至少减少堕落人类的局限。奥古斯丁认为，要做到这一点，有几个途径：通过仍有创造者上帝的形象的人；通过上帝自我启示的恩典；通过道成肉身。奥古斯丁认为，道成肉身能使物质秩序的符号和语言指明它的创造者。他是这样说的：

> 在基督里废掉的不是《旧约》，而是遮在其上的遮盖物，所以可以通过基督理解它。可以说，如果没有基督，这些部分是难懂的、隐藏的，但是，有了基督，它们便被开启。……（保罗）没有说："律法或《旧约》已被废去。"因此，凭借主的恩典，被遮盖的没有因无用而被废弃；相反，掩盖有用真理的遮盖物已被除去。……隐秘的真理通过象征说明，象征要通过解释让人明白。

按照这种思路分析，奥古斯丁能强调《旧约》与《新约》的统一性。尽管表达方式可能不同，但是，它们都见证同一个信仰（约翰·加尔文也这样认为）。奥古斯丁用一句话说明这种观念，他的话对解释《圣经》非常重要，特别是在《旧约》与《新约》的关系方面："《新约》隐于《旧约》；《旧约》显于《新约》"——《新约》让《旧约》更易于理解。

在中世纪早期，区分《圣经》的**字面意义**或**历史意义**与更深一层的**灵性意义**或**寓意**逐渐被教会接受。在中世纪，解释《圣经》的标准方法通常被称为"四重解经"（Quadriga）或"《圣经》的四重含义"。Quadriga 是拉丁文，原意是四匹马拉的双轮战车；在基督教的用法中，Quadriga 的意思是，经文的四层意义指导《圣经》的读者。这种方法源于区分字面意义与属灵意义。《圣经》有四重不同的意义。除了字面意义，还可以解出三种非字面的意义：寓意——说明基督徒应当相信什么；道德意义——说明基督徒应当做什么；神秘意义——说明基督徒应当盼望什么。因此，《圣经》的四种意义是：

1. **字面意义**，按照文字的表面意义理解经文。
2. **寓意**，为陈述教义而解释难解的经文。
3. **借喻或道德意义**，为指导基督徒的行为而解释经文。
4. **神秘意义**，为了说明基督教盼望的基础而解释经文，指明上帝的应许未来将在新耶路撒冷实现。

12 世纪的明谷的伯尔纳对《雅歌》的解释能很好地说明寓意解经。他用寓意解经法解释这节经文："以香柏树为房屋的栋梁，以松树为椽子"（雅歌 1：17），他的解释让我们看到，教义或灵性的意义如何被"读进"当时这节无人关注的经文。

> 我们要理解，"房屋"即基督徒大众，他们由有权力、有尊荣的人结合在一起，就是教会和国家的治理者，他们好像"栋梁"。他们以明智且坚定的法律将众人联结；否则，如果各人随己意而行，墙壁便会弯曲，坍塌，整栋房屋将变为废墟。而"椽子"牢固地依附于栋梁，让房屋呈现庄严，我们要理解，这是指经过训练的圣职人员庄重、有秩序地生活，以及教会仪式正确的施行。

然而，这样解释《圣经》是否会导致随意解经？是否会导致解经者随意将自己的意思强加给经文？这种潜在的难题可以避免，只要坚持这一点：除非先以字面意义为基础，否则不必相信根据经文非字面意义对经文做出的任何解释。坚持先考虑经文的字面意义，可以被视为含蓄地批判奥利金的寓意解经法，因为他几乎让解经者将任何他们所喜欢的"灵性"解释读进经文。1515 年，马丁·路德提出这一原则："任何寓意、借喻意义或神秘意义都不正确，除非其他经文的字面意义明确说明同样的真理。否则，《圣经》会沦为笑柄。"

在大学的经院神学系中，"四重解经"是圣经学术研究的重要组成部分。但是，在16 世纪最初 20 年，"四重解经"不是解释《圣经》的惟一方法。马丁·路德是惟一有效运用这种经院学术解经法的新教改教家，在早年的圣经讲座中，如讲授《诗篇》时，他便使用"四重解经"。在宗教改革初期的改教家和人文主义者中，鹿特丹的伊拉斯谟对圣经研究的影响是最大的，我们现在就来探讨。

在《基督徒精兵手册》（*Handbook of the Christian Soldier*，1503；参 36 页）中，伊拉斯谟大量区分了"字句"与"灵意"——即《圣经》表面的字句与字句内在的真正意义。尤其是在《旧约》中，经文的字句就像外壳，包含着——却不完全是——核心意义。经文的表面意义通常掩盖着更深一层的隐秘意义，揭示这层深义是有智慧且肩负责任的解经家要做的工作。伊拉斯谟认为，解释《圣经》主要是找出《圣经》潜在的意义，而不是它的字面意义。在这一点上，伊拉斯谟与前面讲过的亚历山大学派非常相似。

然而，伊拉斯谟在后来的著作中强调，用最好的历史方法确定正确的经文、确保尽可能结合经文解释《圣经》非常重要。或许当伊拉斯谟于1516年出版第一部印刷版希腊文《新约》时，他意识到正确地确定《新约》最好的经文、提供一部可靠的译本非常重要。

新教改教家胡尔德里希·茨温利同伊拉斯谟遥相呼应，他们的看法很相似。茨温利认为，《圣经》的解释者必须找到"《圣经》的自然意义"——这不一定是《圣经》的字面意义。茨温利的人文主义背景让他分辨出经文的各种修辞法。《圣经》对最后晚餐的记载是非常好的例子，拿撒勒人耶稣在擘饼时说："这是我的身体"（马太福音26：26）。这句话的字面意义是"这块饼是我的身体"，但是，自然意义却是"这块饼象征我的身体"。对于茨温利来说，这是对这节经文的正确解释。

茨温利对《圣经》更深一层意义（同表面意义不同）的探索，可以用亚伯拉罕和以撒的故事（创世记22章）说明。故事的历史细节很容易被认为就是故事的真正意义。事实上，茨温利认为，只有将这个故事视为预言基督，才能理解它的真正意义，即亚伯拉罕代表上帝，以撒是基督的象征（更专业地说是预表）。

到了现代，圣经解释学更复杂，反映出学术界越来越接受新的理性解经法，以启蒙运动的假设为它的基础。由于篇幅有限，本书无法详细阐释这些进展。但是，概述圣经解释近250年的大致趋势会大有裨益。在启蒙运动的影响之下，学术界主要出现四种解经法。

1. **理性解经法**，出现在赖马鲁斯（1694—1768年）的著作中。理性解经法认为，《旧约》和《新约》的基础都是一系列超自然的虚构故事。在彻底的逻辑批判之后，赖马鲁斯认为，不能重视《圣经》的超自然成分。因此，必须通过理性的路线解释《圣经》，将其解释为陈述（尽管方式混乱不清）理性宗教的普遍真理。随着近年来越来越不相信理性的普遍性和神学能力，理性解经法的吸引力急剧下降。

2. **历史解经法**，认为《圣经》记载基督教的起源。鲍尔（F. C. Baur，1792—1860年）可能是这种传统早期最著名的代表。他认为，不能再这样解释基督教信仰的起源："上帝的独生子从三一上帝永恒的宝座上降世，在童贞女的子宫中成孕为人。"相反，鲍尔认为，可以从理性和非超自然的角度解释基督教的起源。他相信，黑格尔哲学握有解释基督教起源的钥匙，他直接采用黑格尔的历史哲学，取代对基督教信仰起源的传统解释，根据黑格尔的历史哲学解释《新约》。随着黑格尔哲学的衰落，鲍尔的影响力也随之减弱。

3. **社会学解经法**。到了19世纪90年代，许多自由派基督徒已经对基督教的教义或神学失去兴趣，而是开始更广泛探讨一般性"宗教"——这种趋势巩固了西方许多大学"宗教研究院"的发展。但是，宗教是一种社会现象：宗教不只是宗教"思想"，也属于"社会史"的范畴。因此，社会学解经法应运而生，认为基督教是普遍现象——宗教——的一个特例。詹姆斯·弗雷泽爵士（Sir James Frazer）的《金枝》（*The Golden Bough*，1890—1915年）是社会学解经法的一个例子，他以前所未有的程度将比较人类学（研究人及其传统）应用于《圣经》。

4. **文学解经法**，想要公平对待《圣经》独特的文学形式。近年来极具影响力的一种是叙事神学，在本章前面已经讨论过。

其他解经法也值得特别关注，包括拉丁美洲解放神学对现实的独特解释。解放神学强调，穷人在读《圣经》时团结在一起。因此，莱昂纳多·波夫（1938— ）认为，读者与经文之间有了"释经媒介"（hermeneutic mediation）：穷人发现自己能与《圣经》建立联系，因为经文描述的情境与生活中的亲身经历产生共鸣。正如波夫所说："解放神学完全背负着穷人的问题、痛苦和盼望这些重担来解读《圣经》，在上帝的话中寻找亮光和灵感。"

因此，解放神学认为，圣经解释者的工作不是理论性的，而是注重实践——促成解放。波夫说："解放的释经学试图发现、激活《圣经》的经文改造性的能量。"基督教不是纯理论的观念或个人化的敬虔，而是实现解放，这让人从实现政治与社会解放的角度来解释《圣经》。

圣经的默示论

《圣经》在基督教神学中的特殊地位是因为它源自上帝，尽管这种观念可能被阐释得非常模糊，但是，在《新约》和后来反思《新约》的著作中，都可以看到这种观念。在所有对《圣经》受默示的方式和默示的意义的讨论中，《提摩太后书》3章16至17节是非常重要的：《圣经》是上帝"所默示的"（theopneustos）——上帝"所呼出的"（God-breathed）。在初期基督教思想中，这种观念非常普遍，没有人提出异议。说希腊语的犹太哲学家亚历山大的斐洛认为，《圣经》完全是上帝默示的，上帝使用《圣经》作者，把他们当作被动的工具，来传达上帝的旨意。

宗教改革时期，这个问题成为可能引发争辩的问题，尤其是因为约翰·加尔文的著作。加尔文想捍卫《圣经》的权威，驳斥两种基督徒。一方面是教会内更倾向天主教的神学家，认为《圣经》的权威在于教会承认它的权威，另一方面是较为极端的福音派神学家，如再洗礼派，相信每一个人都能直接从上帝那里得到某种启示，所以有权忽视《圣经》。加尔文宣称，圣灵通过《圣经》做工（不会像极端派所认为的那样绕过它），圣灵通过默示直接将权威赋予《圣经》，因此，《圣经》的权威根本不需要外在的支持（如教会的支持）。

这一点非常重要，因为它说明，改教家认为，默示的问题与经文的历史绝对可靠性或实际无误性无关。加尔文的迁就教义指出，上帝启示自己的方式根据接受启示的信仰团契的能力而定。以《创世记》第1章为例，加尔文提出，一系列观念——如"创造的日子"——只是迁就的说法，是上帝的一种"儿语"。"圣经绝无谬误"或"圣经绝对正确"的观念在新教中的发展可以追溯到 19 世纪中叶的美国。

总的来说,基督教一致认可《圣经》的默示和权威,这在新教和天主教许多重要的信仰声明中都可以看出。例如,1994 年出版的最权威的《天主教教义问答》清楚地将《圣经》的权威建立在上帝默示的基础之上。

> 上帝是《圣经》的作者。上帝所启示的事,就是《圣经》所记载与陈述的,是在圣灵的默示之下写成的。神圣母会(Holy Mother Church)依据使徒时代的信仰,接受《旧约》与《新约》的各卷书为神圣的正典,包括其全部和各个部分;理由是:它们既是在圣灵的默示下写成,上帝便是它们的作者,将它们转交给教会。上帝通过默示,使人成为作者,写成《圣经》。

随着启蒙运动的开始,《圣经》具有特殊地位的观念遭到质疑,主要因为当时理性主义的假设,以及对《圣经》批判研究的兴趣越来越浓。启蒙运动时期发展出的对默示问题的许多看法应当受到重视。

1. 约翰·戈特弗里德·赫尔德(Johann Gottfried Herder,1744—1803 年)反映出世俗主义和浪漫主义的主要观念,认为应当从艺术或美学的角度解释默示。在《希伯来诗歌精神》(Spirit of Hebrew Poetry,1782—1783 年)中,赫尔德提出,艺术作品是圣经默示最恰当的模式。就像可能说一部伟大的小说、一首动人的诗歌或一幅优秀的画作是"受感而作"(被上帝所默示),我们同样可以说《圣经》也是如此。因此,默示被视为人的成就,而不是上帝的恩赐。

> 我们必须用人的方法阅读《圣经》,因为它是人写给人的书:语言是人的语言,撰写、保存它的方法是人的方法,我们能用来理解其意义的意义是人的意义,它被用于的所有目的都是人的目的。

赫尔德认为,越是用人的这些方法阅读"上帝的话"(《圣经》),人这个读者便越能明白上帝的意图——上帝就是《圣经》的作者,他创造的人有上帝的形象。赫尔德认为,宗教经验是通过诗歌、音乐和艺术表达的,这令他强调《圣经》是诗歌,而不是上帝的启示。事实上,赫尔德将诗歌神圣化,这让他将《圣经》的诗歌特点视为一种保障,确保《圣经》具有神圣和默示的地位。

2. 老普林斯顿学派(Old Princeton School),代表人物包括查尔斯·霍奇(Charles Hodge,1797—1878 年)和本杰明·沃菲尔德(Benjamin B. Warfield,1851—1921 年),他们有意识地反对赫尔德倡导的自然主义方法,因此,他们提出的默示论有强烈的超自然色彩。"默示是……圣灵对我们《圣经》作者……非凡的超自然影响力,使他们的话也变成上帝的话,所以是完全无误的。"沃菲尔德谨慎地强调,默示没有废除《圣经》作者的人性和个性,但是,他坚持认为,他们的人性"完全被支配,以致他们的话同时成为上帝的话,所以在任何情况下都是同样绝对无误的"。

3. 其他神学家认为,默示也可以被视为上帝指导《圣经》的读者,让读者在经文中认出上帝的话。如前所述,沃菲尔德将《圣经》的默示赋予经文本身,所以意味着《圣经》在**客观**上是上帝的话,对《圣经》的所有读者都是如此。有些神学家提倡在**主观**上理解默示,读者对《圣经》的理解——而不是《圣经》本身——被视为"默示的"。奥古斯特·史特朗(Augustus H. Strong,1836—1921年)强调,《圣经》的权威不能只被赋予《圣经》的文字,仿佛经文本身就有权威,可以不理会每一个信徒或信仰团契如何接受。因此,默示必须被承认有客观和主观两个方面。

《圣经》是基督教神学的来源之一,在探讨过与《圣经》相关的一些问题之后,我们再来阐释传统的作用。

6.2 传统

"传统"(tradition)源自拉丁文 traditio,意为"移交""传下来"或"传递下去"。《新约》便有这种观念。例如,保罗告诉自己的读者,他正在传给他们的基督教信仰的核心教导,是他自己从其他人那里领受的(哥林多前书 15:1—4)。"传统"既可以指向他人传授教导的行为——保罗坚持必须在教会内传授,也能指通过这种方式传递下来的一套教导。因此,传统既可以被理解为传递教导的过程,也可以被理解为**一套教导**。

教牧书信(《新约》里靠后的三封书信,特别关注教会结构和传递基督教教导的问题,即《提摩太前书》《提摩太后书》和《提多书》)特别强调"守着从前所交托你的善道"的重要性(提摩太后书 1:14)。《新约》也使用"传统"的负面意义,意为"不是由上帝授权的人的思想和习俗"。因此,拿撒勒人耶稣公开批评犹太教中人的某些传统(参马太福音 15:1—6;马可福音 7:13),耶稣认为,人的传统破坏了正确的敬虔。

公元 2 世纪的诺斯替争辩特别强调传统的重要性。诺斯替派不断批判爱任纽误解了《圣经》,面对他们的批判,爱任纽(约 130—约 200 年)认为,他们只是根据自己的喜好解释《圣经》。被传递下来的不只是《圣经》,还有某种解释、阅读《圣经》的方法。

> 任何希望认识真理的人,都应当考虑使徒的传统,即流传在全世界每一个教会中的传统。我们能列数教会中由使徒任命的主教和他们的继任者,直到今天;他们所教导的、所知道的,根本不是这些异端所想象的。

爱任纽的要点是，基督教的教导、生活和解释这条延绵不断的长河能从他自己的时代追溯到使徒时代。教会不仅能说出持守教会教导的人，也能拿出某些声明基督教信仰主要思路的公开的标准信经。爱任纽认为，这与诺斯替派秘密、神秘的教导截然不同，他们的教导不能接受公开的检验，也不能追溯到使徒本人。因此，传统保证忠于使徒的原始教导，预防诺斯替派的创新和对《圣经》经文的错误解释。

这种看法被乐林斯的文森特（Vincent of Lérins，死于约445年）于公元5世纪初进一步阐发，他担心某些不合理的教义创新。奥古斯丁的预定论特别令他不安，他认为，那是愚蠢草率的即兴之论。需要评判这类教义的公开标准。那么，教会能用什么标准预防这种错误呢？对于文森特来说，答案非常清楚——传统：

> 由于形形色色的许多错误，需要有人按照大公教会的标准制订解释先知和使徒的原则。现在，在大公教会中，我们十分注意持守在所有时代、在每一个地方、被每一个人相信（quod ubique, quod semper, quod ab omnibus creditum est）的信仰。这才是真正的、正确的大公信仰。这是显而易见的，因为词语和理性有力量理解普世的一切。如果我们承认，这独一的信仰是真理，是全世界所有教会都承认的，我们便是遵循"普世性"。如果我们绝不偏离更伟大的圣徒和我们的教父所清楚明白的，我们便是肯定"古旧性"。如果我们在此古旧性中追随主教和大师的所有（或近乎所有）阐释，我们便是遵循"一致性"。

这个三重标准——普世性、古旧性和一致性——被称为"文森特标准"（Vincentian canon），在近年来普世教会合一的讨论中非常重要。

然而，对传统的这种看法在某些方面易于受到批判。例如，它似乎暗示，"传统"是完全静态的观念：现在一定要重复过去。在19世纪，这种看法受到一些天主教神学家的关注。约翰·亚当·莫勒（1796—1838年）的看法特别值得关注。他是天主教图宾根学派的创建者，他于1832年出版的《象征论》（*Symbolism*）有广泛的读者，在该书中，他将传统理解为教会中活的声音，传统能防止基督教会错误地解释《圣经》。

> 传统是活的道，永存于信徒心中。《圣经》便是以这种一般意义解释的。不论就任何争议性主题，传统的宣告便是教会的判断；因此，教会是信仰问题的判官。从客观上讲，传统教会历代以来的普遍信仰，通过外在的历史见证彰显出来；就这种意义而言，传统通常被视为规范，解释《圣经》的标准——信仰的准绳。

莫勒显然把传统理解为有主观和客观两个方面。客观的一面大致相当于文森特观念中的教义一致性——即"传统教会历代以来的普遍信仰，通过外在的历史见证彰显出来"。但是，主观的一面防止教会僵化。因此，传统是活的、动态的。

这个问题仍然十分重要。在20世纪，天主教和东正教协力区分"传统"与"传统主义"。传统主义被理解为盲目呆板地坚持过去的教义和道德，而传统被理解为教会鲜活地忠于自己所说明的信仰。这种看法可以在1994年的《天主教教义问答》中看出，它指出《圣经》与传统的紧密联系。

> 按照主的命令，福音通过两种方式传递下来：
>
> **口传**：通过使徒的传递，通过他们讲道中的话，通过他们立下的榜样，通过他们建立的制度，就是他们自己已经领受的——或是从基督口中，从他的生活方式和工作，或是从圣灵的感动而来。
>
> **笔录**：通过使徒和与使徒有关的人，在同一位圣灵的默示下，他们把拯救的信息写出来。
>
> 为了让全备而活的福音能在教会中永远保存，使徒立了主教做继任者。他们把自己的教导权威交给他们。事实上，使徒的教导在以特殊方式受默示的书中表达出来，应当通过不间断的传承保存，直到末世。这种活的传承在圣灵中完成，被称为传统，所以不同于《圣经》，尽管与之联系紧密。通过传统，教会在她的教义、生活和崇拜中永存，把她的所有本质和信仰代代相传。……父的自我传达通过他在圣灵中的话进行，就仍与教会同在，仍活跃在教会中。

注意，这里强调教会的作用为活的有机体，把基于《圣经》的信仰内容代代相传。"传统"被理解为活地、积极地传递基督教信仰，而不是独立于《圣经》、启示的静态来源。

约翰·迈恩多夫（1926—1996年）等重要的东正教神学家的著作也有类似观点。在颇具影响力的著作《活的传统》（*Living Tradition*，1976）中，迈恩多夫强调不应当将传统理解为所积累的一套命题式真理，只是简单地重复过去的见解：

> 真的传统永远是活的传统。即使改变，它仍永远不变。它之所以改变，是因为面对不同的处境，而非本质内容已被更改。这个内容不是抽象的命题；它就是活的基督，他说："我就是真理。"

因此，"传统"显然不只是意为所传递下来的东西，也是积极的反思过程，神学与灵性的见解受到重视，被评估，被代代相传。在基督教神学中，对传统的看法大致有三种，以下部分将分别探讨。

传统的单一来源论

为了应对初期教会的各种争辩，尤其是诺斯替主义的威胁，理解某些经文的"传统"方法发展起来。里昂的爱任纽等公元 2 世纪的教父开始阐发权威解经法的观念，爱任纽认为，这种权威的方法可以追溯到使徒时代。不能任意或用利己的方法解释《圣经》，必须根据基督教会的历史传统解释《圣经》。解释《圣经》的标准在历史上已被确定与"给出"。"传统"在这里的意思只是"在信仰团契中解释《圣经》的传统方法"。这便是神学的**单一来源论**：神学的基础是《圣经》，"传统"指"解释《圣经》的传统方法"。

主流宗教改革接受这种看法，坚持认为只要被证明符合《圣经》，便可以保留对《圣经》的传统解释——如三位一体教义或婴儿洗礼的习俗。根据这种结论，提出官化改教家倡导个人判断高于教会的集体判断或他们堕落成某种个人主义显然是不正确的。但是，激进的宗教改革却的确如此（参下文）。

传统的双重来源论

在 14 和 15 世纪，一种与上述传统论稍有不同的传统观发展起来。"传统"被理解为**《圣经》之外**另一个独立、独特的启示来源。这种传统论认为，《圣经》没有明确说明许多要义，但是，上帝赐下恩典，另外安排弥补这个缺陷的启示来源：一连串可以追溯到使徒的未成文传统。这种传统在教会世代相传。这便是神学的**双重来源论**：神学的基础是两种完全不同的来源——《圣经》和不成文的传统。

因此，根据这种双重来源论，《圣经》中没有依据的信仰可以依据不成文的传统。特伦托会议强烈为这种看法辩护，认为它能说明、捍卫天主教的立场，应对宗教改革的威胁。特伦托会议规定，《圣经》不可被视为启示的惟一来源。因此，此次会议认为，《圣经》和传统都应当被视为受同一个圣灵默示，由同一个大公教会保护与传承：

> 这个真理和准则包含在成文的经卷与不成文的传统中，而传统是基督亲口授予使徒的，或出自使徒本人，在圣灵的指示下被传给我们，就像是手手相传；效法正统教父的榜样，（教会）怀着同样敬虔与敬畏的感情领受、尊敬《旧约》和《新约》的所有书卷——视独一的上帝为它们的作者——口传传统也是如此，无论涉及信仰，还是关于道德，或是由基督亲口传授，或是来自圣灵的指示，都通过一脉相承的传承被保存在大公教会中。

然而，第二次梵蒂冈会议（1962—1965 年）似乎越来越远离这种看法，至少在某种程度上赞同前面讨论过的传统伦：将"传统"理解为"对《圣经》的传统解释"。

刚刚讨论的两种看法都肯定传统的价值。第三种看法其实否定传统，在宗教改革的激进派（通常所说的"再洗礼派"）中颇具影响力，后来由支持启蒙运动的思想家进一步发展。

彻底否定传统

对于 16 世纪某些激进的神学家，如托马斯·闵采尔（Thomas Münzer，1488—1525 年）和卡斯帕·施文克菲尔德（Caspar Schwenkfeld，1490—1561 年），每一个人都有权在圣灵的引导下随意解释《圣经》。在激进的塞巴斯蒂安·弗兰克（Sebastian Franck）看来，《圣经》"是一部被七印严封的书，没有人能打开，除非他有大卫的钥匙，就是圣灵的光照"。这便为个人主义开辟了道路，即个人自己的判断高于教会的集体判断。因此，激进派否定（官化宗教改革仍在施行的）婴儿洗礼，认为这种习俗不符合《圣经》。（《新约》根本没有明确提到这种做法。）

同样，三位一体和基督的神性等教义也被否定，都被视为没有《圣经》的根据。激进派根本不认可传统。塞巴斯蒂安·弗兰克于 1530 年写道："愚蠢的安布罗斯、奥古斯丁、哲罗姆、格列高利都不认识主，所以帮助我，上帝，他们也不是上帝派来的教师。相反，他们都是敌基督的使徒。"

这种看法在启蒙运动时期进一步发展，启蒙运动急于挣脱传统的桎梏。政治摆脱过去的压迫（法国大革命的关键主题），意味着彻底抛弃过去的政治、社会和宗教思想。启蒙运动的思想家非常重视人的理性，一个原因是理性让他们不必再从传统中寻找思想；任何值得知道的思想仅凭理性便可获得。

因此，尊重传统被视为臣服于过去的权威，自捆手脚，受制于过时的社会、政治和宗教体制。"现代思想在权威的危机中诞生，在摆脱权威中形成，从一开始便渴望不受任何传统的影响。"（杰弗里·斯托特）又如科学哲学家迈克尔·波拉尼（Michael Polanyi，1891—1976 年）所说：

> 我们被警告说，从孩童时代起，我们便被灌输许多未经证实的信念。宗教的教条、古人的权威、学校的教导、幼儿园的格言共同构成一套传统；我们倾向于接受传统，仅仅因为曾有人持守这些信念，他们想要我们同样信奉它们。

因此，启蒙运动代表对传统的彻底否定。理性根本不需要过去的声音辅助。启蒙运动的影响力近几十年日渐衰落，这是促进传统在基督教神学中再次受到关注和重视的重要因素。

神学与崇拜：礼仪传统的重要性

基督教传统最重要的部分之一，是固定的崇拜形式，通常被称为崇拜仪式。近年来，一个事实被重新发现：基督教神学家祷告和崇拜，这种灵修影响到他们的神学思考。自公元1世纪的基督教会开始，这一点就深受重视。有一句拉丁文名言的大意是"你祷告的方式决定你的信仰"（lex orandi, lex credendi），它说明一个事实，即神学与崇拜相互影响。基督徒的信仰影响到他们祷告与崇拜的方式；基督徒祷告与崇拜的方式影响到他们的信仰。

初期教会的两场争辩，即诺斯替争辩和阿里乌争辩很好地说明了这一点的重要性。诺斯替派相信"物质"与"精神"的极端二元论，认为物质天生是恶的。在驳斥这种看法时，爱任纽指出一个事实，即饼、酒和水都用在基督教圣礼中。如果在基督教崇拜中被赋予非常重要的地位，这些物质怎么可能是恶的？

阿里乌（约250—约336年）认为，基督是上帝所造的万物之首。反对他的人——如阿塔纳修（约293—373年）——反驳道：这种基督论完全不符合基督教的崇拜方式。阿塔纳修强调，向基督祷告和崇拜基督的习俗具有非常重要的神学意义。如果阿里乌是正确的，基督徒便犯下偶像崇拜的罪，因为他们崇拜受造物，而不是上帝。阿里乌认为，神学应该批判崇拜礼仪，而阿塔纳修相信，神学家必须考虑到崇拜的模式和习俗。

近年来，崇拜礼仪与神学的关系再次受到关注。循道宗神学家杰弗里·温赖特（Geoffrey Wainwright，1939— ）在《颂荣》（*Doxology*，1980）中指出，基督教崇拜从一开始便包含神学主题。教会的崇拜礼仪不完全是感性的，还包括理性的成分。结果，以上所讲的神学与崇拜的密切关系完全是自然的，因为崇拜和神学思考有机地联系在一起。

在《论仪式神学》（*On Liturgical Theology*，1984）中，天主教神学家艾丹·卡瓦纳（Aidan Kavanagh）认为，崇拜不仅是基督教神学的主要来源，也是促进基督教神学的重要源泉。卡瓦纳明确区分主要神学（崇拜）与次要神学（神学思考）。这说明崇拜在神学之上。但是，如果崇拜仪式的发展变了质，结果会怎样呢？神学有限制或批判崇拜仪式的作用吗？"如何祷告"和"如何相信"的相对权威，仍是需要进一步探讨的问题，也可能成为未来一段时间争辩的主题。

6.3 理　性

要思考的第三个重要来源是人的理性。虽然理性对基督教神学的重要性一向被承认，但是，到了启蒙运动时期，理性才变得格外重要。我们先来探讨基督教传统中对理性重视度的变化。

理性与启示：三种模式

既然人是有理性的受造物，便可以期望理性应当在神学中发挥重要作用。但是，在基督教神学中，关于理性应当起到什么作用始终争论不休。教父对世俗文化的态度是不同的，包括哲学，在讨论教父这种态度的发展时，我们已经指出当时发展起来的各种看法，包括不加批判地接受柏拉图哲学（如殉道士查斯丁），极力否定哲学在神学中的一切作用（如德尔图良），愿意至少采用世俗哲学的一些观念（如奥古斯丁）。概述教父时期以来的各种看法会非常有帮助，可以看出三种普遍看法。

神学为理性学科 这种看法的基础是，假设基督教信仰基本是合理的，所以能被理性支持，也可以用理性探讨。托马斯·阿奎那（约 1225—1274 年）等神学家持这种看法。阿奎那的"五法"可以说明他的信念，即理性能支持信仰的观念。

然而，阿奎那和他所代表的基督教传统不相信基督教只局限于理性所能确定的部分。信仰超越理性，能获得启示的真理和见解，是单靠理性无望参透或发现的。理性的作用是在通过启示所认识的真理上建造，探讨它可能的意义。从这种意义上讲，神学是科学——即理性学科，使用理性方法拓展由启示而来的真理。我们已经讲过，埃特纳·吉尔松将基督教比作建立在人类理性基础之上的大教堂，但是，它的上层建筑是纯粹理性难以企及的。基督教以理性为基础，但是，立于其上的建筑远远超越理性所能理解的范畴。因此，哲学是"神学的婢女"（ancilla theologiae，参后文页更详细的讨论）。

神学为理性见解的翻版 到了 17 世纪中叶，一种新的看法发展起来，尤其是在英国和德国。这种看法认为，基督教是符合理性的。阿奎那认为，这是指信仰牢固地栖息在理性的基础之上，但是，这种新的思想流派却有不同看法。他们认为，如果信仰符合理性，它的全部内容必须能通过理性推论得出。信仰的方方面面、基督教的每一种信仰，都必须被证明出自人的理性。

切尔伯里的赫伯特勋爵（Lord Herbert of Cherbury，1583—1648 年）的著作可以很好地说明这种看法，尤其是《论宗教真理》（On the Truth of Religion，1624），认为理性的基督教建基于对上帝与生俱来的意识和人的道德责任。这产生两个重要结果。第一，基督教其实被简化为能用理性证明的观念。如果基督教符合理性，那么，基督教体系不能被理性证明的部分便不能算是"理性的"，它们必须被抛弃。第二，理性被理解为比启示更重要：理性在先，启示在后。

因此，理性被认为不需要启示的任何帮助便能建立正确的体系。基督教必须遵循理性：符合理性的都能接受，自描自画的不必理会。那么，既然理性能告诉我们自己可能希望知道的关于上帝、世界和我们自己的一切，又何必在意启示呢？这种对人类理性的全能有绝对信心的看法，是理性主义者蔑视基督教启示教义的基础；他们轻视在耶稣基督里和通过《圣经》而来的启示。

神学是多余的；理性至高无上 最终，这种潜在的理性主义看法被推导出它的逻辑结论。这种看法认为，基督教一系列重要的信仰其实不符合理性。理性有权评判宗教，因为它高于宗教。这种看法通常被称为"启蒙运动的理性主义"，它非常重要，还会更详细地探讨。我们先来概述英国的一场运动，它为宗教的这种理性主义奠定了基础；它便是自然神论（Deism）。

自然神论

"自然神论"（Deism，源自拉丁文 deus，意为"神"）通常被广义地用来指这样一种上帝论：认可上帝创造者的身份，却否定上帝继续参与受造物的活动，或上帝特别与受造物同在。自然神论通常与"有神论"（Theism，源自希腊文 theos，意为"神"）截然不同，有神论容许神仍参与世界的活动。

就更具体的意义而言，自然神论用来指 17 世纪末和 18 世纪初处于"理性时代"的一批英国思想家的观念。在《主要的自然神论作家》（*Principal Deistic Writers*，1757）中，英国神学家约翰·利兰（John Leland，1691—1766 年）把许多思想家归于一类——包括切尔伯里的赫伯特勋爵、托马斯·霍布斯（Thomas Hobbes，1588—1679 年）和大卫·休谟（David Hume，1711—1776 年），利兰将他们笼统地称为"自然神论者"。如果仔细研究他们的宗教观，便会发现除了普遍怀疑基督教观念之外，他们几乎没有任何共同之处。但是，利兰将这些思想家归于一类的影响力其实极大，以致"自然神论"已牢固成为一派独特的观念，尽管这样显然有些困难。

约翰·洛克的《人类理解论》（*Essay Concerning Human Understanding*，1690）提出的一种上帝观成为后期自然神论的标志。洛克认为，"理性引导我们认识这种确定、明显的真理：有一位**永恒、大有能力、大有知识的存在者**。"人类理性认为，这位存在者的属性适合上帝的属性。在思考过适合上帝的道德与理性属性之后，洛克认为，"我们用我们自己的无限这个观念将其中每一个属性都扩大到无限，就这样将它们整合在一起，做成我们合成的**上帝观**。"换句话说，上帝观是这样构成的：人的理性与道德属性被映射到无限。

马修·廷德尔的《基督教与创世同龄》（*Christianity as Old as Creation*，1730）的一个宣言非常著名，即基督教只是"自然宗教的翻版"。上帝被理解为延伸人这些公认的观念：公义、理性和智慧。这种普世宗教在各个时代和各个地方都可以看到，而传统基督教基于上帝启示的观念，是活在基督之前的人无法得知的。社会学这门现代学科所获得的知识，令人怀疑"普世理性"的观念，但是，廷德尔的看法却在此之前大行其道，成为标志自然神论很好的理性主义模式，后来在启蒙运动中极具影响力。

英国自然神论的观念被传遍欧洲大陆（尤其是德国），一方面通过翻译，一方面通过熟悉、赞同自然神论的思想家的著作，如伏尔泰的《哲学书简》（*Philosophical Letters*，1733）。启蒙运动的理性主义通常被视为英国自然神论这个花蕾最终绽放的花朵，我们现在就来探讨。

启蒙运动的理性主义

启蒙运动理性主义的基本假定是，人的理性完全有能力告诉我们自己需要知道的一切——关于世界、我们自己和上帝（如果真有一位上帝）。有一幅图画是对理性的这种巨大信心最生动细致的描绘之一，即18世纪的理性主义哲学家克里斯蒂安·沃尔夫（Christian Wolff）一部著作的卷首插画；这部著作的名字野心勃勃：《关于上帝、世界、人的灵魂和一切事物的理性思想》（*Reasonable Thoughts about God, the World, the Human Soul, and just about Everything else*，1720）。这幅版画描绘的世界被黑暗和阴影笼罩，代表古老的迷信、传统和信仰。但是，在版画的另一个部分，太阳冲破黑暗，照亮山麓幽谷，让此前一定是相当忧郁的一群农民露出笑脸。版画的信息非常清楚：理性带来光明，驱散基督教信仰的浓雾和黑暗，带来人类理性的荣耀光芒。即使真有上帝的启示，也没有多大意义。前面概述启蒙运动对基督教神学的普遍影响时，我们已经较为详细地阐释过这种看法的后果。

在此，我们需要强调"理性"与"理性主义"的差异，以免有些读者将它们混为一谈。**理性**是人类思考的基本能力，以论点和论据为基础。它在神学上是中立的，对信仰不构成任何威胁——除非它被视为认识上帝的惟一资源。后来的**理性主义**将理性视为认识上帝的惟一来源，它完全倚靠理性，认为上帝的启示根本不重要。

可以说，启蒙运动的理性主义基于一个信念，即理性无需任何帮助便能给出人需要知道的一切。根本不需要聆听其他声音，只需先请教理性。按此定义，基督徒不能同时说某事既是独特的，又是正确的。如果是独特的，它便偏离理性之路，所以一定是错误的。简单来说，不同的就是错误的。

关于理性主义对基督教的这种批判，基督论（耶稣怎能同为上帝与人？）和三位一体教义（一位上帝怎能同时有三个位格而在逻辑上不明显自相矛盾？）都是很好的例子。美国早期的一位总统托马斯·杰斐逊（Thomas Jefferson，1743—1826年）深受法国18世纪理性主义的影响，他在理性上大肆嘲讽这种教义。他认为，耶稣只是十分普通的理性教师，所教导的福音非常简单合理，关于特别简单合理的上帝观。但是，基督教决定把一切都变得比原来更复杂。

这事的直接后果便是新约研究中一场被称为"探寻历史的耶稣"的运动。这场探寻始于18世纪末，基础是一种信念，即《新约》对耶稣的记载完全是错误的。真实的耶稣——

"历史的耶稣"——是加利利的普通教师，基于理性教导完全合理的观念。《新约》将他描述成有罪人类的复活救主，这简直是大错特错。

因此，理性被认为能评判基督。在名著《纯粹理性限度内的宗教》（*Religion within the Limits of Reason Alone*，1793）中，伊曼纽尔·康德（1724—1804年）极力主张理性和良知比耶稣基督的权威更重要。如果耶稣赞同理性所说的，他便应当受到尊重；如果他违背或超越理性，就必须将他否定。在著名的短论《良善的权威》（*The Sovereignty of the Good*）中，艾莉丝·默多克（Iris Murdoch，1909—1999年）评论了这种看法：

> 康德的《道德形而上学基础》（*Groundwork of the Metaphysics of Morals*）将那个人描述得太美了，我们对他是多么认识，多么熟悉，他甚至与基督对抗，去思考自己良知的判断，去聆听自己理性的声音。康德准备让他稍有形而上的背景，如果除去这些，他仍和我们一起：自由、独立、孤独、有力、理性、负责、勇敢。他是许多小说和道德哲学著作的英雄。

因此，启蒙运动的理性主义拥护独立的人类理性的权威，认为人类理性不需要"启示"观的帮助便能建立了解宗教所必需的一切。此外，理性有能力评判宗教真理，如基督教，除去基督教许多"不合理"的观念。尽管理性主义于18世纪末和19世纪极具影响力，但是，它现在受到怀疑。以下便来探讨其原因。

批判启蒙运动的理性主义

随后一系列进展摧毁了启蒙运动看法的可信性，我们在此只指出几个。可以说，这种看法的基础是这种观念："立即得到"（immediate given），无论是依靠理性，还是凭借经验。知识建立在一个基础之上，可以是不证自明的真理，凭借人的理性能直接获得，也可以是直接的经验，直接源自与外界的接触。但是，这些基础似乎都不存在。

人的理性可以建基于不证自明的第一原理，再按照逻辑梳理这些原理，从而推论出一套完整的体系。18世纪末之后，这种观念受到重创。大多数赞同启蒙运动观念的思想家都诉诸欧几里德几何学的五个原则。根据这五个原则，欧几里德能建立完整的几何体系，它似乎是范例，说明单以理性为基础的普遍的、必然的真理体系。巴鲁赫·斯宾诺沙（Baruch Spinoza，1632—1677年）等哲学家认为，同样的方法可以用于哲学。像欧几里德建立几何学体系那样，可以在安全、普遍的理性基础之上构建一座安全的哲学与伦理学大厦。19世纪发现的非欧几里德几何学摧毁了这种类比。居然还有其他研究几何学的方法，而每种方法的内在协调性都和欧几里德的一样。但是，哪一种方法是正确的？这个问题无法回答。它们都不相同，各有各的优点和问题。

如果观察理性主义，也可以得出类似结论。理性主义曾经认为，只有一个理性原则，但是，人们越来越相信，有——始终有——许多不同的"合理性"。在《谁之正义？何种合理性？》（*Whose Justice? Which Rationality?*，1988）中，哲学家阿拉斯代尔·麦金太尔（1929— ）对理性主义对真理和意义的看法进行深刻的历史剖析，他得出结论认为，启蒙运动似乎在要求实际上不能被满足的合理性标准。

关于所有理性主义者都不能否定的原则究竟是什么，启蒙运动思想家和他们的继承人其实都难以达成共识。《百科全书》（*Encyclopédie*）的作者给出一个答案，卢梭给出第二个，边沁（Bentham）给出第三个，康德给出第四个，苏格兰常识哲学家和他们的法国与美国追随者给出第五个。后来的历史也没有减少这种分歧。结果，启蒙运动的遗产始终在为理性辩护提供实际上不可能实现的理想。

理性承诺了很多，却没有兑现承诺。正是因为这个原因，汉斯·格奥尔格·伽达默尔（1900—2002年）才尖锐地写道："历史上的启蒙运动做了鲁宾逊·克鲁索的梦，就像克鲁索本人一样，是人造的梦。"伽达默尔也非常关心这个问题：为了找到可以批判社会及其观念的真正客观的立场，能否超越历史和文化。在伽达默尔看来，启蒙运动没能兑现自己的承诺。今天的许多人认为，"普遍理性"的观念只是虚构的。后现代主义认为，"合理性"有许多种，每一种都必须尊重；没有任何一种特别占优势，根本无法的普遍"理性"。

思考过理性这个神学来源的一些方面之后，我们再来阐释宗教经验在神学中的地位。

6.4 宗教经验

"经验"（experience）是一个不严谨的词。它的起源相对容易理解：源自拉丁文 experientia，可以被解释为"人生旅程中的事"。就这个广义而言，经验指"直接从生活中累积的一套知识"。当我们说"经验丰富的教师"或"经验丰富的医生"时，意思是他们从实践中直接学到技艺。

然而，经验还发展出一种意义，在此与我们特别有关。它用来指个人的内在生命：个人对自己的主观感受与情感的意识。它与内在、主观的经验世界有关，与日常生活的外在世界相对。早期循道宗（Methodism）的特点是强调宗教经验的重要性，"卫斯理四边形"（Wesleyan quadrilateral）有时用来指对《圣经》、传统、理性和经验之间的区分。"卫斯理四边形"的《圣经》、传统和理性反映出，约翰·卫斯理坚持认为，解释《圣经》的工作应当从其他时代基督徒的集体智慧和使徒时代到我们时代之间的文化中获得启示，批判的理性能防止这项工作堕入蒙昧主义。对于卫斯理来说，最重要的是，《圣经》的信息必须在内心通过活的信仰领受，就是经验到上帝同在的信仰。"卫斯理四边形"的经验反映出卫斯理这个独特的重点——也是敬虔主义的特点。

不只有卫斯理强调经验的重要性。在名著《宗教经验之种种》（*The Varieties of Religious Experience*，1902）中，哈佛大学的心理学家威廉·詹姆斯（William James，1842—1910年）强调一般性宗教——尤其是基督教——主观方面的重要性。在解释宗教经验时，他广泛引用大量已经出版的著作和个人例证，根据宗教经验本身的主张探讨宗教经验，并考虑到宗教经验的表面价值。詹姆斯辨别出宗教经验的四个特点：

1. **不可言说性**：经验"不可能说明"；它不能用言语恰当地描述。"它的性质不能被告诉或传达给别人。"
2. **知悟性**：这种经验被视为具有权威，能认识、理解经受时间考验的深奥真理。这些"未经理性论证的充分检验来理解深奥真理的状态"，被理解为"非常重要的光照和启示，尽管仍然存在，却是完全不可言喻的"。
3. **暂时性**："神秘的状态不能保持太久。"它们通常只持续几秒钟到几分钟，它们的性质不能被准确记住，但是，一旦出现，经验便被识别出。"一旦消失，它们的性质只能在记忆中不完全地重现。"
4. **被动性**："尽管事先故意的运作能促进神秘状态的出现，"但是，一旦出现，神秘主义者便觉得像失去控制，仿佛他或她"被更高的力量抓住、控制"。

詹姆斯注意到，第二个和第三个特点比其他特点"更不明显"，但是，他将它们视为所有宗教经验现象必不可少的特点。

詹姆斯的研究说明，基督教不只是关于观念的（像我们讨论《圣经》、理性和传统时可能给人的印象）；它也解释、改变个人的内在生命。对人类经验的这种关注与被遍称为存在主义的运动特别有关，我们先来概述这场运动，然后再继续阐释其他问题。

存在主义：人类经验的哲学

人与其他生物有什么不同？人总是意识到自己与其他所有生物有根本性差异。但是，这个差异**是**什么？**存在**的意义是什么？或许，将人与其他生物区分开的最重要的事实是，人意识到自己的存在，并对此提出问题。

存在主义哲学的兴起，最终回应了这个至关重要的洞见。我们不仅存在，我们**明白**、我们**意识到**自己的存在，我们知道自己的存在有一天将以死亡终结。我们存在这一不争的事实对我们非常重要，我们难以——或许不可能——对这个事实完全置之不理。存在主义基本是抗议人为"物"的看法，要求我们充分重视个人的自我存在。

"存在主义"可以有两层含义。它最基本的意义是对人生的一种态度，即特别注重个人直接、真实的生活经验。它关注人与人的相处，理解人的限度。就引申意义而言，它指一场运动，可能在1938到1968年处于高潮，主要源于丹麦哲学家索伦·克尔凯郭尔（Søren Kierkegaard, 1813—1855年）的著作。克尔凯郭尔强调个人抉择和对人类存在限度之意识的重要性。就现代神学史而言，马丁·海德格尔（Martin Heidegger, 1888—1976年）对存在主义的发展做出了最大贡献，尤其是他的《存在与时间》（Being and Time, 1927）。该书为鲁道夫·布尔特曼提供所需的基本观念与用语，来发展基督教存在主义的人类存在观，并说明福音如何启发、改变人的存在。

海德格尔的根本意义在于区分"不真实的存在"（inauthentic existence）与"真实的存在"（authentic existence），布尔特曼根据《新约》加以创造性地重新解释。布尔特曼认为，《新约》承认人的两种存在。第一种是不相信上帝、没有得救的存在，这是不真实的存在。在不真实的存在中，个人拒绝承认自己的本相：人是依靠上帝才能蒙福与得救的受造物。这种人试图凭借道德行为或物质财富确保存在，肯定自己。《旧约》和《新约》都将人这种自满自足的努力称为"罪"。

《新约》设立另一种模式，与不真实的人类存在相对：相信、得救的存在，我们放弃所有自己营造的安全保障，信靠上帝；我们承认自满自足的幻想，转而信靠上帝的富足供应。我们不再否认自己是上帝的受造物，而是承认这个事实，因此而欢喜雀跃，又以此为我们存在的基础。我们不再依赖短暂的事物，将其视为自己的安全保障，而是学会不再相信这个稍纵即逝的世界，以使自己能信靠上帝。我们不再自以为义，而是学着承认上帝让我们称义是白白的恩典。我们不再否认事实，即人是有限的，死亡是不可避免的，而是承认耶稣基督的死和复活已经回应这一切，取得胜利，凭借信仰，耶稣基督的胜利成为我们的胜利。

存在主义的兴起说明，人类经验的内在世界在现代受到重视。但是，必须明白，对人类经验的关注不是什么新鲜事；可以认为，《旧约》和《新约》都非常关注人的经验，希波的奥古斯丁的著作也特别重视。马丁·路德宣称："经验造就神学家"。他还认为，如果没有经历上帝对人的罪可怕无情的审判，便不可能成为称职的神学家。如前所述，一场被称为浪漫主义的文学运动把"情感"变得相当重要，为基督教生活的经验再次受到关注开辟了道路。

经验与神学：两种看法

在基督教神学中，对经验与神学的关系主要有两种看法。
1. 经验为基督教神学提供基本来源。
2. 基督教神学提供解释人类经验的框架。

我们以下将分别阐释这些看法。

经验为神学的基础 人的宗教经验可以成为基督教神学的基本来源，这种观念显然很有吸引力。它暗示基督教神学关注人的经验——全人类都有的经验，而不是一小群人独有的。这种看法通常被认为很有用，可以回应"特殊事件的丑闻"——担心拿撒勒人耶稣特定的历史定位导致其他历史处境的人无法直接认识他。这种看法认为，世界的所有宗教基本都是人在回应同样的宗教经验——通常被称为"对超越者的核心经验"。因此，神学是基督教尝试思考人的共同经验，知道它是世界其他宗教的基础。当探讨基督教与其他宗教的关系时，我们再来阐释这一点。

保罗·蒂里希（1886—1965年）和大卫·特雷西的著作说明，这种看法对基督教护教家也极具吸引力。如果人有共同的经验，无论他们是否将其视为"宗教"经验，基督教神学都能加以探讨。这便避免了找到共同出发点的问题；出发点已经有了，就在人的经验之中。护教家可以证明，基督教福音让人的共同经验有了意义。这种看法可能在蒂里希的讲章集《存在的勇气》（*The Courage to Be*）中表达得最好，该书于1952年出版之后便备受关注。许多观察家认为，蒂里希成功地将基督教宣讲的信息与人的共同经验关联在一起。

然而，这里也有难题。最明显的是，在人类的整个历史和文化中，"共同的核心经验"其实几乎没有经验的证据。这种观念非常容易假设，却几乎不可能证实。在这种批判中，"教义的经验－表达论"是最成熟、最复杂的，这种理论是著名的耶鲁神学家乔治·林德贝克采用的。在《教义的本质》（1984）中，林德贝克对基督教教义的本质进行重要的分析，批判诉诸人类共同经验的神学模式。

神学解释经验 这种看法认为，经验需要解释，将基督教神学理解成为解释经验的含糊之处提供框架。神学的目的是解释经验。它就像一张网，我们能把它罩在经验上，来捕捉经验的意义。经验被视为应当被解释的，而不是本身就具有解释的能力。

例如，基督教的创造和罪这两个教义的辩证，可以被遗憾地用来解释人的共同经验——不满足的意识或渴望某些不明确事物的好奇感。为了说明神学与经验的关系，我们可以思考奥古斯丁的一个分析，即基督教创造教义对经验的意义。

奥古斯丁认为，我们的不满足感是基督教创造教义——即我们是按照上帝的形象造的的必然结果。因此，人性有一种与生俱来的能力，要与上帝建立联系。但是，由于人性的堕落，这种潜能受到阻挠。现在，人性的自然倾向是，试图让其他东西满足这种需要。于是，受造物取代上帝。但是，受造物仍不能满足人类。因此，人便有了一份渴望——渴望某些难以描述的东西。

这种现象自人类文明之初便始终可以看到。在对话录《高尔吉亚》（*Gorgias*）中，柏拉图将人类比作漏水的坛子，总是无法装满。对不满足感最伟大的陈述与最著名的神学解释可能是奥古斯丁的这句名言："你为自己创造了我们，我们的心却没有安息，除非安息于你。"

奥古斯丁的所有思考，特别是他的自传性著作《忏悔录》（*Confessions*），反复提到这个主题。在现在的存在中，人注定是不完全的。人的希望和最深切的渴望将只是希望和渴望。奥古斯丁将创造和拯救这两个主题结合在一起，来解释人类"渴望"的经验。既然是按照上帝的形象造的，人便渴望与上帝建立联系，即使人不知道在渴望什么。但是，由于罪，人无法独自满足这份渴望，所以才会产生真实的受挫感和不满足感。这种不满足——但不是它的神学解释——是人共同经验的一部分。奥古斯丁用一段话说出这种情感："我在流浪的途中叹息，难以言表的叹息；我想念耶路撒冷，内心渴慕耶路撒冷——耶路撒冷，我的家乡，耶路撒冷，我的母亲。"

奥古斯丁的看法在 20 世纪的牛津文学评论家和神学家刘易斯（1898—1963 年）这里产生共鸣。刘易斯同奥古斯丁一样意识到，人内心某些深切的情感说明我们存在的超时空层面。刘易斯提出，人内心有很深、很强烈的渴望，是世上任何事物或经验都无法满足的。刘易斯将这种情感称为"喜乐"，认为上帝是它的源泉和目标（所以他著名的自传名为《惊喜》〔*Surprised by Joy*，1955〕）。按照刘易斯的说法，喜乐是"难以满足的渴望，比其他任何满足都更让人渴望。……任何体验过的人，都会再想得到"。

刘易斯在一篇讲章中进一步探讨这个问题，这篇讲章题为"荣耀的力量"（The Weight of Glory），是他于 1941 年 6 月 8 日在牛津大学的一次讲道。刘易斯讲道"有一种渴望，任何自然的幸福都无法满足""有一种渴望，仍在徘徊，没有明确自己的目标，仍很难看清目标真正的方向"。人的渴望有某些适得其反的东西，因为就算满足了渴望，似乎仍让渴望未被满足。刘易斯显然借用了奥古斯丁的意象，来说明自古以来对美的这种追求：

> 我们以为，美存在于书籍或音乐中，但是，如果真心相信，我们便会上当；美不在它们里面，只是通过它们而来，而通过它们而来的，是渴望。这些东西——美和我们对过去的记忆——是我们真正渴望之事的映像。但是，如果映像被误以为实物，它们便变为说不出话的偶像，会让它们的崇拜者心碎，因为它们不是实物；它们只是我们没有看到的花的香味、我们没有听过的旋律的回音、我们没有去过的国家的消息。

这段话强调的要点完全是奥古斯丁的：受造物创造出渴望其创造者的感觉，是受造物自己不能满足的。这样一来，基本是奥古斯丁的框架被应用到人的共同经验上，以提供合理的神学解释。

路德维希·费尔巴哈批判以经验为基础的神学

如前所述,许多神学家认为,以经验为基础的神学可以提供一条出路,逃避启蒙运动理性主义的绝境,或避开基督教启示所谓特殊性的难题。施莱尔马赫便是很好的例子,说明神学家如何想用人类经验作为基督教神学的出发点,尤其是施莱尔马赫指出"绝对信靠感"对神学的重要性。通过探讨这种情感的本质和起源,可以将它的起源追溯到上帝。这种看法很有吸引力。但是,正如德国无神论哲学家路德维希·费尔巴哈(Ludwig Feuerbach,1804—1872年)的证明,它也有很大问题。

路德维希·费尔巴哈的《基督教的本质》(Essence of Christianity,1841)极具影响力,他在第一版的序言中宣称:"宗教的超自然奥秘基于相当简单的自然真理。"费尔巴哈认为,人创造了神,将自己理想的概念用神体现出来,如渴望、需求和恐惧。人的"情感"与上帝没有任何关系;它完全是出自于人,被人过于活跃的想象力所曲解。

> 如果情感是宗教的基本手段或器官,那么,上帝的本质只是表达出情感的本质。……通过情感所理解的上帝的本质,其实只是情感的本质,自我陶醉、沾沾自喜——只是自我陶醉、自我满足的情感。

对于施莱尔马赫来说,宗教自我意识的本质能让人推论出救主的存在;在费尔巴哈看来,这完全是人的自我意识。它是对自我的经验,却不是对上帝的经验。"上帝意识"只是人的自我意识,不是人类经验的独特范畴。

费尔巴哈的分析在西方自由派基督教中仍有极大的影响力。上帝的存在被认为以人的经验为基础。但是,正如费尔巴哈强调的,人的经验只可能是对我们自己的经验,而不是对上帝的经验。我们可能只是投射出自己的经验,将其结果称为"上帝",其实我们应当认识到,它们正是我们人性的经验。费尔巴哈的看法是对基督教以人为中心的观念毁灭性的批判。

应当指出,如果针对无神的宗教或自称神从外界来与人相遇的神学(如卡尔·巴特的神学),费尔巴哈对宗教的批判会威力大失。但是,当批判有神的宗教或解释人的情感与心理状态时,费尔巴哈的批判便能大显身手。有人真的谈论过上帝或基督吗?我们难道不只是把自己的渴望和恐惧投映到想象的超越的层面上吗?或投射到我们几乎一无所知的遥远的历史人物身上吗?

越来越多的人相信,基督论必须客观地以拿撒勒人耶稣的历史为基础(例如,这在沃尔夫哈特·潘能伯格的著作中特别突出),这至少在某种程度上是因为费尔巴哈对宗教的批判。费尔巴哈认为,"上帝"的观念是我们原则上可以避免的幻想,随着自我认知进步到成熟的程度，便能将它完全抛弃。当然，这个假设与马克思的看法——宗教情感就是异化的社会存在的产物——只差一小步，或许也是不可避免的一步。

本章简要探讨了基督教神学的可用来源，以及对其潜力和限度的争辩。在下一章中，我们将思考启示的观念，它在基督教的许多思想中都是至关重要的。

研讨问题

1. 为什么叙述神学对 20 世纪后期的许多神学家极具吸引力？
2. "唯独圣经是新教徒的宗教"。（威廉·奇林沃斯）你赞同这种非常著名的说法吗？
3. 你如何区分对神学"理性的"与"理性主义的"看法？
4. 为什么启蒙运动对人类理性的看法受到批判？
5. 为什么爱任纽在驳斥诺斯替派的批判时认为传统是非常重要的神学来源？
6. 概述特伦托会议对《圣经》与传统之关系的教导。
7. 概述路德维希·费尔巴哈对以经验为基础的神学的批判。你认为他的论证有多大说服力？你认为哪些神学最容易受到他的批判？

第七章 认识上帝：自然与启示

如何认识上帝？对于某些人来说，应当在世界纷繁复杂、含糊不清的事物中找出上帝。"人探寻上帝"要小心谨慎地权衡自然界的证据，包括人的理性和良知。在另一些人看来，人性的能力受到限制，不能用这种方式认识上帝的存在和本质。人需要被告知上帝的本相。

这里讨论的问题基本是**启示**的问题——基督教的一种观念，即上帝决定让人认识自己，方法是他在自然和历史中的自我彰显。苏格兰伟大的神学家休·罗斯·麦金托什（Hugh Ross Mackintosh, 1870—1936年）曾这样总结以启示为中心的问题："无论上帝在哪里存在，对上帝的宗教认识通过启示而来；否则我们会持守这个难以置信的看法：就算上帝不愿意让人认识，人也能认识。"

在基督教传统中，讨论启示的本质和必要性始终非常有趣，也相当重要，我们将在本章探讨。这场争辩最重要的方面之一，是对上帝的"自然"认识——通过思考自然秩序认识上帝——如何与对上帝的"启示"认识联系在一起。在本章第二部分中，我们将思考这个问题；我们先要探讨的问题是，"启示"可能有的意义。

7.1 启示观

历代以来，基督教神学的一个核心主题是，人独立完全认识上帝的本质和旨意的努力必然失败。大多数基督教神学家认为，对上帝的自然认识是可能的（卡尔·巴特的早期著作是这种共识的著名例外），但是，对上帝的所有自然认识被普遍认为在范围、一致性和深度上都相当有限。启示的观念说明了基督教神学的普遍信念，即我们需要"被告知上帝的本相"（埃伯哈特·云格尔〔Eberhard Jüngel〕）。

到了20世纪60年代，基督教神学发生巨变，许多传统观念受到挑战，被重新解释。启示的观念也不例外。出现了两个问题，每一个似乎都质疑基督教对启示的传统理解。首先，一些激进的思想家提出，现代神学对启示的兴趣不是因为《圣经》的素材，而是由于现代哲学突出的认识论问题。例如，科学哲学中关于"正确知识"的突出问题已被错误地转嫁到神学。有人认为，《圣经》关注的是拯救，不是知识。《新约》的主要问题是"我必须**做**什么才能得救？"不是"我必须知道什么？"

在回应这一点时，有人指出，《圣经》的拯救观通常从"认识"的角度来说明，人的得救被理解为在于认识在基督里得救的可能性，做出得救所必需的正确回应。按照《圣经》的理解，"认识上帝"不只是"关于上帝的知识"，也是上帝在基督里的自我启示赐予生命，带来拯救。

其次，著名的希伯来文与旧约学者詹姆斯·巴尔（James Barr，1924—2006 年）等圣经学者认为，启示的问题对《旧约》和《新约》似乎都不太重要。他们提出，启示性语言既不是撰写《圣经》的根本，在撰写过程中也不统一。但是，很快就显而易见，这些受到关注的问题其实关乎系统发展"启示"的神学思想，而不只关乎《圣经》的启示性用语。当然，《旧约》或《新约》都没有明确写出中世纪或现代的启示观。但是，这根本不能说明，《圣经》没有启示性语言，它们在《圣经》中微不足道。《圣经》无疑撒下这些更成熟的启示观的种子；但是，它们没有被系统阐发。

在日常用语中，"启示"可以被理解为"让某一事物被完全认识"或"完全揭露迄今模糊不清的事物"。但是，在神学中说到"上帝的启示"时，却不意味着上帝的自我启示是**完全**的。例如，希腊东正教传统的许多神学家强调，上帝的**启示**没有废掉上帝的**奥秘**。约翰·亨利·纽曼的"保留"教义也强调这一点。我们永远不能完全认识上帝，上帝比我们已经认识的还要丰富。马丁·路德提出，上帝的自我启示只是部分的，却是可靠的，也是足够的。他提出的"上帝隐秘的启示"观——他"十字架神学"最重要的方面之一——便是要说明这一点。

此外，在日常用语中，"启示"通常被理解为"把真相公之于众"。启示的神学意义当然包括这层含义；但是，它也不仅意味着揭示对上帝的认识。在神学意义中，启示的核心意义是上帝的**自我彰显**。当谈论其他人时，我们会区分"知道某人"与"认识某人"。前者意味着对某人在头脑中的认识，或累积在头脑中的信息（如身高和体重等）；后者指人际关系。在基督教中，"启示"既是对上帝的**信息性**认识，也是对上帝的**关系性**认识。

就进一步的意义而言，"启示"不仅指传递一套认识，也是上帝在历史中亲自自我彰显。上帝主动开始自我彰显的过程，在拿撒勒人耶稣的一生中实现，达到高潮。到了 20 世纪，深受各种人格主义哲学影响的神学家都强调这一点，如弗雷德里希·戈加滕（Friedrich Gogarten，1887—1968 年）、伊曼纽尔·希尔什（Emanuel Hirsch，1888—1972 年）和迪特里希·朋霍费尔（Dietrich Bonhoeffer，1906—1945 年）。埃米尔·布伦纳（1889—1966 年）也属于这类神学家，强调道成肉身教义对启示的重要性：在基督里可以看到上帝亲自自我彰显。信徒是"上帝在历史中对话的伙伴"。启示是以位格的形式进行的。当探讨有位格的上帝这个观念时，我们将进一步探讨这个问题。

7.2 启示的模式

同大多数神学观念一样,启示是一个复杂的观念。通常被译成"启示"的希腊文是 apokalypsis,它的基本意思是"取下遮盖物,以便某物能被看见"。为了解释、阐明启示的每一种意义,神学家提出启示的几种模式。在以下部分中,我们将思考其中四种。必须强调,这些模式不是相互排斥的。它们被理解为更大整体的不同方面或层面,每一种都有自己独特的侧重点。因此,肯定一种不代表否定另外一种或其他三种。

启示为教义

这种看法是保守的福音派和天主教新经院神学派的特点,在基督教传统中,其修改过或经过补充的形式仍极具影响力。就传递启示而言,福音派强调《圣经》的作用,而天主教新经院神学派更重视传统的作用,尤其是教会的教导职分(magisterium)。在这种情况下,他们经常使用"启示的沉积"(deposit of revelation)或"真理的沉积"(deposit of truth),意为教会历代以来积累的洞见。这种看法认为,启示主要(却不绝对)是命题式的。

在一些保守的新教徒看来,启示通过《圣经》传递,《圣经》被视为汇集命题式的教义声明。那么,这些命题能被编排在一起,构建基督教神学的基本框架。这种看法可以在卡尔·亨利(Carl F. H. Henry)六卷本的《上帝、启示与权威》(*God, Revelation, and Authority*,1976—1983 年)中看到,该书在美国保守的福音派中颇具影响力。亨利的看法显然受到启蒙运动理性主义的影响,这可以解释他强调命题式启示的原因。"我们所说的'命题式启示'是上帝超自然地用认知真理这一明确形式将自己的启示传达给他选定的代言人。"对于亨利来说,启示是《圣经》提供的"关于上帝本质的参考信息"。

福音派传统的其他神学家反对这种纯命题式的看法,坚持认为启示应当被理解为混合上帝的作为和上帝的话(道),这种看法可以在重要的福音派神学家詹姆斯·帕克(1926—)的著作中看到。在《重新构想福音派神学》(*Revisioning Evangelical Theology*,1993)中,斯坦利·格伦茨(Stanley J. Grenz,1950—2005 年)肯定,上帝的启示关乎传达上帝的真理。但是,他拒绝将上帝的真理局限于命题式声明,认为应当更重视叙述和传统在揭示上帝的本质与特性方面的作用。

对上帝启示命题式的看法也被许多天主教神学家接受,最著名的是雷金纳德·加里古-拉格朗日(Reginald Garrigou-Lagrange,1877—1964 年)和赫尔曼·迪克尔曼(Hermann Dieckmann)。这种看法的基础是第一次梵蒂冈会议论信仰本质的教义声明,其中包括:

> 因此,通过神圣、大公的信仰,这些内容都应当相信:《圣经》和传统中上帝的道(话)包含的内容,以及教会建议的、作为上帝的启示一样相信的内容,

无论是通过她庄严的判断，还是在她平日普世的教导中。

这种看法显然认为，启示是教会做出的教义声明。这种声明在《圣经》和未成文的传统中都可以看到（注意：第一次梵蒂冈会议如何肯定以前的特伦托会议对《圣经》和传统的看法）。

这种看法受到猛烈批评，后自由派神学家乔治·林德贝克在《教义的本质》（1984）中的评论是最著名的。林德贝克将这种启示观称为"命题式"或"认知式"。这种启示观认为，启示是"对客观现实的信息性命题或真理假说"。林德贝克认为，这种看法应当被否定，因为它偏重于理性，拘泥于字义，基于一个错误的假设，即可以通过命题的形式权威、全面、永远地说明关于上帝的客观真理。

针对新经院神学派对启示的理解，林德贝克对"认知式"的启示论或教义的批判相当有力。例如，新经院神学派神学家赫尔曼·迪克尔曼认为，超自然启示通过命题传达概念性知识，这种看法显然非常容易按照林德贝克的思路严厉批判。

然而，在这一方面，不是所有"认知式教义论"都如此不堪一击。必须明确区分两种看法：通过概念性命题的启示可以传达对上帝全面清楚的解释，与教义声明中的确存在认知的成分。例如，中世纪的大多数神学家其实都将启示理解为动态的观念。中世纪神学家里尔的阿郎（Alan of Lille，死于 1202 年）指出，教义应当被视为"感知上帝的真理，倾向这个真理"。在这些神学家看来，启示**可靠却不完全地**说明现实。

命题式启示论也不一定排除其他看法。或许，基督教神学的最大弱点是不愿意承认各种模式是互补的，不是相互排斥的。坚持启示包括关于上帝的信息，不是否定它也可能包括传达上帝的同在或改变人的经验。

这种启示观的重要变体可以在卡尔·巴特的著作中看到。对于巴特来说，《圣经》本身不是启示；它是启示的见证。这与他的一种观念有关，即"上帝之道（话）的三重形式"。巴特认为，必须区分三重运转：从基督里上帝的道（话）到《圣经》对上帝的道（话）的见证，最后到信仰团契的讲道宣讲的上帝的道（话）。因此，耶稣基督就是给人启示的上帝，《圣经》为上帝在基督里的启示作见证。巴特仍然认为，《圣经》对神学研究是最重要的，但是，他强调《圣经》见证的那位——基督，而不是《圣经》的文字。

启示为同在

启示的这种模式与辩证派神学家特别有关，他们深受犹太哲学家马丁·布伯（1878—1965 年）的对话式位格主义影响。对这种看法最重要的阐释或许在艾米尔·布伦纳的《真理为相遇》（*Truth as Encounter*，1973）中。该书阐释的观念是，启示是上帝的亲自传达——即传达或告知上帝亲自与信徒同在。"上帝的主权和爱通过上帝的亲自赐予才能传达。"

布伦纳的要点是，上帝不只在启示过程中传达信息。启示不只传达关于上帝的信息，还传达上帝的亲自同在。基于马丁·布伯对"我与你"和"我与它"之间关系的分析，布伦纳坚持认为，启示有很强的关系成分。经验中的上帝是"你"，不是"它"，即一个人，而不是一个物体。启示是有目标的，是一个实现目标的过程——而那个目标是，在给人启示的上帝与回应启示的人之间建立相互的关系。

因此，布伦纳的"真理为相遇"这个观念表达出他所认为的正确理解启示的两个要素：**历史性**和**亲自性**。布伦纳希望通过启示的历史性让我们明白，真理不是永远存在于永恒的观念世界中，在启示中被揭示或传达给我们；相反，启示**发生**在时空中。真理之所以出现，是因为上帝在时空中的作为。布伦纳想用启示的亲自性强调，上帝**启示作为**的内容正是**上帝本身**，而不是一堆关于上帝的复杂观念或教义。上帝的启示是上帝亲自将自己告知于人。对于布伦纳来说，上帝的启示必然以基督为中心；他反对命题式启示观的纯粹客观主义，如马丁·路德的名言：《圣经》是"安放基督的马槽"。

基于这种看法，布伦纳批判所有视启示为关于上帝的论述或命题的观念。这些观念将上帝**客体化**，因为它们把上帝简化为**物体**，而不是将上帝高举为人。"没有任何言语足以充分说明上帝为人的奥秘。"启示不能只被理解为告知关于上帝的信息："它绝不只是传达认识，而是赐予生命、更新生命的团契。"因此，启示主要被理解为传达或建立人际关系。

当然，从较早的教会史中可以举出相关观念的例子。启示包括亲自同在，亨利·纽曼的圣诗《赞美至圣者》（*Praise to the Holiest in the height*，1866）特别清楚地肯定这种观念：

> 有一恩赐比恩典更高，
> 必能完善血肉之躯：
> 上帝的同在和上帝自身，
> 完全神的本质。

启示为经验

第三种有影响力的模式以人的经验为中心。上帝被理解为通过个人经验被启示出来或被人认识。这种看法被普遍视为与19世纪德国自由派新教有关，尤其是施莱尔马赫（1768—1834年）和利策尔（1822—1889年）。由于施莱尔马赫的看法非常重要，我们将略加叙述。

施莱尔马赫有摩拉维亚弟兄会敬虔主义的背景，敬虔主义特别强调个人对基督的敬虔和意识到个人归信基督的重要性。18世纪的大多数敬虔主义——包括循道宗——十分强调"经验宗教"（以经验为基础的宗教）和"活的信仰"（反对呆板的神学正统）。我们已经指出这两个主题对其他敬虔派神学家的重要性，如约翰·卫斯理。

1796年，施莱尔马赫移居柏林，他有了新职务，是医院牧师。在他到柏林的头一年里，他加入"雅典娜神殿"（Athenaeum）——一群敌视启蒙运动精神的思想家和作家。他与浪漫主义运动的重要人物交往密切，如诺瓦利斯（Novalis）和弗雷德里希·施莱格尔（Friedrich Schlegel，1772—1829年）。这种互动的结果是一种新神学，以浪漫主义的世界观为基础，强调个人的宗教意识与情感的作用。

施莱尔马赫对这种神学方法的第一次阐释是他于1799年匿名发表的《论宗教：致蔑视宗教的知识界人士》。《论宗教》为基督教辩护，在一定程度上基于这个论点：宗教是对更大整体的生动意识，个人只是其中一部分，他或她完全依赖于这个整体。宗教的本质被视为在于"人类生活和文化的基本、独特和综合的要素"。施莱尔马赫认为，这种要素是绝对依赖某个无限者的情感，但是，无限者能通过有限的事物被人认识。一般宗教（而不是特别的基督教）被认为是科学和艺术的必要背景，没有宗教，人类文化便会不必要地枯竭。

在《基督教信仰》（修订版，1830—1831年）中，施莱尔马赫强调，基督教信仰不主要是概念；相反，教义应当被视为对基督教信仰的主要宗教真理的次要表达，就是对拯救经验的表达。基督教的"敬虔"（Frmmigkeit）可以被视为基督教神学的根基；但是，这不应当被理解为个人的敬虔，而是教会的整体敬虔。这种敬虔的本质不是某种理性或道德原则，而是"情感"（Das Gefühl），直接的自我意识。在施莱尔马赫看来，人类普遍意识到依赖某种未知的存在者，这种意识可以在基督教的背景中被看出与解释：基督教信仰是绝对依赖上帝的情感。这种"绝对依赖感"构成基督教神学的出发点。比德尔曼（A. E. Biedermann）后来的评论是，施莱尔马赫的神学可以被视为批判地探究人类内心深处的情感。因此，人的理性反思人的情感，这样便是解释情感。

这种模式最大的弱点之一，能在路德维希·费尔巴哈（1804—1872年）对它的批判中看出，他认为，这种"经验"只是"自我经验"。我们已经思考过这个难题及其对基于经验之神学的重要性，如施莱尔马赫的神学。这种看法也受到后自由派神学家的批判，如乔治·林德贝克，他认为，任何诉诸全人类共有的直接宗教经验的尝试都是不恰当的，因为它是"假的共相"。

启示为历史

一种相当不同的看法与德国神学家沃尔夫哈特·潘能伯格（1928— ）有关，以"启示为历史"的主题为中心。潘能伯格认为，基督教神学的基础是分析众所周知的历史，而不是个人内心的主观经验或对历史的特殊解释。历史本身便是（或有能力成为）启示。对于潘能伯格来说，启示主要是众所周知的历史事件，为人所承认，并被**解释**为"上帝的作为"。潘能伯格的"启示论的教义命题"（Dogmatic Theses on the Doctrine of Revelation, 1968）以7个命题阐释这种看法，前5个与启示的这种模式特别有关：

1. 上帝在《圣经》中的自我启示不是直接发生，好像上帝显现那样，而是间接的，出现于上帝的历史作为中。〔"上帝显现"（theophany）是上帝暂时显现，不一定具有肉身，这与道成肉身不同，在道成肉身中，上帝被理解为在基督里被永恒地启示出来。〕

2. 启示最初不能被完全理解，只有到启示历史终结时才能彻底理解。

3. 与上帝的特殊显现不同，上帝在历史中的启示众所周知，也能被普遍获知，有眼睛的人都能看到。

4. 上帝的普遍启示没有在以色列人的历史中完全实现；它最初在拿撒勒人耶稣的命运中实现，因为他的命运预示历史的终结。

5. 基督事件不能被认为是孤立地启示上帝；它应当被置于上帝对待以色列人的整个历史中。

在这个基础上，潘能伯格可以主张，基督的复活是上帝在历史中启示的核心作为；以后分析复活时，我们还会阐释这一点。

潘能伯格对启示的看法令人倍感振奋，也受到强烈批判。以普世历史为基础构建福音的设想似乎既大胆，又富有创意，让神学重新雄踞知识高地，而许多人以为这块高地已经失守于马克思主义多年。这个设想似乎特别绕开了路德维希·费尔巴哈的陷阱，他曾指出，施莱尔马赫以人的经验为起点理解启示，只是通过把人类情感客体化而建立起来的神学。潘能伯格援用历史，相信他可以避免导致费尔巴哈陷入绝境的思路，方法是坚持神学源自历史，而不是出自人对拯救或上帝同在的情感。

7.3 自然神学：范围与局限

我们现在来思考一个重要问题：通过自然秩序认识上帝的方法和程度。这场重要的神学争辩传统上被称为"自然神学"（natural theology），且在近年来日益重要，因为促进基督教神学与自然科学的对话越来越受重视。研究自然界可能让人越来越理解它的创造者吗？

"诸天述说上帝的荣耀，穹苍传扬他的手段。"（诗篇19：1）。这节著名的经文可以被视为代表基督教《圣经》的一个普遍主题，即上帝创造了世界，通过上帝创造的世界可以认识上帝的某些智慧。事实上，探讨这个主题是最富有成果的神学领域之一。

从传统上讲，人们对自然神学的理解是，在没有上帝任何引导或启示的情况下，通过自然界而得来的对上帝的认识。在重要的研究著作《感知上帝》（Perceiving God, 1991）中，美国宗教哲学家威廉·奥尔斯顿（William P. Alston, 1921—　）将自然神学定义为"不以或不假设任何宗教信仰为前提来支持宗教信仰的事业"。在传统的天主教思想中，自然神学在没有揭示三位一体或道成肉身等奥秘的情况下便为启示神学扫清障碍，并说明上帝的存在和一些属性。

起初，自然神学没有被定义为仅凭人的理性而获得的对上帝的某些认识。例如，归正宗神学家海斯贝尔特·富特（Gijsbert Voet，1589—1676年）（他更为人所知的名字是拉丁文名字富提乌斯〔Voetius〕）明确区分"自然神学"（通过理性对上帝的认识）与"超自然神学"（凭借启示对上帝的认识）。但是，在17世纪末和18世纪初，对自然神学的新看法发展起来。牛顿对宇宙的理解似乎说明，上帝创造了井然有序的宇宙。在牛顿这种宇宙论的促动下，约翰·雷（John Ray，1627—1705年）和威廉·德勒姆（William Derham，1657—1735年）等英国神学家认为，自然神学的基础不主要在于诉诸理性，而是在于求助于自然界的秩序和美。受造秩序将上帝的智慧揭示出来。威廉·佩利（William Paley）颇受欢迎的著作《自然神学》（*Natural Theology*，1802）可以最好地说明这种看法。

我们先来思考托马斯·阿奎那的贡献，以此开始我们对自然神学的讨论。他的贡献被普遍视为自然神学的里程碑，在天主教神学中特别有影响力。

托马斯·阿奎那论自然神学

就对自然神学的传统看法而言，创造教义至关重要。托马斯·阿奎那的《驳异教大全》（*Summa Contra Gentiles*）或许能最好地说明这一点。在处理自然神学的著作中，《驳异教大全》是最伟大的著作之一，该书是阿奎那从1259至1261年先后在巴黎和那不勒斯完成的。《驳异教大全》最重要的讨论之一，是如何理解上帝与受造物的关系——阿奎那根据因果关系分析这种关系，他的分析如下。

对于阿奎那来说，受造秩序有基本的"上帝的样式"（**相似性**），因为上帝在某种意义上是所有受造物的因。既然所有受造物都不能被认为是自然产生的，万物的存在便可以被视为因果关系——受造物与创造者之间依赖的因果关系的结果。运用实质上属于亚里士多德的因果范畴，阿奎那的阐释可被概括为如下的看法：

1. 假设：A 是 B 的因。
2. 假设：A 有特性 Q。
3. 所以：由于 A 是 B 的因，B 也有特性 Q。

阿奎那所阐释的完整论证相当复杂，有其难点；但是，它的结论非常清楚。在特性的果中有辨别其因的特性。就是说，在果中有自然或超自然的指纹，为归纳论证因的存在提供依据，至少让因的本质的某些方面得以证实。如果上帝创造了世界，上帝（所谓的）"签

名"便可能在受造秩序中被发现。阿奎那是这样说的:

> 默想上帝的作为至少在某种程度上让我们能赞美、思考上帝的智慧。……因此,我们能从思考上帝的作为中推论出上帝的智慧。……这样思考上帝的作为让人赞美上帝令人崇敬的能力,从而在人的心中激起对上帝的敬畏。……这样思考上帝的作为也激发人的灵魂去爱上帝的良善。……如果受造物的良善、美和奇妙愉悦人的心灵,上帝自己良善的源泉(相比于受造物中所发现的良善的细流)将把人兴奋不已的心灵全然引向这个源泉。

因此,在受造物之美的小溪中,能看到上帝之美这条洪流中的某些东西。

对于阿奎那来说,"完美"是上帝最基本的属性之一。尽管这种观念可以从道德的角度清楚理解,但是,阿奎那用它说明上帝相对于受造秩序的独特性。"完美"是上帝具有的属性,也是上帝的受造物具有的:

1. 受造物不如上帝完美;
2. 受造物是上帝创造的。

从这种意义上讲,"完美"可以被认为是上帝特有的属性,却反映在受造秩序中,因为上帝与其他万物有超自然的基本关系。

后来,天主教对自然神学的看法以托马斯·阿奎那最早阐释的观点为基础,也是对它的完善或补充。第一次梵蒂冈会议的《天主教信仰的教义宪章》(*Dogmatic Constitution on the Catholic Faith*, 1870)将阿奎那的看法规定为信仰问题:上帝已经通过两种方式将自己启示出来——自然的和超自然的。

> 神圣的母亲教会认为并教导,上帝,万物的始与终,一定能通过人类自然理性在受造物中被认识:"自从造天地以来,上帝的永能和神性是明明可知的,虽是眼不能见,但借着所造之物,就可以晓得,叫人无可推诿"(罗马书1: 20);然而,他随自己的智慧和良善通过另一种超自然方式向人类启示他自己和他旨意的永恒法令。

在后来的讨论中,有两点特别重要。第一,承认自然神学的合理作用,既不是说理性已经取代信仰,也不代表哲学思考已经取代在基督里被启示出来的上帝的恩典。信仰和恩典对所有信徒仍是首要的。但是,自然神学提供通过全人类都有的方式证实某些真理的机会。它有重要的护教作用。在这一方面，记住这一点非常重要：人们认为，从某种程度上讲，托马斯·阿奎那撰写《驳异教大全》的目的，是为了帮助穆斯林读者通过基于理性的共同信仰理解基督教信仰。

第二，通过自然对上帝的认识，都不应当被视为其他启示真理的"基础"或"根基"。天主教徒通常倾向于承认自然神学（通过自然理性对上帝的认识）与启示神学（凭借信仰对上帝的认识）的延续性。相反，许多新教徒往往强调，对上帝的自然认识和对上帝的启示认识各具独特性。

约翰·加尔文论自然神学

约翰·加尔文的《基督教要义》第一卷开篇便有重要讨论，即我们如何对上帝有所认识？加尔文肯定，所有受造物——人类、自然秩序和历史进程——都能让人对上帝有一般性认识。可以看出，这种认识有两个重要基础：一个是主观的，一个是客观的。主观基础是"上帝意识"（sensus divinitatis）或"宗教种子"（semen religionis），是上帝在每一个人心中种下的。上帝已经赋予人对上帝的存在某种与生俱来的意识或预感，仿佛上帝的一些事已被刻在每一个人心中。加尔文辨别出对上帝这种与生俱来意识的三个结果：宗教的普遍性（如果基督教启示不为它提供信息，它便会堕落为偶像崇拜）、不安的良心和顺服上帝的恐惧。加尔文提出，所有这些都可以成为基督教宣讲的接触点。客观基础在于对世界秩序的经验和反思。上帝为创造者的事实，以及理解上帝的智慧和公义，都可以通过仔细观察受造秩序——顶峰为人类——得知。

需要强调的重要一点是，加尔文根本没有提出，这种从受造秩序而得的对上帝的认识是基督教信徒特有的，甚至只为他们所有。加尔文认为，通过智慧、理性地反思受造秩序，**任何人**都应当能认识上帝。受造秩序是"戏院"或"镜子"，彰显上帝的存在、本质和属性。虽然不可见，难以理解，但是，上帝愿意穿上受造物的盛装，以受造与可见之物的形式让人认识。

> 在人的心中，通过自然的本能，有对上帝的意识。我们认为，这是无可争辩的。上帝时常更新，有时增强这种意识，因此，任何人都不可能以无知为借口，所有人都承认有一位上帝，他是他们的创造者，他们已被自己的见证定罪，因为他们没有敬拜上帝，不用自己的生命服侍上帝。……天上和地上有数不清的见证，都传扬他智慧的奇事。其中，不仅有天文学、医学，以及所有自然科学这些能供人做详尽观察、比较神秘事件所做的见证，另外那些强迫自己采取最没有学问、最无知者之角度的人更可以见证，他们只要一睁开双眼，便无法不看到上帝存在的见证。

类似主题可以在法国文艺复兴思想家让·博丹（Jean Bodin，1539—1596年）的著作中看到，尤其是在《自然宇宙的剧场》（*Theater of the Universe of Nature*）中：

> 我们已经进入世界这个剧场，只为理解万物最卓越的创造者值得赞美的能力、良善和智慧，通过沉思宇宙的景象和他所有的作为与每一个创造便可能做到，因此，我们被彻底征服，要更热情地赞美他。

因此，加尔文称赞自然科学（如天文学和医学），因为它们能进一步说明受造物的奇妙秩序及其表明的上帝的智慧。但是，重要的是，加尔文在这一点上没有特别诉诸基督教启示的资源。他论证的基础是经验性的观察和推论。如果加尔文引用《圣经》，这是为了巩固对上帝一般性的自然认识，而不是首先证实这种认识。他强调，有在受造物中认识上帝的方法，是基督徒和非基督徒都能使用的。

加尔文就这样奠定了对上帝一般性认识的基础，然后，他又强调这种认识的不足之处；在此，他的对话伙伴是古罗马思想家西塞罗（Cicero，前106—前43年），他的《论神性》（*On the Nature of the Gods*）阐释对上帝的自然认识，这可能是古代人最有影响力的阐释之一。加尔文认为，人距离认识上帝本来就非常遥远，由于人的罪，这个距离又加大了。我们对上帝的自然认识并不完全，又混乱不清，有时甚至到了矛盾的程度。对上帝的自然认识让人没有任何无视上帝旨意的借口；但是，如果要充分说明上帝的本质、属性和旨意，以对上帝的自然认识为基础还不足够。

在强调这一点之后，加尔文继续介绍启示的观念。《圣经》重申对上帝的自然认识，同时阐明、巩固这种普遍启示。"世界的秩序和所有受造物都清楚表明对上帝的认识，上帝的道（话）更清楚、更熟悉地解释这种认识。"只有通过《圣经》，信徒才能认识上帝在历史中拯救的作为，其顶点是耶稣基督的生平、死亡和复活。对于加尔文来说，启示的焦点是耶稣基督；我们通过他认识上帝。因此，只能通过耶稣基督完全认识上帝，同时又只能通过《圣经》认识耶稣基督；但是，受造秩序为这种启示提供重要的接触点，在某种程度上与它产生共鸣。

因此，加尔文的基本观念是，通过自然和启示都能认识创造者上帝，启示澄清、证实、补充对上帝的自然认识。对拯救者上帝的认识——在加尔文看来是**基督教**对上帝的独特认识——只能通过基督里和《圣经》中的基督教启示而来。

归正宗传统论自然神学

在归正宗传统的信纲中，对自然神学的这种理解有了特别重要的发展。《高卢信纲》

（*Gallic Confession of Faith*，1559）认为，上帝通过两种方式向人类启示自己：

> 首先，通过上帝的受造物，包括对它们的创造、保护和管理。其次是更清楚的，通过上帝的道（话），它起初通过神谕被启示出来，后来通过我们称之为《圣经》的那些著作的文字被启示出来。

《比利时信纲》（*Belgic Confession*，1561）阐释了相关观念，它详述《高卢信纲》对自然神学的简短声明。对上帝的认识再次被肯定通过两种方式而来：

> 首先，通过对宇宙的创造、保护和管理，宇宙在我们眼前像是非常美的书，其中所有的受造物，无论大小，都像许许多多的人物，引导我们沉思上帝不可见的事，也就是使徒保罗所说的他永恒的能力和神性（罗马书1：20）。所有这些都足以说服人类，叫他们无可推诿。其次，他通过自己圣洁、神圣的道（话）向我们更清楚、更完全地启示自己；就他的荣耀和我们的拯救而论，这是我们今生必需知道的。

这些信仰声明显然有两个主题，可以概括如下：
1. 有两种认识上帝的模式，第一种通过自然秩序，第二种通过《圣经》；
2. 但是，第二种比第一种更清楚、更完全。

上帝的两部书：自然与《圣经》

17世纪，人们越来越意识到，自然科学有能力说明自然的结构，这促成所谓"两部书"传统的出现，尤其是在英国。这种看法认为，自然和《圣经》是我们认识上帝的两种不同却互补的来源。在《学术的进展》（*Advancement of Learning*，1605）中，弗朗西斯·培根（Francis Bacon，1561—1626年）赞扬研究"上帝之道（话）的书"和"上帝之工的书"。

研究"上帝之工的书"对英国人思考科学与宗教的关系产生了巨大影响。例如，在小册子《神学相比于自然神学的优点》（*The Excellency of Theology Compared with Natural Theology*，1674）中，罗伯特·波义耳（Robert Boyle，1627—1691年）说："自然和《圣经》这两部伟大的书有同一位作者，因此，研究《圣经》根本不妨碍求知的人乐于研究自然。"有时，波义耳将世界称为"上帝写给人类的信"。类似观念在托马斯·布朗爵士（Sir Thomas Browne，1605—1682年）的代表作《医生的宗教》（*Riligio Medici*，1643）中有所表达：

> 有两部书，我从中搜集我的上帝。除了上帝那部成文的书之外，他仆人的另一部书——自然——是全人类都有、尽人皆知的书，展现在所有人眼前。从未在一部书中看见他的人，已在另一部中发现他。

17世纪和18世纪初，这个两部书有同一位作者上帝的隐喻非常重要，它将基督教神学、敬虔和对自然界新的兴趣和认识结合在一起。

7.4 在自然中辨识上帝的方法

通过自然可以认识上帝，创造教义为这种观念提供神学基础。如果上帝创造了世界，便可以期待，上帝的受造物应当有上帝作为的记号。就像雕刻作品会清楚反映出雕刻家的独特风格，或画家会在画作上签名，因此，有些人认为，可以在受造物中看出上帝的存在。但是，哪些受造物呢？可以在受造物的哪些方面看到上帝呢？

在历代以来思考这个问题的丰富传统中，可以找出三种重要答案：人的理性、世界的秩序和世界之美。

人的理性

在重要的论文《论三位一体》(*On the Trinity*)中，希波的奥古斯丁用相当长的篇幅论述这个问题。他认为，如果可以在受造物中辨认上帝，我们应当期望在受造物的顶峰中找到上帝。奥古斯丁认为（根据《创世记》第1章和第2章），上帝创造的顶峰是人的本性。根据他从自己文化环境中继承的新柏拉图主义假设，奥古斯丁进一步提出，人性的顶峰是人有能力进行推理。因此，他得出结论，认为我们应当可以在人推论的过程中发现上帝的踪迹（更准确地说是"三位一体的痕迹"）。基于这种论证，奥古斯丁发展出所谓"三位一体的心理类比"。

世界的秩序

我们已经看到，托马斯·阿奎那对上帝存在的论证基于一种看法，即自然有需要解释的秩序。同样，人的心智可以辨认、研究自然这种秩序这一事实也非常重要。人性中似乎有某些东西，促使它提出关于世界的问题。世界似乎有某些东西，可以回答这些问题。关于这一点，著名的理论物理学家和基督教护教家约翰·波尔金霍恩（John Polkinghorne，1930—　）是这样说的：

> 我们已经听惯了一个事实,即我们可以理解世界,以致我们大多数时候理所当然地这样认为。这使科学成为可能。然而,情况可能截然相反。宇宙可能混沌无序,而不是井然有序。或者,它有我们难以理解的理性。……我们的心智与宇宙之间、内在所经验的理性与外在所观察到的理性之间,是一致的。

我们心智中的理性与我们观察到的、世界上存在的理性,即秩序,之间有根深蒂固的一致性。因此,纯数学的抽象结构——人心智的自由创造——提供理解世界的重要线索。波尔金霍恩认为,这一切都是自然神学,为完全认识基督教的启示做好准备。

世界之美

许多神学家发展自然神学的基础,是沉思世界而来的美感。关于这个主题,美国著名的神学家乔纳森·爱德华兹(1703—1758年)的探讨可能是最有力的。

这个可见世界的无限壮美,如难以想象的广阔、天空无法测度的高度等,只是一种预表,象征上帝的世界,即灵性世界无限的华丽、高度和荣耀;他的能力、智慧、圣洁和爱,这些难以理解的事物,通过这个世界彰显,以陈明道德与自然的良善、光明、知识、圣洁和快乐等的伟大,也就是呈现这世界的伟大,彰显天堂的高度。

爱德华兹的自传性著作充满这种对世界之美的狂喜感受,尤其是他的《杂记》(*Miscellanies*)。"当我们因长满鲜花的草地与和煦的微风而心旷神怡时",我们感受到美感,对于爱德华兹来说,如果将这种美感置于可靠的神学基础之上,它便是在仿效上帝的圣洁,这是《圣经》所阐明与证实的。

20世纪的天主教神学家强调美的神学重要性,汉斯·乌尔斯·冯·巴尔塔萨(1905—1988年)便是一个例子。但是,巴尔塔萨根本没有任何"美学神学"的观念。他的重要著作《主的荣耀》(1961—1969年)最好被视为"神学美学",而不是"美学神学"。巴尔塔萨认为,"美"的范畴应当用来说明上帝的启示,而不是用于上帝的人的某种范畴。巴尔塔萨没有以自然之美对上帝的存在进行哲学论证。相反,他认为,我们所体会的自然之美是信仰的结果,而不是信仰的原因或条件。我们不是通过美走近上帝;相反,上帝通过基督之美走近我们。

一些基督教神学家试图说明如何通过自然短暂且不充分地认识上帝,上述三种看法只是他们采用的一些方法。但是,这些看法也受到质疑。在以下部分中,我们将探讨基督教神学传统中对自然神学的一些反对。

7.5 反对自然神学

如果基督教传统中大多数神学家肯定对上帝的自然认识，承认还有其他不同看法便十分重要。自然神学的整个事业在神学与哲学上都受到有力的批判。在以下部分中，我们将探讨对自然神学的这两种批判。

神学的反对：卡尔·巴特

瑞士新教神学家卡尔·巴特在神学上批判对自然神学的某些看法，他的批判是有根据的，也是可靠的。巴特认为，自然神学还在延续人对自主权的追求，这在启蒙运动的文化中达到顶峰。在巴特看来，"自然神学"是人在协力颠覆启示，因为他们宣称，不需要依靠上帝的自我启示便能认识上帝。

对于巴特来说，自然神学是人企图颠覆上帝启示的必要性。它试图按照人规定的方法和条件认识上帝，而不是根据上帝的方法和条件。可以认为，巴特驳斥自然神学是有原则的努力，要保护上帝启示的整全性，防止人企图构建自己的上帝观或破坏启示的必要性。

尽管巴特对人企图颠覆启示较早的驳斥是在批判**宗教**的框架下进行的，但是，从《教会教义学》第二卷第二章起，他特别批判了自然神学。在此，巴特进一步系统地批判自然神学，认为它是"从自然来到人这里"的神学，说明人在上帝面前的"自我保护和自我肯定"。巴特认为，自然神学最好地说明了人对自以为义和理智自主权的渴望。

因此，巴特反对自然神学的基础是他的基本信念，即自然神学破坏上帝自我启示的必要性和独特性。如果不需要上帝在基督里的自我启示便能认识上帝，人必然可以操控认识上帝的地点、时间和方法。对于巴特来说，自然神学与人的自主权有紧密的联系。巴特的理解是，自然神学肯定、说明人渴望按照自己的方式找到上帝。因此，除了耶稣基督，自然神学似乎提出启示的第二个来源。对于巴特来说，启示只能出自上帝，源于上帝的恩典，即上帝决定让人认识自己。除了上帝的自我启示，根本没有认识上帝的方法。

巴特对自然神学的态度主要受到以下三种批判：

1. 巴特的批判者认为，他对自然神学的批判似乎没有充分地以《圣经》为依据，他对经文的解释相当于他将自己的看法强加给经文，而不是忠实地解释经文。詹姆斯·巴尔等神学家认为，巴特否定自然神学的基础其实绝不是解经，而是反映出现代神学、哲学和社会的潮流与进展。

2. 巴特对自然神学的看法清楚说明，他极大地偏离了他明显自认为所代表的归正宗传统。在《教会教义学》中，巴特往往将加尔文解释为自然神学的批判者，这是很值得怀疑的判断。

3. 巴特对自然神学的消极态度，至少导致人们对自然科学的冷漠，从而造成神学与科学很少对话。

这些看法都能遇到。在以下部分中，我们将探讨巴特传统的一位重要神学家，他对自然神学有相当不同的态度。

神学的回应：托马斯·托伦斯

著名的苏格兰神学家托马斯·托伦斯（Thomas F. Torrance，1913—2007年）在其他基础之上提出对自然神学相关却不同的看法。在英语世界，托伦斯是巴特的主要拥护者和诠释者之一。托伦斯认为，彻底割裂"启示神学"与完全自主和并不统一的"自然神学"是巴特从根本上否定自然神学的先决条件。对于托伦斯来说，

> 就传统的自然神学而言，巴特不反对它的无效论证，甚至是它的理性结构，而是反对它的自主性——即抛开永生三一上帝主动的自我启示而"仅以自然"为基础构建自主的理性结构。

托伦斯也强调，巴特批判自然神学的基础不是任何形式的二元论：例如，某种自然神论的二元论或某种马西昂派的二元论，前者是关于上帝与世界的二元论，暗示上帝根本没有主动与世界建立联系，后者是关于拯救与创造的二元论，意味着贬低受造物。在这些重要方面，托伦斯显然赞同巴特。

托伦斯发现，巴特否定的各种自然神学似乎有基本的哲学难题。他认为，这种自主的自然神学是

> 绝望的尝试，企图在概念与经验之间架起逻辑的桥梁，跨越上帝与世界致命的间隔，自然神学最初的设想便是如此，但是，它必然和科学抛开观测资料而前行的观念一同失败。

通过架起观念与存在者之间"逻辑的桥梁"，自然神学试图推论出上帝，从而实现对上帝的经验认识与理论认识的逻辑形式化。对于托伦斯来说，自然神学的"传统抽象形式"在于"自然神论割裂了上帝与世界"——我们很快还会探讨。因此，可以认为，以托伦斯相信巴特所支持的某种方式，导致巴特质疑自然神学的关注得以解决。

我有类似看法，特别是在《公开的秘密》（*The Open Secret*，2008）中，我提出，自然神学最好被理解为在基督教框架之内形成的"看待"自然的方法。在此，自然神学被理

解为形成在三位一体的框架之内，使自然可以被视为上帝的创造。例如，这让自然中恶与混乱的存在于"拯救秩序"的框架之内得以解决。

然而，新教还有对"自然神学"的其他反对意见，尤其是归正宗重要的宗教哲学家阿尔文·普兰丁格在著作中提出的。

哲学的反对：阿尔文·普兰丁格

近年来，有归正宗神学思想的宗教哲学家相当杰出。阿尔文·普兰丁格（1932—　）和尼古拉斯·沃尔特斯多夫（1932—　）就是这类思想家的杰出代表，他们对近几十年的宗教哲学做出了极大的贡献。普兰丁格的理解是，"自然神学"试图证明或说明上帝的存在，他极力反对自然神学，因为他相信，自然神学的基础是对宗教信仰之本质的错误理解。他反对自然神学的根本原因相当复杂，可以概括如下：

1. 自然神学认为，信仰上帝必须以证据为基础。因此，严格来讲，信仰上帝不是基本信仰——不证自明、不可矫正或可被明显感知的信仰。因此，信仰上帝本身就需要以更基本的信仰为基础。但是，以其他某种信仰为信仰上帝的基础，其实是赋予其他信仰比信仰上帝更高的认知地位。对于普兰丁格来说，正确的基督教看法是，肯定信仰上帝本身就是基本信仰，不需要根据其他信仰来证明。

2. 自然神学没有被归正宗传统证明，包括加尔文及其追随者。普兰丁格和沃尔特斯多夫都自认为是归正宗哲学家，这使归正宗的历史传统对他们的看法十分重要。

上述第二种看法似乎不符合史实，将其忽视可能是最好的。在这一点上，普兰丁格可能受到巴特的影响，巴特认为，加尔文不赞同自然神学的观念。但是，他驳斥自然神学的第一个论证却越来越受关注。

普兰丁格明显将托马斯·阿奎那视为"**最卓越的**自然神学家"，并特别重视他的方法。对于普兰丁格来说，阿奎那在神学和哲学上都是基础主义者，因为"确切地说，知识在于一套从不证自明的第一原理用三段论法推论得出的命题"。普兰丁格认为，阿奎那的《驳异教大全》说明，阿奎那的出发点是证据，以此论证对上帝的信仰，这显然让这种信仰基于恰当的证据。许多学者已经注意到，对现代哲学和神学的基础主义越来越多的批判非常重要；我们在此要特别指出，普兰丁格的自然神学观是，他相信自然神学想要证明上帝的存在。

自然神学显然不必做出任何这种假设；实际上，我们有很好的理由提出，自然神学应当被理解为从信仰的角度证明信仰与世界结构的和谐，这是历史事实。换句话说，自然神学不想证明上帝的存在，而是假设上帝的存在，进而提出问题："如果自然界的确是上帝创造的，我们应当希望它是什么样子？"因此，寻找自然的秩序，不是想要证明上帝的存在，而是巩固已有信仰的可信性。这种看法可以在威廉·奥尔斯顿的著作中看到，我们可以认为，他至少有某些普兰丁格对归正宗认识论那样的忠诚；但是，奥尔斯顿往往更积极地看待自然神学。

哲学的回应：威廉·奥尔斯顿

在研究著作《感知上帝》（1991）中，奥尔斯顿阐释自己眼中负责而可行的看法。他将自然神学定义为"不以或不假设任何宗教信仰为前提来支持宗教信仰的事业"。奥尔斯顿承认，不可能用宗教之外的前提构建证明上帝存在的证据，不管怎样，这都不是对自然神学的正确看法。

确切来说，自然神学以上帝的存在或世界的秩序为出发点，说明这个出发点引导我们承认存在一位可被接受为上帝的存在者。因此，在奥尔斯顿看来，自然神学与证明上帝存在的传统论证有很强的趋同性，特别是托马斯·阿奎那进行的论证。但是，他的自然神学观超越这种狭隘的论证，鼓励与人生活中和人所关注的其他领域互动——他显然将科学包括在内。因此，自然神学为"有神论这种普遍世界观的真理提供形而上的理由"，让我们架起通往其他学科的桥梁。

从以上的讨论中可以清楚看出，普兰丁格和巴特都非常关注自然神学的本质与范围，在未来对自然神学的讨论中，这仍将非常重要。我们现在来思考直接源于这个问题的其他问题——哲学分析在神学中的地位。哲学应当在神学中起到什么作用？阿尔文·普兰丁格提出的问题对神学重要吗？因为它们对基督教论述上帝没有任何意义便不予理睬吗？我们将在下一章思考这些问题。

卡尔·巴特与艾米尔·布伦纳的争辩（1934）

历史上经常爆发被争辩双方都视为有划时代意义的神学争辩。一个很好的例子是，马丁·路德与鹿特丹的伊拉斯谟就人类自由意志进行的争辩（1524—1525年），这场争辩仍被许多人视为给未来的讨论设定了标准。对于许多人来说，关于自然神学的划时代争辩仍是卡尔·巴特与艾米尔·布伦纳始于1934年（他们的分歧至少始于1929年）的交锋。

1934年，布伦纳出版《自然与恩典》（*Nature and Grace*）。他在书中认为，"我们这代神学家的任务是找到一条路，回到合理的自然神学那里。"布伦纳在创造教义中寻找这条路，尤其是人按照"上帝的形象"（imago Dei）受造的观念。人性的结构与上帝有可类比之处。尽管人性有罪，但是，它仍有在自然中辨识上帝的能力。有罪的人仍能在自然和历史事件中认识上帝，认识到他们在上帝面前的罪。因此，上帝的启示在人性中有"接触点"（Anknüpfungspunkt）。

布伦纳早在 1927 年便已经使用"接触点"的观念，这对他理解人性至关重要。对于布伦纳来说，在人性的结构中，有上帝启示现成的接触点。因此，启示的对象——人性——已经对启示有所了解。以福音要求"认罪悔改"为例，布伦纳认为，只有人已经对"罪"有所理解，这个要求才有意义。因此，当福音提出悔改的要求时，听众至少对"罪"和"悔改"有些了解。启示让人更充分地理解罪的意义；但是，与此同时，它的基础是人已经意识到罪。

巴特相信，布伦纳对自然神学的积极评价似乎意味着，上帝需要帮助，才能被人认识，或人在启示这件事上与上帝进行某种合作。"除了自己建立的接触点，圣灵……根本不需要其他接触点。"对于巴特来说，人性中根本没有与生俱来的"接触点"。任何这种"接触点"本身便是上帝启示的结果。它是上帝的道（话）唤起的，而不是人性永恒的特性。从 20 世纪 20 年代末开始，巴特便怀疑布伦纳对启示有较为"对话式"的看法，他们的友谊于 1929 年彻底破裂。

巴特对布伦纳的回应可以用许多方式解读，但是，最有帮助的，是将其视为否定受造物与创造者之间的延续性。对于巴特来说，这种观念是用**本体类比**（analogia entis）的概念说明的，即上帝与受造物因创造而有的相似性。巴特从 1929 年起开始抨击本体类比的观念，显然认为这种观念是布伦纳理解自然神学的基础。由于巴特否定本体类比，人的语言和上帝的语言便没有与生俱来的趋同性。正如巴特后来在《教会教义学》中所说，尽管人"被允许与命令"论述上帝，但是，人的语言"只是'近似的'……在每一点上都需要修正"。即使人这样"近似地"或"生动地"论述上帝，这本身也不适合这个对象，因而不适于说明、肯定对上帝的认识。我们不能凭借自己的能力霸占上帝——在耶稣基督里与我们相遇的永生上帝。因此，自然神学的基础是对人性有缺陷的神学理解，这对我们如何使用有关上帝的用语和构建我们的上帝观有重要意义。

这次划时代的交锋没有解决关于自然神学的争辩——这场争辩一直持续到今天，而且又爆发了颇受欢迎的附属争辩：在 1934 年的交锋中，巴特和布伦纳的真实想法究竟是什么？

7.6 自然科学与基督教神学：互动的模式

基督教神学与自然科学现在展开的对话影响力越来越大，如果不思考这种对话的重要性，便不可能讨论"自然神学"。19 世纪，达尔文争辩爆发。查尔斯·达尔文的《物种起源》

（1859）和《人的由来》（*The Descent of Man*，1871）的出版，提出人类起源与发展的纯自然主义理论。在许多观察家眼中，达尔文主义不仅令基督教对创造的看法显得多余；这些理论现在也站不住脚。达尔文关于人类起源与发展的进化论激起新教与天主教神学家极大的神学反抗。由此爆发的争辩在达尔文的祖国英国特别激烈，但是，我们在此不需要探讨其中每一个细节。然而，争辩提出的基本问题今天仍非常重要：基督教神学与自然科学有什么关系？主要有四种看法发展起来，我们将在以下部分中探讨。

科学与神学的延续性

在19世纪的新教神学中，自由派新教神学是主导力量。甚至施莱尔马赫著作中最早的自由派新教神学，也致力于用符合时代公认智慧的方法重新解释基督教信仰。施莱尔赫在《物种起源》出版大约25年之前去世，但是，他的总体思路被继任者用于物种起源的问题上，如阿尔布雷希特·利策尔。因此，自由派新教认为，进化论让神学理解上帝与受造物同在、上帝活跃在受造物中的独特方式。进化与上帝的眷顾并不矛盾；相反，它让人明白上帝如何眷顾世界。

过程神学是特别好的例子，可以代表这样一种神学：试图重新解释基督教传统，迎合现代科学的见解。过程神学援用阿尔弗雷德·诺思·怀特海（Alfred North Whitehead）和查尔斯·哈茨霍恩（Charles Hartshorne）等哲学家的见解，将上帝理解为新奇事物和秩序的源头。但是，基督教的传统上帝观——上帝是从无中创造万物的创造者——受到怀疑。因此，约翰·科布（John B. Cobb Jr.）和大卫·格里芬（David R. Griffin）更愿意从上帝在混沌中创造秩序的角度探讨，认为上帝是新奇事物的源头，以动人心魄的爱在宇宙中创造秩序。

过程神学与德日进（Pierre Teilhard de Chardin，1881—1955年）在著作中提出的观念有相似之处，但是，也有重要差异。德日进是耶稣会的古生物学家，对进化论有浓厚兴趣，认为宇宙处于向更复杂结构进化的状态。在《人的现象》（*The Phenomenon of Man*，1955）等著作中，德日进宣称，上帝在这种进化过程中无处不在，引导它最终聚合在"欧米茄点"。这种向最终目标进化的观念不是过程神学的普遍特点。

科学与神学的独特性

新正统神学肯定神学的独特性，从某种程度上讲，这是反抗各种自由派神学迎合世俗观念与方法的倾向。卡尔·巴特在《教会教义学》中对创造教义的讨论或许能最清楚地说明这种趋势。对于巴特来说，创造是神学事件，不能根据自然科学来说明和解释。因此，巴特本来便不允许哲学在神学中起到任何基础性作用，现在则更不允许自然科学有这种作用。自然科学有其足以胜任的特定领域；但是，这些领域不包括证明或解释基督教信仰。受新正统神学影响的美国神学家的著作有类似看法。在《天与地的创造者》（*Maker of Heaven and Earth*，1959）中，朗顿·吉尔基（Langdon Gilkey，1919—2004年）便给出了很好的例子。吉尔基提出，神学和自然科学最好被理解为理解现实的独立而不同的方法。自然科学提出的问题是"如何"，而神学提出的问题是"为何"。自然科学研究第二因（即自然中的相互作用），而神学探究第一因（即首先研究自然最终的起源和目的）。

卡尔·拉纳（1904—1984年）也肯定学科的独特性。拉纳采用类似于吉尔基使用的框架，认为科学注重"后天经验"（a posteriori experience），而神学探讨"先验问题"（a priori question）。拉纳认为，当科学家开始假扮神学家时，事情会被搞砸，反之亦然，因为他们不尊重自己各自学科显著的特点和局限。

科学与神学的趋同性

新正统神学认为，神学和自然科学都有各自独立的议题和方法，但是，近年来一些新教神学家赞成这两个学科需要对话。因此，沃尔夫哈特·潘能伯格认为，自然科学的见解可以说明基督教对创造教义的理解。潘能伯格坚持认为，这两个学科是不同的，但是，他同时认为，它们可以互动，让彼此获益。相关观念可以在苏格兰重要的神学家托马斯·托伦斯的著作中看到。

托伦斯认为，神学和自然科学都持守某种实在论，因为它们都探讨在它们尝试理解之前便已经存在的现实。它们都需要对事物本来的样子不存偏见，它们的探究方法需要符合它们所遇见的现实的本质。托伦斯的看法基于一种理解，即强调上帝自我启示的优先性。这被视为客观现实，独立于人的理性活动。这无疑是托伦斯赞同巴特的地方，但是，他不是不加批判地拥护巴特。

我在三卷的《科学的神学》（*Scientific Theology*，2001—2003年）中有类似看法，我认为，自然科学和基督教神学都探讨客观现实，是可以在理论上加以阐释的。"科学的神学认为，神学事业是有原则地尝试解释上帝的现实，它的理解是，上帝的现实扎根于世界的不同层面。"我提出一种批判实在论，承认认知者积极参与认知过程，同时用罗伊·巴斯卡尔（Roy Bhaskar）的"现实分成"（stratification of reality）探讨神学分析的各个层面。

科学与神学对立

科学与神学永远处于战争状态，这是对科学与神学的关系最有影响力的理解之一。这种看法于19世纪下半叶流行起来，并有了新生命，因为"新无神论"（New Atheism）积极接受了它，这在理查德·道金（Richard Dawkin）的《上帝的骗局》（*God Delusion*，

2006)中特别明显。道金认为，科学迟早会消灭宗教。现在，历史学家不相信科学与宗教的"战争"模式；但是，这不妨碍它继续发挥影响力，尤其是在流行文化中。

然而，不只有"新无神论"倡导科学与神学的战争。这种看法也能在更保守的新教中看到，特别是在美国。这种看法认为，《创世记》对创世的记载是对世界起源的正确理解，在自然科学提出的对立理论面前仍然正确。这种看法认为，《圣经》的看法与科学的理论不是互补的。相反，它相信，《圣经》正确、客观地记载人类的起源和发展，这与进化论是冲突的——因此说进化论是错误的。尤其是美国保守的福音派有这种看法，越来越多的人将其称为"科学创造论"，可以在亨利·莫里斯（Henry M. Morris）等神学家的著作中研究它，尤其是他的《科学创造论》（*Scientific Creationism*，1974）。

研讨问题

1. 你如何理解"启示"？
2. 许多神学家认为，神学基本是解释《圣经》的启示真理。这种看法有什么优点？又有什么缺点？
3. 为什么埃米尔·布伦纳特别强调真理的亲自性。他想说明什么？这种看法受到什么批判？
4. 上帝启示的"两部书"这个观念对基督教神学与自然科学的关系有什么影响？
5. 批判地评价卡尔·巴特对自然神学的批判。
6. 你如何评价本章所阐释的对自然科学与基督教神学之间关系的四种看法？

第八章 哲学与神学：对话与争辩

德尔图良于公元3世纪问道："雅典与耶路撒冷有什么关系？雅典学园与教会有何相干？"德尔图良的基本问题是关于基督教神学与世俗哲学关系的，尤其是柏拉图哲学。雅典学园在希腊城市雅典诞生，是柏拉图于公元前387年创建的世俗学府。对于德尔图良来说，基督教神学家所栖身的精神世界与异教思想家的完全不同。他们怎能进行对话呢？

纵观基督教史，这个问题在任何时期都产生了共鸣。例如，公元797年，英国修道士神学家阿尔昆（死于804年）斥责了霍利岛林迪斯法纳修道院（Lindisfarne Abbey）的修道士，因为他们阅读的北欧人的传奇故事太多了，包括许多关于异教英雄英格尔（Ingeld）的英勇壮举的传奇故事。阿尔昆问道："英格尔与基督有什么关系？"——从而提出了德尔图良于数百年前所提出的同一个问题。阿尔昆纠正这种情况的方法直截了当，切中要害："让上帝的话在你们餐厅的饭桌前被高声诵读。应当在那儿恭听读经师，而不是演奏长笛的人。应当恭听教会的教父，而不是异教徒的歌曲。"

然而，其他神学家却不这么肯定这种态度，他们鼓励友善的对话，建设性地应对世俗哲学。所有真理不都是上帝的真理吗？这种洞见不是要求基督教神学与世俗哲学互动吗？公元2世纪，殉道士查斯丁对柏拉图哲学的态度特别友好，这使他的批判者提出，他只是给柏拉图哲学施了洗，没有与它们进行充分的批判性互动。奥古斯丁赞同批判地利用世俗哲学，将这种过程比作摩西在出埃及时期对埃及财富的掠夺。摩西不是"学了埃及人一切的学问"吗？（使徒行传7：22）

近年来，教宗约翰·保罗二世（John Paul II）强调神学与哲学对话的重要性。在通谕《信仰与理性》（*Faith and Reason*，1998）中，他指出哲学的完整性，以及哲学帮助教会在探讨、捍卫、传扬其观念方面的作用：

> 教会不得不极为重视理性实现令人类生活更有价值的动力。她在哲学中看到认识关于人类生活基本真理的方法。与此同时，教会将哲学视为不可或缺的帮手，帮助教会更深刻地理解信仰，将福音的真理传给尚不知晓的人。

我们简要介绍了基督教神学与世俗哲学的矛盾关系，这让我们更详细地研究它们互动的某些方面。有时，它们处理类似问题，即使它们基于不同的资源以不同方法回答这些问题。我们如何获得可靠的知识？宗教用语的地位是什么？可以说上帝的存在能被"证明"吗？这个庞大的课题本身便需要数卷书的篇幅才能充分探讨。在以下部分中，我们只能概述这场讨论的一般主题，希望读者想要进一步探究这个课题。

对基督教影响最大的哲学体系与方法有：

1. **柏拉图哲学**：各种柏拉图哲学对教父时期东西方基督教神学的形成都产生了巨大影响。

2. **亚里士多德哲学**：亚里士多德哲学在中世纪有极大的影响力，尤其是对托马斯·阿奎那。

3. **拉梅哲学**（Ramism）：拉梅哲学是皮埃尔·德·拉·拉梅（Pierre de la Ramée，1515—1572年）发展起来的哲学，各个流派的清教神学家认为，拉梅哲学特别适合捍卫、传扬归正宗神学。

4. **笛卡尔哲学**（Cartesianism）：笛卡尔哲学是勒内·笛卡尔（René Descartes，1596—1650年）发展起来的。笛卡尔哲学试图以知识的绝对可靠的第一原理为基础构建哲学和神学。

5. **康德哲学**（Kantianism）：康德哲学的基础是伊曼纽尔·康德的思想，康德哲学对18世纪末和19世纪初的德国神学产生了巨大影响。

6. **黑格尔哲学**（Hegelianism）：黑格尔哲学的基础是黑格尔（1770—1831年）的著作，路德维希·费尔巴哈和卡尔·马克思的著作以不同的方式反映出黑格尔哲学，19世纪和20世纪初的唯心主义哲学家和神学家继承、发展了黑格尔哲学。

7. **存在主义**（Existentialism）：从某种程度上讲，这个一般的哲学范畴源于丹麦哲学家与神学家索伦·克尔凯郭尔（1813—1855年）的遗产，存在主义影响了20世纪的神学家，如鲁道夫·布尔特曼、保罗·蒂里希和约翰·麦奎利（John Macquarrie）。我们之前已经较为详细地思考了这种哲学，研究了它对神学的重要性。

我们现在来思考信仰与理性最有趣的关系之一：在神学中使用"帮手"或"对话伙伴"，这通常被称为"神学的婢女"（ancilla theologiae）。

8.1 哲学与神学：婢女的观念

基督教神学最有趣的方面之一，是基督教神学在两千年的历史中与各种哲学流派互动的方式。我们已经在思考基督教与古代文化的互动时讲过，各种哲学流派有时被视为基督教信仰的盟友，有时被看作它的敌人。

基督教神学有一种漫长的历史，即用基督教传统以外的知识资源发展神学异象。这种看法通常被称为"神学的婢女"，其基础是这个基本观念：哲学体系可以是非常有用的方法，促进神学发展，让基督教思想家与其文化环境展开对话。对神学的这种看法在历史上有两个最重要的例子：同柏拉图哲学和同亚里士多德哲学的对话。

在基督教会的最初五百年，同柏拉图哲学对话非常重要，尤其是在说希腊语的东地中海世界。随着基督教在这里扩张，它遇到与之竞争的世界观，柏拉图哲学是其中最重要的。这些世界观既可能是积极的，也可能是消极的；它们既是对话和知识进展的机遇，也是基督教生存的威胁。殉道士查斯丁或亚历山大的克雷芒等神学家所面临的任务，是如何利用柏拉图哲学明显的知识优点构建基督教世界观，同时不危害基督教自身的完整性。基督教毕竟不是柏拉图哲学，尽管它们偶尔有相似之处。

在13世纪经院神学的黄金时代，爆发了新争辩。中世纪的思想家重新发现亚里士多德，这似乎提供了新资源，有助于知识生活的方方面面，包括物理学、哲学和伦理学。同样，神学家必然希望知道，他们可以利用亚里士多德的哪些观念和方法构建系统神学——如托马斯·阿奎那的巨著《神学大全》被普遍视为有史以来最伟大的神学著作之一。

在同柏拉图哲学和亚里士多德哲学的对话中，将另一门知识学科用作"神学的婢女"带来同等的机遇和风险。理解这些机遇和风险显然非常重要。批判地利用另一门学科为神学带来两个重要机遇，可以概括如下：

1. 批判地利用另一门学科可以更严谨地探讨观念，否则便难以做到。基督教神学在努力发展自己的观念时所遇到的问题，通常类似于其他学科的问题。例如，托马斯·阿奎那发现，亚里士多德的"不动的推动者"（unmoved mover）这个观念有助于阐释捍卫上帝存在的一些原因。

2. 批判地利用另一门学科可以让基督教神学与另一种世界观对话——这是教会向自己的世俗环境证明自己的重要部分。公元2世纪，殉道士查斯丁显然相信，柏拉图哲学与基督教的相似之处深深打动了许多柏拉图主义者，以致他们可能考虑过归信基督教。同样，在"亚略巴古的讲道"（Areopagus address）中（使徒行传17：22—31），保罗试图利用斯多葛哲学的一些主题向雅典文化传讲基督教信息。

然而，除了这种对话的这些积极方面，还必须指出明显的风险：不是基督教特有的观念开始在基督教神学中发挥重要的（甚至可能是规范的）作用。例如，亚里士多德对正确逻辑推理方法的看法，或笛卡尔对所有知识学科的正确起点的看法，可能进入基督教神学。有时，这可能只是中立的进展；有时，这可能最终被公认为有负面意义，损害到基督教神学的完整性，最终导致基督教神学遭到歪曲。伟大的德国改教家马丁·路德认为，由于在中世纪过度地、偏爱地、不加批判地使用亚里士多德哲学，中世纪的许多神学都被歪曲。

尽管有这些担忧，批判地利用另一门学科的方法还在被广泛使用。19世纪的许多德国神学家发现，黑格尔和伊曼纽尔·康德都是有益的对话伙伴。到了 20 世纪，鲁道夫·布尔特曼和保罗·蒂里希都发现，同存在主义对话可以结出丰硕的神学果实。近年来，我认为，自然科学有效的方法和假设有重要的神学意义（参我的三卷本著作《科学的神学》，2001—2003）。

在以下部分中，我们将探讨两个重要的古代哲学流派如何帮助基督教神学发展，尤其是通过推动探讨发展所提出的问题。这个分析并不详尽，只想说明哲学与神学建立联系的一般方法。

柏拉图哲学

柏拉图（前 427—前 347 年）被普遍视为古代最伟大的哲学家之一。在伯里克利（Pericles，他可能是雅典最伟大的政治家）时期，柏拉图生于雅典一个贵族家庭。柏拉图年轻时结识了苏格拉底，他非常崇拜苏格拉底。在苏格拉底于公元前 399 年被判刑处死之后，柏拉图离开雅典，开始撰写令他名垂青史的对话录。这些对话录通常分为三类：

1. **早期对话录**：早期对话录通常被视为纪念或颂赞苏格拉底。这些对话录包括《游叙弗伦》（*Euthyphro*）、《克里同》（*Crito*）和《申辩》（*Apology*）。

2. **中期对话录**：中期对话录写于雅典学园于公元前 387 年成立之后，包括著名的对话录《理想国》（*The Republic*）。《理想国》反映出柏拉图的信念，即哲学家应当是国王，国王应当是哲学家。也可以认为，《理想国》说明柏拉图希望教育公元前 367 年在叙拉古（Syracuse）的小狄奥尼修斯（Dionysius the Younger）。

3. **晚期对话录**：晚期对话录写于柏拉图于公元前 360 年从叙拉古回到雅典之后。在这些对话录中，苏格拉底退到幕后，不再扮演重要角色。

在柏拉图的思想中，最重要的方面可能是"理型"（Forms）理论。"理型"可以被理解为世界上"存在者"的原理。表象世界可以通过"理型"的特殊映像理解与解释。柏拉图认为，善的"理型"和逻各斯的观念特别重要，通过逻各斯，世界的理型得以传达，并被概念化。

在柏拉图去世之后，柏拉图哲学有了重要发展。许多学者区分柏拉图哲学后来的各个发展阶段，包括"中期柏拉图哲学"和"新柏拉图哲学"。教父时期的基督教神学家发现，柏拉图哲学的**逻各斯**观念非常重要，尤其在解释上帝的启示和基督论方面。柏拉图哲学的**通种论**被普遍用来解释如何在非基督教环境中辨认基督教上帝的智慧，如在希腊哲学中。同样，基督向世界显明上帝，他的这个作用被视为类似于逻各斯在中期柏拉图哲学中的作用。

基督让人看见创造的秩序，这种观念在许多基督教柏拉图主义者的著作中都非常明显。亚历山大的克雷芒在心中假想一位柏拉图主义听众，他强调，作为逻各斯的基督能启示出人通过其他方法所不能认识的真理。真理是可以被认识的——能被看见的：

> 上帝自己的道说："我就是真理。"现在，可以通过圣灵默想上帝。但是，柏拉图说：谁是真哲学家？那些希望看见真理的人。他在《斐德若》(Phaedrus)中说，真理是理念。但是，这个"理念"正是上帝的思想，被异教徒称为他的逻各斯。现在，作为创造的因，逻各斯从上帝而出。那么，当成为肉身时，逻各斯本身就为父所生，以便他可以被人看见。

因此，克雷芒将自己的思想建立在柏拉图哲学的基础之上，同时强调哲学体系相比于基督教的不足。如何看见真理？柏拉图根本没给出答案；他强调"看见"真理的重要性，但是，他没有让人看见真理。然而，基督教说到、认识到成为肉身的逻各斯——所以人是可以看到的。

亚里士多德哲学

亚里士多德（前384—前322年）生于希腊北部的斯塔基拉（Stagira），他继承了父亲对自然界的兴趣，逐渐培养出观察的巨大才能。他的影响力极为深远，可以说，他可能比其他任何一位思想家更决定了西方许多知识史的走向和内容，尤其是由于13世纪的亚里士多德复兴。

数百年来，亚里士多德所缔造的哲学与科学体系，成为中世纪基督教与伊斯兰教经院思想的支撑和载体。事实上，可以认为，17世纪之前的西方文化是亚里士多德文化。甚至在随后数百年的知识革命之后，亚里士多德的概念和思想仍在西方思想中根深蒂固。因此，亚里士多德哲学对基督教神学的潜在影响显然是巨大的。

公元前367年，亚里士多德在17岁时进入柏拉图学园。但是，他显然注重观察自然秩序，这完全不同于柏拉图。他对动物的研究为生物学奠定了基础，直到他去世两千多年之后才被淘汰。这些伟大的研究工作可能主要是在阿索斯（Assos）和莱斯博斯岛（Lesbos）进行的。亚里士多德在政治问题上也不赞同柏拉图，认为国王不必成为哲学家——这是积极的责任。国王应当听取哲学家的建议，而不是自己努力成为哲学家。

柏拉图与亚里士多德的分歧难以忽视，导致亚里士多德在柏拉图学园受到一些冷落。亚里士多德没有成为柏拉图学园的园长，他于公元前335年在雅典创建自己的学园吕克昂学园（Lyceum）。柏拉图学园在授课兴趣上往往十分狭隘；亚里士多德则确保吕克昂学园教授更广泛的科目。亚里士多德非常重视详细研究自然。他写了大约30部著作，每一部似乎都不是为了发表。公元前60年，吕克昂学园最后一任园长罗得岛的安德罗尼柯（Andronicus of Rhodes）为这些著作补上现在的名字。这些著作包括论观察自然的重要著作——如《物理学》（*Physics*）——和论逻辑学的著作，包括重要的《分析篇》（*Analytics*），阐释逻辑论证的结构和过程。

亚里士多德对基督教神学的影响是巨大的。一个极好的例子是托马斯·阿奎那的"五法"——即对上帝存在的论证，我很快便会探讨。阿奎那从运动出发进行的论证基于一个原理，即运动的万物都受到某种力量的推动。这种原理直接取自亚里士多德的物理学。

因此，可以提出，阿奎那为基督教信仰的某些辩护其实是以亚里士多德的观念为基础的。在《驳异教大全》中，阿奎那大量使用亚里士多德的论证，显然他希望阅读该书的穆斯林学者发现，这是走进基督教信仰可接受的方式。中世纪初期的许多穆斯林学者十分重视亚里士多德，阿奎那似乎将他视为向穆斯林听众护教的基础。事实上，阿奎那从运动出发进行的论证——"五法"的第一法——十分倚重亚里士多德物理学的假设。

在思考过两种古代哲学对基督教神学的影响之后，我们要讨论现代的两场争辩，它们一直持续到今天，代表神学与哲学的互动所引发的一类问题。我们首先要问：是否可以证明基督教神学的观念。

实证与证伪：可以证明基督教的观念吗？

逻辑实证主义（logical positivism）源于维也纳大学，是兴起于 20 世纪最重要的哲学运动之一。"维也纳学派"（Vienna Circle）被普遍视为一群哲学家、物理学家、数学家、社会学家和经济学家，他们从 1924 至 1936 年聚在摩里兹·石里克（Moritz Schlick）周围。**必须根据经验证明信仰**是他们最基本、最独特的论点之一。这种信念可以被视为基于苏格兰著名的哲学家大卫·休谟（1711—1776 年）的著作，且明显有经验主义色彩。因此，维也纳学派的成员往往特别高估自然科学的方法和标准（自然科学被视为人类学科中最以经验为基础的），从而低估形而上学（它被认为想要脱离经验）。

艾耶尔（A. I. Ayer）于 1936 年发表的著作《语言、真理与逻辑》（*Language, Truth and Logic*）在英语世界普及了这些看法。第二次世界大战干扰了人们对该书的接受与评价，但是，它被普遍视为至少为第二次世界大战之后的二十年定下了哲学议题。该书大力、激进地应用实证原则，几乎否定所有通常被视为形而上学或宗教的东西，认为它们"毫无意义"。

从上述的分析可知，逻辑实证主义对宗教命题不屑一顾，由于不能证实而将其否定，认为它毫无意义。鲁道夫·卡尔纳普（Rudolph Carnap）声称，宗教命题是不科学的：

> 系统神学声称代表关于超自然秩序的所谓存在者的知识。同其他任何所谓的知识一样，这种主张必须根据同样严谨的标准检验。现在，根据我的审慎判断，这种检验明显说明，传统神学是过去的残余，完全不符合现代科学的思维方式。

陈述"上帝""超越者"或"绝对者"的命题毫无意义，因为根本没有可以证明它们的经验。艾耶尔认为，宗教命题可能提供关于命题提出者心态的间接信息。但是，它们不能被视为关于客观世界的有意义的命题。

然而，这种看法不能说服所有人。奥地利哲学家卡尔·波普尔（Karl Popper）认为，维也纳学派的实证原则过于死板，结果排除了许多正确的科学命题。

> 我对实证性标准的批评始终是：它违背其辩护者的意图，没有排除明显的形而上学命题；但是，它的确排除所有科学命题中最重要、最有趣的命题，即科学的理论、普遍的自然律。

然而，波普尔也相信，另一个原因导致错误地强调实证。它最终让弗洛伊德主义和马克思主义等许多"伪科学"冒充"科学"，但是，它们其实根本不是"科学"。

那么，用什么标准评判理论呢？波普尔坚持认为，理论必须能通过观察世界检验。逻辑实证主义强调，必须说明证明理论命题正确的条件，而波普尔认为，必须强调这种能力：说明证明理论命题错误的条件。

20世纪50与60年代，波普尔的看法在宗教哲学中具有巨大影响力，并与所谓的"证伪"争辩联系在一起。在1950年的论文《神学与证伪》（*Theology and Falsification*）中，哲学家安东尼·弗卢（Anthony Flew）认为，不能认为宗教命题是有意义的，因为根本没有可以证明它们错误的经验。事实上，弗卢在随着波普尔一同批判马克思主义和弗洛伊德主义，认为马克思主义和弗洛伊德主义可以随意解释观察或经验的证据。

弗卢用自己所说的比喻阐释他关注的问题。在丛林中，两位探险家看见一块空地。第一位说，他相信，有一位看不见的园丁在照料这块空地。第二位予以否定，提出通过各种感官试验予以证实，如等候园丁来到空地，利用侦探犬和电围栏证实是否真有园丁。所有测试都没有证实园丁的存在。第二位探险家认为，这证明根本没有园丁。但是，第一位探险家通过限制条件驳斥所有异议。他认为，有一位没有气味、无声的园丁。最后，弗卢认为，园丁的观念遇到"一千个限制条件的死亡"。园丁不能被看见、听见、嗅到或触摸到。那么，认为其实根本没有园丁的人便不可原谅吗？这当然是弗卢的结论。它基于一个事实，即不能通过证伪阐释宗教命题。

然而，对证伪的要求——就像以前对实证的要求——其实比最开始认为的更复杂。例如，自然科学不能满足弗卢的绝对要求，自然科学恰恰提出修正或"特性"，是弗卢在理论发展的过程中强烈反对的。异常数据通常在理论中通过微妙复杂的调整、修改、特性的过程调和了。在自然科学中，要求有无可置疑地证伪理论的东西（通常被称为"判决性实验"）

其实是不现实的——法国哲学家与物理学家皮埃尔·迪昂（Pierre Duhem，1861—1916 年）对这一点的证明非常著名。

在思考这场重要的哲学争辩之后，我们要来探讨另一场争辩。这一次，我们要来看看是否可以说基督教的神学命题是指终极实在，从而提出一个问题，即实在论在神学中的地位。

实在论：神学命题是指什么？

神学命题真是指某些实在吗？如上帝？或它们只是人想象的产物，根本不是指客观世界的任何实在？这些问题提出一个问题，即神学实在论。从传统上讲，大多数神学家都是实在论者，认为神学命题最终是指上帝的实在。近年来的神学家也是如此，如托马斯·托伦斯（1913—2007 年）和我自己。当为一种神学实在论辩护时，我和托伦斯都诉诸自然科学的假设和方法，各个层面的实在都采用适于其独特本质的方法加以研究。

大多数自然科学家认为，尽管难以说明或察觉，但是，"理论的"或"不可见的"实体还是被认为真实地存在。实体无法被观察到，可以说，这一事实不意味着它们并不存在。有很好的理由提出，电子、夸克和中子是存在的，尽管它们不能被直接"感知"或观察到。约翰·波尔金霍恩（1930—   ）——研究物理学与神学相互关系的杰出学者——进一步指出，难以描述，不能被视为说明某物并不存在：

> 我们能够理解使我们相信其真实性的物质世界，甚至是其真实性无法描述的物质世界，如量子论的难以捉摸的世界。这让物理学与神学有许多共同点，因为神学追求理解无法描述者。

通常所说的"批判实在论"（critical realism）对神学特别重要。经常说的"朴素实在论"（naïve realism）认为，客观世界与人的感知直接相关，因此，"实在"可以被直接感知。批判实在论认为，虽然是真实的，这种感知却是间接的，通过模型或类比传达。例如，我们永远都不会确切知道电子的样子，也绝不能期望看见电子。但是，这既不妨碍我们相信电子真实存在，也不妨碍我们开发电子的模型，帮助我们理解电子的习性。

这场争辩与宗教的联系显而易见。争辩——尤其是在宗教哲学中——最重要的问题之一，是上帝只是人的思想所构想的观念，还是上帝独立于人的思想而存在。在宗教思想的许多领域，"批判实在论"越来越受关注，可以概括为两个命题：

1. 上帝独立于人的思想而存在。
2. 人必须用模型或类比描述不能被直接认识的上帝。

因此，在科学与宗教中使用模型和类比是十分有趣的课题。

然而，不是所有人都赞同这种神学实在论。在非实在论者中，英国宗教哲学家唐·库比特（Don Cupitt，1934—　）是很好的例子。在《只是凡人》（*Only Human*，1985）中，库比特倡导的反实在论让我们可以随意创造自己的上帝观。根本不存在我们有义务尊敬的"客观真实的"上帝。他认为，世界完全没有停泊在实在论中。我们不是在回应实在，而是随意创造实在。因此，实在是我们构想的，不是我们回应的。"我们构想出所有世界观，我们创造了所有理论……它们取决于我们，不是我们取决于它们。"

随着时间的推移，库比特逐渐抛弃早期所持守的批判实在论（承认我们对上帝的论述绝不完全代表上帝的实在），转而坚决反对实在论（坚持认为"那里"根本没有客观的实在）。我们对"实在"——包括上帝——所说的一切其实都是关于我们自己的。我们在此看到的论点非常像路德维希·费尔巴哈提出的论点：为了满足自己的需要，人创造出形而上的实体。

我们概述当代神学争辩的一些哲学问题，只是想说明哲学问题对神学非常重要。我们已经探讨过两种重要的哲学，如果篇幅允许，还能很容易地探讨很多哲学。我强烈建议愿意更详细探讨这些问题的读者进一步阅读该领域的相关著作。在本章中，我们现在再来更详细地思考两个更深层的问题，都是关于神学与哲学互动的：是否能够证明上帝的存在，以及关于上帝的语言的本质。

8.2 能够证明上帝的存在吗？

信仰与理性的关系通常是这样讨论的：上帝的存在能否被证明，以及这种证明是否足以带领非基督徒归信上帝。尽管一些神学家认为可以，但是，基督教神学的普遍共识似乎是，尽管理性不能让人相信上帝，但是，信徒能给出自己信仰上帝的合理根据。奥地利哲学家路德维希·维特根斯坦（Ludwig Wittgenstein，1889—1951年）在《文化与价值》（*Culture and Value*）中说得非常清楚：

> 证明上帝的存在其实应当是让人说服自己上帝存在的手段。但是，我认为，进行这种证明的信徒想理性地分析自己的"信仰"，为其建立理性基础，尽管他们自己绝不会因这种证明而相信。

尽管讨论上帝的存在可以追溯到古代，但是，对这个问题的经典探讨是在中世纪进行的，现在的讨论都要参考它们，特别是坎特伯雷的安瑟伦于11世纪和托马斯·阿奎那于13世纪的论证被视为"证明"上帝存在的起点。安瑟伦提出所谓证明上帝存在的"本体论论证"。阿奎那提出"五法",从自然的果论证它们在其创造者上帝里的因。我们将分别思考这两种论证,然后再探讨近年来的一些论证。

坎特伯雷的安瑟伦的本体论论证

坎特伯雷的安瑟伦(约1033—1109年)生于意大利。1059年,他移居诺曼底,进入著名的贝克(Bec)修道院,于1063年成为副院长,于1078年成为院长。1093年,他来到英国,被任命为坎特伯雷的大主教。他主要因极力捍卫基督教的理性基础而闻名于世,尤其是他论证上帝存在的"本体论论证"。在《论证》(*Proslogion*,1097)中,他第一次提出论证上帝存在的"本体论论证"。("本体论"指哲学的一支,探讨"本质"的观念。)安瑟伦没有将自己的论证称为"本体论"论证。事实上,《论证》不是一部逻辑论证著作,而是默想的著作。在《论证》中,安瑟伦思考上帝的观念对他是不证自明的,以及这可能有的意义。

在《论证》中,安瑟伦将上帝定义为"无法设想比之更伟大的存在者"。那么,这是什么意思呢?安瑟伦认为,如果某人同意上帝的确是"无法设想比之更伟大的存在者",又认为上帝根本不存在,这便是自相矛盾。为什么?因为我们仍能想出比不存在的上帝更伟大的存在者——即一位存在的上帝。

因此,上帝被定义为"无法设想比之更伟大的存在者"。那么,这个存在者的观念是一回事,它的真实存在是另一回事。想到一百元的钞票,完全不同于你在手中拿着钞票——也更不能让人满足!安瑟伦的要点是:某物的观念不如它的真实存在。因此,上帝为"无法设想比之更伟大的存在者"这个观念包含一种矛盾——因为上帝的真实存在高于这个观念。换句话说,如果对上帝的这个定义是正确的,而且存在于人的思想中,相应的实在也一定存在。

列出安瑟伦的每一步论证会有助于我们理解它们。

1. 上帝是可能存在的最伟大的存在者。
2. 上帝存在于人的思想或理解中。
3. 只在头脑中作为观念而存在的存在者,不如真实存在的存在者伟大,所以不只是头脑中的观念。
4. 如果上帝只存在于人的思想中,上帝便不是可能存在的最伟大的存在者。
5. 因此,上帝一定真实地存在,就像头脑中的观念。

安瑟伦在以下这段文字中说明这五点论证,数百年来,思想家们始终在潜心研究这段文字(但是,我们必须指出,他们尚无定论)。

> 这（上帝的定义）确实真确，让人无法认为它不是确实的。因为我们完全可能想到某物，它的不存在是不能想象的。这一定比可能想出其不存在的某物更大。因此，如果该物（无法设想比之更伟大的存在者）能被想出不存在，"无法设想比之更伟大的存在者"便不是"无法设想比之更伟大的存在者"。这是一种矛盾。因此，的确有"无法设想比之更伟大的存在者"存在，它的存在是不可能想象的。主啊，我们的上帝，你便是这位"无法设想比之更伟大的存在者"！

这个论证明显有困难，即它易于遇到嘲讽。可以想出所谓证明任何完美之物存在的类似论证。一篇题为《为愚人辩》（*A Reply on Behalf of the Fool*）的文章是最著名的。（愚人指安瑟伦引用的《诗篇》第14篇第1节的经文：愚顽人心里说："没有上帝。"）这篇文章的作者是高尼罗（Gaunilo），他是11世纪马尔穆捷修道院（Abbey of Marmoutier）的本笃会修道士。高尼罗认为，安瑟伦的"论证"明显有逻辑缺陷（但是，必须强调，安瑟伦其实没有首先将它视为论证）。高尼罗提出，想象一座极为美丽的岛，完美到无以复加，以致不能再想出更完美的岛。高尼罗根据同样的论证指出，这座岛一定存在，因为真实的岛一定比只是作为概念的岛更完美。高尼罗是这样提出异议的：

> 人们说，海洋中某处有座岛，由于难以（确切地说是不可能）查明它并不存在，有人便将它称为"失落之岛"。我们得知，岛上有丰富的无价财宝和无限的快乐，远远超过快活岛，这座岛根本没有主人，也没有居民，在各方面的富足都胜过其他任何有人居住的岛。现在，如果有人告诉我这些，我很容易理解，因为根本就不难理解。但是，仿佛这就是直接结论，有人后来告诉我说："你不能怀疑这座比其他任何岛都美的岛在你的脑中，你更不能怀疑它在现实中的某处真实存在；既然它不只在你的脑中存在很好，在现实中存在更好，那么，它一定存在。"

高尼罗做出的回应被普遍视为暴露出安瑟伦的论证所潜在的严重缺陷。通过几乎同样的论证，我们可以认为，在安瑟伦看来，一百元钞票的观念似乎意味着，我们手中就有这张钞票。因此，仅凭某物的观念——无论是完美的岛，还是上帝——并不保证它的存在。

然而，不能这样轻易忽视安瑟伦。他论证的一部分是，"无法设想比之更伟大的存在者"是上帝的定义必不可少的一部分。因此，上帝属于完全不同于岛或钞票的范畴。"超越一切"是上帝本质的一部分。一旦信徒理解"上帝"一词的意义，对于他或她来说，上帝就真实地存在。这便是安瑟伦在《论证》中默想的目的：思考基督教对上帝本质的理解如何巩固对上帝真实存在的信仰。事实上，如果脱离这种信仰，这种"论证"便没有任何说服力，安瑟伦从来没有想要它脱离信仰，以一般的哲学方式使用。

此外，安瑟伦认为，高尼罗没有完全理解他。他在《论证》中进行的论证不包括这种观念：有一个实际上比其他存在者都伟大的存在者。相反，安瑟伦认为，有一个非常伟大的存在者，我们甚至不能想出更伟大的存在者。争论还在继续，直到今天还在争辩一个问题，即安瑟伦的论证是否真有根据。

现代对证明上帝存在的本体论论证的讨论深受德国哲学家伊曼纽尔·康德的影响。康德被普遍视为现代批判哲学的奠基人。他生于德国城镇柯尼斯堡（Knigsberg）——现在的俄罗斯城市加里宁格勒（Kaliningrad）。康德在柯尼斯堡大学接受教育，成为该大学的逻辑学与形而上学教授。他的重要著作包括：《纯粹理性批判》（1781）、《实践理性批判》（1788）和《纯然理性限度内的宗教》（1793）。康德对证明上帝存在的本体论论证进行了重要批判，以下是其中的核心论点。

康德坚持认为，"存在不是谓项"。安瑟伦的本体论论证错误地将存在视为事物有或没有的特性。康德认为，说某物"存在"不是认为存在是该物的属性，而是说世界上有该物的例证。因此，能具有上帝的观念，不一定进一步得出"上帝存在"的观念。康德用百元钞票的类比说明的要点同高尼罗以前用"理想之岛"的意象所说明的要点几乎是一样的：想出某一个观念不代表它的客体一定存在。康德是这样说的：

> 现在，"存在"（being）显然不是真正的谓项；也就是说，它不是某物的观念，可以被加之于某物的概念。它只是对某物的假定或某种肯定，而它本身是已经存在的。从逻辑上讲，它只是判断的联系动词。"上帝是全能的"这个命题包含两种观念，两种都有其宾语：上帝和全能。"是"（is）这个简单的词没有添加任何新的谓项，只是假定谓项与主语的关系。如果我们把主语（上帝）与它的所有谓项（"全能"便是其中之一）放在一起，说"上帝存在"或"有上帝"，我们没有给上帝的观念加上任何新的谓项；我们只是将主语与它的所有谓项联系在一起。

这种论证思路在基督教神学中非常有影响力，尤其是在护教领域。但是，安瑟伦的论证仍有支持者，仍是重要的促进因素，推动了当代对证明上帝存在之论证的有效性与实用性的辩论。例如，阿尔文·普兰丁格（1932—　）和其他神学家重新论证的方法是，强调上帝存在的内在一致性：

> 就对圣安瑟伦的论证这些重新的阐释而言，我们的判断必须是这样的：或

许不能说它们证明或证实了它们的结论。但是，既然接受它们的核心前提是合理的，它们便确实说明，接受它们的结论是合理的。

托马斯·阿奎那的"五法"

托马斯·阿奎那（约 1225—1274 年）可能是中世纪最著名、最有影响力的神学家。他生于意大利，在巴黎大学和其他北方大学的授课与写作让他名满天下。主要是他的《神学大全》让他闻名于世，他晚年开始撰写这部巨著，直到去世也没有最终完成。但是，他也写了其他许多重要著作，尤其是《驳异教大全》就基督教信仰的合理性进行了重要阐释，特别是上帝的存在。阿奎那相信，从人对世界的普遍经验中找到上帝存在的线索合情合理。他的"五法"是证明上帝存在的五种论证，每一种都用世界的某些方面"表明"其创造者的存在。

那么，阿奎那找到哪种线索？引导阿奎那的基本思路是，世界反映出其创造者上帝——他在"本体类比"的教义中更系统地说明这种观念。画家可能在画作上签名，证明那是他或她的作品；同样，上帝也已经在受造物上"签名"。我们在世界上观察到的——如世界井然有序的迹象——都可以根据其创造者上帝的存在加以解释。上帝既是其第一因，也是其设计者。上帝不仅创造世界，也在其上加印了上帝的形象和样式。

那么，我们能在受造物的哪些方面看出上帝存在的证据？阿奎那认为，世界的井然有序是上帝的存在和智慧最有说服力的证据。这个基本假设是"五法"每一种方法的基础，尽管它在通常所说的"设计论论证"（design argument）或"目的论论证"（teleological argument）中特别重要。我们将分别思考阿奎那的"五法"，然后再于本章稍后的部分中集中探讨"设计论论证"和"目的论论证"。

第一种方法的起点是一种观察，即世界上的物体是运动的或变化的。世界不是静态的，而是动态的。非常容易举出这种例子。雨从天而降。石头从山谷上滚落。地球绕着太阳转（顺便说一下，阿奎那不知道这个事实）。阿奎那的第一个论证通常被称为"运动论论证"（argument from motion）；但是，事实上，阿奎那论证中的"运动"显然被理解为更普遍的意义，因此，"变化"有时是更恰当的翻译。

那么，自然怎么会动呢？为什么它在不断变化？为什么它不是静态的？阿奎那认为，运动的万物都受到另一个物体的推动。因为每一个运动都有一个因。物体不只在动——它们也受到其他物体的推动。那么，运动的每一个因本身一定也有一个因。这个因一定还有一个因。因此，阿奎那认为，在我们所知的世界背后，有一整套运动的因。阿奎那相信，既然不可能有无数的因，一定有一个因，是所有因的起源。其他所有运动最终都源自这个运动的第一因。我们可以看到，这个第一因所带动的一长串因果链，反映在世界的运转上。

因此，从物体运动的事实中看，阿奎那认为，只存在一个所有运动的第一因——他认为，这个第一因便是上帝。

> 上帝的存在可以通过五种方法加以证明。第一种是最明显的，是"变化的论证"（ex parse motus）。显而易见，世界上的某些物体处于变化的过程中。那么，处于变化过程中的万物都是被其他物体改变的。……那么，如果所有改变其他物体的物体本身也有变化，这也一定是被另一个物体改变的，而这个变化也一定是被其他物体造成的。但是，这不能永远进行下去，否则这个变化的过程根本没有第一因，结果根本没有变化的媒介，因为会改变的第二个物体如果不被第一因改变，它们是不会变化的，就像棍子，如果不用手移动它，它是不能移动的。因此，我们必须得出结论：有一个变化的第一因，它不被任何物体改变。所有人都明白，这便是上帝。

同总结安瑟伦的论证一样，将这段论证概括为一系列简短的命题有助于我们更清楚地理解论证的逻辑思路。

1. 宇宙中存在运动——如棍子移动。
2. 物体不会自己让自己运动；它们受到其他物体推动。某个物体推动棍子。
3. 受其他物体推动的物体不能有无限回归。
4. 因此，一定存在"第一推动者"（prime mover），它不受其他任何物体推动。
5. 这个不受推动的第一推动者便是上帝。

第二种方法的起点是因果的观念。换句话说，阿奎那注意到，世界上有因果关系的存在。一件事（果）可以通过另一件事的影响（因）加以解释。我们刚刚概述的运动这个观念便是这种因果关系很好的例子。因此，通过类似于以上概述的推论，阿奎那认为，所有果都可以追溯到惟一的第一因——这便是上帝。

第三种方法涉及偶然之物的存在。换句话说，世界上有某些存在者（如人），它们不是必然存在的。阿奎那对比这类存在者与必然的存在者（必然存在的存在者）。阿奎那认为，上帝是必然存在的，而人是偶然存在的。我们在世界上存在的事实需要解释。为什么我们在世界上存在？什么使我们存在？阿奎那认为，存在者之所以存在，是因为已经存在的存在者使它存在。换句话说，另一个存在者是我们存在的因。我们是一系列因的果。阿奎那追溯这一系列因果关系的起源，认为存在者的这个第一因只能是必然存在的存在者——也就是上帝。

第四种方法的起点是人的价值观，如真理、良善和高贵。这些价值观源自哪里？它们的因是什么？阿奎那认为，一定存在本身便是真理、良善和高贵的存在者，它使我们有了真理、良善和高贵的观念。阿奎那指出，这些观念源自上帝，上帝是它们的第一因。

第五种方法也是最后一种方法，通常被称为"目的论论证"或"设计论论证"。阿奎那注意到，世界明显展现出经过智慧设计的迹象。自然的变换和自然物似乎符合心中某些明确的目标。它们似乎都有目的，似乎都经过设计。但是，物体不能自己设计自己：它们是由其他人或物制造、设计的。阿奎那从这种观察开始论证，认为自然的井然有序一定源于上帝。

就论证手法而言，阿奎那的大多数论证都非常相似。每一种论证都基于将一系列因果关系追溯到它的惟一源头，指明这便是上帝。阿奎那的"五法"在中世纪受到许多神学家的批判，如邓斯·司各特和奥卡姆的威廉。以下这些特别重要。

1. 为什么因无限回归的观念不可能成立？例如，只有证明一系列因果关系在某处停止，运动论论证才能真正成立。阿奎那认为，必须有一个不动的第一推动者。但是，他没有证明这一点。

2. 为什么这些论证只能得出有**独一**上帝的信仰？例如，运动论论证可以得出有许多不动的第一推动者的信仰。似乎根本没有特别紧迫的理由坚持认为，这种因只能有一个，除了基督教所坚持的基本信仰，即实际上只存在一位这样的上帝。

3. 这些论证没有证明上帝继续存在。在推动其他因之后，上帝可能不再存在。果的继续存在，不一定代表它们的因继续存在。奥卡姆提出，阿奎那的论证可能导致一种信仰，即上帝曾经存在过——现在却不一定存在。为了解决这个难题，奥卡姆进行了一种相当复杂的论证，根据是上帝继续维系宇宙的观念。

总之，这些是宗教哲学中所提出与使用的一些经典论证。那么，这些中世纪的论证如何在近现代展开呢？在以下部分中，我们将概述其中一些。

凯拉姆论证

我们所说的"凯拉姆论证"（Kalam argument）得名于中世纪初兴旺发展的阿拉伯哲学流派。穆台凯里蒙（mutakallimun）——专门研究凯拉姆学的人——进行的证明上帝存在的论证强调因果关系的重要性。一些学者将凯拉姆论证视为宇宙论论证（已在上文阐释）的变体。但是，其他学者认为，它是独特的论证，值得特别对待。凯拉姆论证的基本思路可以归纳为四个命题：

1. 有起点的万物一定有一个因。
2. 宇宙开始存在。

3. 因此，一定有一个因，使宇宙开始存在。
4. 这个因只能是上帝。

在上文讨论的阿奎那的"五法"中，显然可以看出凯拉姆论证的基本轮廓。凯拉姆论证条理清晰，它的意义几乎不需要进一步阐释。凯拉姆论证认为，如果可以说某物开始存在，它必然有一个因。如果这种论证与宇宙大爆炸的理论联系在一起，它显然与我们的讨论有关。现代宇宙论强烈指出，宇宙有一个起点。如果宇宙在某个特定的时间开始存在，它一定有一个因。除了上帝，还可能有什么因呢？

近年来，关于这种凯拉姆论证的争辩十分普遍。威廉·莱恩·克雷格（William Lane Craig, 1949—　）是凯拉姆论证最重要的拥护者之一，他这样陈述它的主要特点：

> 既然开始存在的万物都有其存在的因，既然宇宙开始存在，我们便断定，宇宙有其存在的因。……有一个因超越整个宇宙，它使宇宙存在。

关于凯拉姆论证的争辩，集中在三个问题上：

1. 某物在没有因的情况下可以有起点吗？大卫·休谟在一处对白中指出，不必说明存在明确的因，也能想出存在的某物。但是，这个见解提出许多难题。

2. 我们可以说宇宙有起点吗？从一种层面上说，这是深奥的哲学问题。但是，从另一种层面来讲，这是科学问题，取决于物理学和天文学的问题，被视为基于对宇宙膨胀速度的已知观测，以及支持宇宙大爆炸的本底辐射证据。

3. 如果宇宙可以被视为有"因"，这个因能被直接等同于上帝吗？在此要说明的论证思路是，因一定先于它所导致的果。说宇宙开始存在有一个因，就是说某物在宇宙之前便已经存在。如果这不是上帝，那会是什么？

关于宇宙起源的宇宙大爆炸理论于20世纪晚期特别重要，它显然令传统的凯拉姆论证获得新生。但是，所提出的哲学问题很可能争辩下去。类似争辩的焦点问题是，可否说宇宙是经过"设计"的，在以下部分中，我们将思考这个问题。

经典的设计论论证：威廉·佩利

"设计论论证"——也被称为"目的论论证"——是最被广泛讨论的证明上帝存在的哲学论证之一。前面探讨过托马斯·阿奎那所阐释的"五法"，第五种方法便是"设计论论证"。阿奎那认为，自然秩序有"设计"的明显迹象。事物不是简单存在的；它们似乎根据心中某个目标而精心设计。"目的论"一词（意为"向着某个目标"）被普遍用来说明自然这一明显有目标导向的方面。

正是自然的这个方面,通常与自然科学联系在一起讨论。自然的井然有序——如自然律明显反映出的——似乎表明,自然是根据某种目的而"设计"的。有人提出,还有其他用来解释自然井然有序的方法吗?因此,科学自然主义——特别是认为物质本身便有能力系统组织自己的科学自然主义——被现代的一些基督教护教家视为一种威胁,即还有用来解释自然井然有序的方法。

普遍认为,英国神学家与自然哲学家威廉·佩利(1743—1805年)对经典的"设计论论证"做出最重要贡献。19世纪后半叶,他的《自然神学:或从自然景象中所收集的证明上帝的存在与属性的证据》(*Natural Theology: or Evidences of the Existence and Attributes of the Deity Collected from the Appearance of Nature*,1802)对普通英国人的宗教思想产生了深远影响。众所周知,查尔斯·达尔文也读过他的《自然神学》。牛顿发现自然的规律性,尤其是通常所说的"天体力学",佩利深受影响。整个宇宙显然可以被视为复杂的机械,根据有规律、可理解的原理运转。对于佩利来说,牛顿将世界比作机械立即让人想到钟表的隐喻,并提出一个问题,即谁制造出世界的运转所极为清晰表明的复杂机械。

佩利最重要的论点之一,是机械意味着"设计"。他著述的背景是新兴的工业革命,英国学者对机械的兴趣越来越浓,如钟表、望远镜、织袜机和蒸汽机,佩利试图利用学者这种浓厚兴趣的护教潜力。当时,英国正值工业革命,机械在工业中起到的作用越来越重要。佩利认为,只有愚蠢人才会认为,这么复杂的机械工艺是毫无目的偶然出现的。

机械的前提是设计——即意识到设计制造的目的和能力。人的身体和整个世界都可以被视为经过设计与制造的机械,目的是使方法与目的达到一致。因此,佩利认为,世界可以被比作钟表,即比作明显心怀某个明确目的而制造的东西。

佩利《自然神学》的开篇几段非常著名,主要因为其中包括上帝为创造者的意象。上帝是制表匠,自然是钟表。

> 假设我穿越荒野时,脚踩到一块石头,有人问我,石头怎么会在那里。我可能口是心非地答道:它一直就在那里。或许也很难证明这个答案的荒谬。但是,假设我在地上发现一块钟表,应该有人问到钟表怎么会在那里。我应当很难想到我之前给出的答案:据我所知,钟表可能一直在那里。然而,为什么这个答案不能像用于石头那样用于钟表呢?为什么它在第二种情况下不像在第一种情况下可以接受呢?就是因为这个原因,不是其他原因,即当检查表时,我们看到——我们在石头里不能发现的——它的一些部件是有目的地设计组装的,例如,它们如此精确地搭配调节,以致产生转动,极其规律地转动,以指明一天的时间;如果按各自原有的形状、尺寸,用别的方法组装在一起,便既不会有机械的转动,也不会有它现在的功用。

然后，佩利详细描述钟表，特别是它的外壳、螺旋圆柱发条、许多互锁轮和玻璃表面。在领着读者这样仔细分析之后，佩利得出自己至关重要的结论：

> 所观察的这个机械——这的确需要工具设备，可能还需要一定的知识装备，才能观察，才能弄明白；但是，一旦观察，一旦弄明白，必定会得出结论说，这块钟表肯定有一位制造者，一位或一群工匠曾在某时某地为了某个目的把它造出来，他理解其构造，并且设计其用途，这才是答案。

佩利的文风华丽，反映出时代品味。但是，他想证明的观点非常清楚。佩利的大多数意象和类比借用于英国17世纪后期或18世纪的学者，包括钟表这个著名意象。但是，佩利极为通俗地说明了论证及其相关意象。

佩利论证的基本要点是，自然包括一系列"设计"出来的生物结构——即根据心中明确的目的而制造。"钟表所具有的每一种设计的迹象，每一种设计的表现，也是自然作品所具有的。"事实上，佩利认为，钟表与自然的不同是，自然比钟表展现出更高程度的设计。

就普通英国人看待以自然为基础证明上帝存在的论证而言，佩利的影响是巨大的。著名的《布里奇沃特论文》（*Bridgewater Treatises*，1833—1840年）说明他在许多方面的影响力，尽管它们在其他方面提出独到且更复杂的看法。在反目的论最著名的著作之一《盲眼钟表匠》（*The Blind Watchmaker*，1968）中，著名的无神进化论生物学家理查德·道金斯（Richard Dawkins，1941— ）有些间接地赞扬佩利。对于道金斯来说，被佩利等同于上帝的"表匠"正是物竞天择盲目、无目的的过程。

18世纪，"目的论论证"的观念因许多原因而受到大卫·休谟的批判。休谟最重要的批判可以概括如下。

1. 从对世界上"设计"的观察中直接推断出创造世界的上帝不能成立。提出根据观察"设计"而得出存在进行设计的存在者是一回事，坚称这位存在者就是上帝完全是另一回事。因此，在论证链中，存在有逻辑缺陷的一环。

2. 提出宇宙有设计者可避免"无限回归"。谁设计了宇宙？我们注意到，阿奎那明确否定因的"无限回归"这个观念。但是，他没能严谨地证明这一点，而是明显假定他的读者认为，他否定"无限回归"是正确的，无需证明。休谟认为，事实并非如此。

3. 在使用机械的类比时，设计论论证才能成立。只有比较明显经过设计制造的物体，如钟表时，这个论证才似乎有理。但是，这个类比成立吗？为什么不将宇宙比作植物？或其他有机物？植物没有经过设计；它们只是自然生长。这一点对佩利的论证显然十分重要。

在思考过证明上帝存在的一些经典论证之后，我们必须继续探讨另一场传统的神学争辩：神学语言的本质。人的语言能有意义地指称上帝吗？

8.3 神学语言的本质

神学是"探讨上帝"。但是，怎么能用人的语言描述或说明上帝呢？路德维希·维特根斯坦有力地说明了一点，即如果人的语言不能说明咖啡的独特香味，它们怎能说明上帝这样奥秘的事？

否定神学与肯定神学

能怎样说明上帝，是基督教神学的传统争辩。这场争辩通常在否定神学（apophatic theology）和肯定神学（kataphatic theology）的框架之内进行。这两个术语需要稍做解释。

> 1.apophatic 源自希腊文 apophatikos，意为"否定的"，它的词根是动词，意为"说不是"或"否定"。它指这样一种神学：强调我们不能用人的语言说明上帝，上帝终究是人的语言不能描述的。它有时也被称为"否定法"（via negativa）。
>
> 2.kataphatic（有时拼为 cataphatic）源自希腊文 kataphatikos，意为"肯定的"，它的词根是动词，意为"说是"或"肯定"。它指这样一种神学：认为的确可以用肯定的命题说明上帝。它有时也被称为"肯定法"（via positiva）。

东正教神学通常是否定神学，而西方神学传统往往是肯定神学；但是，这样概括是危险的。

争辩的问题很难，却非常重要。西方神学更容易理解。托马斯·阿奎那等神学家认为，就上帝而言，可以提出肯定的命题，例如：

> 上帝存在。
> 上帝是智者。
> 上帝是父。

这是用肯定的方法说明上帝。例如，阿奎那认为，将上帝说成父时，基督教神学是在承认，我们能用人的语言有意义地谈论上帝。阿奎那谨慎地强调人类语言的局限性，但是，他也坚持认为，仿效《圣经》和基督教传统的方法，我们用人的理智所熟悉、理解的观念和意象提出关于上帝的肯定命题合情合理。因此，神学反思的基础是，通过正确使用人的理性，思考这些观念和意象，尽可能用它们理解上帝。

相反，否定神学认为，人的语言受到极大限制，以致它永远不能正确地说明上帝，有将上帝贬低为人的危险。卡帕多西亚三杰经常被举为否定神学的代表。例如，凯撒利亚的巴西勒（约330—379年）在谈到上帝时说：

> 我知道上帝存在。但是，我认为，他的本质无法理解……我们所崇拜的对象，我们不能理解他的本质；但是，我们可以理解，这个本质是存在的。

巴西勒在说明的要点是，尽管我们的确能说上帝存在，但是，人的语言完全不能理解上帝的本质。它不能囊括上帝。人的理性不可能理解上帝的本质，尽管它能理解较为简单的洞见，即上帝存在。

否定神学和肯定神学各有优点和缺点，我们先指出一些，然后再结束这个部分。肯定神学让我们能肯定地说出关于上帝的一些事，如"上帝是爱"。这有助于我们向非基督徒解释基督教的基本信仰。但是，这样做是危险的，上帝被简化为人的爱，而上帝显然远不能用人的爱说明。否定神学保护了上帝的奥秘，因为它强调语言的局限性。但是，许多人认为，它原则性的否定让提出肯定命题的努力化为泡影，因为它意味着，我们注定无法获得对上帝的本相最基本的认识。争辩今天还在继续。

在以下部分中，我们将以肯定神学为重点，探讨它如何校准自己说明上帝的语言，以避免否定神学的倡导者可能提出的问题。

类 比

我们如何有意义且肯定地探讨上帝？在不把上帝贬低为人的同时，我们如何用人的语言说明上帝？就神学对这类问题的回答而言，最基本的观念可能是通常所说的"类比原则"。上帝创造世界，这一事实说明，上帝与世界存在基本的"本体类比"关系。上帝与世界有延续性，因为世界的本体展现出上帝的本体。

因此，阿奎那认为，如果理解、肯定类比的局限性，用受造秩序的实体类比上帝是合理的。通过类比，神学不会将上帝简化为受造的物体或实体；它肯定上帝与受造物有相似或一致之处，这让受造物能成为上帝的标志。受造实体可以**像**上帝，却不与上帝**完全相同**。

思考这个命题："上帝是我们的父。"阿奎那认为，这应当被理解为上帝像人的父亲。换句话说，上帝被比作父亲。在某些方面，上帝像人的父亲，在其他方面却不一样。相似之处是真实的。上帝关心我们，就像人的父亲关心孩子（参马太福音7：9—11）。上帝是我们存在的最终源头，好像我们的父亲使我们存在。上帝对我们行使权威，就像人的父亲。同样，不同之处也是真实的。例如，上帝不是人。人必须有母亲，这不说明需要一位母神，即两位上帝。

阿奎那认为，上帝的启示使用与我们日常生活密切相关的意象和观念，但是，这没有将上帝简化为世界之物。说"上帝是我们的父"不是说上帝只是人当中的另一位父亲，也不是说上帝被视为**男性**——我们以后将会探讨。相反，这是说思考人的父亲，有助于我们思考上帝。它们都是类比。同所有类比一样，它们有时难以成立。但是，它们仍是思考上帝极为有用与生动的方法，让我们能用自己世界的词汇和观念说明最终超越世界的事物。

当说"上帝是爱"时，我们指我们自己爱的能力，借以想象这种爱在上帝里臻于完美的情形。我们不是将"上帝的爱"简化为人的爱。相反，这是给人的爱提供一个指标，说明上帝的爱，人的爱能以有限的程度反映上帝的爱。

然而，我们从经验所知的是，类比总有局限。有时，我们不能再过度使用类比。在此，我们必须面对两个重要问题。第一个是最明显的，我们可能会错误地认为，**类比其实是完全一样**。以《旧约》一个特受喜爱的类比为例（参诗篇28：1；31：2—3），我们会错误地认为，上帝是磐石，而不**是**上帝**像**磐石。这没有考虑到人的语言努力说明上帝的方式。这是阿奎那机敏提出"误解受造物导致误解上帝"的原因之一。如果误解类比，我们最终也会误解上帝。

那么，我们如何知道类比何时不能成立呢？我们何时过度使用了类比呢？为了说明这个问题，我们可以先思考神学另一个领域的例子，然后再思考解决之道。《新约》提到，耶稣舍命，做了罪人的赎价（马可福音10：45；提摩太前书2：6）。这个类比是什么意思？在日常生活中，"赎金"（赎价）暗示三种意思：

1. **释放**：赎金是为被囚之人带来自由的东西。如果某人被绑架，被要求支付赎金，支付之后，他便会被释放。
2. **付款**：赎金是一笔让某人被释放而支付的金钱。
3. **接受赎金的人**：赎金通常被付给俘房者或中间人。

因此，这三种观念似乎都包含在耶稣为罪人作为"赎价"而死的说法中。但是，它们**全都**出现在《圣经》中吗？《新约》当然宣讲，耶稣的死与复活已经将我们从囚禁的状态中释放出来。我们已经从罪的囚禁和对死亡的恐惧中获得自由（罗马书8：21；希伯来书2：15）。《新约》显然将耶稣的死理解为换取我们自由的贿金（哥林多前书6：20；7：23）。我们被释放的代价是极高的，昂贵的。在这两个方面，《圣经》使用的"赎价"是该词日常生活中的意义。但是，第三个方面呢？

《新约》根本没有暗示，为了让我们被释放，耶稣的死是付给某一人或某一个灵性力量（如魔鬼）的赎金。但是，在公元4世纪之前，有些基督教神学家认为，他们可以最大限度地使用这个类比，宣称上帝从魔鬼的权势中救出我们，耶稣是他为此付出的赎金。当教父探讨基督之死的意义时，这种观念不断出现。但是，我们要问，这是否将类比用得超出了它所适用的限度。

那么，我们如何知道过度使用类比了呢？如何检验类比的限度呢？纵观基督教史，一直在争辩这些问题。20世纪，探讨这个问题的重要著作是英国宗教哲学家伊恩·拉姆齐（Ian T. Ramsey）的《基督教的论述：一些逻辑探讨》（*Christian Discourse: Some Logical Explorations*，1965），该书提出一种看法，即模式或类比不是独立的，而是互动的，相互制约的。

拉姆齐认为，对于上帝或拯救，《圣经》没有只用一个类比（或"模式"）说明，而是使用一系列类比。每一个类比或"模式"都说明我们对上帝的理解或拯救的本质的某些方面。但是，这些类比也是互动的，相互制约的。它们帮助我们理解其他类比的限度。没有一个类比或比喻本身是全面的；但是，结合在一起看，一系列类比或比喻能让我们增进对上帝和拯救进行全面、一致的理解。

一个意象互动的例子可以更清楚地说明这一点。以国王、父亲和牧人的类比为例。这三个类比都表达出权威的观念，说明这是我们对上帝的基本理解。但是，国王经常专横霸道，不总是以臣民的最大利益行事。因此，上帝为国王的类比，可能被误解为暗示上帝是某种暴君。但是，《圣经》也赞扬上帝像慈爱的父亲怜恤儿女（诗篇103：13—18），又像好牧人完全致力于自己羊群的福祉（约翰福音10：11），所以说明类比想要表达的意思绝不是上帝为暴君。上帝以慈爱和智慧行使自己的权威。

因此，阿奎那的类比教义对我们如何思考上帝非常重要。它说明上帝通过《圣经》的意象和类比启示自己的方法，让我们可以理解上帝如何既**超越**我们的世界，又同时**通过**我们的世界、**在其中**被启示出来。上帝不是时空中的物或人；但是，这种物和人可以帮助我们加深自己对上帝的属性和本性的理解。无限的上帝可以通过人的语言和有限的意象启示出来。

隐　喻

类比与隐喻的真正区别至今仍是争论不休的问题。亚里士多德对隐喻的定义是："借用本属于另一物的词"。这个定义太宽泛，囊括几乎每一种修辞手法，包括类比。在现代用法中，"隐喻"被认为有极为不同的意义，以下这个定义非常有用：隐喻是说明事物的方法，用某个事物暗指另一个事物。用尼尔森·古德曼（Nelson Goodman）的名言说是：隐喻是"教给旧词新把戏"。这个定义显然包括类比。那么,隐喻与类比究竟有什么不同?

还是必须指出,关于这个问题,根本没有普遍共识。每位学者都有自己的定义,通常反映出他们个人的议题。或许能用以下这个切实的方法解决问题:类比似乎是**恰到好处**,而隐喻则包含令人惊讶或最初难以置信的意味。例如,思考这两个命题:

> 上帝是智者。
> 上帝是狮子。

第一个命题肯定,上帝的本质与人的"智慧"这个观念有类比关系。这个命题说明,从语言学和本体论的角度来说,人的智慧与上帝的智慧有明显的相似之处。人的智慧可以类比上帝的智慧。这种比较根本不会让我们惊讶。

第二个命题的比较可能令人稍感震惊。将上帝比作狮子似乎不是恰到好处。上帝与狮子可能有许多相似之处,也明显有许多不同。对于现代学者来说,隐喻混合着类似与不同,强调被比较的对象既有相似之处,也有不同之处。

记住这几点,我们便可以探讨隐喻的三个特点,它们近年来在神学中备受关注。

1. 隐喻意味着,被比较的两个对象既有**相似之处**,也有**不同之处**。或许正是因为这个原因,近年来的一些著作才强调神学语言的隐喻性,而不是类比性,如塞利·麦克法格的著作。正如麦克法格所说:

> 隐喻总有"是"与"不是"的特点:所陈述的是非常像的描述,却不是定义。例如,说"上帝是母亲"不是将上帝定义为母亲,也不是断言"上帝"与"母亲"是一样的,而是建议我们可以通过母亲的隐喻思考我们不知该如何去谈的事——关于上帝的事。这里的假设是,关于上帝的所有论述都是间接的:没有任何词汇或短语可以直接描述上帝,因为论述上帝的语言只能绕道而行,采用本属于另一物的用语描述。说上帝是母亲,是邀请我们思考某些与母亲关怀孩子有关的特点,这虽然是片面的,却或许可以说明上帝与我们之间关系的某些方面。

说"上帝是父亲"应当被视为隐喻,而不是类比,暗示上帝与父亲的重要差异,而不是完全相似(像类比那样)。

2. 隐喻不能被简化为定义。对于基督教神学来说,隐喻最吸引人的特征,可能是隐**喻不受限制的特点**。一些文学评论家提出,隐喻可以被简化为一套文学等效式;但是,其他学者坚持认为,比较的程度不应受到任何限制。因此,"上帝为父"的隐喻不能被简化为一套关于上帝的准确命题,适用于任何的地点和时间。它引人沉思,让未来的读者和解释者从中发现新意义。隐喻不只是以文雅的描述或易记的辞藻说明我们已经知道的事。它是一种邀请，让人去发现可能被忽视或遗忘的更深层的意义。

3. 隐喻通常有强烈的**情感**意味。神学隐喻能表达出基督教信仰的情感层面，让它们适合基督教的崇拜。例如，"上帝为光"的隐喻有强烈的暗示之意，含有照亮、纯洁和荣耀的意味。在《神话、模式与范式》（*Myths, Models and Paradigms*，1974）中，伊恩·巴伯（Ian G. Barbour）将隐喻的这个方面总结如下：

> 富有诗意的隐喻只用于一时，只用在一种环境，为了即时表达情感或洞见；但是，**宗教象征**成为宗教团体语言的一部分，在其经典、仪式和持续的生活与思想中沿用。宗教象征能表达人的情感，可以强有力地呼召人来回应与委身。

迁　就

我们将思考的第三种看法并不揣测神学语言的确切本质，而是注重使用神学语言所可能依据的一般原则。我们所要思考的这种看法的基本思想源自古希腊的修辞学理论，奥利金（约185—约254年）等教父热衷于这种看法。奥利金提出，上帝向罪人说话时面临的问题就像人的父亲与小孩子交流时遇到的问题。"上帝屈尊来到我们面前，迁就我们的软弱，好像校长向学生用'童语'说话，或像父亲顾念孩子，用他们的方法行事。"奥利金认为，当向小孩子说话时，说话者需要认识到他们有限的智力。像对待成人那样对待孩子，使用超出他们的理解和经验的词语和观念，便无法与他们沟通。必须考虑到他们的能力。

16世纪，约翰·加尔文持这种看法，他发展出的理论通常被称为"迁就论"（accommodation）。"迁就"在这里的意思是，"调整或改变，以满足情况的需要，以及人理解情况的能力"。加尔文认为，在启示时，上帝迁就人的心思所具有的能力。上帝画了一幅自画像，是我们能够理解的。加尔文这种观念的基础是演讲家的类比。优秀的演讲家知道听众的局限性，而相应地调整演讲的方法。如果要交流，必须在说话者与听众之间的鸿沟之上架起一座桥梁。在启示的过程中，上帝必须迁就我们的程度。就像人的母亲俯身亲近孩子，上帝也俯身迁就我们的水平。

这种迁就的例子可以从《圣经》对上帝的描述中看出。加尔文指出，上帝经常被描述成有嘴、双眼、双手和双脚。这似乎表明上帝是人，永恒、有灵体的上帝似乎被简化为有物质肉体的人（这个有争议的问题通常被称为"拟人论"〔anthropomorphism〕——换句话说，上帝被描述成人的样子）。加尔文认为，上帝必须用这种形象的方法进行自我启示，因为我们的智力不足。上帝被描述成有嘴或双手，这种意象是上帝的"儿语"，上帝这样迁就我们的水平，使用我们能够理解的意象。当然，用更复杂的方法谈论上帝完全可以，但是，我们不一定能理解。

加尔文不注重概括神学语言的本质——无论是类比、隐喻，还是其他任何他所熟悉的修辞手法。他所看重的基本要点是强调神学语言不一定按表面意义来看。神学家必须决定这种迁就的本质和程度。这种原则正是加尔文回应一场重要争辩的基础，在争辩中，神学语言的地位其实起到了决定性作用。这场重要的争辩是：哥白尼的太阳系理论之争。这个个案研究非常重要，值得更仔细的思考，以说明我们刚刚探讨过的观念如何应用。

个案研究：哥白尼学说之争

16世纪，随着哥白尼提出日心说——太阳系以太阳为中心，神学与自然科学爆发了最重要的冲突之一。在此之前，人们普遍接受地心说：太阳和其他所有天体都绕着地球转。毕竟《圣经》也提到太阳的运动。

在《天体运行论》（1543）中，哥白尼（1473—1543年）认为，地球绕着太阳转。哥白尼的理论一经公布，立即便对已被普遍接受的看法提出严峻挑战——也对解释《圣经》的公认方法构成挑战。随着哥白尼日心说的科学价值日益明显，《圣经》的权威和可靠性似乎面临着新威胁。如何调和哥白尼的日心说与《圣经》看似的地心说？有很好的理由提出，加尔文的神学方法起到了决定性作用，因为它既为哥白尼的太阳系日心说赢得支持者，又保护了《圣经》的可信性。

可以认为，就对自然科学的发展和重视而言，加尔文有两个重要贡献。首先，他积极鼓励对自然的科学研究；其次，他消除这种研究的一大障碍。他的第一个贡献与他强调受造物的井然有序特别有关。物质世界和人体都证明上帝的智慧与属性。因此，加尔文赞扬天文学与医学的研究。它们比神学更能深入探究自然世界，从而进一步证明受造物的井然有序及其创造者的智慧。

因此，加尔文为科学地研究自然提供宗教动力，而这种研究被视为认识上帝在受造物中智慧工作的方法。因此，仔细研究受造物，便可以认识上帝。我们已经讲过自然神学在归正宗传统中的重要性；有充足的证据指出，对自然神学的兴趣与对自然科学的兴趣密切相关。

皇家科学院（英国致力于促进科学研究与学术最重要的机构）的成员热情地接受了上述观念。它的许多初期成员非常钦佩加尔文，他们熟知加尔文的著作，并认为他的著作与他们的研究领域可能有关。因此，理查德·本特利（Richard Bentley，1662—1742年）于1692年基于牛顿的《自然哲学的数学原理》（*Principia Mathematica*，1687）发表一系列演说，将牛顿所证实的宇宙规律解释为上帝设计的证据。在这个方面，本特利明显受到加尔文的影响，因为加尔文将宇宙比作"上帝荣耀的剧场"，人是其中欣赏的观众。仔细研究受造物，便会让人越来越认识其创造者的智慧。

在此，我们要特别关注加尔文的第二个重要贡献。普遍认为，加尔文除去自然科学发展的一大障碍，即圣经字义主义。它在今天的基要派中仍极具影响力。加尔文坚持认为，不是《圣经》对上帝或世界的所有描述都必须按字义解释，因为它们都是迁就读者的能力。《圣经》看似提到太阳绕着地球转，这只是迁就读者的世界观，而不是科学地论述宇宙。加尔文对科学发现与圣经论述之间关系的讨论，被普遍视为他对基督教思想最有价值的贡献之一。

这些观念对建立科学理论的影响是巨大的，尤其在17世纪。例如，17世纪的英国学者爱德华·赖特（Edward Wright）为哥白尼的太阳系日心说辩护，反对圣经字义主义者。他认为，首先，《圣经》与物理学无关；其次，《圣经》的表达方式是"迁就普通人的理解力和说话方式，就像护士对孩子讲话"。这两个论点都直接源自加尔文。因此，可以认为，在这些方面，加尔文对自然科学的兴起做出了根本性贡献。

现在，我们要结束对一些神学方法问题的概述，开始直接阐释基督教神学的重要主题。那么，我们先以基督教的上帝论开始。

研讨问题

1. 为什么德尔图良希望神学家与哲学断绝联系？他这样做对吗？
2. 哲学能证明或证伪神学命题吗？
3. 由于越来越重视天文学和物理学的进步，宇宙论论证又变得非常重要。就现代关于上帝存在的争辩而言，你如何评价宇宙论论证的潜力。
4. 请解释威廉·佩利的钟表类比。他希望借此说明什么？为什么这个类比自他提出以来总受到批判？
5. 如何区分类比与隐喻？
6. 哥白尼学说之争中的神学问题是什么？

第三部　基督教神学

第九章　　论上帝

第十章　　论三位一体

第十一章　论基督的位格

第十二章　信仰与历史：现代的基督论议题

第十三章　论基督的拯救

第十四章　论人性、罪与恩典

第十五章　论教会

第十六章　论圣礼

第十七章　基督教与世界宗教

第十八章　末后的事：基督徒的盼望

第九章　论上帝

在前几章中，我们已经思考过基督教神学的历史发展，以及一些来源和方法的问题。关于历史和方法的问题，还会在本书余下部分反复出现。但是，本书第三部分主要阐释神学的实质问题。我们将以基督教传统信经的结构为框架，探讨基督教神学的重要主题。基督教的所有传统信经开篇都宣告信仰上帝，因此，我们将以思考基督教的上帝教义开始本书的最后一个部分。

本章将探讨关于上帝教义的一系列重要问题。本章将讨论许多传统主题，但是，我们也会关注同现代特别相关的一系列问题——如女权主义的兴起引发的忧虑、对世界的苦难新的关注，以及对环境的日益担忧。下一章将讨论基督教独特的三位一体教义；它可能是最困难的教义之一，却也是在研究过程中令人获益最大的教义之一。

我们要从探讨性别的问题开始讨论基督教的上帝教义，因为自20世纪60年代以来，性别问题在西方文化中越来越重要。上帝是男性吗？我们真可以说上帝有"性别"吗？这个问题对许多人相当重要，因此，以这个问题开始我们的探讨似乎非常合适。

9.1　上帝是男性吗？

《旧约》和《新约》都用男性语言描述上帝。希腊文 theos 无疑是阳性的，整部《圣经》用来描述上帝的大多数类比都是男性类比——如战士、父亲、君王和牧者。这意味着上帝**就是**男性吗？如果是，这将提出关于男女信徒之间关系的重要难题，正如许多女权主义神学家所正确指出的。

《圣经》的确主要用男性类比描述上帝，但是，指出这点非常重要，即这更与古代以色列人的社会学和人类学有关，这导致男性类比被优先用来描述上帝。但是，即使在这种父权文化背景中，上帝也没有被理解为性别上的男性。此外，以色列人承认，用女性意象说明上帝属性的某些方面非常重要；例如，上帝被比作"生产"以色列人的母亲（申命记32：18）、帮忙接生的助产士（以赛亚书66：9—11）或像照顾孩子那样照顾以色列人的母亲（以赛亚书66：13）。很容易忘记，在这种文化背景中，供应粮食被视为女性的行为，让我们以全新的视角理解上帝为旷野中徘徊的以色列人供应吗哪（出埃及记16：4，15）。

关于用性别性语言描述上帝的情况，还有一个重要问题。简单来说，用男性类比描述上帝意味着上帝是男性吗？用女性类比意味着上帝是女性吗？公元4世纪，纳西盎的格列高利否定任何因上帝被称为父便是男性的观念，或因圣灵在语法上为中性便是没有位格的客体的观念。格列高利坚持认为，上帝的父性同性别或生育没有任何关系。相反，上帝的父性基本是关系性概念。

我们之前已经讲过神学语言的类比性。使用神学类比意味着，主要取自古代近东农村社会的人物或社会角色被视为说明上帝的作为或特性的合适模式。父亲的类比便是这种类比。但是，"古代以色列社会的父亲是比拟上帝的合适模式"的说法，不等于说"上帝是男性的人"或"上帝被局限在古代以色列人的文化参量中"。性别上的男性和女性都不能被视为上帝的属性，因为性别是受造秩序的属性。根本没有理由提出，创造者上帝有这种属性。

事实上，《旧约》避免将性功能加在上帝身上，因为这种联系有强烈的异教色彩。迦南人的生育崇拜强调男神和女神的性功能；《旧约》否定上帝的性别或性功能非常重要。在《系统神学》（1990）中，沃尔夫哈特·潘能伯格是这样说的：

> 父亲般的关爱被特别用在《旧约》必须表述上帝对以色列人如父亲般关爱的经文中。根本没有对父亲的角色做出性别定义。……将性别差异带进对上帝的理解，意味着多神论；因此，这绝不能用于以色列人的上帝。……上帝眷顾以色列人，也可以用母亲的爱表达。这个事实足以清楚说明，就上帝被理解为父而言，几乎没有任何性别差异的意义。

为了澄清上帝不是男性的事实，近年来的许多神学家探讨上帝像"母亲"（说明上帝女性的一面）或像"朋友"（表明上帝在性别上较为中性的一面）的观念。塞利·麦克法格在《上帝的模式》（*Models of God*，1987）中给出一个很好的例子。她承认，说"上帝像父亲"不意味着上帝就是男性。她写道：

> 上帝像母亲，不意味着上帝便是母亲（或父亲）。我们将上帝想象成母亲和父亲，但是，我们也认识到，这些和其他任何隐喻都不足以说明上帝的创造之爱。……尽管如此，我们仍用自己所熟知、所亲切的语言说明上帝的创造之爱，就是描述父亲和母亲的语言，他们给予我们生命，我们出自他们的身体，依赖他们的照顾。

1994年的《天主教教义问答》也提出类似看法，强调父亲和母亲的意象——尤其是父亲的意象——能说明福音的核心主题。

> 以"父亲"的名字称呼上帝，这种信仰的语言特别表明两点，就是上帝的一切根源和超越的权威，同时他又爱护并眷顾他所有的子女。上帝的这种慈父温情也可以用母亲的意象表达，这更能显示出上帝内在于世界中，显出上帝与受造物之间的亲密。信仰语言取自人类的父母经验，因为在某种程度上，父母是人为上帝的最初形象。但是，这种经验也显示人类父母可能破坏并扭曲父性或母性的形象。所以要牢记上帝超越人类的性别，他既非男人，也非女人，他是上帝。他也超越人类的父性或母性，虽然他是这两性的源头和典范。没有人能成为像上帝那样的父亲。

《圣经》描述上帝的大多数意象是男性意象，这引发一些问题，对这些问题的重新关注，让一些人去仔细阅读基督教初期的灵修著作，结果，他们越来越认识到女性意象在这些较早时期的运用。英国神学家诺威奇的朱利安（约1342—1416年）的《上帝之爱的启示》便是很好的例子。该书记载朱利安于1373年5月得见的16个异象。这些异象的著名之处在于它们的独特倾向，即用带有强烈母性色彩的词汇描述上帝和耶稣基督。

> 我看见，上帝因做我们的父亲而欢喜，也因做我们的母亲而欢喜；然而，他还因做我们的真丈夫而欢喜，我们的灵魂是他挚爱的新娘。……他是根基、实质和物自身、自生者。他是自生者真正的父亲和母亲。

9.2 有位格的上帝

历代以来，神学家和普通基督徒都毫不犹豫地说上帝有位格。例如，基督教将一系列与位格有关的属性赋予上帝，如爱、信实和目的，这些都与位格联系紧密。许多学者指出，基督教的祷告似乎是模仿孩子与父母的关系。祷告说明一种恩典的关系："单纯信靠某人，他对我们的行为证明他是值得信赖的。"（约翰·奥曼〔John Oman〕）

"和好"是保罗主要的救赎论意象之一（参哥林多后书5：19），"和好"显然以人际关系为模式。它意味着，上帝与罪人通过信仰而带来的关系的变化，好像两个人和好——也许是关系疏远的丈夫和妻子。

因此，有很好的理由提出，在基督教对上帝的理解中，"有位格的上帝"这个观念是必不可少的。但是，这种看法提出许多难题，需要仔细思考。以下难题特别重要。

1. "有位格的上帝"可能让人误解上帝是人。说上帝是"一个位格"（a person），是将上帝简化至我们人的层面。保罗·蒂里希指出，当用位格探讨上帝时，有"定位的困难"。将上帝称为一个位格，意味着上帝同人一样，被定位在某个特定的地方。考虑到现代对宇宙的理解，这种假设似乎很不合适。

2. 三位一体教义说上帝是"三个位格"。因此，说上帝是"一个位格"相当于否定三位一体。从历史上看，这种反对意见很有道理。16世纪，说上帝是"一个位格"的神学家普遍否定上帝是三个位格。正是因为这个原因，在《哲学评论》（*Philosophical Commentaries*）中，英国著名的经验主义哲学家乔治·贝克莱主教（Bishop George Berkeley，1685—1753年）特别说明，不要将上帝说成"一个位格"。

然而，这些难题可以解决。针对第一个问题，可以指出，称上帝是"一个位格"只是类比。称上帝像一个人，是肯定上帝有能力且愿意与他人建立联系。这不意味着上帝是人，或上帝被定位在宇宙某个特定地方。这些不是这个类比所要说明的，尽管所有类比有时都不能成立。

关于三位一体的难题，应当注意到，经过数个世纪，"位格"的意义已经有了重大改变。在以下两个命题中，"位格"的意义并不相同：

1. 上帝是三个位格。
2. 上帝是一个位格。

在讲到三位一体教义时，我们将进一步探讨这一点。现在，我们要进一步探讨"位格"的意义。

"位格"的定义

在日常英语中，"位格"（person）的意义只是"一个人"。因此，说"有位格的上帝"（personal God）让人有些费解。但是，可想而知，位格的观念还有潜在的深意，很容易被人忽视。英语的"位格"一词源自拉丁文 persona，原意为"面具"。

persona 的意义的发展本身便是令人着迷的课题。从语源学来看，这个拉丁词与称呼女神珀耳塞福涅（Persephone）的伊特鲁里亚语（Etruscan）有关。（伊特鲁里亚语是古代意大利靠近罗马一个地区的语言。）参加珀耳塞福涅祭典的人都戴着面具，根据所有记载，这种祭典往往堕落成放荡的狂欢。到了西塞罗的时代，persona 已经有了多种意义。尽管"面具"仍是主要意义，但是，persona 也发展出其他重要含义。面具在罗马戏剧中经常使用，演员佩戴面具，表示他们在戏剧中扮演的角色。因此，persona 逐渐指"戏剧面具""戏剧演员"或"戏剧角色"。

这种观念在基督教神学中的早期发展归功于活跃在公元3世纪的德尔图良。对于德尔图良来说,"位格"是说话、做事的存在者。(这清楚说明该词起源于戏剧。)波爱修(Boethius,约480—524年)最终给位格下了定义。他于公元6世纪初给出这个定义:"位格是一个理性本质的独特实质"(persona est naturae rationabilis individua substantia)。

对于初期基督教神学家来说,"位格"说明人的独特性,是从他或她的言行中看出来的。最重要的是,"位格"强调社会关系的观念。"位格"是在社会舞台上扮演某个角色的人,他与其他人建立关系。"位格"必须在社会关系网中扮演某个角色。"独特性"没有社会关系的含义,而"位格性"则涉及个人在关系网中扮演的角色,因此,这个人在其他人眼中是独特的。因此,"有位格的上帝"所说明的基本观念是,上帝是我们可以与之保持关系的,这种关系类似于我们与另一个人的关系。

思考"没有位格的上帝"可能表达的意义,会有所帮助。"没有位格的上帝"暗示遥远、冷漠的上帝,他与人的关系(如果上帝真与我们有关系)是普遍性的,完全不考虑人的独特性。有位格的关系这个观念——如爱——暗示上帝与我们的关系是相互的。这种观念具体表现在有位格的上帝这个观念中,是没有位格的上帝这个观念没有的。"没有位格"有强烈的负面意味,已经影响到基督教对上帝本质的理解。

如果思考古希腊哲学家亚里士多德和17世纪的哲学家巴鲁赫·斯宾诺莎(1632—1677年)的无位格的上帝观,我们可以更充分地理解这一点。英国宗教哲学家韦布(C. C. J. Webb,1865—1954年)指出亚里士多德的上帝观的局限性,他是这样说的:

> 亚里士多德没有说上帝对我们有任何一种爱,他绝对不可能这样说。根据亚里士多德的神学原则,上帝什么都不知道,什么都不爱,除了他自己。……上帝是完全超越的,超出人所能与之交流的范围。亚里士多德的忠实追随者圣托马斯·阿奎那,必须将自己老师的上帝观加以修正,为了让上帝能眷顾人,令人可以与上帝交流,这是他的宗教信仰和宗教经验所要求的;研究这些修正极为有益。

当构建自己理性的上帝观时,斯宾诺莎经历到同样的困难。他承认,人应当爱上帝,但是,他无法理解,上帝如何回馈人的爱。人的爱是单向的。上帝爱每一个人,也被每一个人所爱;但是,这样一位有位格的上帝所暗示的双向关系,是斯宾诺莎不允许的。对于斯宾诺莎来说,如果上帝有一丝感情,他的本质便会改变,或趋于更完美,或更不完美。无论哪种情况,都会危及上帝的完美,因为上帝或是变得更完美(说明上帝起初并不完美),或是变得更不完美(受苦导致上帝不再完美)。结果,斯宾诺莎认为,不可能说上帝爱每一个人，因为其实际实上不符合完美的上帝这个观念。在《伦理学》（*Ethnics*，1677）中，他清楚说明了这一点：

> 命题 17：上帝没有感情，也不被任何喜乐或悲伤的经验所影响。
>
> 证明：就论述上帝而言，所有观念都是真实的，即充分的；因此，上帝没有感情。同理，上帝不能变得更完美，或更不完美；因此，上帝不被任何喜乐或悲伤的情绪所影响。
>
> 证明完毕。结论：严格来讲，上帝不爱任何人，也不恨任何人。因为上帝不被任何喜乐或悲伤的情绪所影响，所以不爱任何人，也不恨任何人。

那么，"位格"到底是什么意思？我们现在来思考现代哲学对"位格"这个观念的分析，这对基督教神学非常重要。

对话式的位格论：马丁·布伯

在重要的著作《我与你》（*Ich und Du*, 1927）中，犹太哲学家马丁·布伯（1878—1965年）从根本上区分两种关系范畴：**我与你**的关系是"有位格"的，**我与它**的关系是"没有位格"的。（书名的德文 Ich und Du 通常被译成英文"I and Thou"，以说明一个事实，即"你"是单数形式，表示亲密。）我们先来进一步探讨这种基本区分，然后再思考它们的神学重要性。

1. **我与它的关系**：布伯用这个范畴指主体与客体的关系；例如，人与铅笔的关系。人是主动的，而铅笔是被动的。在更哲学化的语言中，这种区分通常被称为**主体与客体的关系**，能动的主体（例子中的人）与受动的客体（例子中的铅笔）的关系。布伯认为，主体是**我**，客体是**它**。因此，人与铅笔的关系可以被称为我与它的关系。

2. **我与你的关系**：这个范畴是布伯哲学的核心。"我与你的关系"存在于两个能动的主体之间——即两个**位格**之间。它是**共同的、相互的**。"'我与你'的'我'以'位格'的形式出现，并意识到自身。"换句话说，布伯主张，人与人的关系是范例，说明"我与你的关系"的本质特征。作为不可捉摸、无形的纽带将两个"位格"联系在一起的"关系"，才是布伯的"我与你的关系"这种观念的核心。

"我与它"的知识是间接的，通过客体而获得，且有确切的内容。相反，"我与你"的知识是直接的、立即的，没有确切的内容。"它"可以通过可测量的参数——高度、重量、颜色等认识。我们能很好地描述它的物理特征。但是，"你"可以直接认识。**"知道某物"**与**"认识某人"**截然不同。布伯所区分的"我与它"和"我与你"这两个关系范畴，大致是同样意思。我们**知道"它"**——但我们认识"你"，也**被"你"**所认识。说"知道"某物，便能说出具体内容。但是，严格来说，"认识某人"根本没有任何内容。这种独特的"知识"是关系性的，所以不能通过提供信息来表达。

因此，对于布伯来说，"我与你"的关系是**共同的、相互的、对称的、没有内容的**。在这样的相遇中，双方都保留他们自己的主体性，都知道另一个位格也是主体，不是客体。"我与它"的关系可以被视为能动的主体追寻、探索被动的客体，而"我与你"的关系涉及两个相互采取主动的主体的相遇。虽然这种关系根本没有真正的内容，但是，它是真实存在的；它才是位格互动的真正焦点。用布伯的话说，这"不是具体的内容，而是一种同在，这种同在即是能力"。

因此，布伯区分经验世界与关系世界。他特别强调，在"我与你"的关系中，相互性非常重要；"我与你"的关系是直接的，不需要任何媒介：

> 你用恩典与我相遇——恩典是不能依靠寻求得到的。但是，我对恩典做出基本回应，这是我整个人的行动，是我的本质行为。你与我相遇。但是，我与恩典直接建立联系。因此，这种关系同时是被拣选与进行拣选，被动的与主动的。……与你的关系不需要任何媒介。没有任何概念性的东西介于你我之间。

那么，这种位格观的神学意义是什么？布伯的哲学如何帮助我们理解、探讨上帝有位格的观念？应当指出许多要点，每一点的神学应用都非常重要，且大有裨益。布伯指出几点，尤其是在《我与你》的最后部分，他探讨用自己的方法思考、论述上帝——他更喜欢用"绝对的你"称呼上帝——可能有的意义。

1. 布伯的看法肯定，上帝不能被简化为一个概念或一套简洁的概念公式。布伯认为，只有"它"才能这样处理。对于布伯来说，上帝是"你，就其本质而言，永远不会成为它。也就是说，上帝是根本不能被客体化、被描述的存在者"。神学必须学会承认、全力探讨上帝的同在，认识到上帝的同在不能被简化为一套简洁的内容。

2. 布伯的看法给出对启示的观念有益的深入理解。对于基督教神学来说，上帝的启示不只是让人明白上帝的事实，而是上帝的自我启示。启示上帝是一个位格，补充上帝的观念性启示；启示上帝是一个位格，既启示同在，也启示内容。因此，启示不仅包括对上帝是"它"的认识，也包括对上帝是"你"的认识。我们逐渐知道上帝的事，同时也认识上帝。同样，"认识上帝"不仅包括对上帝是"它"的认识，也包括是"你"的认识。启示是关于上帝的，让人可能认识上帝，了解上帝。因此，布伯的体系令这些关于启示的观念可能更严谨，更容易让人接受。

3. 布伯的"对话式位格论"也让上帝是被动的客体这个观念受到批判，而这可能是19世纪自由派神学的最大弱点，也是最受批判的观念。19世纪典型的狭隘说法"人探寻上帝"，概括了这种看法的基本前提：上帝是"它"，被动的客体，等着被（男性）神学家发现，而他们被视为能动的主体。辩证派神学家——尤其是埃米尔·布伦纳（1889—1966年）在《真理为相遇》（1937）中——认为，上帝必须被视为"你"，能动的主体。这样，上帝能剥夺人的能动性或主动权，通过自我启示，甘愿在一位历史人物——耶稣基督——里让人认识自己。因此，神学被视为人对上帝自我启示的回应，而不是人探寻上帝。

这样强调"有位格的上帝"引起许多问题，其中一个是，能在多大程度上说上帝分享人的经验。如果上帝是有位格的，我们便可以说上帝"爱"人。但是，上帝"爱"到什么程度？例如，我们能说上帝"受苦"吗？

9.3 上帝能受苦吗？

基督教神学提出许多令人着迷的问题。有些本身便非常有趣，有些之所以有趣，是因为它们开启更广泛的问题。有一个问题同时属于这两类问题：能说上帝受苦吗？如果能，上帝与人类世界的苦难便立即建立起接触点。这样一来，上帝不能被视为可以避免受造物的苦难。这对思考恶和痛苦的问题有重要意义。

然而，这个问题还有另一个非常有趣的方面。它让我们思考，为什么许多神学家天生就讨厌思考、讨论"受苦的上帝"。要想探讨这个问题，我们可以思考初期基督教神学的历史背景。基督教起源于巴勒斯坦，但是，它迅速扩张到东地中海世界的其他地区，如今天的土耳其和埃及，在安提阿和亚历山大等城市建立起牢固的据点。在扩张过程中，基督教接触到希腊的文化思想。

这种观察提出一个重要问题：这些基督教神学家处于希腊文化环境中，他们是否无意中将某些典型的希腊观念融入他们自己的思想？换句话说，原本是巴勒斯坦的福音，是否因通过希腊棱镜的折射而遭到扭曲？特别受到关注的焦点是，形而上学的术语被引入神学。一些学者认为，这是将希腊人静态的思维方式强加给犹太人动态的世界观。他们认为，其结果是福音遭到扭曲。

自启蒙运动以来，这个问题便备受重视。在这一方面，兴起了一场重要的运动，被称为"教义史"运动（这个可行的译名译自较为难译的德文 Dogmengeschichte）。阿道夫·冯·哈纳克（1851—1930年）等神学家相信，至少有一些古希腊观念错误地侵入基督教神学。在一些学者看来，其中一个观念是，上帝不会受苦。在以下部分中，我们将探讨古代异教徒的"情感淡漠"（apatheia）观或上帝"不受苦"（impassibility）的观念——上帝没有人的任何情感和痛苦。

古代的看法：上帝不受苦

正如柏拉图的对话录《理想国》所说明的，完美的观念主要是古代对上帝的理解。"完美"是不会改变、自给自足。因此，完美的存在者不可能被自身以外的任何事物所影响或改变。此外，完美是从非常静态的角度理解的，例如，我们已经思考过斯宾诺莎对上帝的完美的看法。如果上帝是完美的，任何一种改变都是不可能的。如果上帝改变了，他或是**偏离**完美（因为上帝不再完美），或是**趋于**完美（因为上帝以前并不完美）。亚里士多德重申这种观念，声称"改变可能变得更糟"，所以排除了他的上帝会改变和受苦。

这种理解很早便进入基督教神学。希腊化犹太人亚历山大的斐洛（约前30—公元45年）的著作深受初期基督教神学家的喜爱，他写过一篇题为《上帝不能改变》（*That God is Unchangeable*）的论文，极力为上帝不受苦辩护。他认为，《圣经》看似说到上帝受苦的经文，应当被视为隐喻，不能完全从字面理解。允许上帝改变，便是否定上帝的完美。斐洛问道："还有什么比认为不变者会改变更不敬虔？"这似乎是无法回答的问题。

对于斐洛来说，不能允许上帝受苦，或经受任何所谓的"激情"。中世纪神学家坎特伯雷的安瑟伦受到这种观念的影响，认为上帝是满有怜悯的，但是，这是根据我们的经验，而不是从上帝的本质来看。在《论证》中，安瑟伦认为，当用于上帝时，爱和怜悯等语言应当被完全视为比喻。因此，我们可以说**经历**上帝的怜悯，但是，这不代表上帝**是**满有怜悯的。

> 按照我们的经验，你确实是满有怜悯的。但是，根据你自己的经验，你却不是。因为当你看见我们在苦难中时，我们经历到怜悯的效果；然而，你没有经历到这种情感。因此，你是满有怜悯的，因为你拯救不幸的人，赦免对你犯罪的人；你是没有怜悯的，因为你不会因怜悯不幸的人而受到任何影响。

在思考上帝对罪人的爱时，托马斯·阿奎那提出类似看法。爱意味着伤害，可能是上帝被我们的痛苦影响，或被我们的不幸感动。但是，阿奎那认为，这是不可能的："如果怜悯被视为效果，而不是受苦的情感，怜悯被尤其视为上帝的属性。……因其他人的不幸而悲伤，不属于上帝。"

这里明显出现了难题。耶稣基督因其他人的不幸而悲伤。此外，基督在十字架上受苦，死去。传统的基督教神学宣称，耶稣基督是成为肉身的上帝。因此，这可能导致的必然结果是，上帝在基督里受苦。这里的问题是"属性相通"（communication of attributes）。这种论证的逻辑是：基督受苦；基督是上帝；因此，上帝受苦。但是，大多数深受异教的上帝不受苦这种观念影响的教父却并不这样认为。基督在自己的人性中受苦，不是在他的神性中。因此，上帝不会经历人的苦难，仍不受世界这一方面的影响。

受苦的上帝：于尔根·莫尔特曼

我们已经讲过，上帝不受苦的观念如何在教父时期和中世纪具有巨大的影响力。但是，也有神学家反对这些进展。最著名的可能是马丁·路德的"十字架神学"——形成在1518至1519年间。在《海德堡辩论》（*Heidelberg Disputation*，1518）中，路德对比两种思考上帝的对立方式。"荣耀神学"认识到在受造物中上帝的荣耀、能力和智慧。"十字架神学"则看出上帝隐藏在基督十字架的苦难和羞辱中。路德特意用"被钉十字架的上帝"（a crucified God）这个易引起争论的、或许令人费解的说法，来说明上帝如何一同经受被钉十字架的基督的痛苦。

到了20世纪晚期，讨论受苦的上帝成为"新正统"。于尔根·莫尔特曼（1926—　）的《被钉十字架的上帝》（*The Crucified God*，1972）被普遍视为阐释这种观念最重要、最具影响力的著作，也成为激烈讨论的著作。什么导致受苦的上帝这个观念被重新发现？可以确定三个因素，都集中出现在第一次世界大战刚刚结束之后。这三个因素共同导致人们普遍开始怀疑传统的上帝不受苦观。

1. 抗议性无神论的兴起：第一次世界大战恐怖十足，这对西方神学思考造成深刻影响。这一时期的苦难导致人们普遍认为，自由派新教对人性的乐观态度对自由派新教是致命的危害。在这场精神创伤之后，辩证神学自然会兴起。另一个重要的回应是所谓的"抗议性无神论"（protest atheism）运动，它对信仰上帝提出强烈的道德抗议。我们怎能相信对世界的苦难无动于衷的上帝？

这种观念的痕迹可以在19世纪费奥多尔·陀思妥耶夫斯基（Fyodor Dostoevsky）的名著《卡拉马佐夫兄弟》（*The Brothers Karamazov*，1880）中看到。"抗议性无神论"于20世纪进一步发展，经常以陀思妥耶夫斯基的小说人物伊万·卡拉马佐夫（Ivan Karamazov）为原型。卡拉马佐夫对上帝的反抗（说对上帝这个**观念**的反抗或许更准确）是因为他拒绝接受的思想，即无辜的孩子遭受苦难是合理的。在小说《反抗者》（*Rebel*，1951）中，阿尔贝特·加缪（Albert Camus，1913—1960年）发挥了这种观念，从"形而上学的背叛"这个角度说明卡拉马佐夫的背叛。在这种对超然、冷漠、不会受伤的上帝的抗议中，莫尔特曼看到"惟一严肃的无神论"。这种强烈的道德无神论要求神学做出令人信服的回应；莫尔特曼相信，令人信服的神学回应一定在受苦之上帝的神学中。

2. 重新发现路德：1883年——庆祝路德诞辰四百周年——开始编辑魏玛版路德著作。结果，路德著作（许多尚未发表）可供人阅读，这复兴了对路德的学术研究，尤其是在德国神学界。20世纪20年代，卡尔·霍尔（Karl Holl，1866—1926年）等学者重新燃起人们对这位改教家的兴趣。结果，人们显然对路德的许多观念越来越感兴趣，特别是他的"十字架神学"。路德的"隐藏于苦难中的上帝"这个观念被世人知晓，这几乎就在它们可能与当时的文化心态产生最大共鸣的时候。

3. "教义史"运动的影响越来越大：尽管这场运动于19世纪末达到高潮，但是，它渗入整个基督教神学，并发挥作用，还需要一段时间。到了第一次世界大战结束时，人们普遍认识到，许多希腊观念（如上帝不受苦）已经侵入基督教神学。人们持续关注着如何除去这些思想。抗议性无神论营造出一种氛围，导致神学家在护教时必须说到受苦的上帝。"教义史"运动宣称，基督教思想在教父时期转错了弯，它可以成功纠正这种错误。现在，基督教已经认识到，宣称上帝不会受苦或不会受伤是错误的。现在必须恢复基督教的正确观念，即上帝在基督里受苦。

还必须指出三个因素。第一，**过程思想**的兴起提供了新动力，让上帝被称为"理解人的同受苦难者"（怀特海）。但是，许多欢迎这种见解的神学家却对产生它的神学框架迟疑不决。过程思想强调创造力的首要性，这似乎不符合许多传统基督教对上帝具有超越性的看法。可以接受的观点是，将上帝为同受苦难者的观念建基于上帝的自我限制，尤其是基督的十字架。

第二，对《旧约》的新研究——如亚伯拉罕·赫舍尔（Abraham Heschel）的《先知的上帝》（*God of the Prophets*, 1930）和弗雷特海姆（T. E. Fretheim）的《上帝的苦难》（*Suffering of God*, 1984）——让人注意到，《旧约》经常将上帝描述成同受以色列人的**痛苦**。上帝因自己子民的苦难而忧伤，他们的苦难感动上帝。新的研究认为，古代的无神论不但没有配合这种见解，反而让它更难令人信服。

第三，20世纪，"爱"的观念本身便引起广泛讨论。扎根于古代传统的神学家——如安瑟伦和阿奎那——对爱的定义是：向他人表达、表示关怀和善意。因此，完全可以说上帝"不受苦地爱"——爱一个人，却在情感上不受这个人状况的影响。但是，对这个问题的新关注质疑爱的这种观念。如果不是相互分享痛苦和情感，我们怎能真说"爱"？"爱"不是一定意味着因爱人强烈意识到被爱之人的痛苦而与被爱之人一同受苦吗？这种想法削弱了上帝不受苦这个观念的直观合理性（但是，有趣的是，它没有影响这个观念的理性可信性）。

关于讨论受苦的上帝这个观念的神学意义，两位神学家的贡献特别重要。

1. 在《被钉十字架的上帝》（1972）中，于尔根·莫尔特曼认为，十字架不仅是真基督神学的基础，也是它的标准。基督的受难，特别是他对被上帝抛弃的呼喊——"我的上帝！我的上帝！为什么离弃我？"（马可福音15：34）——是基督教思想的核心。十字架必须被视为父与子之间的事，父因自己儿子的死而受苦，目的是拯救有罪的人类。

莫尔特曼认为，不能受苦的上帝是**有缺陷的**，不是完美的上帝。他强调，上帝不能**被迫**改变或受苦；但是，他声称，上帝愿意经受苦难。上帝的苦难是上帝**决定**受苦和上帝**愿意**受苦的直接后果：

> 不能受苦的上帝比任何人都可怜。因为没有能力受苦的上帝无法参与任何事。苦难和不公平都不会影响他。因为他完全无情感，他不能被任何事物感动或震撼。他不能哭泣，因为他根本没有眼泪。但是，不能受苦，便不能爱。因此，他也是没有爱的存在者。

在这段话中，莫尔特曼提到之前讲过的许多方面，包括这种观念：爱包括爱人的人分担被爱之人的痛苦。

2. 在《上帝痛苦的神学》（*A Theology of the Pain of God*，1946）中，日本神学家北森和雄（Kazoh Kitamori，1916—1998年）认为，真爱植根于痛苦之中。"上帝是受伤的主，他本身便有痛苦。"上帝能赋予人的苦难以意义和尊严，这是因为一个事实，即他也在痛苦之中，也会受苦。同莫尔特曼一样，北森和雄也倚重路德的"十字架神学"，认为在日本于第二次世界大战中战败之后，以及在广岛人与长崎人被核武器杀死之后，路德的"十字架神学"对日本有特别意义。

在正统基督教眼中，受苦的上帝这个观念乍一看似乎是异端。早在教父时期，两个与上帝受苦相关的看法便被视为不可接受的：**圣父受难论**（patripassionism）和**上帝受难论**（theopaschitism）。圣父受难论被认为是异端，上帝受难论被视为可能产生误导的教义。在继续探讨下去之前，我们先来简短看下这两种看法。

圣父受难论兴起于公元3世纪，与内奥图斯（Neotus）、帕克西亚（Praxeas）和撒伯里乌（Sabellius）等神学家密切相关。它的核心信仰是：父同子一样受苦。换句话说，基督在十字架上的苦难被视为上帝的苦难。这几位神学家认为，上帝三个位格的惟一区别只是一系列形态或行动。换句话说，父、子和圣灵只是同一位上帝同一个基本实体的不同存在形态或表现方式。这种形态论（modalism）通常被称为撒伯里乌主义（Sabellianism），我们将在讲到三位一体教义时进一步探讨。

上帝受难论兴起于公元6世纪，与约翰·马克森提（John Maxentius）等神学家联系在一起。这场运动的基本口号是"三位一体之一被钉死在十字架上"。这个信仰告白可以完全按照正统的意义解释（它以马丁·路德著名的信仰告白"被钉十字架的上帝"再次出现），拜占庭的莱昂提乌（Leontius of Byzantium）等神学家为这个信仰告白辩护。但是，更谨慎的神学家认为，它可能导致误导和混乱，如教宗何尔米斯达斯（Pope Hormisdas，死于523年）。结果，这个信仰告白逐渐被弃置不用。

受苦的上帝这个教义复兴了上帝受难论，对上帝受苦与基督受苦之间关系的解释，避免了圣父受难论的难题。例如，北森和雄区分父受苦的方式与子受苦的方式。"隐藏于子上帝之死中的父上帝，是受苦的上帝。因此，上帝的痛苦不只是子上帝的痛苦，也不只是父上帝的痛苦，而是两个具有同一个本质的位格的痛苦。"莫尔特曼的《被钉十字架的上帝》可能是对这个教义最复杂的阐述。

莫尔特曼认为，父和子都受苦；但是，他们以不同的方式经验痛苦。子承受十字架的痛苦和死亡；父遭到抛弃、失去子的痛苦。尽管父和子都参与到十字架中，但是，他们的参与不是完全相同的（圣父受难论），而是截然不同的。"在子受难时，父在承受放弃子的痛苦。当子死去时，死亡降临在上帝身上，父遭受自己儿子死亡的痛苦，因为他爱这个被抛弃的人。"

莫尔特曼自信地断言"死亡降临在上帝身上"，这自然会让我们思考，上帝是否可以被认为已经死去——或更极端地说：上帝不再活着。

上帝死了？

如果上帝能受苦，上帝也能死吗？上帝现在死了吗？当讨论上帝在基督里受苦时，这些问题也需要思考。基督教的赞美诗和教科书都见证基督教信仰。基督教会许多重要的赞美诗都提到上帝之死，都因似非而是的信仰欣喜若狂：永生的上帝竟然死在十字架上。最著名的例子可能是查尔斯·卫斯理（Charles Wesley）写于18世纪的赞美诗《怎能如此？》（*And Can It Be?*），其中两句是：

> 奇妙的爱，怎能如此？
> 我主我神，竟为我死？

这两句诗表达的观念是，耶稣基督——成为肉身的永生上帝——为表示爱和委身而舍生受死。同一首赞美诗的另两句表达了同样的观念：

> 何等奥秘！永生上帝竟死去！
> 谁能测透他的奇妙计划？

然而，人们不禁要问：我们怎能说上帝"死"呢？1966年有几个星期，神学在美国成为全国的头条新闻。《时代》（*Time*）杂志有一版宣称上帝死了。三位相对无名的神学家——保罗·范·布伦（Paul van Buren，1924—1998年）、威廉·汉密尔顿（William Hamilton，1924— ）和托马斯·奥尔蒂泽（Thomas J. J. Altizer，1927—2012年）——突然被宣告为一种全新无神神学的先知。"上帝死了"和"上帝之死"等口号轰动全美。1966年2月16日的《基督教世纪》（*Christian Century*）杂志为想要加入"神死俱乐部"（God-Is-Dead-Club）的读者刊登一份具有讽刺意味的申请表。令人费解的新术语开始出现在学术刊物上；神死性（theothanasia）、神死论（theothanatology）和神死说（theothanatopsis）红极一时，后来则因完全当之无愧的词意不清而知趣地消失了。

在"上帝之死"的口号背后，可以看出两种截然不同的解释。

1. "上帝之死"的信仰相信，人类文明已经达到一个阶段，不再需要上帝的观念；这种信仰尤其与德国哲学家弗里德里希·尼采（1844—1900年）有关。西方形成于19世纪的信仰危机——特别是在西欧——最终走向成熟。尼采在《快乐的科学》（The Happy Science, 1882）中宣称："上帝死了！上帝一直是死的！我们已经把他杀了！"这种主张反映出普遍的文化氛围，其中根本容不下上帝。类似观念是20世纪60年代"上帝之死"运动的特点，威廉·汉密尔顿是其中一位神学家，他的一段话可以说明"上帝之死"运动的特点：

> 我们不是在谈论没有对上帝的经验，而是在谈论没有上帝的经验。……上帝之死必须予以肯定；我们以为可以谈论上帝的信心，已经没有了。……仍有的感觉是，没有、不相信、已经失去，不仅是偶像或宗教的神祇，还有上帝。这种经验不是少数神经质的人才有，也不是个人的或内在的。上帝之死是我们历史上的公开事件。

尽管后来对西方社会彻底世俗化的预言明显没有实现，但是，"上帝之死"的主旨似乎捕捉到西方文化史中一个重要的时刻。后来，上帝在美国的宗教和社会中时来运转，导致"上帝之死"这场运动看起来奇怪地脱离了现实。

这个进展对在文化发展中寻求指引的基督教神学家有重要意义。在《福音的世俗意义》（Secular Meaning of the Gospel, 1963）中，保罗·范·布伦认为，"上帝"一词不再有任何意义，他试图确立从完全非神学的角度阐释福音的方法。信仰超越的上帝，被委身于"耶稣伦理"所取代，其核心是敬重耶稣的生活方式。托马斯·奥尔蒂泽的《基督教无神论的福音》（Gospel of Christian Atheism, 1966）重新调整问题的核心，提出虽然谈论耶稣为上帝不能再被人接受，但是，我们仍可以谈论上帝为耶稣——从而将道德权威赋予耶稣的言行，即使不能再保留对上帝的信仰。

2. 有一种完全不同的信仰认为，耶稣基督非常卓越，与上帝同等，以致我们可以说，上帝"死在"基督里。就如上帝在基督里受苦，我们也可以说，上帝以同样的方式经历死亡或"会死"（埃伯哈特·云格尔）。这种看法在文化上不太引人关注，但是，它在神学上可能重要得多。云格尔写了一篇题为《永生上帝之死》（The Death of the Living God, 1968）的论文，在某种程度上是回应美国的进展，尤其是"上帝之死"这个口号的广泛传播。云格尔在文中认为，通过基督的死亡，上帝变得"会死"。在《上帝为世界的奥秘》（God

as the Mystery of the World，1977）中，云格尔更详细地阐释这些观念，认为"上帝之死"这个主题非常重要，能肯定上帝亲自同情短暂、受苦的世界。

在《被钉十字架的上帝》中，于尔根·莫尔特曼阐释了相关观念，说到"上帝之死"（必须说他说得有些含糊）。上帝同情所有遭受苦难和死亡的人，所以分担了人的痛苦和死亡。因此，人类历史的苦难和死亡被纳入上帝的历史。"承认基督十字架中的上帝，便意味着承认上帝里的十字架、不可避免的苦难、死亡和绝望的抛弃。"莫尔特曼用埃利·威塞尔（Elie Wiesel）的小说《夜》（Night，1960）说明这一点，一个著名段落的一个悲惨情节描写了在奥斯维辛执行的死刑。当群众围观三个人被绞死时，有人问道："上帝在哪里？"莫尔特曼用这个情节说明，通过基督的十字架，上帝尝到死亡，被死亡所感染。上帝知道什么是死亡。

9.4 上帝的全能

《使徒信经》开篇便自信地宣告："我信上帝，全能的父。"因此，信仰"全能"的上帝，是基督教传统信仰的基本要素。但是，称上帝"全能"是什么意思？从常识的角度来看，全能可以这样定义：如果上帝是全能的，上帝什么都能做。当然，上帝不能创造正方形的圆或圆的三角形；这在逻辑上是自相矛盾的。但是，上帝的全能这个观念似乎意味着，上帝一定能做任何不是明显矛盾的事。

以下这个问题提出更难回答的难题：上帝能创造连上帝都举不起的石头吗？如果上帝不能造出这种石头，上帝绝对全能的观念似乎就被否定。但是，如果上帝能造出这种石头，还有上帝**不能**做的事——举起那块石头。因此，至少从表面来看，上帝其实不是全能的。

这种逻辑探讨无疑是有价值的，因为它们说明了论述上帝的困难。基督教神学最重要的原则之一，是深究词汇的含义。某些词汇在世俗语境中的一个意义，在神学语境中通常有更缜密、更微妙或更细微的意义。我们将看到，"全能"便是极好的例子。

全能的定义

在探讨全能的定义时，我们可以思考刘易斯在他的名著《痛苦的奥秘》（The Problem of Pain，1940）中所提出的一些论点。他是这样开始阐释的：

> 如果上帝是良善的，他便希望让自己的受造物完全快乐，如果上帝是全能的，他就能做自己希望做的事。但是，受造物并不快乐。因此，上帝或是不良善，或是没有能力，或是既不良善，又没有能力。

这是最简单的痛苦的问题。但是，称"上帝是全能的"是什么意思？刘易斯认为，这**不是**指上帝能做任何事。一旦上帝决定做某事，或决定以某种方式做事，其他可能性便被排除了。

> 如果你决定说"上帝能给某个受造物自由意志，同时又不给它自由意志"，你便没能说到关于上帝的**任何事**；一堆字无意义地组合在一起，不能因为我们在它们前面加上"上帝能"三个字，就突然有了某种意义。事实上，上帝仍可能做一切事；从本质上讲，"不可能"不在于"事"，而在于"根本不存在的事"。

因此，上帝不能做任何**逻辑**上不可能的事。但是，刘易斯更进一步：上帝不能做任何不符合上帝本质的事。他认为，不只是逻辑，上帝的本质也让上帝不能做某些事。

这一点很久以前便被坎特伯雷的安瑟伦阐明了，是他在《论证》中默想上帝本质的时候。安瑟伦指出，全能——被理解为做所有事的能力——不一定是好事。如果是全能的，上帝能做出像说谎或颠倒是非这样的事。但是，这显然不符合基督教对上帝本质的理解。因此，上帝的全能这个观念必须被基督教对上帝的本质和属性的理解所限制。在讨论上帝能否犯罪的问题时，托马斯·阿奎那将这一点说得特别清楚。

> 人们普遍会说上帝是全能的。但是，要想理解其中的原因，似乎是困难的，因为说到"上帝能做'一切事'"时，这句话的意义让人产生疑问。……如果说上帝是全能的，因为他能力所及的事他都能做，那么，对上帝全能的理解便是循环论证，只是在说：上帝是全能的，因为他能做一切他能做的事。……犯罪是不完美的行为。因此，能犯罪，便是能做出不完美的行为，这与全能是无法调和的。正是因为上帝是全能的，他才不能犯罪。

阿奎那的讨论清楚说明，必须进一步澄清上帝的全能这个观念。这一方面的重要进展是区分"上帝的两种能力"——尤其与 14 世纪的神学家奥卡姆的威廉密切相关。我们现在就来讨论这个问题。

上帝的两种能力

上帝如何才能不受某种外在力量的逼迫而绝对可靠地施展作为？这个问题于 13 世纪在巴黎大学曾被激烈辩论过，是回应最早由哲学家阿威罗伊（Averroes，1126—1198 年）提出的一种宿命论。对于阿威罗伊来说，上帝的可靠性最终在于外在的压力。上帝被迫以某种方式施展作为——所以才有可靠的作为。但是，这种看法被大多数神学家强烈质疑，认为它野蛮地否定上帝的自由。可是，如果没有外在的逼迫，怎能说上帝可靠地施展作为呢？

邓斯·司各特（1266—1308年）和奥卡姆的威廉（约1285—1347年）等基督教神学家是这样回答的：上帝的可靠性最终在于上帝的本质。上帝可靠地施展作为，不是因为某人或某物迫使上帝这样做，而是因为这是上帝自愿、自由的**决定**。上帝的可靠性或信实不受外在力量的约束，而是上帝自己的属性决定的。

在讨论《使徒信经》开篇的信仰宣告"我信上帝，全能的父"时，奥卡姆的威廉明确问到"全能"（omnipotens）的意义。他认为，全能的意义不可能是上帝**现在**能做万事。上帝**曾经**以任何方式自由地施展作为。但是，通过这样做，上帝现在已经设立万事的秩序，其中反映出上帝爱与公义的旨意；一经设立，这种秩序便不会改变，直到时间终止。因此，上帝现在不能做任何违背这种既定秩序的事。

奥卡姆的威廉用两个重要术语指两种不同的情形。"上帝的绝对能力"（potentia absoluta）指上帝施展任何作为或设立世界秩序之前的情形。"上帝的命定能力"（potentia ordinata）指创造者上帝所设立的、表明上帝的本质和属性的秩序。"上帝的两种能力"不是指两套现在可供上帝任意挑选的选择。相反，它们是拯救史的两个不同时刻。

这种区分相当重要，却也有困难。因此，我们将更详细地加以探讨。奥卡姆的威廉邀请我们思考两种非常不同的情形，其中我们都可以说到"上帝的全能"。第一种是，上帝面对各种可能性——如创造世界或不创造世界。上帝可以决定实现任何一种可能性。这便是上帝的**绝对**能力。

然而，一旦上帝做出某些选择，将其实现，我们便进入上帝**命定**能力的范畴——上帝的能力受到限制，这是因为上帝自己的决定。奥卡姆的威廉的要点是，由于决定实现某些选择，上帝必须决定不实现其他选择。决定做某些事，便意味着拒绝做其他事。上帝一旦决定创造世界，**不**创造世界的选择便被放弃。这就意味着，一定有些事上帝**曾经**能做，但现在**不再**能做。尽管上帝本可以决定不创造世界，但是，上帝现在已经故意放弃这种可能性。放弃就意味着，不再有这种可能性。因此，上帝的作为限制上帝的选择。

乍看之下，这种看法会导致看似矛盾的情况。由于上帝的全能，上帝现在不能做每一件事。由于上帝运用了能力，上帝限制了选择的范围。对于奥卡姆的威廉来说，上帝现在**不能**每一件事都做。上帝已经故意限制这种可能性。上帝决定限制现在可有的选择。这难道不矛盾吗？不矛盾。如果上帝真能做任何事，上帝一定能委身于某种作为——且始终委身。在运用全能时，上帝决定限制可有的选择范围。这种上帝自我限制的观念是奥卡姆的威廉提出的，在现代神学中非常重要，值得进一步探讨。

上帝自我限制的观念

到了19世纪,上帝自我限制的观念重新掀起研究的热潮,尤其是在基督论的范畴之内。在讨论上帝自我限制的观念时,通常深受喜爱的框架是《腓立比书》2章6至7节,这两节经文提到基督的"虚己"(emptying himself)。这段经文通常被视为保罗以前的赞美诗,被保罗用来说明一些重要的神学观点。"虚己论"(kenoticism,源自希腊文 kenosis,意为"倒空")渐渐被普遍用来指对基督身份的看法,即认为基督"虚己"(从自己身上倒空上帝的属性)——把神性丢弃或抛弃。

戈特弗里德·托马修斯(Gottfried Thomasius,1802—1875年)、格斯(W. F. Gess,1819—1891年)和冯·弗兰克(F. H. R. von Frank,1827—1894年)等德国神学家认为,在基督里成为肉身时,上帝选择一条自我限制之路。托马修斯认为,上帝(更准确地说是上帝的**逻各斯**)将上帝**形而上**的属性(如全能、全知和全在)在基督里放弃(或倒空),却保留**道德**属性(如上帝的爱、公义和圣洁)。但是,格斯坚持认为,在道成肉身时,上帝放弃上帝的所有属性,所以在任何情况下都绝不可能将基督称为"上帝"。

在英国,虚己论发展得较晚,形式也略有不同。福赛思(P. T. Forsyth,1848—1921年)和查尔斯·戈尔(1853—1932年)等神学家相信,传统的基督论没有公平地对待基督的人性(对基督的描述往往接近于幻影论)。他们认为,往往被视为抹杀基督人性的神性必须被搁置一旁。因此,戈尔的《上帝之子的道成肉身》(*Incarnation of the Son of God*,1891)提出一个观念,即基督在世时具有完全的人性,包括他自愿倒空自己的神性知识,结果像人一样无知。因此,有个结论便不会提出难题,即福音书的记载似乎说明,耶稣有时具有有限的知识。

乍看之下,这场争辩影响到基督论,而不是上帝论。但是,如果深入思考,从基督教的角度来看,基督的身份决定我们如何理解上帝的身份。这可以从迪特里希·朋霍费尔(1904—1945年)晚期著作的生动阐释中看出,他的解释是,被钉十字架的基督的软弱无能是上帝在世界上软弱无能的范例。《狱中书简》(*Letters and Papers from Prison*)写于第二次世界大战即将结束之际,朋霍费尔在书中对这一点的反思是:

> 上帝让自己被挤出世界,被推上十字架。他在世界上软弱无能,这正是他与我们同在、帮助我们的惟一方式。……《圣经》引导我们来到上帝的软弱无能和痛苦面前;惟有受苦的上帝能帮助我们。

在越来越怀疑"能力"的年代,谈论"全能的上帝"不一定意味着上帝是暴君,而是上帝决定与软弱无能的人站在一起,这种提醒或许是一道清流,振奋人心。在解释基督的十字架时,这将是重要主题——我们以后再来探讨。

9.5 上帝在世界上的作为

可以在何种意义上说上帝与世界同在并施展作为？形成了许多模式，来说明基督教对这个问题的丰富理解，或许，它们最好被视为互补的，而不是竞争的。在以下部分中，我们将探讨对这个重要问题的一些看法。

自然神论：上帝通过自然律施展作为

在之前的部分中，我们指出，牛顿强调宇宙机械式的规律性，这与所谓的"自然神论"运动的兴起紧密相关。自然神论可以被非常简要地概括如下：上帝理性、有序地创造世界，反映出上帝自己的理性本质，上帝赋予世界发展、运行的能力，根本不再需要上帝的继续存在或介入。亚历山大·蒲柏（Alexander Pope）为艾萨克·牛顿写下的著名悼文说明了普通人所理解的科学家的重要性。

> 自然和自然律隐藏在黑暗中，
> 上帝说：要有牛顿，一切都是光明。

这种看法于 18 世纪特别有影响力，它把世界看作钟表，把上帝看作表匠。上帝赋予世界某种自动的设计，因此，它以后便可以独立运转，不再需要上帝的继续介入。因此，在进行有位创造者上帝存在的著名论证时，威廉·佩利自然会将钟表和表匠的意象用作论证的一部分。

那么，根据自然神论，上帝如何在世界上施展作为呢？这个问题的答案非常简单：上帝**没有**在世界上施展作为。同表匠一样，上帝赋予宇宙规律性（可以从"自然律"中看出），启动了宇宙的机制。上帝为启动这个系统提供动力，确定管理它运转的原则，此后，便没有什么留给上帝去做。世界被视为巨大的钟表，完全是自主的，自给自足的。上帝的任何作为都是不必要的。

这必然导致一个问题，即能否将上帝从牛顿的世界观中完全剔除。如果没有什么留给上帝去做，上帝的存在还可能有什么必要？如果能证明世界上有自我维系的原则，便根本不需要"上帝的眷顾"这个传统观念——在世界存在的整个过程中，始终有上帝的维系和管理，它们一直在发挥作用。

因此，牛顿的世界观促进一种看法，即虽然上帝很可能创造了世界，但是，根本没有上帝进一步参与世界的必要。守恒定律（如动量守恒定律）的发现似乎意味着，上帝已经赋予受造物继续下去所需的一切机制。这一点正是法国天文学家皮埃尔·西蒙·拉普拉斯（Pierre Simon Laplace，1749—1827 年）在自己对上帝为行星运动的维系者这个观念的著名评论中说明的:"我根本不需要那个假设。"

就上帝在世界上施展作为的方式而言,一种更积极的理解归功于托马斯·阿奎那和受他影响的现代神学家,它的核心是运用第二因。

托马斯主义:上帝通过第二因施展作为

关于上帝在世界上施展作为的问题,一种稍有不同的看法基于中世纪主要的神学家托马斯·阿奎那(约1225—1274年)的著作。阿奎那对上帝施展作为的理解以区分第一因与第二因为基础。阿奎那认为,上帝没有直接在世界上施展作为,而是通过第二因。

可以通过类比最好地加以解释。假设我们想象一位有非凡天赋的钢琴演奏家。她有能力优美地演奏钢琴。但是,她演奏的效果取决于供她演奏的钢琴的音质。事实上,走调的钢琴会造成灾难性后果,无论演奏者的技艺有多么娴熟。在我们的类比中,钢琴演奏家是第一因,钢琴是第二因,例如,演奏肖邦夜曲。这两个因都是必不可少的;每一个都发挥不同的重要作用。第一因取得预期效果的能力,取决于所使用的第二因。

阿奎那这样用第二因解决一些关于世界上存在恶的问题。苦难和痛苦不应当被归咎于上帝的直接作为,而是由于上帝用来施展作为的第二因的脆弱和软弱。换句话说,上帝应当被视为第一因,世界上的各种媒介应该被认为是相关的第二因。

亚里士多德(阿奎那吸取了他的许多观念)认为,第二因能独立施展作为。作为第二因,自然物能凭借自身的本性施展作为。这种看法是中世纪的有神论哲学家不能接受的,无论是基督教哲学家,还是穆斯林哲学家。例如,著名的穆斯林哲学家阿尔加扎利(al-Ghazali,1058—1111年)认为,自然完全臣服于上帝,因此,称第二因具有任何独立性是错误的。上帝是事物的直接因。如果闪电造成树木起火,闪电不是火的因,上帝是。因此,上帝被视为第一因,只有他能推动其他因。在许多科学史家看来,这种上帝因果律的看法(通常被称为"偶因论"〔ocassionalism〕),无益于自然科学的发展,因为它贬低自然界中果或活动的规律性,以及它们看似"有规律"的性质。

因此,阿奎那认为,上帝是"不动的推动者",是一切活动的第一因,如果没有上帝,什么都不会存在或发生。但是,他允许上帝通过第二因**间接地**施展作为。因此,对第二因的有神论解释,这样来说明上帝在世界上的作为:上帝通过第二因**间接地**在世界上施展作为。可以看出一长串因果律,可以导回一位上帝,他是发生、出现在世界上万事万物的因和第一推动者。但是,上帝没有在世界上**直接**施展作为,而是通过上帝发起、引导的一连串果施展作为。

阿奎那的看法导致一种观念,即上帝发起一个在上帝引导之下的发展过程。例如,上帝将自己的作为**委托**给自然秩序的第二因。例如,上帝可以从人心里推动人的意志,因此,生病的人会得到帮助。这时,上帝**间接**施展出于上帝意志的作为——但阿奎那认为,我们仍可以说，上帝以某种有意义的方式做这种作为的"因"。

英国哲学神学家奥斯汀·法勒（Austin Farrer，1904—1968 年）提出一种相关看法。对上帝作为的这种解释，通常被称为"双重媒介"。法勒认为，世界的每一种活动既对世界的一个或多个媒介或客体（"第二"因）起到因果作用，又对万物的"第一"因上帝起到截然不同的作用。因此，我们可以说，受造因果的命定关系最终依赖于上帝的媒介。可以看出两种不同的功效秩序：受造因果的"横向"秩序和上帝用来设立、维系它的"纵向"秩序。

一种明显相关的看法可以在所谓的"过程思想"（process thought）的运动中看出，但是，它的影响力却完全不同，我们现在就来探讨。

过程神学：上帝通过劝说施展作为

"过程思想"被普遍视为源于英裔美国哲学家阿尔弗雷德·诺思·怀特海（1861—1947 年）的著作，尤其是他的《过程与实在》（*Process and Reality*，1929）。怀特海反对传统形而上学（以"实质"或"本质"等观念说明的）相当静态的世界观，将实在理解为一种过程。作为有机的整体，世界是动态的，不是静态的；事情是**发生的**。实在是由"现实实体"（actual entity）或"现实机遇"（actual occasion）这些"材料"构成的，所以其特性是形成、改变和事件。

这些"实体"或"机遇"（怀特海的原始术语）有一定程度的发展自由，并受到周围环境的影响。在这一点上或许可以看出生物进化论的影响。同德日进（1881—1955 年）一样，怀特海允许受造物的发展遵循某种总的方向和引导。因此，这种发展过程被置于永恒秩序的背景中，而这种背景被视为发展所必需的组织原则。怀特海认为，上帝可以被等同于过程的秩序背景。怀特海将上帝视为一种"实体"，却将上帝与其他实体区分开，因为上帝具有不朽性。其他实体只是在有限的时期内存在；上帝却永远存在。因此，每一个实体都受到两种主要源头的影响：先前的实体和上帝。

因此，因果关系不是被迫以某种特定方式运行的实体，它是一种**影响力**或**说服力**。实体相互影响，方式是"两极式的"——精神的和物质的。一切实体都是这样的，上帝也不例外。上帝只能以劝说的方式，在过程本身的限度内施展作为。上帝"遵守"过程的"规则"。就像上帝影响其他实体，上帝也被它们影响。用怀特海的名言说是：上帝是"理解人的同受苦难者"。因此，上帝受世界的影响。

因此，过程思想重新定义上帝的全能，将其定义为世界整体过程中的影响力和说服力。这是非常重要的进展，因为它说明这种就恶的问题理解上帝与世界之间关系的方式所具有的吸引力。传统的自由意志为道德的恶辩护，认为人可以自由地顺服或忽视上帝。但是，过程神学认为，世界的各个组成部分同样可以自由地忽视上帝为影响或说服它们所做的努力。它们不一定要回应上帝。因此，上帝不需要对道德的恶和自然的恶负责。

就道德的恶而言，传统的自由意志为上帝无视恶的辩护非常有说服力（尽管令人信服的程度尚存争议）——换句话说，恶产生于人的决定和行为。但是，自然的恶呢？地震、饥荒和其他自然灾害呢？过程思想认为，上帝不能强迫自然顺服上帝的旨意或上帝为其制定的计划。上帝只能通过说服力和吸引力从内部影响过程。每一个实体都有一定程度的自由和创造力，是上帝所不能践踏的。

以说服的性质理解上帝的作为显然有其优点，尤其是它回应恶的问题的方式（上帝不处于控制地位，所以不能指责上帝造成事物实际的样子），但是，过程思想的批判者提出，所付的代价太高了。传统的上帝超越观似乎被放弃，或从上帝为过程中主要且永恒之实体的角度被彻底重新解释。换句话说，上帝的超越只是指上帝比其他实体更长久且超越它们。

怀特海的基本观念被许多神学家加以发挥，最著名的是查尔斯·哈茨霍恩（Charles Hartshorne, 1897—2000年）、约翰·科布（John B. Cobb, 1925—   ）和舒伯特·奥格登（Schubert Ogden, 1928—   ）。哈茨霍恩对怀特海的上帝观做出许多修改，最重要的可能是他提出，过程思想的上帝更应当被视为位格（人）而不是实体。这让他能回应对过程思想较为重要的批判之一：过程思想损害上帝的完美这个观念。如果上帝是完美的，上帝怎能改变？改变不是相当于承认不完美吗？哈茨霍恩将完美重新定义为：承受改变的能力，却不损害上帝的优越性。换句话说，上帝能被其他实体改变的能力，不意味着上帝被贬低至它们的层面。上帝超越其他实体，即使上帝受它们的影响。

当探讨"上帝在世界上的作为"时，过程思想非但不会遇到任何难题，反而提供一种框架，可以用"过程中的影响力"说明上帝在世界上的作为。但是，所持的独特看法引起对传统上帝论的担忧。对于传统的一神论者来说，过程思想的上帝似乎与《旧约》或《新约》所描述的上帝没有多大关系。

对于许多评论家来说，过程神学的真正优点在于它对世界上苦难的起源和本质的见解。如果分析基督教传统中对苦难问题的各种看法，便能最好地理解这些优点。苦难的问题在神学中被称为"神义论"（theodicy），我们很快便会探讨。但是，我们先来探讨创造的教义，它是进行神义论这些重要讨论的背景。

9.6 上帝为创造者

上帝为创造者的教义在《旧约》中（如创世记1和2章）有牢固的基础。在神学史中，上帝为创造者的教义通常与《旧约》的权威联系在一起。《旧约》被认为对基督教仍然十分重要，因为它所论述的上帝就是《新约》中被启示出来的上帝。创造者上帝和拯救者上帝是同一位上帝。诺斯替主义大肆抨击《旧约》的权威和上帝为世界创造者的观念。

创造教义的发展

在《旧约》中，"上帝为创造者"的主题极其重要。注意力通常集中在《旧约》正典第一卷书《创世记》前两章的创世故事上。但是，必须认识到，这个主题深深植根于《旧约》的智慧文学和先知文学。例如，《约伯记》38 章 1 至 41 节叙述了无疑是《旧约》中对上帝为创造者最全面的理解，强调上帝为世界的创造者和维系者。

在两种不同却相关的经文中，可以读到"上帝为创造者"的观念：第一种反映出以色列人在个人和集体崇拜中对上帝的赞美；第二种强调，创造世界的上帝也是拯救以色列人脱离奴役、现在继续维系以色列人的上帝。

《旧约》的三种主要文体是历史书、先知书和智慧书，创造教义在其中有不同的作用。在历史书中，创造教义通常用来驳斥迦南的自然宗教，这种宗教认为，为了确保好收成，必须安抚各种自然神祇，如迦南人的"伊勒"（EL）。在先知书中，特别是流亡时期的先知书，创造教义用来肯定以色列人的上帝所具有的普世权威。创造整个世界的上帝是全世界——包括巴比伦等当前正在压迫以色列人的国家——的统治者。巴比伦的神祇只是当地人的创造，不具备以色列人的上帝的能力和权威。因此，创造教义成为盼望得救的基础。在智慧书中，尤其是《约伯记》和《箴言》，创造教义与获得智慧密切相关。智慧的人能在受造世界中获得、看出智慧，根据智慧的训导安排自己的生活。

对于我们的目的来说，尤其重要的是《旧约》中"创造为设立秩序"的主题，以及《旧约》处理"秩序"这一极为重要的主题的方法——如何以宇宙论为基础建立与证明秩序。经常有人指出，《旧约》如何将创造描述成与混沌力量的交战，并战胜混沌的力量。《旧约》通常以两种不同的方式说明"秩序的建立"：

1. 创造是将秩序加给无形的混沌。这种模式特别与一个意象有关，即窑匠将泥土造成可见的有序结构（如创世记 2：7；以赛亚书 29：16，64：8；耶利米书 18：1—6）。

2. 创造涉及同一系列混沌力量的战争，而这些力量通常被描述成必须被制服的龙或其他怪兽〔分别被命名为比希莫特（Behemoth）、利维坦（Leviathan）、拉哈欠（Nahar）、拉哈伯（Rahab）、大海兽（Tannim 或 Yam）〕（约伯记 3：8，7：12，9：13，40：15—41：11；诗篇 74：13—15；以赛亚书 27：1）。

《旧约》对上帝与混沌力量交战的记载显然与乌加里特人（Ugaritic）和迦南人的神话有相似之处。但是，在某些重要方面也有不同，尤其是《旧约》坚持认为，混沌力量不应被视为具有神性。创造不应当被理解为不同的神祇为争夺（未来）宇宙的统治权而相互开战，而是上帝主宰混沌，为世界设立秩序。

《旧约》最重要的宣告之一，可能是**自然不具有神性**。《创世记》所记载的创造强调，上帝创造了月亮、太阳和星星。这一点的重要性很容易被忽视。在古代，这些天上的实体都像神祇一样受崇拜。《旧约》强调，它们是上帝创造的，从属于上帝，从本质上讲根本不具有神性。

我们简要介绍了创造观的某些方面,尤其是犹太人或基督教的创造观。我们现在要继续以更专业的神学方法思考创造观的某些方面。

创造与否定二元论

在基督教神学的第一个阶段,**二元论**的问题是必须被争辩的,是与创造教义相关的重要问题。几种诺斯替主义便是二元论的典型例子。诺斯替主义主张存在两位神祇:一位是至高的上帝,是不可见之灵性世界的源头,另一位是较低级的神祇,他创造出可见的物质世界。这种看法是里昂的爱任纽强烈反对的。另一种类似看法与摩尼教有关,希波的奥古斯丁年轻时被这种诺斯替派世界观所吸引。这种看法是彻底的二元论,因为它将灵性世界(被视为善的)与物质世界(被视为恶的)从根本上对立起来。

对于大多数重要的诺斯替主义来说,将人类从世界拯救出来的上帝与起初创造世界的较低级的神祇(经常被称为"造物主"〔demiurge〕)明显不同。诺斯替派认为,《旧约》讲述这位较低级的神祇,而《新约》关注拯救者上帝。因此,信仰创造者上帝和《旧约》的权威很早便联系在一起。创造教义肯定,上帝所创造的物质世界是好的,尽管它后来被罪玷污。

二元论强调好的、不可见的灵性世界和恶的、可见的物质世界,这被尼西亚会议(325年)所否定,此次会议的信经开篇便肯定信仰"独一的上帝,全能的父,创造天地和有形无形万物的主"。托莱多会议(Synod of Toledo, 400)重申这种信仰,此次会议明确否定二元论:

> 如果有人说、相信这个世界及其所有器物不是由全能的上帝所创造,他要受到诅咒……如果有人说或相信世界不是由经文"起初,上帝创造天地"(创世记1:1)所记的上帝所创造,他要受到诅咒。

利奥一世(Leo I)于公元447年的书信进一步肯定这种看法,将"真信仰"定义为包含这种信仰:"所有灵性的、物质的受造物的本质都是好的,根本没有恶的本性。因为万物的创造者上帝没有创造不好的东西。"

然而,希波的奥古斯丁所明确阐释的非二元论神学对西方思想的影响极大。一些基本原则构成这种"实在一元论"的基础,可以概括如下:

1. *万物的存在都归功于上帝。存在者根本没有其存在的其他源头或起源。*
2. *存在的万物都是一位良善的上帝所创造,它们都是好的。*

3. 世界上存在的恶不应当被视为实际的、真实的，有它自己独特的实质。相反，恶应当被认为"缺乏良善"（privatio boni）。

4. 恶不是源于上帝，而是源于人使用上帝所赐予的自由。

《使徒信经》开篇便宣告信仰上帝是"创造天地的主"，从而肯定上帝为灵性世界和物质世界的创造者。在中世纪，各种二元论再次出现，尤其是在阿尔比派（Albigenses）和卡特里派（Cathari，又译为"清洁派"）的观念中，他们的教导是，物质是恶的，是魔鬼从无中创造的。第四次拉特兰会议（1215 年）和佛罗伦萨会议（1442 年）反对这种看法，这两次大公会议明确教导，上帝从无中创造出好的受造物。

我们之前在这部分中讨论过奥古斯丁创造观的一个方面。但是，奥古斯丁对创造教义的发展极为重要，因此，他的贡献需要进一步讨论和阐释。

希波的奥古斯丁的创造教义

在《论〈创世记〉的字面意义》（On the Literal Meaning of Genesis，401—415 年）中，希波的奥古斯丁（354—430 年）着手提出一种创造教义，认为他的教义基于对《创世记》的创世记载的可靠解释。奥古斯丁认为，上帝一瞬间创造了万物。但是，受造秩序不是静态的，因为上帝赋予它成长的能力。奥古斯丁用休眠种子的意象类比这个过程。上帝将种子〔更专业地说是"理性种子"（rationes seminales）〕种在最初的受造秩序中，它们将在合适的时间生长发育。这明显类似于"道种论"——说希腊语的基督教神学家普遍用它说明创造教义。

较早的基督教神学家已经注意到，《创世记》的第一个创造故事说，地与水"生出"生物，他们认为，这说明上帝赋予自然秩序生出生物的能力。"奥古斯丁更进一步。上帝创造的世界有一系列潜在的能力，于恰当的时候在上帝的眷顾下实现了。

奥古斯丁认为，《创世记》1 章 12 节暗示，地已经得到独自生产的力量或能力："《圣经》已经说明，地偶然生出庄稼和树木，从这种意义上讲，地得到生出它们的能力。有些人可能认为，上帝将现成的新植物和新动物放在已经存在的世界中，但是，奥古斯丁不这样认为，相信这不符合《圣经》的总体见证。相反，必须相信，上帝就在最初那一刻为所有后来出现的生物——包括人类——创造出潜能。

奥古斯丁对《创世记》的解释没有将上帝的创造作为局限于"原始的创造"活动。奥古斯丁坚持认为，上帝仍在世界做工，指引它的持续发展，展现它的潜能。他相信，上帝的创造工作包括最初创造出世界和它随后的发展。有两个创造"时刻"：一个最早的创造，一个上帝继续眷顾、引导的过程。因此，创造不是完成的、过去的事件。必须承认，上帝甚至现在也在做工，现在仍在维系、指引"他最初创造的世代"的发展。

这意味着，《创世记》的第一个创造故事说明原始物质的瞬间产生，包括进一步发展的偶然资源。第二个创造故事探讨这些偶然可能性如何从地上出现、发展。两个创造故事共同宣告，上帝同时创造万物；同时，它们也展望了这一幕：各种生物随着时间逐渐出现——这是它们创造者的计划。

对于奥古斯丁来说，上帝故意创造其目的为发展、进化的宇宙。这个发展的蓝图不是随意的，而是被编排进创造的结构。上帝的眷顾监督受造秩序的持续发展。奥古斯丁"种子"的意象意味着，最初的创造包含一种潜能，即所有生物后来都会出现。这不意味着，上帝创造的世界是不完全的或不完美的，因为"上帝既是因，也是果，他随后完成自己的最初创造"。奥古斯丁宣称，这个发展过程受基本规律的支配，它们反映出其创造者的旨意："上帝已经确立固定的规律，它们支配所产生的存在者的种类和数量，让它们从隐藏中完全显现。"

从无中创造的教义

基督教最初植根于东地中海世界，后来于公元1世纪和公元2世纪在这里扩张，而各种希腊哲学是这里的主要哲学。希腊人对世界起源的普遍理解可以概括如下。上帝不被视为**创造出**世界。相反，上帝被看作建筑师，安排先存的物质。物质已经在宇宙中存在，不需要创造；它需要被赋予特定的形状和结构。因此，上帝被视为用已有的物质塑造世界。因此，柏拉图在自己的对话录《蒂迈欧篇》（*Timaeus*）中提出一种观念，即世界是用先存的物质造成的，这些物质被塑造成现在的样子。

这种观念被大多数诺斯替派思想家所接受，在这个方面，少数初期基督教神学家是他们的追随者，如安提阿的狄奥斐卢斯（Theophilus of Antioch）和殉道士查斯丁。他们自称相信先存的物质，在创造时被塑造成世界。换句话说，创造不是"从无中"（ex nihilo）创造；相反，创造被视为建造的行为，利用已经可以使用的物质，就像我们用雪建造冰屋或用石头建造房屋。因此，世界上存在恶，被解释为难以驾驭这种先存的物质。可使用的物质的质量非常差，这限制到上帝在创造世界时的选择。因此，世界上存在恶或缺陷，不应当被归咎于上帝，只能是因为用来建造世界的物质存在缺陷。

然而，同诺斯替主义的冲突迫使基督教神学家重新思考这个问题。上帝用先存的物质创造的观念受到怀疑，一个原因是它与诺斯替主义的联系，另一个原因是越来越仔细地解读《旧约》的创造故事。公元2世纪和公元3世纪的一些基督教神学家反对柏拉图哲学的世界观，认为**万物**必须是上帝创造的。根本没有先存的物质；万物都需要从无中创造。爱任纽认为，基督教的创造教义肯定受造物固有的"好"，这完全不同于诺斯替派观念，即物质世界是恶的。

德尔图良——公元3世纪的基督教神学家——强调上帝创造世界的决定。世界的存在本身就归功于上帝的自由和良善，而不是由于物质的本质所固有的任何必要性。世界的存在依赖于上帝。这完全不同于亚里士多德哲学的看法，即世界的存在不依赖任何事物，世界的独特结构有其固有的必要性。希波的奥古斯丁在自己著作的某些部分捍卫、探讨**从无中创造**之教义的意义——我们之前已经讨论过了。

然而，不是所有基督教神学家都在基督教传统出现的早期便接受这种看法。奥利金可能是受柏拉图哲学影响最大的初期基督教神学家，他显然认为，用先存的物质创造的教义颇有价值。但是，到了公元 4 世纪末，大多数基督教神学家已经否定柏拉图派——甚至是奥利金——的看法，认为上帝不仅是灵性世界的创造者，也是物质世界的创造者。

创造教义的含义

上帝为创造者的教义有一些重要含义，可以在此指出一些。

1. 必须区别上帝与受造物。受造物本身不具有神性；它是上帝的创造，就本体而言不同于它的创造者。上帝必然存在；受造秩序偶然存在。从一开始，基督教神学的一个重要主题便是抵制将创造者与受造物融为一体的试探。保罗在给罗马人的信中清楚陈述了这个主题，《罗马书》开篇便批评将上帝贬低为世界之物的倾向。保罗认为，人有一种自然倾向，要侍奉"受造之物，不敬奉那造物的主"（罗马书 1：25），这是罪的结果。基督教创造神学的一个核心任务是将上帝与受造物区别开，同时肯定它是**上帝的**创造。

2. 创造意味着上帝的权威高于世界。《圣经》的一个特点是强调创造者的权威高于受造物。因此，人被视为受造物的一部分，在其中有特殊作用。创造教义导出**人为受造物管家**的观念，这不同于世俗的观念，即**人是世界的主人**。受造物不是我们的；我们只是替上帝管理。人应当是上帝受造物的管家，对自己行使这一职责负有责任。这种见解对生态与环保非常重要，因为它提供理论基础，让人能负起自己对地球的责任。

3. 上帝为创造者的教义意味着，受造物最初是好的。在《圣经》的第一个创造故事中，我们经常读到这种肯定的宣告："上帝看着是好的"（创世记 1：10, 18, 21, 25, 31）。（惟一"不好"的是亚当独居。人被造成社会性存在者，应当与其他人建立联系。）基督教神学根本没有诺斯替主义或二元论，将世界视为本来便是邪恶的地方。我们之前在本章中指出，尽管世界因罪而堕落，但是，它仍是上帝好的受造物，仍能得救。

这不是说，受造物现在已经完美。基督教罪的教义的基本内容之一，便是承认世界已经脱轨，没有按照上帝在创造时为它设定的轨道而行。它已经从被造成时的荣耀中堕落。我们看见的世界不是它本来要有的样子。人的罪、恶和死亡的存在本身便说明，受造秩序背离了它本该有的样子。因此，大多数基督教神学家对拯救的反思都包括这样一种思想：受造物恢复到它最初的完美状态，以便上帝创造的目的得以完全实现。肯定受造物是好的，也避免了大多数神学家不能接受的观念，即上帝对恶负有责任。《圣经》不断强调受造物是好的，提醒我们有破坏力的罪在世界上的存在不是上帝的计划或是上帝不允许的。

4. 根据《创世记》对创造的记载，人是按照上帝的形象造的。这个见解是基督教人性教义的核心，我们将在以后更详细地讨论；但是，作为创造教义的一个方面，它非常重要。"你为自己创造了我们，我们的心却没有安息，除非安息于你"（希波的奥古斯丁）。这句话说明，创造教义对正确理解人的经验、本性和命运非常重要。

上帝为创造者的模式

上帝以怎样的方式作为创造者施展作为，在基督教传统中有过激烈辩论。许多模式发展起来，说明上帝如何被理解为世界的创造者，每一种都在某种程度上说明基督教对"创造"观念复杂、丰富的理解。

放射 "放射"被初期基督教神学家用来说明上帝与世界的关系。尽管柏拉图或公元3世纪的新柏拉图派哲学家普罗提诺（Plotinus）都没有用过它，但是，许多赞成各种柏拉图哲学的基督教教父认为，它是便捷、可用的方法，可以阐明柏拉图哲学。这种看法主要使用光或热的意象，如太阳放射出的光或热，或人使用的火发出的光或热。这个创造的意象（《尼西亚信经》的"出于光而为光"所暗示的）说明，世界的创造可以被视为上帝创造能力的流溢。光源自太阳，反映出它的本质；同样，受造秩序源于上帝，表明上帝的本质。根据这种模式，上帝与受造物有一种**自然的**或**有机的**联系。

然而，这种模式也有缺点，其中两个值得一提。第一，太阳放射出光或火散发出热的意象意味着无意识的放射，而不是有意识的决定创造。基督教传统不断强调，创造的行动在于上帝先决定创造，而这种模式没能充分说明这一点。

这自然导致第二个缺点，即这种模式是非位格式的。它难以表达一种观念，即上帝是有位格的，创造的行动和其后的受造物都表现出上帝的位格。然而，这种模式明确表达出创造者与受造物的紧密关系，让我们想在受造物中找到创造者的一些特性和本质。因此，上帝之美——中世纪早期神学一个特别重要的主题和后来再次在汉斯·乌尔斯·冯·巴尔塔萨（1905—1988年）的著作中出现的重要主题——将有望反映在受造物的本质中。

建造 《圣经》的许多经文将上帝描述成建造师，他精心建造世界（如诗篇 127: 1）。这种意象非常有影响力，传达出这个观念：有目的、有计划和故意的创造。这种意象非常重要，因为它同时注重创造者和受造物。它不仅展现出上帝的才能，更让人欣赏所造之物的美丽和有序，它还见证创造者的创造力和关怀之情。

然而，这种意象也有缺点，它是柏拉图在对话录《蒂迈欧篇》中提到的一点。它将受造物描述成包含先存的物质。这里，创造被理解为将已有之物塑造成形；我们已经看到，这种观念与"从无中"创造的教义至少产生一些冲突。上帝为建造师的意象似乎意味着用现成的物质建造世界，这显然与"从无中"创造的观念矛盾。

尽管有这个难题，但是，可以看出，这种模式说明一种见解，即自然界在一定程度上体现出创造者的特性，就像艺术家的作品表达或体现他或她的特性。尤其是这种模式明显肯定"有序"的观念——将一致性或结构赋予或加给用来创造的物质。不管"创造"这个复杂的观念在基督教中可能是其他什么意思，它肯定包括"有序"这个基本主题——在《旧约》的创造故事中特别重要的观念。

艺术品 在教会历史的各个时期，许多基督教神学家都说创造是"上帝的杰作"，将它比作艺术品，不仅本身美丽，而且展现出创造者的个性。创造是创造者上帝的"艺术手笔"，18世纪的美国神学家乔纳森·爱德华兹——我们之前已经讲过他——在著作中特别好地说明过这种模式。

这个意象非常有用，因为它弥补了上述两个模式的缺陷，即它们非位格的特点。上帝为艺术家的意象传达一种观念，即受造物的某些美说明上帝的位格。但是，潜在的缺点也需要注意；例如，这种模式可以轻易导致上帝用先存的物质创造的观念，就像雕刻家用已有的石块雕刻雕像。但是，这种模式至少可能让我们思考"从无中"创造，就如写小说的作家或创作旋律与和声的作曲家。多罗西·塞耶斯（Dorothy L. Sayers，1893—1957年）在《创造者的心思》（*Mind of the Maker*，1941）中创造性地阐释这些思路，该书提出，上帝的创造行动类似于人写书。它也鼓励我们在受造物中寻找上帝的自我表达，让自然神学在神学上更为可信。受造物为"艺术手笔"的观念与极为重要的"美"这个观念也有一种自然联系。

创造与基督教对生态的看法

20世纪的最后几十年，人如何看待世界越来越受关注。有些思想家认为，利用自然是20世纪的典型态度，这是基督教创造教义的直接后果。一个很好的例子是历史学家林恩·怀特（Lynn White Jr.，1907—1987年）1967年一篇非常有影响力的文章。他指出，犹太教与基督教的观念认为，人对受造物有统治权或管理权，以致产生一种看法，认为自然的存在只是为了满足人的需要，从而让利用自然的态度变得合理。因此，他认为，基督教对现代的生态危机难辞其咎。

特别是怀特认为，基督教以《创世记》创造故事的"上帝的形象"这个概念（创世记1:26—27）为借口，来证明它有充分的理由利用世界的资源，因此，它要因正在出现的生态危机而受到谴责。怀特提出，《创世记》让人管理受造物的观念变得合理，导致受造物被不恰当地利用。尽管怀特的文章有其历史与神学的肤浅性，但是，它对通俗科学对基督教和宗教的态度的形成产生了深刻影响。

随着时间的流逝，一种基于更可靠的信息对怀特的文章所做的评价占了优势。这种论点现在被承认有严重的缺陷。对《创世记》的原文更仔细的解读说明，原文表明"人是受造物的管家"和"人是上帝的助手"等主题,而不是"人是受造物的主"。创造教义绝不是生态的敌人,而是肯定人对环境的责任非常重要。

著名的加拿大神学家道格拉斯·约翰·霍尔(Douglas John Hall)写了一部被广泛阅读的专著《想象上帝:像管家那样管理》(*Imaging God: Dominion as Stewardship*,1986)。他在书中强调,应当明确根据"管家"理解《圣经》中"管理"的观念,不管它在世俗语境中可能有怎样的解释。简单来说,《旧约》将受造物视为人的所有物;它被视为委托给人管理的东西,人负责保护它,管理它。其他宗教有类似思想,但是,可以看出,它们有不同的侧重点和基础;《阿西西宣言》(*Assisi Declaration*,1986)阐明了宗教的生态重要性,这可以被视为承认了这个重要看法。

因此,创造教义可以成为生态伦理学的基础。例如,环境保护论者卡尔文·德威特(Calvin B. DeWitt)认为,可以在《圣经》的叙述中轻易看出四个基本生态原则,它们反映出基督教的创世教义。

1. **管理世界的原则**:就像创造者管理、维系人类,人也必须管理、维系创造者的创造物。
2. **安息日的原则**:人使用受造物的资源,必须允许受造物从中休养生息。
3. **多产的原则**:必须享受受造物的多产,而不是毁坏。
4. **履行与有限的原则**:人在受造物中的作用是有限的,必须尊重适当的界线。

于尔根·莫尔特曼做出进一步贡献,他的著名之处在于注重确保基督教神学在神学上被严谨地应用于社会、政治和环境的问题。他在《创造中的上帝》(*God in Creation*,1985)中认为,对世界的利用反映出科技的兴起,这似乎与基督教的特定教导无关。他还强调,可以说上帝通过圣灵与受造物同在,因此,对受造物的掠夺便是侵犯上帝。基于这种分析,莫尔特曼可以对一种独特的基督教生态伦理学进行一种严谨的三位一体式辩护。

9.7 神义论:恶的问题

恶在世界上的存在,是与上帝教义有关的一个重要问题。基督教肯定,创造世界的上帝是良善的,但是,恶或苦难的存在又怎么解释呢?从传统上讲,恶的问题通过以下四步论证:

1. 上帝是良善的。

2. 良善的上帝不容许有苦难或恶。

3. 然而，世界上有苦难和恶。

4. 因此，良善的上帝并不存在。

第四个命题有两种解释：一是上帝根本不存在，二是上帝不是良善的。

神义论这个术语被普遍用来指为上帝的良善或存在的理性辩护，即尽管有恶和苦难，但是，上帝是良善的，存在的。对神义论的一些看法在于重新界定论述这个难题的范畴。例如，某些事物可能最初被视为"恶"，但是，更仔细的研究表明，它能产生最初所怀疑不能产生的善。其他看法探讨善与恶的复杂互动。如果善被滥用或误用，善便能导致恶。这是用传统的自由意志解释恶的核心，认为恶是因为人误用上帝赋予他们的自由。或许有人认为，善只能最终从存在恶的环境中形成——这个论点是约翰·希克（John Hick）的"培养灵性之幽谷"的神义论的核心，我们以后将会探讨。

在以下部分中，我们将探讨基督教传统中的一些神义论，并简要评价它们的优点。

里昂的爱任纽（约 130—约 200 年）

爱任纽代表希腊教父思想的主流，这种传统认为，人性是一种潜能，而没有完全发展成熟。上帝创造的人具有成长、成熟的能力。上帝呼召他们要成长得尽善尽美，而不是已经完美。这种成长、发展的过程需要接触、经历善和恶，这样才能做出知情的决定。如果要成为善的，我们需要知道它的对立面。这种传统往往将世界视为"培养灵性之幽谷"（借用英国诗人约翰·济慈〔John Keats，1795—1821 年〕的话），在其中遇见恶，被视为灵性成长、发展所必需的先决条件。

> 上帝将人造成世界与其上万物的主人。……但是，只有当人成熟时，这才能实现。……然而，人还小，还只是孩子。他必须成长，完全成熟。……上帝为人预备地方，那里比这个世界更好……一个非常美善的乐园，上帝的道经常漫步其中，与人交谈；它预示上帝将来会与人同住，与人交谈，与人交往，教导人公义。但是，人是孩子，他的心智尚未完全成熟；因此，人非常容易被骗子引入歧途。

爱任纽没有在著作中完全阐释这种看法。到了现代，它找到一位出色的倡导者，即英国的宗教哲学家约翰·希克（1922—　），他被普遍视为这种看法最有影响力、最具说服力的倡导者。在《恶与爱的上帝》（*Evil and God of Love*，1966）中，希克强调，上帝创造的人并不完全。为了让人成为上帝要他们成为的样子，他们必须参与在世界中。上帝没有将人造成机器人，而是可以自由回应上帝的个体。《圣经》命令人"选择善"，但是，除非真有善恶之间的选择，否则这个命令便毫无意义。因此，善与恶必须在世界存在，让人的发展是知情的、有意义的。

这个论点显然非常有吸引力，不仅因为它强调人的自由；它也与许多基督徒的经验产生共鸣，他们已经发现，在忧伤或痛苦的环境中，能最深刻地经历上帝的恩典和爱。但是，这种看法的一个方面饱受批判。它经常受到的批判是，它似乎将尊贵赋予恶，因为它让恶在上帝的计划中有积极作用。如果苦难被简单地视为促进人类灵性发展的方法，具有毁灭性的灾难——如美军在广岛投下的原子弹或奥斯维辛集中营——该如何解释呢？在批判者看来，这种看法似乎只鼓励人默许世界的恶，却没有给出任何道德指导，或激励人去抵制它、战胜它。

希波的奥古斯丁（354—430年）

奥古斯丁所持的独特看法对西方神学传统产生了重要影响。到了公元4世纪，恶和苦难的存在所导致的问题已经开始让神学难堪。诺斯替主义——包括它的变种摩尼教（就是奥古斯丁年轻时所着迷的）——在解释恶的存在时没有任何困难。物质的本质是恶的，所以才会有恶。救恩的目的完全是将人从恶的物质世界中拯救出来，将人转移到不受物质所玷污的灵性世界。

如前所述，许多诺斯替主义的中心思想是，物质世界有一位造物主，是半神半人的小神，他负责用先存的物质将世界塑造成现在的样子。世界的悲惨状况是因为这位造物的小神无能。因此，拯救之神被视为完全不同于造物的小神。

然而，奥古斯丁不能接受这种看法。它可以巧妙地解决恶的问题，但是，为此付出的智力代价太高了。对于奥古斯丁来说，创造和拯救是同一位上帝的工作。因此，不可能将恶的存在归咎于创造，因为这是在责怪上帝。在奥古斯丁看来，上帝创造的世界是好的，意味着它没有被恶玷污。那么，恶从何而来？在这一点上，奥古斯丁的基本见解是，恶是人误用自由的直接后果。上帝创造的人有选择善或恶的自由。遗憾的是，人选择了恶；结果，世界被恶所玷污。

然而，这没有真正解决问题，奥古斯丁自己也清楚。如果没有恶去选择，人怎能选择恶呢？如果人可以选择恶，恶一定在世界上存在。因此，奥古斯丁将恶的起源归咎于魔鬼的试探，魔鬼借此引诱亚当和夏娃不顺服他们的创造者。他认为，这样一来，便不能将恶归咎于上帝。

问题仍没有解决。原因是：如果上帝创造的世界是好的，撒旦又从何而来？奥古斯丁进一步追溯恶的起源。撒旦是堕落的天使，他最初被造时是好的，同其他所有天使一样。但是，这个天使却受到诱惑，想要与上帝一样，要索取至高的权柄。结果，他反叛上帝，从而将反叛传遍世界。但是，批判奥古斯丁的人问道，好天使怎能变得那么坏？我们如何解释那位天使最初的堕落？问题只是被搁置一段时间，而没有得到解决。

卡尔·巴特（1886—1968 年）

卡尔·巴特完全不满意对恶的现有解释，他呼吁彻底重新思考整个问题。巴特特别关注归正宗在眷顾方面的看法，他相信，在与上帝的全能有关的概念上，神学已经有了严重缺陷。他认为，归正宗的眷顾教义已经与斯多葛主义几乎没有任何区别。（顺便提一下，宗教改革的许多学者对茨温利的眷顾教义也有同样的微词，它似乎更以斯多葛派学者塞涅卡为基础，而不是《新约》！）对于巴特来说，上帝全能的观念必须根据上帝在基督里的自我启示理解。

根据这个原则，巴特认为，有必要"彻底重新思考整个问题"。他提出，归正宗的全能教义太依赖以上帝的能力和良善为前提的逻辑推理。巴特的神学体系以其"基督论为中心"著称，他主张以基督论的逻辑思考。因此，巴特否定**推理的**全能观，提倡信仰上帝的恩典胜过不信、恶和苦难。信仰上帝的恩典最终获胜，能让信徒在面对似乎由恶所主宰的世界时保持自己的斗志和盼望。当巴特阐释这种观念时，他自己心里想着纳粹德国；但是，他的观念其实在其他地方也非常有用。近年来，神义论已经成为解放神学的特点，可以说，解放神学的神义论反映出巴特的观念。

然而，巴特神义论的一个方面已经引发许多讨论。巴特将恶描述为**虚无**（das Nichtige）——一种"虚无"的神秘力量，它的基础是上帝在创造时**没有**定的旨意。"虚无"与上帝的旨意矛盾。它是"不请自来"的敌人，不受欢迎的入侵者，闯入受造生命。它不是"虚无"，而是威胁要把一切**变成**虚无，从而威胁到上帝在世界上的计划。对于巴特来说，恩典的最终胜利确保我们不必惧怕"虚无"。但是，他的批判者认为，"虚无"的观念有问题，指责他在忠于《圣经》的记载才是最重要的一点上陷入任意的形而上学思辨之中。

当然能为巴特驳斥这些批判。但是，公平地讲，他的"虚无观"非常难理解，显然是条理不清，让许多赞同它的解释者都感到困惑。

阿尔文·普兰丁格（1932—　）

归正宗哲学家阿尔文·普兰丁格经常探讨恶在世界上的存在所引发的问题。普兰丁格"为自由意志的辩护"深深植根于基督教传统，可以归纳如下：

1. 自由意志在道德上是重要的。这意味着，人有自由意志的世界，好于人没有自由意志的假想世界。

2. 如果人被迫只能行善，这种世界便否定人的自由意志。

3. 上帝尽其所能创造最好的世界。

4. 因此，上帝一定创造出有自由意志的世界。

5. 这意味着，如果人选择作恶，上帝没有责任，因为上帝在自我约束下施展作为，即上帝不会强迫人行善。

当回顾这个论证时，需要指出的重要一点是，普兰丁格坚持认为，我们应当谨慎、负责地处理"全能"等术语。如前所述，说上帝是全能的，不是说"上帝能做任何事"。上帝在自我约束下施展作为，反映出上帝的本质和特点。普兰丁格经常提到这一点。例如，在《上帝、恶和自由的形而上学》（God, Evil, and the Metaphysics of Freedom）中，普兰丁格令人信服地证明，上帝可能不能创造完全合逻辑的世界。如果普兰丁格的论证有缺点，那不是他对上帝全能的讨论，而是他断言有自由的世界比没有自由的世界更让人喜欢。

近代的其他贡献

在现代神学中，苦难的问题始终是热门话题，第二次世界大战的恐怖，以及受压迫者反抗压迫者的持续斗争，都令这个问题更有紧迫性和重要性。许多看法值得指出，每一种都有不同的背景。

1. **解放神学**发展出对苦难的独特看法，其基础是强调穷人和受压迫者。穷人的苦难不被视为在苦难中被动地顺服；相反，它被视为加入上帝对抗世界上苦难的斗争——这种斗争包括直接迎战苦难。拉丁美洲解放神学家在著作中以不同的方式阐释这种观念。

然而，普遍认为，黑人神学的著作是对这种观念最有力的表达，尤其是詹姆斯·孔恩的著作。他用现在同恶的斗争解释十字架和复活的顺序，相信上帝将最终战胜一切苦难和导致苦难的原因。马丁·路德·金（Martin Luther King）的著作有类似主题，特别是他的《恶在海滨死去》（Death of Evil upon the Seashore，1956）。

2. **过程神学**对世界上苦难和恶的起源的看法，彻底限制了上帝的能力。上帝放弃强迫的能力，只保留劝说的能力。劝说被理解为一种方法，即在尊重其他人的权利和自由的情况下施展权力。上帝必须劝说每一个进程以最好的方式进行下去。但是，根本无法保证上帝仁慈的劝说一定产生好的效果。过程根本没有义务顺从上帝。

上帝计划让受造物行善，所做的一切都是为它着想。但是，不能采取一种做法，即强迫万物遵行上帝的旨意。结果，上帝不能阻止某些事发生。战争、饥荒和大灾难都不是上帝渴望的；但是，它们是上帝不能阻止的，因为上帝的能力彻底受到限制。因此，上帝不必对恶负责；不管怎样，也不能说上帝**渴望**或**默默接受**恶的存在。上帝彻底受到形而上的限制，这让上帝根本不能干涉自然法。

3. 近年来对苦难的第三种看法取材于《旧约》的主题。埃利·威塞尔（1928— ）等犹太作家至少保留了一点信念，即上帝基本是良善的；他们指出，《旧约》的许多经文**抗议**世界上的恶和苦难。许多基督教神学家接受这种看法，包括约翰·罗思（John Roth），将这种看法称为"抗议神义论"（protest theodicy）。这种抗议是忠实的子民对他们的上帝忠诚、信靠之回应的一部分，因为他们不确定上帝在世界上的存在和计划，这令他们焦虑不安。

9.8 圣灵

事实上，圣灵的教义本身便需要用一整章讨论。长久以来，圣灵始终是三位一体的灰姑娘。她的另两个姐妹可能早已盛装奔赴神学舞会；圣灵每一次都落在后面。但是，她现在赶上来了。灵恩运动在几乎每一个主流教会中兴起，这已经确保圣灵成为神学舞台上的重要主题。对圣灵的真实性和能力的新经历，在神学讨论圣灵的位格和工作方面影响巨大。

圣灵的模式

"上帝是灵"（约翰福音4：24）。但是，这说明关于上帝的什么事？希伯来文 ruach 至少被译成三个词："风""气息"和"灵"。这个重要的希伯来词有深刻含义，几乎不可能完全译出。ruach 传统上只被译为"灵"，但是，它有许多意义，每一个都能多少说明基督教对圣灵的复杂理解。

1. **圣灵为风**。"风"的意象暗示力量、运动和不可控性，它们都对应《圣经》的上帝观的某个方面。《旧约》的作者非常谨慎，没有将上帝等同于风，从而将上帝贬低为自然力。但是，风的能力与上帝的能力有相似之处。说上帝是灵，提醒人们"万军之耶和华"有极大的能力。上帝凭借将红海分开的大风将以色列人救出埃及（出埃及记14：21），说上帝是灵，也是提醒以色列人上帝有能力和活力。这里，ruach 的观念传达出上帝的能力和拯救的目的。

2. **圣灵为气息**。灵的观念与生命有关。当上帝创造亚当时，上帝将生命的气息吹入他里面，结果，他便成为活人（创世记2：7）。著名的枯骨平原异象（以西结书37：1—14）也说明这一点：只有当气息进入枯骨时，它们才有生命（以西结书37：9—10）。因此，上帝是灵的模式传达的基本见解是，上帝是赐生命者。ruach 经常与上帝的创造工作联系在一起（如创世记1：2；约伯记26：12—13，33：4；诗篇104：27—31）。

3. **圣灵为上帝赋予的能力**。"上帝赋予的能力"（charism）指"上帝的灵充满一个人"，因此，这个人便能完成自己原来做不到的事。智慧的恩赐通常被描述为圣灵充满的结果（创世记41：38—39；出埃及记28：3，35：31；申命记34：9）。同样，先知的呼召也在于圣灵的充满（以赛亚书 61：1；以西结书 2：1—2；弥迦书 3：8；撒迦利亚书 7：12），这证实了先知的信息——他们的信息通常被称为"耶和华的话"。

关于圣灵神性的争辩

初期教会对圣灵感到困惑，不能确定圣灵的许多神学意义。这不是说，圣灵在初期教会并不重要。公元 2 世纪的神学家孟他努（Montanus）从公元 135 至 175 年非常活跃，他是初期教会关注圣灵活动的神学家之一。我们主要通过他的批判者的著作了解他的主要观念，因此，我们对孟他努主义（Montanism）的理解可能有些歪曲。但是，孟他努显然非常强调圣灵现在的活动，尤其是圣灵对异梦、异象和先知启示的作用。孟他努甚至可能将自己等同于圣灵，自认为是上帝启示的来源，否则便得不到上帝的启示。但是，这种说法的证据不够确凿。

教会在最初三百年没有广泛讨论圣灵的作用，这反映出一个事实，即神学争辩的中心不是圣灵。希腊教父认为，他们有更重要的事要做，而不是担忧圣灵，因为至关重要的政治与基督论争辩正在他们周围如火如荼地进行。公元 4 世纪的基督教神学家以哥念的安菲罗吉（Amphilochius of Iconium）便指出，必须先解决阿里乌争辩，然后再认真讨论圣灵的地位。初期教会的神学发展通常是对公开争辩的回应；一旦某场严肃的神学争辩开始进行，教义必然得以阐明。

关于圣灵的争辩最初以一群被称为"圣灵反对者"（pneumatomachoi）的神学家为中心，他们的领袖是塞巴斯特的优斯塔修斯（Eustathius of Sebaste）。这些神学家认为，圣灵的位格和工作都不应当被视为具有上帝的地位或本质。阿塔那修（约 293—373 年）和凯撒利亚的巴西勒（约 330—379 年）等神学家反对这种看法，他们诉诸当时已被普遍接受的洗礼方式。自新约时代以来（参马太福音 28：18—20），基督徒就奉"父、子、圣灵"的名受洗。阿塔那修认为，这对理解圣灵位格的地位有重要意义。在《致塞拉皮翁书》（*Letter to Serapion*）中，阿塔那修宣称，洗礼的方式明确说明，圣灵与父和子具有同样的神性。这个论点最终获胜。

然而，教父们犹豫不决，不想将圣灵公开说成"上帝"，因为这种做法不以《圣经》为依据，凯撒利亚的巴西勒在论圣灵的论文（374—375 年）中相当详细地讨论过这一点。甚至到了公元 380 年，纳西盎的格列高利（329—389 年）也承认，许多东正教神学家不确定如何看待圣灵："一种活动、一位创造者，还是上帝"。

这种谨慎的态度可以在公元 381 年的君士坦丁堡会议最终论述圣灵的教义时看出。在这份声明中，圣灵没有被描述为"上帝"，而是被称为"赐生命的主，从父和子而出，与父子同受敬拜，同受尊荣"。这里的措辞非常清楚：圣灵应当被视为同父和子有同样的尊荣与地位，即使没有明确使用"上帝"一词。圣灵与父和子的确切关系后来成为争辩的主题,即"和子句争辩"。

圣灵的神性于公元4世纪后期得以确立,所考虑的因素如下。第一,正如纳西盎的格列高利所强调的,《圣经》将所有对上帝的称呼都用于圣灵,除了"非受生"(unbegotten)。格列高利特别指出,《圣经》用"圣"(holy)指圣灵,他认为,这种神圣性不是来自外部,而是直接源自圣灵的本质。圣灵被视为使人成圣者,而不是需要被圣化者。

第二,圣灵的独特功能证实圣灵的神性。盲人狄迪莫斯(死于398年)和许多神学家指出,圣灵负责创造物、更新和圣化上帝的创造物。但是,受造物怎能更新或圣化另一个受造物?只有圣灵是上帝时,这些功能才有意义。如果圣灵履行上帝所特有的功能,圣灵一定有神性。凯撒利亚的巴西勒特别清楚地阐释了这一点:

> 所有需要成圣的人都寻求圣灵;所有寻求他的人都能活出美德,因为他的气息更新他们,帮助他们追求他们自然、正确的目标。圣灵能使其他人完美,他本身一无所缺。他不需要恢复力量,他本身便供给生命。……有圣灵住在里面的人被圣灵光照,他们自己便成为属灵的人,将他们所得的恩典分给其他人。由此能预知未来,明白奥秘,理解隐藏的事,分享各种恩赐,如恩典、天国的公民权、与天使齐声和唱、无尽的喜乐、住在上帝里面、变得像上帝,以及最大的恩赐——被塑造成上帝。

对于巴西勒来说,圣灵使受造物像上帝,并成为上帝——而只有他本身是上帝时才能做到。

第三,教会的洗礼方式提到圣灵,这被解释为支持圣灵的神性。教会奉"父、子、圣灵"的名施洗(马太福音28:18—20)。阿塔那修和其他神学家认为,这种方式将三位一体的三位最紧密地联系在一起,让人们不可能提出,父与子有同样的神性,而圣灵只是受造物。巴西勒同样认为,洗礼方式清楚暗示父、子、圣灵的不可分割性。在巴西勒看来,洗礼时所说的奉"父、子、圣灵"的名显然有深刻的神学意义。

因此,在教父神学的发展中,圣灵有完全的神性,相对较晚才被承认。就教义的逻辑发展而言,可以发现如下历史顺序:

第一阶段:承认耶稣基督具有完全的神性。
第二阶段:承认圣灵具有完全的神性。
第三阶段:最终制定三位一体教义,将上述重要的见解纳入并阐明,确定它们的相互关系。

这种有序的发展是纳西盎的格列高利认可的；他指出，随着时间的流逝，人对上帝启示的奥秘能逐渐理解和澄清。他认为，只有解决基督的神性问题，才可能解决圣灵的神性问题。

《旧约》公开宣讲父，却隐晦地宣讲子。《新约》启示子，暗示圣灵的神性。现在，圣灵住在我们里面，被更清楚地启示给我们。当父的神性还未被承认时，公开宣讲子并不合适。当子（的神性）未被公开承认之前，也不宜接受圣灵。……相反，通过渐进的发展和一定的提高，我们应当越来越清楚，因此，三位一体的光芒才会照耀。

希波的奥古斯丁：圣灵为爱的结合

就圣灵神学（有时被称为圣灵论〔pneumatology〕）的发展而言，奥古斯丁做出了最重要的贡献之一。奥古斯丁成为基督徒的一个原因是马里乌斯·维克托利努斯（Marius Victorinus）的影响。维克托利努斯从异教改信基督教，他对圣灵的作用有独特看法，可以从他写的一首赞美诗中看出：

> 帮助我们，圣灵，父与子的结合（copula）。
> 当你停止时，你是父；当你继续时，你是子；
> 当结合一切于一身时，你是圣灵。

尽管这些神学思想像是形态论（modalism）——三位一体的一种异端，我们在以后探讨，但是，其中表达出一个非常重要的观念：圣灵是"父与子的结合"（patris et filii copula）。

在《论三位一体》（On the Trinity）中，奥古斯丁坚持圣灵的独特性；尽管圣灵有独特的身份，但是，圣灵是父与子共有的。父只是子的父，子只是父的子；但是，圣灵是父与子的圣灵，将他们结合在爱中。当奥古斯丁讨论这一点时，他承认，《圣经》没有明确说明圣灵是爱；但是，既然上帝是爱，圣灵是上帝，圣灵似乎自然也是爱。

《圣经》教导我们，他不单是父的圣灵，也不单是子的圣灵，而是他们共同的圣灵；这向我们暗示一种相互的爱，就是父与子彼此相爱。……但是，《圣经》没有说："圣灵是爱"。如果《圣经》这样说了，我们的许多探究便没必要了。《圣经》的确说："上帝是爱"（约翰一书 4：8，16）。这令我们要问，父上帝是爱？子上帝是爱？圣灵是爱？还是三位一体的上帝本身就是爱？

奥古斯丁认为，圣灵是联合的纽带，一方面将父与子联合在一起，另一方面将上帝与信徒联合在一起。圣灵是上帝的恩赐，将信徒与上帝和其他信徒联合在一起。圣灵塑造信徒之间合一的纽带，教会的合一最终依赖于它。教会是"圣灵的殿"，圣灵住在其中。将父与子结合在三位一体的上帝里的圣灵，也将信徒结合在教会的合一中。

圣灵的功能

圣灵做些什么？许多神学家试图概括圣灵的工作；例如，凯撒利亚的巴西勒简洁地说："通过圣灵，我们得以重返乐园，被带回天国，被收养为子，得到称上帝为'父'、分享基督之恩典的信心，被称为光之子，被赐给永恒的荣耀。"基督教传统对圣灵工作的理解，普遍以三大方面为中心：启示、拯救和基督教生活。基督教对圣灵在这三方面的作用有丰富的理解，我们以下稍做介绍。

启示的光照 普遍认为，就向人启示上帝而言，圣灵的作用至关重要。爱任纽写道："通过圣灵，先知说预言，我们的祖先认识上帝，义人蒙引导，走在公义的路上。"同样，在1536年注释福音书时，马丁·布塞（1491—1551年）认为，如果没有上帝的圣灵帮助，启示便不可能发生：

> 在我们相信上帝、受圣灵启示之前，我们不是属灵的人，因此，我们完全不能理解关于上帝的事。所以，我们在没有圣灵时所拥有的智慧和公义，都是黑暗和死亡的阴影。

圣灵的任务是引人进入上帝的真理；没有圣灵，真理便难以理解。

圣灵与基督教传统最重要的神学来源密切相关，圣灵在这方面的作用特别重要。"圣经默示"的教义肯定，《圣经》因它的起源而有上帝所赋予的权威。尽管这个教义有各种形式，但是，它是基督教共同的传统，起源就是《圣经》，最著名的证词是"圣经都是上帝所默示（即呼出）的"（theopneustos；提摩太后书3：16）。

然而，在新教神学中，圣经默示的教义还有一个目的——坚持《圣经》的权威高于教会。较多的天主教神学家提出，《圣经》正典的形成说明，教会的权威高于《圣经》；新教神学家却认为，教会只是承认《圣经》本身已有的权威。《高卢信纲》（1559）很好地说明了这一点：

> 我们知道这些经卷是正典，是我们信仰的可靠准则，不仅因为这是教会一致同意的，更是因为圣灵的见证和内在引导，让我们能将它们与教会的其他著

作区别开，虽然那些著作有益，却绝不能成为任何信条的基础。

然而，圣灵的工作不单与上帝的启示有关；圣灵也被普遍认为参与人对上帝启示的回应。大多数基督教神学家认为，信仰本身便是圣灵工作的结果。约翰·加尔文（1509—1564年）注意到，在启示上帝的真理、将上帝的真理给予人或"印"在人身上的过程中，圣灵起到至关重要的作用。

> 那么，我们对信仰有了正确定义：它是对上帝赐予我们恩惠的可靠、确定的认识，这种认识基于一个真理，即上帝在基督里有恩典的应许，是圣灵启示给我们的理性，并印在我们心中。

带来拯救　我们已经讲过，教父根据圣灵的功能证实圣灵的神性。圣灵的许多功能直接与拯救的教义有关；例如，圣灵在成圣方面的作用，即让人像上帝，使人神化。这一点在东方教会中特别重要，它们的传统强调神化；西方的拯救观往往是关系性的，而不是本体论的——但圣灵也有它的作用。因此，在加尔文有关实现拯救的教义中，圣灵的作用非常重要，他让信徒与基督建立活的关系。

激发基督教生活　对于许多神学家来说，圣灵在基督教生活中起到特别重要的作用——对个人和集体生活都是如此。公元5世纪的基督教神学家亚历山大的西里尔（Cyril of Alexandria，约378—444年）和其他许多神学家都强调，圣灵有带来教会合一的作用。

> 我们都已领受同一个灵，即圣灵，在某种意义上彼此联合，也与上帝联合。……就像基督神圣肉身的能力将有这一能力的信徒联合成一个身体，我认为，上帝那住在我们里面的、独一的、不可分割的灵同样带领我们进入灵性的合一。

然而，基督教对圣灵作用的理解应当远远超过这一点，至少还包括其他两个方面。第一，让上帝在个人和集体的崇拜和灵修中"真正同在"。古今的许多神学家都强调，在基督徒的祷告、灵修和崇拜中，圣灵的作用非常重要。第二，让信徒有能力过基督教生活，尤其是在道德方面。马丁·布塞注意到，如果信徒想遵守律法，圣灵是必不可少的。

> 因此，相信的人不在律法以下，因为他们里面有圣灵，能比律法更好地在万事上教导他们，激发他们更有力地服从律法。换句话说，圣灵驱动心灵，因此，信徒希望按照律法的要求生活，但是，律法本身不能做到这一点。

然而，基督教生活不仅是个人的，也是集体的，注意到圣灵工作的教会层面也非常重要。自第二次梵蒂冈会议（1962—1965 年）以来，许多天主教神学家探讨圣灵在塑造、维系基督教会，以及促进它在世界上做见证方面的作用。因此，《天主教教义问答》（1994）将教会称为"基督的身体和圣灵的殿"。

> 圣灵装备人，带着他的恩典走向他们，以将他们吸引到基督那里。圣灵向他们显明复活的主，让他们想起他的话，开启他们的心窍，以便理解他的死亡和复活。

基督教神学家越来越重视传教神学，同时越来越意识到，在其他文化和信仰中寻找上帝的痕迹非常重要，这让许多神学家探讨圣灵在世界上的作用，从而为宣讲基督开辟道路。

在讨论过一般的上帝教义之后，我们现在要将目光转向更复杂的三位一体教义，这个教义试图说明基督教对上帝的一系列独特见解。

研讨问题

1. "上帝启示他自己是主"。（卡尔·巴特）这句话用男性词汇描述上帝，这会造成什么难题？如何解决难题？你认为问题只是"他自己"一词吗？问题是否也与"主"一词有关？
2. 许多基督徒谈到与上帝的"位格关系"（人际关系）。这是什么意思？这种说法反映出怎样的神学见解？
3. "上帝能做万事。"你如何回应上帝全能的这种定义？
4. 为什么许多基督徒相信上帝受苦？这种看法有什么影响？
5. 概述、评价视上帝为世界创造者的主要看法。
6. 圣灵有何特性？

第十章　论三位一体

三位一体教义是基督教神学最难的教义之一。许多初学神学的人发现，这个教义令人费解。一些人不愿意认真研究它，相信认真研究会让他们相信这个教义根本不合逻辑。其他人担心穆斯林对三位一体的批判，认为它相当于三神论（tritheism）。一些批判基督教的穆斯林认为，如果一神论的宗教相信三位神祇，这既是亵渎神祇，也是荒谬的行为。

本章开始介绍这个难懂却十分重要的教义，详细解释它为什么是基督教特别基本的上帝观。三位一体非常难懂，因此，我们将用格外多的时间研究它的基础和起源。当我们讨论完时，希望你会对这个教义更自信；明白基督徒为什么相信它，以及他们所提出的解释它的各种方法。

10.1 基督教三位一体教义的起源

许多人想知道，基督教怎么将三位一体这样反常理的观念视为它的基本上帝观？我们先来思考对这个教义的一些顾虑，然后再思考如何解决它们。

三位一体看似不合逻辑

美国第三任总统托马斯·杰弗逊（Thomas Jefferson，1743—1826年）是于19世纪初批评基督教正统神学的主要人物之一。他对三位一体教义的批判最为凶猛。这些"形而上学的荒谬"阻碍人类的宗教发展，因为它们"再度沦为多神信仰，与异教的惟一差别是它们更难以理解"。许多人对批判一笑置之，而有些人对此感到担忧。没有令人担忧的重要原因吗？我们能说"三一上帝"或"三位一体"吗？从数学和形而上学上讲，这不是在胡说吗？

这里的基本问题是人的语言不能充分说明超越者。当人的语言试图描述、说明上帝时，语言本身便有了局限性。人们借用日常生活的用语和意象，赋予它们新用法，试图获得、保存对上帝本质的宝贵理解。基督教对上帝的本质和人性的理解是（如果正确的话），我们不能完全理解上帝的本体。人的理性能期待理解肯定超出它理解能力的事吗？

我于20世纪70年代中期开始在牛津大学学习神学时，坎皮恩学院（Campion Hall）的耶稣会学者爱德华·亚诺尔德（Edward J. Yarnold，1962—2002年）教授我中世纪早期的神学。在我们一起去他寓所的途中，路过一幅巨大的油画，上面画着一位老者在海边与一个小孩谈话。我问画中描绘的是什么。亚诺尔德给我讲了希波的奥古斯丁（354—430年）的著名故事。奥古斯丁尤其因巨著《论三位一体》而闻名于世，该书探讨上帝的奥秘。亚诺尔德告诉我，在创作这篇论文时，奥古斯丁可能在地中海海滨踱步，这里是他的家乡北非，距大都市迦太基不是很远。当他在沙滩漫步时，注意到一个小男孩在用手舀海水，尝试用他的小手尽可能多地向他此前在沙滩上挖出的洞倒水。奥古斯丁非常困惑，注视着小家伙一遍遍地重复他自己的动作。

最后，奥古斯丁还是没能克服自己的好奇。他问男孩他认为自己在做什么。男孩的回答可能令奥古斯丁更困惑。小男孩要舀空海洋，把海水全都倒入他在炙热的沙滩上挖出的小洞中。奥古斯丁不屑一顾：一个小小的洞怎能容纳浩瀚的海洋？小男孩同样不屑一顾地回答：奥古斯丁怎能希望将上帝无尽的奥秘塞进一本寥寥数字的书？

这个故事说明基督教神学和灵修的一个核心主题——人理解上帝之事的能力是有限的。我们的能力会限制我们对上帝的认识。正如从奥古斯丁到加尔文的基督教神学家都认为，上帝知道人性具有的局限性——毕竟人性便是上帝的创造。因此，上帝通过我们有限的能力所能适应的各种方式启示他的真理，进入世界。

对于奥古斯丁来说，问题非常简单：如果你能理解，那不可能是上帝（Si comprehendis non est Deus）。我们对上帝的理解一定是不合逻辑的，混乱的，正是因为我们所理解的对象完全超出我们的认识和理解。从传统上讲，基督教神学已经充分意识到自身的局限性，试图避免在奥秘面前给出过于自信的肯定之词。但是，与此同时，基督教神学从未自认为面对上帝的奥秘时要完全降级为沉默者。它也不允许与"奥秘"的智力角逐毁掉或损害信仰。19世纪的圣公会神学家查尔斯·戈尔（1853—1932年）是正确的，他坚持认为：

> 人的语言绝不能充分说明上帝的真相。神学家知道用它们构想或说明上帝时意味着什么，他们总有为人的语言辩解的倾向，心中有很大程度的不可知论思想，可怕地意识到极有限的可知之事以外还有不可参透的深奥之事。圣保罗说："我们对着镜子观看，如同猜谜"；"我们所知道的有限"。圣奚拉里抱怨说："我们不得不尝试难以做到的事，爬到我们不能爬到的高度，说我们不能说出的话；我们不仅爱慕信仰，而且不得不冒险用人的方式说明宗教的深奥之事。"

对基督教神学一个极好的定义是，"尽量合理地解释奥秘"，认识到所做的解释可能有其局限性，却相信这种智力搏斗不仅是值得的，也是必要的。神学面对着超乎寻常之事，我们不能完全理解它，所以必须尽量使用我们所能使用的分析与说明的方法。

三位一体说明耶稣基督

必须回答耶稣基督的身份问题，在解决这个问题的过程中，基督教独特的上帝教义形成了。最好认为，三位一体教义的发展与基督论的发展有机地联系在一起。如前所述，教父们一致认为，耶稣与上帝"同质"（homoousios），而不是"类质"（homoiousios）。但是，如果耶稣是上帝，且这句话有意义，这对现有的上帝观意味着什么？如果耶稣是上帝，现在有两位上帝吗？彻底重新思考上帝的本质合适吗？从历史上看，可能认为三位一体教义与基督的神性这个教义的发展密切相关。教会越强调基督是上帝，便要在越大的压力下澄清基督与上帝的关系。"如果道没有成为肉身，犹太教的一神论便没有绊脚石。"（温赖特〔A. W. Wainwright〕）

约翰·理查森·伊林沃斯（John Richardson Illingworth，1848—1915年）较为详细地探讨过这一点，强调三位一体教义的根源在于反思耶稣基督的身份，特别是道成肉身的教义：

> 道成肉身的信仰强化、强调神性人格的观念，使进一步理性分析这个观念的意义成为必要，并导出三位一体教义；我们相信，这个教义是《新约》和教会教父明确暗示的，但是，教会直到公元4世纪才最终明确阐释道成肉身的信仰。

三位一体说明基督教的上帝

我们刚刚讲过，英国神学家伊林沃斯指出，三位一体教义源于基督教对耶稣基督身份的独特理解。道成肉身——我们将在第十一章中更深入分析的观念——不只涉及拿撒勒人耶稣的身份。它也关乎在拿撒勒人耶稣里成为肉身的上帝的独特本质和特性。因此，三位一体教义可以被视为尝试忠实地说明这样一位上帝：他仍是超越者，也在基督里成为肉身——他现在更是通过圣灵与信徒同在。

那么，这位上帝是谁？伊林沃斯认为，三位一体教义源于基督教的一个见解，即上帝是**有位格的**——我们之前已经探讨过。伊林沃斯认为，三位一体教义源自对基督教一种信仰之意义的探究，即信仰一位有位格的上帝，基督教的上帝观完全不同于其他哲学体系的无位格的上帝观——如亚里士多德和斯宾诺莎的上帝观：

> 正如在教义上详细阐述的，三位一体教义其实是最哲学化的尝试，将上帝理解为有位格的。它不仅源于思考。……它是道成肉身暗示的，被视为对上帝的新启示，是按照《新约》表明的思路想出来的。就这一点而言，教父们的证据清楚明了。他们觉得，他们面对一个事实，它绝不是创造当时的任何理论，而是一种奥秘——一件被启示出来时才能理解的事，但是，它既不能被理解，也不能被发现。

或换一种说法，三位一体教义的恰当主旨是上帝与人在拯救的管理中的相遇。上帝是有位格的，基督教的这个基本主张深深植根于《圣经》对上帝的见证和基督徒在祷告与崇拜中对上帝的经验，因此，有位格的上帝暗示出三位一体。

我们已经看到，基督教反思三位一体的起点是《新约》的见证，即上帝在基督里，通过圣灵的同在和作为。对于爱任纽来说，拯救的整个过程从始至终都见证父、子和圣灵的作为。爱任纽使用的术语在未来讨论三位一体时非常重要："拯救的管理"（economy of salvation）。economy 一词需要解释。希腊词 oikonomia 的基本意义是"安排事情的方法"〔所以可以明白该词与其现代意义（即"经济"）的关系〕。对于爱任纽来说，"拯救的管理"意味着"上帝已经在历史中安排的拯救人类的方法"。

当时，爱任纽顶着巨大压力，因为他受到诺斯替派的批判，他们认为，创造者上帝完全不同于（和低于）拯救者上帝。西诺普的马西昂（约85—160年）这样说明诺斯替派的这种观念：《旧约》的上帝是创造者上帝，完全不同于《新约》的拯救者上帝。结果，基督徒应该放弃《旧约》，应当以《新约》为中心。爱任纽极力否定这种观念。他坚持认为，拯救的整个过程——从创造的第一刻到历史的最后一刻——都是同一位上帝的工作。只有一种拯救的管理，独一的上帝——他既是创造者，也是拯救者——在其中拯救受造物。

在《使徒宣道论证》（*Demonstration of the Apostolic Preaching*）中，爱任纽坚持认为，父、子和圣灵在拯救的管理中有不同却相关的作用。他这样肯定自己的信仰：

> **父上帝是非受造的**、不受限制的、不可见的、独一的上帝，宇宙的创造者；这是我们信仰的第一准则。……**上帝的道、上帝的儿子、我们的主耶稣基督**……在时机适合时为使万物都归于他自己而成为人，住在人里面，能被看见，被触摸到，他摧毁死亡，带来生命，恢复上帝与人的相交。**圣灵**……在时机适合时以一种崭新的方式被浇灌在人性中，以便更新上帝眼中的所有世人。

这段文字清楚说明管理的三位一体这个观念，即这样理解三一上帝的本质：上帝的各个位格分别负责拯救的管理的一个方面。三位一体教义绝对不是毫无意义的神学思辨，它的直接基础是人在基督里得救的复杂经验，它也涉及对这种经验的解释。

伊斯兰教对三位一体教义的批评

世界三大一神论信仰——基督教、犹太教和伊斯兰教——都有一种信仰：只有一位至高无上的存在者，是宇宙的主和创造者。《旧约》被称为示玛（Shema）的经文通常能概括这种信仰："以色列啊，你要听！耶和华你们的上帝是独一的主"。（申命记6：4）基督教的伊斯兰教批判者经常批评基督徒，认为基督徒明显没有这样强调上帝〔通常用阿拉伯语称为真主（tawhid）〕的独一性，因为基督教有三位一体教义。三位一体教义被视为后来的发明，歪曲了独一上帝的观念，最终教导有三位神祇。

《古兰经》记载穆罕默德的教导：基督徒的信仰不像人们可能希望的那样清楚，这令伊斯兰教的一些解释者提出，《古兰经》认为，基督徒崇拜由上帝、耶稣和玛利亚构成的三位一体〔《古兰经》（5：116）〕。虽然有理由怀疑穆罕默德可能遇到了阿拉伯半岛的基督教异端信仰，包括非正统的三位一体教义，但是，三位一体教义似乎更可能被误解：它暗示基督徒或崇拜三位神祇，或崇拜一位有三个组成部分的上帝。

综上所述，可以看出伊斯兰教对三位一体的批判基于误解。基督徒信仰一位上帝，即独一的上帝，但是，这位上帝的启示表明，他有某种独特的性质和本质，基督教神学相信，这必须被如实反思与介绍，即使这似乎不合常理。基督教根本没有教导有三位神祇——上帝、耶稣和玛利亚，或其他什么；相反，基督教宣讲只有一位上帝，他在基督里成为肉身。从历史上看，基督教反思上帝教义的起点始终是基督的神性——这是伊斯兰教明确否定的。

对于基督徒来说，上帝可以通过基督直接充分地认识。伊斯兰教认为，我们可以明白上帝的旨意，却不能直接看见上帝；相反，基督教认为，上帝在耶稣基督里完全且最终启示出他自己和他的旨意。穆罕默德被视为写下了天使加百列委托他写下的启示；耶稣本人便是上帝的最终启示。传统的基督教神学认为，作为成为肉身的上帝，耶稣启示出上帝，他的死和复活便是救恩，他借此使万物可能再次归向他。伊斯兰教批判三位一体教义更根本的原因，是它关心耶稣基督的身份。对于伊斯兰教来说，耶稣是先知——不是成为肉身的上帝。

在确定基督的神性之后，基督教神学接着问：这启示出什么样的上帝？这让我们有了什么样的上帝？我们如何思考上帝？上帝创造人和世界，在耶稣基督里拯救我们，现在通过圣灵与世界同在，我们如何正确理解这样一位上帝？三位一体教义从未被视为损害或否定上帝的独一性。最简单地说，基督教传统对上帝的本质有极为丰富的教导，归根结底，三位一体教义是它们的精华，将它们联系在一起。

由于三位一体教义这一方面的重要性，我们马上继续思考它在《圣经》中的基础。基督教反思《圣经》所见证的上帝的身份和作为有漫长的传统，我们还要探讨三位一体教义在这一传统中的发展。

三位一体教义在《圣经》中的基础

如果不仔细阅读《圣经》，只能在整本《圣经》中一眼看出两节可能被解释为意指三位一体的经文：《马太福音》28章19节（"所以，你们要去，使万民做我的门徒，奉父、子、圣灵的名给他们施洗"）和《哥林多后书》13章14节（"愿主耶稣基督的恩惠、上帝的慈爱、圣灵的感动，常与你们众人同在"）。基督徒深知这两节经文，因为第一节与洗礼有关，第二节在基督徒的祷告和灵修中被普遍用作祝福语。但是，不管是一起来看，还是分开来看，都难以认为这两节经文构成三位一体教义。

还好，三位一体教义的最终基础不只在于这两节经文。相反，《新约》见证上帝作为的普遍模式，其中可以找到三位一体教义的基础。父通过圣灵在基督里被启示出来。在《新约》中，父、子、圣灵有最紧密的联系。《新约》的经文一次次将他们联结成一个更大的整体。似乎只有他们的共同参与，才能说明上帝全部的拯救方式和能力（例如，参哥林多前书12：4—6；哥林多后书1：21—22；加拉太书4：6；以弗所书2：20—22；帖撒罗尼迦后书2：13—14；提多书3：4—6；彼得前书1：2）。

在《旧约》中能看到同样的三位一体结构。可以看到，《旧约》的经文对上帝进行三种主要的"位格化"（人格化），这自然导出三位一体教义。这三种主要的"位格化"是：

1. **智慧**：对上帝的这种位格化，在智慧文学中特别明显，如《约伯记》《箴言》和《传道书》。在智慧文学中，上帝的智慧仿佛是一个人（所以是"位格化"），它存在于上帝之外，又依赖于上帝。智慧（顺便说一下，它总被视为阴性）被描述为积极参与创造，用她的特征塑造世界（参约伯记28；箴言1：20—23，9：1—6；传道书2：12—17）。

2. **上帝的话**：上帝的话被视为一个实体，它的存在不依赖于上帝，却出自上帝。上帝的话被描述为进入世界，将上帝的旨意和目的带给人，带来引导、审判和救恩（参诗篇119：89，147：15—20；以赛亚书55：10—11）。

3. **上帝的灵**：《旧约》用"上帝的灵"指上帝在受造物中的同在和能力。灵被描述为临在于备受期待的弥赛亚中（以赛亚书42：1—3），被视为新创造的代理人，将在旧秩序最终消逝时带来新创造（以西结书36：36，37：1—14）。

上帝的这三种"位格化"（hypostatization）——这个希腊词所对应的英文是personification——不等于严格意义的三位一体教义。相反，它们说明上帝在创造之时及其后的作为和同在的模式，即上帝在受造物中既无所不在，又是超越的。事实上，如果以纯粹的一神观思想上帝，便不足以包括这种动态的上帝观。上帝作为的这种模式正是三位一体教义说明的。

三位一体教义可以被视为一个过程的结果，即对《圣经》所启示的、基督徒所继续经历的上帝的作为模式不断进行批判性反思。这不是说《圣经》包含三位一体教义；相反，《圣经》见证的上帝要求以三位一体的方式理解。在以下部分中，我们将探讨这个教义的发展和它的独特用语。

10.2 三位一体教义的历史发展

需要理解的重要一点是，《新约》显然没有现成的三位一体用语，或神学家为说明基督教的上帝观而阐释的独特观念。16世纪一些激进的基督教神学家认为，既然《圣经》没有明确阐明三位一体教义，它便不是《圣经》的观念。迈克尔·斯文特斯（Michael Servetus）的《论三位一体的错误》（On the Errors of the Trinity，1531）阐释了这种观念。因此，追溯三位一体教义的发展非常重要，因为初期教会意识到三一上帝观牵涉的问题，试图阐明三位一体隐含的一些观念。我们可以先来思考三位一体用语的出现。

三位一体用语的出现

同三位一体教义有关的用语无疑是神学生最大的困难之一。至少可以说，"三个位格，一个本质"的说法不能完全说明问题。但是，理解术语的出现可能是理解其意义与重要性最有效的方法。

可以说，德尔图良（约160—约225年）推动了独特的三位一体术语的发展。根据一项分析，德尔图良在拉丁语中创造了509个新名词、284个新形容词和161个新动词。幸好这些好像没有全部流传下来。因此，不会太令人惊讶的是，当他关注三位一体教义时，会出现一大堆新词，其中三个特别重要。

三位一体 德尔图良发明了"三位一体"（trinitas）一词，即trinity，从他之后，该词便成为基督教神学的显著特征。虽然还有人探讨过其他可能的用语，但是，德尔图良的影响力极大，以致"三位一体"成为西方教会的标准用语。我们将使用德尔图良创造的拉丁原文，同时予以解释。

位格 德尔图良首先用拉丁词persona翻译希腊词hypostasis，该词在说希腊语的教会已被普遍接受。学者们详细讨论过，德尔图良用这个拉丁术语究竟指什么意思，而这个拉丁词一律被译为英文"person"。以下解释被普遍接受，可以稍微说明三位一体的复杂性。

persona的字面意义是"面具"，如罗马戏剧演员戴的面具。当时，演员们戴着面具，这样，观众能明白演员在戏剧中扮演的不同角色。因此，persona一词衍生出新的意义，即"某人扮演的角色"。很可能德尔图良想要他的读者理解，"一个本质，三个位格"的意思是，在拯救人类这幕大剧中，一位上帝扮演三个独特却相关的角色。

众多角色之后是一位演员。创造和拯救的复杂过程不意味着有许多神祇，而是只有一位上帝，在"拯救的管理"（稍后会更详细地解释）中扮演很多角色。

本质 德尔图良最早用本质（substantia）说明三一上帝的基本统一，尽管上帝在历史中的启示有其固有的复杂性。"本质"是三位一体的三个位格都有的。它不一定被理解为独立于三个位格而存在；相反，它说明它们共有的基本统一性，尽管它们有其外在的差异。

三位一体概念的出现

德尔图良不只赋予三位一体神学它特有的用语（如上所述）；他也为三位一体神学形成其独特的形式做出重要贡献。上帝是独一的；但是，上帝不能被视为完全孤立于受造秩序的某物或某人。拯救的管理说明，上帝在受造物中工作。这种工作是复杂的；分析起来，上帝的这种工作既启示出统一性，也启示出独特性。德尔图良认为，**本质**将拯救的管理的三个方面结合在一起；**位格**将它们区别开。三位一体的三个位格都是独特的，却不是分开的（distincti non divisi），不同，却不是彼此分离或独立的（discreti non separati）。因此，人经历拯救的复杂性，是由于三位一体的三个位格在人的历史中以独特却合作的方式工作，却一点也没有失去它们在三一上帝里的完全合一。

到了公元4世纪下半叶，父与子之间关系的争辩已经尘埃落定。父与子为"一体"的共识解决了阿里乌争辩，帮助教会就子的神性达成共识。但是，必须进一步构建神学。圣灵与父是什么关系？与子又是什么关系？不能将圣灵从三一上帝里删除，这种共识越来越强。卡帕多西亚三杰——尤其是凯撒利亚的巴西勒（约330—379年）——极力为圣灵的神性辩护，其论证极具说服力，从而为三位一体神学的最后一部分奠定基础。教会一致认可父、子、圣灵的神性和同等地位；现在，教会还需要阐发三位一体的模式，让对三一上帝的这种理解清晰易懂。

一般来说，东方神学倾向于强调三个位格的个别独特性，通过强调子和圣灵都源于父这一事实维护三个位格的合一。位格之间的关系是本体的，基于这些位格本身的情况。因此，子与父的关系被定义为"受生"和"子"。我们将会看到，奥古斯丁却不这样认为，他更愿意从"关系"的角度说明位格。我们很快会在讨论和子句争辩时继续说明这一点。

然而，西方看法的特点是倾向于从上帝的合一性出发，尤其是在启示和拯救的工作上，对三个位格之间关系的解释往往用它们的彼此相交说明。这种看法正是奥古斯丁的特点，以后将加以探讨。

东方的看法似乎暗示，三位一体由三位独立的代理人组成，各自做完全不同的事。这种可能性被后来的两个发展推翻，它们通常被称为"互渗互存"（perichoresis）和"归名法"（appropriation）。虽然这些观念在三位一体教义发展的后期才完全形成，但是，它们无疑是爱任纽和德尔图良都暗示过的，尼撒的格列高利（约330—约395年）在著作中有更充分的阐释。现在正是思考这些观念的时候。

互渗互存　希腊词 perichoresis——通常被译为拉丁文 circumincessio 和英文 mutual interpenetration——于公元6世纪被普遍使用。它指三位一体的三个位格彼此的关系。**互渗互存**的观念令位格的独特性得以保留，同时坚持各个位格都分享其他两个位格的生命。"共存体"（a community of being）的意象通常用来说明这种观念，每一个位格都保留其独特的身份，同时渗入其他两个位格，也被其他两个位格渗入。

这种观念对基督教的政治思想具有重要意义，例如，莱昂纳多·波夫和其他关注政治神学的神学家已经说明这一点。上帝三个平等位格之间的关系被视为一种模式，可以被应用于社会中人与人的关系，作为基督教政治与社会理论的基础。我们现在要讨论另一个相关的重要概念。

归名法　归名法与互渗互存有关，是互渗互存的结果。形态论异端认为，在拯救的管理中，上帝能被视为在不同的时间以不同的"存在形态"而存在。因此，上帝有时作为父而存在，他创造世界；有时作为子而存在，他拯救世界。归名法坚持认为，三位一体的工作是统一的；三一上帝采取每一个外在行动时，三位一体的每一个位格都参与其中。因此，父、子、圣灵都参与创造的工作，创造不应当被视为父独自的工作。例如，希波的奥古斯丁断言，三位一体的作为是统一的，但是，他也认为，这些作为在细节上存在差异。

> 有一位上帝，父、子和圣灵。当这位三位一体今生在可能的范围内被认识时，每一种受造物——有理性的人、动物或物质——显然可以被理解为其存在源自同一位创造性的三位一体。它有自己的形式，受制于这个最完美的秩序。我们不要这样理解：好像父进行一部分创造，子进行一部分，圣灵又进行一部分。相反，父以圣灵的恩赐通过子创造万物。

奥古斯丁在另一处指出，《创世记》对创世的记载提到上帝、上帝的话和灵（创世记1:1—3），从而说明在拯救史这个决定性时刻，三位一体的三个位格都在场工作。但是，将创造视为父的工作还是**合适的**。尽管三位一体的三个位格其实在创造时都被提到，但是，创造被恰当地视为父独特的工作。同样，三位一体的三个位格都参与拯救的工作〔但是，我们将在第263页看到，许多拯救的理论或**救赎论**（soteriology）都忽视十字架这种三位一体的层面，结果内容显得贫乏〕。但是，将拯救视为子独特的工作也是**合适的**。

总的来看，"互渗互存"和"归名法"让我们将三一上帝视为"共存体"，其中一切都可以分享、结合、相互交换。但是，如何说明这些难懂的观念？更重要的是，如何将它们传达给普通基督徒?

伟大的循道宗神学家查尔斯·卫斯理（1707—1788 年）通过赞美诗给出最具影响力的答案之一。对于卫斯理来说，赞美诗不仅是赞美上帝的方法；它们也是神学教育的工具。1746 年，卫斯理发表一套论三位一体的赞美诗集，共有 24 首短诗。无论总的来看，还是就每一首而言，它们都设法不用专业用语或过于讲究的神学术语传达、解释我们刚刚思考的两种三位一体观。例如，下面这首赞美诗便把归名法应用于拯救：

> 人类之父永受敬拜：
> 我们看见你的慈爱，因你差派我们的主，
> 让我们得蒙救赎与蒙福，
> 我们赞美你的良善，因你差派耶稣，施恩赐拯救。
>
> 哦，他爱的儿子，屈尊而死，
> 除去我们的诅咒，买来我们的赦免；
> 接受我们的感恩，拯救的全能者，
> 向所有相信的人，你敞开天堂。
>
> 哦，爱、健康和能力的圣灵，
> 我们见证你的工作；我们爱慕你的恩典，
> 你的内在启示用我们主的血，
> 证实、印证我们为上帝之子。

理性主义者对三位一体的批判：三位一体的衰落（1700—1900 年）

我们已经讲过对三位一体教义的一些批判。最重要的之一，来自各种理性主义，理性主义认为，三位一体不合逻辑。但是，重要的是要理解，一些基督教神学家也有同样的担忧。18 和 19 世纪，三位一体教义似乎已经退到幕后。当然，神学院还在讲授这个教义。但是，三位一体教义一方面越来越被视为有护教的责任，一方面越来越被认为几乎没有建设性作用。

这种倾向源于 16 世纪新教改革的激进派。宗教改革的一个重要主题是坚持它的所有教义和实践都应当以《圣经》为依据。许多更激进的新教徒认为，《圣经》没有清楚说明三位一体教义。它其实根本不是基督教的教义，而是反映出被误导的神学家后来的思辨和详尽阐述。反三位一体论（anti-trinitarianism）于 16 世纪 20 年代已经非常明显，成

为 16 世纪 50 年代激进宗教改革的标志，在新教徒和天主教徒中都引起广泛关注。对于胡安·德·巴尔德斯（Juan de Valdés，约 1509—1541 年）和其他人来说，三位一体教义不仅没有出现在《圣经》中，也不能以《圣经》为基础为它辩护。

然而，理性主义在西欧和北美的兴起营造一种氛围，教义明显的不合理性为正统基督教带来严重的护教难题。这在 18 世纪的英国争辩中特别明显。在英国，批判传统基督教的自然神论者认为，基督教的三位一体教义不是以《圣经》为基础的，它明显有矛盾之处，尤其是作为人的理性所不能理解的所谓"奥秘"，它违背理性，因为它要求相信不能被理解的东西。

可是，真正的问题是三位一体教义似乎根本无益于弥补它明显的不合理性。约翰·蒂洛森（John Tillotson，1630—1694 年）——前坎特伯雷大主教——为三位一体教义的辩护主要是重申一些教义超越理性，因而不违背理性。但是，蒂洛森似乎明显避而不谈三位一体教义所具有的见解和价值。在启蒙运动越来越独领风骚的时代，基督教护教家似乎只是不再委身于三位一体观，从一神论者的角度——而不是通过三位一体——介绍基督教。

这一切于 20 世纪改变了。卡尔·巴特（1886—1968 年）在新教教义学中的开创性工作引发对教义地位的重新评定。巴特以教义构建他的基督教教义学，将三位一体教义与历史中真实的启示紧密联系起来。教义的大复兴有了基础，尤其是教义当时在宗教多元化意识越来越浓时似乎捍卫了基督教的独特性。三位一体教义当今在神学中的复兴仍没有消退的迹象，许多神学家为此做出贡献，包括卡尔·拉纳（1904—1984 年）、汉斯·乌尔斯·冯·巴尔塔萨（1905—1988 年）、托马斯·托伦斯（1913—2007 年）、罗伯特·詹森（Robert Jenson，1930—   ）和科林·甘顿（Colin Gunton，1941—2003 年）。

形象化的问题：三位一体的类比

如前所述，三位一体教义也有其困难。对于大多数人来说，真正的困难在于三位一体的**形象化**。如何理解这么复杂抽象的观念？据说爱尔兰的主保圣徒圣帕特里克（St. Patrick）用三叶草的叶子说明一片叶子可以有三片复叶。尼撒的格列高利在信中通过一系列类比帮助读者理解三位一体的真实性，包括：

1. **泉水、泉和水流**：一个从另一个流出，它们都有同一种物质：水。尽管水流的不同方面可以**识别**，却不能将它们**分开**。
2. **链条**：链条有许多链环；但是，连接上一个链环，便是连接上所有链环。格列高利认为，同样，遇见圣灵的人，也遇见父和子。
3. **彩虹**：格列高利引用《尼西亚信经》的说法"出于光而为光"，认为彩虹让我们分辨、看到阳光的不同颜色。只有一束光，但是，颜色相互融合得天衣无缝。

虽然教父的这些类比可能非常有用，但是，它们没有真正解决问题，即如何将这么难懂的抽象观念**形象化**。

"管理的"三位一体与"本质的"三位一体

对于传统的基督教神学来说，父、子、圣灵不是三一上帝三个孤立、不同的部分，如一家国际公司的三个子公司。相反，他们是三一上帝里的微分，这在拯救的管理和人对拯救与恩典的经验中非常明显。三位一体教义肯定，虽然拯救史和我们对上帝的经验非常复杂，但是，在复杂的外表之下，只存在一位上帝——惟一一位上帝。

这些要点最复杂的阐释之一，是卡尔·拉纳的论文《三位一体》（*The Trinity*，1970）。就拉纳对三位一体的讨论而言，一个主要特点是"管理的"三位一体与"本质的"（或"内在的"）三位一体的关系。两者没有构成两位不同的上帝；相反，它们是理解同一位上帝两种不同的方法。"本质的"或"内在的"三位一体可以被视为一种尝试，在时间和空间的限制之外说明上帝；"管理的三位一体"则是在"拯救的管理"中理解三位一体，即在历史的进程中理解。拉纳制定了一条公理："管理的三位一体便是内在的三位一体，反之亦然。"换句话说：

1. 我们在拯救的管理中认识的上帝符合真实的上帝。二者是同一位上帝。上帝的自我通传采取三重形式，因为上帝在本质上是三重的。上帝的自我启示符合上帝的本质。

2. 人在拯救的管理中所经验的上帝的作为也是经验上帝的内史（inner history）和内在生命。上帝的关系网只有一张；它以两种不同的形式存在，一个是永恒的，另一个是历史的。一个是超越历史的；另一个被历史限制性的因素所塑造、所制约。

这种看法（它概括了基督教神学内大体一致的观点）显然解答了"归名法"所未能解决的一些问题，将上帝在历史中的自我启示与上帝永恒的本质紧密联系在一起。

10.3 三位一体的两种异端

我们此前介绍过异端的观念，指出"异端"最好被理解为**不充分的基督教**。在三位一体教义这么复杂的神学领域，自然会发展出各种不同看法。经过更仔细的审查，其实存在严重不足，这一点也不奇怪。以下将讨论两种异端，它们对神学生是最重要的。

形态论：年代形态论与功能形态论

"形态论"一词是德国教义历史学家阿道夫·冯·哈纳克（1851—1930年）提出的，用来说明一些三位一体异端的共同要素，与公元2世纪末的内奥图斯、帕克西亚和公元3世纪的撒伯里乌有关。这些神学家都想捍卫三一上帝的统一性，担心三位一体教义可能导致某种"三神论"。（我们将看到，这种担忧有充分的理由。）

这几位神学家极力捍卫上帝的绝对统一性（通常被称为"神格惟一论"〔monarchianism〕，这个词源自希腊文，意为"权威惟一的原则"），这令他们坚持认为，独一的上帝在不同的时间以不同的方式进行自我启示。基督和圣灵的神性被解释为上帝自我启示的三种不同方式或"形态"（所以被称为"形态论"）。

尽管"形态论"各种各样，但是，它们普遍对三位一体的动态有几乎相同的理解：

1. 惟一的上帝以创造者和颁布律法者的身份被启示出来。上帝的这个方面被称为"父"。

2. 同一位上帝在耶稣基督里又以救主的身份被启示出来。上帝的这个方面被称为"子"。

3. 同一位上帝又以使人成圣者和赐永生者的身份被启示出来。上帝的这个方面被称为"圣灵"。

因此，除了外表和年代的差异，这三个实体没有任何差别。同一位上帝有三种称呼。这直接导致**圣父受难论**，前面已经讲过：父与子一同受难，因为父与子基本上或本质上没有任何差别。

关键的差别是，一些形态论是**年代形态论**，一些是**功能形态论**。理解这种区别非常重要。

1. **年代形态论**认为，上帝在历史上的某个时候是父，在另一个时候是子，最后是圣灵。因此，上帝在不同的时候以不同的形态显现。这种形态论的典型例子是撒伯里乌主义，我们将在下面更详细地讨论。

2. **功能形态论**认为，上帝现在以不同的方式施展作为，三个位格指这些不同的行动方式。

康斯坦提亚的埃皮法尼乌斯（Epiphanius of Constantia）于公元4世纪末阐释了撒伯里乌主义的主要特点，他是这样说的：

> 不久以前，一个名叫撒伯里乌的人出现了（其实是最近的事）；撒伯里乌主义正是得名于他。除了一些不太重要的例外，他的看法与内奥图斯主义（Neotianism）的一样。他的大多数追随者都在美索不达米亚和罗马地区。……他们的教义是，父、子、圣灵是同一位存在者，即三个名字用来称呼一个本质（hypostasis），就像一个人有灵、魂、体一样。体仿佛是父，魂是子，而圣灵对于三一上帝的作用，就像人的灵对于人的作用。或者说太阳，它是一个本质（hypostasis），却有三种表现（energia）：光、热和太阳本身。热……类似于圣灵；光类似于子；而每一个本质的实质代表父。子一度被放射出来，就像一道光；他在世界上完成与传福音和拯救人类有关的一切，随后被带回天堂，就如太阳发出的一道光，接着又被太阳收回。圣灵仍在被派往世界，给每一个配得接受他的人。

可以从这段话中清楚看出，撒伯里乌主义是**年代形态论**。它的基本特点是，相信独一的至高上帝在历史上的不同时间以不同的方式施展作为。

相反，**功能形态论**的普遍信仰是，同一位上帝在历史上的任何一个时候都以三种不同的方式施展作为。因此，三位一体的三个位格表明独一上帝的作为的不同方面。一种简单的功能形态论可以概括如下：

> 父上帝是创造者；
> 子上帝是拯救者；
> 圣灵上帝是使人成圣者。

这里，三位一体的三个位格被认为表明独一至高上帝的三种作为。上帝作为创造者施展作为（我们将其称为"父"）；上帝作为拯救者施展作为（我们将其称为"子"）；上帝作为使人成圣者施展作为（我们将其称为"圣灵"）。因此，三位一体的位格指上帝的不同功能。这种形态论的一个变体是约翰·麦奎利（John Macquarrie）对三位一体教义的看法，从这个角度来看，他的看法值得仔细研究。一些学者认为，卡尔·巴特的三位一体教义也是形态论，可以说，他的教义意味着，上帝现在以不同的方式施展作为。但是，许多巴特学者质疑这种说法。

三神论

如果形态论代表以明显简单的（但最终是不充分的）答案回答三位一体造成的难题，三神论也找到同样简便的出路。三神论要我们想象，三位一体是由三个平等、独立、自主的存在者组成，每一个都具有神性。许多神学生会把这视为荒谬的观念。但是，可以用更微妙的方式阐释同样的观念。一些评论家认为，卡帕多西亚三杰——凯撒利亚的巴西勒、纳西盎的格列高利和尼撒的格列高利——在著作中不充分地阐释一种三神论。但是，近年来的学术研究质疑这种看法。

要想进一步探讨这个问题，我们要思考这些著作中最重要的一部：尼撒的格列高利写给同工阿伯拉比乌斯（Ablabius）的论文《没有三位上帝》（*That There Are Not Three Gods*）。阿伯拉比乌斯在之前写给格列高利的信中表达出他的担忧："三个位格，一个本质"的公式可能导致三神论。毕竟可以非常容易想出三个具有共同人性的人。但是，他们仍是三个不同的人，不是吗？使用"三个位格，一个本质"的公式时，格列高利如何避免陷入三神论？

在回信中，格列高利坚持认为："'三一上帝'不表示独特的本质，而是一种工作方式"。他认为，"雄辩家"这个统称既肯定共同的普遍性，也肯定特殊的独特性，他以此说明自己的看法：

> 例如，雄辩家都有同样的职业，因此，每位雄辩家都有同样的称谓；但是，作为雄辩家，他们每一位都独立工作，这位以他自己独特的方式辩论，那位也以他自己独特的方式。因此，从人的角度来看，可以分清有同样职业的每一个人的行动，他们完全可以被称为"许多人"，每一个人又有别于其他人，因为他有自己的环境，他的行动是独特的。

格列高利随后用这种看法说明上帝，认为根据三位一体每一个位格的作为理解他们的独特身份至关重要，就这些作为的结果而言，三一上帝代表一种统一性。这种论证不容易被接受，最好认为，它说明人的任何模式都不能充分说明上帝的本质。

在教父时期，第十一次托莱多会议（Eleventh Council of Toledo，675）对三位一体教义的阐释可能是最清楚的。此次会议在西班牙城市托莱多召开，只有十一位主教参加会议。它被普遍誉为极为清楚地阐述了西方对三位一体的看法，这非常令人羡慕。后来，在中世纪对三位一体教义的讨论中，此次会议的阐释经常被引用。第十一次托莱多会议解释"三位一体"与"上帝"这两个词的关系，强调三一上帝里的关系性非常重要：

> 这是被传下来的论圣三位一体的方法：不可以说或相信它有"三个部分"（triplex），而是"三位一体"。说在独一的上帝里有三位一体也是不合适的；相反，独一的上帝就是三位一体。按照位格的相对名称，父与子建立关系，子与父建立关系，圣灵与父和子建立关系。虽然他们因彼此的关系而被称为位格，但是，我们相信一个本质或实质。尽管我们承认三个位格，但是，我们不承认三个实质，而是一个本质，三个位格。因为父不是相对于他自己是父，而是相对于子；子不是相对于他自己是子，而是相对于父；同样，圣灵不是相对于他自己是圣灵，而是相对于父和子，因为他被称为父与子的圣灵。因此，当我们使用"上帝"一词时，这不是表达与另一个人的关系，如父与子的关系、子与父的关系或圣灵与父和子的关系；相反，"上帝"只是指他自己。

在思考过反思三位一体教义时所出现的看法和问题之后，我们现在必须再来探讨一场在历史和神学上都非常重要的争辩，即圣灵与子关系争辩。这场争辩被称为"**和子句争辩**"，我们将在以下部分探讨。

10.4 和子句争辩

初期教会史最重要的事件之一，是全罗马帝国的东西方教会就《尼西亚信经》（325 年）的内容和主要观念大致达成共识。这份文件的目的是在教会史的这个重要时期为教会带来教义上的稳定。在达成共识的内容中，有一段称圣灵"从父而出"。但是，到了公元 9 世纪，西方教会经常改动这句话，说圣灵"从父和子而出"。拉丁文 filioque 的字义是"和子"，从此便指句中所添加的字，它现在成为西方教会和西方神学的标准说法。圣灵"双重源出"的这种观念大大激怒了说希腊语的神学家；它不仅为他们提出严峻的神学难题，也篡改了信经所谓神圣不可亵渎的内容。许多学者认为，这种不满促成东西方教会于 1054 年的分裂。

和子句争辩非常重要，它不仅是神学问题，在当代东西方教会的关系方面也颇为重要。因此，我们应当仔细探讨这个问题。争辩的基本问题是如何说圣灵：**只从父而出**，还是**从父和子而出**。前者是东方教会的看法，卡帕多西亚三杰在著作中对其进行了最有力的说明；后者是西方教会的看法，奥古斯丁在论文《论三位一体》中阐释过。

希腊教父坚持认为，三位一体中只有一个源头。只有父是万物惟一的至高源头，包括三位一体的子和圣灵。子和圣灵源自父，只是以不同的方式。当寻找合适的词汇说明这种关系时，神学家们最终决定使用两个完全不同的意象：子由父所**生**（begotten），而圣灵由父而**出**（proceed）。这两个词旨在说明的观念是，子和圣灵都源自父，只是以不同的方式。这两个词稍显生硬，反映出一个事实，即所涉及的希腊词（gennesis 和 ekporeusis）很难被译为现代英文。

为了有助于理解这个复杂的过程，希腊教父使用两个意象，它们在《圣经》中有坚实的基础：子是上帝的道，圣灵是上帝的气息。父说出他的话；同时，他说话时，他也呼气，使他的话能被听到与领受。"说出的话"这个形象的意象在世界各地都有人倡导，从而有助于说明子和圣灵的独特性，同时肯定他们共同参与父的工作。

那么，卡帕多西亚三杰和其他希腊神学家为什么要花费大量的时间和精力这样区分子和圣灵。答案十分重要。如果不区分子和圣灵如何源自同一位父，将导致上帝有两个儿子，这将提出难以解决的问题。同样的功能似乎暗示同样的本质。

在这个背景下，无法想象圣灵同时由父和子而出。为什么？因为它将完全破坏父为所有神性惟一源头的原则。它相当于肯定，在独一的三一上帝里，有两个神性源头，结果将导致各种内部的冲突和矛盾。如果子分享父成为所有神性源头独一无二的能力，这种能力便不再是独一无二的。因此，希腊教会认为，西方的圣灵"双重源出"的观念接近于完全没有信仰。

然而，在这个方面，希腊传统不是完全没有异议。亚历山大的西里尔（约378—444年）毫不犹豫地说圣灵"属于子"，而相关观念很快便在西方教会发展起来。初期的西方基督教神学家故意对圣灵在三一上帝里的明确角色说得非常模糊。在论文《论三位一体》（*On the Trinity*）中，普瓦蒂埃的奚拉里（约300—368年）满足于宣称，他对"（上帝的）圣灵守口如瓶，除了他是（上帝的）圣灵"。如此含糊其辞令读者怀疑，他其实是二位一体论者，相信只有父和子具有完全的神性。但是，在同一篇论文的其他章节，奚拉里显然认为，《新约》说明圣灵从父和子而出，而不是单从父而出。

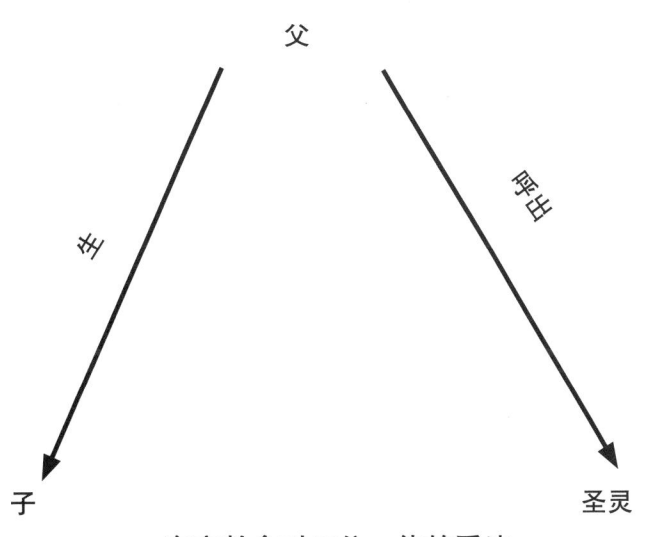

东方教会对三位一体的看法

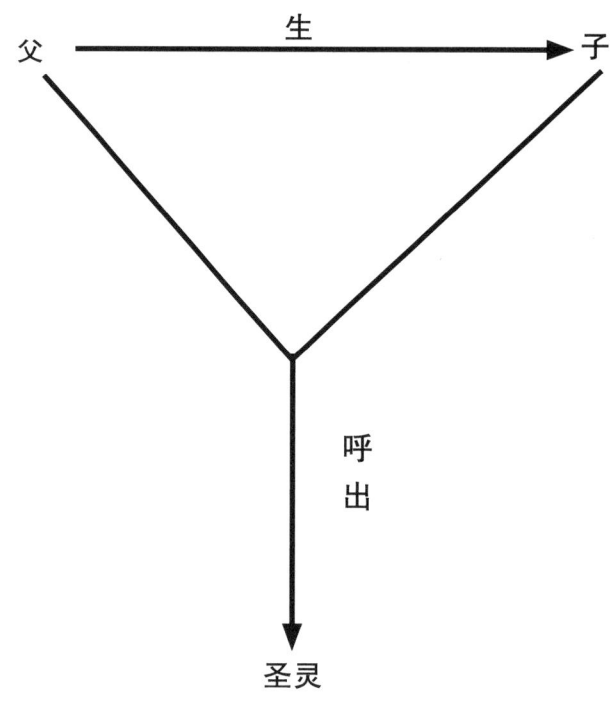

西方教会对三位一体的看法

奥古斯丁阐发这种对圣灵从父和子而出的理解,并对其进行了经典阐释。或许以奚拉里所暗示的看法为基础,奥古斯丁认为,圣灵必须被视为由子而出。《约翰福音》20章22节是他主要依据的经文,经文记载,复活的基督向门徒们吹气,并且说:"你们受圣灵。"奥古斯丁在论文《论三位一体》中的解释是:

> 我们也不能说,圣灵也不是从子而出。毕竟圣灵被说成既是父的灵,也是子的灵。圣灵不仅从父而出,也从子而出(约翰福音20:22)。

奥古斯丁在写这段话时认为,他在概括东西方教会的普遍共识。不幸的是,他的希腊文知识似乎没有好到足以让他认识到,说希腊语的卡帕多西亚三杰采取一种相当不同的看法。但是,奥古斯丁有时显然想要捍卫父在三一上帝里的独特角色:

> 我们有很好的理由说,在三位一体里,惟独子是上帝的道,惟独圣灵是上帝的恩赐,惟独父上帝是道由他所生、圣灵主要由他所出。我加上"主要"一

词，因为我们认识到，圣灵也从子而出。但是，这还是父赐予子的——不是子曾经没有圣灵而存在，因为父赐给他独生之道的一切，在父生他时便赐给了他。他是这样被生的；共同的恩赐也由他而出，圣灵是二者的灵。

那么，当奥古斯丁这样理解圣灵的角色时，他认为自己在做些什么？答案在于他对圣灵的独特理解：圣灵是父与子之间"爱的纽带"（bond of love）。奥古斯丁阐释三一上帝里关系的观念，认为三位一体的位格由他们彼此的关系定义。因此，圣灵被视为父与子之间爱和团契的关系，奥古斯丁相信，这种关系是第四福音书所记述的父与子的旨意和目的之统一的基础。

我们可以将两种看法的根本差异概括如下：

1. **希腊神学家**的用意是捍卫父为神性惟一源头的地位。子和圣灵都源自他，只是方式不同，但是，两种方式都有效，他们的神性反而有了保障。对于希腊人来说，拉丁人的看法似乎在三一上帝里造成两个独立的神性源头，削弱了子与圣灵的重要区别。子与圣灵被理解为有不同却互补的角色；而西方传统认为，圣灵是基督的圣灵。事实上，东方传统的许多现代神学家批判西方的看法，如俄罗斯的弗拉基米尔·洛斯基（1903—1958年）。在论文《圣灵的发出》（*The Procession of the Holy Spirit*）中，洛斯基认为，西方的看法必然令圣灵失去位格，导致错误地强调基督的位格和工作，将三一上帝贬低为没有位格的本原。

2. **拉丁神学家**的用意是确保子与圣灵被充分区分，又说明他们彼此相关。他们的"位格"观具有强烈的关系意味，因此，他们必然这样理解圣灵。后来的拉丁神学家对希腊神学家的看法非常敏感，强调他们认为，自己的看法没有假定三一上帝里有两个神性源头。我们在本章已经提到的第十一次托莱多会议特别清楚地说明了这一点。

> 我们相信，圣灵，三位一体的第三个位格，是上帝，与父上帝和子上帝一体而平等，他们有一个实质和本质；但是，他不是被生或被造，而是从父和子而出，是他们二者的圣灵。我们也相信，圣灵既不是自生的，也不是被生的，因为如果我们称他为"自生的"，我们在宣称两位父，如果我们称他为"被生的"，我们似乎在宣扬两位子。但是，他不只被称为父的圣灵，也没有只被称为子的圣灵，而是父和子的圣灵。因为他不是从父而出，来到子那里，也不是从子而出，去使受造物成圣；相反，他显明同时从父和子而出，因为他被称为二者的爱或圣洁。因此，我们相信，圣灵是二者派出的，就像父派出子。但是，他就是父和子。

后来的会议阐释过类似观念。里昂会议（Council of Lyons，1274）声明："圣灵从父和子而出，却不是出自两个源头，而是出自一个源头。"但是，尽管有这样的声明，三位一体教义仍是东西方基督徒爆发争辩的源头，它似乎在可预见的未来仍无法得以解决。

10.5 三位一体：古代与现代的六种看法

从我们至此所思考的内容来看，三位一体教义显然是基督教神学极难的一个领域。在以下部分中，我们将概述古代和现代对三位一体教义的六种看法。每一种都能说明这个教义的某些方面，让我们理解它的基础和含意。古代最重要的解释可能是奥古斯丁做出的，而巴特的解释在现代十分重要。但是，卡帕多西亚三杰的看法仍然非常重要，尤其是在现代希腊与俄罗斯的东正教神学中。因此，我们先来思考古代对三位一体的看法，以此开始我们的讨论，这非常合适，因为它在现代基督教思想中仍极为重要。

在探讨卡帕多西亚三杰和奥古斯丁对三位一体的看法之前，必须警惕一些过于简单的尝试：将这些看法简化为陈规。法国学者西奥多·德·勒尼奥（Théodore de Régnon，1831—1893年）于19世纪80年代所提出的看法是最具影响力的。德·勒尼奥明确区分对三位一体的两种看法：一种强调三一上帝的三重性，另一种强调他的统一性。这导致卡帕多西亚三杰对三位一体的反思被描述为以上帝位格的三重性或多重性为起点；奥古斯丁被描述为以上帝本质无差异的统一性为起点。这两种过于简单的陈规没有一点益处，建议读者尽量不探讨它们。

卡帕多西亚三杰

如前所述，就确定圣灵完全的神性而言，卡帕多西亚三杰起到了关键作用。公元381年的君士坦丁堡会议正式肯定这个教义。一旦取得这一决定性的神学进展，接下来便是充分说明三位一体教义。既然承认父、子、圣灵具有同样的实质，便为探讨他们在三位一体里的相互关系敞开大门。在这个重要的神学进展中，卡帕多西亚三杰再次起到关键作用。

卡帕多西亚三杰对三位一体的看法最好被理解为捍卫三一上帝的统一性，同时承认独一的上帝以三种不同的"存在模式"存在。能最好说明这看法的公式是"一个本质（ousia）在三个位格（hypostaseis）中"。不可分割的三一上帝是三位一体的三个位格所共有的。独一的三一上帝同时以三种不同的"存在模式"——父、子、圣灵存在。

就对三位一体的这种看法而言，最显著的特点之一，是将优先性赋予父。卡帕多西亚三杰强调，他们不接受子或圣灵从属于父，但是，他们明确表示，父应当被视为三位一体的源头或本源。父的本质被传给子和圣灵，尽管传给的方式不同：子是父所"生"，而圣灵从父而"出"。因此,尼撒的格列高利写道:"子由父这个位格所生,圣灵从父这个位格而出。"同样,尼撒的格列高利认为,三位一体内部合一的最终基础是父:"三个位格有一个本质(即上帝),他们合一的基础是父。"

那么,一个本质怎能存在于三个位格中呢?卡帕多西亚三杰用整体与个别的关系回答这个问题——如人类与个别的人。因此,凯撒利亚的巴西勒认为,三位一体的一个本质可以被比作整体,三个位格则为个别的部分。所有人都有共有的人性,却不意味着每一个人都一样,而是他们每一个人都保持自己的个性,尽管他们有同样的本性。因此,三位一体的每一个位格都有独特的特征。

凯撒利亚的巴西勒认为,每一个位格的独特性是:父的独特性是父的身份,子的独特性是子的身份,圣灵的独特性是使人成圣的能力。对于纳西盎的格列高利来说,父的独特性是"非被造性"(agennesia,一个非常难懂的词,所表达的观念是"不是被生的"或"不是出自其他任何源头"),子的独特性是"被造性"(gennesis,也可以被译为"被生"或"某人出自其他人"),圣灵的独特性是"被派出"或"发出"。我们之前讲过这个类比的难点,即它似乎暗示三神论,但是,更严谨的分析表明,它没有暗示三神论。

希波的奥古斯丁(354—430 年)

教会就三位一体正在达成普遍共识,奥古斯丁接受其中许多看法,例如,他极力否定一切形式的"从属论"(subordinationism)——认为子与圣灵在三一上帝里低于父。奥古斯丁坚持认为,在三位一体每一个位格的作为背后,必须看出整个三位一体的作为。因此,人不只是按照上帝的形象被造;人也是按照三位一体的形象被造。奥古斯丁做出一个重要区分,即区分子和圣灵的永恒上帝与他们在拯救管理中的地位。尽管子和圣灵似乎在父之后,但是,这种判断只是就他们在拯救过程中的角色而言。虽然子和圣灵在历史中看似从属于父,在永恒中却是同等的。这种看法非常重要,预示着后来的一种区分,即区分**本质的三位一体**(基于上帝的永恒本质)与**管理的三位一体**(基于上帝在历史中的自我启示)。

奥古斯丁对三位一体最独特的看法可能是他对圣灵的位格和地位的理解;在讨论和子句争辩时,我们已经思考过其中一些独特的方面。但是,现在需要讨论奥古斯丁的圣灵观:他将圣灵视为爱,联合父与子。

在将子等同于"智慧"(sapientia)之后,奥古斯丁接着将圣灵等同于"爱"(caritas)。他承认,他的等同在《圣经》中没有明确的基础;但是,他认为,这是根据《圣经》内容的合理推论。圣灵"使我们住在上帝里面,上帝住在我们里面"。这明显将圣灵视为上帝与信徒联合的基础,这十分重要,因为它说明奥古斯丁的一个观念,即圣灵是团契的赐予者。圣灵是上帝的恩赐,将我们与上帝联合在一起。

因此,奥古斯丁认为,在三位一体内,存在一种对应关系。恩赐必须反映出赐予者的本质。上帝已经存在于他希望带我们进入的关系中。就如圣灵是联合上帝与信徒的纽带，圣灵也在三位一体中扮演类似角色，将三个位格联合在一起。"圣灵……使我们住在上帝里面，上帝住在我们里面。但是，那是爱的结果。因此，圣灵便是满有爱的上帝。"

这个论点还有补充，奥古斯丁全面分析爱在基督教生活中的重要性。他大致以《哥林多前书》13章13节（"如今常存的有信，有望，有爱，这三样，其中最大的是爱"）为基础，他论证的思路是：

1. 上帝的最大恩赐是爱。
2. 上帝的最大恩赐是圣灵。
3. 所以圣灵是爱。

这种分析方式受到批评，因为它明显有缺点，尤其是将圣灵的观念奇妙地非人格化了。圣灵似乎成为一种胶水，将父与子粘在一起，又将他们与信徒粘在一起。关于奥古斯丁对灵性的看法，"被连于上帝"的观念是他的主要特色，在讨论三位一体时可能必然以此为重点。

就奥古斯丁对三位一体的看法而言，逐步提出"心理类比"是他最独特的特点之一。在这个问题上，他援用人的心灵，论证如下：上帝在创造世界时已在受造物上留下独特的印记，这种推论是合理的。但是，可以在哪里找到这种痕迹（vestigium）呢？认为上帝将这种独特的印记留在他创造物的顶峰上合情合理。《创世记》的记载让我们断定，人是上帝创造的顶峰。因此，奥古斯丁认为，寻找上帝的形象时，我们应当到人身上去找。

然而，奥古斯丁更进一步，他的一些批判者觉得，这一步既没有必要，也不合适。根据自己的新柏拉图观，奥古斯丁认为，人的心灵应当被视为人的顶峰。因此，神学家在受造物中寻找"三位一体的痕迹"（vestigia Trinitatis）时，他们应当在人的心灵中寻找。这种看法的极端个人主义和它明显的理智主义意味着，奥古斯丁决定在个人的内心世界寻找三位一体，而不是在位格的关系中〔这是中世纪神学家所赞成的，如圣维克托的理查德（Richard of St. Victor）〕。此外，第一次读《论三位一体》时便会发现，奥古斯丁似乎认为，人心灵的内在活动不仅可以告诉我们上帝的情形，也可以说明拯救的管理。奥古斯丁强调，这种类比的价值是有限的，但是，这一批判性评价没有束缚他，他本人似乎更愿意使用这种类比。

奥古斯丁发现，人的思想有三件一组的结构，认为思想的这种结构基于上帝的本质。他认为，在这类三件一组的结构中，心灵（mens）、知识（notitia）和爱（amor）是最重要的，尽管相关的一组——记忆（memoria）、理智（intelligentia）和意志（voluntas）——也相当重要。人的心灵是一种形象，虽然不够完全，却仍是上帝自己的形象。人的思想有三组这样的功能，它们根本上不是彼此完全分离、独立的实体，因此，上帝也可能有三个"位格"。

这里显然有一些难点，甚至可能是一些致命的缺点。经常有人指出，人的心灵不能被这样整齐、过于简单地简化为三个实体。但是，最后必须指出，奥古斯丁所援用的这些"心理类比"其实是解释性的，而不是构建性的。奥古斯丁想要它们成为视觉教具（尽管是基于创造教义的视觉教具），它们要帮助我们获得的看法从《圣经》中和反思拯救的管理中便能获得。奥古斯丁的三位一体教义不是最终基于他对人心灵的分析，而是在于他对《圣经》——尤其是第四福音书——的解读。

奥古斯丁阐释的三位一体对后人影响深远，尤其是在中世纪。托马斯·阿奎那的《论三位一体》（*Treatise on the Trinity*）主要以优美的文风重述奥古斯丁的观念，而不是以妙笔修正它们的缺陷。同样，在《基督教要义》中，加尔文对《圣经》的解释主要是直接复述奥古斯丁对三位一体的看法，他只满足于此；由此可见，就三位一体而言，西方传统已经一致接受奥古斯丁的看法。如果说加尔文在哪一点上远离奥古斯丁，那便是"心理类比"。"我怀疑取自于人的类比在此是否会有很大的用处。"这是加尔文在思考三位一体内部的区分时所给出的冷淡评语。

在西方神学传统中，对三位一体教义最重要的重述始于20世纪。我们将思考各种看法，从最重要的——卡尔·巴特的看法开始。

卡尔·巴特（1886—1968年）

巴特将三位一体教义放在《教会教义学》（1936—1969年）的最前面。这一点显而易见，却非常重要，因为他完全颠倒施莱尔马赫所确定的三位一体的位置。对于施莱尔马赫来说，三位一体可能是对上帝的最终结论；在巴特看来，必须先说明三位一体，然后才可能讨论启示。因此，三位一体被置于《教会教义学》的开头，因为它首先让其他教义成立。三位一体教义巩固上帝向罪人的启示得以实现的基础，保证上帝向罪人的启示得以实现。正如巴特所说，它是启示的"解释性证实"。它解释启示的事实。

"**上帝**启示自己。他**通过自己**启示自己。他启示**自己**。"巴特用这三句话（我发现这个翻译不可能完全表达原意）构建启示的框架，系统说明三位一体教义。在启示中，"上帝已经说话"（Deus dixit），神学的任务是探讨这种启示假定什么，意味着什么。对于巴特来说，三位一体教义有解释、规范的作用，这包括神学的所有内容。三位一体不是需要解决的难题，而是一种解释性框架，确定神学的正确角度，从而解决神学的问题和谜。对于巴特来说，神学是一个"反思"（Nach-Denken）的过程，即思考上帝自我启示的内涵。我们必须"仔细探讨自己对上帝的认识与上帝自己本质的关系"。

巴特用这类言论构建三位一体教义的背景：既然上帝已经进行自我启示，这样的上帝是怎样一位上帝呢？启示真实发生了，这让我们对上帝的本质有了怎样的认识？巴特讨论三位一体的出发点不是某个教义或观念，而是上帝真实地说话与被人听见。因为如果有罪的人不能听见上帝的道，上帝怎能被听见呢？

上述这段话只是概述巴特《教会教义学》第一卷前半部的某些部分。这卷的标题是"上帝之道的教义"，就此，巴特还说了很多，需要进一步解释。需要注意两个主题：

1. 有罪的人基本上不能听到上帝的道。
2. 然而，有罪的人听到上帝的道，因为上帝的道让有罪的人认识到自己的罪。

既然启示真实发生了，这个事实本身便需要解释。对于巴特来说，这表示人在接受的过程中是被动的；在启示的过程中，作为主的上帝从始至终都掌握主权。因为如果启示**是**启示，上帝必须可以向有罪的人有效地进行自我启示——尽管他们有罪。

一旦理解这种似非而是的论点，便能明白巴特三位一体教义的大致结构。巴特认为，在启示中，上帝必须符合他的自我启示。启示者与启示必须是直接对应的。如果"上帝将他自己启示为主"（这是巴特特有的主张），上帝"首先在自身"就必须是主。启示在时间里重申永恒中的真实上帝。因此，以下两者是直接对应的：

1. 启示的上帝；
2. 上帝的自我启示。

用三位一体神学的术语说是，父在子里被启示出来。

那么，圣灵怎么样呢？现在，我们说到巴特三位一体教义最难的部分："已经启示"（revealedness，德文：offenbarsein）的观念。要想说明这一点，我们要用一个巴特没有用过的例子。想象有两个人，在公元 30 年左右的一个春日走在耶路撒冷城外。他们看见三个人被钉在十字架上，便驻足观看。第一个人指着中间那位说："有一个普通的罪犯被处死了。"第二个人也指着中间那位回答说："上帝的儿子在为我而死。"说拿撒勒人耶稣**是**上帝的自我启示本身并没有用；必须有某种方法让人**承认**拿撒勒人耶稣是上帝的自我启示。巴特的"已经启示"这个观念的核心是承认启示为启示。

那么，如何得到这个关键的见解呢？巴特说得非常清楚：有罪的人不能独立获得这个见解。在启示的解释上，巴特不准备让人有任何积极作用，相信这将导致上帝的启示取决于人的知识论。（我们已经在 156 页讲过，他因此受到猛烈批判，甚至包括在其他方面赞同他意图的人，如艾米尔·布伦纳）。将启示解释为启示本身必须是上帝的工作——更准确地说是圣灵的工作。人不能先有听到主的话的能力（capax verbi Domini），然后再听到主的话；听到和听的能力都是圣灵一举赐下的。

这一切似乎说明，巴特其实是某种形态论者，将启示的不同时刻视为同一位上帝不同的"存在模式"。必须立即承认，有人正是指责他有这个缺陷。但是，如果更仔细地思考，我们可能不会这样判断，而是在其他方面批判。例如，在巴特的解释中，圣灵的境况并不顺利，可以认为，这个方面反映出整个西方传统的缺点。但是，不管巴特对三位一体的讨论有什么缺点，人们还是普遍认为，在三位一体教义在教义神学中被忽视一段时间之后，巴特的讨论重申了这个教义的重要性。耶稣会神学家卡尔·拉纳进一步巩固了三位一体教义的重要性，我们现在就来探讨。

卡尔·拉纳（1904—1984 年）

同巴特一样，卡尔·拉纳被普遍视为在三位一体神学于 20 世纪的复兴中起到关键作用。普遍认为，拉纳对现代三位一体神学发展的特殊贡献是他分析"管理的三位一体"与"内在的三位一体"的关系。三位一体的这个基本差异是两种方式的差异，即上帝在历史中通过启示被人认识的方式与上帝内在（本质上）存在的方式。"管理的三位一体"可以被视为我们经历上帝在历史中自我彰显的多样性和统一性的方法，而"内在的三位一体"可以被视为上帝自身的多样性和统一性。拉纳用一个公理说明它们的关系，在现代神学中被普遍引用："'安排的'三位一体便是'内在的'三位一体，'内在的'三位一体便是'安排的'三位一体。"换句话说，历史中被启示出来、被人经历的上帝就是真实的上帝。

拉纳对三位一体的看法有力地修正了天主教较老的三位一体神学的某些倾向，尤其是因过度注重于"内在的三位一体"而忽视人对上帝的经验和《圣经》对拯救的见证。对于拉纳来说，"管理的"三位一体符合"《圣经》陈述的拯救的管理及其三重结构"。拉纳的公理让他肯定，拯救的整个工作都是同一位上帝的工作。尽管拯救的奥秘非常复杂，但是，可以看出拯救的源头、起点和终点都是同一位上帝。拯救的过程具有多样性，背后却只能看到一位上帝。

拯救的管理是统一的，这个基本原则可以追溯到爱任纽（尤其是他驳斥诺斯替派时，诺斯替派认为，在拯救的管理中可以看出两位上帝。因此，拉纳坚持认为，讨论三位一体的恰当出发点是我们对拯救史的经历和《圣经》对它的记载。"拯救的奥秘"先发生；然后我们才系统阐释有关教义。这种"对管理的三位一体先入为主的认识源自拯救史和《圣经》"，是系统化反思过程的起点。因此，"内在的三位一体"可以被理解为"管理的三位一体的系统化概念"。

因此，拉纳认为，神学反思导出内在的三位一体这个教义，而神学反思的起点是我们在历史中所经历、所认识的拯救。拯救史的复杂性最终基于上帝的本质。换句话说，虽然

我们经历到拯救的管理的多样性与统一性,但是,这种多样性和统一性符合真实的上帝。拉纳是这样说的:

> 在(真理的)历史中和(爱的)圣灵里,上帝自我通传的差异必须是上帝"本质上"的差异,否则这种确实存在的差异将终止上帝的自我通传。因为这些模式和它们的差异在上帝自己里面(虽然我们先从我们的角度经历它们),否则就变成只在我们里面。

换句话说,"父""子""圣灵"不只是人的方法,用他们理解我们所经历的拯救奥秘的多样性。他们也不是上帝总要暂时采用的角色,以进入我们的历史。相反,他们符合真实的上帝。显现为三位一体的上帝本身就是三位一体。在自我启示中启示出来的上帝符合上帝的本质。

约翰·麦奎利(1919—2007 年)

约翰·麦奎利是苏格兰神学家,植根于长老会传统,从存在主义的角度理解三位一体。在《基督教神学原理》(*Principles of Christian Theology*,1966)中,麦奎利认为,三位一体教义"维护对上帝的动态理解,反对静态理解"。但是,动态的上帝怎能同时是稳定的?麦奎利对这一矛盾的反思令他认为:"如果上帝未曾将他自己启示为三位一体,我们也必须以某种这样的方式思考他。"他通过以下方式探讨基督教传统的动态上帝观。

1. **父**被理解为"创始的存在者"(primordial Being)。这个词的意思是:"继续下去的终极行为或能力,必有某物存在的状况,他不仅是一切存在者的源头,也是一切可能的存在者的源头。"

2. **子**被理解为"表达的存在者"(expressive Being)。麦奎利认为,"创始的存在者"需要在存在者的世界表现自己,他"通过表达的存在者流露出来"。当采取这种看法时,麦奎利采用子为道或**逻各斯**的观念,子是父在受造世界的代理人。他将表达的存在者与耶稣基督明确联系在一起:"基督徒相信,父的本质特别表现在耶稣有限的本质中。"

3. **圣灵**被理解为"联合的存在者"(unitive Being),因为"圣灵的作用是维持、巩固、在需要时恢复上帝与存在者的联合"。圣灵的任务是促进上帝与世界(麦奎利的用词是"上帝"与"存在者")新的、更高一层的联合;上帝首先创造存在者,而圣灵带领存在者回到与上帝新的、更丰富的联合中。

麦奎利的看法显然真的很有帮助,因为它将三位一体教义与人的存在状况联系起来。但是,它的缺点也非常明显,因为将存在的功能分派给三位一体的各个位格似乎有一定的人为性。有人会问,如果三一上帝恰巧有四个位格,情况会是怎样;麦奎利可能会想出存在的第四个范畴解决这种情况吗？但是，这是存在主义的普遍缺点，而不是他这种独特看法的缺陷。

非常有趣的是，思考麦奎利的看法是否能被视为一种形态论——特别是我们前面讲过的功能形态论。麦奎利似乎认为，三位一体的教义应当被视为启示出上帝的三种存在模式。

麦奎利的看法说明存在主义神学的优点和缺点。一般来说，优点和缺点是：

1. **优点**：这种看法为基督教神学增添一个有力的层面，因为它说明这种神学如何与人的存在结构相关联。
2. **缺点**：尽管这种看法能提升现有的基督教教义存在的价值，但是，它首先在证实这些教义方面的价值较小。

罗伯特·詹森（1930—　）

当代美国神学家罗伯特·詹森从路德宗的角度写作，但是，他十分精通归正宗传统，他以新的创造性方式重述传统的三位一体教义。就许多方面而言，可以恰当地说，詹森发展了巴特的看法，其特点是强调必须忠于上帝的自我启示。詹森的《三位一体的身份：根据福音书的上帝》（*The Triune Identity: God According to the Gospel*，1982）为讨论三位一体教义提供了一个基本参照点。当该书出版时，迄今始终被忽视的三位一体教义重新燃起人们的兴趣。

詹森认为，"父、子、圣灵"是上帝的专有名称，即基督徒通过耶稣基督认识的上帝。他认为，上帝必须有专有名称。"三位一体的讨论是基督教努力认识召我们的上帝。三位一体教义包括专有名称——'父、子、圣灵'……和详细阐释、分析关于认识上帝的说明"。詹森指出，古代以色列人的环境是多神信仰，"上帝"一词传达的信息相对较少，所以必须为上帝命名。《新约》的作者也面临类似情况，必须确认作为他们信仰核心的上帝，将这位上帝与各地——尤其是小亚细亚——的宗教中被崇拜与认可的其他许多神祇区分开。

因此，三位一体教义是**确认**基督教的上帝，并为他**命名**；但是，这种确认和命名必须符合《圣经》的见证。名字不是我们取的，而是为我们取的，是我们被授权使用的。这样，詹森捍卫上帝自我启示的优先性，不容许人先来构建自己的上帝观。"福音书这样确认它的上帝：那位叫以色列人的耶稣从死人中复活的上帝。神学的整个任务可以被描述为以各种方式解释这句话。其中一种便产生教会的三位一体用语和思想。"我们前面讲过，初期教会扩张到希腊文化中，教会往往无意中混淆基督教独特的上帝观与希腊文化的上帝观。詹森断言，三位一体教义在过去和现在都是抵制这种进展的必要防御机制。它让教会发现教会信经的独特性，避免被竞争的上帝观同化。

然而，教会不能忽视它的知识背景。如果教会的任务一方面是捍卫基督教的上帝观，防范竞争的上帝观，那么，教会的另一个任务是"对福音书确认的三一上帝进行形而上学的分析"。换句话说，教会必须用当时的哲学范畴准确解释基督徒对自己上帝的信仰，以及这种信仰如何不同于其他信仰。矛盾的是，将基督教从希腊文化中分别出来的努力竟然将希腊文化的范畴引入三位一体的讨论。

因此，三位一体教义的核心是，承认上帝是《圣经》命名的，也是教会见证的。在希伯来传统中，通过历史事件确认上帝。詹森注意到，《旧约》的许多经文根据上帝在历史中的作为——如将以色列人从他们在埃及的奴役中解救出来——确认上帝。《新约》显然也有同样的模式：承认根据历史事件确认上帝，尤其是耶稣基督的复活。可以通过耶稣基督认识上帝。上帝是谁？我们在谈论哪位上帝？让基督从死人中复活的上帝。正如詹森所说，"出现了语义学的模式，即'上帝'与'耶稣基督'的用法相互确定"，这在《新约》中非常重要。

因此，詹森从形而上学的思辨中恢复上帝的位格观。"父、子、圣灵"是**专有名称**，在为上帝命名，当称呼上帝时，我们被要求使用这个名称。"确认上帝的语言学方式——专有名称、确认上帝的描述或这两者——是宗教的必需品。同其他祈求和赞美一样，祷告必须提到名字。因此，三位一体是神学的精密仪器，迫使我们准确说明所谈论的上帝。"

10.6 近代神学中对三位一体的一些讨论

在20世纪后半叶，神学家对三位一体教义进行了一些非凡的探讨。启蒙运动的理性主义瓦解，神学家越来越认识到三位一体教义的蕴涵，因此，他们对这个教义重燃自信，从而对这个教义进行大量反思。为了让读者了解反思的丰富性和创造性，我们应当简要介绍近年来四位神学家对这个教义的讨论。但是，我们先要思考一个传统问题：在系统神学中，我们应当如何为三位一体教义定位？

施莱尔马赫论三位一体的教义定位

从传统上讲，三位一体教义始终被置于基督教神学著作的开头，尤其是因为基督教国家的信经对这类著作的影响。信经以宣告对上帝的信仰开始；因此，在大多数神学家看来，似乎自然要遵循这种模式，在他们著作的开头讨论有关上帝的教义。托马斯·阿奎那可能是研究神学的这种典型传统最好的代表，在《神学大全》中，他先总地讨论上帝教义，随即特别阐释三位一体教义，认为这样做合情合理。但是，必须强调的是，这种模式不是惟一可取的模式。为了说明这一点，我们应当思考施莱尔马赫在《基督教信仰》（第一版1821—1822年；修订版1830—1831年）中对讨论上帝教义的定位。

如前所述，施莱尔马赫研究神学的方法以人的共同经验为出发点，即"绝对信靠感"，随后从基督教的角度将其解释为"对上帝的绝对信靠感"。他根据这种信靠感进行一长串推理，结果最后才论述三位一体教义。作为附属品，这个教义被放在《基督教信仰》的最后。对于卡尔·巴特等神学家来说，这说明施莱尔马赫将三位一体视为神学的附属品；在其他神学家看来，这说明，在关于上帝的事中，三位一体是神学家要在最后论述的——换句话说，三位一体是整个神学事业的高潮。

于尔根·莫尔特曼论社会性三位一体

在《三位一体与上帝的国》（*The Trinity and the Kingdom of God*，1980）中，于尔根·莫尔特曼试图将基督教的上帝教义从两种束缚中解放出来，即古希腊关于实体的形而上学和现代关于超越主体性（transcendental subjectivity）的形而上学。我们很快便会看到，艾伯哈德·云格尔几年前进行过类似工作。但是，莫尔特曼的《三位一体与上帝的国》因其充分的社会性三位一体论而特别重要。莫尔特曼的社会性三位一体论强调，在圣灵与父和子构成的共同体中，圣灵的位格和工作相对独立。莫尔特曼阐发这一点的方法可能令一些人不安，他强调，在三位一体中，根本没有固定的次序。上帝的统一性是位格在关系中的统一性，正如卡帕多西亚三杰的互渗互存教义所说明的。就这样解读互渗互存而言，莫尔特曼认为，"三位一体的位格在传播上帝的生命时独自形成他们自己的统一性。"莫尔特曼坚持认为，这种上帝观与任何"一神论的"或"君王似的"上帝观完全对立，它们贬低三个位格真实的主体性。特别有趣的是，莫尔特曼用这种观念发展一种对人类社会的基本**神学**理解。

"三位一体是我们的社会计划。"对于莫尔特曼来说，三位一体教义应当被理解为提供一种对上帝的设想，即上帝联合三个位格或独特却相关的主体。上帝被理解为互爱、互动、相互维系的团契，对上帝这种独特的理解让基督教神学发展一种社会论。"就上帝观而言，社会性三位一体论胜过一神论，在人论层面，它克服个人主义，形成一种社会人格主义和人格主义的社会主义。"对于莫尔特曼来说，基督教的三位一体观提供"人类真正社会的范例，先是在教会中，也是在社会上"。过于独裁与集权的政府观在于这样一种上帝观：强调上帝的"君主制"，而不是三一上帝观，即强调上帝的统一性和团契性。因此，莫尔特曼主张，社会性三位一体论既有神学功能，也有社会功能：从神学功能上讲，它尖锐批判错误的上帝观；就社会功能而言，它清楚说明一种上帝观，即上帝是社会性存在者，所能起到的作用是，他是整个社会的恰当范式。

没有统治和屈从的统一的与使人统一的基督教社会和没有阶级统治与独裁压迫的统一的与使人统一的人类才能反映三一上帝。那个世界是，人由他们的社会关系定义，而不是由他们的权力或财产。在这样的世界中，人凡物公用，彼此分享一切，除了他们的个人品质。

艾伯哈德·云格尔论三位一体与形而上学

在难懂的著作《上帝为世界的奥秘》（1977）中，艾伯哈德·云格尔着手探索这样一种可能性：在人们生活得"仿佛上帝不存在"（esti Deus non daretur）的世界，如何以负责任的方式谈论上帝。对于云格尔来说，问题显而易见，解决办法也显而易见。问题是，许多西方神学让它们对上帝的思考被源自世俗形而上学的观念所左右，而不是被基督教启示的独特观念。

云格尔关心的是，一种特定类型的形而上学——他将其追溯到笛卡尔——提出某些帝国主义式的要求，如果承认它们，便会腐蚀真基督教的上帝观。因此，云格尔指出，费希特（J. G. Fichte）、路德维希·费尔巴哈和弗里德里希·尼采等基督教批判者对上帝的理解源自形而上学的传统，而不是基督教传统。云格尔随后正确指出，于19和20世纪兴起于西方文化的各种重要的无神论不否定基督教的上帝，而是非常反对形而上学不充分的上帝观。阿拉斯代尔·麦金太尔（1929——　）提出极为相似的看法，他评论道："19和20世纪所不相信的上帝只是于17世纪被发明出来的。"

云格尔的解决办法是，敦促基督教重新发现它自己独特的上帝观，从本质上讲，这是三一上帝观。他强调，上帝将自己与被钉十字架的基督视为一体，因此，信仰承认被钉十字架的人——拿撒勒人耶稣——就是上帝。同莫尔特曼一样，云格尔令十字架成为上帝三位一体历史的核心。对基督被钉十字架的正确解释具有决定性意义，引人远离传统有神论的哲学一神论，转向独特的真**基督教**的三位一体教义。

由此，云格尔继续阐发三位一体的"十字架神学"。十字架启示出父与子的区别。（此前，于尔根·莫尔特曼提出过类似看法，他理清父与子受难的不同方式，得出它们的三位一体含意。）但是，复活肯定父与子、上帝与耶稣的统一性。这又如何解释？云格尔制订一条导出三位一体的路线，宣称"要想获得上帝将自己与耶稣视为一体的认识，必须区分上帝与上帝"。《新约》便做出这种区分，区分子上帝（被钉十字架的耶稣）与父上帝（他令耶稣从死人中复活）。合一的纽带——圣灵——将父与子结合在一起。

上帝这种"自我区分"被认可的基础是基督的复活与被钉十字架的关系，它构成三位一体教义的基础。它也是基督教批判一神论、形而上学的有神论，以及相当于这些有神论的各种无神论的基础。从中可以清楚看出，云格尔认为，教会与世界对话的工作依赖于再次发现它对上帝的独特理解,摆脱世俗形而上学近年来对它的束缚。他主张,三位一体教义是这一进展的核心。

凯瑟琳·莫里·拉库格纳论三位一体与拯救

近年来出现的对三位一体教义的神学基础与应用最令人难忘的研究之一,是凯瑟琳·莫里·拉库格纳(Catherine Mowry LaCugna)的《为了我们的上帝:三位一体与基督教生活》(*God for Us: The Trinity and Christian Life*,1991)。这部极富特点的著作分析三位一体教义为西方教会造成极大难题的原因,并提出一些解决办法。在这部著作中,拉库格纳(1952—1997年)——圣母大学的前南茜·里维斯·德勒(Nancy Reeves Dreux)神学教授——逐步阐明一个重要见解,即西方的三位一体论往往忽视上帝在拯救管理中的启示,更喜欢思辨性地反思上帝的本质。

拉库格纳将这一进展追溯到神学(theologia)与管理(oikonomia)和所谓的内在的或本质的三位一体与管理的三位一体之间的矛盾——这在尼西亚会议时(325年)极为重要。我们将 oikonomia 一词理解为管理的三位一体,指上帝在耶稣基督里和上帝在圣灵于拯救史上的作为里的自我通传。我们对上帝的所有认识都是这种作为的结果。神学或我们对上帝永恒本质的认识与我们得到的认识应当基本是同延的,即从上帝拯救管理的启示中得到的认识。我们根本不能认识上帝的内在生命,这不在启示的范围之内。拉库格纳认为,拒绝承认这一点已经导致这样一种基督教传统:它接受希腊哲学,而不是《圣经》的启示所塑造的上帝观,这决定了我们对三位一体的理解。如前所述,艾伯哈德·云格尔在《上帝为世界的奥秘》(1977年)中进行过类似批判。拉库格纳试图纠正这个问题,重新接受拯救的管理决定我们对上帝本质的理解。

这令她与卡尔·拉纳进行一场具有创造性却不乏批判的对话。拉库格纳改写拉纳对管理的与本质的三位一体的论述,她是这样说的:"神学与救赎论密不可分,反之亦然。"拉库格纳赞同将"神学"等同于"管理",相信区分上帝的内在方面与外在方面毫无意义,且可能产生误导,神学从这种区分中被解放出来。这种"回归《圣经》的、尼西亚会议之前的思维模式"再次肯定,上帝的三位一体生命是惟一的,囊括拯救历史的全部领域。三位一体绝不是思辨的教义,它被启示出来,说明基督教信仰的核心。

> 如果正确地理解,三位一体教义肯定上帝通过耶稣基督和圣灵与我们亲密相交。同样,它是格外实际的教义,对基督教生活有深远影响。通过更精通《圣经》的具体语言与意象、信经和崇拜仪式的方式介绍三位一体教义,基督教的上帝教义可以再次与神学的其他领域、伦理学、灵修和教会生活联系在一起。

莎拉·科克利论女权主义与三位一体

三位一体信仰的传统用语说"父、子和圣灵"。至少从表面来看,这似乎将优先权给了上帝的男性意象。女权主义神学的议题之一,是确认、纠正源于性别问题的权力失衡。1973 年,著名的女权主义神学家玛丽·戴利(Mary Daly)指出:"当上帝成为男性时,男性便成为上帝。"戴利自己的工作是严厉批判在神学各个领域都使用男性的用语和意象,尤其在对三位一体的传统阐释方面,对此,她的著名描述是"男孩俱乐部"或"男人会"。

那么,可选的方法是什么呢?女权主义如何正面地阐释这个问题?出现了许多看法。一些女权主义神学家认为,无性别的用语应当取代传统用语;因此,"父、子、圣灵"可以变成"创造者、拯救者、维系者"。另一些女权主义神学家注意到,在基督教传统的某些时候,女性词汇用来谈论圣灵——如女性代词在叙利亚语文献中被用于圣灵。其他女权主义神学家强调,三位一体同关系有关,与等级无关,她们从促进基督徒与上帝的亲密关系的角度解释三位一体,而不是从三位一体看似令权力结构合法化的角度。

在对这个问题最有趣、最具建设性的反思中,有圣公会神学家莎拉·科克利(Sarah Coakley, 1951—)的一些反思。科克利深刻了解基督教神学的发展,尤其是教父时期,这为她反思三位一体提供信息。科克利注意到,男性的神学讨论往往是理性的、冷淡的、缺乏一切性的元素,她提出一种策略,以重新获得对三位一体神学更充分的理解,一种方法是批判解读它的原始资料。

科克利在许多著作中都阐释过自己的看法,《权力与顺从:灵修、哲学和性别》(*Powers and Submissions: Spirituality, Philosophy and Gender*, 2002)是最著名的。但是,可以在一篇题为"撞击我心"(batter my heart)的文章中最容易地研究她看法的根源,这篇论文探讨三位一体的活力。〔"撞击我心"选自约翰·邓恩(John Donne,1572—1631 年)一首著名诗歌的第一句。〕科克利的看法有三个基本要素(或"定理")。她开篇便指出,任何三位一体观都充满太多的权力观。

> 上帝为三位一体的设想简单地将内在的三位一体关系(即父、子、圣灵的关系)视为正确关系的原型或宪章。因此,……如果"个人的便是政治的"(熟悉的女权主义口号),分析起来,所有三位一体教义都不能完全没有政治、灵性和性别的含意。……那么,基督教女权主义者的任务将是深挖这些联系和含意,如果必要,批判它们,为它们重新定向。

在确立这种观念之后,科克利随后指出,基督教祷告的实践和经验创造理解三位一体教义的框架。"分析基督教的祷告——尤其是相对沉默的默祷或灵恩祷告——提供极具启示性的模型,以解释三位一体反思的起源。"特别是科克利注意到圣灵在促进信徒与上帝之间亲密祷告关系方面的作用。一些女权主义者断言，圣灵的女性气质是颠覆男性三位一体的手段，但是，科克利不这样认为，反而指出圣灵在说预言和经验信仰狂喜方面的作用，将其视为削弱对基督教信仰——尤其是上帝——的理性解释。

最后，科克利指出，"教会有政治和教会的原因，阻止这种优先考虑与突出圣灵的上帝观，以防它过于接近舞台中央。"科克利对历史神学的研究让她指出，一些教父，如奥利金和尼撒的格列高利，所提出的对阅读《圣经》的看法有时完全不是冷漠、可靠的理性主义——而这却是后来教会的标志。

那么，这如何影响到女权主义？科克利的看法很微妙，没有直接对抗传统的三位一体用语和意象。相反，她提出一个框架，为三位一体重新定向，重新理解三位一体。她认为，祷告的实践将重点从对上帝的理性看法转移到强调具体经验的看法。祷告是三位一体的、使人得力的活动，信徒被带入与真实的、活的三一上帝的关系，而不是抽象的、毫无差异的上帝。虽然科克利避免粗略的性别概括，但是，她显然将男性的神学思辨与"理性主义"或"逻各斯"联系在一起，把女性的神学思辨同"关系"或"欲爱"联系在一起。她的看法为批判研究历史神学、现在尝试更全面地重新理解三位一体论提供框架。

10.7 三位一体的复兴：几个例子

第二次世界大战之前的一段时间，卡尔·巴特和其他神学家为神学家对三位一体重燃兴趣奠定了基础。从此以后，神学家始终对跨教会的生活和思想阐释对三位一体的看法有格外浓厚的兴趣。天主教徒、新教徒和东正教徒都探讨信仰的三位一体布局。英国神学家科林·甘顿非常重视这一进展的重要性，他是"三位一体神学的应许"最重要的拥护者之一：

> 因为上帝是三位一体的，我们必须以一种独特的方式或一系列方式回应他，才符合他本质的丰富性……这反而意味着，一切在三位一体的生命中看起来的确是不同的。

因此，在结束本章之前，应当指出其中一些看法，一方面强调神学主题的相互联系，一方面说明它们对教会的生活和见证的重要性与实用性。哲学家伊曼纽尔·康德认为，三位一体教义在其合理性和实效性上都有问题。他宣称，三位一体教义"没有任何实用性"。当代神学家似乎不赞成这两种看法。

在以下部分中，我们要简单说明近年来一些重要的进展，而不是详细探讨它们的主题。我们先来思考传教神学近年来的发展。

传教的三位一体神学

始终有一种共识,即三位一体教义在教会扩张中发挥了作用。但是,在第二次世界大战之前,基督教的许多传教神学以基督为中心,核心是拿撒勒人耶稣的身份和主张。例如,当思考教会的本质和教会的传教时,神学家与传教士莱斯利·纽比金(Lesslie Newbigin,1909—1998年)主教最初坚决以基督为中心。他的《一个身体、一个福音、一个世界》(*One Body, One Gospel, One World*, 1958)可以被视为对这种看法的经典阐释。但是,更深入地反思三位一体教义,进一步经历印度教会的生活,开始为纽比金的思想带来改变。他的《三位一体教义与当今传教的相关性》(*Relevance of Trinitarian Doctrine for Today's Mission*, 1963)可以被视为他思想的里程碑,标志他的转变,即他对传教有了更缜密的三位一体式理解。

其他神学家也对这一进展做出重要贡献。传教的基础是以基督为中心,传教是以教会为中心展开的,这是普遍的看法,20世纪60年代初,荷兰传教学家约翰尼斯·胡肯戴克(Johannes Hoekendijk,1912—1975年)从根本上对这种看法提出一些异议。为了取代这种看法,他提出一种以三位一体为基础的传教神学,将世界——而不是教会——视为上帝工作的主要场所。他认为,对传教神学的普遍看法"一定会误入歧途",因为它们围绕"不合理的中心"——教会,而不是世界。他认为,发展一致、完备的三位一体神学——即承认上帝在世界的工作先于外在的传教活动——可以实现这种彻底的重新定位。

这种思想转变在1966年关于教会与社会的日内瓦会议(Geneva Conference on Church and Society)上非常明显,此次会议以三位一体为其工作的基础:"我们的起点是这一基本设想,即三一上帝是世界的主,他在世界工作,教会的任务是说明他的作为,回应他的要求,呼吁人要有这样的信仰和顺服。"

这些进展需要更充分的阐释,以领会它们对理解基督教传教的重要性。对现实的三位一体式设想富于理性,重新意识到这一点在构建、支持这种传教论方面显然非常重要。对于教会的传教来说,三位一体的传教学目前是非常重要与有效的范式。但是,这些看法有其难点,也受到批判。尽管纽比金明显支持正发生在西方神学中的三位一体复兴,但是,他有时也表示出担忧。这样强调三位一体可能淡化"基督的普世主权"等至关重要的观念吗?新框架可能取代(却不是复兴)传统的传教论吗?这一争辩很可能继续下去。

崇拜的三位一体神学

基督徒的崇拜方式与他们的思维方式显然联系在一起。崇拜——或三一颂——和神学越来越被视为同一枚硬币的两面。在过去20年中,崇拜神学备受关注,其基础几乎完全是三位一体。这种趋势的起源通常追溯到杰弗里·温赖特的《三一颂》(*Doxology*, 1984),该书认为,理解基督教崇拜的惟一方法是从三位一体的角度理解。基督徒借着圣灵通过子崇拜父。温赖特理清这一见解的含意，说明三位一体教义在理解崇拜方面的重要性，以及这个教义可以提升基督徒的崇拜经验。

其他神学家提出类似观念。詹姆斯·托伦斯（James Torrance，1923—2003年）指出，许多基督徒倾向以一种基本是一神论的方式崇拜上帝，仿佛崇拜只是人对上帝的活动。在《崇拜、团契和恩典的三一上帝》（*Worship, Community and the Triune God of Grace*, 1966）中，托伦斯探讨三位一体的框架对崇拜的影响，最明显的是通过中保基督的参与和圣灵授予能力。

崇拜的三位一体布局现在深深植根于崇拜神学中，出现了更流行的著作，能让基督徒提升自己的崇拜经验。但是，在其他方面，如果意识到崇拜的三位一体因素，这种意识也减弱了。阿斯伯里神学院（Asbury Seminary）进行的一项调查发现，从1989至2004年最常在崇拜中使用的72首赞美诗中，没有一首明确提到三位一体或上帝三位一体的本质，只有三首提到或说出三位一体的全部三个位格。这与更传统的赞美诗形成鲜明的对比。

赎罪的三位一体神学

赎罪神学涉及理解基督的死。现代许多解释赎罪的框架是11世纪的坎特伯雷的安瑟伦构建的。他提出的看法基于基督对上帝的补偿。科林·甘顿从三位一体的角度批判这种看法。在《救赎的事实》（*Actuality of Atonement*, 1989）中，甘顿认为，安瑟伦的理论将拯救描述为父与子的交易。基督代表罪人承受对罪的惩罚，并补偿上帝。甘顿认为，这是双极性看法，忽略了三位一体神学的基本主题。甘顿主张，三位一体的救赎论将基督的赎罪性献祭解释为上帝生命的永恒作为，父与子将自己互惠地交付给彼此，也交付给世界。甘顿坚决认为，三位一体的因素不能后来才被附加给现有的赎罪神学；它们必须是前提，从一开始便要探讨。

瑞士神学家格奥尔格·普夫莱德雷尔（Georg Pfleiderer）进一步阐发甘顿的看法，他赞同将《圣经》的许多模式、意象和观念整合在一起的综合性赎罪论。普夫莱德雷尔聪明地使用说明赎罪时所使用的丰富隐喻，他赞同有条理地涵盖、有效地展现这些隐喻的三位一体框架。因此，赎罪为胜利便与父的工作联系起来；赎罪为公义便与子的工作联系起来；赎罪为献祭便与圣灵的工作联系起来。

三位一体的教会论

三位一体思想的复兴是20世纪后期神学的显著特征，且明显影响到教会论。从传统上讲，教会被描述为"基督的身体"，通常从基本是基督论的角度理解教会。例如，公元1世纪的神学家安提阿的伊格纳修（Ignatius of Antioch）宣称："哪里有基督，哪里也有大公教会。"但是，自第二次世界大战以来，神学家越来越倾向从三位一体的角度理解教会。例如，东正教神学家乔治·德拉加斯（George Dragas，1944— ）特别强调教会身份的三位一体基础。

> 教会的本质应当被理解为三一上帝的教会。圣三位一体是教会存在的最终基础和源头。因此，教会是上帝的形象，有上帝的样式。圣三位一体之形象的这一本质构成教会存在的模式，它其实启示出她的本质。

这些看法也在新教思想中产生共鸣。克罗地亚神学家米罗斯拉夫·沃尔夫（Miroslav Volf）在《照着我们的形象：有三位一体形象的教会》（*After Our Likeness: The Church in the Image of the Trinity*，1998）中提出类似看法。对于沃尔夫来说，从三位一体的角度理解教会的身份和使命要求先处理三位一体教义。因此，沃尔夫区分自己的新教立场与天主教和东正教的观点，他批判约瑟夫·拉辛格（教宗本笃十六世）和约翰·齐齐乌拉斯（John Zizioulas）所阐释的三位一体观。在沃尔夫看来，拉辛格和齐齐乌拉斯强调三位一体的统一性，倾向认为地方教会的地位低于全体教会。沃尔夫认为，三位一体应当被视为平等者的团契，从而得出教会论的结论，即地方教会在全体教会的生活中有重要地位。

还可以轻易举出其他例子，说明三位一体的框架近年来被发现有说明性和建设性的价值。例如，它用来阐发对其他宗教条理清晰、站得住脚的看法——如雷蒙多·潘尼卡从三位一体的角度对宗教经验的解释〔《三位一体与人的宗教经验》（*Trinity and the Religious Experience of Man*，1973〕），马克·海姆（Mark Heim）的诸宗教目标的三位一体神学〔《丰富的深度》（*The Depth of the Riches*，1999〕），卡温·德·科斯塔（Cavin D'Costa）的宗教三位一体神学〔《宗教与三位一体的相遇》（*The Meeting of Religions and the Trinity*，2000〕）和杨伟明（Amos Yong）的宗教圣灵神学〔《分辨（诸）圣灵》（*Discerning the Spirit(s)*，2000〕）。这些看法本身都需要充分探讨；它们共同醒目地说明三位一体的框架所带来的理智可能性。在本书以后的部分中，我们将思考其中一些看法——我们将在第十七章反思基督教对其他宗教之看法的一部分。

现在我们要结束对基督教上帝教义的反思，开始思考基督教神学第二个重要主题：耶稣基督的身份和重要性。我们已经讲过，基督教的三位一体教义源于基督论的思考。现在，我们应当单独探讨基督论的发展。

研讨问题

1. 许多神学家更喜欢用"创造者、拯救者、维系者",而不是传统的"父、子、圣灵"。这种说法有什么优点?又造成什么难题?

2. 神学家为什么会在 20 世纪对三位一体教义重燃兴趣?

3. 你怎样调和这两种说法:"上帝是一个位格"和"上帝是三个位格"?

4. 三位一体是有关上帝的教义,还是有关耶稣基督的教义?

5. 概括希波的奥古斯丁或卡尔·巴特的三位一体教义。

6. 圣灵单从父而出,还是从父和子而出;这非常重要吗?

第十一章　论基督的位格

耶稣基督是谁？为什么他对基督教信仰非常重要？基督教基督位格的教义（"基督论"）着手探讨教会为什么相信人类被称为"拿撒勒人耶稣"的这一小段历史握有开启上帝本质和人类命运本质的钥匙。我们在本章中的反思有一个非常好的起点：提出一段典型的声明，即拿撒勒人耶稣是基督教理解现实的核心。这段声明摘自教宗约翰·保罗二世（John Pall II）的通谕《信仰与理性》（*Faith and Reason*，1998）：

> 在上帝之子的道成肉身中，我们看到永恒、明确的结合体形成了，甚至人的心智都不能想象：永恒者进入时间，完全者隐于不完全者中，上帝取得人的相貌。因此，基督的启示传达的真理不再局限于某一特殊的地点或文化，而是给予每一个男人女人，他（她）们欣然接受它为道，即人类生活的意义绝对有效的源头。

所谓的"基督论"这一神学领域，着手为拿撒勒人耶稣在一张概念地图上定位。它试图按照时间与永恒、人性与神性、特殊性与普遍性的坐标为其定位，并回答一个问题，即发生在特定时间和地点的事件怎能与所有人和所有时代都有关。

基督教对拿撒勒人耶稣之重要性的古代解释根据两种观念做出，即"道成肉身"和基督的"二性"——神性和人性。这些观念对初学神学的人可能是陌生的，所以应当做一些入门性解释。

许多人想知道，为什么基督徒不将拿撒勒人耶稣仅仅视为好的宗教教师，从而避免传统上与道成肉身教义相关的复杂的、令人费解的观念。答案在于一种漫长的传统，即基督徒设法说明自己信仰的基础性事件，它们是《新约》所记载与分析的。同正确处理耶稣的言行相比，找出论述、思考他的不充分的方式其实更加容易。

那么，哪一种理解拿撒勒人耶稣的方式最忠于《新约》？哪一种说明他的方式可能最适于囊括《新约》的复杂见证，从而对人产生影响？随着教会设法说明拿撒勒人耶稣的身份和重要性，教会意识到必须试验理解耶稣的各种模式。教会渐渐且痛苦地将重点放在看似理解耶稣的重要性最好的方式上,将他置于说明人性与神性之间关系的复杂计划中。因此,我们发现,教会在最初四百年探讨了几乎每一种可能性,试图发现它们的优点和缺点。

初期教会面对一项几乎不可能完成的任务:它必须"凝固"耶稣的重要性,却完全认识到不能真这样去做。充满活力、满有神恩的耶稣怎能变成化石,好像一度活着的生物的化石一样?就算话语满有见解,耶稣便可以被"凝固"成话语吗?卡尔·巴特被普遍视为20世纪最重要的神学家之一,他的《罗马书注释》是他最早的著作之一,他在书中机敏地指出这个悖论。巴特认为,不能"凝固"或"约束"上帝的启示,就像难以让空中飞行的鸟停住。我们绝不能完全霸占上帝启示的荣耀。

在每一位福音书作者心中,或拿撒勒人耶稣任何最早的基督教见证人心中,他无疑是人。但是,他们不得不得出结论,即他不仅仅是人。例如,耶稣提供走近上帝的道路,使上帝被人认识,也让人接近上帝。基督徒做门徒的一种心态是他们不得不学会"像思考上帝那样思考耶稣基督"〔引自公元1世纪末的基督教著作《克雷芒后书》(*Second Letter of Clement*),初期教会十分重视这封书信〕。可是,如何说明这种看法?如何用成文的信仰公式明确说明《圣经》为耶稣的身份和影响力所做的见证?

到了公元4世纪末,教会共同下定决心,决定说明拿撒勒人耶稣惟一可接受的方式是使用所谓"二性"的信仰公式——耶稣是"真神与真人"。这通常被称为"卡尔西顿信仰定义"(Chalcedonian definition),因为它是公元451年的卡尔西顿会议充分阐释的。道成肉身的教义宣称,上帝进入我们所居住的混乱、堕落的世界。它让我们思考这样一位上帝:他通过耶稣基督敞开一扇了解他本质的窗户,打开一道通往他同在的门。

有些人习惯了从教会的讲道和崇拜仪式所得的观念,甚至对于他们来说,道成肉身也是惊人的,可能更是令人困惑的。怎能对一位历史人物有这种说法?我们应当将耶稣理解为真神与真人,我们究竟如何理解这种看似荒谬的主张?本章开始解释思考耶稣基督这种方式的起源和发展,以及在漫长的基督教神学史中是如何理解它的。

传统上被称为"基督论"的基督教神学领域处理耶稣基督的位格。读者将渐渐明白,本章讨论的问题可以被形容为"传统问题",因为它们在启蒙运动兴起之前始终主导着基督教传统的基督论议题。启蒙运动提出一系列关于信仰与历史之间关系的新问题,同时编织出一张辩论网,所争辩的问题在1750年之前从未真正出现过,在下一章中,我们将详细讨论这些问题。在本章中,我们的重点是讨论对基督论的各种传统看法,包括现代对它们的讨论。

11.1 耶稣基督在基督教神学中的地位

耶稣基督的位格对基督教神学至关重要。"神学"可以被定义为"讨论（一般的）神"，而"基督教神学"则将核心角色赋予耶稣基督。这一角色的本质非常复杂，通过思考他的各个组成要素才能最好地理解。第一个要素是历史性的，而其他三个明显更具神学性。

耶稣基督是基督教的历史起点

这种观察相对没有争议。耶稣的出现使基督教群体得以形成，这只是历史事实。但是，对这一事实的解释其实相当复杂。例如，思考一个问题，即拿撒勒人耶稣是否带给世界任何新东西？对于启蒙运动的思想家来说，拿撒勒人耶稣只是自然宗教的翻版，这一点立即被他的追随者破坏，包括保罗。耶稣的言行毫无新意。即使耶稣的见解有价值，但是，只要运用有全权的人类理性，也可以获得他的所有见解。因此，理性主义认为，耶稣根本没有说**对的**或**新的**话。他说对的地方，只是他赞同可靠的人类理性一贯的认识；如果他说过任何新的话（即理性从前不知道的），就定义而言，这是不合理性的，所以没有任何价值。

德国自由派新教的看法截然不同，在阿尔布雷希特·本杰明·利策尔（1822—1889年）的著作中尤为明显。利策尔认为，拿撒勒人耶稣为人类的境况带来新的东西，是理性过去所忽视的。"耶稣知道一种**新的、前所未知的与上帝的关系**。"理性主义者相信普世性的理性宗教，世界上的个别宗教最多只是它的影子，而利策尔主张，这只是理性的梦，是抽象的，根本没有在历史中具体体现。基督教是历史的宗教，拥有某些明确的历史与文化特征，一个原因是拿撒勒人耶稣。

尽管这种历史考量可能相当重要，但是，基督教神学通常认为，耶稣基督的重要性在于三个特定的**神学**领域，我们现在就来探讨。

耶稣基督启示上帝

基督教神学有一个核心要素，即上帝在基督里的**启示性**同在。耶稣基督被视为以一种独特的方式让人认识上帝，这是基督教所特有的。卡尔·巴特的《教会教义学》可能是对这一信念最彻底的阐释：

> 当《圣经》提到上帝时，它不容许我们的注意力或思想随意游荡。……在《圣经》讲到上帝时，它要我们的注意力和思想集中在一点上，以及这一点要让人明白的事上。……如果我们进一步追问，这一点——即《圣经》要我们的注意力和思想应当与必须专注的一点——究竟是什么？那么，《圣经》从头到尾都

将我们引向耶稣基督这个名字。

历代以来，这种信念都是主流基督教的核心。因此，可能成书于公元 1 世纪末的《克雷芒后书》的作者在信中开篇便肯定："我们必须像思考上帝那样思考耶稣基督。"著名的英国神学家亚瑟·迈克尔·拉姆齐（Arthur Michael Ramsey, 1904—1988 年）提出同巴特一样的神学观点："'耶稣是主'的认信，重要性不仅在于耶稣是上帝，也在于上帝像基督一样。"

在关注基督教与其他宗教对话的神学家中，"基督论中心论"的问题是激烈争辩的焦点，我们以后会在书中再来思考它的含意。我们现在只需指出，按历史事实来看，基督教神学已经认识到，在基督教神学的范围之内，如果不阐释耶稣基督的位格和工作，便不可能讨论上帝。

耶稣基督承担拯救

主流基督教思想的一个核心主题是，基督教所谓的拯救是以耶稣基督的生平、死亡和复活为基础的，这件事将拯救彰显出来，成为它的内容。必须指出，"拯救"（译者注：又译为"救恩"或"救赎"）一词非常复杂。"耶稣基督使拯救成为可能"，这样断言不是否定还有通过其他方式实现拯救的模式；它只是坚持，在基督教传统中，基督教对拯救的独特理解是，拯救只能在耶稣基督的基础上实现。我们在后面将探讨基督教神学对拯救本质的一些理解，以及耶稣基督如何被理解为拯救的基础。

基督教信仰的这个核心问题再次引起修正主义者的一些关注，他们警觉到它对基督教与其他宗教的对话有潜在的影响，我们将在本书合适的章节再来探讨这一点。例如，约翰·希克（1922—　）发现，他对其他宗教的多元论看法受到基督教信仰某些极为独特的要素的挑战——包括基督的复活、基督的神性和三位一体。他建议除去这些，以使自己的计划更加容易，即证明所有信仰都有相同的基本特点；可是，他的建议不受欢迎。我们将在第十七章再来探讨这个主题。

耶稣基督界定得救生命的形态

基督教灵修学和伦理学的一个核心问题是，在基督教灵修生活和伦理生活中，基督徒经验的本质是什么。《新约》对得救生命的看法是非常强的**基督形态式**（Christomorphic），即《新约》肯定耶稣基督不仅带来生命，也决定生命的形态。《新约》的"效法基督"（be conformed to Christ）的意象，便很好地说明了这种观念。

"叙事神学"近年来的兴起使这一点特别重要。叙事神学强调，耶稣基督的叙事对基督教群体有决定性影响。耶稣基督的叙事塑造基督教信仰，尤其是基督教伦理学，它让价值与美德有了实质和主旨，否则它们便是抽象的观念。因此，耶稣的故事对基督教思考伦理学有决定性影响，因为耶稣的言行举止被视为对今天的教会仍有持久的重要性。

11.2 《新约》的基督论头衔

《新约》是基督论的主要来源。在这个部分中，我们将探讨《新约》主要的基督论头衔，以及它们对我们理解基督身份的意义。这些头衔为什么非常重要？对于《圣经》的作者来说，名字传达对身份的理解。用来称呼耶稣的头衔是反思的结果，即反思他的言行和遭遇。他们认为，每一个头衔都能让人对丰富多彩且复杂的基督论多一些理解。在以下部分中，我们将思考《新约》六个主要的基督论头衔，简要反思它们的重要性。

弥赛亚

我们要以《旧约》为背景探讨《新约》对基督之重要性的反思。"基督"一词很容易被看作姓氏，但是，它其实是**头衔**。它有很多含意，《旧约》期待上帝的"弥赛亚"（希腊文：Christos）到来，只有根据这种期待才能完全理解"基督"的众多含意。希腊词 Christos 用来翻译希伯来词 mashiah——我们最熟悉它的英文"Messiah"，其词根意义为"受膏者"。尽管古代以色列人膏立先知和祭司，但是，这个词主要用来指膏立君王。古代以色列人的世界观完全以上帝为中心，在这个背景下，君王被视为上帝所选定的人。因此，膏立——将橄榄油擦或涂在人身上——是公开的标志，说明这个人被上帝选为君王。

"弥赛亚"与以色列人对未来的一系列盼望联系在一起，他们期待的焦点是一位新君王的出现，他能像大卫一样统治上帝复兴的子民。有证据表明，随着国家主义感情与弥赛亚的期待紧密联系在一起，这种期待在罗马帝国统治时期达到新的高潮。《死海古卷》(*Dead Sea Scroll*)的发现让我们更加明白当时的这种期待。如果将公元 1 世纪的某个巴勒斯坦人称为"受膏者"，便是有力地肯定这个人的重要性。

弥赛亚的头衔被用于耶稣，《新约》对此的证据非常复杂，对它的解释也有争议。例如，有些人提出，弥赛亚是上帝；其他人却不这样认为，相信弥赛亚只是上帝喜爱、认可的人。但是，似乎有充分的理由提出，以下四种说法看似非常合理：

1. 有些人被耶稣吸引，认为他具有政治解放者的潜力，他将团结群众，推翻罗马帝国的统治。

2. 耶稣自己从不允许追随者将他称为"弥赛亚"——这后来被称为"弥赛亚秘密"〔这是德国新约学者威廉·弗雷德（William Wrede，1859—1906 年）最先提出的〕。

3. 如果耶稣自认为是弥赛亚，他的认识同奋锐党（Zealot）或其他坚定的国家主义者的政治模式必定完全不同。

4. 人们当时期待一位胜利的弥赛亚。耶稣受苦的事实与这种期待相距甚远。如果是弥赛亚，耶稣不是人们期待的那位弥赛亚。

那么，"弥赛亚"对理解耶稣的重要性有什么意义？就确定耶稣与以色列人的关系而言，它非常重要，指出耶稣应当被视为实现了犹太人自古以来的期待，为理解犹太教与基督教的延续性奠定了基础。毫无疑问，这个问题在公元1世纪的巴勒斯坦相当重要，对今天的犹太教与基督教的关系仍然重要。

上帝的儿子

《旧约》所使用的"上帝的儿子"有很广的意义，将其译为"属于上帝"可能是最好的。它被用于很广的范围，包括所有以色列人（出埃及记4：22），尤其是统治他们的大卫王及其继任者（撒母耳记下7：14）。按照这种最低限度的用法，"上帝的儿子"同样可以用来指耶稣和基督徒。耶稣本人似乎没有明确将自己称为"上帝的儿子"。《新约》的其他书卷却这样称呼他，尤其是保罗书信和《希伯来书》。例如，保罗宣称，耶稣因从死人中复活而被视为"显明是上帝的儿子"（罗马书1：4）。

保罗用"上帝的儿子"指耶稣，也指信徒。但是，两者是有区别的：信徒的儿子身份是因为收养，而耶稣的儿子身份则由于他是"上帝自己的儿子"（罗马书8：32）。在第四福音书和约翰书信中，"儿子"（huios）被专用于耶稣，而较为通用的"小子们"（tekna）往往用来指信徒。这里的基本观念似乎是，信仰能让信徒与上帝建立关系，就像耶稣与父的关系一样；然而，耶稣与父的关系不仅先于信徒与上帝的关系，也是他们关系的基础。

这些观察提出一个重要问题，必须在此指出。一些读者会发现，"上帝的儿子"这种说法有问题，因为它是专属语言（译注：排斥异性的语言，即专指男性）。一个简单的解决办法是，用更具包容性的语言"孩子"替换男性的"儿子"。虽然这种替换是可以理解的，但是，它导致《新约》的一系列重要区分模糊不清。对于保罗来说，所有信徒——无论男女——都因收养而成为"上帝的儿子"。这里所要说明的要点是，所有信徒都有继承权，而在当时的文化环境中，这种权利只有男孩才可以享有。考虑到这个重要的文化问题，本书将沿用传统的专属语言"上帝的儿子"和"人子"处理《新约》的基督论头衔，就像前面分析三位一体时沿用传统术语"父"和"子"一样。

人 子

对于许多基督徒来说，"人子"自然与"上帝的儿子"相对应。它肯定基督的人性，而"上帝的儿子"是补充性地肯定他的神性。但是，事实并非这么简单。"人子"（希伯来文：ben adam；亚兰文：bar nasha）在《旧约》主要被用于三种情况：

1. 它是对先知以西结的一种称呼；
2. 它指一位未来的末世性人物（但以理书 7：13—14），他的到来预示历史的终结，上帝审判的开始；
3. 它强调人性的卑微和软弱跟上帝和天使的崇高地位与永恒之间的对比（民数记 23：19；诗篇 8：4）。

第三种含意自然与耶稣的人性有关，可以强调符类福音书（synoptic gospels）至少有一些这样的用法。但是，大多数学者注重"人子"的第二种用法。

德国学者鲁道夫·布尔特曼（1884—1976年）认为，《但以理书》7章13至14节说明一种期待，即"人子"会在历史终结时来临，耶稣也有这种期待。因此，在布尔特曼看来，耶稣说"人子有大能力、大荣耀，驾云降临"（马可福音 13：26），这位人子应当被理解为**不是**耶稣本人。布尔特曼提出，初期教会后来将"耶稣"与"人子"混为一谈，将他们理解为同一位。因此，初期教会将"人子"用在耶稣身上，这是初期教会的发明。

然而，这种看法没有被普遍认可。其他学者认为，"人子"有许多相关意思，包括受苦、伸冤和审判，所以自然非常适用于耶稣。英国新约学者乔治·凯尔德（George Caird，1917—1984年）阐发了这种看法，认为耶稣用这个词"说明他与人类的基本合一，特别与软弱卑微的人，他也用这个词说明自己特殊的角色，即上帝预定他为新以色列人的代表，是上帝的审判和国度的信使"。

主

"耶稣基督是主"（罗马书 10：9），这种宣信似乎成为初期教会对信仰最早的认信之一，将两种人区分出来，即相信耶稣与不相信耶稣的人。"主"（希腊文：kyrios；亚兰文：mar）似乎有非常强的神学意味，一个原因是它用来翻译"四字神名"（Tetragrammaton）——在希伯来文《旧约》中表示上帝圣名的四个希伯来字母，通常被译为英文"YHWH"或"Yahweh"（雅威；译注：在和合本《圣经》中为"耶和华"）。犹太教认为，说出上帝的名字是不合适的；因此，他们用另一个词（adonai）代替。在《旧约》的希腊文译本《七十士译本》中，kyrios 用来翻译上帝的名字。

因此，希腊义 kyrios 被视为在圣经义学中用来专指上帝。重要的公元 1 世纪犹太历史学家约瑟夫（Josephus）记载一个犹太人拒绝参加皇帝崇拜的重要事件，而这是罗马帝国公民宗教的核心部分。他们拒绝将皇帝称为"主"（kyrios），这显然是因为他们的信仰，即只能将上帝称为主。因此，《新约》将耶稣称为"主"的说法，吸收了这一神学思想的丰富传统，意味着耶稣与上帝有高度的一致性。

《新约》的许多经文可以说明这种倾向，这些经文将《旧约》指上帝的经文用在基督身上。这些经文中，《腓立比书》2 章 10 至 11 节可能是最重要的，这段经文显然在保罗之前就已经流行。这段经文的作者是一位很早的基督教作家，也许永远都不会有人知道他究竟是谁；他拿过《旧约》的伟大宣告（以赛亚书 45：23）——"万膝必向主上帝跪拜"，将它用在主耶稣基督身上。

救　主

对于《新约》的作者来说，耶稣是"救主，就是主基督"（路加福音 2：11）。这个主题在《新约》到处可见：耶稣将自己的百姓从罪恶里救出来（马太福音 1：21）；除他以外，别无拯救（使徒行传 4：12）；他是"救他们的元帅"（希伯来书 2：10）。至少从表面来看，基本观念非常简单：耶稣是拯救者。

乍看之下，这种看似简单的宣告非常简单，但是，它其实复杂得多。必须记得，要以犹太人的背景理解《新约》对耶稣基督的肯定。对于《旧约》来说，只有一位拯救者——耶和华以色列的上帝。先知经常提醒以色列称，她不能自己拯救自己，她周围的其他国家也不能拯救她。耶和华，只有耶和华，将施行拯救，或赦免以色列人的罪。一些先知书特别有力地说明这一点，如《以赛亚书》45 章 21 至 22 节：

> 谁从古时指明？谁从上古述说？不是我耶和华吗？
> 除了我以外，再没有上帝！我是公义的上帝，又是救主。
> 除了我以外，再没有别的上帝！
> 地极的人都当仰望我，就必得救。

《新约》用"救主"指耶稣基督，这其实比草率解读经文所可能表明的重要得多。这个头衔说明，《新约》认为拿撒勒人耶稣可以做严格来讲只有上帝才能做的事。

这个主题也在福音书的记载中有所反映，如耶稣如何治好瘫痪病人的记载（马可福音 2：1—12）。耶稣对瘫子说，他的罪被赦免了，这令监视他的律法师愤怒，也让他们震惊。他们的反应是不信者的回答："他说僭妄的话了！除了上帝以外，谁能赦罪呢？"（马可福音 2：7）。这一异议的基础是《旧约》的一个基本信仰：只有上帝才能赦罪。除非耶稣是上帝，否则他根本无权说任何赦罪的话。他被蛊惑了，或是在亵渎上帝。可是，耶稣宣称，他的确有赦罪的权柄，接着治好了瘫子（马可福音2：10—11）。耶稣的复活证明，耶稣有权这样做，再往前看，他的复活也能证实自己的宣告，即他在世上是有权柄的。

只有上帝才能赦罪；然而，耶稣赦免了罪。只有上帝才能拯救；但是，耶稣也施行拯救。那么，这说明了耶稣的什么身份？最早的基督徒完全承认，只有耶和华上帝才是救主，除了上帝以外，没有谁能施行拯救；但是，他们也肯定，耶稣是救主——耶稣能施行拯救。这根本不是不了解《旧约》传统之人的误解。这是对耶稣的身份充满自信的宣告，根据是他凭借自己拯救性的死亡和复活所成就的事。

上 帝

《新约》的写作背景是以色列人严格的一神论。在犹太人的这个背景下，人能被称为"上帝"的想法都是亵渎。然而，著名的天主教新约学者雷蒙德·布朗（Raymond Brown，1928—1998年）认为，《新约》明显有三个例子，将耶稣称为"上帝"，它们包含这种称呼的重要含意。这三个例子是：

1. 第四福音书开篇便肯定："道就是上帝"（约翰福音1：1）。
2. 多马的认信，他将复活的基督称为"我的主，我的上帝"（约翰福音20：28）。
3. 《希伯来书》开篇引用一段诗篇，被解释为称耶稣为上帝（希伯来书1：8）。

《新约》的作者极不情愿将耶稣称为"上帝"，因为他们有以色列人严格的一神论背景，考虑到这种情况，这三处经文的肯定便十分重要。当然，可以认为，其他许多经文做出类似肯定；挑选这三处经文说明我们正在讨论的问题，一个原因是新约学者普遍认可它们在这方面的重要性。

就宣告耶稣**身份**的经文而言，还有《新约》一系列重要的经文，从**功能**的角度说明耶稣的重要性——指出他有上帝的某些功能，或完成上帝的某些工作。其中一些经文其实相当重要。

耶稣为人类的救主 《旧约》肯定，人类只有一位救主：上帝。初期基督徒完全承认，只有上帝才是救主，只有上帝才能施行拯救，但是，他们也肯定，拿撒勒人耶稣同样是他们的救主。鱼成为初期基督徒的信仰标志，因为"鱼"的五个希腊文字母（I-CH-TH-U-S）刚好代表一句口号："耶稣基督，上帝的儿子，救主"。《新约》声明，耶稣将自己的百姓从罪恶里救出来（马太福音1：21）。耶稣被理解为有上帝的功能，做了只有上帝才能做的事，而犹太教认为，严格来说，只有上帝才能施行拯救。

耶稣受崇拜 在第一代基督徒所处的犹太环境中，惟独上帝才应当受崇拜。保罗警告罗马的基督徒称，人总有崇拜受造物的危险，他们应当崇拜造他们的主（罗马书1：23）。但是，初期教会将基督作为上帝崇拜——这种做法即使在《新约》中也明确体现出来。因此，《哥林多前书》2章1节将基督徒称为"求告我主耶稣基督之名的人"，这里的用语反映出《旧约》崇拜或敬拜上帝的准则（创世记4：26，13：4；诗篇105：1；耶利米书10：25；约珥书2：23）。因此，耶稣明显被理解为有上帝的功能，因为他是崇拜的对象。

耶稣启示上帝 "人看见了我，就是看见了父。"（约翰福音14：9）这类奇妙的话是第四福音书的一大特点，强调一种信仰，即父在子里说话行事——换句话说，耶稣启示上帝。看见耶稣便看见父，即耶稣还是被理解为有上帝的功能。

在确定基督教如何最清楚地说明拿撒勒人耶稣的身份方面，这些经文和主题起到重要作用。教会已经知道，基督是有权柄的教师，他赦免罪，他实现以色列人的盼望；教会还知道耶稣的许多事。它们必须解决的问题非常简单：哪些观念能将这些见解编织得天衣无缝？理解这些见解的最佳"大局"是什么？我们绘制怎样一张地图才能安置所有这些见解？我们先来思考初期教父理解基督身份的尝试。

11.3　教父对基督位格的辩论

教父时期相当关注基督位格的教义。争辩主要是在东方教会进行的；有趣的是，希波的奥古斯丁从未写过任何对基督论有重大影响的著作，他可能没有充足的时间，因为关于恩典、教会和三位一体的争辩耗费了他大量的时间和精力。教父时期其实是决定性时期，为讨论基督的位格确定了方针，这些标准一直沿用至启蒙运动时期，之后信仰与历史的关系便成为争辩的焦点——这是下一章探讨的问题。

教父所面临的任务基本是提出一致的基督论方案，把《新约》各种有关基督论的暗示与阐释、意象与模式整合在一起；其中一部分我们已经在上文简要讨论过。这个任务其实相当复杂。由于它对基督教神学极为重要，在以下部分中，我们将思考这一发展的主要阶段。

初期的贡献：殉道士查斯丁到奥利金

基督论第一阶段的发展以基督神性的问题为中心。《新约》将耶稣基督称为人，初期大多数教父似乎都相信这种说法的真实性。需要探讨和解释的，不是基督与其他人的相似之处，而是不同之处。

初期的两种看法迅速被判为异端。**伊便尼主义**主要属于犹太教派，在基督教时代最初几百年相当兴旺。他们认为，耶稣是普通人，是玛利亚和约瑟的儿子。这种看法将耶稣同化于当时的各种犹太人，尤其是先知。反对者认为，这种简化的基督论是绝对不充分的，很快就会被人遗忘。

与此正相反的看法更为重要，它被称为**幻影论**（Docetism），源自希腊文 dokeo，意为"像是或看似"。这种看法或许最好被视为神学的一种倾向，而不是一种明确的神学立场。幻影论认为，基督完全是神，他的人性只是一种表象。因此，基督的受难被视为表象，而不是真实的。幻影论对公元 2 世纪的诺斯替派神学家特别有吸引力，诺斯替派这时正发展到顶峰。但是，其他看法当时也正在出现，最终令这一倾向黯然失色。殉道士查斯丁便代表其中一种看法。

殉道士查斯丁（约 100—约 165 年）是公元 2 世纪最重要的护教士之一，他特别想证明基督教信仰实现了古代希腊哲学和犹太教的见解。阿道夫·冯·哈纳克（1851—1930 年）有一个著名评论：查斯丁认为，"基督是**逻各斯**（logos）和**律法**（nomos）。"换句话说，基督成就犹太人的律法或托拉（希腊文：nomos）和强调"道"（希腊文：logos）的希腊哲学。查斯丁所阐释的"逻各斯基督论"（logos–Christology）特别值得注意，他利用逻各斯的观念护教，因为当时的斯多葛主义和中期柏拉图主义都提到**逻各斯**。

逻各斯被普遍视为人类所有知识的最终源头，查斯丁求助于当时哲学所使用的逻各斯。他认为，基督徒和异教哲学家都认识同一个惟一的逻各斯；但是，异教哲学家只是通过理性对它有一定的认识，而基督徒通过理性、在历史中完全认识它，因为它已在基督里显现。第四福音书说："道成了肉身，住在我们中间。"（约翰福音 1：14）这在查斯丁的思想中至关重要。因此，由于逻各斯在世上出现的方式，查斯丁允许基督教之前的世俗哲学家——如赫拉克利特（Heraclitus）和苏格拉底——对真理有一定的认识。

在当时的环境中，"道种论"是特别重要的观念，它似乎源自中期柏拉图主义。道种论认为，上帝的逻各斯在人类的整个历史中撒下种子。所以可以期待，即使非基督徒也对这种"结种子的逻各斯"有一定的认识。因此，查斯丁可以认为，异教哲学有上帝启示的暗示和期待，而基督教建基于其上，且将其实现。逻各斯曾在《旧约》中通过神的显现（上帝的出现或显现）暂时出现过；基督则将逻各斯完全启示出来。查斯丁在《第二护教书》（*Second Apology*）中清楚说明了这一点：

> 我们的宗教显然比人类的任何宗教教导都更卓越，为我们人类而显现的基督代表逻各斯全备的原则。……所有律法师或哲学家所说过的金玉良言都是因为认识了逻各斯的一部分，加以反思而得。但是，既然他们没有完全认识逻各斯——基督，他们便经常自相矛盾。

因此，希腊哲学的世界便被深深植入基督教的大环境中；它成为基督来临的序曲，基督将希腊哲学迄今没有充分认识到的真理完全彰显出来。

在奥利金（约185—约254年）的著作中，逻各斯基督论似乎得以充分发展。必须说明，奥利金的基督论相当复杂，有些地方的解释问题重重。以下是对他看法的简要说明。在道成肉身中，基督的人性灵魂与逻各斯结合起来。由于结合得非常紧密，基督的人性灵魂便分享逻各斯的特性。可是，奥利金坚持认为，尽管逻各斯与父同样是永恒的，但是，逻各斯仍从属于父。

我们前面讲过，殉道士查斯丁认为，所有人都能认识逻各斯——尽管只是部分的，但是，它只有在基督里才完全彰显出来。相关观念可以在其他采纳逻各斯基督论的著作中看到，包括奥利金的著作。奥利金认为，启示是一种光照，上帝的启示可以比作"上帝的光"照亮人，"而光便是上帝的逻各斯"。对于奥利金来说，真理和拯救在基督教信仰之外都能找到。

阿里乌争辩

神学家探讨最适合说明拿撒勒人耶稣之身份的宗教与哲学范畴，他们的探讨于公元4世纪有了分水岭。阿里乌（约250—约336年）促成迫使他们探讨的争辩，他曾是埃及的大城市亚历山大的主教。阿里乌在一部被称为《盛宴》（*Thalia*）的著作中提出自己的看法，但是，该书没有被完整保存下来。结果，我们主要是通过他**对手**的著作了解他的思想。

阿里乌教导的基本主题不存在争议，但是，我们了解它们的主要来源，是为了批评它们而引用它们的著作。从传统上讲，它们被概括为三个基本命题。

  1. 子与父没有相同的本质（ousia）。
  2. 子是受造物（ktisma 或 poiema），尽管他在起源和地位上被视为第一个与最重要的受造物。
  3. 虽然子是万物的创造者，从而必须存在于它们和所有时间之先，但是，有一段时间子并不存在。

最基本的阿里乌信仰是，耶稣基督根本不是任何意义的上帝。他是"受造物中的第一个"——他在地位上是卓越的，却无疑是受造物，而不是上帝。正如《约翰福音》的序言所说，作为逻各斯，基督的确是创造世界的代理人。然而，逻各斯本身便是为这个目的而造。因此，父被视为存在于子之前。"有一段时间还没有他"（there was when He was not）。这种说法将父和子放在不同的层面上，这符合阿里乌所严格坚持的看法，即子是受造物。只有父是"非受生的"；子同其他所有受造物一样，源自存在的这一源头。在这一点上，阿里乌的主要批判者阿塔那修是这样驳斥他的：

上帝不总是父。有一段时间，上帝是单独的，还不是父；他只是后来成为父。子不是一直存在的。凡受造的都是从无到有的……因此，上帝的逻各斯也是从无到有的。有一段时间还没有他。被造之前，他并不存在。他受造的存在也有起点。

阿里乌谨慎地强调，子不应当被视为与其他所有受造物完全一样。子在地位上与其他受造物不同，包括人类。他认为，子是"完美的受造物，却不像别的受造物一样；他是受生者，却与其他受生者不同"。言下之意似乎是，子在地位上高于其他受造物，却有他们的本质，即被造性和受生性。

阿里乌认为，《新约》将耶稣称为"子"的经文应当被视为以崇敬的方式论述基督，而不是严格意义的神学方式。虽然耶稣基督的确在《圣经》中被称为"子"，但是，这种隐喻的说法受制于一个决定性原则：上帝在本质上完全不同于所有受造物——包括子。阿里乌的看法可以概括如下：

1. 子是受造物，同其他所有受造物一样都出于上帝的旨意。
2. 因此，"上帝的儿子"是隐喻，一个表示崇敬的词，旨在强调子在其他受造物中的地位。它不意味着，父与子有相同的本质或地位。
3. 子的地位其实是结果，它不是**子的本质**，而是**父的旨意**。

因此，阿里乌在上帝与受造秩序之间做出绝对区分。根本没有任何中保或混合物。对于阿里乌来说，上帝完全是超越的、永恒的。那么，这样一位上帝怎能进入历史而成为肉身？作为受造物，子是可变的（treptos），能在道德上成长（proteptos），有痛苦、恐惧、忧伤和疲惫。这完全不符合一个观念，即永恒的上帝。在阿里乌看来，上帝可变的观念似乎是异端。此外，子上帝具有神性的观念似乎损害了一些基本主题，即一神论和上帝的统一性——它们将再次成为初期伊斯兰教的基本主题。

根据这种论证逻辑，阿里乌强调，上帝是完全超越的和不可接近的，导致上帝不能被任何受造物认识。对于阿里乌来说，子是受造物，却被高举为高于其他所有受造物。因此，阿里乌认为，子不能认识父。"有起点者根本不能理解或了解无起点者。"父与子的根本区别是，子不能独立认识父。子和其他所有受造物一样，要依靠上帝的恩典才能完成所交给他的所有任务。

因此，阿里乌肯定拿撒勒人耶稣的人性，宣称耶稣是受造物中地位最高的。同伊便尼主义一样，阿里乌拒绝接受的看法是，耶稣有任何意义的神性。但是，伊便尼主义解释耶稣重要性的框架，是犹太人现有的上帝与人类同在的模式，尤其是先知或被圣灵充满的个人。相反，阿里乌试图调和拿撒勒人耶稣的体系，是他那个时代严格的希腊哲学一神论，这排除所有道成肉身符合上帝的不变性和超越性的观念。伊便尼主义和阿里乌的看法似乎非常相似，但是，他们的起点非常不同，他们的指导思想是极为不同的假设。

阿里乌提出自己对拿撒勒人耶稣之身份的看法，人们经常认为，他的根据是先入为主的哲学观点：上帝原则上不能道成肉身。从某种程度上讲，这是事实，却不完全正确。阿里乌在一定程度上关心护教，因为他显然相信，许多人因基督教越来越强调"道成肉身"而疏远基督教，也相信许多有学识的希腊人不能接受道成肉身的观念。相反，阿里乌认为，他对基督教的看法慎重明智地将哲学诡辩与对《圣经》负责任的解释整合在一起。

那么，为什么对拿撒勒人耶稣的身份这个非常合理的解释会遭到特别猛烈的批判？亚历山大的阿塔那修（约293—373年）最不知疲倦地批判阿里乌。对于阿塔那修来说，阿里乌已经破坏基督教信仰的内在一致性，以及基督教信仰与崇拜的紧密联系。阿塔那修对阿里乌的批判基于特别重要的两点。

首先，阿塔那修认为，只有上帝才能施行拯救。只有上帝才能打破罪的权势，为人类带来永生。需要拯救，是人性的基本特点。没有哪个受造物可以拯救另一个受造物。只有创造者才能拯救受造物。如果基督不是上帝，他便是问题的一部分，而不是解决问题的办法。

在强调只有上帝才能施行拯救之后，阿塔那修又在逻辑上更进一步，让阿里乌难以招架。《新约》和基督教的崇拜传统都将耶稣基督视为救主。但是，正如阿塔那修所强调的，只有上帝才能施行拯救。那么，我们怎样理解这一点呢？阿塔那修认为，惟一可能的解决办法是接受耶稣是道成肉身的上帝。他的论证可以概括如下：

1. 没有哪个受造物能拯救另一个受造物。
2. 阿里乌认为，耶稣基督是受造物。
3. 因此，按照阿里乌的看法，耶稣基督不能拯救人类。

阿里乌坚信，基督是人类的救主；阿塔那修认为，阿里乌没有否定这一点，而使他的主张前后矛盾。对于阿塔那修来说，拯救包括上帝的介入。因此，阿塔那修认为，《圣经》的见解——"道成了肉身"（约翰福音1：14）——意味着，上帝进入我们人类的处境，目的是改变它。

阿塔那修提出的第二点是，基督徒崇拜耶稣基督，向他祷告。这种做法可以追溯到《新约》本身，在说明初期基督教对拿撒勒人耶稣之重要性的理解方面十分重要。到了公元4世纪，向基督祷告和崇拜基督，已经是基督教公开崇拜的标准特征。阿塔那修认为，如果耶稣基督是受造物，那么，基督徒便犯了崇拜受造物而非上帝的罪——他们堕入偶像崇拜。《旧约》不是明确禁止崇拜上帝以外的任何人或物吗？阿里乌不赞同崇拜耶稣的做法；但是，他拒绝得出同阿塔那修一样的结论。

如果教会要维持和平，必须设法解决阿里乌争辩。争辩的焦点在于说明父与子关系的两个词。有些人认为，"类质"（homoiousios）——"本体类似"或"本质类似"——是明智的妥协，让父与子的近似性得以维护，同时不需要对他们关系的确切本质再进行任何思辨。但是，相对的词"同质"（homoousios）——"本体相同"或"本质相同"——最终占据上风。虽然这两个词只有一字之差，却体现出对父与子的关系极为不同的理解。这场争辩非常激烈，让爱德华·吉本（Edward Gibbon）在《罗马帝国衰亡史》（*The History of the Decline and Fall of the Roman Empire*，1776—1788 年）中评论道：从未有人将那么多精力投入到一个元音上。公元 381 年的《尼西亚信经》——更准确地说是《尼西亚君士坦丁堡信经》——宣布，基督与父"一体"（同质）。从此以后，这个信仰告白便在所有主流基督教内被公认为正统基督论的基准点，无论是新教、天主教，还是东正教。

当探讨阿塔那修对阿里乌的回应时，我们已经开始接触一些亚历山大学派的基督论。因此，我们现在应该更详细地探讨，将它们与对立的安提阿学派基督教做一番比较。

亚历山大学派

阿塔那修属于亚历山大学派，这一派的看法明确聚焦于人类救主（希腊文：soter）基督的重要性。耶稣基督拯救人类，因为他将人类带入上帝的生命，或使他们成为上帝——传统上用**神化**（deification）来说明。基督论可以说明这种救赎论的含意——换句话说，拿撒勒人耶稣的**拯救作为**揭示出拿撒勒人耶稣的**身份**。

我们可以将亚历山大学派基督论的要旨概括如下：如果要被神化，人性必须与神性结合。上帝必须与人性结合，以致人性能分享上帝的生命。亚历山大学派认为，上帝的儿子在耶稣基督里道成肉身，正是成就了这件事。三位一体的第二个位格取得人性，从而保证人性的神化。上帝成为人，所以人可以成为上帝。

因此，亚历山大学派神学家特别强调一种观念，即逻各斯取得人性。"取得"非常重要；逻各斯"住在人里面"（如《旧约》的先知）与逻各斯自己取得人性（如上帝的儿子道成肉身）是有区别的。《约翰福音》1 章 14 节（"道成了肉身"）特别受重视，这节经文体现出亚历山大学派的基本见解，以及圣诞节的仪式。庆祝基督的降生，便是庆祝逻各斯来到世界，为拯救世界而取得人性。

这显然提出一个问题，即基督的神性与人性的关系。亚历山大学派的许多神学家强调，基督的神性与人性在道成肉身中真实结合在一起，亚历山大的西里尔（约 378—444 年）便是其中之一。在与人性结合之前，逻各斯是"无肉身"的存在者；在结合之后，便只存在一个本性，因为逻各斯与人性结合在一起。这种强调基督一性的说法使亚历山大学派与安提阿学派有所区别，因为安提阿学派更愿意接受基督里有两性的观念。西里尔是这样说的：

> 当我们宣告道"成为肉身"和"成为人"时，不是在宣称当道成为肉身时，道的本性有任何改变，或它完全变成一个人，由灵魂和身体组成；相反，我们是在说，道以一种无法描述、难以想象的方式亲自与有理性灵魂的肉身结合在一起，从而成为人，被称为人子。这不只是意志或恩惠的作为，也不完全是扮演一个角色，或为自己取得一个位格。

这引起一个问题，即道取得哪种人性。老底嘉的阿波利那里斯（约310—约390年）非常担心流传越来越广的信仰：逻各斯取得完全的人性。他似乎认为，这意味着，逻各斯被人性的缺点所玷污。上帝的儿子怎能被纯粹由人性主导的原则玷污？在阿波利那里斯看来，如果基督完全拥有人的心智，将损害基督的无罪性；人的心智不是犯罪、反叛上帝的源泉吗？只有完全由上帝激发、主导的力量取代人的心智，基督的无罪性才能得以保全。因此，阿波利那里斯认为，在基督里，上帝的心智和灵魂取得人的心智和灵魂。在基督里，"上帝的能力所担当的角色是有生命的灵魂和人的心智。"因此，基督的人性是不完全的。

这种结论震惊了阿波利那里斯的许多同工。阿波利那里斯的基督论吸引一些人；但是，其他人对他基督论在拯救方面的含意深感不安。他们问道：如果逻各斯只取得一部分人性，人性怎能得救？纳西盎的格列高利（329—389年）对这一点的阐释或许是最著名的，他强调，道在成为肉身时取得完全的人性在拯救方面非常重要：

> 如果有人相信他是没有人类心智的人，他们自己便没有心智，不配得救。因为凡没有取得的，便没有被医治；凡与他神性结合的，才能得救。……不要让他们怨恨我们完全的救恩，也不要让他们只赋予救主骨骼、神经和人的外貌。

安提阿学派

兴起于小亚细亚（今天的土耳其）的基督论学派，与其在亚历山大的埃及对手相当不同。它们最重要的差异之一，与思辨基督论的背景有关。亚历山大学派神学家的主要动机是救赎论的考虑。他们担心，对基督的位格不充分的理解将导致不充分的救赎论，因此，他们采用希腊世俗哲学的观念，以确保自己所描述的基督可以完全拯救人类。如前所述，逻各斯的观念特别重要，特别是与道成肉身的观念联系在一起时。

安提阿学派神学家在这方面有极为不同的视角。他们主要关心道德问题，而不是拯救问题，很少引用希腊哲学的观念。神学家思考基督的身份，他们的基本看法可以概括如下。由于悖逆，人活在堕落的状态中，从而无法解救自己。如果想得救，人必须再次顺服上帝。

既然人不能挣脱罪的束缚，上帝必须介入。这令拯救者将人性与神性结合在一起，从而再次建立一群顺服上帝的子民。

基督的两性得到有力的维护。基督同时既是上帝，又是真人。亚历山大学派批判称，这否定基督的统一性；安提阿学派反驳道，他们支持基督的统一性，也承认这位惟一的拯救者既有完全的人性，也有完全的神性。在基督里，人性与神性"完全结合"。因此，基督完全的统一性与他兼具神人二性并不矛盾。莫普苏埃斯蒂亚的提奥多尔（Theodore of Mopsuestia，约350—428年）便强调这一点，主张耶稣基督的荣耀"从上帝的逻各斯而来，他取了他，将他与他自己联合。……由于这个人与子上帝完全结合，所有受造物都崇敬他，敬拜他"。

亚历山大学派仍有怀疑：这似乎相当于"两个子"的教义，即耶稣基督不是一个人，而是两个位格，一个神，一个人。但是，这种可能性被安提阿学派的主要神学家否定，如君士坦丁堡牧首聂斯托利（Nestorius，约386—约451年）。聂斯托利认为，基督是"两性的同一个名字"：

> 基督是不可分割的，因为他是基督，但是，他又是双重的，因为他既是神，也是人。就儿子的身份而言，他是一位，但是，按他取得的和被取走的而言，他是双重的。……因为我们不承认两位基督或两个儿子、（多个）"独生子"或（多位）"主"；不是一个儿子和另一个儿子，不是第一个"独生子"和新的"独生子"，不是第一位和第二位基督，而是同一位。

那么，安提阿学派神学家对神性与人性在基督里结合的模式有什么看法？我们已经讲过，在亚历山大学派，"取得"的模式占据上风，即逻各斯取得肉身。安提阿学派采用什么模式？答案可以概括如下：

亚历山大学派：逻各斯取得一般的人性。

安提阿学派：逻各斯取得特殊的人性。

安提阿学派神学家认为，逻各斯没有取得一般的人性，而是特殊的人性，莫普苏埃斯蒂亚的提奥多尔便是很好的例子。提奥多尔似乎提出，逻各斯没有取得一般或抽象的人性，而是成为一个具体的人。这似乎是他在《论道成肉身》（On the Incarnation）中的看法："逻各斯来住在世上，他将取得的（人性）与他自己完全结合，使他与自己分享一切尊荣，就是这位内住的、本质为上帝的儿子的一切尊荣。"

那么，人性与神性如何建立联系？安提阿学派神学家相信，亚历山大学派的看法会导致基督神性与人性的"混合"或"混淆"。为了避免这种错误，他们发明一种方法，用概念说明神人二性的关系，同时又强调它们不同的特性。这种"按照美意而结合"的看法，包括基督的人性与神性被理解为基督里面两个天衣无缝的隔间。它们从不互相影响或混合。它们总是独特的，按照上帝的美意结合在一起。"位格合一"（hypostatic union）——即神性与人性在基督里的联合——在于上帝的旨意。

这似乎说明，莫普苏埃斯蒂亚的提奥多尔认为，神性与人性的结合完全是道德性结合，就像丈夫与妻子的结合。它也让人怀疑，逻各斯只是披戴人性，好像人穿上外套；这种行为是暂时的、可逆转的，而相关的人根本没有任何根本性改变。但是，安提阿学派神学家似乎不想得出这些结论。对他们的看法最公允的理解可能是，他们想避免神性与人性在基督里混淆，以致强调各自的独特性；但是，这样一来，他们无意中削弱了神人二性在本质上的合一。

这提出一些问题，我们最好通过莫普苏埃斯蒂亚的提奥多尔对"按照美意而结合"的讨论理解，他的讨论是在第八篇《教义问答演讲》（Catechetical Oration）中进行的：

> 本性的差异没有消除紧密的结合，紧密的结合也没有破坏本性的差异，而是本性仍各自存在，同时是分离的，结合仍然完整无损，因为按照取得者的旨意，被取得者在尊荣中与取得者合一。……丈夫和妻子是"一体"，这一事实没有妨碍他们仍是两个人。事实上，他们仍是两个人，因为他们是两个人，但是，他们也是一个人，因为他们也是一个人，不是两个人。按照同样的道理（即道成肉身），他们本性上是两个，通过结合而成为一体；本性上是两个，因为本性之间存在巨大差异，通过结合而成为一体。因为对被取得者的崇拜没有与对取得者的崇拜分开，因为他（即被取得者）是殿，住在其中的不可能从中离开。

提奥多尔似乎认为，"位格合一"是按照其中双方的意愿而结合，同人的婚姻相比，它更像合约协议，而不是本性的真正结合。这一点特别清楚，因为提奥多尔用婚姻的类比强调夫妻共有的尊荣，而不是他们身体上的结合。

属性相通

许多教父非常关心的一个问题是"属性相通"（communication of attributes）——也作"属性交流"，这种观念在讨论时经常用拉丁文 communicatio idiomatum 表达。到了公元4世纪末，以下命题在教会内已被普遍接受：

1. 耶稣是完全的人。
2. 耶稣是完全的神。

有人认为，如果这两个命题同时成立，耶稣的人性事实也一定是他的神性事实，反之亦然。举例如下：

> 耶稣基督是上帝。
> 玛利亚生下耶稣。
> 所以玛利亚是上帝之母。

这种论证在公元 4 世纪末的教会中越来越普遍；事实上，它经常用来检验神学家的正统性。不同意玛利亚是"上帝之母"相当于拒绝接受基督的神性。

然而，这种原则可以应用到什么程度？例如，思考以下论证：

> 耶稣在十字架上受苦。
> 耶稣是上帝。
> 所以上帝在十字架上受苦。

前两个命题明显合乎正统，教会可能普遍认可。但是，第三个命题——从前两个正统命题得出的结论——被普遍视为不可接受，并不是正统，我们前面讨论"受苦的上帝"这个观念时已经讲过。

对于大多数教父来说，上帝不能受苦，这无需证明。关于限定这种看法，教父时期见证许多痛苦的争辩。因此，纳西盎的格列高利坚持认为，上帝一定要被视为受苦的上帝，否则上帝的儿子道成肉身的真实性便要遭受质疑。但是，聂斯托利争辩凸显出这些问题的重要性。

到了聂斯托利的时候，出现一种称呼，即"上帝之母"（theotokos）——直译为"生上帝的人"（bearer of God），已经在普通信众的敬虔和学术神学中被普遍接受。但是，聂斯托利十分担心它的含意。它似乎否定基督的人性。为什么不将玛利亚称为"人之母"（anthropotokos）——"生人的人"（bearer of Humanity），甚至是"基督之母"（Christotokos）——"生基督的人"（bearer of Christ）？他的建议招致仇恨和愤怒，因为教会已经为"上帝之母"进行巨额的神学投资。但是，可以认为，聂斯托利提出一个合理的看法，从而开始一场重要的神学讨论。

普遍认为，在较近一些年的神学中，马丁·路德对"属性相通"的彻底应用最值得关注。路德毫不犹豫地进行如下论证：

> 耶稣基督被钉于十字架。

> 耶稣基督是上帝。
> 所以上帝被钉于十字架。

如前所述,"被钉于十字架的上帝"是路德留给现代神学最著名的遗产之一。他又论证道:

> 耶稣基督受苦,死去。
> 耶稣基督是上帝。
> 所以上帝受苦,死去。

路德独特的"十字架神学"可以被视为彻底应用了"属性相通"。

阿道夫·冯·哈纳克论教父基督论的发展

德国新教自由派学者阿道夫·冯·哈纳克(1851—1930年)对基督教教义进行了历史研究,他有力地指出,福音原本处于巴勒斯坦的环境,以希伯来的思想与推理模式为主导,后来转移到希腊文化的环境中,思想模式截然不同,这成为基督教思想的决定性转折点。哈纳克认为,教义的观念不是来自耶稣基督的教导,也不是源自处于最初巴勒斯坦环境中的原始基督教,而是从它特殊的历史处境而来,其特点是希腊的思想和论述模式,就是初期教会教义的内容形成的环境。

对于哈纳克来说,福音就是耶稣基督本人。"耶稣不属于福音的要素之一,而是亲自成就福音,他是福音的能力,我们仍这样理解他。"耶稣基督本身**就是**基督教。但是,在这种声明中,哈纳克没有将关于耶稣的教义包括在内;这种声明的一个基础是历史(根据对基督教起源的分析),一个是哈纳克自己的宗教假设(耶稣的重要性主要在于他对个人的影响力)。但是,福音转移到希腊文化的环境中,受到其特有的推理与论述模式的影响,导致耶稣的重要性被概念化,又增添了形而上学的内容。

《教义史》(*The History of Dogma*,1894—1898年)是哈纳克的里程碑式著作,在第一版《教义史》中,他说明了这种趋势,以诺斯替主义、护教士,尤其是奥利金的逻各斯基督论为例。在哈纳克看来,从某种程度上讲,教义的发展像是逐渐恶化的慢性病。以基督论为例,哈纳克发现,它从救赎论(分析耶稣的个人影响力)转变成思辨的形而上学,这是典型的案例,说明希腊人有退向抽象思想的倾向。

哈纳克以三个历史观察支持这种论点:

1. **基督论**(即基督**位格**的教义)不是拿撒勒人耶稣宣讲的内容。耶稣自己的信息不包括基督论，因为其中不包含关于自我的告白。这一点正是哈纳克一个著名论断（经常被完全误解）"耶稣宣讲的福音只和父有关，与子无关"的基础。

2. 在基督教思想史中，无论在时间上，还是在概念上，对基督论的关注都晚于对救赎论的关注。

3. 对基督论的关注出现在希腊文化中，反映出希腊人的特点，即关注抽象思辨。

哈纳克的观察再次引发研究教父时期的兴趣，这令他的看法越来越受批评。最重要的批评可能是，他过度简化"希腊文化"的性质。

然而，哈纳克对教父时期的批判非常重要；我们已经讲过，教父的"上帝不能受苦"的观念似乎是由于不加批判地将世俗观念吸收进基督教。哈纳克提出，教父的基督论——尤其是道成肉身的观念——是错误的；虽然他的见解不一定正确，但是，他对我们面临的危险——将教父视为教义问题的权威——提出警告。在基督教思想的漫长历史中，他们同其他任何人一样是可批判的，正如他们有助于激发神学反思。

11.4 中世纪基督论中道成肉身与堕落的关系

中世纪的著名之处在于，从逻辑学和哲学的角度系统探讨神学的大多数领域，基督论也不例外。为了说明那一时期进行的各种争辩，我们将思考令那个时代兴趣盎然的关于道成肉身的神学问题。道成肉身取决于亚当的堕落吗？道成肉身真实发生过吗？

对道成肉身之基础的经典理解可以概括为：人从恩典中堕落，需要恢复到原来的状态。这种修复需要上帝的儿子道成肉身，以及他在十字架上的拯救工作。因此，如果人没有犯罪，便根本不需要道成肉身。事实上，大多数基督教神学家认为，揣测如果亚当从未犯罪可能会发生什么毫无意义。但是，事实并非如此。

欧坦的奥诺里于斯（Honorius of Autun）是活跃于1106至1135年的神学家，他认为，道成肉身不是注定要纠正人的罪，而是为了确保人的神化。人需要神化，不管他是无罪的，还是堕落的。由于人需要这样来完全改造，道成肉身便是必要的。"所以（上帝的儿子）必须成为肉身，因此，人才能神化，所以罪不是道成肉身的必然原因。"类似看法在本笃会神学家多伊茨的鲁珀特（Rupert of Deutz，约1075—1129年）的著作中也可以看到，他认为，道成肉身是因为上帝愿意住在自己的子民中。因此，道成肉身可以被视为创造工作的高潮，而不是回应人的罪。

托马斯·阿奎那（约1225—1274年）对这场争辩做出裁定。他显然担心对道成肉身极具思辨性的探讨，认为基督的到来是堕落的结果，再思考其他可能性毫无益处：

> 有人说，如果人没有犯罪，上帝的儿子也会成为肉身。其他人却坚持相反的看法，我们似乎应该赞同这种看法。因为源于上帝旨意的事是受造物不能认识的，只能通过《圣经》的启示被显明给我们，因为上帝的旨意在《圣经》中被启示给我们。因此，既然第一个人的罪在整部《圣经》中都被描述为道成肉身的起因，更符合这一点的说法是，道成肉身的工作注定要纠正罪，因此，如果罪并不存在，道成肉身便永远不会发生。但是，上帝的能力不会受此限制。即使罪不存在，上帝仍能成为肉身。

11.5 基督论与救赎论的关系

较老的基督教神学著作经常明确区分"基督的位格"（"基督论"）与"基督的工作"（"救赎论"）。本书仍这样区分，既是出于教学目的，也是因为难以用一章充分讨论这两个神学领域。但是，除了在阐释时比较方便之外，这种区分越来越被视为没有帮助。从神学上讲，基督论与救赎论的紧密联系现在被普遍认可。在促成这一进展的因素中，以下两个特别重要：

1. 哲学家伊曼纽尔·康德（1724—1804 年）对"物自体"（Ding an sich）与人对它的感知做出的区分非常著名。康德的论点为：我们不能直接认识事物，只能感知它们或理解它们的影响力。虽然这种命题最终的哲学理由不在本书的讨论范围之内（而且是可疑的），但是，它的神学含意非常清楚：可以通过耶稣对我们的影响而得知他的身份。换句话说，通过基督的工作认识基督的位格。因此，基督论与救赎论存在有机的联系。这是阿尔布雷希特·本杰明·利策尔在《基督教的称义与和好论》（*Christian Doctrine of Justification and Reconciliation*，1874）中的看法。利策尔认为，不应当将基督论与救赎论分开，因为我们"只通过事物对我们的影响理解本质和属性——就是对本质的界定，我们认为，事物对我们影响的性质和程度便是事物的本质"。

2. 越来越认识到功能基督论与本体基督论的密切关系：功能基督论肯定基督的**功能或工作**，本体基督论则肯定他的**身份或本质**。阿塔那修是明确说明这种关系最早的基督教神学家之一。他宣称，只有上帝才能施行拯救。但是，基督是救主。这种关于基督**功能**的声明告诉我们他的什么**身份**？如果耶稣基督能发挥救主的功能，他还能是谁呢？因此，基督论和救赎论被视为同一枚硬币的两面，而不是两个独立的思想领域。

沃尔夫哈特·潘能伯格（1928— ）特别有力地阐释了这一点，强调基督论与救赎论在基督教思想中有最紧密的联系。

> 耶稣的神性同他赐我们自由、拯救我们的重要性是密不可分的。从这种意义上讲，梅兰希顿的话是恰当的："耶稣基督是谁，可以从他拯救的作为中看出。"……自施莱尔马赫以来，基督论与救赎论的紧密关系已经在神学中被普遍认可；现代神学的一个典型特征特别能说明这一点。我们不再将"神人"与耶稣基督的拯救工作分开，中世纪的经院神学这样做，16和17世纪的新教正统派的教义紧随其后，但是，随着施莱尔马赫的出现，两者被视为一体的两面。

可以通过一种比较看出这一点的重要性，即比较聂斯托利式的基督论（强调基督的人性，尤其是他的道德榜样）与伯拉纠的救赎论（强调人的意志完全自由）。对于伯拉纠来说，人有能力做正确的事；只是需要被告知应当做什么。基督的道德榜样提供这个范例。因此，这种基督为榜样的看法便与一种人性观联系在一起，而这种人性观将人的罪的程度、人类奇特的悲剧史最小化。英国神学家查尔斯·戈尔于一百多年前做出敏锐的批判，这段话经常被人引用：

> 对基督的位格不充分的理解，与对人性的缺失不充分的理解，是携手并进的。聂斯托利派对基督的理解……让基督有资格成为人能做什么的榜样，如果人足够圣洁，让人能进入与上帝何等美好的合一；但是，基督仍是众多人中的一个人，被限制在单一人性的范围之内，只能从外面影响人。如果人能凭借好榜样而从外面得救，他便能成为人的救主，却不能以别的方式成为救主。从逻辑上讲，聂斯托利派的基督与伯拉纠派的人联系在一起。……聂斯托利派的基督适合成为伯拉纠派的人的救主。

尽管戈尔可能夸大了自己的看法，但是，可以从中看出基督论与救赎论的重要联系。从根本上讲，榜样式基督论及其对耶稣基督的道德榜样的本质和作用的理解，同伯拉纠对人的处境和能力的看法有关联。基督与我们在本体上的差距被缩短，以将他的道德人格与我们道德人格的断层减少到最低程度。基督是人类最好的榜样，表明人类真正的生活方式，这是对我们的要求，也是我们可以效法的。我们对耶稣是谁的看法，最终反映出我们对堕落人类状况的理解。

虽然达成这一共识，但是，就是否强调基督论的救赎论因素仍存在分歧。例如，我们将清楚看到，鲁道夫·布尔特曼的看法似乎将基督论简化为**一个事实**，即一位历史人物的存在，福音宣讲（kerygma）——宣讲基督——可以追溯到他。福音宣讲的主要作用是传达基督事件的救赎论内容。一种相关看法区分"基督原则"与历史的耶稣,这可以在阿洛伊斯·比德尔曼(Alois E. Biedermann,1819—1985年)和保罗·蒂里希(1886—1965年)的著作中看到。这让一些神学家担忧,沃尔夫哈特·潘能伯格是其中最著名的;他们指出,基督论可能只是出于救赎论的考虑而被构建起来(从而易于遭到路德维希·费尔巴哈的批判),而不是牢固建基于耶稣本人的历史之上。

11.6 基督论的模式:古代与现代

基督教神学长久以来的任务之一,是阐明耶稣基督的人性与神性的关系。可以认为,卡尔西顿公会议(451年)为古代基督论定下决定性原则,被许多基督教神学视为权威。这个原则可以概括如下:如果承认耶稣基督既是真神,又是真人,说明或探讨这一点的确切方式便不是最重要的。牛津教父学者莫里斯·怀尔斯(Maurice Wiles,1929—2005年)将卡尔西顿会议的目的概括如下:

> 一方面相信救主必须完全是神;另一方面相信凡没有被"取得"的便没有被医治。换句话说,拯救的源头必须是上帝;拯救的核心必须是人。这两个原则显然经常背道而驰。卡尔西顿会议是教会试图解决这种矛盾,或许可以说是同意忍受它。事实上,像初期教会那样坚决接受这两个原则,便相当于已经接受卡尔西顿会议的信仰。

卡尔西顿会议决定坚持基督的两个本性,同时接受对它们关系的多种解释,从某种程度上讲,这反映出当时的政治局势。当时,就阐释"基督的两性"最可靠的方式而言,教会存在很大分歧,卡尔西顿会议必须采取切实的看法,巩固所能达成的任何共识。这种共识**不是**关于神人二性如何联系在一起的,而是承认基督既是神,也是人。

然而,必须指出少数重要看法。卡尔西顿会议没有成功地为整个基督教世界确定一致看法。一种不同的看法于公元6世纪逐渐形成,现在被普遍称为**基督一性论**(monophysitism)——直译为基督里"只有一性"(希腊文 monos 意为"惟一",physis 意为"本性")。这里的本性被理解为神性,而不是人性。这种看法的复杂性超出本书的范围;读者应当注意,它在东地中海世界的大多数教会仍是标准教义,包括科普特、亚美尼亚、叙利亚和阿比西尼亚(Abyssinia)的教会。〔(卡尔西顿会议的对立看法——承认基督里有神人二性——有时被称为**基督二性论**(dyophysitism),源自意为"两性"的希腊词。〕

基督教神学扩张到不同的文化环境中,采用各种哲学体系探讨神学,因此,在基督教传统中，自然会出现各种探讨基督神人二性关系的方法。在以下部分中，我们将思考其中一些看法。

上帝在基督里的实质性同在

道成肉身教义——特别是亚历山大学派中发展起来的道成肉身教义——肯定上帝的本质或实质在基督里同在。在道成肉身中，神性取得人性。通过将玛利亚称为"上帝之母"——"生上帝的人"，教父肯定，在道成肉身中神性实质与人性实质结合在一起。在同诺斯替主义争辩时，基督里有上帝实质性同在的观念对教会至关重要。诺斯替主义的核心观念是，物质是恶的、有罪的，因此，拯救纯粹是灵性事件。爱任纽（约130—约200年）用圣餐的饼和酒作为肯定上帝在基督里实质性同在的象征。

> 如果肉身没有得救，主便没有用自己的血拯救我们，圣餐的杯便不是分享他的血，我们掰的饼便不是分享他的身体。因为血不能独立于血管、肉身和人的其他实体而存在，这是上帝的逻各斯为拯救我们而真正成为的样式。

这种基督论与拯救为**神化**的意象紧密联系在一起。当反思人的灵魂与上帝的结合时，新神学家西门（949—1022年）将这一点阐释得非常清楚：

> 然而，你的本性就是你的本质，你的本质就是你的本性。那么，与你的身体结合，我便分享你的本性，我真的将你的视为我的，与你的神性结合。……你已经使我成为神，就我的本性而言是人，凭借你的恩典和你圣灵的能力是神，它们将对立的二者结合为神。

在讨论拯救的本质时，我们将再来探讨这种观念。

在拜占庭神学中，上帝在基督里实质性同在的观念特别重要，成为一种做法的神学基础之一，即用图像——更专业的术语是**圣像**（icon；希腊文为 eikon）——表现上帝。东方教会始终反对这种做法，因为它强调，上帝是不可言说的，是超越的。**否定神学**试图通过强调上帝的不可知性保护上帝的奥秘。圣像崇拜似乎完全与这种传统矛盾，在许多人看来似乎非常危险，近乎异教。《旧约》岂不是禁止崇拜偶像吗？

杰曼努斯（Germanus）是公元715至公元730年的君士坦丁堡牧首，他极力倡导在公开崇拜和个人灵修中使用圣像，他的论据是道成肉身。"我没有将不可见者上帝描绘为不可见的，而是上帝已经让我们看见，因为他成为血肉之躯。"大马士革的约翰（约676—749年）有类似看法，认为在崇拜圣像时，他不是在崇拜任何受造物，而是创造者上帝，

他已经决定通过物质秩序拯救人类:

> 以前,绝对不能用任何肖像表现既没有身体,也没有面容的上帝。但是,既然他已经在肉身里将他自己显明出来,与人住在一起,我便能制作我所看见的上帝的肖像……默想主的荣耀,他的面容已经显露。

反圣像崇拜者(iconoclast)认为,这种立场站不住脚。(他们也被称为捣毁圣像者,因为他们想捣毁圣像。)用肖像描绘上帝,意味着上帝是可被描绘或定义的——这相当于不可思议地限制上帝。这场争辩的方方面面仍可以在希腊东正教和俄罗斯东正教中看到,在这些教会中,圣像崇拜仍是灵修不可或缺的要素。

基督为上帝与人之间的中保

基督论反思的一条主线,就是上帝与人之间中保的观念。《新约》有几处经文将基督称为中保(希伯来书 9:15;提摩太前书 2:5),从而使一种观念更加重要,即上帝在基督里同在的目的是要做超越的上帝与堕落的人类之间的中保。"作为中保而同在"的观念有两种十分不同却根本上互补的形式:启示的中保和拯救的中保。

殉道士查斯丁和其他神学家的"逻各斯基督论"是一个视基督为启示中保的最佳例子。逻各斯被理解为中保,在超越的上帝与上帝的受造物之间架起一座桥梁,缩短了他们之间的距离。虽然曾短暂地与《旧约》的先知同在,但是,逻各斯在基督里成为肉身,从而成为上帝与人之间固定的中介点。埃米尔·布伦纳的《中保》(*The Mediator*, 1927)有类似看法,而他在《真理为相遇》(*Truth as Encounter*, 1937)中阐释得更加详细。在《真理为相遇》中,布伦纳认为,信仰主要是亲自与上帝相遇,而上帝在耶稣基督里亲自与我们相遇。布伦纳相信,初期教会将启示误解为上帝传授有关上帝的教义真理,而不是上帝的自我启示。对于布伦纳来说,"真理"本身便是位格性观念(译者注:真理亲自与人相遇)。启示不能从命题或理智的角度理解,而是必须被理解为上帝的作为,尤其是耶稣基督的作为。

上帝在历史上亲自**启示**在耶稣基督里。因此,"真理为相遇"的观念传达正确理解启示的两个要素:启示是**历史的**,也是**亲自的**。布伦纳说启示是历史的,因为他希望我们理解,真理不是永远存于永恒思想世界里的某种东西,被揭示或传达给我们,而是启示是在时间和空间里**发生**的事。由于上帝在时间和空间里的作为,真理才存在。布伦纳称启示是亲自的,因为他想强调,上帝启示的内容便是上帝本身,而不是一系列关于上帝的复杂观念或教义。上帝的启示是上帝将他自己传达给我们。在启示中,上帝传达**上帝**,而不是关于上帝的**观念**——耶稣基督是上帝所要传达的核心,通过圣灵可以得到。虽然布伦纳否定启示一切认知性层面的说法似乎有些夸张，但是，他说明非常重要的一点，在基督论方面极有意义。

约翰·加尔文更愿意从救赎论的角度处理这个问题，他的《基督教要义》（1559）最能说明这一点。在《基督教要义》中，他用从上帝到人的"拯救中保"解释基督。事实上，基督被视为独特的渠道或核心，通过他，上帝的拯救工作导向人类，人可以得到上帝的拯救。当最初被上帝创造时，人在各个方面都是好的。由于堕落，人的自然恩赐和能力被彻底损坏。结果，人的理性和意志都被罪玷污。因此，不信不仅是理性的行为，也是意志的行为；不信不完全是没有在受造秩序中发现上帝的手，而是故意决定**不去**发现它，**不去**顺服上帝。

加尔文从两个不同却相关的层面阐释这一点的结果。从认识的层面来看，人缺乏在受造秩序中完全认识上帝所必需的理性与意志资源。这显然类似于殉道士查斯丁的逻各斯基督论。在救赎论的层面而言，人缺少得救的必要条件；他们**不想**得救（因为罪让心志和意志都软弱了），他们**不能**自救（因为得救的先决条件是顺服上帝，但是，由于罪，他们现在做不到）。因此，对上帝的真认识和救恩都必须来自人的处境之外。通过这种方式，加尔文为"耶稣基督为**中保**"的教义奠定了基础。

耶稣基督是上帝与人之间的中保。为了能真正成为中保，耶稣基督必须既是神，又是人。由于自己的罪，我们不可能到天上的上帝那里去，而是上帝决定到地上的我们这里来。除非耶稣基督他自己是人，否则其他人便不能从他的出现或作为中获益。"上帝的儿子成为人的儿子，取得我们所拥有的，所以将他所拥有的传给我们，让本质上他所拥有的通过恩典成为我们的。"（加尔文）。

上帝在基督里的启示性同在

我们前面已经讲过，"启示"的观念非常复杂，包括上帝末世时最终的彰显或显露，以及更普通、更有限的观念："使人认识上帝"。这些观念在近年来的神学中都非常重要，因为"基督论决定上帝观"的看法在20世纪的德国神学中影响非常大。于尔根·莫尔特曼的《被钉十字架的上帝》（1972）便是很好的例子，他试图根据"基督的十字架彰显上帝"的假设构建对上帝本质的理解。在以下部分中，我们将探讨卡尔·巴特和沃尔夫哈特·潘能伯格对"启示性同在"两种不同却相关的看法。

卡尔·巴特的《教会教义学》或许可以被视为对"上帝在基督里的启示性同在"最复杂、最详尽的探讨。巴特经常强调，所有神学必然都有其隐含的基督论观点和基础，神学的任务是明确说明它们。巴特否定所有基于"基督原则"而推论出的基督论，赞同根据"《圣经》所见证的耶稣基督本人"构建基督论。

《教会教义学》的每一个神学命题都可以被视为基督论命题，因为其出发点都在耶稣基督里。巴特后期思想的这个特点被称为"基督论中心论"或"惟基督主义"（Christomonism）。

汉斯·乌尔斯·冯·巴尔塔萨（1905—1988年）对这种"基督论中心论"进行说明，将其比作沙漏，漏沙通过一个压缩的孔口从上流到下。同样，上帝的启示从上帝那里临到世上，从上到下，只是通过基督的启示这个核心事件，除此以外，上帝与人根本没有任何联系。

必须说明，巴特没有提出，基督的位格或工作的教义（或二者，如果认为它们密不可分）应当处于基督教教义的核心，他也没有说，某种基督论的观念或原则应当构成一种神学推论体系的系统思辨的中心。相反，巴特认为，上帝的作为便是耶稣基督，这是整个神学的基础。"教会教义学"必须"由基督论决定"，因为上帝启示作为的真实存在、上帝的道所说的话和上帝在耶稣基督里的启示性同在决定了神学的每一种可能性和真实性。

沃尔夫哈特·潘能伯格的看法更具末世论色彩，尤其是他的《耶稣：上帝与人》（*Jesus: God and Man*，1968）。对于潘能伯格来说，基督的复活必须按照启示性的世界观解释。潘能伯格认为，在这个范畴之内，基督的复活必须被视为预示死人在末世都会复活。因此，它将这种复活和对末世启示性盼望的其他方面都带进历史——包括上帝最终完满的启示。因此，耶稣的复活与上帝在基督里的自我启示有机地联系在一起。

> 只有在所有事件都结束时，上帝才能启示出自己的神性，即他做了万事，有权掌管一切。只是因为耶稣的复活包括万有的终结，尽管这件事对于我们还没有发生，但是，我们可以说，它已经发生在耶稣身上，即最终的结局已经在他里面，上帝自己和他的荣耀也已经以一种无法超越的方式出现在耶稣里。只是因为世界的终结已经出现在耶稣的复活里，所以上帝自己也在他里面被启示出来。

因此，复活确立了耶稣与上帝的同一性，让这种与上帝的同一性追溯到他复活之前的工作，被称为"启示性同在"。

潘能伯格谨慎地强调，他思想中的"启示"不只是"彰显关于上帝的事实或论点"。他坚持**自我启示**的观念——这种亲自的（位格的）启示与上帝的位格密不可分。如果上帝在基督里有启示性同在，我们只能说基督启示出上帝：

> 上帝自我启示的概念包含一种观念，即启示者与被启示出来的事是完全一致的。上帝既是启示的主体，也是这一启示的内容。如果提到上帝在基督里的自我启示，便意味着基督事件——**耶稣**——属于上帝的本质。如果这不是事实，耶稣一生为人的事件便会遮蔽活跃在耶稣一生中的上帝，从而否定上帝完全的启示。启示的本意是，上帝借以彰显的媒介必须不在上帝以外。……自我启示的概念要求上帝与启示上帝的事件完全一致。

基督为上帝的象征性同在

一种相关看法将传统的基督论公式视为上帝在基督里的**象征性**同在，不应当将其理解为**实质性**同在。这种**象征性**同在说明，其他人也可能得到同样的同在。保罗·蒂里希可能是这种看法最重要的代表，对于他来说，拿撒勒人耶稣象征一种全人类的可能性，没有特殊的耶稣也能有这种可能性。

在蒂里希看来，基督教所依据的事件有两个方面：一个是"拿撒勒人耶稣"的事实，另一个是声称他是基督的人接受这个事实。实际的或历史上客观的耶稣不是信仰的基础，除非他被接受为基督。蒂里希对拿撒勒人耶稣这位历史人物根本不感兴趣；他对拿撒勒人耶稣的肯定（只与信仰的基础有关）只是"一个人的生活"类似于《圣经》的描述，除了"耶稣"之外，他很可能还有别的名字。"无论他的名字是什么，'新存在'（New Being）曾经和现在的确在他里面活动。"

"基督"或"弥赛亚"意为"带来事物新状态的那位，即那位'新存在'"。耶稣的重要性在于，他在历史上彰显出"新存在"。"基督带来'新存在'，拯救人脱离'旧存在'，即脱离存在的异化及其毁灭性后果。"在拿撒勒人耶稣这个人的生活中，出现了"人的本质状态"，尽管处于存在的条件下，却没有被其征服。事实上，蒂里希带给我们一种存在哲学，它与拿撒勒人耶稣的存在只有最微弱的联系，如果那位特定的历史人物拿撒勒人耶稣不存在，这种哲学也不会受到巨大损害。

因此，耶稣被说成一种象征，说明存在的意义，尽管还有其他说明的来源。蒂里希认为，拿撒勒人耶稣象征一种特殊的道德或宗教原则。蒂里希强调，上帝自己不会出现在存在的条件之下，因为他是存在的基础。因此，"新存在"必须来自上帝，却不能是上帝。耶稣是人，与上帝达到一种合一，而这种合一是其他所有人都能达到的。因此，蒂里希代表一种程度基督论，将耶稣视为我们理解上帝的象征。

这种看法对致力于宗教对话的人特别有吸引力，如保罗·尼特（Paul Knitter）和约翰·希克。按照这种看法，耶稣基督可以被视为其他许多象征中的一个，代表一种全人类的可能性——与超越者建立联系或得救。耶稣是人与超越者建立联系的象征之一；还有其他象征，可以在世界其他宗教中发现。

基督为圣灵的载体

要想理解上帝在基督里的同在，有一个很重要的方式，就是将耶稣视为圣灵的载体。这个观念植根于《旧约》，尤其是某些有灵恩的领袖或先知，他们受了圣灵的恩膏。事实上，如前所述，"弥赛亚"与"被圣灵膏抹"的观念紧密联系在一起。有充分的理由提出，在初期的巴勒斯坦基督教中，这种基督论非常有影响力。

根据我们对公元 1 世纪巴勒斯坦人对弥赛亚期盼的了解，可以认为，他们有一种非常坚定的信仰，相信有一个人即将到来，他将带来末世的救恩，他拥有主的圣灵（约珥书 2:28—32 特别重要）。在地上工作时，耶稣甚至被视为身上有上帝的圣灵。在这个方面，耶稣在受洗时被圣灵恩膏格外重要。对这个问题早期的一种看法被称为**嗣子论**（adoptionism），特别是伊便尼主义有这种看法。嗣子论认为，耶稣是普通人，但是，在受洗之后，他被赋予从上帝而来的特殊恩赐。

将耶稣理解为圣灵的载体，其实对许多人都有吸引力，他们难以接受传统的基督论。英国教父学者兰普（G. W. H. Lampe，1912—1980 年）便是很好的例子。在《上帝是圣灵》（1976）中，兰普认为，拿撒勒人耶稣的特殊重要性在于他是上帝圣灵的载体，所以是被圣灵充满的基督徒的榜样，说明"上帝作为圣灵与作为自由回应之灵的人同在，这具体表现在基督里，也在基督的追随者身上有一定程度的再现"。

对这种看法更重要的阐发，可能是德国神学家沃尔特·卡什帕（Walter Kasper，1933—　）的著作，尤其是《耶稣基督》（*Jesus the Christ*，1974）。卡什帕不是特别难以接受传统的基督论。但是，他想确保在全面解释基督的身份和神学作用时不会忽视圣灵。因此，卡什帕赞同以圣灵为导向的基督论，这正确处理了一个事实，即《新约》经常用《旧约》的重要观念——"主的灵"——形容基督。对于卡什帕来说，耶稣在符类福音书中的独特性在于他是被圣灵充满的存在者。耶稣的真实身份只能用他与圣灵史无前例的关系解释。在卡什帕看来，这个圣灵是创造者赐生命的能力，他开启末世的医治和盼望。

卡什帕看到，主的灵在耶稣身上工作，上帝与人建立前所未有的新关系，复活确认、巩固了这种关系。根据这种圣灵的基督论，卡什帕认为，耶稣是焦点，上帝拯救普世的意愿在他身上化为历史人物。这样，圣灵开启一种可能性，让其他人也能进入上帝内在的生命。这同一个圣灵现在让其他人也能得到耶稣的生命，使他们可以同样分享上帝内在的生命。

沃尔夫哈特·潘能伯格对这种看法相当担心。在极具影响力的著作《耶稣：上帝与人》（1968）中，潘能伯格认为，凡是以圣灵在耶稣里同在的观念为起点的基督论，必然落入某种嗣子论。就维护基督的神性而言，圣灵在耶稣里同在既不是必要基础，也不是充分基础。上帝"只是在圣灵的能力充满耶稣时"才在耶稣里同在。潘能伯格认为，耶稣只能被视为先知或有灵恩的人物——换句话说，耶稣是人，他被上帝"收养"，又被赋予圣灵的恩赐。我们已经讲过，对于潘能伯格来说，在这一方面最重要的关键是耶稣的复活，而不是圣灵在他工作中的同在。

然而，乍看之下，卡什帕不太容易受到潘能伯格的批判。潘能伯格担心，像卡什帕这样的看法可能导出一种基督论，将耶稣等同于《旧约》的先知或有灵恩的领袖。但是，卡什帕坚持认为，耶稣的复活至关重要。潘能伯格和卡什帕都认为，复活有反向证明的特点。潘能伯格的反向证明是，证明耶稣在自己工作时的宗教主张是有效的。另一方面，卡什帕认为，复活与圣灵的工作联系在一起，并根据《新约》的重要经文（尤其是罗马书 8：11；彼得前书 3：18）证明。基督教对圣灵作用的理解基于圣灵在复活中的作用，这就排除了嗣子论的基督论。

基督为敬虔生活的榜样

启蒙运动向基督论发起一系列挑战，下一章将进一步探讨。受到质疑的一种观念是，耶稣基督与其他人不属于同一种类。如果耶稣基督与其他人有所不同，就是他具有某种品质，这些品质是其他人没有的——但是，这些品质基本是其他所有人都能效法或得到的。基督的特殊重要性在于，他是敬虔生活的**榜样**，即他的生活可以与上帝对人的旨意产生共鸣。

这种看法可以被视为安提阿学派基督论的一个方面，这种基督论特别强调基督品格的道德层面。对于许多安提阿学派神学家来说，基督的神性可以赋予他权威和重要性，让他成为人的道德榜样。这也是中世纪神学家彼得·阿伯拉尔（1079—1142 年）基督论的一个重要方面，他着重强调基督对信徒的主观影响力。但是，这些神学家都保留传统的基督"两性"观。到了启蒙运动时期，肯定基督的神性越来越受质疑。两种主要的看法逐渐形成。

在启蒙运动时期，**程度基督论**（degree Christology）逐渐形成，认为耶稣基督的重要性在于，他是人的道德榜样。在基督的一生中，他都是杰出的道德教师，他的教导具有权威，不是因为他的身份，而是因为他的教导与启蒙运动的道德价值观产生共鸣。他的死是舍己之爱的榜样，被启蒙运动视为其道德规范的基础。如果耶稣基督可以被称为"上帝"，意思是他体现或立下一种生活榜样，是这样一群人的典型生活——他们与上帝、其他人和全世界都保持正确的道德关系。

自由派新教将焦点放在耶稣基督的内在生命或他的"宗教品格"上，认为这才是至关重要的。在耶稣基督里，可以看出信徒应当与上帝建立的内在关系或灵性关系。"耶稣的内在生命"被视为信仰至关重要的一点。"耶稣的宗教品格"被认为最引人注目，是信徒可以效法的，而迄今为止，人类的宗教与文化史中还没有出现这样的人。威廉·赫尔曼（Wilhelm Hermann，1846—1922 年）可能是这种看法很好的代表，他认为，耶稣已经**表明**一件新事，也让人**得到**它，这在基督徒的内在生命中显明出来。

信徒从福音书中所得到的"耶稣印象"至关重要。这让人有了信仰的确据，这种确据是根据内在经验而来的。"我们心中有了确据，就是上帝在这个经验中亲自转向我们。"赫尔曼的文章《历史的基督是我们信仰的基础》（*The Historical Christ as the Ground of Our Faith*，1892）可能是对这种看法最重要的阐释。这篇文章基本是研究历史人物耶稣如何成为信仰的基础，在文章中，赫尔曼明确区分"耶稣其人的历史事实"与"耶稣个人生活的事实"，用后者理解耶稣这个人物对福音书读者的心理影响。

基督为英雄

基督论历史上最有趣的进展之一，发生在盎格鲁－撒克逊时期的英格兰。如何用盎格鲁－撒克逊文化所能认可与理解的方式说明基督的重要性？英雄主义深深植根于盎格鲁－撒克逊文化中，先是在德国，后来在英格兰。人们热衷于讲述英雄们的伟大故事，如贝奥武夫（Beowulf）和英格尔特（Ingelt）的故事，它们使盎格鲁－撒克逊文化的英雄主义思想经久不衰。这些著作的影响力极大，以致阿尔昆于公元797年写信给主教海鲍尔德（Higbald）要求说，在修道院的食堂中用餐时应当高声诵读《圣经》和教会教父的著作——而不是异教神话！那么，除了将基督描述为英雄中的英雄，还有什么抵制异教英雄影响力的更好方法？

为了适应时代的英雄主义理想，描述基督的文学形式改变了，一首著名的古英文诗歌《十字架之梦》（*The Dream of Rood*）最能说明这一点，该诗被认为写于公元750年左右。这首十分生动、极具创意的诗歌描述并解释基督的死亡和复活，它说明一个重要转变，即重点不再是《圣经》最初对这些事件的记载。为了强调基督被钉十字架的重大胜利，作者将基督描述为大胆、自信的战士，在一场英勇的战斗中与罪搏斗，并战胜了罪。这种描述基督的方法直接采用荣耀和勇气的美德，这些美德当时在盎格鲁－撒克逊文化中极受敬重。

《十字架之梦》是一首非凡的诗歌，将盎格－鲁撒克逊文化的英雄主义理想与基督在十字架上的成就牢牢联系在一起。这首诗歌最显著的特色，是刻意、有条理地将基督描述为英雄，为了取得伟大的胜利，他走上十字架。按照诗人的描述，基督满腔热情准备战斗，渴望与敌人交战。诗人并不赞同表现基督更为传统的意象，即基督被唯命是从地送上十字架。

基督这位英雄的主动角色与诗歌中十字架自己说的话产生共鸣。诗人倾听十字架讲述它自己的历史，尤其是十字架看到"全人类的主肩负许多人的命运匆匆赶来，因他要登上我身"。这行诗表现出基督更主动、更坚定的形象，不像《圣经》某些经文更消极的用语，如有经文说"逾越节的羔羊基督已经被杀献祭了"（哥林多前书5：7），意味着杀害基督的人是主动的，他作为受害者是被动的。

《十字架之梦》经常将基督描述为"年轻英雄"或"战士"，避免使用基督教神学的传统用语。基督被描绘为正直年轻的英雄般骑士，这种描写与《贝奥武夫》的描述产生共鸣——贝奥武夫是当时极受敬佩的神话英雄。在《贝奥武夫》中，所叙述的核心人物被颂赞为"君王""英雄"和"英勇的战士"，有"力量和活力"，他"勇敢"，有"坚定的决心"。当准备与格兰德尔（Grandel）的母亲战斗时，贝奥武夫毫不在乎自己的生命和安危，而是渴望投入战斗。事实上，《十字架之梦》的作者似乎不太了解《圣经》对基督被钉十字架的记载，他的观念很可能主要来自基督教的崇拜礼仪，而不是直接源自《圣经》的记载。

基督论的虚己论

17 世纪初，德国吉森（Giessen）大学和图宾根大学的路德宗神学家爆发一场争辩。争辩的问题可以概述如下。福音书根本没有提到基督在世时使用过他所有的上帝属性（如全知）。这如何解释呢？这些路德宗神学家认为，两种看法似乎都符合正统教义：一种认为，基督秘密使用他的上帝能力；另一种相信，他完全没有使用这些能力。第一种看法被称为**隐藏论**（krypsis），是图宾根大学的路德宗神学家极力维护的；第二种看法被称为**虚己论**，是吉森大学的路德宗神学家同样全力支持的。

然而，必须指出，双方都同意，基督在成为肉身时期拥有上帝的主要属性，如全能和全在。争辩的焦点是它们的使用问题：它们被秘密使用？还是根本没被使用？19 世纪出现一种更极端的看法，越来越注重耶稣的人性，尤其是他的宗教品格。因此，阿洛伊斯·比德尔曼说："基督教的宗教原则更准确的定义，可以说是耶稣的宗教品格，即在耶稣的宗教自我意识中，上帝与人的关系已经作为一种新的宗教事实进入人类历史，满有激发信仰的能力。"

可以认为，这种观念植根于德国的敬虔主义，尤其是尼古拉斯·路德维希·冯·亲岑道夫（Nikolaus Ludwig von Zinzendorf，1700—1760 年）的著作，他的"心的宗教"（religion of heart）特别强调基督与信徒亲密的个人关系。施莱尔马赫阐发并重新定向亲岑道夫的看法，自认为是"更高层次的**守望村聚居者**"（Herrnhuter）——亲岑道夫的追随者。施莱尔马赫解释基督如何使信徒进入与他的团契，这非常像亲岑道夫分析宗教情感在灵性生命中的作用，以及它如何成为信徒与基督团契的基础。

然而，重视耶稣人的个性，在神学上留下许多尚未解释清楚的地方。基督的神性又怎么样呢？他的神性在哪里呢？强调基督的人性不是相当于忽视他的神性吗？19 世纪 40 年代和 50 年代初，较为正统的神学家提出这些问题和怀疑。但是，到了 19 世纪 50 年代后期，有一种基督论形成，似乎很有潜力解决这些问题。它既维护基督的神性，又证明有充分的理由强调他的人性。这种看法被称为**虚己论**，德国路德宗神学家戈特弗里德·托马修斯（1802—1875 年）特别提倡这种基督论。

在《**基督的位格与工作**》（*Person and Work of Christ*，1852—1861）中，托马修斯认为，道成肉身包括**虚己**，即故意抛弃所有上帝的属性，所以基督在耻辱中自动放弃上帝的所有特权。因此，完全可以强调他的人性，尤其是他作为人而受苦的重要性。托马修斯对基督论的看法，比早期的虚己论者更极端。道成肉身包括基督**放弃**上帝的属性。从基督降生到他复活的这段时期，上帝的属性都被放在一旁。托马修斯的观念以《腓立比书》2 章 6 至

8 节为基础，认为在道成肉身中，三位一体的第二个位格将自己完全降低为人。因此，在神学和灵修上强调基督的人性完全合理。

伊萨克·奥古斯特·多尔纳（Isaak August Dorner，1909—1984 年）批判对基督论的这种看法，理由是它造成上帝的改变。因此，多尔纳认为，托马修斯的看法损害了上帝的不变性这个教义。有趣的是，这种见解很有道理，可以认为，它预示了 20 世纪关于"上帝受苦"这个问题的争辩——前面已经讲过。

英国有一些人热衷于这种看法。1891 年，查尔斯·戈尔认为，在道成肉身时，基督将自己身上的上帝属性倒空，特别是全知。这导致主要的传统派达维尔·斯通（Darwell Stone，1859—1941 年）指责戈尔称，他的看法"有悖于教父们几乎一致的教导，也不符合神性的不变性"。这种评论再次说明基督论与神学的密切联系，当阐发"上帝受苦"的教义时，基督论是重要的考虑因素。

在本章中，我们综览了基督论的一些传统主题。所涉及的问题可能将继续在基督教神学中长期成为争辩的主题，因此，学生必须至少熟悉本章所讨论的一些问题。但是，在启蒙运动时期，这些问题在很大程度上被掩盖了，因为更具历史性的问题走到台前——这些问题将是下一章思考的内容。

研讨问题

1. 如果没有耶稣基督，还有基督教神学吗？
2. 探讨耶稣的一个重要头衔在《新约》的用法。这样论述耶稣有什么含意？
3. 概述亚历山大学派与安提阿学派在基督论方面的主要差异。
4. 耶稣基督是"成为肉身的上帝"。哪些神学见解与这种信仰有关？
5. 耶稣基督是上帝与人之间的"中保"。这种说法是什么意思？
6. 耶稣已经将自己的神性"倒空"。你认为这种观念有什么优点？又有什么缺点？

第十二章　信仰与历史：现代的基督论议题

现代时期的一系列进展对基督论十分重要，这在基督教以往的历史上是根本没有的。由于这些进展的重要性，将在本章详细探讨。前一章讨论过传统基督论的发展，这仍是教会神学反思的重要内容。但是，启蒙运动的世界观兴起，它质疑传统基督论的可信性，在许多方面提出挑战。本章将记述这些进展，评估它们对基督论的影响。

就基督教理解耶稣基督的身份而言，现代性于18世纪的开始提出一些非常具体的问题。在第4章中，我们探讨过启蒙运动理性主义的一些基本特点，特别指出它强调人的一种能力，即人类理性能够揭露世界的秩序和人在其中的目的与地位。因此，启蒙运动的理性宗教显然与传统基督教神学的许多重要领域产生冲突，这直接影响到基督论。因此，基督论从大约1750至2000年的发展，包括集中讨论一系列此前从未详细讨论过的问题。

12.1　启蒙运动与基督论

启蒙运动强调理性的能力，这提出一个问题，即上帝的启示是否必要。如果理性可以发现上帝的本质和目的，上帝在耶稣基督里的历史启示还有什么作用？理性似乎使启示——从而使所有基督里"启示性临在"的观念——显得多余。因此，耶稣基督的重要性是根据他的道德教导和榜样阐释的。有人认为，基督绝不是人类超自然的救主，其实只是"人类的道德导师"，带给世界的宗教教导符合人类理性最高的理想（尽管相符的程度仍存在争议）。耶稣一生中都是教师；死的时候，他是为人类舍己之爱的榜样。

启蒙运动也坚持认为，历史是同质的。这产生两个重要结果。首先，它缩短了基督与其他人本体上的鸿沟。基督应当被视为同其他人没有两样的人。如果他与其他人不同，也是在程度上的，即他拥有某种品质的程度超过其他人。基督与其他人的差异是**程度上的**，而不是**种类上的**。其次，这导致复活的历史性越来越受怀疑。有人认为，如果历史是持续的、同质的，现代人便没有复活的经验，这一定会让人极度怀疑《新约》对复活的记载。因此，启蒙运动倾向认为，复活是没有发生过的事，最多只是对灵性经验的误解，最糟则是一种故意的隐瞒，要掩盖拿撒勒人耶稣的事工在十字架上的羞辱结局。我们以下将进一步探讨这一点。

启蒙运动的思想家提出，由于强调复活，《新约》（有意或无意地）误解了基督的重要性。拿撒勒人耶稣其实完全是人，只是一位周游各地施教的拉比，而《新约》的作者却将他描述成救主和复活的主。有人认为，这些信仰通常只是添加给耶稣生平的幻想，或对它的误解。启蒙运动的一些思想家相信，如果恰当地运用最新的历史研究法，便可能重塑耶稣的"真实形象"。基于这些信仰，著名的"探寻历史的耶稣"（完全不同于所谓的"信仰的神话基督"）便于启蒙运动时期出现了。

启蒙运动特别批判传统基督论的三个方面，这非常重要，需要较为详细地讨论。

历史的哲学无用性

对于启蒙运动的思想家来说，历史不能揭示真理。理性——惟有理性——才是获得可靠知识的途径。理性真理是清楚的、独特的、必要的、普遍的。它们只能通过理性反思获得。历史全部是关于偶然的事件，它们的发生难以预料。那么，就获得可靠的见解而言，历史怎么会有价值呢？耶稣基督揭露关于上帝的真理，这是基督教的一种传统观念，现代思想否定这种看法最根本的原因之一，是它的核心信念，即历史不能揭示关于上帝的真理。如果可以得到对上帝的可靠认识，那也只能通过纯粹理性获得。我们很快便会进一步探讨这一点，尤其是戈特霍尔德·埃弗拉伊姆·莱辛（Gotthold Ephraim Lessing）对传统基督论的批判。

批判神迹

当论到耶稣基督的身份和重要性时，许多传统的基督教护教学都依据《新约》的"神迹证据"，其高潮是复活。不过，牛顿学说（Newtonianism）留下的最重要的理性遗产可能是机械式的规律性和宇宙的有序性，新思潮强调这些观念，导致《新约》记载的神迹事件遭到怀疑。普遍认为，大卫·休谟的《论神迹》（*Essay on Miracles*，1748）已经证明，神迹缺乏证据。休谟强调，当今根本没有类似《新约》的神迹，如复活，这迫使《新约》的读者只能完全依赖人对这些神迹的见证。对于休谟来说，人的见证都不足以证实神迹的真实性，因为当今没有这种事，这是原则问题。

18世纪60和70年代，赫尔曼·萨缪尔·赖马鲁斯（1694—1768年）和莱辛（1729—1781年）认为，无论最初的事件记载得多详细，如果与现今的直接经验矛盾，单凭人对过去事件（如复活）的见证，该事件便不足以为信。同样，法国主要的理性主义者丹尼斯·狄德罗（1713—1784年）宣称，如果巴黎的所有人都向他保证，有一个死人刚从死人中复活，他也根本不会相信。这种对《新约》"神迹证据"的怀疑愈演愈烈，迫使传统基督教不得不以神迹以外的理由捍卫基督神性的教义——这在当时其实简直无法做到。当然，必须指出，其他自称有神迹证据的宗教也受到启蒙运动同样强烈的怀疑和批判；基督教成为众矢之的，因为在启蒙运动发展的文化环境中，它是最主要的宗教。

教义批判的发展

启蒙运动时期，教义批判这门学科应运而生，就基督教会已被接受的教导而言，它们的起源和基础被彻底分析。"教义史"（德文为 Dogmengeschichte，它的传统英译为 "history of dogma"）便始于启蒙运动时期；这门学科较晚才得以巩固，更确切地说始于自由派新教时期，尤其是在 19 世纪下半叶。

一般来说，"教义史"这门学科由约翰·弗雷德里希·威廉·耶路撒冷（Johann Friedrich Wilhelm Jerusalem，1709—1789 年）于 18 世纪开创，他认为，《新约》中找不到像"两性"和三位一体等教义。如果的确存在，这些教义错误地将柏拉图哲学的**逻各斯观**与第四福音书的**道**混为一谈，将耶稣误解为逻各斯的化身，而不是它的范例。因此，教义史是错误史；但是，错误基本是可以改正的，可惜制度化教会顽固地抵制一切重构教义史的努力。

"教义史"运动显然影响到基督论，尤其是这场运动明显从 18 世纪开始声称，希腊文化制约或过度影响到初期教会的一些基督论信仰，因为希腊文化是基督教发展的背景。在阿道夫·冯·哈纳克（1851—1930 年）的领导之下，这场运动的影响力达到高潮。哈纳克认为，基督论一系列独特的发展是因为教父时期希腊观念的影响。他认为，道成肉身教义根本不是福音的内容；它是希腊观念，被加进原本简单的巴勒斯坦福音中。

因此，启蒙运动的开始为传统基督论带来重大的新挑战，使它不得不在议程中解决以前从不突出的一些问题——如果不是全部问题。启蒙运动为未来的基督论讨论设定界限，从此要讨论它的神学遗产的**本质**和**合理性**。后来，启蒙运动世界观的可信性受到严峻挑战，尤其是它强调人类理性完全可以胜任一切，因为人们承认，人类理性不具有普遍性，论述与推理的传统都受到社会因素的影响；但是，启蒙运动仍是现代基督教思想的基本参照点。

现在应当开始更详细地探讨启蒙运动时期的基督论。

12.2 信仰与历史的问题

基督教认为，历史上的拿撒勒人耶稣是上帝在历史中自我启示的顶峰；关于这一点的问题可以概括为三大类。我们如何能确定耶稣时代的巴勒斯坦到底发生了什么？假设我们对这种知识的可靠性有把握，历史上的一系列事件怎能让我们认识普遍真理？现代西方文化肯定与公元 1 世纪的巴勒斯坦文化存在巨大差异，这让我们无法了解耶稣的生平吗？我们可以将这几个问题较为正式地列为以下三个难题。

    1. **年代上**的难题，因为过去与现在相距甚远。我们怎能确切知道两千多年前发生了什么？

    2. **形而上学**的难题，这正是历史的本质提出的。拿撒勒人耶稣的生平怎能让人认识真理？乍看之下，偶然的历史事实似乎与普遍的必然真理十分不同，而普遍的必然真理是理性时代的哲学体系的核心。

    3. **存在性**的难题，这源自公元1世纪的巴勒斯坦与现代西方社会的文化差距。现代人的存在怎能与遥远过去的宗教信息有关？生活在久远文化中的人所说的话，怎能对今天的我们有意义？

我们将会看到，这三个因素不是绝对独立的。它们在很大程度上相互影响。但是，它们共同构成"信仰与历史"的总的问题，对现代基督论十分重要。我们将根据戈特霍尔德·埃弗拉伊姆·莱辛的著作依次思考这三个因素。莱辛是德国主要的理性主义思想家，他也批判传统基督教。莱辛对这三个难题的讨论被普遍视为现代对这些问题讨论的大纲。自1780年以来，基督论必须探讨、解答每一个难题。在以下部分中，我们将思考这些难题，并说明如何回应。

时代的难题

福音书对耶稣基督的记载将他牢牢置于过去。我们不能证实这些记载，只能依靠见证人的记载，这是我们根据福音书认识耶稣的基础。但是，莱辛问道：这些记载有多可靠？既然现在不能证实过去，为什么我们要相信它们？我们稍后将看到，莱辛认为，基督复活一事的难度特别大，它的历史基础相当脆弱。

难以确定过去发生的事；但是，莱辛认为，问题还不只如此。即使我们可以确切知道过去的事，还会有新的问题：历史知识究竟有什么价值？历史事件怎能产生观念？我们以下将探讨这个难题。

形而上学的难题

启蒙运动对传统基督教的批判，一端是理性的全能，另一端是越来越怀疑历史作为知识来源的价值。有一种信念越来越普遍，即宗教或哲学体系所必需的知识不是历史——包括历史人物或历史事件——能够提供的。历史（偶然性、暂时性真理的集合）怎能转变成理性（注重必然性、普遍性真理）？莱辛认为，在**历史真理**与**理性真理**之间，有一道不可逾越的鸿沟。

> 如果不能证明任何历史真理，那么，什么都不能通过历史真理证明。也就是说，历史的偶然真理绝不能证明理性的必然真理。……因此，这便是我不能跨越的巨大而丑陋的鸿沟，无论尝试多少次，不管多么努力，我都无法跳过。

莱辛说，在信仰与历史之间，有一道"巨大而丑陋的鸿沟"，这句话被视为一个总结，说明从历史的角度理解基督教神学与从理性的角度理解之间，有一道鸿沟。

"如果以历史为依据，我完全不反对这位基督从死人中复活的说法，那么，我就必须接受这位复活的基督是上帝的儿子吗？"莱辛对这个问题的回答是否定的，他区分两种不同种类的真理。如果年代的鸿沟涉及历史事实的争辩——过去究竟发生了什么，第二道鸿沟便是关于这些事件的解释的。"历史的偶然真理"怎能转变成"理性的必然真理"？莱辛认为，两者完全不同，是无从比较的两类真理。理性真理被视为具有必然性、永恒性和普遍性。它在任何时间、任何地点都不改变，是任何愿意恰当运用理性能力的人都能认识的。

"可认识性"的问题特别重要。莱辛反对正统基督教的理由之一，是他所说的"特殊性的丑闻"。为什么一个特殊的历史事件会那么重要？为什么拿撒勒人耶稣的生平——即使假设对其有一定的把握（但是，莱辛本人相信是不可能的）——被提升到非常高的认识论高度？莱辛认为，人人都有的理性能力——即所有人在任何时候、任何地方都有的理性——避免了这种耻辱。因此，在道德和理性上，理性主义都优于传统基督教所讲的排他性基督论（particularist Christology）。

然而，到了现代，莱辛假设存在的普遍理性遭到猛烈批判。例如，社会学已经证明，"启蒙运动的理性主义"完全不具备普遍性，只是众多理智选择的一种。启蒙运动提出，历史性会限制理智选择，这种看法为启蒙运动的理性主义提出许多难题。对于我们来说，强调一点特别重要，即个人（无论是神学家、哲学家，还是自然科学家）对知识的探索不是从零开始的，仿佛他们与社会和历史完全隔绝。启蒙运动强调，知识是从个人的批判性反思而来的，这是源自笛卡尔的看法；但是，这种看法近年来遭到猛烈批判，因为它不加批判地否定知识的全体基础。

存在性的难题

最后，莱辛提出一系列与存在有关的问题。他问道，这样一个过时、古老的信息与现代世界还有什么**关联**？对于现代读者来说，原始的基督教信息已经难以置信。在公元1世纪与18世纪的世界观之间，有一道不可逾越的信任鸿沟。有知识、对文化非常敏感的欧洲人怎能回到《新约》那落后的世界，运用它过时的宗教信息？

很难分析莱辛对信仰与历史的问题这一方面的讨论，因为他自己似乎都难以用概念解释其中的问题。但是，这一点非常重要，在我们研究现代基督论时还会出现。或许可以说，直到以存在主义为导向的基督论于20世纪兴起，莱辛的要点才得以充分探讨与解答。

12.3 探寻历史的耶稣

英国的自然神论和后来的德国启蒙运动都发展出一个论点，即历史上真实的耶稣与《新约》对其重要性的解释有严重的出入。《新约》描绘的是人类超自然的救主，但是，表象之下的真实人物是一个普通人，一位备受推崇的教师。启蒙运动的理性主义难以接受超自然救主的观念，却可以接受一位开明的道德教师。赖马鲁斯极力阐发这种观念，提出可以来到《新约》对耶稣记载的背后，找出那位更普通、更人性化的耶稣，他是时代的新精神可以接受的。因此，探寻更真实、更可信的"历史的耶稣"开始了。

虽然这场探寻最终以失败告终，但是，后期的启蒙运动认为，它是耶稣在理性的自然宗教中是否可信的关键。耶稣的道德权威在于他的教导和宗教人格的质量，而不在于不被接受的正统教义，即他是成为肉身的上帝。这种看法正是著名的"探寻历史的耶稣"的基础。

第一次"探寻历史的耶稣"

对历史的耶稣第一次探寻基于一个假设，即在历史的耶稣与基督教会对他的解释之间，有一道巨大的鸿沟。《新约》背后的"历史的耶稣"是普通的宗教教师；"信仰的基督"是初期教会的神学家对这个普通人的误解。寻找历史的耶稣把所有不必要、不合适的附加教义（如复活或基督具有神性的观念）一起除去，从而得到一种更可信的基督教。

虽然17世纪的英国自然神论者经常提到这类观念，但是，最典型的阐释出现在18世纪末的德国，尤其是赫尔曼·萨缪尔·赖马鲁斯逝世后出版的著作。赖马鲁斯越来越相信，犹太教和基督教的基础都是假的，他想写一部重要著作，让公众注意到这一点。他耗费心力写成的著作名为《为理性崇拜上帝而辩》（*An Apology for the Rational Worship of God*）。该书将《圣经》的所有正典都置于理性批判之下。但是，赖马鲁斯不想引发任何争辩，他没有发表该书，该书直到他去世时仍是手稿。

后来，莱辛得到该书的手稿，他决定摘取一部分发表。这些"无名氏的段篇"于1774年发表，引起了轰动。这部著作包括五部段篇，现在被普遍称为"沃尔芬比特尔段篇"（Wolfenbüttel Fragments），它们不断攻击复活的历史性。

最后一则段篇名为《论耶稣及其门徒的目的》（*On the Aims of Jesus and His Disciples*），其中谈到我们对耶稣基督之认识的本质，并提出一个问题，即初期基督徒是否篡改了福音书对耶稣的记载。赖马鲁斯认为，耶稣本人的信仰和意图与使徒教会的完全不同。在赖马鲁斯看来，耶稣谈论上帝时使用的语言和意象属于犹太教的末世启示观，在时代与政治的意义和关联性方面都十分有限。耶稣接受晚期犹太人的弥赛亚盼望，相信他会救自己的子民脱离罗马帝国的统治，耶稣相信，上帝会帮助他完成这一使命。他在十字架上呼喊上帝为何遗弃他，说明他最终意识到，他受了骗，犯了错。

然而，赖马鲁斯认为，门徒们不愿意这样了事。他们发明一种"灵性拯救"的观念，以取代耶稣具体的政治远象，即救以色列人脱离外国人的统治。他们发明了耶稣复活的观念，目的是掩盖他的死造成的尴尬局面。结果，门徒们发明了耶稣完全不知道的教义，如他的死是为人类赎罪，他们将这种观念加进《圣经》的经文，使它与他们的信仰一致。结果，我们现在所拥有的《新约》充斥着不真实的篡改。使徒教会向我们隐瞒了历史上真实的耶稣，用虚构的信仰的基督、将人类从罪中解救出来的救主加以取代。

阿尔伯特·史怀哲（Albert Schweitzer）写了一部精湛的研究著作：《探寻历史的耶稣》（*The Quest for the Historical Jesus*, 1906），他在书中将赖马鲁斯极端见解的重要性概括如下。在赖马鲁斯看来，如果

> 我们渴望了解耶稣在历史上的教导，就必须把从前在教理问答中所学的形而上学的内容丢掉，如上帝之子的身份、三位一体，以及类似的教义观念，而进入完全属于犹太人的思想世界。只有将教理问答的教导带回到犹太弥赛亚讲道中的人，才会得出这样的结论：他创建一个新宗教。对于任何不存偏见的人来说，显然"耶稣根本不想废除犹太教，另起炉灶"。耶稣只是犹太教的一位政治人物，自信地期待发动一场反罗马帝国的、决定性的、胜利的人民起义，却因自己的失败而粉身碎骨。

尽管赖马鲁斯当时没有多少追随者，但是，他提出的问题在随后一些年变得至关重要。特别是他明确区分历史上真实的耶稣与信仰中虚构的基督，这其实相当重要。结果便有了"探寻历史的耶稣"，这直接源自理性主义者越来越强烈的怀疑，即认为《新约》对基督的描述是教义性发明。这可能再现历史上真实的耶稣，脱去使徒们给他披上的教义外衣。

探寻耶稣的宗教人格

这种探寻更精妙的版本与自由派新教于19世纪的兴起有关。新兴的运动——如浪漫主义——使理性主义越来越被视为过时的东西。对"人的精神"的兴趣日渐浓厚，尤其是人类生活的宗教方面。这使人们再次注意到耶稣的宗教人格。基督具有"神性"之类的观念被视为过时的看法；任何人都能效法耶稣的"宗教人格"，在现代重述基督论的问题时，这种观念似乎是更能接受的方法。

结果，《新约》这一资源的本质又受到关注，因为可以根据《新约》构建历史的耶稣的生平。普遍认为，学者对《新约》重新进行的文学分析——尤其是对符类福音书的分析——肯定可以清晰逼真地描述耶稣，将他的宗教人格清楚表明出来。

"耶稣生平"运动出现于 19 世纪末，这场运动的基础是一个假设，即耶稣非凡的宗教人格——就是严谨的历史研究可以查明的——将为信仰提供坚实的历史基础。因此，基督教信仰依靠的坚实基础是历史事实，不是超自然或反理性的（传统基督论所谓的缺点）；基督教信仰的坚实基础只是耶稣的宗教人格，是科学可以调查的历史事实。耶稣每一个时代的追随者都可以再现他给自己的同代人留下的印象。

19 世纪末，在英国、美国、法国和德国所出版的"耶稣生平"数目众多，这足以证明支撑"耶稣生平"运动的观念盛极一时。借此，"加利利山那位遥远的神秘人"〔莫利勋爵（Lord Morley）著名的话〕的宗教人格可以进入现代，脱去不相干的文化包装，以成为未来人的信仰基础。

当然，描述耶稣的宗教人格必然带有极强的主观性，因此，被重新发现的历史的耶稣其实只体现出合乎 19 世纪进步标准的理想人物。19 世纪的"耶稣生平"运动难以立即察觉历史研究的相对性，其拥护者自认为运用了客观的历史研究法，却不知道他们自己也受到历史情况的制约。这场运动初期的神学家在错误中努力；他们运用最复杂的历史研究法和资源，要找出历史上真实的耶稣。他们当然看到耶稣不为人知的一面；遗憾的是，他们相信那便是他的真实面貌。

对探寻的批判：1890—1910 年

幻想难以长久。19 世纪的最后十年，对"耶稣生平"运动最持久的挑战在许多阵地上发起。第一次世界大战之前的二十年，对自由派新教的"宗教人格"基督论主要有三种批判。我们将分别思考它们。

末世性的批判 这种批判的主导者是约翰尼斯·魏斯（Johannes Weiss，1863—1914 年）和阿尔伯特·史怀哲（1875—1965 年），他们认为，耶稣所宣讲的上帝的国带有强烈的末世倾向，令人怀疑以康德为主的自由派对概念的解释。1892 年，约翰尼斯·魏斯发表了《耶稣所宣讲的上帝之国》（Jesus' Proclamation of the Kingdom of God）。他在书中指出，"上帝的国"这个观念被新教自由派理解错了，他们认为，这种观念指在社会中过道德的生活，或崇高的伦理理想。换句话说，它主要被理解为某种主观的、内在的或灵性的事，而不是时空中的国度。对于魏斯来说，阿尔布雷希特·利策尔所理解的上帝的国基本延续了启蒙运动的理解。它是一种静态的道德观，没有末世的意味。重新发现耶稣讲道中的末世思想，不仅质疑对上帝之国的这种理解，也质疑自由派对基督的普遍描述。因此，上帝的国不应当被视为固定的、静态的自由派道德价值体系，而是毁灭性的末世时刻，将**颠覆**

人的价值观。

然而，对于史怀哲来说，耶稣的末世观限制、决定他事工的总体特征。这种观念被英语世界所熟知，即"彻底的末世论"（thorough-going eschatology）。魏斯认为，耶稣彻底的末世性期待制约他讲道的实质（并非全部）；史怀哲却相信，耶稣的末世观决定他的讲道和态度的每一个方面。魏斯相信，耶稣的末世观只影响到他的一部分讲道；而史怀哲认为，启示观始终彻底制约着耶稣信息的全部内容，这些观念与19世纪末西欧固有的世界观格格不入。

从彻底的末世角度解释拿撒勒人耶稣的位格和工作，结果便是将基督描述为遥远陌生的人物，一位看重末世启示、完全脱离尘世的人，他的盼望和期待最终全部落空。末世论绝不是偶然附带的、不必要的"外壳"，丢掉之后便可以发现耶稣教导的"核心"——上帝为普世之父；相反，末世论是耶稣的世界观最主要、最根本的特点。因此，对于我们来说，耶稣似乎是陌生人，来自陌生的公元1世纪犹太人末世启示的环境中，从而便有了史怀哲的名言："他像陌生人一样来到我们这里。"

怀疑的批判　这种批判的倡导者是威廉·弗雷德（1859—1906年）。它首先质疑的是，我们对耶稣的认识是否具有历史地位。在符类福音书的记载中，历史与神学紧密交织在一起，无法分开。在弗雷德看来，《马可福音》在历史的掩盖之下绘制出一幅神学图画，马可将自己的神学强加给任由自己处理的材料。第二卷福音书——《马可福音》——不是客观的历史，其实是对历史创造性的神学解释。

因此，不可能来到《马可福音》记载的背后重构耶稣的生平，因为——如果弗雷德是对的——《马可福音》的记载本身便是构建神学，没有人能绕到它的背后。因此，"探寻历史的耶稣"走到终点，因为它不能为历史上"真实的"耶稣建立历史基础。弗雷德发现，以下三个致命的根本错误构成自由派新教基督论的基础。

1. 当面对符类福音书对耶稣令人不满的记载（如神迹或符类福音书之间明显矛盾的记载）时，尽管自由派神学家采用后来的观念修改以前的传统，但是，他们没有一贯应用这个原则。换句话说，他们没有意识到，教会后来的信仰对这位福音书作者的影响非常大，以致信仰成为他著作各个阶段的准绳。

2. 自由派神学家没有考虑到福音书作者的动机。他们倾向简单地排除他们觉得难以接受的记载，满足于剩下的记载。这样，他们便没有认真对待一个事实，即福音书作者本人便有积极的论述。但是，他们用完全不同的东西将其取代。首先应当查明福音书本来的记载，然后找出福音书作者希望传递给读者的信息。

3. 从心理学的角度理解福音书的记载，往往将想象的事与真实发生的事混为一谈，因为这样做的基础是不充分的。事实上，自由派神学家往往在福音书中找到他们正在寻找的东西，其基础是"某种心理臆测"，似乎更重视感性描述，而不是知识的绝对正确性和确定性。

教义的批判 教义神学家马丁·卡勒（Martin Khler，1835—1912年）进行了这种批判，他质疑"重构历史的耶稣"的神学意义。"历史的耶稣"与信仰无关，信仰的基础是"信仰的基督"。卡勒正确地看到，学术历史学家那位不动感情、过客般的耶稣不能成为信仰的对象。但是，如果历史学永远不能让人对耶稣有明确的认识，耶稣基督怎能成为基督教信仰真正的基础和内容？信仰怎能建立在一个历史事件的基础上而不易受到历史相对主义的指责？这些问题正是卡勒在《所谓历史的耶稣与历史性的、圣经的基督》（*The So-called Historical Jesus and the Historic, Biblical Christ*，1892）中解答的。

> 现代作家的历史的耶稣向我们隐藏了活的基督。"耶稣生平"运动的耶稣只是人想象的一位现代的虚构人物，同拜占庭基督论那位臭名昭著的教义式基督不相上下。他们都与真正的基督相距甚远。在这一方面，历史主义同教义主义一样，都是武断的，充满人的傲慢，又是思辨并"不信的诺斯替派"，而教义主义本身在它那个时代便被视为现代的。

卡勒立即承认，"耶稣生平"运动将《圣经》对基督的见证与抽象的教义主义进行对比，这种做法完全正确。但是，他坚持认为，这是无效的。他的一句名言可以概括他的看法：整场"耶稣生平"运动是一条死胡同。

他这样断言的理由非常复杂。最基本的理由是，基督必须被视为"超历史的"，而不是"历史的"人物，因此，历史批判法不能用在他身上。历史批判法不能处理耶稣的超历史（从而是超人）的特点，所以必须忽略或否定它们。事实上，由于潜在的教义假设，历史批判法只能导致阿里乌派或伊便尼派的基督论。卡勒在整部《所谓历史的耶稣与历史性的、圣经的基督》中经常提到这一点，最有力的部分是在对耶稣的个性所做的心理解释方面，以及在历史批判法中运用类比原则的相关问题。

卡勒注意到，对耶稣的个性所做的心理分析依赖一个（未被察觉的）假设：我们与耶稣的差异只是**程度上的**（Crade），不是**类别上的**（Art）。卡勒提出，必须基于教义予以批判。更重要的是，卡勒质疑在解释《新约》对基督的普遍描述时运用类比原则，这必然导致耶稣被视为可以被类比为现代人，从而导致简化的基督论或程度基督论。如果一开始便假设耶稣是普通人，与其他人只有程度的不同，并非在本质上不同，这种假设便会被读进《圣经》的经文，并决定最后的结论，即拿撒勒人耶稣是人，同我们只有程度的差别。

其次，卡勒认为，"我们没有耶稣生平的任何材料，就是历史学家可以接受，认为可靠、充分的材料。"这不是说，就**信仰**而言，资料是不可靠的、不充分的。卡勒想要强调，福音书不是公正无私的目击者所做的记载，而是信徒对信仰的记录，无论在形式上，还是在内容上，它们都不能与信仰分开；福音书的记载"不是警觉的、不存偏见的目击者的记录，而是从头到尾都是基督信徒的见证和认信"。因此，"我们只有通过这些记载才能和他接触，"显而易见，"《圣经》对基督的描述"对信仰至关重要。

对于卡勒来说，重要的不是基督是谁，而是他现在为信徒做了什么。"历史的耶稣"缺乏"信仰的基督"所具备的拯救意义。因此，为了阐发救赎论——"信仰对救主的认识"，基督论的棘手问题可以被放到一边。事实上，卡勒认为，"耶稣生平"运动仅仅创造出一位虚构的、伪科学的基督，毫无存在的意义。在卡勒看来，"真实的基督是被传讲的基督。"基督教信仰不是基于这种历史的耶稣，而是在于具有存在意义、能激发信仰的"信仰的基督"。

许多基督教思想史家认为，史怀哲摧毁了第一次"探寻"，这十分有影响力，以致很久"再没有探寻"，直到第二次世界大战末。普遍认为，从历史上讲，不可能理清福音书的耶稣与历史的耶稣。许多人认为，从神学上讲，"探寻"不具备神学合理性，因为基督教的基础是对基督的信仰，不是历史的耶稣。这必然降低所谓历史的耶稣的重要性。

这种思想逐渐主导了神学界，可以认为，在鲁道夫·布尔特曼（1884—1976 年）的著作中达到高潮；我们现在就来探讨他的思想。

鲁道夫·布尔特曼：暂停探寻

布尔特曼认为，就重构历史的耶稣而言，整项事业是条死胡同。对于基督论来说，历史不具有根本重要性；只需要耶稣存在过，基督教的宣讲（布尔特曼称为**福音宣讲**）设法以其位格为基础。因此，布尔特曼提出一个著名看法，即将基督论的所有历史层面都简化为一个词"那位"（that）。只要相信**那位**耶稣基督是福音宣讲的基础便已经足够。喊着这种口号，极为重要一代人的基督论退出了历史战斗。

对于布尔特曼来说，十字架和复活的确是历史现象（因为它们在人类历史中发生过），但是，凭借信仰才能看出它们是上帝的作为。十字架和复活在福音宣讲中联系在一起，既是上帝审判的作为，也是上帝拯救的作为。在今天仍有意义的，是上帝的这种作为，而不是承载它的历史现象。因此，福音宣讲所关注的，不是历史事实，而是向它的听众传递一个信息，要他们必须做出抉择，从而将末世的时刻从过去转移到宣讲的此时此刻：

> 这意味着，耶稣基督在福音宣讲中遇见我们，而不在别处，就像他遇见保罗，迫使他做出决定。福音宣讲不是宣扬普世的真理或永恒的观念——不是上帝或救主的观念，而是传扬一个历史事实。……因此，福音宣讲既不是永恒观念的工具，也不是历史信息的媒介；至关重要的是，福音宣讲是基督的"那位"，他的"此时此刻"，宣讲时，"此时此刻"便出现了。

因此，布尔特曼认为，我们不能绕到福音宣讲的背后，将其用作"资源"重构"历史的耶稣"，再现他的"弥赛亚意识"、他的"内在生命"或他的"英雄主义"。那只是"按肉体所理解的基督"，是不再存在的。现在做"主"的那位，不是历史的耶稣，而是所宣讲的耶稣基督。

这种彻底脱离历史的做法让许多人不安。确信基督论恰当地以耶稣基督的位格和工作为基础的人怎能不担心呢？如果与历史的耶稣无关，我们怎能开始查验基督论呢？在新约研究和教义研究中，越来越多的学者似乎认为，布尔特曼只是快刀斩乱麻，却没有解决紧要且严重的历史问题。

对于布尔特曼来说，惟一能做的——也是惟一需要做的——是知道一个事实，即历史的耶稣是**那位**（das Dass）曾经存在过的。在新约学者格哈德·埃贝林（Gerhard Ebeling，1912—2001年）看来，历史的耶稣是基督论的基础，如果能够证明基督论错误地解释历史之耶稣的重要性，基督论便无法成立。在这一点上，可以认为，埃贝林所表达的担忧是"重新探寻历史的耶稣"的基础，在下一个部分中，我们将探讨再次的探寻。

埃贝林指出他所认为的布尔特曼基督论的根本缺陷：它完全经不起历史学术的检验（"证实"的语气或许太强）。基督论会不会建立在错误的基础之上？耶稣的讲道变成**关于耶稣的讲道**，我们怎能确信这是合理的转变？埃贝林的批判与恩斯特·克泽曼（Ernst Käsemann，1906—1998年）的类似，但是，克泽曼的焦点不是纯粹的历史，而是神学。

再次探寻历史的耶稣

"再次探寻历史的耶稣"被普遍视为始于恩斯特·克泽曼于1953年论历史的耶稣这个问题的讲座。要想完全理解这次讲座的重要性，必须先了解布尔特曼派此时采用的假设和方法。克泽曼承认，符类福音书主要是神学文献，经常以历史的形式表达神学。在这一方面，他赞同布尔特曼派的关键原理，并重述他们的要点，他的依据是卡勒和弗雷德的见解。

然而，克泽曼随即继续说明自己的主张，他使用的方法非常重要。虽然福音书作者明显注重神学，但是，他们相信，他们掌握了拿撒勒人耶稣的历史信息，符类福音书的经文将这些历史信息具体表达出来。福音书不仅包括福音宣讲，还包括历史记载。

根据这种见解，克泽曼指出，必须探讨"耶稣的讲道"与"**关于耶稣的讲道**"之间的延续性。在世上的耶稣与被高举、被宣讲的基督之间，显然没有延续性；但是，他们之间仍有一丝关联，因为从某种意义上讲，被宣讲的基督已经出现在历史的耶稣身上。必须强调，克泽曼不是在说，应当再次探寻历史的耶稣，为福音宣讲提供历史的合理性；他更不是说，历史的耶稣与被宣讲的基督没有延续性，这必然导致历史的耶稣瓦解被宣讲的基督。相反，克泽曼是在说明，世上的耶稣是有**神学**主张的，而被高举的基督有**历史基础**，即拿撒勒人耶稣的言行。

克泽曼认为，这种神学主张依赖历史的证明，即关于耶稣的福音宣讲已经在耶稣的事工中有了微小的雏形。既然福音宣讲包含历史因素，那么，研究历史的耶稣与信仰的基督之间的关系是完全合适的，也是必要的。

"再次探寻历史的耶稣"与 19 世纪不足为信的探寻显然在本质上是不同的。克泽曼的论证基于一种认识：历史的耶稣与信仰的基督没有延续性，这不意味着，他们是互不相干的实体，后者完全不以前者为基础。相反，可以在拿撒勒人耶稣的言行中看出福音宣讲，因此，"耶稣的讲道"与"关于耶稣的讲道"具有延续性。以前的探寻认为，历史的耶稣与信仰的基督没有延续性，意味着后者极有可能是虚构的，必须根据客观的历史研究结果重构；而克泽曼强调，这种重构既没有必要，也不可能。

这一点的重要性越来越受重视，引起神学家日益浓厚的兴趣，想要探讨福音宣讲的历史基础。有四种立场应当注意。

1. 约阿希姆·耶雷米亚斯（Joachim Jeremias，1900—1979 年）可能代表这场争辩的一个极端。他似乎主张，基督教信仰的基础在于耶稣实际的言行，是神学研究可以证实的。因此，他的《新约神学》（*New Testament Theology*，1971）第一部分完全以"耶稣的宣讲"为新约神学的核心。

2. 克泽曼认为，历史的耶稣与福音宣讲的基督具有延续性，因为它们共同宣扬，上帝的末世国度已经开始出现。在耶稣的讲道和初期基督徒的福音宣讲中，"国度即将来临"是非常重要的主题。

3. 如上所述，格哈德·埃贝林认为，历史的耶稣与信仰的基督的连续性在于"耶稣的信仰"。他将其理解为类似于"亚伯拉罕的信仰"（罗马书第 4 章所描写的），它是一种模范式信仰，拿撒勒人耶稣在历史上体现出这种信仰，并成为其榜样，它被宣讲出来，让现代的信徒可能效法。

4. 金特·博恩卡姆（Günter Bornkamm，1905—1990 年）特别强调权柄的观念：在耶稣的事工中，明显有权柄。在耶稣里，上帝实际与人相遇，让人做出重大决定。布尔特曼认为，耶稣讲道的本质是上帝的国在未来来临，而博恩卡姆将重点从未来转到现在，即个人现在通过耶稣与上帝相遇。在耶稣的事工和关于耶稣的宣讲中，"与上帝相遇"这个主题都非常明显，在神学和历史上，它将世上的耶稣与被宣讲的基督联系在一起。

因此，"再次探寻历史的耶稣"想要强调，历史的耶稣与信仰的基督具有延续性。"以前的探寻"旨在让人不相信《新约》对基督的描述，而"再次探寻"的结果却巩固《新约》对基督的描述，因为它强调，耶稣本人的讲道与教会对耶稣的宣讲是有延续性的。

此后，这个研究领域还有其他进展。20 世纪 70 和 80 年代，学术界特别注重探讨耶稣与其公元 1 世纪犹太教的环境之间的关系。这一进展与英美神学家的关系特别密切，如盖佐·韦尔迈什（Géza Vermès，1924— ）和桑德斯（E. P. Sanders，1937— ）。它再次燃起对耶稣的犹太背景的兴趣，进而强调历史对基督论的重要性。布尔特曼的看法贬低历史对基督论的重要性，被普遍视为不足为信，至少目前是这样的。这可以在对"历史的耶稣"新的兴趣中看出，就是所谓的"第三次探寻"。

第三次探寻历史的耶稣

自"再次探寻"于20世纪60年代普遍失败之后，一系列著作出版，旨在重新评估历史的耶稣。"第三次探寻"经常被用于这些著作。许多神学家质疑这个名称，指出被归于该名下的著作和学者的共同点不足以将其这样归类。例如，其中一些神学家在自己的分析中援用《新约》以外的材料，尤其是科普特文的《多马福音》；其他神学家只是依靠《新约》的材料进行分析，特别是符类福音书。尽管有这种保留意见，但是，"第三次探寻"似乎越来越被接受，所以应当在这部分概述中使用它。不管"第三次探寻"的倡导者存在什么分歧，它都有许多共同的基本要素，尤其是强调耶稣的犹太性，以及必须以公元1世纪犹太教及其所处的公元1世纪巴勒斯坦社会为背景理解耶稣。

"第一次探寻"根据一系列假设构建耶稣的生平，而这些假设带有极强的理性主义色彩，继承了启蒙运动的传统，不予考虑福音书记载的神迹成分。"再次探寻"往往以耶稣的话为核心，强调耶稣本人的讲道与《新约》关于耶稣的宣讲之间的延续性。"第三次探寻"似乎以耶稣与其犹太背景的关系为中心，认为这说明他使命的独特特征，以及他对自己目标的理解。许多神学家为"第三次探寻"做出了重要贡献，应当特别指出以下几位：

1. 约翰·多米尼克·克罗桑（John Dominic Crossan，1934— ）认为，耶稣本来是贫穷的犹太农民，特别想挑战当时社会的权力结构。在《历史的耶稣》（*The Historical Jesus*，1991）和《耶稣：一部革命性传记》（*Jesus: A Revolutionary Biography*，1994）中，克罗桑认为，耶稣打破当时盛行的社会习俗，尤其是他与罪人和遭社会排斥的人共同进餐。

2. 在《耶稣：一种新视野》（*Jesus: A New Vision*，1988）和《第一次再遇耶稣》（*Meeting Jesus Again for the First Time*，1994）等著作中，马库斯·博格（Marcus L. Borg，1942— ）提出，耶稣是颠覆性圣贤，想要复兴犹太教，他的方式向统治圣殿的精英发起有力的挑战。

3. 在《天真的神话》（*Myth of Innocence*，1988）和《失落的福音》（*The Lost Gospel*，1993）中，伯登·麦克（Burton L. Mack）认为，耶稣是有犬儒派风格的个人主义式圣贤。作为"希腊犬儒派式圣贤"，耶稣不太关心犹太人特有的问题（如圣殿的地位或律法的作用）；相反，他想找出、嘲讽当时社会的习俗。

4. 桑德斯（1937— ）坚持认为，耶稣应当被视为先知一样的人物，想让犹太人复兴。在《耶稣与犹太教》（*Jesus and Judaism*，1985）和《历史人物耶稣》（*The Historical Figure of Jesus*，1993）等著作中，桑德斯提出，耶稣想象一种以色列人的末世复兴，上帝将终结现在,开创以新圣殿为中心的新秩序,耶稣本人便是上帝的代表。

5. 在丛书《基督教的起源与上帝的问题》（*Christian Origins and the Question of God*）中,英国新约学者赖特（N. T. Wright, 1948）批判地运用桑德斯的看法,同时保留一种观念,即耶稣基督的到来开始了全新的事,尤其是在上帝子民的身份方面。在新约研究这个领域,这套丛书的前两卷——《新约与上帝的子民》（*The New Testament and the People of God*, 1992）和《耶稣与上帝的胜利》（*Jesus and the Victory of God*, 1996）——被普遍视为近年来最重要的著作。

这五位神学家被普遍视为"第三次探寻"的代表,根据对这少数几位神学家的简短分析,"第三次探寻"显然缺乏一致的神学或历史核心。在某些问题上,"第三次探寻"还存在重要分歧,例如,是根据耶稣的犹太背景理解他,还是按照他的希腊背景;他对犹太人的律法和他们宗教制度的态度;他对以色列人未来的看法;以及耶稣本人对以色列人未来的重要性。但是,"第三次探寻"至少已经赢得一定赞同,尽管它有明显的缺陷;在对"探寻历史的耶稣"这个重要问题的学术讨论中,它可能仍是不可或缺的一部分。

12.4 基督的复活:事件与意义

信仰与历史之间关系的问题经常以基督复活的问题为中心。更具体地说,这个问题是,基督是否真的从死人中复活?如果是真的,这个事件有什么意义?这个问题集中体现出启蒙运动对传统基督教的主要批判。在以下部分中,我们将概述在现代时期形成的一些主要看法,并评估它们的重要性。

启蒙运动:复活为"非事件"

启蒙运动的特点是强调理性的全能和一种做法的重要性,即过去的事件必须可以在现代找到类比;这些观念导致一种进展,即复活于18世纪受到强烈怀疑。戈特霍尔德·埃弗拉伊姆·莱辛便是这种态度很好的例子。莱辛承认,他本人没有直接经验耶稣基督的复活;所以他问道,为什么要他必须相信一件他没有见过的事?莱辛认为,年代的距离更能解释自己的怀疑（他显然认为,其他人也有同感）,即他怀疑见证人报告的可靠性。我们的信仰最终建立在别人的权威之上,而不是基于这一权威,即我们自己的经验和对它的理性反思。

> 因此,这便是我不能跨越的巨大而丑陋的鸿沟,无论尝试多少次,不管多么努力,我都无法跳过。如果有人能帮我跨过,我恳求他们助我一臂之力。因此,我再次重复我前面说过的话。我从不否认基督行了神迹。但是,既然这些神迹

的真实性完全不能被现在的神迹事件证明，它们只是对神迹的报告。……我否认它们能，也应该约束我，让我对耶稣的其他教导有一点点信仰。

换句话说，既然现在根本没有人从死人中复活，那么，我们为什么要相信过去发生过这种事？这个问题的关键是启蒙运动的一个核心主题，即人的自主性。事实必须合乎理性，人有必要的认知能力，去揭示世界的这种理性秩序。真理不是靠外在的权威要求人接受的；真理应当被自主思考的人承认与接受，其基础是一种认识，即个人所知道的真实的事必须完全是自称为"真理"而需要证实的事。真理是需要认识的，不是强加于人的。

对于莱辛来说，必须接受其他人的见证，便相当于损害人类理智的自主性。当今根本没有复活的类比。复活不是现代日常生活中的经验。那么，为什么相信《新约》的记载呢？在莱辛看来，复活只是被误解的"非事件"。

大卫·弗雷德里希·斯特劳斯：复活为神话

在《耶稣传》（Life of Jesus，1835）中，关于基督复活的问题，大卫·弗雷德里希·斯特劳斯提出一种全新的看法。斯特劳斯注意到，基督的复活对基督教信仰至关重要：

> 对耶稣的信仰，根本在于相信他的复活。有人认为，无论他活着时有多么伟大，被处死的他不可能是弥赛亚；他奇迹般复生，这更有力地证明，他是弥赛亚。他的复活令他走出黑暗王国，同时被高举，超越世上的人，现在，他被接到天上，坐在上帝的右边。

斯特劳斯将这种理解称为"正统体系的基督论"，指出它自启蒙运动以来始终饱受批评，尤其是因为启蒙运动的假设，即神迹（如复活）不可能发生。

根据这种完全相当于启蒙运动一种关键世界观的先验假设，斯特劳斯宣称，他的意图是解释"在没有相应的复活事实的情况下，信仰耶稣的复活是如何开始的"。换句话说，斯特劳斯是要解释，在没有客观历史依据的情况下，基督徒怎么会信仰复活。他否定复活是"客观的神迹事件"，从而将这种信仰置于纯粹主观的层面上。信仰复活，不应当被解释为回应"客观上复活的生命"，而是"心里一种主观的观念"；信仰耶稣的复活是"回忆耶稣其人的品格"并将其夸大的结果，这样，回忆被映射成现在仍然存在的观念。因此，死了的耶稣被转化成幻想的复活的基督——恰当的说是神话的复活的基督。

斯特劳斯对这场争辩的独特贡献是引入"神话"的范畴——这是反思福音书作者的社会环境和文化观的结果。提出他们的著作有一部分是"神话"，不是质疑他们的诚实，只是承认他们写作的那个时期的世界观是现代时期之前的世界观。必须承认，福音书作者置身于他们的文化环境中，必然采用当时文化的神话世界观。斯特劳斯不赞同赖马鲁斯的见解，即福音书作者有意无意地歪曲自己对拿撒勒人耶稣的记载。斯特劳斯认为，原始族群的文化自然会用神话语言表达，因为他们尚未达到使用抽象概念说明观念的程度。

对于赖马鲁斯来说，福音书作者要么是糊涂了，要么是骗子——是骗子的可能性更大。斯特劳斯引入"神话"的范畴，从而让这场讨论远离赖马鲁斯的判断。复活不应当被视为故意捏造的，而是对事件的解释（尤其是对耶稣的回忆或"主观异象"），所采用的方式是公元1世纪巴勒斯坦文化能理解的，符合当时盛行的神话世界观。既然这种世界观已经过时，那么，相信复活为客观事件必须被视为不可能的事。

斯特劳斯的《耶稣传》和同一时期的其他理性主义著作——如恩斯特·勒南（Ernst Renan）的同名著作（1863）——都极具吸引力。复活传统上被视为基督教信仰的基础，现在却被视为信仰的产物。基督教被理解为对死去耶稣的回忆，而不是庆贺复活的基督。但是，这场争辩绝没有到此结束。在以下部分中，我们将思考现代神学这迷人一章后来的进展。在20世纪重新诠释斯特劳斯的人中，鲁道夫·布尔特曼可能是最有见地的。现在，我们便来探讨他对复活的独到见解。

鲁道夫·布尔特曼：复活为门徒经验中的事件

布尔特曼也有斯特劳斯的基本信念：在这个科学时代，不可能相信神迹。结果，不可能再相信耶稣的复活为客观事件；但是，可能用另一种方式理解他的复活。布尔特曼认为，历史是"封闭的连续效应，一连串因果关系将个别事件联系起来"。因此，复活同其他神迹一样，会破坏这种自然的封闭系统。支持启蒙运动的思想家都提出过类似观点。

尽管在公元1世纪相信耶稣的客观复活完全合情合理，但是，今天却不可以把它当真。"我们已经在用电灯和无线电设备，生病时也有医学与临床的成果帮助治疗，怎么可能同时相信《新约》那充满鬼灵与神迹的世界！"自公元1世纪以来，人类对世界和自身存在的理解已经彻底改变，结果，现代人认为，《新约》的神话世界观是难以理解的、不可接受的。生活在什么时代，便会有什么时代的世界观，这是无法改变的。现代的科学的、存在主义的世界观意味着，《新约》的世界观是难以理解的，应当将其抛弃。

因此，复活应当被视为"神话事件，单纯而简单"。复活是发生在门徒主观经验中的事，而不是人类历史舞台上的真事。对于布尔特曼来说，耶稣的确复活了——他复活在福音宣讲之中。耶稣本人的讲道已经被转化成基督教对基督的宣讲。耶稣已经成为基督教宣讲的一部分；他已经在福音宣讲中复活，并被纳入其中：

> 真正的复活信仰，是相信耶稣的讲道，就是启发人的道。如果复活的事件的确是十字架事件以外的另一起事件，它只是开启对复活之主的信仰，因为这

种信仰造就了使徒所传讲的道。复活本身不是过去历史的事件。历史考证学只能证实，最初的门徒开始相信复活。

布尔特曼一贯持反历史的看法，将关注点从历史的耶稣转向对基督的宣讲。"复活信仰便是相信教会为福音宣讲的传承者，信仰的内容是，相信耶稣基督就在福音宣讲之中。"

卡尔·巴特：复活为超越批判研究的历史事件

1924年，卡尔·巴特（1886—1968年）写了一本小书，名为《死人复活》（*The Resurrection of the Dead*）。但是，多年以后，他对复活与历史之间关系的看法才算成熟，且明显受到布尔特曼的影响。巴特的一篇短论《鲁道夫·布尔特曼：试着理解他》（*Rudolf Bultmann: An Attempt to Understand Him*，1952）提到，他对布尔特曼的看法感到担忧。后来，在《教会教义学》第4卷第1部分，他继续深入探讨这些问题。在以下部分中，我们将试着阐释巴特的看法，比较他的观点与布尔特曼的看法。

在早期著作中，巴特认为，空空的坟墓对复活不是非常重要。但是，他越来越担心布尔特曼从存在主义的角度理解复活，布尔特曼的看法似乎意味着，复活根本没有客观的历史基础。因此，巴特十分强调福音书对空坟的记载。空坟是"不可或缺的记号""避免一切可能的误解"。它说明，基督的复活不是纯粹内在的、内心的或主观的事件，而是在历史上留下痕迹的事件。

这似乎说明，巴特认为，复活经得起历史研究，以澄清它的本质，肯定它在世界历史上的地位，而不是在第一代信徒心里的个人经验。但是，事实并非如此。巴特始终拒绝让福音书的记载受到仔细的历史考证研究。其中原因不是完全清楚。在这一方面，以下几个因素似乎是巴特慎重考虑的。

巴特强调，保罗和其他使徒不是号召人"接受证据确凿的历史报告"，而是要人做出"信仰的决定"。历史研究不能让这种信仰更合理，或为它提供坚固的保障；信仰也不能依靠历史研究的暂时性成果。不管怎样，信仰是回应复活的基督，而不是对空坟的回应。巴特完全明白，在奠定对复活之基督的信仰方面，空坟本身没有多大价值。基督不在他的坟墓里，这不一定代表他复活了："他可能真地被人偷走，或只是看起来像死了。"

结果，巴特便留在一个最初便似乎极易受到批判的立场上。他反对布尔特曼主观主义的看法，想捍卫复活为人类历史上公开发生的事，却不愿意让这段历史受到批判研究。一方面，这是因为他深信，历史学不能奠定信仰的基础；另一方面，这也反映出他的假设，即基督的复活是一个众多观念和事件所组成的更庞大体系的一部分，是历史研究不能揭露或证实的。无论多么认同巴特的这种神学担忧，都难以避免一个结论，即他在这一点上难以让人信服。或许正是因为如此，沃尔夫哈特·潘能伯格的看法才备受关注。

沃尔夫哈特·潘能伯格：复活为可接受批判研究的历史事件

沃尔夫哈特·潘能伯格（1928— ）的神学体系出现于20世纪60年代，最显著的特征是援用世界历史。在1961年的短论《救赎事件与历史》（*Redemptive Event and History*）中，潘能伯格阐发、论证了这些观念，并详细探讨过它们。文章开篇便有力地援用世界历史：

> 历史是基督教神学最广袤的沃土。所有神学的问题与答案只有在上帝与人共度的历史框架中才有意义；通过人类，上帝与所有受造物共度一段历史，携手走向未来；未来是向世界隐藏的，却已经在耶稣基督里启示出来。

这段非常重要的开场白概括了潘能伯格神学生涯这一阶段神学体系的显著特征。由此可见，他与布尔特曼及其学派的反历史神学和马丁·卡勒的超历史看法都不同。基督教神学基于对世界历史的分析，而世界历史是人人都可以了解的。对于潘能伯格来说，启示基本是公开的世界性历史事件，被承认与**解释**为"上帝的作为"。在潘能伯格的批判者看来，这似乎将信仰简化为一种见解，否定圣灵在启示事件中的所有作用。

潘能伯格的论证如下。只有从历史的终点看历史，才能理解整个历史。只有从这一点看，才能完全看清历史的进程，从而正确地理解历史。马克思认为，社会科学预言，历史的目标由社会主义主宰，社会科学握有解释历史的钥匙；而潘能伯格宣称，只有耶稣基督才是理解历史的关键。历史的结局已经在耶稣基督的历史中预先揭示出来。换句话说，尽管历史尚未终结，但是，历史早已在耶稣基督的位格和工作中提前揭示出来。

"历史的结局已被提前揭示出来"的观念基于末世启示的世界观；潘能伯格认为，它是理解《新约》对耶稣的意义和作用之解释的关键。布尔特曼选择将《新约》具有末世启示的部分去神话化，潘能伯格却将其视为解经的网络或框架，在其中解释基督的生平、死亡和复活。

这篇论文最独特——肯定也是最值得称道之处，可能是潘能伯格坚持认为，耶稣的复活是客观的历史事件，凡是能看到其证据的人，都能为其做出见证。布尔特曼认为，复活是门徒经验世界的事件；潘能伯格却宣称，复活属于公诸于世的世界历史。

这立即提出一个问题，即复活的历史性。如前所述，一群启蒙运动思想家认为，我们只能从《新约》得知耶稣所谓的复活。既然当今没有耶稣复活的类比，那么，《新约》对耶稣复活的记载必须受到强烈质疑。恩斯特·特勒尔奇（Ernst Troeltsch，1865—1923年）同样认为，历史具有同质性；既然耶稣的复活似乎完全破坏历史的同质性，那么，复活的历史性便值得怀疑。潘能伯格先后在《救赎事件与历史》和《耶稣：上帝与人》中回应了这些难题。他反对上述看法的基本论证可以概述如下。

在潘能伯格看来，特勒尔奇对历史的看法过于狭隘，预先假设了一套判断标准，从而将这些暂时性判断视为绝对定律，以致将某些事件提前排除在外。特勒尔奇毫无根据地"压缩了历史批判研究"，这是"有偏见的""以人为中心的"。它首先假设，在历史方面，人的观点是惟一可接受的标准立场。潘能伯格强调，**从人的立场来看**，类比总是类比；那种立场的范围极为有限，不能成为批判研究绝对可靠的基础。潘能伯格是优秀的历史学家，不会提出废除类比的原则；它毕竟是历史研究经过验证的有效工具。但是，潘能伯格坚持认为，它的作用仅限于此；它是有效的工具，却不能用来确定不变的实体观。

如果历史学家在研究《新约》之前便已经相信"死人不会复活"，这种结论肯定会被读进《新约》的经文。"耶稣没有从死人中复活"的判断将成为研究之前的假设，而不是结论。潘能伯格对这个问题的讨论相当于提出一个热情而引人注目的呼吁，要求以中立的角度理解复活。当研究证明耶稣复活的证据时，一定不能有先入为主的教义假设，即耶稣不可能复活。

在证明复活的历史性之后，潘能伯格进而探讨对它的解释；他从末世启示的框架讨论它的意义。耶稣从死人中复活，提前揭示历史的结局。这个准则主导着潘能伯格对耶稣复活的解释。耶稣的复活预示末世所有人的复活，将末世所有人的复活和上帝最终的完满启示带入历史。因此，耶稣的复活与上帝在基督里的自我启示有机地联系在一起；它确立耶稣与上帝的同一性，让这种同一性被读进耶稣在复活之前的事工中。因此，它成为一系列重要的基督论主张的基础，包括基督的神性（不论如何说明这一点）和道成肉身。

复活与基督教的盼望

耶稣基督的复活在基督教神学中有许多作用。我们已经讲过，复活在基督论中的一个基本作用是肯定基督的神性。甚至在《新约》中，拿撒勒人耶稣被高举的地位——不论用什么概念解释这一点——应当被视为与他的复活联系在一起。这在传统上被视为认可耶稣为上帝之子的身份（罗马书1：3—4），并验证他教导的有效性。《天主教教义问答》对这一点的阐释特别清楚："复活首先证实基督的所有工作和教导。如果基督通过复活明确地证明他有上帝的权柄，就是他曾经应许的，所有真理，甚至是人类理性最难以认识的真理，便有了合理的解释。"

可是，必须理解，耶稣的复活在基督教神学中还有另一个作用。它确立、巩固基督教盼望。这既有**救赎论**的意义，也有**末世论**的意义。在救赎论方面，它让基督在十字架上的死亡能被解释为上帝战胜死亡和与死亡联合在一起的所有权势。就末世论而言，它让基督教对永生的盼望有了基础和实质。在本书最后一章中，我们将充分探讨这些问题；目前，我们只是提醒读者，基督的复活有多方面的神学意义。

托尔金（J. R. R. Tolkien, 1892—1973年）的奇幻作品取得成功，这让一些人探讨他独特的文学观念——**救赎时刻**（eucatastrophe）——如何将复活与环境联系在一起。对于托尔金来说，**救赎时刻**是"突然瞥见潜在真相或真理时的喜乐"，它是在出乎意料的好结局中发现的，却与之前发生的所有事是完全一致的。

> 基督降生是人类历史的"救赎时刻"。复活是道成肉身故事的"救赎时刻"。故事以喜乐开始，以喜乐结束。它有超群的"真实内在一致性"。

在本章中，我们主要讨论启蒙运动所提出的信仰与历史的问题。启蒙运动和后启蒙运动的基督论争辩显然极受关注，所提出的一连串问题可能在未来一段时间内仍是争辩的主题。人们普遍对启蒙运动的世界观失去信任，导致它麾下的基督论议题纷纷撤军，传统基督论又很受重视。后现代性的兴起极大地改变了争辩的形式，人们现在承认，现代主义独特的历史观和理性观塑造出许多争辩。可以说，在基督的工作这个教义方面也大致如此，我们现在就来探讨。

研讨问题

1. 莱辛说，在信仰与历史之间，有一道"巨大而丑陋的鸿沟"。他这样说是什么意思？
2. 如果出于辩论，假设《新约》对耶稣的真相记载有错，我们能怎样修正？
3. "探寻历史的耶稣"如何反映出启蒙运动的前提？
4. 第一次"探寻历史的耶稣"失败了。试论马丁·卡勒或阿尔伯特·史怀哲对此有什么贡献？
5. 布尔特曼拒绝讨论历史问题，所以饱受非议。在你看来，为什么会出现这种情况？
6. 如果在巴勒斯坦发现拿撒勒人耶稣的尸骨，基督教还将剩下什么？

第十三章 论基督的拯救

基督教认为，耶稣基督的一生、死亡和复活带来了改变。受造秩序——尤其是人类——陷入混乱。事物不再是其应当的那样。必须为此做些什么。因此，同样创造受造秩序的那位上帝应该做些什么，更新、重新安排受造秩序。基督教罪的教义试图解释出错的地方；拯救的教义则探讨恢复受造秩序——特别是人类——与上帝合宜的关系。

"救赎"被普遍用来指借着基督改变人的状况。苏格兰神学家约翰·麦克劳德·坎贝尔（John McLeod Campbell，1800—1872年）简洁有力地说："在罪已经让我们成为的样子与上帝的爱渴望我们应当成为的样子之间，隔着一道鸿沟，可以认为，上帝已经通过**救赎**在这道鸿沟之上架起一座桥梁。"这里所提出的问题不只是罪和拯救的本质，也是如何跨越它们之间的鸿沟。在本章中，我们将探讨这些问题。

基督教的拯救教义以耶稣基督为中心，将他视为世界的救主。对于基督教来说，基督对事物的改变激动人心、全面彻底，以致改变事物的作为及其造成的影响都需要解释。我们之前已经指出，基督教对拿撒勒人耶稣的重要性有独特的理解，即他是拯救的基础。在本章中，我们将探讨基督教对拯救的理解：如何理解拿撒勒人耶稣为上帝拯救世界的基础，以及这种拯救的具体形式。

拯救的教义是最迷人、最具挑战性的神学领域之一，展现出基督教传统中极为多样的理智取向。一方面，我们看到，一些神学家富有惊人丰富的想象力，他们设想，基督的死亡和复活改变、重新塑造人类和整个宇宙，让他们分享上帝的生命。另一方面，我们也发现，一些神学家意识到必须谨慎，想坚决留在合理的范围之内。在他们这里，基督经常被描述为绝佳的宗教与道德榜样，将在他们想要找到、过上好生活时引导与激励他们。

前两章思考过有关耶稣基督身份的种种问题。在前两章的讨论中，我们注意到，关于耶稣基督的身份，一个核心问题与他的功能有关。耶稣曾经做过什么？甚至更重要的是，耶稣现在做了什么？以下两个核心问题有机地联系在一起：

1. 耶稣基督是谁？
2. 耶稣基督成就了什么？

耶稣基督的身份和作用可以被理解为同一枚硬币的两面。在这一方面，应当注意到**功**

能基督论与**本体基督论**的紧密联系。

13.1 基督教对拯救的看法

"拯救"（salvation；译注：或"救恩"）是非常复杂的观念。它不一定只有**基督教**的独特意义。它可以完全以世俗的方式使用。例如，苏联作家通常将列宁称为苏联人民的"救主"，尤其是20世纪20年代末。20世纪80年代，非洲国家的军事政变经常导致"拯救理事会"成立，谋求恢复政治和经济的稳定。拯救可以是纯粹的世俗观念，只与政治解放或人对解放的普通追求有关。同样，其他宗教传统也说到提供"拯救"，尽管它们对拯救的定义与基督教的大不相同。

基督教对拯救的看法有其独特性，在于两个不同的方面。首先，拯救被理解为以耶稣基督的一生、死亡和复活为基础；其次，在基督教传统中，基督塑造拯救的独特形式。这些观念非常复杂，需要我们停下来进一步探讨。

拯救与耶稣基督联系在一起

首先，基督教认为，拯救——不管后人如何定义——与耶稣基督的一生、死亡和复活联系在一起。历代以来，这种联系——耶稣基督实现拯救——始终是基督教神学的特点。在《新约》和基督教传统中，大量隐喻用来说明人的状况借着拯救而改变，所有这些隐喻都以耶稣基督为中心，他是它们最终的基础和目标。美国长老会的《信纲》（*Confession*，1967）用现代语言阐释这一点：

> 上帝在耶稣基督里和好的作为是《圣经》以各种方式描述的奥秘。它被称为羔羊的献祭、牧人为他的羊舍命和祭司的赎罪；它也是赎回奴隶、偿还债务、代人承受律法的惩罚和战胜恶的权势。这些说明上帝深爱人的真理，而这个真理是所有理论都无法解释的。它们启示出上帝和好工作的重要性、代价和确实的成就。

在近年来的神学文献中，一场重要的争辩涉及对十字架的理解：十字架是拯救的**要素**，还是十字架**说明**拯救。在《论和好》（*Doctrine of Reconciliation*，1898）中，著名的德国神学家马丁·卡勒（1835—1912年）提出以下这个关于救赎论的问题："基督只是让人对一种不变的情况有了一些了解，还是开创了一种新情况？"这个问题将我们带到救赎论的核心：基督的十字架说明上帝拯救的旨意，使迄今模糊的观念更清晰吗？它首先让上帝的拯救可能发生吗？它是说明性的，还是它为拯救的要素？

基督的十字架首先让上帝的拯救可能发生。这种看法始终是基督教许多传统神学的特点。基督被视为已经做成一件令一种新情况成为可能的事。拯救是基督的一生、死亡和复活的直接结果。更有力的说法是：基督的一生、死亡和复活是拯救的基础。当然，关于基督到底如何使一种新情况成为可能，还有许多争辩。例如，爱任纽阐释"重归于一"（recapitulation，译者注：或"复归元首"）的观念，认为即"重新经历"历史上人类在其中迷失自我的所有事件。因此，基督"重新经历"亚当的历史，在亚当失败之处都取得成功，从而扭转了人类的堕落。

> 当（基督）道成肉身，变为人时，他在自身重演了人类的漫长历史，为我们得到救恩，因此，我们能在耶稣基督里重获我们曾在亚当里所失去的，即上帝的形象和样式。

基督的十字架说明上帝拯救的旨意，使迄今模糊的观念更为清晰。这种看法始终是许多受启蒙运动启发的著作的特点，将十字架视为永恒真理的历史象征。基督没有开创新情况，而是揭示出原本真实的事，即使人没有完全意识到它。在《基督教神学原理》（1966）中，约翰·麦奎利（1919—2007年）坚决捍卫这种看法：

> 上帝不是在某个特定时刻在他先前的作为之外增加和好的作为，我们也不能设定某一个时间是他和好作为开始的时刻。相反，在某个特定时候，出现一个新的决定性解释，说明一种（上帝）始终在进行的作为，这种作为与创造本身同样原始。

牛津的神学家莫里斯·怀尔斯（1929—2005年）也有类似看法，在《重塑基督教教义》（*Remaking of Christian Doctrine*，1974）中，他认为，基督事件"在一定程度上证明上帝永恒本质的真相"。在此，基督被理解为启示出上帝拯救的旨意，而不是首先证实这个旨意。基督的到来是公开表明上帝拯救的旨意。

其他神学家强烈反对这种看法。在《救赎的事实》（1988）中，英国神学家科林·甘顿（1941—2003年）提出，十字架不是拯救要素的看法，危险在于落入榜样式救赎论和主观救赎论。甘顿认为，必须说基督不只向我们启示出重要的事；他为我们完成某些事——如果没有这些事，拯救便不可能发生。甘顿提出一个问题："耶稣的一生、死亡和复活是否针对世界真实的恶，从**本体**上带来医治？"他认为，基督必须具有"代替"我们的意义，即他为我们做了我们自己不能做的事。如果否定这一点，便是回归某种纯粹主观的救赎论。

在启蒙运动之前，基督教对拯救的基础进行过许多讨论，可以认为，甘顿的看法体现了其中许多讨论的特点。这些讨论反映出一种基本信念，即在基督里发生某件新事，使一种新的生活方式可能产生，也可以获得。在现代福音派中，这种看法仍是权威，已经对基督教会的赞美诗和崇拜礼仪产生深远而持久的影响。

耶稣基督塑造拯救

基督教的特点是坚持拯救与耶稣基督有关。此外，基督教进一步提出一种基督论主张，即拯救由基督塑造。换句话说，耶稣基督为得救的生命提供模式或范式。基督教传统完全不赞同一种观念，即"效法基督"**是**基督徒的生活或会**产生**这种生活；但是，基督教传统普遍同意，从某种意义上讲，基督塑造这种生活或为其立下规范。

单从外表效法基督便能产生基督徒生命的看法，被普遍视为伯拉纠主义。基督教的主流看法往往认为，基督徒的生命由基督而来，同时承认两种完全不同的方式，其结果都是他所"塑造"的基督徒生命。我们可以将这两种看法概括如下：

1. 基督徒的生命由信徒不断尝试效法基督而形成。在成为基督徒之后，信徒便将基督视为与上帝和其他人理想关系的榜样，并试图效法这种关系。这种看法可能能在中世纪后期的灵修神学家的著作中最好地看出，尤其是在修道院的环境中，如中世纪灵修神学家托马斯·厄·肯陪的名著《效法基督》（Imitation of Christ，约1418）。该书强调，人有责任使自己的生命符合基督所立下的榜样。

2. 基督徒的生命是一个"效法基督"的过程，通过信仰，信徒的外在生活符合与基督的内在关系。这种看法的代表是路德和加尔文，所依据的观念是，上帝通过圣灵所带来的更新和重生的过程将信徒塑造成基督的样子。

拯救的末世层面

在本章这个开始阶段，最后必须讨论的问题是拯救的时间。拯救是否应当被理解为已经发生在信徒身上的事？还是现在正在发生的事？拯救是否有末世的层面？换句话说，拯救是尚未发生的事吗？根据《新约》，对这些问题能给出的惟一答案是，拯救包括过去、现在和未来这三个方面。我们可以通过保罗对称义及相关主题的论述说明这一点。

在处理保罗的看法时，很容易对以上的时间问题持过于简单的看法。例如，我们可以试着将称义、成圣和拯救勉强排成以下过去－现在－未来的简洁的框架：

1. **称义**：过去的事件，有现在的含意（成圣）；
2. **成圣**：现在的事件，依靠过去的事件（称义），有未来的含意（拯救）；
3. **拯救**：未来的事件，依靠过去的称义事件和现在的成圣事件，它根据这二者已经可以预见，并可以经历到一部分。

然而，这显然还不充分。称义不仅是未来的事，也是过去的事（罗马书2：13，8：33；加拉太书5：4—5），似乎与基督徒生命的开始及其最终的完满结束都有关系。同样，成圣也可以指过去的事件（哥林多前书6：11）或未来的事件（帖撒罗尼迦前书5：23）。拯救是格外复杂的观念，不仅包括未来的事件，也包括过去已经发生的事（罗马书8：24；哥林多前书15：2）或现在正在发生的事（哥林多前书1：18）。

保罗用称义的语言指信仰生活的开始及其最终的完满结束。这是复杂与包罗万象的观念，预示最终审判的判决（罗马书8：30—4），预先宣告最终的宣告无罪。因此，信徒现在称义的基督徒生活，预示信徒从上帝未来的愤怒中得救，而且他们预先便被拯救；这种生活也在现在确保末世最终的宣告无罪。

因此，当处理基督教对拯救的理解时，我们必须理解，拯救有过去、现在和未来这三个要素。它不单是未来的盼望，也不只是过去的成就。它是关于过去的事件，而这件事保障拯救的基础；它是现在的保证，即改变信徒与上帝和其他人关系的事已经发生；有些事仍要实现，这涉及个人的改变和信徒对新耶路撒冷的盼望最终实现。更简单的说法是：基督教对拯救的理解有一个前提，即某件事**已经发生**，某件事**现在正在发生**，某件事**将来还会发生**在信徒身上。

13.2 拯救的基础：基督的十字架

"赎罪论"（theory of atonement）在英语神学中已经非常普遍，指"理解基督工作的一种方式"。19世纪和20世纪初，这个词被使用得尤为普遍。但是，越来越多的证据表明，许多现代基督教神学家认为，在所有神学观点中，"赎罪论"显得繁琐，没有帮助。由于这种趋势，本书尽量避免使用这个术语。"救赎论"（soteriology，源自希腊文soteria，意为"拯救"）越来越用来指传统上所谓的"赎罪论"或"基督的工作"。救赎论包括神学的两大领域：一个问题是拯救如何实现，特别是它与耶稣基督的生平之间的关系；另一个问题是如何理解"拯救"。在基督教史中，这些问题始终是激烈讨论的主题，特别是在现代。

关于十字架和基督复活的意义，最好的讨论方法是分四个重要的主题或意象。必须强调，这些主题或意象不是互相排斥的，通常有神学家所持的看法融合了其中不只一个主题或意象的要素。事实上，可以认为，就十字架和基督复活的意义而言，大多数神学家所持的观点不能被简化为一种看法，或局限在一种看法之内，如果这样，我们便极大地歪曲了他们的思想。

十字架为献祭

《新约》采用《旧约》的意象和期望,把基督在十字架上的死描述为献祭。这种看法在《希伯来书》中特别明显,该书将基督所献的祭描述为大有功效、完美无瑕的祭,所成就的事《旧约》的祭只能暗示,却无法实现。尤其是保罗使用的希腊文 hilasterion(罗马书 3:25),也是从献祭的角度解释基督的死。

这种观念随后在基督教传统中得以继续发展。为了使人恢复与上帝的关系,中保必须将自己献为祭;如果没有这种献祭,人与上帝的关系便不可能恢复。阿塔那修认为,在几个方面,基督的献祭优于《旧约》所要求的献祭:

> 基督所献的祭是可依赖的,具有永恒的功效,事实上永不失效。按照律法所献的祭是不可依赖的,因为它们必须天天献上,还需要洁净。相反,救主的祭是一次献上,便完全献上,所以是永远值得依赖的。

阿塔那修在《节日书信》(*Festal Letters*)中进一步阐发这一点,这些书信是他每年庆祝复活节时写的。阿塔那修用它们阐释基督教对基督在十字架上献祭的理解。在第七封《节日书信》(335 年)中,阿塔那修根据逾越节羔羊的献祭探讨基督的献祭:

> (基督)是真正的父上帝,为我们成为肉身,因此,他可以替我们将自己献给父,通过他的献上和牺牲拯救我们。……他以前作为羔羊被献祭,羔羊预示了他。但是,他后来为我们被杀。"我们逾越节的羔羊基督,已经被杀献祭了"(哥林多前书 5:7)。

希波的奥古斯丁宣称,基督"为罪而成为祭物,在十字架上受难时,他自己作为全牲的燔祭献上"。奥古斯丁使对基督献祭的本质的整场讨论更加清晰,因为他在《上帝之城》中为献祭下了明确有力、影响深远的定义:"真正的献祭在每一步都要我们与上帝在神圣的团契中结合。"根据这个定义,奥古斯丁特别容易说明基督的死为献祭:"他的死的确是为我们所献的惟一的、非常真实的祭,因为我们的罪,执政掌权者拘留我们,要我们受罚是合法的,而通过他的死,他将所有罪都除去、废掉、偿清。"在这次献祭中,基督既是祭物,也是祭司;他将自己作为祭物献上:"他为我们的罪献祭。他到哪里去找祭物,他所能献上的无瑕祭物?他献上他自己,因为他找不到其他祭物。"

对基督献祭的这种理解在整个中世纪至关重要,将塑造西方对基督之死的理解。鉴于奥古斯丁的重要性,我们将全篇引用他的一段话,作为他对基督之死的看法最简明的论述。

这段经常被人引用的话是:

> 因此,真中保"取了奴仆的形象",从而成为上帝与人中间的中保基督耶稣(提摩太前书2:5),他以"上帝的形象"接受献祭(腓立比书2:6—8),与父合一,和父同为独一的上帝。但是,他决定以"奴仆的形象"亲自成为祭物,而不是接受献祭,以防有人认为,这种祭物应当被献给某个受造物。因此,他既是献上自己的祭司,也是祭物。

圣维克多的于格(Hugh of St. Victor)是12世纪初的神学家,认为"献祭"的意象有助于解释基督死在十字架上这种工作的内在逻辑。基督之所以可以成为人类罪的有效祭物,正是因为他可以将我们堕落的罪性带到上帝面前:

> 他取了我们的本性,当作为我们的本性献上的祭物,使得他所献上的整个燔祭都是从我们而来。他这样做,目的是使献上的拯救与我们有关,因为所献上的取自我们。救主通过他的肉身与我们相交,我们凭借信仰与他结合,因此,在这种拯救中,我们是真正的共同受益人。

因此,基督的献祭是否有功效于他的人性和神性。

基督在十字架上的献祭与"基督三重职分"(munus triplex Christi)之一特别有关。根据这种始于16世纪中叶的预表论,基督的工作可以概括为三种"职分":先知(基督宣告上帝的旨意)、祭司(他为罪献祭)和君王(他凭借权柄统治自己的子民)。

对基督职分的这种理解于17世纪正式成形,当时的新教神学家在著作中给予了充分论证。17世纪著名的日内瓦神学家弗朗索瓦·图雷蒂尼(Francois Turrettini,1623—1687年)是归正宗传统的主要倡导者,他较为充分地阐释了这种理解:

> 基督的这种中保职分被分配在三种功能中,是其各个部分,分别为:先知的职分、祭司的职分和君王的职分。……人类源自罪的三种苦难(即无知、犯罪和罪的压迫与束缚)需要这三重职分。无知通过先知的职分得以医治,犯罪通过祭司的职分,罪的压迫与束缚通过君王的职分。先知之光驱散错误的黑暗;祭司的功劳除去罪,为我们取得和好;君王的权力消除罪与死的束缚。先知向我们揭示上帝;祭司带我们走向上帝;君王使我们与上帝联合,与他同得荣耀。先知通过启示之灵启发心灵;祭司通过安慰之灵抚慰灵魂和良心;君王通过成圣之灵征服悖逆的倾向。

16 世纪末和 17 世纪的新教普遍接受这种分类法，所以从献祭的角度理解基督的死亡在新教救赎论中至关重要。因此，约翰·皮尔森（John Pearson）的《信经诠释》（*Exposition of Creed*，1659）坚持认为，基督的献祭在拯救中是不可或缺的，并特别将这一点与基督的祭司职分联系在一起。

> 弥赛亚要带来的救赎或救恩是使罪人脱离罪与永死，进入义和永生。既然脱离罪必须先有赎罪祭，所以也必须有祭司。

然而，自启蒙运动以后，献祭的意义有了微妙变化。隐喻的意义超过原来的意义。献祭原来指特定的宗教活动，即一种杀戮祭牲的献祭仪式。但是，它的意义逐渐变成个人的英雄式或牺牲很大的行为，尤其是舍弃自己的生命，但是，这不是为了成就超自然的事或实现盼望。

在洛克的《基督教的合理性》（1695 年）中，可以看到这种倾向的发展。洛克认为，要求基督徒相信的惟一信条是基督为弥赛亚；为罪献祭的观念被刻意放弃。"所要求的信仰是相信耶稣为弥赛亚，就是上帝应许赐给世人的受膏者。……我不记得基督曾在何处自称为祭司，或提到任何有关他祭司职分的事。"

这些论点又被自然神论者托马斯·查布（Thomas Chubb，1679—1747 年）进一步阐发，尤其是在《为耶稣基督的真福音辩》（*True Gospel of Jesus Christ Vindicated*，1739）中。查布认为，理性的真宗教是符合公理永远掌权的宗教，基督之死为献祭的观念出于初期基督教神学家对护教的关注，这令他们协调理性的宗教与犹太教："由于犹太人有他们的圣殿、圣坛、大祭司和献祭等，所以为了让基督教与犹太教有相似之处，使徒们便在基督教中找到某些对应物，通过比喻的方式用那些名字来称呼。"同正在兴起的启蒙运动传统一样，查布也否定这些，认为它们都是伪造的。"上帝施怜悯的性情……完全出于他内在的良善和怜悯，而不是源于在他之外的事，无论是耶稣基督的受苦和死亡，还是其他什么。"

约瑟夫·巴特勒（Joseph Butler）是批判自然神论的著名英国神学家，即便是他，在《宗教的类比》（*Analogy of Religion*，1736）中尝试恢复献祭的观念时也遇到困难。在时代强烈的理性主义精神下，他捍卫基督之死的献祭本质，却发现自己不得不做出让步：

> 就（基督的死）如何与以哪种独特方式有了这种功效，试图解释的不乏其人；但是，我发现，《圣经》没有做出解释。对于古人所理解的赎罪方式，即如何通过献祭获得赦罪，我们似乎相当无知。

霍勒斯·布什内尔（Horace Bushnell）的《代替性献祭》（*Vicarious Sacrifice*, 1866）也说明了当时英美神学中的这种趋势，但是，他的方法更具建设性。通过受苦，基督唤醒我们的罪感。他的代替性献祭说明，上帝因恶而受苦。当说到"献祭的柔声呼唤"时，布什内尔似乎与完全以榜样解释基督之死的人站在一起；但是，布什内尔坚持认为，赎罪是有目标的。基督的死感动上帝，也说明上帝。布什内尔以下的话强烈预示出后来"上帝受苦"的神学：

> 关于基督的代替性献祭，无论我们的说法、看法或信仰是什么，我们都必须肯定上帝也是如此。整个上帝都在其中，永远在其中。……在山丘上的木头没有出现之前，上帝里面便已经有了十字架。……仿佛世世代代以前，就有一个看不见的十字架，屹立在未被发现的山头。

自1945年以来，对献祭意象的使用明显减少，尤其是在德语神学中。这很可能与献祭一词的修辞学价值在世俗环境中的降低直接有关，特别是在国家陷入危机的时候。世俗世界对献祭〔译者注：献祭（sacrifice）兼具"献祭"和"牺牲"两种含意〕意象的使用，经常退化为一种"口号兜售"，被普遍视为玷污、损害了这个词及其概念。在第一次世界大战期间的英国，这个词的常见用法是"他为国王和国家牺牲了生命"。20世纪30年代，阿道夫·希特勒广泛使用牺牲的意象证明经济的艰难和公民自由的丧失都是为德国的复兴所付出的代价；由于这个词与许多负面的事联系在一起，许多基督徒在教导和讲道中几乎无法使用。但是，在现代天主教圣礼神学中，这个词仍然十分重要。现代天主教的圣礼神学认为，圣餐是一种献祭，并在这种观念中找到丰富的神学意象资源。

十字架为胜利

《新约》和初期教会非常强调基督的胜利，通过十字架和复活，他战胜罪、死亡和撒旦。在崇拜礼仪方面，这种胜利的主题经常与复活节的庆典联系在一起，在启蒙运动之前的西方基督教神学传统中十分重要。"基督为胜利者"（Christus victor）的主旨综合一系列相关主题，中心思想是，彻底战胜恶和压迫的权势。从某种意义上讲，这不是一种"赎罪论"。它更像是对信心的一种表达，即相信基督的死亡和复活意义重大。这很可能先于某种赎罪论，或是它的基础——但是，它本身不是一种理论。

基督之死为赎价的意象对希腊教父至关重要，如爱任纽。在之前讨论类比的神学作用时，我们已经提到，《新约》说耶稣舍命，为罪人成为"赎价"（马可福音10：45；提摩太前书2：6）。在初期教父中，奥利金（约185—约254年）可能是最具思辨精神的，相信可以合理地推出这个类比的结论。奥利金认为，如果基督的死是一种赎价，必须付给某个对象。但是，付给谁呢？不可能是上帝，因为上帝没有捉住罪人，要求赎价。因此，奥利金认为，赎价一定是付给魔鬼的。

大格列高利（Gregory the Great）于公元6世纪进一步阐发这种观念。大格列高利认为，魔鬼已经获得控制堕落人类的权力，这是上帝必须尊重的。人类摆脱撒旦的控制和压迫的惟一方法是通过魔鬼的越权，从而迫使他不得不放弃自己的权柄。那么，如何做到这一点呢？大格列高利提出，如果有一个无罪的人进入世界，外表仍像普通的罪人一样，便可以做到。等魔鬼注意到这一点时，已经太晚了：魔鬼以为自己有权处置这个无罪的人，于是逾越自己的权限，所以必须放弃自己的权力。

大格列高利提出饵钩的意象：基督的人性是饵，他的神性是钩。魔鬼好像一个大海怪，猛咬住钩，等他发现钩时为时已晚。"饵是诱饵，使钩能伤害猎物。因此，我们的主来拯救人类时，为了能杀死魔鬼，他自己成为一种钩。"其他神学家探讨说明同样观念的其他意象——设下陷阱，捉住魔鬼。基督的死像捕鸟的网或捕鼠的陷阱。从这种角度解释十字架的意义后来最让人不安。上帝似乎犯了欺骗的罪。

我们或许可以在阿奎利亚的鲁菲纳斯（Rufinus of Aquileia）的著作中最好地看到这个主题，尤其是他于公元400年左右对《使徒信经》的解释：

> （道成肉身的目的）是上帝之子的神性美德可以成为一种钩子，藏在人的肉身之下，……引诱这个世界的王来追逐；上帝的儿子可以将他自己的肉身献上，当作诱饵，而藏于其下的神性能捉住他，用钩子将他紧紧钩住。……那么，就像一条鱼，当咬住饵钩时，它不仅无法挣脱诱饵，还被拉出水面，成为别人的食物；掌管死权的他抓住耶稣死亡的身体，却不知道里面藏着神性的钩子。一旦吞下，他立即被抓住。地狱之门被打破，他仿佛从坑中被拉出，成为别人的食物。

战胜魔鬼的意象其实很受大众欢迎。中世纪"地狱的痛苦"这个观念证明了它的影响力。按照这种说法，死在十字架上之后，基督降到地狱，打破地狱之门，释放了囚禁在其中的灵魂。这种观念依据《彼得前书》3章18至22节的经文，经文记载基督"曾去传道给那些在监狱里的灵听"（但是，必须说这个依据站不住脚）。沙特尔的富尔贝尔（Fulbert of Chartres，约960—1028年）所写的赞美诗《新耶路撒冷的诗班》（*Ye Choirs of New Jerusalem*）用两节诗说明这个主题，所选用的主题是基督为"犹大的狮子"（启示录5：5），击败古蛇撒旦（创世纪3：15）：

> 犹大的狮子打破锁链,
> 击碎蛇的头;
> 他在死亡的领地高声吼叫,
> 要唤醒被囚禁的死人。
> 他吞灭地狱深处,
> 一声令下,其中的猎物全部复苏;
> 他的蒙赎大军直冲向前,
> 追随耶稣曾经的脚踪。

类似观念也出现在威廉·朗兰(William Langlang)的《耕者皮尔斯》(Piers the Plowman)——14 世纪最重要的英文诗之一。在这首诗中,皮尔斯睡着了,梦见基督打开地狱之门,向撒旦这样说:

> 这是我的灵魂,是所有这些有罪灵魂的赎价,拯救那些配得的人。他们是我的;他们从我而出,所以我更有资格拥有他们。……你用谎言、犯罪和一切不义在我的领地夺走我所拥有的。我却没有用其他方式,而是付出赎价,公平地重新夺回他们。你用诡计夺取的,我用恩典赢回来。……就像一棵树导致亚当和全人类都死亡,我的死刑树将令他们复生。

顺便说一下,注意这段话如何使用"重归于一"的主题,这非常像里昂的爱任纽的用法;注意"树"与"死刑树"的并列结构。

然而,随着启蒙运动的爆发,**基督为胜利者**的看法不再是神学的宠儿,它越来越被视为过时、天真的想法。无论"地狱的痛苦"多么受中世纪农民的欢迎,从启蒙运动更高一等的标准看来,这简直太原始了。以下因素似乎促成了这种进展。

1. 对信仰基督复活的理性批判使人怀疑究竟我们能否说"战胜"死亡。
2. 传统上与这种解释十字架的角度相关的意象,如一位具有位格的魔鬼以撒旦的形式出现,以及人类在撒旦的恶的权势下受压迫等,都被否定,被视为现代之前的迷信。

这种看法在现代的复兴通常始于古斯塔夫·奥伦(Gustav Aulén)的《胜利的基督》(Christus Victor)于 1931 年的出版。这本小书最初在德国以文章形式发表于《系统神学杂志》(Zeitschrift fur systematiche Theologie,1930),对英语神学对这个主题的看法产生了很大影响。奥伦认为,基督教对基督工作的传统理解可以概括为一种信仰,即相信复活的基督已经为人类带来新生命的可能性,因为他战胜了恶的权势。奥伦概述赎罪论的历史,认为这种极为生动的"传统"理论在中世纪之前主导着基督教,直到较为抽象的"法律"理论开始普及。重新关注赎罪的道德意味导致焦点转移到以公义为中心的赎罪论,而对于在道德上产生较多问题的"基督为胜利者"的看法逐渐丧失兴趣。马丁·路德在著作中彻底扭转这种局面,他重新介绍这个主题,或许是为了反抗后期经院神学的赎罪论在灵性上的贫乏。但是,奥伦认为,后期的新教正统派对新教经院神学的关注导致它再次被置于幕后。奥伦宣称,现在应当扭转这个过程,重新发现这种理论,它在现代完全配得再次受到应有的重视。

当阐释这种理论的优点时,奥伦区分了他所说的"传统"或"基督为胜利者"的看法与他认为在现代神学中兴起的另两种看法:一种是纯粹的"客观"看法,核心是赎罪为上帝内在的改变,一种是纯粹的"主观"看法,认为赎罪在人类的主观意识里带来改变。奥伦认为,前者是坎特伯雷的安瑟伦倡导的,后者的提倡者是彼得·阿伯拉尔。在奥伦看来,基督为胜利者的模式与这两种看法都极为不同。

> 它的核心主题是一种赎罪观,即赎罪是上帝的斗争和胜利;基督——胜利的基督——与世界的罪恶权势、捆绑人类并使其受苦的"暴君"争战,并且得胜,在他里面,上帝使世界与他和好。在此需要特别强调两点:首先,这是全面、正确的赎罪论;其次,这种赎罪论有其清楚独特的特点,完全不同于其他两种看法。

没过多久,便有人质疑奥伦看法的历史基础。它自称为赎罪的"传统"理论,这显然是夸大其词。基督战胜死亡和撒旦的观念的确是教父对拯救本质的普遍理解的重要部分;但是,它只是众多意象或看法中的一种。奥伦夸大了它对教父的重要性。他的批判者指出,如果有一种理论配称为"赎罪的传统理论",它应该是通过与基督合一而得救的观念。

然而,仍有人赞同奥伦的看法。这在某种程度上反映出,人们普遍对启蒙运动的世界观越来越不抱有幻想;更根本的原因可能是,它代表一种越来越清楚的认识,即世界上真有恶的存在,因为第一次世界大战非常恐怖。西格蒙德·弗洛伊德(1856—1939年)的见解让人注意到,藏在成年人潜意识中的力量可能在精神上束缚他们,这使人极度怀疑启蒙运动所主张的人的本性完全理性的观念,也让人再次相信一种观念,即人被未知、隐藏的力量束缚着。奥伦的看法似乎与一种越来越强的意识产生共鸣,即意识到人性更为黑暗的一面。讨论"恶的权势"在知识界重获尊重。

在当时的主流自由派新教中，盛行两种不同的看法，都越来越被视为有缺陷的，而奥伦的看法提供了第三种可能性。传统的"法律"理论被视为造成神学难题，至少是在赎罪的道德意味方面；主观的看法将基督的死亡视为只是唤醒人的宗教情感，这似乎存在严重的宗教缺陷。奥伦对基督之死的意义的看法既能避开"法律"理论的难题，又能有力地捍卫赎罪的客观性。但是，奥伦的看法确实引起一些严重问题。它对基督的十字架如何击败恶的权势没有给出合理解释。为什么是十字架？为什么不通过其他方式？

从此以后，论述十字架的著作都会阐释胜利的意象。鲁道夫·布尔特曼（1884—1976年）将自己的"去神话化"计划拓展到《新约》中胜利的主题，将其解释为战胜不真实的存在和不信。保罗·蒂里希（1886—1965年）修改了奥伦的理论，基督在十字架上的胜利被解释为战胜存在的力量，就是威胁要剥夺我们真正存在的力量。布尔特曼和蒂里希都采取这种存在主义看法，从而把原本完全客观的赎罪论变成人类意识中的主观得胜。

在《过去的事件与现在的拯救》（*Past Event and Present Salvation*，1989）中，牛津的神学家保罗·菲德斯（Paul Fiddes，1947——　）强调，在基督教关于十字架的思想中，"胜利"的观念仍占有重要地位。基督的死亡不只传给我们一些新知识，或以新的方式说明旧的观念。它令一种新的存在方式成为可能：

> 基督的胜利其实在我们里面创造了胜利。……基督的作为是人类历史上的这些时刻之一，即"开创了存在的新契机"。一旦一种新的可能性出现，其他人便能据为己有，重复并再次活出这种经验。

十字架与赦罪

关于基督之死的意义，第三种看法是，它提供上帝可以赦罪的基础。从传统上讲，这种观念是11世纪的坎特伯雷的安瑟伦（约1033—1109年）倡导的，他根据这种看法论证道成肉身的必要性。这种模式在正统时期被纳入新教的传统教义，18和19世纪的许多赞美诗也经常表达这种观念。

从某种程度上讲，安瑟伦提出这种模式的原因，似乎是对基督为胜利者的看法深感不满，因为这似乎基于一系列相当可疑的假设，如"魔鬼的权力"，以及上帝在拯救人类时显得不够诚实。安瑟伦不能理解，为什么可以说魔鬼"有权"辖制堕落的人类，更不用说上帝为什么有义务尊重这些权利。最多只能说魔鬼可能被允许在人类身上有实权，这种权力是一种事实，即使它是非法的、不正当的。但是，这不能被视为合法的权力，即植根于某种法律或道德原则的权力。安瑟伦否定这种观念，评论道："我看不出这种说法有什么说服力。"同样，安瑟伦也不认为，上帝在拯救的过程中欺骗了魔鬼。拯救的整个轨迹都基于且反映出上帝的公义。安瑟伦把重点完全放在上帝的公义之上。上帝拯救人类的方式完全符合上帝公义的本质。

安瑟伦的论文《上帝为何化身为人》（1099年）采用对话的方式，长篇讨论上帝拯救人类的可能性。由于这篇论文对西方天主教和新教的赎罪论影响巨大，我们必须较为详细地探讨。在分析的过程中，安瑟伦认为，道成肉身是必要的，耶稣基督的死亡和复活有拯救的潜力。他的论证相当复杂，可以概括如下：

1. 上帝创造的人原本是义人，目的是让人永远蒙福。

2. 这种永远蒙福的情况在于人顺服上帝。但是，由于罪，人难以做到这种必要的顺服，这似乎首先破坏了上帝造人时的目的。

3. 既然上帝的目的不可能被破坏，便一定有某种补救办法。但是，罪必须得到补赎，才能补救这种情况。换句话说，必须做些什么，才能消除人的罪导致的冒犯。

4. 人类根本不能提供这种必要的补赎。他们缺乏所需的资源。另一方面，上帝却有所需的资源，可以提供这种必要的补赎。

5. 要进行这种必要的补赎，必须有一位具备**能力**（如上帝）和**义务**（如人）的"神人"（God-man）。因此，道成肉身发生了，以致可以进行所必需的补赎，人类也得到拯救。安瑟伦又提出一点，即基督在生前和死的时候都顺服了上帝，这让他的牺牲有了足以拯救全人类的功德——这个主题在后来论拯救的著作中有很大发展。

在安瑟伦的解释中，有几点需要说明。第一，安瑟伦没有对赎罪进行三位一体式解释。安瑟伦采用"形成对比"（over against）的框架，却没有理解或运用一种见解，即父在差派子时其实也在差派他自己。三位一体式框架可以清楚说明，父没有**对**子做什么；事实上，父献出了他自己。

第二，请注意，罪被理解为对上帝的冒犯。这种冒犯的严重性似乎与冒犯者的地位成比例。对于许多学者来说，这说明安瑟伦深受当时封建制度影响，可能将上帝等同于"庄园主"。但是，更可能的是，安瑟伦只是使用自己那个时代所熟知的类比方式；在基督教传统中，显然也有他的基本思路。

第三，安瑟伦往往将罪理解为基督的死亡所能消除的东西，就像债务一样。安瑟伦几乎没有意识到，罪可能是持续的，需要赦免、清除或治愈。罪几乎从经济的角度理解：一定数量的"冒犯"需要通过同等数量的"功德"偿还，这样才能使账目平衡。

第四，安瑟伦似乎认为，拯救是必需的——换句话说，为了拯救人类，**需要**基督的死亡。

他是少数持这种看法的人之一。我们可以理解，基督的死亡是拯救的基础，但是，这不意味着，基督**必须**这样拯救人类。对于奥古斯丁、阿奎那和司各特来说，上帝可能已经通过其他方式拯救我们。我们可以理解上帝为什么决定这样去做；但是，我们不能假设，这些考量迫使上帝以这种特殊的方式拯救人类。加拿大耶稣会神学家伯纳德·洛纳根（Bernard Lonergan，1904—1984 年）指出，可理解性不等于必要性。

第五，关于"补赎"观念的起源，存在很大争论。这种观念可能来自当时的德国法律，其中规定，必须支付适当的金钱才能抵消犯罪。但是，大多数学者相信，安瑟伦直接援用教会现有的赎罪体制。想要赎罪的罪人被要求供认每一桩罪。当宣告赦罪时，神父会要求赎罪者做某些事（如去朝圣或从事某种善行），以作"补赎"——即公开表明对赦罪的感恩。安瑟伦可能是在这里得到灵感。

托马斯·阿奎那（约 1225—1274 年）于 13 世纪进一步阐发"补赎"观念的神学基础。阿奎那认为，从三方面来看，"基督的补赎"足以偿还人的罪。

> 如果一个人向被冒犯者献上某些东西，使他的快乐超过他对冒犯的憎恨，那便是合适的补赎。既然基督已经出于爱和顺服而受苦，他献给上帝的，超过人类所有冒犯所需要的赔偿。首先，因为他的爱非常伟大，他出于爱而受苦；其次，因为他为补赎所舍弃的生命价值极大，那是上帝的生命，也是人的生命；第三，因为他亲身承受的痛苦是那么深广，他所背负的忧伤是何等深沉。

这种论证有两方面需要注意。阿奎那的第一点（基督之爱的程度）显然想融合彼得·阿伯拉尔的重点，即基督在十字架上的死亡所流露的爱意义重大。第二，阿奎那同安瑟伦一样，认为基督的死亡固有的价值在于他的神性。为什么基督的死亡非常重要，具有拯救我们的能力？阿奎那认为，因为基督——只有基督——是道成肉身的上帝。正如阿奎那所说："基督肉身的价值不只按照肉身的本质计算，还必须按照取得肉身的那位计算，因为它是上帝的肉身，所以有无限的价值。"为什么一个人的死亡可以有非常重要的拯救意义，在回答这个问题时，阿奎那指出，基督在拯救方面的重要性不在于他的人性，而在于他的神性。

然而，尽管阿奎那强调基督的神性，但是，他显然也小心谨慎，确保基督人性的重要性不被忽视。可以认为，在他的三个考量中，第一个和第三个都让基督的人性在拯救过程中有重要地位，因为它们强调基督的爱和受苦在拯救方面的重要性。安瑟伦倾向认为，基督的人性只是一种途径，使基督可以公平地背负人的罪应受的惩罚；因此，对于基督人性的拯救作用，阿奎那能做出更积极的评价。

虽然安瑟伦的看法有明显的难题，但是，他迈出了重要一步。安瑟伦坚持认为，在拯救人类的整个过程中，上帝必须完全按照公义的原则行事，这标志着他与在道德上有问题的基督为胜利者的看法彻底分道扬镳。后来的神学家采纳安瑟伦的看法，能将他的看法建立在更可靠的基础之上，即建基于法律的一般原则。16世纪特别重视人类法律的重要性，认为法律是恰当的模式，足以说明上帝对人的罪的赦免。在这一时期，有三种模式用来理解对人的赦罪与基督之死的关系。

代表 在此，基督被理解为人类立约的代表。通过信仰，信徒进入上帝与人类的约中。由于这个约，人可以取用基督通过十字架所成就的一切。就像上帝过去与自己的子民以色列人立约，现在，他也与自己的教会立约。通过在十字架上的顺服，基督代表与自己立约的子民，作为代表为他们赢得好处。通过信仰，每一个人都进入这个约，从而分享其中的所有好处，就是基督通过十字架和复活赢得的——包括彻底、无偿地赦免我们的罪。

16世纪末和17世纪的归正宗神学特别倡导这种观念，当时的归正宗神学发展出复杂的圣约神学。亚当是人类在旧的善功之约下的代表；基督是我们在新的恩典之约下的代表。这些圣约神学最充分的发展出现在18世纪新英格兰的清教中。

参与 通过信仰，信徒参与到复活的基督中。保罗的说法非常著名：他们"在基督里"。他们被置于基督里，分享他复活的生命。结果，他们分享基督通过在十字架上的顺服赢得的所有好处。一个好处便是赦罪，这是他们通过信仰分享的。新约学者桑德斯阐释"参与到基督里"对保罗的重要性：

> 对于保罗来说，基督的死亡最主要的意义不在于他为过去的过犯进行赎罪（尽管他同普通基督徒一样接受这种看法），而是通过分享基督的死亡，我们也向罪的权势或旧我死了，结果，我们便属于上帝。……这种转变是通过参与到基督的死亡中完成的。

因此，"参与到基督里"包括罪的赦免和分享他的义。这种观念是路德救赎论的核心，他所采用的基督与信徒结婚的意象便能清楚说明这一点。从某种程度上讲，信仰将我们与基督结合在一起，从而能让我们分享他的属性。

代替 在此，基督被理解为代替者，代替我们走上十字架的人。由于罪，罪人应当被钉死。基督却替他们被钉死。上帝允许基督代替我们，替我们背负罪，所以他的义——他通过在十字架上的顺服赢得的——成为我们的义。在教父时期和中世纪的神学著作中，这种观念没有占据很大比重。它于16世纪变得非常重要，尤其是在约翰·加尔文的著作中，保守的新教神学家仍在阐发这种观念，如帕克（参下文）。

随着启蒙运动爆发，对赎罪的这种普遍看法受到彻底批判。以下是对它批判的重点。

1. 它的基础似乎是原罪的观念，这是启蒙运动的思想家难以接受的。每一个人都应该为自己道德的罪负责；罪具有遗传性，这种观念是通过传统的原罪教义说明的，应当予以否定。

2. 启蒙运动坚持认为，基督教教义的每一个方面都要合乎理性，最重要的可能是其道德性。坚持启蒙运动世界观的人认为，这种赎罪论在道德方面令人怀疑，尤其是罪或功德可被转移的观念。"代赎"的核心观念也极受怀疑：一个人替另一个人承受其应得的惩罚，这有何道德可言？

这些批判随着"教义史"学科的发展更具分量。这场运动的代表——从斯泰因巴特（G. S. Steinbart）到阿道夫·冯·哈纳克（1851—1930 年）——都认为，只是在历史的偶然机遇下，一系列假设被纳入基督教神学，都对安瑟伦的代罚教义至关重要。例如，在《纯哲学的体系》（*System of Pure Philosophy*，1778）中，斯泰因巴特认为，历史研究表明，三种"武断的假设"侵入基督教对拯救的反思：

1. 奥古斯丁的原罪教义；
2. 补赎的观念；
3. 归算基督之义的教义。

因此，斯泰因巴特觉得可以宣称，正统新教反思赎罪的基础是过去时代的遗物。

近年来，罪的观念——从法律的角度理解救赎论的核心——成为激烈讨论的主题，尤其是根据极具影响力的奥地利心理分析学家西格蒙德·弗洛伊德的学说，即罪的根源在于儿童时代的经验。对于 20 世纪的一些思想家来说，"罪"只是一种社会心理的投射，其根源不在于上帝的圣洁，而在于人性的混沌。他们认为，这种社会心理的结构被投射在一些"外在"实体的幻想的屏幕上，被误以为客观真理。这种说法显然过于夸张，却有助于理解，让我们明白对赎罪的这种看法目前正面临着巨大压力。

其他人也担心基督在十字架上受罚的观念。例如，在《赎罪的本质》（*The Nature of Atonement*，1856）中，苏格兰神学家约翰·麦克劳德·坎贝尔阐发基督"代替赎罪"的观念，即基督代表人完美地认罪，这是拯救性的。对于坎贝尔来说，被钉死的基督应当被视为"通过上帝的双眼看见罪和罪人，以上帝的心同情他们"。基督被钉死在十字架上，不是上帝强加给基督的"惩罚"，而是基督表明、体现出上帝对罪的憎恨和对罪人的爱。在《赎罪与人》（*Atonement and Personality*，1901）中，牛津的神学家罗伯特·莫伯利（Robert C. Moberly，1845—1903 年）提出过类似观点，认为"无罪的基督里的完美赎罪祭是罪的真正赎罪祭"。这两种看法都不能被视为"惩罚性的"；但是，它们都是代替性的，因为基督做了某事，即为罪而向上帝赎罪，而这本该是人自己做的。在伟大的苏格兰神学家托马斯·托伦斯（1913—2007年）的著作中，也可以看到相关看法。

然而，对十字架的传统看法仍有重要的支持者。在第一次世界大战之后，新教自由派对道德进化的乐观主义崩溃，这极大促进一个问题的再次提出，即人的罪，以及在人的处境之外得救的需要。这方面讨论的两个重要贡献可以被视为由新教自由派这时的信任危机直接促成。

福赛思（P. T. Forsyth，1848—1921年）的《上帝的称义》（*The Justification of God*，1961）于第一次世界大战期间在英国写成，该书强烈呼吁重新正视"上帝的公义"这个观念。同安瑟伦相比，福赛思更不在意十字架的法律和审判的方面；他所关注的核心是，十字架与"整个宇宙的道德结构和运动"不可分割地联系在一起。赎罪的教义与"事情的公义"不可分割。上帝采取行动恢复"事情的公义"，因为他让十字架成为道德更新的一种途径——战争证明，人需要更新道德，但是，人自己无法做到。

> 十字架不是神学的主题，也不是法庭的设计，而是道德宇宙的危机，其规模比地球的战争大得多。它是神义论，就是整个上帝以神圣的爱、公义的审判和拯救的恩典对待整个世界的整个灵魂。

通过十字架，上帝旨在以公义的方式恢复世界的公义——这是安瑟伦的赎罪教义的核心主题，以创造性的方式被重新阐述。

卡尔·巴特（1886—1968年）的论述更加重要，他的《教会教义学》对"赎罪"或"和好"（德文Verschnung有这两种含意）的主题进行进一步讨论。巴特将自己对这个问题的讨论命名为"审判者替我们受审判"（The Judge Judged in Our Place）。这个标题源自极具影响力的归正宗的《海德堡教义问答》（1563年），该教义问答指出，基督为审判者，他"代表我站在上帝的审判之前，已经除去对我的所有判罚"。巴特的讨论可以被视为进一步注释归正宗传统的这段典型叙述，首先谈到上帝的审判如何被认识与进行，其次论到上帝自己如何承受审判（这是安瑟伦的核心主题，即使他没有将其与三位一体整合起来）。

巴特的整段讨论充满罪咎、审判和赦罪的词汇和意象。在十字架中，我们可以看到，上帝对有罪的人执行公义的审判。（巴特用复合词sündermensch——"有罪的人"——强调，"罪"与人的本性无法分开。）十字架暴露出，人的妄自尊大和自主审判都是妄想，巴特认为，《创世记》第3章的故事便浓缩了这一切："人想要做自己的审判者。"

然而，情况的改变让人不得不承认事情本身固有的谬误性。对于巴特来说，基督的十字架所代表的核心是，公义的审判彰显出他对有罪之人的审判，同时又自己承受这种审判。

> 所发生的事是，上帝的儿子满足了对我们人类的公义审判，因为他自己亲自成为人，代替我们，替我们承受我们当受的审判。……因为上帝决定在自己的儿子里施行他对我们的审判，这件事都在他的位格中发生，成为他的控告、定罪和灭亡。他施行审判，正是审判者受到审判，他让自己被审判。……上帝为什么成为人？因为上帝成为人，便能为我们犯错的人做、做到、实现和完成这一切，这样一来，他便使我们与他和好，让我们归信他。

这种看法显然有强烈的代替性。上帝施行公义审判的方式是揭露我们的罪，自己来承担，从而抵消罪的权势。

因此，对于巴特来说，十字架既是"为我们"，也是"反对"我们。除非十字架能完全暴露我们的罪，否则它就不能将罪从我们身上除去：

> 他死在十字架上的"为了我们"包括这可怕的"反对我们"。没有这可怕的"反对我们"，它便不可能是神圣、圣洁、拯救和有效的"为了我们"，在这起事件中，人和世界确实归信了上帝。

在福音派神学中，从法律或刑罚的角度理解基督之死的意义仍非常重要。自第二次世界大战以来，福音派复兴最显著的特点之一，是注重当代对《新约》赎罪观的探讨。许多著作——如莱昂·莫里斯（Leon Morris）的《使徒所传的十字架》（*The Apostolic Preaching of the Cross*，1955）和约翰·斯托特（John Stott）的《基督的十字架》（*The Cross of Christ*，1986）——都表明在福音派对基督教信仰的理解中，从刑罚的角度理解十字架仍居核心地位。关于这种看法的一般特点，詹姆斯·帕克（1926—　）于1974年的说明特别清楚：

> 基督的死亡首先对上帝产生了影响，他因此而得到和解（更好的说法是他从而与自己和解），只是因为基督的死亡产生了这种效果，它才能推翻黑暗的势力，启示上帝寻找、拯救的爱。这里的观念是，通过死亡，基督向上帝献上西方所谓的"罪的补赎"，这种补赎是上帝自己的本性所要求的，也是惟一能使他对我们的"不"成为"是"的途径。……通过经历十字架，耶稣赎了我们的罪，使我们的创造者与我们和解，将上帝对我们的"不"变成"是"，这样便拯救了我们。

十字架彰显上帝的爱

就《新约》理解十字架的意义而言，非常重要的一个方面是，十字架彰显上帝对人类的爱。希波的奥古斯丁同许多教父一样，都强调基督的使命背后的动机之一，是"彰显上帝对我们的爱"。对于奥古斯丁来说，这只是基督教对十字架的一种理解。但是，我们将会看到，在对拯救的一些解释中，这种理解是非常重要的，通常是回应正在改变的文化标准。

在基督教神学传统的最早阶段，便可以看出一种共识，即基督的死彰显上帝的爱。例如，亚历山大的克雷芒（约150—约215年）在著作中指出，基督的道成肉身——尤其是他的死——有力地肯定上帝对人类的爱，同时要求人向上帝展现出同样的爱。

> （基督）因爱而降世为人，因爱而取了人性，因爱而甘愿忍受人的痛苦，降卑至我们软弱的程度，以致将我们提升到他能力的程度。就在他将自己倾倒成为祭物，舍己成为赎金之前，他留给我们一个新的约："我赐给你们我的爱"（约翰福音13：34）。这种爱的本质和程度如何？他为我们每一个人舍命，就是与整个宇宙等值的生命，而他要求的回报是，我们应当彼此舍命。

中世纪对这个重点最重要的论述，可能是中世纪神学家彼得·阿伯拉尔（1079—1142年）的著作。他的一些解释者提出，他将十字架的意义**简化**为彰显上帝的爱，但是，必须强调，事实并非如此。阿伯拉尔的救赎论有几方面内容，包括传统的观念，如基督的死亡是为人的罪所献的祭，而十字架的意义为彰显上帝的爱只是其中一个方面。阿伯拉尔强调十字架的主观影响力，这才是他的独特之处。

对于阿伯拉尔来说，"道成肉身的目的和原因是基督可以用自己的智慧照亮世界，并激励它来爱他。"通过这句话，阿伯拉尔重申奥古斯丁的观念，即基督的道成肉身公开表明上帝之爱的广大，其目的是激发人类爱的回应。"上帝的儿子取了我们的本性，作为人，他言传身教，以至于死，从而通过爱将我们与他联合在一起。"他又大力陈明这种见解，进一步探讨上帝在基督里的爱所带来的主观影响力：

> 我们对基督的信仰能增加爱，因为我们相信，上帝在基督里将我们的人性与他自己联合，通过在同样的人性中受苦向我们彰显他自己所说的无比的爱："人的爱心没有比这个大的"（约翰福音15：13）。因此，凭借他的恩典，通过不可断绝的爱的纽带，我们与他和邻舍联合。……因此，基督的受苦成就我们的拯救，在我们里面产生更深的爱。爱不仅令我们摆脱罪的奴役，也使我们得到上帝儿女的真自由，以致我们做所有事都能出于爱，而不是出于恐惧——出于对他的爱，因为他已经向我们显明莫大的恩典，再没有比这更大的恩典了。

阿伯拉尔没有提供充分的神学基础，让我们准确理解为什么基督的死亡应当被理解为彰显上帝的爱。但是，他对基督之死的意义的看法清楚说明一点，即基督的死亡具有极大的主观影响力，这是与他同代的一些神学家——如坎特伯雷的安瑟伦——所完全忽视的。

在整个基督教神学中，始终有神学家阐发这个主题，将其明确应用到灵修领域。我们可以在中世纪西班牙最好沉思的灵修神学家胡安娜·德·拉·克鲁兹（Juana de la Cruz，1481—1534 年）这里看到这个主题。胡安娜尤其因《安慰书》（*Book of Consolation*）而著名，该书在西班牙黄金时代广受喜爱。胡安娜·德·拉·克鲁兹从未赢得这一时期其他女神学家那样的地位，如阿维拉的特蕾莎，但是，她潜心研究，学有所得，特别是她在说明信徒与上帝的关系时使用生动的意象。她对基督受难的讨论在许多方面与众不同，特别是她明确使用女性意象说明基督受难的神学意义。她把基督被钉十字架比作女人生产。基督受苦，目的是将生命给予上帝的孩子。对于胡安娜来说，反思基督为此所受的苦，有力地肯定了上帝对人类的爱——胡安娜用母亲生产的意象说明这种爱。

> 当基督残忍、痛苦地受难时，忍着极大的痛苦生下我们所有人。我们让他付出极为宝贵的代价，他生下我们，分娩让他精疲力竭，令他血汗淋漓，他只能在父面前为我们祈祷、祈求，他像是非常慈爱的母亲（como madre muy piadosa），渴望我们得救，我们的灵魂得到启发，以致他不是徒劳受苦。

胡安娜这个反思的基础是《马太福音》23 章 37 节的经文："耶路撒冷啊，耶路撒冷啊！你常杀害先知，又用石头打死那奉差遣到你这里来的人。我多次愿意聚集你的儿女，好像母鸡把小鸡聚集在翅膀底下，只是你们不愿意。"胡安娜发现，母鸡把小鸡聚集在翅膀底下的意象，是一种可接受的、女性理解上帝对人类的爱的方式。她将其与基督的死亡联系起来，视基督的死亡为生产的过程，让每一个人都有了信仰，同样，他们要回应上帝的爱。

随着启蒙运动世界观的兴起，在拯救的理论中，凡是含有超越元素的——如可以影响上帝的献祭，或基督的死亡是因罪而应受的某些惩罚或进行的某种补赎——越来越受批判。启蒙运动越来越怀疑复活，以致神学家不能以前辈们的热情将复活纳入自己的拯救神学。结果，赞同启蒙运动的神学家便将重点放在十字架上。

然而，传统的"二性"教义——即肯定基督既是完全的人，同时也是完全的神——为许多启蒙运动神学家制造了难题。最能如实表达启蒙运动精神的基督论可能是**程度基督论**——承认基督与其他人存在差异，却不是本质上的，而是程度上的。程度基督论承认，耶稣基督具有其他所有人都具有的品质——或是已经具有的品质，或是潜质，但是，不同之处在于，他具有的程度更高。

如果在讨论救赎论时考虑到这些因素，便会开始出现一种前后一致的模式。这可以在 18 世纪理性主义神学家的著作中看出，如斯泰因巴特、特尔纳（I. G. T-llner）、赛勒（G. F. Seiler）和布雷特施奈德（I. G. Bretschneider）的著作。这种模式的基本特点可以概括如下：

1. 十字架根本没有超越的意味或价值；它的价值恰恰且仅仅在于它对人的影响力。因此，十字架代表一种"献祭"，仅因为它代表基督舍弃自己的生命。

2. 死在十字架上的那位只是一个人，他的死亡所带来的影响，只是对人的影响。这种影响力是一种激励和鼓舞，让我们效法耶稣本人为我们立下的道德榜样。

3. 对十字架惟一合理的神学解释是，它彰显上帝对我们的爱。

在 19 世纪的欧洲，这种看法在理性主义的圈子中极具影响力。十字架的奥秘和看似的非理性都被抵消；所剩下的是有力且令人瞩目的呼吁，要人在道德上进步，其基础是耶稣基督的生活方式和态度所立下的榜样。理性主义者对耶稣的看法越来越倾向于殉道者，而非救主。

就这种对十字架的理性主义看法而言，施莱尔马赫（1768—1834 年）提出最重要的挑战。他坚持认为，基督的死亡具有**宗教**价值，而不是纯粹的道德价值。基督的死亡不是为了建立或批准一种道德体系；他是来让人对上帝产生最高的意识。施莱尔马赫主张，拯救在于通过"基督仍有的影响力这个门径"激发、提升自然人的上帝意识。他赋予基督"一种绝对强烈的上帝意识"。他认为，这种意识具有巨大的同化力，以致它能拯救人类。

施莱尔马赫心中的模式似乎是一位极富魅力的政治领袖，他能清晰有力地讲出自己的远象，使听众不但明白，也深受吸引，为之着迷，被其改变，全力投入。但是，这个远象仍是他的；他促使别人投入，却没有损害他自己的独特性，因为这一直是**他的**远象。

让我们假设，一个人第一次将某个自然形成的团体与一个公民社会结合在一起（类似的传说多不胜数）；于是，他的意识中第一次有了国家的观念，而且挥之不去。那么，他开始与其他人分享这种观念。他采用的方法是动人的演说，这让他们清楚意识到自己目前的状况不令人满意。这位创立者有能力使他自己生活中最重要的原则也在其他人心中形成，使他们分享这种生命。

然而，这不是严格意义的榜样论（exemplarism）。施莱尔马赫用两个重要的德文——Urbildlichkeit（理想性）和 Vorbildlichkeit（示范性）——探讨这个问题，它们都难以恰当地译成英文。

1.Urbildlichkeit 可以被译为"成为'理想'的特质"。对于施莱尔马赫来说，拿撒勒人耶稣是理想的具有上帝意识的人，是人类敬虔的极致（Frǒmmigkeit）。就这种观念本身而言，它似乎接近于理性主义的耶稣，即他是人类的道德榜样。施莱尔马赫却可以通过两种方式避免这个难题。第一，他强调，拿撒勒人耶稣不只是道德榜样，说明永恒的道德真理。他是完全具有上帝意识之人惟一的理想榜样——**宗教的**榜样，而不是纯粹的道德或理性的观念。第二，基督有能力向其他人传达这种上帝意识；如前所述，施莱尔马赫以"示范性"讨论这种特质，我们现在就来探讨。

2.Vorbildlichkeit 可以被译为"能在其他人身上激发特定理想的特质"。拿撒勒人耶稣不仅是某种理想的实例，更有能力在其他人身上激发或唤醒这种特质。

根据这种看法，施莱尔马赫批判当时理解基督位格的方式。对于启蒙运动的思想家来说，拿撒勒人耶稣只是人类的宗教教师，或可能是宗教原则和道德原则的榜样。如前所述，这不意味着，耶稣确立这些原则或教导；它们的权威在于被公认为符合理性的观念和价值。因此，耶稣的权威是衍生的、次要的，而理性的权威是直接的、首要的。施莱尔马赫将这称为对基督工作的"经验性"理解，"将基督视为有拯救的成就，但是，这种成就被认为使我们越来越完全，而这只能通过教导或榜样实现"。但是，施莱尔马赫过去——和现在——经常被解释为，把拯救说成某种道德的提升或生命的改变。这里的一个悖论是，施莱尔马赫独特的观念最终被证明能被解释为对基督的死亡纯榜样式的理解，而不是对这种看法提出条理分明的挑战。

在英国，著名的现代主义者黑斯廷斯·拉斯达尔（Hastings Rashdall，1858—1924年）对榜样论进行过最重要的阐释。在《基督教神学的赎罪观》（*The Idea of Atonement in Christian Theology*，1919）中，拉斯达尔猛烈抨击传统的救赎论，认为对十字架所做的惟一合乎现代需要的解释，是中世纪神学家彼得·阿伯拉尔的解释：

> 教会初期的信经——"世上没有赐下别的名，我们可以靠着得救"——可以被另译为："世上没有赐下别的名，我们可以靠着得救，除了基督通过自己的言语教导我们的、通过他充满爱的生命和死亡说明的道德理想。"

虽然阿伯拉尔的看法与拉斯达尔所以为的其实并不一样，但是，拉斯达尔的论证其实与这一事实无关。在达尔文主义和圣经考证学如日中天的年代，似乎不再可能基于客观存在的罪或上帝的惩罚理解基督的死亡。后来的英国神学家接受类似或相关的看法，包括兰普（1912—1980年）和约翰·希克（1922— ）。在投给自由派天主教刊物《声音》（*Soundings*）的文章《赎罪：律法与爱》（*The Atonement: Law and Love*）中，兰普猛烈抨击从法律的角度理解救赎，然后大力提倡基于"爱的悖论与奇迹"的榜样论。希克认为，基督的十字架应当被理解为让人认识到可能有一种普世宗教。对于希克来说，基督事件只是"众多事件中的一件，通过这起事件，上帝从过去到现在始终在人的生命中进行创造性工作"。从这种多元主义的角度来看，基督之死的独特性只在于它是一则"可见的故事"，而不是"另一个真理"。

对十字架纯榜样式的理解，遇到的主要难题在于对罪的看法。启蒙运动往往认为，"罪"的观念是迷信时代的残余，现代人可以安全地将其丢弃。如果"罪"真有什么意义，那也是"对事物真本质的无知"。因此，基督的死亡被视为与这种罪的观念相关——将有关上帝的信息传给困惑或无知的人类。

然而，从第二次世界大战的暴行来看，如奥斯维辛集中营中灭绝犹太人的暴行，这种罪的观念似乎相当薄弱，存在缺陷。启蒙运动相信人性基本的善性，但是，此类事件使这种信念受到重创。人们越来越担忧，启蒙运动对罪的理解只是看似合理，让人们越来越不再对启蒙运动的"靠知识得救"的观念——包括从榜样的角度理解基督之死的意义——抱有幻想。

暴力与十字架：勒内·吉拉尔的理论

目前为止，我们始终在从抽象和理论的角度探讨基督的十字架。一些读者可能会合理地指出，十字架其实是一种**暴力**行为，痛苦和死亡在十字架上被强加给基督。耶稣基督被钉死在十字架上，这纯粹是暴力行为，怎能将其融入基督教对十字架之意义的反思？鉴于人类往往通过暴力解决问题，十字架如何说明人类这种令人不安的习性？

近年来，神学家已经开始反思法国人类学家勒内·吉拉尔（René Girard，1923—　）的见解。吉拉尔在斯坦福大学任教多年，他的许多著作都探讨暴力这个主题。勒内·吉拉尔从人类学的角度理解宗教，将暴力视为所有文化和种族的宗教仪式都不可或缺的一部分。在极具影响力的《暴力与神圣》(*Violence and the Sacred*, 1977)中，吉拉尔论证自己的论点，即毁灭性的暴力是宗教的核心，通过对（人和动物的）献祭、神话和宗教仪式的人类学研究追溯这一发展。吉拉尔发现，暴力的根源在于他所说的"模仿欲"及其导致的竞争。"竞争者同主体一样，渴望得到同一个客体，如果竞争者首先得到客体，这只能导致一种结局。竞争之所以出现，不是因为'两个欲望'偶然会聚于同一个客体；相反，**主体渴望得到客体，因为竞争者渴望得到它**。"随着这种欲望越来越强烈，便导致暴力，暴力淹没群体，并将其毁掉。一个暴力行为导致另一个暴力行为，直到无法控制暴力。但是，在这种情况下，暴力可以"被转移到另一个客体，就是暴力全新投入的事"。

吉拉尔认为，所转向的"另一个客体"是献祭牺牲品——吉拉尔援引《旧约》的意象将这个牺牲品意味深长地称为"替罪羊"。这个替罪羊是无辜的第三方，成为群体暴力的焦点，以及改变群体暴力的方法。受害者不只是某一个个体的替代者，而是"替代群体的所有成员，是由群体成员自己献上的。献祭的功能是保护整个群体免遭自己的暴力；它促使整个群体在群体之外选择牺牲品"。替代的牺牲品——替罪羊——代表整个群体被献祭，从而将所发泄的暴力转移，群体幸免于难。"献祭的目的是恢复群体的和谐，巩固社会结构。"

那么，这与基督教对赎罪的理解有什么关系？毕竟《新约》没有用替罪羊的意象指基督的死亡。吉拉尔的答案是：

> 你会告诉我："但是，《新约》从未用'替罪羊'将耶稣称为一场模仿传染病不断恶化的牺牲品。"毫无疑问，你没说错，但是，《新约》的确使用了等同于甚至优于"替罪羊"的表达：这是上帝的羔羊。它消除替罪羊的负面性，及其无情的意味。因此，它更像这种观念：被不公正献祭的无辜牺牲品。

吉拉尔的分析可能非常重要，可以帮助我们理解一种暴力行为如何促成以强调和好与和平为特点的群体。基督的赎罪是给一个非暴力群体——教会——极为重要的额外恩赐。吉拉尔最近谈到，他已经开始"探讨十字架的人类学，结果将复兴正统神学"。吉拉尔没有自称给出赎罪的一种可选、充分的神学模式，可以认为，他说明了人类状况的本质：其特点为暴力（根据《创世记》记载，堕落立即导致暴力和谋杀），以及上帝拯救的本质（上帝的拯救提供一种方法，可以结束这种成瘾的、能自生永存的暴力循环）。吉拉尔没有为基督教的救赎论提供基础；但是，他的确阐明了其中一些核心主题。

13.3 男性救主能拯救女性吗？女权主义者论拯救

拿撒勒人耶稣是犹太男人，生活在历史的某个特殊时间，栖身于某种独特的文化。那么，这个独特的个人怎能有普世的重要性？道成肉身的教义给出基督教的一部分答案，这个教义肯定，拿撒勒人耶稣对所有时代、种族、男性与女性、国家和文化都非常重要。但是，女权主义的兴起再次引发对这个问题的讨论。1983年，主要的天主教女权主义神学家罗斯玛丽·拉德福德·蕾瑟发表《性别主义与言说上帝》，在书中一章的开篇便提出一个问题："男性救主能拯救女性吗？"这个尖锐的问题引发了广泛讨论。

蕾瑟本人的看法是，在这个问题上，拿撒勒人耶稣的男性身份不是至关重要的。他那使人自由的先知性信息才是真正重要的。信息是主要的；信使是次要的。更激进的女权主义者却不同意。达芙妮·汉普森（Daphne Hampson）和玛丽·戴利（Mary Daly）对这个问题的回答是否定的，但是，她们的理由不同。汉普森指出，基督教传统中的意象主要是男性意象，进而提出一个问题，即某个独特的个人是否具有普世的重要性。戴利以女性的处境为焦点，认为她们需要**来自**男性的拯救，而不是**被**男性拯救。

然而，女权主义者对拯救的讨论没有局限在一个特定问题，即救主基督是男性。拯救的模式越来越成为关注的焦点，批判的矛头尤其指向基督代替性的拯救和献祭性的死亡。例如，贝弗利·哈里森（Beverly W. Harrison）和卡特·海沃德（Carter Heyward）提出，坎特伯雷的安瑟伦的救赎论暗含"虐恋"（sadomasochism）的意味，这是从"授权暴力"和"社会统治"的角度分析的。上帝是施虐狂，将惩罚强加于人，耶稣是受虐狂，甘愿受虐。乔安妮·布朗（Joanne Brown）和丽贝卡·帕克（Rebecca Parker）认为，父差遣自己的儿子在十字架上受苦死去的观念，促进一了种"虐待神学"（abusive theology），这种神学相当于"虐待儿童"和"美化受苦"。"在现代社会，文化的主要意象或神学是'上帝虐待孩子'——父上帝要求自己的儿子受苦死去，且亲自做成这件事，所以会出现许多虐待，难道这一点都不奇怪吗？"拿撒勒人耶稣死在十字架上，这是人做出的罪恶的、不必要的、暴力的、不公正的行为，不应当将其美化，也不能证明它是正当的。

在许多女权主义者的著作中，十字架没有被视为拯救的象征，而是象征经常被给予义人的不公正。因此，十字架不是拯救的基础，而是抗议世界的不公正。十字架可能的确是悲剧；但是，它不是拯救。这种看法自然会引发一场讨论，即如何改变痛苦，而不是被动地接受。

现在便得出这些论证的明确结论未免为时过早，倒不如指出它们引发的重要且通常非常富有成效的辩论。例如，门诺派神学家丹尼·韦弗（Denny J. Weaver）所阐发的救赎论，借用女权主义者对暴力的批判。在《非暴力的救赎》（*The Nonviolent Atonement*, 2001）中，韦弗阐释一种救赎论，即"叙事的胜利者基督"（narrative Christus victor），认为拿撒勒人耶稣的拯救工作在于反抗、最终战胜这个世界有组织的邪恶权势。同样显而易见的是，较为传统的救赎论的支持者意识到女权主义者的批判和视角，重新研究这些传统看法的圣经基础，以及对它们极具影响力的一些论述，从而探讨如何重新表述它们，以回应女权主义者的关切。

13.4　基督拯救的模式：传统与现代

如前所述，"拯救"的观念格外复杂。神学的任务之一，是批判地分析这种观念的各个要素。但是，即便是这项工作，也比表面看来要复杂得多。基督教对拯救之理解的不同方面，其实在教会历史的不同时期或特殊处境特别有吸引力，反映出这种理解的某一方面与它所处的特殊环境是息息相关的。

近年来对基督教传教理论的研究十分强调**处境化**（contextualization）的重要性，以及基督教的宣讲**以受体为取向**（receptor-orientation）的观念。换句话说，就是承认基督教的福音是针对某些特殊情景而传，要将拯救的观念**融入**这些情景。对于受压迫者而言，无论是在灵性上，还是在政治上，福音的信息是解放。对于被自己的罪所缠累的人来说，"好消息"是赦罪和赦免。

因此，福音与其听众的特殊处境有关；换句话说，它是**以受体为取向的**。如果以下任何一种拯救的模式被视为基督教对拯救的全面理解，便将严重简化、删减福音。但是，已被普遍接受的看法是，对拯救本质的种种理解都有其各自不同的重点。

在以下部分中，我们将从这种种理解中选出一部分，探讨其内容，指出特别与其相关的处境。但是，必须理解，可以轻易举出拯救的其他模式，如拯救为道德的完全，或拯救是从这个稍纵即逝的世界得到解脱。

我们先来探讨《新约》的保罗书信所使用的一些救赎论术语，这些术语对后来的神学反思产生了重大影响。

保罗的一些拯救意象

保罗书信想向读者解释基督教信仰的某些方面——通常是在出现争议的情况下，鼓励信徒将它们应用到自己的生活中。因此，不足为奇的是，保罗经常探讨一个问题，即基督的死亡为信徒成就了什么。在这个问题上，保罗使用了一些意象，在此，我们将思考以下四个。

1. **得着儿子的名分（adoption，或译为"被收养"）**：保罗有时说，基督徒已经"得着儿子的名分"，进入上帝的家（罗马书 8：15，23；加拉太书 4：5）。学者们普遍认为，在这一点上，保罗援用希腊罗马文化一个普遍的法律惯例（但是，有趣的是，它在传统的犹太律法中不被认可）。在许多解释保罗这种观念的学者，如布鲁斯（F. F. Bruce）看来，说信徒已经"得着儿子的名分"，进入上帝的家，便是说信徒分享同耶稣基督一样的继承权，从而将得到基督所得到的荣耀（尽管必须先与他一同受苦）。

2. **称义**：尤其在探讨基督教与犹太教关系的书信中，如《加拉太书》和《罗马书》，保罗肯定，信徒已经"因信称义"（如罗马书 5：1—2）。这被普遍视为必然改变信徒在上帝眼中的律法地位，是在上帝面前被宣告无罪的最终确据，尽管他们还有罪性。因此，"因信称义"和"使称义"意味着"与上帝建立合宜的关系"，或可能是"在上帝面前被宣布为义"。宗教改革时期，爆发了关于"因信称义"之意义的重要争辩，我们不久将会讲到。

3. **救赎**：这个词的主要意义是"通过付款而使某人被释放"。保罗的观念是古代思想，在古代，这个词用来指解放战俘，或使将自己卖为奴隶的人获得自由，通常是还清家里的债务。保罗的基本观念似乎是，基督的死亡为信徒赎回自由，让他们不再做律法或死的奴仆，而是可以成为上帝的奴仆（哥林多前书 6：20，7：23）。

4. 拯救：需要理解的重要一点是，保罗用许多意象说明、澄清基督为信徒得到的好处。"拯救"便是其中之一。由于可以理解的原因，这个词通常被视为最重要的，重要性超过其他词。事实上，这个词有一系列特殊的相关含义，需要我们理解。基本观念是，从危险或囚禁中得救，包括从某种致命的疾病中得救。可以认为，保罗的这个重要用语包含"治愈"和"解脱"的观念。如前所述，保罗认为，拯救具有过去（如罗马书 8：24）、现在（如哥林多前书 1：18）和将来（如罗马书 13：11）的层面。对于从末世的角度理解拯救，这具有非常重要的意义。

在探讨过保罗关于拯救的一些用语之后，我们再来思考拯救在基督教神学传统中是如何被探讨和阐发的。

神化：使人成为上帝

"上帝成为人，以便人能成为上帝"（亚历山大的阿塔那修）。可以看出，这个神学短语是东方基督教传统对救赎论许多反思的基础，不仅在教父时期，也在现代的希腊和俄罗斯的东正教传统中。"神化"一词是由阿塔那修等神学家经常使用的两个希腊词翻译而来：theosis（成为上帝）和 theopoiesis（使人成为上帝）。正如上述引语所暗示的，道成肉身教义与对拯救的这种理解有特别密切的联系。对于阿塔那修来说，拯救在于人分享上帝的本质。通过道成肉身，上帝的逻各斯被给予人类。

根据这种普世人性的假设，阿塔那修的结论是，**逻各斯**不仅取得耶稣基督这一个人的人性，也取得普遍人性。结果，所有人都能分享源自道成肉身的神化。人被造的目的是分享上帝的本质；通过逻各斯的降世，这种能力最终得以实现。"成为上帝"是拯救的一种方式，信徒不是借此与上帝的本质结合，而是与基督的位格结合，通过位格的合一，基督成为上帝与人之间的神性传递者。

强调"神化"是东方基督教的特点。批判"神化"这个观念的人提出，它代表希腊哲学观，东方基督教错误地将其调和。但是，其他人认为，"神化"的观念深深植根于《圣经》，指出一些西方神学家也采用（却不是强调）这种观念，包括马丁·路德、约翰·加尔文和乔纳森·爱德华兹。

有位现代东正教神学家十分强调"神化"的观念，就是俄罗斯神学家弗拉基米尔·洛斯基（1904—1958 年）。1953 年，他以"拯救与神化"为题写了一篇论文，阐释东正教对上帝降世为人与其作为人随后升天之间关系的独特理解：

> 基督在神性中降下（katabasis），使人能在圣灵里上升（anabasis）。上帝的儿子必须甘愿受辱，为拯救而虚己（kenosis），因此，堕落的人可以完成他们神化的天职，即受造者凭借非受造性恩典得以"神化"。因此，基督的拯救工作——

更普遍的说法是"道成肉身"——被视为与受造物的终极目标直接相关：与上帝合一。如果上帝的儿子以上帝的身份成为人，实现这种合一，每一个人都应当通过恩典成为神，或像圣彼得所说："与上帝的性情有份"（彼得后书1：4）。

必须区分神化的两种观念，即"成为神"（theosis）与"成为像神"（homoiosis theoi）。前者是亚历山大学派的看法，认为神化是与上帝的本质结合；后者为安提阿学派所倡导，更多地以分享与上帝相关的事——通常被理解为道德完美——解释信徒与上帝的关系。这两种看法的差异非常微妙，却反映出两种重要而不同的基督论。

在上帝面前称义

"我怎样才能找到满有恩典的上帝？"马丁·路德的这个问题历世历代都能引起人们的共鸣，他们也有他那发自内心的信念：在公义的上帝面前，罪人别指望被接纳。对于路德来说，拯救的问题与一个问题有关，即有负罪感的人怎能得到可以让他们站立在上帝面前的义。这个关注根本没有过时，可以在刘易斯（1898—1963年）《返璞归真》（*Mere Christianity*，1952）的话中看出："在头脑最清醒时，我不仅自认为是好人，也知道自己非常污秽。我看着自己做过的事，感到震惊与厌恶。"这种关注自然会导致在称义问题上使用法律或法庭的范畴。对于路德来说，福音为信徒提供使人称义的义——这种义可以保护他们不被定罪，让他们可以来到上帝面前。

这种见解在后来的新教正统派中得以进一步发展，通过新教通俗的灵修著作和赞美诗而广泛流传。在一个特别看重上帝惩罚的年代（乔纳森·爱德华兹就这个主题充满激情的讲道便是明证），脱离因罪而来的定罪被视为福音的重中之重。有一首赞美诗特别能说明这种对在上帝面前称义的重视，就是查尔斯·卫斯理的《怎能如此》（*And Can it Be*），最后一节有这样几句话：

> 不再定罪，今我不再畏惧；
> 我拥有耶稣并他所有！
> 我活在永生元首里！
> 穿起公义圣洁白衣。

个人的圣洁

西方基督教最重要的运动之一，十分强调十字架是个人圣洁的基础。卫斯理传统或圣洁传统——包括拿撒勒教会（Church of Nazarene）——强调，个人展现出圣洁非常重要。信徒的圣洁基于基督的工作，通过圣灵的工作实现。这种看法的起源可以追溯到约翰·卫斯理（1703—1791年）。卫斯理认为，因信称义是最重要的，信徒称义的确据基于基督的义；但是，他坚持认为，信徒需要在圣洁上成长。

卫斯理心中的"完全"不是"完全无罪"，而是一种不断深入的过程，即道德全面改变。当阐发这一点时，卫斯理援用他所说的"神秘主义者"，包括圣公会的威廉·劳（William Law），天主教的弗朗索瓦·费奈隆（Francois Fénelon），弗朗索瓦·德·萨勒（Francois de Sales），盖恩夫人，以及路德宗敬虔派的奥古斯图斯·弗朗克（Augustus H. Francke）的著作。卫斯理从这些著作中学到，真敬虔的精髓是一种能激发爱人与爱上帝的精神，没有这种精神，宗教便是空洞的。

这些观念在美国循道宗内得以进一步发展。弗朗西斯·阿斯伯里（Francis Asbury）认为，应当鼓励信徒在生命中的某些时候期待"完全成圣"。19世纪的美国新教越来越看重信仰复兴，强调基督徒生命中明确的转折点非常重要。这种"圣洁布道"往往以卫斯理的教导为中心，即"完全成圣"是第二次决定性经验，它在因信称义之后，取决于因信称义。从某种程度上讲，对需要圣洁的这种强调是回应内战所导致的美国的道德崩溃。1870年，南方各州的循道宗主教开始再次强调成圣，认为"全国各地目前最需要符合《圣经》的圣洁普遍、有力地复兴"。

菲比·沃勒尔·帕尔默（Phoebe Worrall Palmer）是这种圣洁教导后期发展的一位关键人物，她无疑是她那一代人中最具影响力的循道宗女基督徒。帕尔默阐发卫斯理的完全成圣教义，对其做出一些重要修改。她同卫斯理都教导，完全成圣是恩典第二次独特的工作，这一次，上帝洁净信徒有罪的心，用上帝的爱将其完全充满。心灵的这种圣洁是进入天堂的必要条件。帕尔默认为，由于这种圣洁是上帝的命令，上帝也必须提供获得它的能力，当回应基督徒的信仰时，上帝给予这种能力。

卫斯理将圣洁视为恩赐，而帕尔默认为，圣洁是义务。成圣的焦点往往完全在于全心委身的那一刻，而不再是逐渐的过程。卫斯理倾向认为，圣洁是逐渐获得的，而帕尔默往往强调圣洁的即得性。这一点非常重要，因为它说明，帕尔默的圣洁教导与后来的五旬节派对圣洁的教导是有联系的。在这一方面，有一点非常重要，即帕尔默将完全圣洁等同于圣灵的洗礼，将圣洁等同于能力。

人真正的存在

存在主义的兴起带来对人真正存在的新关注。存在主义反对非人性化的倾向——将人视为没有主观存在的物体；存在主义要求关注个人的内在生命。马丁·海德格尔区分"真正的存在"和"非真正的存在"，代表对人类存在两极性结构的重要阐释。两种选择出现了。鲁道夫·布尔特曼阐发了一种看法，认为《新约》提出人类存在的两种可能方式：真正的或得救的存在，特点是信仰上帝；非真正的存在，特点是被短暂的物质秩序所束缚。对于布尔特曼来说，通过福音宣讲，基督让人能够有真正的存在。

布尔特曼没有将拯救完全简化为"真正存在"的观念，仿佛基督教只与个人的经验世界有关。但是，他对"真正存在"的强调往往给人留下一种印象，即这是福音所提供的全部"拯救"。

保罗·蒂里希提出相关看法，使用一套略有不同的术语。在蒂里希的体系中，"拯救"似乎的确被简化为只是人类存在的普通哲学，向意识到自身存在中存在矛盾的人提供见解。这种世界观受到许多批判，有些人看重拯救的超越性，有些人希望让人关注基督教福音的政治与社会层面，如解放神学。

政治解放

拉丁美洲解放神学特别强调一种观念，即拯救为解放。莱昂纳多·波夫的《解放者耶稣基督》（*Jesus Christ Liberator*，1978）便有力地说明了这一点。在拉丁美洲解放神学中，拯救被转化进拉丁美洲政治世界，包括拉丁美洲普遍的极度贫穷，以及争取社会与政治公正的斗争。上帝被视为站在世界上受压迫者的一边，就像上帝以前将以色列人从法老的奴役和压迫下解救出来。同样，耶稣在自己的教导和工作中似乎特别偏爱穷人。耶稣基督通过自己的教导和生活方式带来解放。

从神学上讲，这是通过强调罪的社会层面说明的。奥斯卡·罗梅罗（Oscar Romero，1917—1980年）将社会的罪定义为："个人自我主义在永久体制中的具体化，这种体制维护社会的罪，掌控着绝大多数人。"因此，罪不主要是从个人的角度理解的，这却是一些西方神学家理解拯救的角度。相反，拯救根据有罪的、压迫性的社会体制理解，应当挑战这种社会体制，与之斗争。因此，莱昂纳多·波夫认为，基督之死的意义在于揭露一个事实，即体制是有罪的，并激励希望反抗的人进行反抗。拿撒勒人耶稣"是榜样，在历史上已经经历过上帝在所有压迫者的十字架上所经历的痛苦"。

解放神学受到的批判是，在先入为主的拉丁美洲处境中解释耶稣这个人物和拯救的观念。但是，所有基督论和救赎论都非常容易受到这项指控。例如，启蒙运动的思想家用先入为主的框架解释耶稣基督的位格和工作，这个框架的一部分源自中产阶级的欧洲处境——这是大多数启蒙运动思想家所处的环境，一部分则来自启蒙运动强烈的理性主义观——这是启蒙运动的特点。同样，可以认为，希腊教父往往用希腊文化这个棱镜理解基督，这对他们的基督论和救赎论都有重要影响。但是，上述批判仍是正确的，因为基督的位格和工作被**简化**为纯政治或社会的解放观。

灵性的自由

基督为胜利者。对基督的死亡和复活的这种看法十分强调一种观念，即基督战胜奴役人类的权势——如撒旦的压迫、邪灵、死亡的恐惧或罪的权势。初期教父非常容易认为，这些敌对与压迫的力量在日常生活中是真实存在的。结果，基督的十字架和复活可以将人从这种压迫中解救出来，便成为宣讲福音的主要内容，例如，约翰·克里索斯托（约347—407年）等神学家的复活节布道便是证明。中世纪流行的灵修著作和灵性书籍也有类似观念。马丁·路德延续这种传统，相当强调撒旦在世界上的客观势力，以及福音带来的自由。

随着启蒙运动世界观的兴起，人们越来越难以相信客观存在的邪灵或有位格的魔鬼。支持启蒙运动的思想家否定这种信仰，认为它们是过时的迷信，在现代世界中毫无地位。如果"拯救为胜利"的观念还想流传，便必须重新解释。这种努力出现在保罗·蒂里希的著作中，他从战胜**主观**力量的角度理解拯救，就是奴役人类、将人类困在非真正存在模式中的力量。因此，教父所认为的客观力量现在被视为主观或有关存在的力量。

13.5 基督拯救的分配

基督教对拯救的盼望取决于基督的死亡和复活。但是，仍有一个问题：如何传递、分配拯救。在以下部分中，我们将思考两种非常不同的分配拯救的模式。一种强调教会的作用，另一种看重信徒的个人委身。

拯救的体制化：教会

公元3世纪，迦太基的奚普里安（死于258年）写下一句口号："教会之外无救恩。"这句口号对基督教理解教会的作用——教会为拯救的传递者和担保者——产生了决定性影响。这个简洁有力的原则可以有许多解释。可以认为，体制教会的权威在罗马帝国瓦解之后的增长，直接促成主导整个中世纪的解释。只有加入教会才能得救。基督令天堂的盼望成为可能；只有教会才能让人有这种盼望。教会垄断了拯救的分配。

教会的体制是盼望天堂的保障，这种见解很快便被融入教会建筑。罗马式教堂的巨大正门通常装饰着精心设计的雕塑，描述天堂的荣耀，这些可触知的雕塑肯定，只有进入教会才能经历天堂的荣耀。教堂巨大的西门上通常刻着碑文，宣告只有进入教会才能进入天堂。因此，教堂正门便等同于基督，向在此经过或驻足欣赏其华丽装饰的人说话。法国南部圣马尔塞莱索泽（Saint-Marcel-lès-Sauzet）的本笃会修道院的教堂便是很好的例子。这座教堂建于公元985年，于12世纪全面扩建。教堂大门刻着基督向所有走近的人所说的话：

> 你在此经过，为罪而哭泣，
> 从我这里通过，因我是生命之门。

尽管这句话明显被视为基督所说（借用《约翰福音》第10章基督为"羊圈之门"的意象），但是，一种可触知的联系与教堂建筑联系起来。洗礼池的实际位置在视觉上巩固这种联系，它靠近教堂的门，从而肯定"进入天堂"与洗礼这项圣礼的联系。

教会的这种神学十分强调教会——教会体制和教会建筑——的作用，将教会视为盼望拯救的保障，让人切实看见这种盼望，但是，这种神学没有让所有人信服。尽管如此，这种神学无疑对中世纪与其后的文化产生了巨大影响。许多新教神学家反对他们所认为的、对教会体制的错误强调，试图恢复个人灵魂在拯救过程中真正的神学作用，这一点也不奇怪。这在敬虔主义中有最好的体现，我们现在就来探讨这场运动。

拯救的私有化：个人信仰

一般认为，敬虔主义运动始于菲利普·雅克布·斯彭内尔（Philip Jakob Spener）发表《渴慕虔诚》（*Pious Wishes*，1675）。斯彭内尔在书中因德国路德宗教会在三十年战争（1618—1648 年）之后的状况而深感悲痛，并提出复兴当时教会的建议。最重要的建议是，再次强调个人研读《圣经》。学术神学家嘲笑斯彭内尔的建议；但是，他的建议其实在德国教会中极具影响力，反映出人们对正统神学越来越失望，越来越没有耐心，因为正统神学根本无力解决人们在战争期间所忍受的令人震惊的社会状况。对于敬虔主义来说，教义改革必须与生活改革同步进行。

敬虔主义沿着许多不同的方向发展，尤其是在英国和德国。尼古拉斯·路德维希·格拉芙·冯·亲岑道夫（1700—1760 年）建立的敬虔主义社群通常被称为**守望村**——以德国村庄胡恩赫特命名。亲岑道夫认为，当时的理性主义和宗教正统神学枯燥乏味，毫无价值，他远离这些，从而强调"心的宗教"的重要性，其基础是信徒与基督的亲密个人关系。

在英国，约翰·卫斯理和弟弟查尔斯·卫斯理阐发过类似观念。查尔斯比约翰早一天经历到类似的归信经验，他发表一首赞美诗，描述了自己的经验。普遍认为，这首赞美诗就是现在的《我疑惑的灵魂该从哪儿开始？》（*Where Shall My Wondering Soul Begin?*）。赞美诗的最后一节是：

> 从他受伤的肋旁，
> 为你涌出赦免的紫色涌流，
> 永恒的上帝为你憔悴，

> 荣耀的王为你而死。
> 相信,你所有的罪便得赦免;
> 只有相信,你的世界才是天堂!

这首赞美诗十分清晰地说明敬虔主义世界观背后的基本信念,即个人可以自由地决定悔改,让基督进入有了天堂盼望的灵魂。因此,卫斯理认为,人的心灵是最终"通往天堂的门";个人可以最终决定他或她是否进入天国。教会体制在这个过程中根本没有起到任何决定性作用,不管它可能在随后的牧养和灵命供养方面有多大价值。

对于坚守这种传统的基督徒来说,进入天堂的门不是教会体制和参加教会的圣礼,而是个人的归信——个人深思熟虑的决定:敞开他们的生命之门,让基督进入他们的生命。这种同在是可经验、可感觉到的。信徒在灵魂中经验基督,既是现在信仰的确据,也是盼望与基督最终在天堂中同在。

美国伟大的敬虔派诗人范妮·科斯比(Fanny J. Crosby,1820—1915 年)的诗中也有类似主题。在《寂静谷》(*The Valley of Silence*)一诗中,她描写了接受"第二次祝福"的经验,这让她有了得救的新确据。类似主题也在她流行的重生赞美诗《有福的确据》(*Blessed Assurance*)中有所体现:

> 有福的确据,基督属我,
> 预尝神荣耀,何等快活!
> 蒙宝血赎回,领受恩赐;
> 由圣灵重生,做神后嗣。

教会体制被边缘化;她的信仰是自己与上帝个人之间的事。

13.6 基督拯救的范围

在基督教传统中,对基督完成拯救的范围一直争论激烈。两个重要的主张主导着这场讨论,它们都深深植根于《新约》:

1. 上帝希望所有人都得救。
2. 拯救只能通过基督实现。

对拯救范围的各种不同看法,在于解决这两个主张之间辩证的不同方式。应当在此指出，对拯救范围的讨论与基督教同其他宗教之间关系的探讨有重要的相似之处，我们将在第 17 章中更详细地讨论。

普救论：所有人都将得救

普救论（universalism）认为，所有人都将得救，无论他们是否听过基督教所宣讲的在基督里的拯救，或对此有没有回应。这种看法在基督教传统中的影响力极大。它有力地肯定上帝拯救所有人的旨意，这个旨意最终在上帝拯救所有人时实现。这种看法最重要的初期倡导者是奥利金，他在《论第一原理》（*First Principles*）中极力捍卫这种观念。奥利金极度怀疑任何形式的二元论——承认存在善恶两种最高力量的信仰体系。许多诺斯替主义的特点是这种信仰，它在公元 2 世纪末的东地中海世界极具影响力。

奥利金认为，二元论有致命缺陷，指出这对基督教的拯救教义意义重大。否定二元论，便是否定一种观念，即上帝和撒旦永远统治他们各自的国。最后，上帝将战胜恶，将受造物恢复原状。在恢复原状后，受造物便会顺服上帝的旨意。因此，根据这种"复原"救赎论，最终得救的受造物不能包括类似"地狱"或"撒旦的国"之类的东西。一切"都将恢复原来快乐的状况。……使人类……恢复到主耶稣基督所应许的合一中"。

相关观念于 20 世纪也有神学家提倡，最著名的是卡尔·巴特。我们将在讨论他的预定教义时再详细探讨他的看法，以阐明他的拯救教义与恩典教义的关系。约翰·罗宾逊（John T. Robinson，1919—1983 年）是活跃于 20 世纪 60 年代的英国激进神学家，可以在他的著作中看到一种不同看法，尤其是在《最后的上帝》（*In the End God*，1968）中。罗宾逊在书中思考上帝之爱的本质。"一种强烈的爱，能让我们所有人最终都甘心感恩地降服，我们能不这样想象吗？"这种"全能之爱"的观念是罗宾逊普救论的中心思想。最后，爱将战胜一切，使地狱不可能存在。"在爱的宇宙中，根本没有容许恐怖之所存在的天堂。"

只有信徒能得救

关于拯救的范围，这一段所讨论的立场是最具影响力的看法之一。它在初期教会最有力的捍卫者是奥古斯丁，他有意识地疏远与奥利金有关的普救论，强调信仰是拯救的先决条件。当这样做时，奥古斯丁引用大量强调拯救的条件性或永生需要信仰的新约经文。《约翰福音》6 章 51 节便是一节典型的经文：耶稣自称是饼，凡吃这饼的，就会得永生。"我是从天上降下来生命的粮；人若吃这粮，就必永远活着。我所要赐的粮，就是我的肉，为世人之生命所赐的。"

中世纪的大多数神学家都持这种看法。托马斯·阿奎那认为，有信仰的行为是拯救的必要条件。中世纪许多流行的灵修著作也有这种看法，包括但丁·阿利盖利（Dante

Alighieri）极为精心构思的《神曲》（*Divine Comedy*）。

宗教改革时期，约翰·加尔文是这种看法最有力的捍卫者之一。他否定同为改教家的胡尔德里希·茨温利的看法：敬虔的异教徒也能得救。"他们更是愚不可及：他们向所有不敬虔、不信的人敞开天堂，自己却没有得到他（耶稣基督）的恩典，而《圣经》教导，他是我们得救的惟一门路。"

《圣经》宣称，上帝希望所有人都得救，要所有人都认识真理，那么，这些神学家如何解释呢？奥古斯丁和加尔文认为，要从社会学的角度解释这些经文：上帝希望每一种人——而非所有人——都得救。拯救包括所有国家、文化、语言、地区和各行各业。这相当于教会大公性教义的救赎论，以后再来探讨。

然而，应当指出这种看法的各种修正版。例如，要想得救，必须完全像**基督徒**那样信仰上帝吗？对于理解传教和传福音，以及基督教与其他宗教的关系，这个问题相当重要。在"论信仰"（On Faith）的讲道中，约翰·卫斯理认为，要想得救，必须信仰上帝；但是，他也肯定，这种信仰不一定与基督教信仰完全一致。拯救的要求是"每一个人，只要相信上帝和关于上帝的事，哪怕是最不成熟的信念，也足以使他敬畏上帝，行公义。在各国之中，凡是能相信到这种程度的人，使徒便宣告，他们被上帝所接纳。"基督教信仰与其他普通的有神论信仰截然不同，那么，特殊的基督教信仰有什么益处呢？卫斯理认为，其中有两点不同。第一，这类人还没有得到得救生活的所有好处。他们是"上帝的仆人"，不是"上帝的儿子"。第二，他们没有得救的充分确据，那是必须以基督为基础才有的。

20世纪的文学评论家和护教家刘易斯也有类似看法。在《返璞归真》中，刘易斯认为，立志追求善与真理的人都将得救，即使他们根本没有对基督的正式认识。尽管刘易斯想到的是哲学家，但是，他也将自己的看法拓展至其他宗教。"其他宗教中也有人受到上帝的秘密影响，专注于其信仰中与基督教一致的部分，因此，他们属于基督，只是自己没有意识到。"这与耶稣会神学家卡尔·拉纳的看法有相似之处，以后将会讨论（参437-440页）。

特定救赎论：只有蒙拣选者将得救

最后应当指出的看法有不同的名称，如"明确的拯救"（definite redemption）、"特定的拯救"（particular redemption）、"有效的拯救"（effective redemption）和"有限的拯救"（limited redemption）。这与归正宗有关，特别在美国归正宗内影响巨大。这种看法的基础是归正宗的预定教义，将在下一章中讨论。但是，它的历史起源可以追溯到公元9世纪的奥尔拜斯的戈特沙尔克（Gottschalk of Orbais，约808—867年）的著作。戈特沙尔克提出以下论证。假设基督为所有人而死。但是，不是所有人都将得救。因此，基督的死亡对不得救的人没有任何功效。这引起基督之死的功效最严重的问题。但是，如果基督只为将得救的人而死，他不管怎样都能完成使命。因此，基督只是为将得救的人而死。

相关论证出现在 16 世纪后期，尤其是 17 世纪。这个时期出现的教义——尤其是在清教徒中——可以概括如下：基督只为被拣选者而死。尽管他的死亡**足以**拯救所有人，但是，这只对被拣选者**有效**。结果，基督的工作不是徒劳的。他为之而死的人都得救了。虽然这种看法在逻辑上前后一致，但是，它的批判者认为，它牺牲了《新约》的主张，即上帝的爱和拯救具有普世性。

本章探讨了基督教救赎论的重要内容，展示出基督教对这个主题的看法的丰富性和多样性。拯救教义与恩典教义显然有密切联系，特别是在预定方面。因此，我们现在将继续更详细地思考这些及其相关问题。

研讨问题

1. 基督教对基督位格的理解与其对基督工作的理解有什么关系？
2. 评价以下对十字架之意义的各种理解：战胜罪和死亡；赦罪；彰显上帝对人类的爱。
3. 我们得救脱离了什么？
4. 人必须对拯救做出回应吗？
5. 十字架和复活与基督教对拯救的理解有什么关系？
6. 基督的十字架能否使在宗教中使用暴力合法化？你是怎样认为的？

第十四章　论人性、罪与恩典

上一章思考过基督教拯救教义的基础，特别注意到拯救的基础和本质。还有与拯救有关的一系列问题有待讨论：基督在十字架上的死亡已经成就、宣扬了拯救，要想得到这个救恩，人必须做些什么？从传统上讲，这个问题所引发的问题在"恩典教义"的范围之内讨论，包括对人的本性和罪的理解，以及上帝在拯救中的作用。在基督教传统中，拯救教义与恩典教义的联系最为紧密。在之前的讨论中，我们已经探讨过其中某些方面；现在，我们要分别详细地讨论。

14.1　人类在受造物中的地位：初期的反思

基督教传统坚持认为，人是上帝创造的顶峰，高过所有动物，并管辖它们。这主要依据《创世记》对创造的记载。神学理由主要是按照上帝的形象被造的教义，我们现在就来探讨。

上帝的形象

关于基督教对人性的理解，最重要的一节经文是《创世记》1章27节，这里说人是按照上帝的形象和样式造的——这种观念经常用拉丁文 imago Dei 表达。"上帝的形象"肯定了什么？犹太教和基督教的神学家都设法做出解释，却得出完全不同的结论。犹太神学家对人按照上帝的形象被造的解释，往往避免所有将人直接与上帝联系在一起的暗示，这可能反映出一种担忧，即这种解释会导致某种拟人论（上帝被描述成人的样子）。一些犹太解经家的解释是，人是上帝按照天使的形象造的，《创世记》1章27节的上下文暗示，上帝的话是向一群天使说的。其他犹太解经家主张，这节经文的正确解释是，暗示人是按照人所特有的一些形象造的，从而将人与其他受造物区分开。但是，基督教神学家认为，这节经文非常容易解释：创造者与人类具有直接联系，人类是创造的顶峰。

"上帝的形象"与"上帝的样式"被一分为二，尤其是在教父时期的早期。对于德尔图良来说，在犯罪之后，人仍有上帝的**形象**；只有通过圣灵更新的作为，人才能恢复成上帝的样式：

> （在洗礼中）由于罪被洗净，死亡已被废去；因为除去罪咎，也就除去刑罚。因此，在上帝面前，人恢复成"他的样式"，因为他原来就有"他的形象"。有"上帝的形象"与他的外形有关；有"上帝的样式"与他的永恒有关，因为人重新得到上帝的灵——人起初从上帝那里得到他所呼出的灵，后来在堕落时失去了。

奥利金也有类似看法，认为"上帝的形象"指堕落之后的人，而"上帝的样式"指拯救最终完成时完全的人性。

> 上帝说："我们要照着我们的形象，按着我们的样式造人。"（创世记1：26）。他随后又说，"上帝就照着自己的形象造人"（创世记1：27），却没有提到样式。这说明，在他的第一次创造中，人得到上帝形象的尊荣，但是，上帝样式的实现却要留到最终一切圆满之时。……他最初有上帝形象的尊荣，因而可能成为完全，最后通过他工作的完成进入最终的完满，即上帝的样式。

教父时期的第二种看法将"上帝的形象"解释为人的理性。"上帝的形象"被理解为人的理性能力，反映出上帝的智慧。希波的奥古斯丁认为，这种能力让人有别于动物："因此，我们应当在自身培养使我们优于野兽的这种能力，在某些方面重新塑造它。……所以我们运用理智……判断自己的行为。"应当强调，奥古斯丁没有用这个神学假设证明人虐待动物的合理性，这和某些人所认为的不同。奥古斯丁的要点是，人性最独特的要素是上帝赐予的同上帝建立关系的能力。虽然人类理性因堕落而败坏，但是，它可能被恩典所更新："因为在原罪之后，按照造他之主的形象认识上帝时，人被更新了。"

人是按照上帝的形象造的，这一事实被普遍认为证实了人性原本的正直和高贵。公元4世纪初，拉克坦提乌斯（Lactantius）在政治方面阐发这种观念。在《神性制度》（*Divine Institution*，约304—311年）中，拉克坦提乌斯认为，既然人是按照上帝的形象造的，所有人便都具有相同的身份和尊严，这直接促成一系列关于人的权利和责任的政治学说。

> 我已经讲过，什么是上帝应得的；现在，我要讨论什么是其他人应得的，尽管人应得的同样与上帝有关，因为人是上帝的形象。……人性是联结我们最强的纽带。任何破坏的人，都是犯罪，都是大逆不道。既然上帝从一个人性造了我们所有人，我们便流着同样的血，结果，恨人、伤人便是最大的罪行。这便是我们被禁止怀恨或鼓励仇恨的原因。那么，如果我们是同一位上帝创造的，

我们岂不是弟兄姐妹吗？因此，联结我们灵魂的纽带比联结我们肉体的纽带更加强大。

按照上帝形象被造的教义，也被视为与救赎论直接相关。拯救包括实现上帝的形象，与上帝建立完美的关系，最终达到永生。一些教父强调亚当和夏娃在伊甸园中蒙福的状态。例如，阿塔那修教导，上帝按照"上帝的形象"创造人类，从而赋予人类他没有给予其他受造物的能力——能与上帝的生命建立联系，分享上帝的生命。与逻各斯的这种相交在伊甸园中是最完美的，那时，亚当与上帝的关系完美无瑕。

必须在此提出一个重要问题，即男人和女人都有上帝的这个形象吗？初期教会的大多数解经家理所当然地认为，男人和女人都有上帝的形象。但是，希波的奥古斯丁发现，《新约》中保罗的一些话给他带来挑战，保罗说，主要是男人有上帝的形象，女人是次要的、间接的："男人本不该蒙头，因为他是上帝的形象和荣耀，但女人是男人的荣耀"。（哥林多前书11：7）

奥古斯丁坚持认为，上帝"没有让女人不能被理解为上帝的形象"；但是，他发现，难以让女人以同男人完全一样的方式拥有上帝的形象。在这一点上，以下这段奥古斯丁在《论三位一体》中的文字经常被引用：

> 女人和自己的丈夫都是上帝的形象，因此，整个实质是同一个形象。但是，她被指派为帮手，一种只属于她的功能，这时，她不是上帝的形象；但是，就男人而言，他本身就只是上帝的形象，就像当他和女人结为一体时那样充分彻底。

奥古斯丁的这段话是什么意思？这段话可以被解释为，女人像人那样，却不是专门作为女人分享上帝的形象；它也可以被理解为，由于女人与男人的关系，她间接有了上帝的形象。

罪的观念

对于卡帕多西亚三杰来说，既然亚当是按照上帝的形象造的，他便没有一般的软弱和无能，如死亡，这些是后来才困扰人性的东西。耶路撒冷的西里尔（Cyril of Jerusalem）强调，亚当或夏娃根本不需要从这种恩典的状态中堕落。堕落之所以发生，是因为他们决定远离上帝，来到物质世界。结果，人性中的上帝形象被玷污，从而损坏。他认为，既然所有人的由来都可以追溯到亚当和夏娃，所有人必然都有这种扭曲的上帝形象。

然而，应当指出，希腊教父没有提到"堕落"，或用原罪教义说明这种"堕落"。这是后来的希波的奥古斯丁主张的。大多数希腊教父坚持认为，罪源于滥用人的自由意志。

纳西盎的格列高利和尼撒的格列高利都教导，婴儿出生时是没有罪的，这种观念与奥古斯丁的教义完全不同，即堕落的人都有罪。保罗宣称，由于亚当的悖逆，众人都成为罪人（罗马书5: 19）。克里索斯托对保罗这句话的解释是，所有人都不能**免除**惩罚和死亡。普遍认为，在希腊教父传统中，显然没有**罪疚**可以遗传的观念，这是奥古斯丁后来的原罪教义的重要特征。

但是，至少奥古斯丁原罪观的某些方面可以在当时的著作中看出。在希腊教父传统中，牛津的教父学者凯利（J. N. D. Kelly，1909—1997年）找出三方面至少有"原罪"观痕迹的看法。

1. 所有人都被理解为以某种方式卷入亚当的悖逆。在这一时期的著作中，可以看到一种强烈的气息，即所有人都与亚当神秘地结合在一起。亚当的悖逆以某种方式伤害到所有人。

2. 亚当的堕落被理解为影响到人的道德本性。所有人的道德弱点——包括情欲和贪婪——都可归因于亚当的罪。

3. 亚当的罪经常被描述为以某种不明确的方式传给后代。尼撒的格列高利声称，人性中有犯罪的倾向，这至少在一定程度上可归因于亚当的罪。

然而，在伯拉纠争辩中，这些问题才被第一次详细讨论，我们现在就来探讨。

14.2 希波的奥古斯丁与伯拉纠争辩

伯拉纠争辩于公元5世纪初爆发，使关于人性、罪和恩典的种种问题成为众所瞩目的焦点。在此之前，教会内关于人性的争辩相对较少。伯拉纠争辩改变了这种情况，使有关人性的问题在西方教会的议程上稳占一席。

这场争辩的两位核心人物是希波的奥古斯丁（354—430年）和伯拉纠。这场争辩在历史和神学上都非常复杂，对西方基督教神学产生了巨大影响，需要较为详细地讨论。需要理解的重要一点是，"伯拉纠主义"最好被视为混合了公元4世纪最后几年的几位罗马神学家的观念——主要是伯拉纠，还有凯利斯提乌（Caelestius）和叙利亚的鲁菲纳斯（Rufinus of Syria）。"伯拉纠主义"当然包括伯拉纠的一些观念和重点；但是，与这场运动有关的其他观念源于其他人。例如，伯拉纠主义认为，人必定死亡，罪可以传播，这似乎更像凯利斯提乌和鲁菲纳斯的观念，而不是伯拉纠自己的。因此，"伯拉纠主义"综合了这三位思想家的观念，这是这场运动的基础，所以"伯拉纠主义"不只代表伯拉纠自己的观念，或许这样认为才是最好的。

我们可以将这场争辩的要点概括为四项：

1. 对"自由意志"的理解。
2. 对罪的理解。
3. 对恩典的理解。
4. 对拯救之基础的理解。

"自由意志"

对于奥古斯丁来说，如果正确理解《圣经》对"自由意志"丰富而复杂的论述，便必须同时坚持上帝的绝对主权和人真正的责任与自由。奥古斯丁一生不得不应对两种异端，他相信，它们简化、危害了基督教信仰。摩尼教是一种宿命论（奥古斯丁最初也被其吸引），坚持上帝的绝对主权，却否定人的自由；相反，伯拉纠主义坚持人的绝对自由，同时否定上帝的主权。在继续说明之前，必须先对"自由意志"做一些说明。

"自由意志"（拉丁文：liberum arbitrium）不是出自《圣经》，而是来自斯多葛主义。公元 2 世纪的神学家德尔图良将它引进西方基督教。（我们之前讲过，德尔图良有发明新神学术语的恩赐；参 239 页）。奥古斯丁沿用这个词，却试图让它更符合保罗的观念，强调人的自由意志因罪而受到限制。奥古斯丁的基本观念可以概括如下。第一，肯定自然人的自由：人行事不是出于必要，而是自由的抉择。第二，由于罪，人的自由意志被削弱，它的能力减弱，却没有被消除或毁坏。为了恢复、治愈人的自由意志，便需要上帝恩典的工作。自由意志的确真实地存在；但是，它被罪扭曲、损坏和削弱了。

为了解释这一点，奥古斯丁使用一个重要类比。试想一个天秤，两边有平衡的秤盘，一个秤盘代表善，另一个代表恶。如果秤盘能够平衡，便能衡量支持行善或行恶的论证，从而得出正确结论。因此，人的自由意志衡量支持行善或行恶的论证，然后采取相应的行动。

然而，奥古斯丁问道，如果秤盘加了重量又会怎样呢？如果有人将几分重量加到恶的秤盘上，结果会怎样呢？天秤仍然能用，但是，天秤现在有了倾斜，朝向恶的决定。奥古斯丁认为，这正是罪在人身上造成的后果。人的自由意志已经倾向恶。它的确真实地存在，能做出决定——就像加重的天秤仍然能用。但是，它不能再做出合理判断，而是严重地倾向恶。

但是，对于伯拉纠和他的追随者〔如埃克拉农的尤里安（Julian of Eclanum〕）来说，人的意志完全自由，完全可以为自己的罪负责。人性基本是自由的，受造时便是好的，某种神秘的弱点没有将其损坏，或减弱它的能力。在伯拉纠看来，人的任何不完全都会对上帝的良善产生负面影响。因为如果上帝直接介入，影响人的决定，便相当于损害人的完整性。再来看天秤的类比。伯拉纠认为，人的自由意志好像完全平衡的一对秤盘，没有任何倾斜。根本不需要奥古斯丁所理解的上帝的恩典（尽管伯拉纠有完全不同的恩典观，我们公元413年，德米特阿斯（Demetrias）写了一封长信，她刚刚决定放弃财富，去当修女。在这封信中，伯拉纠阐释自己对人的自由意志及其后果的看法。上帝创造人类，完全知道人所能做的事。上帝给人的所有命令都是人能遵守的，也是要我们遵守的。我们没有任何理由认为，人的软弱让我们不能遵守这些命令。上帝已经创造人性，只要求人性做它能做的事。

> （我们不但没有将上帝的命令视为特权）……反而呼唤上帝说："这太艰苦了！这太难了！我们做不到！我们只是人，有肉体的软弱拦阻。"这是多么盲目愚蠢的行为啊！多么大胆无知的假设啊！我们这样做，是控诉全知的上帝有双重的无知——上帝对自己创造的无知，对自己命令的无知。这好像是说，上帝忘记人的软弱——这毕竟是上帝自己的创造，上帝将我们不能承担的命令加在我们身上。

因此，伯拉纠有些毫不妥协地断言："既然人是可完善的，这便是人的义务。"

罪的本质

对于奥古斯丁来说，全人类都受到罪的影响，这是堕落的结果。由于罪，人的思想模糊了，智力减弱了。罪使罪人不能清楚思考，尤其不能理解更高深的灵性真理和观念。同样，我们已经讲过，罪已经削弱（而不是消除）人的意志。在奥古斯丁看来，罪人应当被视为生了重病，又不能充分诊断自己的病情，更不用说治愈了。只有通过上帝的恩典，人的疾病才能得到正确诊断（罪），并被治愈（恩典）。

奥古斯丁认为，人根本不能控制自己的罪。从我们一出生，它便污染了我们的生命，此后便控制了我们的生活。罪是一种状态，我们根本不能彻底控制。对于奥古斯丁来说，罪的倾向是与生俱来的，内心便有犯罪的倾向。因此，罪引起各种罪：潜在的罪的状态引起具体的罪的行为。奥古斯丁探讨这一点，用三个类比——疾病、权势和罪咎说明原罪的本质。

1. 第一个类比将罪比作某种遗传性**疾病**，代代相传。这种疾病使人软弱，削弱人的能力，人不能将其治愈。基督是有神性的医生，"因他受的鞭伤，我们得医治"（以赛亚书53: 5）。从某种程度上讲，奥古斯丁从治病或医学的角度理解拯救，因为上帝的恩典将人治愈，因此，人的心思可以认识上帝，意志可以自由回应上帝所赐的恩典。

2. 第二个类比将罪理解为俘虏我们的**权势**，我们凭借自己的方法难以逃出它的魔掌。罪的权势将人的自由意志俘虏，只有恩典才能将其救出。因此，基督被视为人类的解放者，打破罪的权势的恩典之源。

3. 第三个类比基本从法庭或司法的角度思考罪——**罪**世代相传。因此，基督带来赦罪和饶恕。

然而，伯拉纠对罪的理解大不相同。人倾向罪的观念在伯拉纠及其同工的思想中毫无地位。对于伯拉纠来说，人自我改进的能力没有被损坏。人永远可能履行对上帝和邻舍的义务。人根本没有做不到的借口。罪应当被理解为故意反叛上帝。

因此，伯拉纠主义有时似乎相当于一种相当严格的道德权威主义——坚持人有责任无罪，绝对否定任何失败的理由。人生来无罪，罪只是故意犯的。伯拉纠坚持认为，《旧约》的许多人物其实仍是无罪的。因此，只有道德纯正的人才可以进入教会。奥古斯丁相信，人性是堕落的，将教会视为医院，通过恩典，堕落的人可以恢复，逐渐成圣。因此，伯拉纠主义与多纳图主义有重要的相似之处，因为它们都对人的道德能力极为乐观。

恩典的本质

奥古斯丁最喜欢的经文之一，是《约翰福音》15章5节："离了我，你们就不能做什么。"在奥古斯丁看来，人完全依赖上帝得救。奥古斯丁仔细、明确区分人的自然能力——人的自然天赋——与恩典另赐的特殊恩赐。奥古斯丁认为，人性是脆弱的、软弱的、失丧的，如果想恢复、再生，它需要上帝的帮助和照顾。对于奥古斯丁来说，恩典是上帝慷慨赐给人类的，人完全不配得到，凭借恩典，这种治愈的过程开始了。

公元415年，奥古斯丁写了驳斥伯拉纠主义的重要著作《论本性与恩典》（*On Nature and Grace*）。以下这段引文可以说明奥古斯丁看法的一般特点：

> 人性最初被造成时当然无可指摘，没有任何毛病；但是，现在我们每一个人的人性从亚当而生，需要医生，因为它不健康。人性与生俱来的一切好东西，如生命、感觉和理智，都是来自上帝，它的创造者。但是，人性的软弱使这些好的自然能力暗淡下来，令它们丧失，因此，人的本性需要启迪、治愈。人性的软弱不是来自无可指摘的创造者，而是源于自由意志犯下的原罪。因此，我们有罪的本性理应受到公正的惩罚。因为即使我们现在是在基督里新造的人，本质上仍是愤怒之子，同其他所有人一样。但是，上帝极为仁慈，由于他对我们的大爱，甚至当我们在自己的罪中死去的时候，他使我们与基督一同复活，让我们凭借基督的恩典得救。如果没有基督的恩典，婴儿和成年人都不能得救。但是，基督的这种恩典不是为奖赏功德赐下的，而是白白赐予的（gratis），所以才被称为恩典（gratia）。

需要特别指出，奥古斯丁将拉丁文 gratis（"白白地"或"免费地"）与 gratia（"恩典"）相互联系。

伯拉纠也撰文论述上帝的恩典，却以非常不同的方式解释这种观念。"恩典"可以有两种理解。首先，恩典应当被理解为人的自然能力，是上帝施恩赐给人类的。对于伯拉纠来说，它们根本没有败坏、被减损能力或被损坏。伯拉纠肯定，凭借恩典，人可以选择不犯罪。他的意思是，上帝赐予人的自然能力——理性和意志——能够，也应当使人有能力避免犯罪。奥古斯丁很快便指出，这似乎不是《新约》对恩典的理解。

其次，伯拉纠认为，恩典是上帝施恩赐给人类的外在启迪或教导。上帝不只要求人应当"完全"，这是含糊不清的概念。相反，上帝施恩给出具体指导，告诉人他对"完全"的具体要求——如遵守十诫和像基督一样。因此，恩典告诉人他们的道德责任是什么（否则人便一无所知）；但是，恩典不会帮助人履行责任，因为根本没有这个必要。通过遵守基督的教导，效法基督，人可以避免犯罪。

奥古斯丁认为，伯拉纠和他的追随者错误地"将恩典放在律法和教导中"。在奥古斯丁看来，《新约》所阐释的恩典是上帝对人的帮助，而不只是道德指导。对于伯拉纠来说，恩典是外在的、被动的；在奥古斯丁看来，恩典是上帝在基督里与信徒拯救性的真正同在。

伯拉纠认为，上帝创造人类，提供关于对与错的信息。但是，上帝随后便让人类自行发展（伯拉纠认为，这也是上帝的恩赐）。每一个人最终将根据他是否完全履行自己的道德责任而接受审判。

然而，对于奥古斯丁来说，人被上帝造成时是好的，后来却堕落远离上帝，但是，上帝采取恩典的行动，拯救堕落的人脱离困境。上帝通过医治、启迪和加添力量帮助堕落的人类，并继续做工，恢复、复兴人的灵魂。对于伯拉纠来说，人只需要被告知该做什么，然后让他们独自去做；在奥古斯丁看来，人的确需要被告知该做什么，但是，他们以后每时每刻都需要一点帮助，才能走近目标，还谈不上实现。

拯救的基础

对于奥古斯丁来说，人类是因恩典的作为而得以称义；甚至人的善行也是上帝在堕落的人性中做工的结果。每一件促成拯救的事都是上帝白白的恩赐，上帝出于爱而赐给不配的罪人。奥古斯丁认为，通过耶稣基督的死亡和复活，上帝赐给人类他们不配得的（拯救），没有赐给他们的确应得的（定罪）。

在这一方面，奥古斯丁对"在葡萄园做工"（马太福音 20：1—16）的比喻的解释相当重要。伯拉纠认为，上帝严格按照功劳奖赏每一个人。但是，奥古斯丁指出，这个比喻说明，奖赏每一个人的基础是给他们的应许。奥古斯丁强调，工人在葡萄园中工作的时间各不相同，却得到同样的工资（一钱银子）。葡萄园主曾应许付给每一个人一钱银子，只要他们从被雇后工作到日落——尽管这意味着有人工作了一天，有人只工作了一个小时。

因此，奥古斯丁得出一个重要结论：罪人称义的基础是上帝应许赐给他们恩典。上帝信守这个应许，所以会让罪人称义。很晚才到葡萄园工作的人不配得到全天的工资，但是，葡萄园主慷慨做出这种应许；同样，罪人根本不配得到称义和永生，但是，上帝应许赐给他们恩典，罪人可以凭借信仰接受。

然而，对于伯拉纠来说，人称义的基础是功德。人的善行可以确保被拯救，是用人完全自由的意志履行上帝所规定的责任的结果。如果没能履行这些责任，人便可能受到永罚。耶稣基督在拯救中的作用，只是他用行为和教导明确启示出上帝对每一个人的要求。如果伯拉纠说到"基督里的拯救"，意思只是"通过效法基督的榜样得救"。

因此，伯拉纠主义和奥古斯丁主义显然代表两种完全不同的看法，对上帝与人的关系有截然不同的理解。在西方神学传统中，奥古斯丁主义最终占据上风；但是，伯拉纠主义继续影响历代许多基督教神学家，特别是因为这些人担心，强调恩典教义很容易贬低人的自由和道德责任。

伯拉纠争辩显然引发一个问题，即恩典与功德的关系。当奥古斯丁主义于中世纪复兴时，这个问题被较为详细地讨论。在以下部分中，我们将探讨出现的一些问题。

14.3 中世纪对恩典教义的综合

伯拉纠争辩的反响非常大。它迫使教会不得不讨论许多问题，尤其是在中世纪，教会评估、发展了奥古斯丁的遗产。可以说现代所讨论的两个观念（恩典和功德）的意义，是奥古斯丁在伯拉纠争辩中首先阐明的，他的这些思想在中世纪又得以进一步阐发和阐释。

奥古斯丁的遗产

本质上讲，"恩典"（gratia）与"礼物"（或"恩赐"）的观念有关。奥古斯丁采用这种观念，强调拯救是上帝的礼物，而不是奖赏。这立即表明"恩典"与"功德"的矛盾，前者指礼物，后者指奖赏。事实上，问题要复杂得多，值得仔细讨论。在以下部分中，我们将思考中世纪关于"恩典"和"功德"之意义的争辩，说明当时迫在眉睫的一些问题，它们也是宗教改革辩论这些问题的背景。

如前所述，奥古斯丁通过几个意象探讨恩典的本质。现在需要再次提到其中两个。

第一，恩典被理解为解放的力量，使人性摆脱罪的束缚，而这种束缚是它自己招致的。奥古斯丁用"被房的自由意志"（liberum arbitrium captivatum）说明受到罪严重影响的自由意志，认为恩典能让人的自由意志摆脱束缚，成为"被解放的自由意志"（liberum arbitrium liberatum)。再来看奥古斯丁天秤的类比，恩典除去使秤盘倾向恶的重量，让我们完全有力量选择上帝。因此，奥古斯丁便可以认为，恩典其实是确立人的自由意志，而不是废除或损害到它。

第二，恩典被理解为人性的医治者。奥古斯丁最喜欢用来说明教会的类比之一，是住满病人的医院。基督徒承认自己已经生病，寻求医生的帮助，以便痊愈。因此，奥古斯丁援用好撒玛利亚人的比喻（路加福音10：30—34），提出人性就像被抛弃在路边等死的人，好在撒玛利亚人搭救、治愈了他（在奥古斯丁看来，撒玛利亚人代表救主耶稣）。根据这类说明，奥古斯丁认为，人的自由意志是不健康的，因此需要医治。

当探讨恩典的功能时，奥古斯丁阐发了三个重要观念，对西方神学产生了重要影响。这三个重要的观念是：

1. **先行的恩典**（prevenient grace）：拉丁文为preveniens，意为"走在前面"。奥古斯丁用"先行的恩典"为自己特有的看法辩护：在人尚未归信之前，上帝的恩典便已经在人的生命中做工。恩典"走在人的前面，预备人归信的意志"。奥古斯丁强调，恩典不是只在人归信之后才在他的生命中工作；归信之前的过程是预备，上帝先行的恩典已经在其中做工。

2. **运作的恩典**（operative grace）：奥古斯丁强调，上帝使罪人归信，不需要罪人的任何帮助。归信完全是上帝的作为，是上帝在罪人身上做工。"运作的恩典"用来指先行的恩典产生功效，不需要人的合作，以区别于合作的恩典。

3. **合作的恩典**（cooperative grace）：在完成罪人的归信之后，上帝便与更新的人类意志合作，使人重生和成圣。在使人的意志摆脱罪的束缚之后，上帝现在能与被解放的意志合作。奥古斯丁用"合作的恩典"指恩典在归信之后的人性里工作。

中世纪对"实际性恩典"与"习惯性恩典"的区分

中世纪早期的神学家普遍愿意用"恩典"简称上帝的恩惠或慷慨。但是，大学神学系的兴起导致系统化的压力越来越大，反而导致越来越精确与严谨的恩典术语发展起来。中世纪对恩典本质和目的最重要的阐释，是托马斯·阿奎那做出的。虽然阿奎那十分尊重奥古斯丁对恩典的分析，但是，他显然也十分担心它的可行性。他从根本上区分两种不同的恩典：

1. **实际性恩典**（actual grace）：它的拉丁文通常是gratia gratis data，即"白

白赐下的恩典"。阿奎那的理解是，它是上帝在人性上的一系列作为和影响力。

2. **习惯性恩典**（habitual grace）：它的拉丁文通常是 gratia gratis faciens，即"使人喜悦的恩典"。阿奎那的理解是，它是在人类灵魂中创造出的恩典习惯。这种观念非常难理解，需要进一步解释。

阿奎那认为，人与上帝之间有巨大的鸿沟。上帝不能直接与人性同在。事实上，有一个过渡阶段，使人的灵魂被预备好，让上帝来居住。人类灵魂这种永远的改变被称为"恩典的习惯"，而这里的"习惯"指"某种永恒的东西"。因此，习惯性恩典是一种实质，"灵魂中某种超自然之物"。阿奎那认为，人性的这种改变是人得以称义的基础。人性有了某种改变，让它能被上帝接纳。改教家认为，称义的基础是上帝的恩宠，因此，罪人在上帝眼中被悦纳；但是，阿奎那认为，在被上帝接纳之前，罪人需要经过过渡阶段——恩典的习惯或"习惯性恩典"。

在《神学大全》中，阿奎那讨论恩典的本质，探讨"恩典"在日常生活中的三种意义。

> 在日常用语中，"恩典"通常有三种意义。第一，它可以意为某人的爱，如说某位士兵得到国王的宠爱，即国王喜爱他。第二，它可以指白白赐予的礼物，例如我们说："我帮了你这个忙。"第三，它可以是对白白赐予的礼物所做的回应，如说我们应为所得的好处而感谢。第二种意义取决于第一种，因为某人爱一些人，才会白白赐予他们礼物。第三种又取决于第二种，因为对白白赐予的礼物应当表示感谢。如果"恩典"被理解为第二种或第三种意义，显然恩典对接受者产出了某种影响，无论是白白赐予的礼物，还是对这个礼物表示感谢。……说某人得到上帝的恩典，就是说他的灵魂里有某种超自然的东西是从上帝而来。

阿奎那的这种论证基于一种共识，即"恩典"的每一种意义最终都从属于一个观念，即每一个得到"恩宠"的人都因此而改变。换句话说，"得到上帝的恩典"便是得到上帝的恩宠，以致在得到恩宠之人的灵魂中发生某种超自然改变。这种"改变"用超自然的恩典习惯说明，就是领受者里面的永久性改变，而不是一系列短暂的恩典作为。

中世纪晚期对习惯性恩典的批判

到了中世纪晚期，"习惯性恩典"的观念受到许多批判。14世纪，奥卡姆的威廉（约1285—1347年）用自己那把著名的"剃刀"把神学各个领域不必要的假设都剃去了。他似乎认为，"恩典的习惯"完全没有必要。上帝完全能直接接纳罪人，不需要过渡阶段或过渡实体。"上帝可以直接做成别人通过过渡阶段才能完成的事"，这个原则令奥卡姆的威廉对"习惯性恩典"的必要性提出质疑。

奥卡姆的威廉的论证极具说服力，到了15世纪末，"习惯性恩典"被普遍认为不足为信。恩典越来越被理解为上帝的恩宠，即上帝对人类的态度，而不是人性里面某种上帝的或类上帝的实质。可以认为，这在许多方面为新教改革的坚定立场奠定基础，即本质上讲，恩典就是"上帝的恩惠"（favor Dei）。

中世纪关于功德的本质和基础的争辩

伯拉纠争辩让人注意到一个问题，即拯救是对好行为的奖赏，还是上帝白白的礼物。这场争辩说明，阐明"功德"的真正意义非常重要。它的意义也是在中世纪被阐明的。到了托马斯·阿奎那的时期，以下三种看法已被普遍接受：

1. 人类根本无法宣称，拯救是根据严格的公平进行的奖赏。拯救是上帝的恩典，罪人凭借上帝的恩典才能得救，否则他们根本无法得救。如果全凭自己，人根本无法自救。人可以凭借自己的成就赢得拯救的看法是伯拉纠主义，已经被否定。

2. 罪人不能赚得拯救，因为他们能完成或做成的所有事都不足以迫使上帝用信仰或称义奖赏他们。基督徒生命的开始完全是恩典。但是，尽管罪人的归信是上帝的恩典在他们身上**做工**的结果，恩典随后与他们**合作**，使他们在圣洁中成长。这种合作产生功德，是上帝奖赏信徒道德行为的根据。

3. 功德可以分为两种：合意的功德与应得的功德。**应得的**功德是严格的功德，按照个人的道德行为来计算；**合意的**功德较为宽松，取决于上帝的慷慨，而不是人是否应得或取得的成就。

神学家就功德的本质普遍达成共识，在这种情况下，中世纪晚期爆发了关于功德的最终基础的争辩，出现了两种对立看法。这场争辩说明，意志论于中世纪晚期的影响力越来越大。较老的看法可以被称为**理智主义**（intellectualism），代表人物是托马斯·阿奎那等神学家。阿奎那认为，信徒的道德同功德成正比，信徒的行为有多少道德价值，他的行为便为他积攒多少功德。上帝的理智承认某种行为固有的价值，给予相应奖赏。

相反，**意志论**强调上帝的意志，代表人物是奥卡姆的威廉。上帝凭借自己的意志决定行为的功德价值。对于奥卡姆的威廉来说，理智主义损害上帝的自由，因为上帝变成必须按照功德奖赏道德行为。当捍卫上帝的自由时，奥卡姆的威廉认为，上帝必须自由随意地奖赏人的行为，只要他觉得合适。因此，人类行为的道德与功德价值根本没有直接联系。

奥卡姆的威廉的批判者认为，他似乎割断人的公平观与上帝的公平观的联系；到了思考预定论时，我们还会探讨这个问题，那时将集中研究上帝意志的作用。

现在，我们要集中探讨 16 世纪宗教改革期间导致教会分裂的大争辩，争辩的焦点是因信称义的教义。

14.4 宗教改革关于恩典教义的争辩

基督在十字架上的工作为人类带来新生。我们已经讲过，这种观念可以用许多隐喻或意象说明，如"拯救"或"救赎"，最初是在《新约》（尤其是保罗书信）中，后来在基督教神学根据这些经文的反思中。现在，我们要思考基督教讨论恩典教义的一个重要新方向，它与 16 世纪的新教改革有关。

从"靠恩典得救"到"因信称义"

在 16 世纪新教改革期间，拯救的用语开始发生根本性改变。较早的基督教神学家——如奥古斯丁——优先考虑《新约》使用的"靠恩典得救"的经文（如以弗所书 2：5）。但是，马丁·路德设法解决上帝怎能接纳罪人的问题，这让他把焦点集中在保罗着重讨论"因信称义"的经文（如罗马书 5：1—2）。

尽管可以说"靠恩典得救"和"因信称义"所要说明的基本要点是一样的，但是，用来说明的**用语**是不同的。宗教改革最重要的影响之一，是"因信称义"取代了"靠恩典得救"。发生这一改变的原因不是非常清楚。最可能的原因是马丁·路德的个人影响力，对于马丁·路德而言，"因信称义"的观念在他成长期间起到了特别重要的作用。

称义的教义被理解为处理一个问题，即要想得救，人必须做什么。当时的资料显示，到了 16 世纪，这个问题被越来越频繁地提出。人文主义的兴起使个人意识重受重视，令人再次意识到人的个体性。随着个人意识的觉醒，称义教义重新受到重视：**作为个体**，人怎能与上帝建立关系。怎能期望罪人做到这一点？这个问题是马丁·路德神学的核心，将主导初期的宗教改革。由于称义教义对这一时期非常重要，我们将仔细思考这个教义；我们先从路德的讨论说起。

马丁·路德的神学突破

1545 年——路德去世的前一年，他为自己拉丁文著作全集的第一卷写了一篇序言，说明他如何与当时的教会决裂。这篇序言的目的显然是要将路德介绍给读者，他们可能还不知道，路德怎么会采取如此激进的改教观，以致这种改革与他的名字联系在一起。在这篇"自传残篇"（通常这样称呼）中，路德想要读者明白他成为改教家的背景。在讲述过

1519年以前的历史情况之后，他开始叙述自己对"上帝的义"这个问题的困惑：

> 我当然想理解《罗马书》中的保罗。但是，不是我心中的冷淡阻止我，而是第一章的一句话："上帝的义正在这福音上显明出来。"（罗马书1：17）因为我恨"上帝的义"这个词，我一直被灌输的教导是，将"义"理解为上帝之所以为义的那种义，上帝根据这种"义"惩罚不义的罪人。虽然我身为修士过着无可指摘的生活，但是，我还是觉得自己是罪人，在上帝面前良心不安。我也不能相信，我已经用自己的行为取悦了他。我绝不爱那位惩罚罪人的公义上帝，其实是恨他。……我渴望知道保罗这段话的意思。最终，当我日夜默想"上帝的义正在这福音上显明出来"与"如经上所记，义人必因信得生"的关系时，我开始明白，上帝的义指义人能因上帝的恩赐（信仰）而活的那种义；"上帝的义显明出来"指被动的义，仁慈的上帝凭借这种义让我们因信称义，如经上所记："义人必因信得生。"这立即让我觉得自己好像重生了，仿佛穿过敞开的门，进入天堂。从这时起，《圣经》在我眼中有了全新的面孔。……从前我恨"上帝的义"这个词，现在，我爱它，颂扬它，将它视为最甜美的话，因此，保罗的这段话成为我进入天堂的门。

路德这段非常著名的话洋溢着新发现的激动之情，他究竟在讲什么？他对"上帝的义"的理解显然彻底改变了。但是，这一改变的本质是什么？

这种改变是根本性的。路德原来认为，称义的先决条件是人的行为，是罪人必须做的，然后他或她才可以被称义。通过阅读奥古斯丁的著作，路德越来越相信，这是不可能的事；路德只能将"上帝的义"解释为**惩罚性**的义。但是，在这段话中，路德讲述自己如何发现"上帝的义"的"新"意义，即上帝**赐给**罪人的义。换句话说，上帝接纳罪人的先决条件是上帝自己提供的，他施恩将罪人称义所需要的东西赐给他们。

路德的见解是，基督教福音的上帝不是严厉的审判者，根据功德奖赏每一个人，而是满有仁慈和恩典的上帝，将义作为礼物赐给罪人。研究路德的学者一致认为，他的称义神学在1515年的某个时候发生了决定性改变。

路德论使人称义的信仰

路德的核心见解是"惟独因信称义"的教义。"称义"的观念大家已经熟悉。但是，"惟独因信"是什么意思？使人称义的信仰的本质是什么？

"有些人不理解为什么惟独信仰可以使人称义，因为他们不知道什么是信仰。"路德写下这句话是让我们注意，必须更仔细地研究"信仰"这个简单而具有欺骗性的词。在路德对信仰的理解中，可以找出三种对他的称义教义特别重要的理解。每一种都被后来的神学家采纳，并加以阐发，如加尔文。由此可见，路德对宗教改革这方面思想的发展做出了根本性贡献。

1. **信仰不只是历史知识**。路德认为，只相信福音的历史可靠性不是使人称义的信仰。罪人完全可以相信福音书的历史细节，但是，这些事实本身不足以构成真基督教信仰。使人得救的信仰包括，相信、信靠基督"为我们"（pro obis）而生，亲自为我们而生，为我们完成拯救的工作。

2. **信仰应当被理解为"信靠"**（fiducia）。信仰不只是相信某些事是真的；它是愿意按照这种信仰而行，并信靠它。用类比来说，信仰不只是相信船的存在——它是走上船，把我们自己托付给它，即完全信靠它。

3. **信仰使信徒与基督合一**。路德在1520年的著作《基督徒的自由》中清楚阐释了这个原则，书中强调与信仰有关的几个方面。信仰不是赞同一套抽象的教义，而是基督与信徒合一。路德在维腾堡的同工菲利普·梅兰希顿写道："认识基督便是认识他的恩惠。"信仰使信徒可以得到基督和他的恩惠，如赦罪、称义和盼望。

因此，"因信称义"的教义并不意味着，罪人因为他或她相信而被称义。这将信仰视为人的行为或努力。路德坚持认为，上帝提供称义所必需的一切，因此，罪人只需要接受它。就称义而言，上帝是主动的，人是被动的。"称义是**本乎恩、因着信**"，这更清楚地说明因信称义这个教义的意义：罪人称义的基础是上帝的恩典，凭借信仰来接受。

因此，惟独因信称义的教义肯定，上帝成就拯救所需要的一切。就连信仰本身也是上帝的恩赐，而不是人的作为。

法庭式称义的观念

路德教导惟独信仰称义，这个教义的核心见解是，每一个罪人都不能自我称义。就称义而言，上帝采取主动，提供使罪人称义所需的一切资源。"上帝的义"便是其中之一。换句话说，罪人称义的基础不是他们自己的义，而是上帝赐予他们的义。奥古斯丁以前说到过这一点；但是，路德加了一点新意，发展成"法庭式称义"（forensic justification）的观念。

这个问题非常难解释，焦点在于使人称义之义的定位。奥古斯丁和路德都同意，上帝施恩赐给罪人使他们称义的义。但是，如何定位这种义？奥古斯丁认为，它在信徒里面；而路德坚持认为，它仍在信徒之外。对于奥古斯丁来说，使人称义的义是内在的；在路德看来，它是外在的。

在奥古斯丁看来，上帝将使人称义的义赐给罪人的方式，是它成为他或她的一部分。结果，尽管这种义源自罪人**之外**，但是，它成为他或她的一部分。对于路德来说，使人称义的义仍在罪人之外：它是"外在的义"（institia aliena）。上帝看或"算"这种义好像是罪人的一部分。在1515至1516年的《罗马书》讲座中，路德提出，作为称义的基础，"基督外在的义"是因信仰而归算于——而不是给予——我们的。他对《罗马书》4章7节的注释特别重要：

> 既然圣徒总是意识到自己的罪，按照上帝的怜悯寻求上帝的义，上帝便总是算他们为义。因此，在他们自己眼中，他们是不义的，这也是事实。但是，由于他们供认自己的罪，上帝便算他们为义。事实上，他们是罪人；但是，仁慈的上帝算他们为义人。他们在不知不觉中是义人；他们知道自己是不义的人。他们其实是罪人，却在盼望中是义人。

信徒因基督外在的义归算于他们才成为义人；也就是说，通过信仰，上帝看这个义好像属于他们。我们之前已经讲过，在路德对信仰的理解中，一个必不可少的要素是，信仰使信徒与基督合一。因此，使人称义的信仰令信徒与基督的义联系在一起，并因此而称义。因此，基督徒"因仁慈的上帝将义归算于他们而成为义"。

路德指出，通过信仰，信徒披戴上基督的义，就像《以西结书》16章8节所说，上帝用衣襟遮盖罪人的赤体。对于路德来说，信仰是与上帝正确的（或义的）关系。因此，罪与义是共存的：就内在而言，信徒仍是罪人；从外在来讲，信徒在上帝眼中是义人。只要凭借信仰认罪，信徒便能与上帝建立正确或义的关系。从他们自己的角度来看，他们是罪人；从上帝的角度来看（coram Deo），他们是义人。

在路德看来，这种看法解释了一种现象：信徒始终有罪，与此同时，信徒会逐渐改变，在未来彻底消除罪。因此，路德说了一句名言：信徒"同时是义人，也是罪人"（simul iustus et peccator）；盼望中的义人，其实是罪人；在上帝的眼中和应许中是义人，其实却是罪人"。

路德的追随者菲利普·梅兰希顿（1497—1560年）后来继续阐发这些观念，从而有了广为人知的教义"法庭式称义"——路德曾暗示过，却没有充分阐释。奥古斯丁认为，罪人在称义中**被称为义**；梅兰希顿相信，称义是罪人**被算为义**或**被宣告为义**。对于奥古斯丁来说，"使人称义的义"是**被给予**的；在梅兰希顿看来，它是**被归算**的。奥古斯丁认为，称义和成圣只是同一事物的不同方面。梅兰希顿却明确区分"**被宣告为义的事件**"与"**使人成为义的过程**"，将前者称为"称义"，后者称为"成圣"或"重生"。

梅兰希顿认为，上帝在天上的法庭（in foro divino）宣告自己的审判——罪人为义。这种从法律的角度理解称义的看法产生了"法庭式称义"这个术语，源自拉丁文forum（"集市"或"法庭"）——传统上在古罗马实践公平的场所。

这一进展的重要性在于一个事实，即它与西方教会当时的教导完全决裂。自奥古斯丁以来，称义始终被理解为"被宣告为义的事件"与"使人成为义的过程"。梅兰希顿的法庭式称义观完全不同于这种看法。后来，几乎所有重要的改教家都采取这种看法，从此以后，它便成为新教与天主教的一个标准差异。

除了罪人如何称义的差异，新教与天主教又产生分歧，即"称义"的意义。我们将会看到，在特伦托会议上，天主教对新教的挑战给予权威性回应，再次肯定奥古斯丁对称义本质的看法，谴责梅兰希顿的看法。

约翰·加尔文论称义

最终在宗教改革后期占优势的称义模式，是加尔文于16世纪40和50年代确立的。加尔文对称义的定义是：

> 在上帝眼中被称为义，应当被理解为在上帝的审判中被宣判为义，因为这个义而被接纳。……因信称义的人并非由于行为的公义，而是通过信仰抓住基督的义，穿戴这个义，在上帝眼中不算是罪人，而是义人。因此，称义应当只被理解为接纳，上帝把我们当作义人接纳，得到他的恩惠。我们说，这包括赦罪，以及将基督的义归算于我们。……信徒本身没有义，而是因为基督的义被归算于我们，这一点非常重要。……我们的义不在我们里面，而是在基督里。我们之所以有义，只是因为我们在基督里；事实上，当我们与基督一起时，我们才拥有他的所有丰富。

加尔文看法的基本要素可以概括如下。信仰使信徒与基督合一，这是"神秘的合一"。（在此，加尔文重申路德的重点，即信仰使基督亲自、真实地与信徒同在。）与基督的这种合一有双重效果，被加尔文称为"双重恩典"。第一，信徒与基督合一直接让他或她**称义**。通过基督，信徒在上帝眼中被宣告为义。第二，由于信徒与基督合一——**不是**因为他或她的称义，信徒开始进入通过重生而被塑造成像基督的过程。因此，加尔文肯定，称义和重生都是信徒通过信仰与基督合一的结果。尽管称义和重生是不同的，但是，它们其实不可分割。

特伦托会议论称义

到了1540年，路德已经成为全欧洲家喻户晓的名字。他的著作被阅读与消化，反应热烈、褒贬不一，甚至在意大利最高层的教会人士中也是如此。如果天主教会想重新确立自己在"称义"问题上的威信，便必须做点什么。1545年召开的特伦托会议便开始了全面回应路德的漫长旅程。称义教义便是议程上的重要议题。

特伦托会议的第六次会议于1547年1月13日结束。此次会议关于称义的教令相当清楚地阐释天主教对称义的教导。特伦托会议批判路德的称义教义，以四个要点为中心：

1. 称义的本质。
2. 使人称义之义的本质。
3. 使人称义之信仰的本质。
4. 拯救的确据。

我们将分别思考这四个要点。

称义的本质　在路德的早期阶段，即大约在1515至1519年间，他往往将称义理解为"成为"的过程，通过内在的不断更新，罪人逐渐符合耶稣基督的形象。但是，在他后期的著作，即16世纪30年代中期以后的著作中，或许是受到梅兰希顿的法庭式称义观影响，路德往往将称义视为一个"被宣告为义"的事件，而不是"成为义"的过程。他越来越将称义视为一个事件，由一个不同的过程补充，即通过圣灵的作为而实现重生和内在更新。称义改变罪人"在上帝眼中"（coram Deo）的外在地位，而重生改变罪人的内在本质。

特伦托会议强烈反对这种看法，极力捍卫最初奥古斯丁提出的看法，认为称义是人性的重生和更新的过程，将罪人的外在地位和内在本质都改变。特伦托会议关于称义教令的第四章给出称义的明确定义：

> 罪人称义可以简短地定义为：人从生为第一亚当之子的地位变为通过第二亚当——我们的救主耶稣基督——而成为上帝收养之子的恩典地位。根据福音书的记载，如果不通过重生的洁净，或没有这种渴望，这种转变便不可能发生，正如经上所记："人若不是从水和圣灵生的，就不能进上帝的国。"（约翰福音3：5）

因此，称义包括重生的观念。这段简短的声明在第七章得以详细阐释，强调称义"不仅是赦罪，也是内在的人的成圣和更新，通过自愿接受恩典和恩赐，不义的人成为义人"。教会法第十一条又进一步强调这一点，谴责所有这样教导的人：称义"只通过基督之义的归算，或单凭赦罪，而不将恩典和善行包括在内，……或说我们称义的恩典只是上帝的美意"。

简而言之，特伦托会议维持中世纪的传统，回溯到奥古斯丁，认为称义包括一个事件和一个过程：事件是通过基督的工作被宣告为义，过程是通过圣灵内在的工作被塑造为义。但是，梅兰希顿和加尔文等改教家却将它们加以区别，认为"称义"是被宣告为义的事件，"成圣"或"重生"是与之相伴的内在更新的过程。

因此，天主教徒和新教徒都使用同一个词"称义"，所表达的意思却不相同。特伦托会议用"称义"指新教徒的"称义"和"成圣"。

使人称义之义的本质 路德强调，罪人本身根本没有义。他们里面没有任何基础足以让上帝施恩，决定称他们为义。路德的教义——"基督外在的义"——清楚说明，使罪人被称为义的义在他们之外。它是被归算的，不是被给予的；是外在的，不是内在的。

宗教改革的早期批判者赞同奥古斯丁，认为罪人称义的基础是内在的义，是上帝施恩注入或植入他们里面的。这个义被上帝赐下，本身便是上帝恩典的作为；它是人不配得到的。但是，他们认为，每一个人里面都必须有某些值得上帝称他们为义的东西。路德不接受这种观念。上帝可以直接称人为义，不需要通过一种赐下义的中间阶段。

特伦托会议极力捍卫奥古斯丁的看法，即称义的基础是内在的义。此次会议关于称义教令的第七章说得非常清楚：

> （称义的）惟一形式因（formal cause）是上帝的义——不是他自己为义的那种义，而是他使我们成为义的义，因此，当被赋予这种义时，我们便"心意更新而变化"，不仅被算为义，也被称为义，其实也是义人。……没有人能成为义人，除非上帝将我们的主耶稣基督受难的功德传给他或她，这正是发生在罪人称义时。

"惟一形式因"需要解释。"形式的"因是某事物**直接的**因。因此，特伦托会议是在声明，称义的直接原因是上帝施恩赐予我们的义——完全不同于称义较为间接的原因，如"动力因"（上帝）或"功德因"（耶稣基督）。

然而，"惟一"的使用也应当注意。一项推动罗马天主教徒与新教徒达成一致的建议是〔这个建议在1541年的拉蒂斯邦和谈（Colloquy of Ratisbon）中特别著名〕，应当承认称义的**两个**因——外在的义（新教的立场）和内在的义（罗马天主教的看法）。这种妥协可能促成新教与天主教在一定程度上达成一致。但是，特伦托会议根本没有时间考虑。"**惟一**"是故意使用的，旨在排除称义可能有多个因的观念。称义惟一的直接原因是义的内在恩赐。

使人称义之信仰的本质 路德"惟靠信仰称义"的教义受到严厉批判。教规第十二条谴责路德的"使人称义之信仰"的核心观念，拒绝承认"使人称义的信仰只是深信上帝的仁慈，上帝为基督的缘故赦免人的罪"。从某种程度上讲，这样否定路德的因信称义教义反映出"称义"的模糊含义。特伦托会议担心，有人会相信自己能因信称义（特伦托会议所理解的称义），而不需要顺服或灵命的更新。特伦托会议对"称义"的解释是，**既是**基督徒生命的开始，**也是**基督徒生命的继续成长；此次会议相信，路德的意思是，单单信靠上帝（根本不需要罪人被上帝改变、更新），便足以构成整个基督徒生命的基础。

然而，路德其实根本不是这个意思，他之所以会让人对他产生这种误解，是因为他有时以相当强硬的态度表达自己。事实上，路德肯定，基督徒生命始于信仰，且只能始于信仰；善行在称义之后，不是导致称义的先决条件。特伦托会议完全愿意承认基督徒生命始于信仰，所以的确与路德的看法十分接近。关于称义教令的第八章声明："我们是因信称义，因为信仰是人类得救的起点，所有称义的基础，没有信仰，便不可能取悦上帝。"这可能是一个典型的例子，说明一个意义存在争议的重要神学术语会导致神学误解。

拯救的确据 路德和其他改教家普遍认为，我们可以确信自己得救。拯救的基础是上帝忠于他仁慈的应许；事实上，不相信得救便是怀疑上帝的可靠性和信实。但是，这不一定被视为对上帝的绝对信任，不受怀疑所左右。信仰不同于确信；尽管基督教信仰的神学基础是牢固的，但是，人对这一基础的理解和委身却可能动摇。

特伦托会议认为，新教的"确据"教义十分可疑。关于称义教令的第九章题为"驳异端的徒劳自信"，批评改教家的"不敬虔的自信"。所有人都不应当怀疑上帝的良善和慷慨，但是，特伦托会议宣布，改教家犯了严重错误，因为他们教导"没有人能被赦罪和称义，除非他们确信自己已被赦罪和称义，惟独这种信仰才能实现赦罪和称义"。特伦托会议坚持认为，"没有人能凭借绝不会错的信仰确实知道自己是否已经得到上帝的恩典。"

特伦托会议的要点似乎是，改教家应当被视为把人的自信或大胆变成称义的基础，因此，称义在于人那会犯错的自信，而不是依靠上帝的恩典。但是，改教家认为，自己是在强调称义的基础是上帝的应许；不大胆地相信这些应许，便相当于怀疑上帝的可靠性。

14.5 预定的教义

在本章前面讨论恩典的本质时，我们已经提到"恩典"与"恩宠"的密切关系。上帝根本没有义务将恩典赐予任何人，仿佛恩典是商品，作用是奖赏有功的行为。奥古斯丁不遗余力地强调，恩典是礼物。但是，我们很快就会看到，这样强调恩典具有礼物的性质直接导致预定论，这个教义通常被视为基督教神学最难懂、最令人困惑的部分。要想探讨这一关系的来龙去脉，我们必须先思考奥古斯丁神学的某些方面，然后再讨论后来对预定论的探讨。

希波的奥古斯丁（354—430 年）

恩典是礼物，不是奖赏。这是奥古斯丁的基本见解。如果恩典是奖赏，人便可以通过善功购买救恩，即可以赚得自己的拯救。但是，奥古斯丁认为，这完全有悖于《新约》宣讲的恩典教义。肯定恩典具有礼物的性质，相当于筑起一座堡垒，可以防范有缺陷的救赎论。我们已经花了大量时间讨论奥古斯丁对恩典的理解，所以无需在此进一步阐释。

奥古斯丁的见解有许多值得称道之处。但是，进一步审视，其实也有更悲观的一面。随着伯拉纠争辩日益严峻，越来越激烈，奥古斯丁恩典教义的负面含意也越来越明显。在以下部分中，我们将探讨这些负面含意。

如果恩典是礼物，上帝必须有赐予或不赐予的自由，根本不存在任何外在因素。如果恩典是因为某些外在因素而赐予的，便不再是礼物——它是对某种行为或态度的奖赏。奥古斯丁认为，恩典必须是不折不扣的礼物，反映出赐予者的慷慨，否则恩典便不是恩宠。但是，礼物不是赠予所有人的，而是赐予特定的人。恩典只是被赐给一些人。奥古斯丁捍卫"上帝的恩宠"，因为他相信，上帝必须有赐予或不赐予恩典的自由，这样一来，必须承认恩典具有**特定性**，而不具有**普遍性**。

如果将这种见解与奥古斯丁罪的教义联系起来，它的全部含意便十分清楚。所有人都被罪污染，不能摆脱罪的辖制。惟有恩典才能使人自由。但是，恩典没有被赐给所有人；它只被赐给某些人。结果，只有一些人——上帝赐予恩典的人得救。对于奥古斯丁来说，预定论包括承认上帝没有将得救的方法赐给没蒙拣选的人。

> 这不是别的，正是圣徒的预定：上帝的恩典预先知道、预先准备有谁会获得自由，这些人便一定会获得自由。除了那灭亡的一大群人，即推罗和西顿的居民，被上帝施予公正审判的其他人在哪里呢？如果看到基督的奇妙神迹，他们定会相信。但是，因为信仰没有被赐给他们，他们便无法相信。由此可见，某些人心中似乎天生便有上帝所赐的悟性，如果他们听见道或看见神迹，就是他们的悟性所能领受的，便会产生信仰。但是，由于我们无法理解的上帝的审判，如果这些人没有被恩典预定，从灭亡的一大群人中分别出来，他们必定听不见上帝的道，或看不见上帝的神迹，如果听到或看到，这些足以让他们相信。

需要指出的重要一点是，奥古斯丁强调，这不代表有些人被预定灭亡。奥古斯丁的意思是，上帝已经从堕落的一大群人中拣选一些人。事实上，蒙拣选的少数人被预定得救。奥古斯丁认为，其余的人没有被上帝主动预定灭亡；他们只是没有蒙拣选得救的人。

奥古斯丁往往（尽管他在这方面并非完全前后一致）将预定视为**主动的、积极的事**——上帝故意做出拯救的决定。但是，他的批判者指出，这种拯救一些人的决定等于决定不拯救其他人。

到了公元9世纪，预定论的大争辩爆发，这个问题再度强势浮出水面；争辩中，本笃会修士奥尔拜斯的戈特沙尔克（约808—867年）阐释一种双重预定论，类似于后来加尔文与其追随者的看法。戈特沙尔克断言，上帝已经预定某些人受永罚，他不遗余力地用逻辑推导其含意，指出这样看来，说基督为这些人而死是不合适的；如果为这些人而死，他的死便是徒劳的，因为他们的命运没有因此而改变。

戈特沙尔克对这种看法的含意感到犹疑，从而提出基督**只为被拣选者**而死。他拯救工作的范围是有限的，只有预定得救的人才能从他的死亡中得到好处。公元9世纪的大多数神学家都批判这种见解。但是，它在后来加尔文主义"有限的拯救"或"特定拯救"的教义中再次出现，我们很快便会看到。

天主教的争辩：托马斯主义、莫里纳主义和詹森主义

很少有天主教神学家认为，预定的神学至关重要，但是，在中世纪及其后，关于预定的争辩非常激烈。这些争辩通常是要阐明希波的奥古斯丁的看法，因为他被普遍视为中世纪的神学权威。

托马斯·阿奎那同奥古斯丁一样坚持认为，预定不是因为上帝预先知道人对恩典的回应或每一个人的道德状况。预定的基础首先是上帝的自由拣选。阿奎那认为，永生在于"受造本性的均衡和能力"。因此，如果想获得永生，人需要指导和帮助。因此，上帝指导灵魂如何得救，就像弓箭手把箭射向目标。"我们把理性受造物获得永生的原因称为'预定'。"这种"指导"不应当被视为异想天开或反复无常的行为，而是说明上帝渴望拯救人类。

中世纪晚期的一些神学家采取更激进的看法。例如，里米尼的格列高利（Gregory of Rimini，约1300—1358年）阐发一种双重预定论，认为上帝不仅预定蒙拣选的人，也预定被摈弃的人。但是，中世纪的大多数神学家对预定的看法非常谨慎，一个原因是他们特别在意预定的牧养意义。例如，特伦托会议对预定的阐释非常谨慎，避免对这个问题做出任何明确教导，尽管当时的新教改教家已经提出这个问题。

关于预定教义的新争辩于17世纪在天主教内爆发。莫里纳派〔以西班牙耶稣会神学家路易斯·德·莫里纳（1535—1600年）命名〕认为，人的自由与上帝的预定并不矛盾。上帝知道，如果得到某些资源，每一个人会如何在可能的环境中自由行动。因此，预定应当被视为上帝创造一种环境，每一个人可以自由地选择上帝所希望的。例如，想想使徒彼得的例子。他被预定永远得救，这便把他回应上帝恩典的自由剥夺了吗？莫里纳派的大多数认为，上帝决定创造世界的方式是，上帝预先看见、预先知道彼得将如何回应。上帝能够创造彼得可以自由回应的环境，从而既维护上帝的自由，也保障人的自由。

一场被称为詹森主义的运动发展起来，从某种程度上是反抗莫里纳主义。康内留斯·詹森的《奥古斯丁》（1640年）在他死后出版，书中对奥古斯丁的解释非常有影响力，这

正是詹森主义的基础。詹森的《奥古斯丁》强调一种观念，即有效的恩典是人不能抗拒的。预定是上帝自由决定的结果，按照上帝的决定，只有一部分人被预定得救。詹森主义的反对者批判这种看法，认为这相当于加尔文主义，所以是天主教徒无法接受的。

这些争辩从未彻底得以解决，但是，从大约 1700 年以后，它们才不再是天主教中造成分裂的主要因素。但是，在新教中，关于预定的争辩其实更加激烈、更加重要。

新教徒的争辩：加尔文主义与阿明尼乌主义

通常认为，新教改教家约翰·加尔文的神学体系以预定教义为中心。但是，如果仔细阅读他的《基督教要义》，便不会得出这种常有人重复的判断。加尔文低调处理这个教义，只用四章解释（第三卷 21 至 24 章）。预定被定义为"上帝永恒的旨意，上帝据此决定如何对待每一个人。因为他创造的每一个人的情况并不相同，命定有些人有永生，其他人受永罚"。

加尔文对预定的分析始于看得见的事实。有些人相信福音，有些人不信。预定教义的主要功能是解释为什么有些人对福音有回应，有些人没有。这是要解释人回应恩典时的多样性。加尔文的预定论应当被视为对人类经验资料的反思，根据《圣经》加以解释，而不是基于上帝全能的预设而推理得出的结论。相信预定本身不是信条，而是根据《圣经》提供的资料反思恩典在每一个人身上的功效，从而根据这些迷一般的经验得出最终结论。

预定绝不是加尔文思想的核心前提，它似乎是辅助教义，要解释宣讲恩典的福音在教牧方面所导致的令人困惑的结果。但是，加尔文的追随者试图根据新的知识进展阐发、重新解释他的思想，或许这必然会改变加尔文对基督教神学的构建。在加尔文去世之后，有一种对预定的理解非常有影响力，被称为"加尔文主义的五大要点"（Five Points Calvinism）。我们将在以下部分中探讨。

"加尔文主义的五大要点"是简便的方法，用来概括归正宗的救赎论（加尔文主义者对拯救的理解）的五个重要原则，是多特会议（Synod of Dort，1618—1619 年）最终确定的。"五大要点"通常以便于记忆的 TULIP 表示。〔多特会议在荷兰召开，荷兰又是著名的郁金香之乡，所以 TULIP（郁金香）特别便于记忆。〕TULIP 分别代表：

  T 罪人的本性完全堕落（total depravity）；
  U 无条件的拣选（unconditional election），因为人的预定不是基于对其功德、品质或成就的任何预见；
  L 有限的救赎（limited atonement），因为基督只为被拣选者而死（之前讲过，这是奥尔拜斯的戈特沙尔克阐发的观念，参 346 页）；
  I 不可抗拒的恩典（irresistible grace），因此，蒙拣选者的蒙召和拯救是不会有误的；

　　P　圣徒的坚忍（perseverance of the saints），因为真正被上帝预定的人怎样都不能背离这个呼召。

后来的大多数归正宗信纲都阐释这种看法，如极具影响力的《威斯敏斯特信纲》（1646）：

> 在人类中蒙上帝选定得生命的人，是上帝从创立世界以前，按照他永远与不变的目的，和自己意志的隐秘计划和美意，已经在基督里拣选了（他们）得到永远的荣耀。此选定只是出于上帝自由的恩宠与慈爱，并非由于上帝预见他们的信心、善行，或在信心与善行中的耐久性，或以被造者中其他任何事，作为上帝选定的条件或动因，总之这都是要使他荣耀的恩典得着称赞。……至于其余的人类，上帝乃是按照他自己意志不可测的计划，随心所欲施与或保留慈爱，为了他在受造者身上彰显主权能力的荣耀之故，他便乐意放弃他们，并指定他们为自己的罪受羞辱、遭忿怒，使他荣耀的公义得着称赞。

17世纪初，一场重要的争辩在加尔文主义者中爆发，即关于"拣选旨意"逻辑顺序的争辩。这场争辩有些抽象，成为神学蒙昧主义的象征。在这场争辩中，可以看出两种典型看法。

　　1. **堕落后预定论**（infralapsarianism）：倡导者是弗朗索瓦·图雷蒂尼（1623—1687年）。他宣称，拣选的先决条件是人类的堕落。因此，拣选的旨意针对所有人，即"有罪的大众"（massa perditionis）。换句话说，上帝决定预定某些人被拣选，其他人被定罪，这是对堕落事件的回应。这个决定的对象是堕落的人类。

　　2. **堕落前预定论**（supralapsarianism）：倡导者是西奥多·伯撒（1519—1605年）。他认为，拣选先于堕落。在伯撒这里，上帝预定旨意的对象是堕落之前的人类。因此，堕落被理解为贯彻拣选旨意的手段。

还需指出第三种看法，摩西·阿米罗（Moses Amyraut，1596—1664年）和法国索米尔（Saumur）的加尔文学院特别倡导这种看法。这种看法通常被称为**假设普救论**（hypothetical universalism），在加尔文主义者中的影响力相对较小。

阿明尼乌主义是对"加尔文主义的五大要点"最重要的批判之一，这场运动得名于荷兰神学家雅各布·阿明尼乌（Jakob Arminius，1560—1609年），他反对归正宗"特定拯救"

的教义。对于阿明尼乌来说，基督已为所有人而死，不只是为蒙拣选者。这种看法盛行在多特会议之后的荷兰归正宗教会中，导致《抗辩书》（*Remonstrance*）于1610年出版。这份声明肯定，基督的工作具有普世性，范围包括所有人：

> 在世界存在之前，凭借在基督里永恒不变的旨意，上帝决定从堕落有罪的人中拣选得永生的人，凭借上帝的恩典，他们相信耶稣基督，坚定信仰，顺服到底。……世界的救主耶稣基督为所有人、每一个人而死，因此，通过在十字架上的死亡，他为所有人赢得和好和赦罪，但是，惟有相信的人才能真正享有。

因此，预定的观念得以维护；但是，它所囊括的范围彻底改变了。多特会议认为，预定是个人的事，上帝预定某些人得救，其他人被定罪。阿明尼乌主义相信，预定是集体的事，因为上帝预定一群特殊的人得救，即相信耶稣基督的人。凭借信仰，个人能满足得救的预定条件，因为他们成为上帝已经预定将拯救的一群人。

阿明尼乌主义很快便在18世纪的福音派中相当得势。尽管乔治·怀特菲尔德（George Whitefield，1714—1770年）的看法更倾向于加尔文主义，但是，查尔斯·卫斯理（1707—1788年）在循道宗内大力倡导阿明尼乌的看法。例如，他的赞美诗"耶稣会让罪人死吗"（Would Jesus Have the Sinner Die?）相当有力地说明所有人都将得救的教义（我标出的黑体字）：

> 哦，让你的爱驱使我的心，
> 你对**每一个**罪人的爱是无偿的，
> 人**每一个**堕落的灵魂，
> 都可以尝到寻回我的恩典；
> 所有人和我一同证明，
> 你的主权、永恒的爱。

这种看法也在18世纪的北美洲非常盛行：乔纳森·爱德华兹的著作经常提到他所认为的阿明尼乌派对手的矛盾和不足之处。阿明尼乌主义显然非常流行，尽管它的批判者经常表现出担忧。

卡尔·巴特（1886—1968年）

卡尔·巴特的神学最有趣的特点之一，是与当时归正宗正统神学的互动。巴特十分重视当时的著作，从某种程度上讲，这让他的神学被称为"新正统神学"。巴特对归正宗的预定教义处理得特别有趣，说明巴特如何采用传统术语，在自己的神学中赋予它们全新的意义。在《教会教义学》中，巴特对预定的讨论基于两个重要肯定：

    1. 耶稣基督是拣选的上帝。
    2. 耶稣基督是被拣选的人。

在分析预定时，巴特有强烈的基督论倾向，贯穿于他对预定的分析中。"预定教义最简单、最全面的形式，在于肯定上帝的预定是拣选耶稣基督。但是，拣选的概念有双重指向——拣选者和蒙拣选者。"那么，上帝到底预定了什么？巴特对此的回答有几个方面，以下这些特别重要。

1. "上帝已经决定成为人类的朋友和伙伴。"通过自由、至高无上的决定，上帝已经选择与人相交。因此，巴特肯定，尽管人类犯罪堕落，但是，上帝仍委身于人。

2. 为了证明这种委身，上帝选择赐下基督拯救人类。"根据《圣经》的记载，这是上帝的儿子在道成肉身、受苦受死和从死人中复活成就的事。"正是拯救人类的作为，表明上帝的自我拣选，即他要做堕落人类的救主。

3. 上帝选择要承受拯救的所有痛苦和代价。上帝选择接受他的十字架，视为君王的宝座。上帝选择接受堕落人类的命运，尤其是痛苦和死亡。为了拯救人类，上帝选择自我羞辱和自愿屈尊的道路。

4. 上帝选择不对我们进行负面审判。上帝弃绝基督，使我们不被弃绝。巴特认为，预定的消极一面理应是罪人承受的，却被基督担当——他是拣选的上帝和蒙拣选的人。上帝愿意承受"弃绝、定罪和死亡"，就是罪必然导致的结果。因此，"弃绝不能再成为人的命运或遭遇"。基督承受罪人本该承受的，因此，人永远不需要再去承担。

    预定包括一个"不"，但是，它不是对人类说的"不"。预定包括拒绝和弃绝，
  但是，它不是拒绝与弃绝人类。预定指向灭亡和死亡，但是，它不是指向人类
  的灭亡和死亡。

因此，巴特排除一切人类"预定被定罪"的观念。惟一被预定定罪的人是耶稣基督，他"永远愿意为我们受苦"。

这种看法的结果非常明显。人类不会被定罪，尽管表面看来正相反。恩典将最终获胜，甚至战胜不信。巴特的预定教义排除一切人类被弃绝的可能性。既然基督已经承受被上帝弃绝的惩罚和痛苦，这便永远不能再成为人类的命运。巴特强调"恩典的胜利"，如果同他的这个特点一起来看，他的预定教义指向全人类的复原和得救。其他人对这种看法颇有

微词，尽管他们基本上赞同巴特的神学，但是，瑞士归正宗神学家埃米尔·布伦纳（1889—1966年）说明了巴特的看法所引起的担忧：

> "耶稣是惟一被真正弃绝的人"，这种说法对人类的处境有什么意义？答案显然是：根本不可能有定罪。……决定已经在耶稣基督里做出——为了所有人。无论他们知道与否，相信与否，都不重要。他们好像在狂风暴雨的海中灭亡的人。但是，他们其实不是在能淹死人的海中，而是在不可能被淹死的浅水中。只是他们不知道。

预定论与经济学：韦伯的理论

加尔文主义者强调预定，这产生的最迷人的结果之一，是它影响到相信预定之人的态度。特别重要的是**确据**的问题：信徒怎能知道他或她是真正被拣选的人呢？加尔文强调，**行为**不是拯救的基础；但是，他却让行为被含糊地理解为**确据**的基础。行为可以被视为"上帝住在我们里面、管理我们的证据"。信徒不是凭借行为得救；相反，行为证明他们的得救。"善行的恩典……证明，接纳的灵已经被赐给我们。"行为被视为拣选的证据，这种倾向可以被理解为说明了"行为伦理"的第一阶段，在牧养方面有非常重要的意义：通过在世上的积极行动，信徒可以平复自己不安的良心，确信他们是蒙拣选者。

对拣选问题的忧虑后来成为加尔文主义灵性观的普遍特点，加尔文派传道人和灵修作家普遍相当详细地探讨这个问题。但是，基本答案大致上是一样的：如果信徒行出善行，便是真正蒙拣选者。这种观念经常用"实用三段论法"加以陈述，这种论证是这样的：

1. 所有蒙拣选的人都能因蒙拣选而表现出某种迹象。
2. 我表现出这种迹象。
3. 所以我是蒙拣选的人。

因此，拣选的确据是有基础的，即信徒生活中有"某种迹象"。因此，这对信徒产生了重要的心理压力，要向自己和世人证明蒙拣选的迹象，一种迹象便是通过在世上的工作全心服侍、荣耀上帝。社会学家马克斯·韦伯（Max Weber，1864—1920年）认为，正是这种压力促使加尔文派社会出现了资本主义。

一种流行的说法认为，韦伯的理论是说，资本主义是新教改革的直接结果。这在历史上站不住脚，不管怎样，这不是韦伯实际所说的话。韦伯强调，他

> 根本无意主张这种愚蠢的空论，即资本主义精神……只能源于宗教改革的

某些影响。众所周知，有些重要的资本主义商业机构其实比宗教改革早得多，这本身便足以驳斥这种主张。

相反，韦伯认为，16世纪出现了新的"资本主义精神"。它不是**资本主义**，即资本主义的**某种特殊形式的**，这一点需要解释。

韦伯认为，新教产生了现代资本主义发展所必需的心理先决条件。事实上，韦伯认为，加尔文主义的重要贡献是，它因自身的信仰体系而产生心理动力。韦伯特别强调"呼召"的观念，将其与加尔文主义的预定论联系在一起。加尔文主义者确信自己的得救，当参与世上的活动时，他们不用非常担心自己最后是否会得救。证明自己蒙拣选的压力，使他们努力追求世上的成功——历史表明，这种成功普遍来得相当迅速。

我们不打算在此批判韦伯的理论。在某些圈子内，它被认为一点也不可信；在其他圈子中，它继续存在。我们只想提出，韦伯正确地看到，宗教思想对早期的现代欧洲产生了极大的经济与社会影响力。韦伯提出，宗教改革的宗教思想能提供现代资本主义发展所需要的动力，这一事实本身便有力地证明，如果想充分理解历史，必须研究神学。它也说明，看似抽象的观念——如预定——其实可以对历史产生非常具体的影响。

14.6 达尔文争辩与人类的本质

在现代基督教思想中，最激烈的争辩之一，涉及达尔文主义对宗教信仰的意义——尤其是人类本质的神学地位。传统的基督教神学认为，人是上帝创造的顶峰，是按照上帝的形象造的，这使人不同于其他受造物。根据对事物的这种传统理解，人身处整个受造秩序中，却高于它，因为人与上帝有独特的关系，这是通过"上帝的形象"这个观念说明的。但是，达尔文的《物种起源》（1859年）和《人的由来》（1859年）分别间接与直接地质疑这种看法。经过相当长的一段时间，人类才在自然界中出现。

如果查尔斯·达尔文自己的进化论还有某一方面让他觉得尚未解决，那便是他的进化论对人类的地位和身份的潜在影响力。在每一版《物种起源》中，达尔文都一贯宣称，他提出的自然选择原理不会产生任何逐渐发展的不变或普遍的规律。对于达尔文或他的时代来说，这不是一个容易得出的结论。《人的由来》的结论说，人是高贵的，同时坚持人的生物学起源是"卑贱的"：

> 人这样兴起，攀登到生物阶层的顶层，固然不是通过他自己的努力，但是，如果他为此而感到几分自豪，也是情有可原的；这样的兴起不是一开始便被放在那儿的事实，但却会给他希望；他仍可以在遥远的未来有更高贵的命运。但是，

我们这里所关心的，不是希望或恐惧，而只是真理，我们的理性容许我们发现多少，我们便关心多少；我已经尽力加以证明了。可是，在我看来，我们必须承认，尽管人有他一切的高贵品质……却在他的躯体上仍有他出身卑贱的不可磨灭的烙印。

大多数达尔文主义者坚持认为，进化论的必然结果是，我们必须承认自己是动物，即进化过程的一部分。因此，达尔文主义批判绝对论者对人类在自然界中地位的假设，这种假设是"物种歧视"（speciesism）背后的动力。〔"物种歧视"是理查德·赖德（Richard Ryder）发明的，普林斯顿大学的现任教授彼得·辛格（Peter Singer，1946— ）将其进一步普及。〕这在传统的宗教领域之外造成许多难题，因为许多政治和伦理的理论都基于一个由宗教或世俗的理论所证实的假设，即人类在自然界中享有特权地位。

那么，基督教对达尔文主义的回应是什么？现在，达尔文的《物种起源》已经出版一个半世纪了。在这一百五十年间，至少出现四种回应，将在以下部分中简要探讨。

年轻地球创造论

年轻地球创造论（young earth creationism）延续对《创世记》的"普遍解读"——这种解读在1800年之前的通俗著作和一些学术著作中普遍可以看到。根据这种理论，地球的基本形态是在六千至一万年前造成的。年轻地球创造论者对《创世记》前两章的普遍解读是，在伊甸园之前没有任何生物，在人类堕落之前根本没有死亡。大多数年轻地球创造论者认为，所有生物都是同时造成的，《创世记》的创造故事用希伯来文 yom（天），即二十四小时给出这段时间。化石记录暗示创造的时间更长，证明灭绝物种的存在；但是，化石记录通常被理解为始于挪亚时期的大洪水。这种看法通常——而非普遍——用144小时的创造和全球大洪水说明。年轻地球创造论的代表人物有亨利·麦迪逊·莫里斯（Henry Madison Morris，1918—2006年）和道格拉斯·凯利（Douglas F. Kelly）。

年老地球创造论

年老地球创造论（old earth creationism）有漫长的历史，倡导者可能主要是保守的新教徒。它比较容易接受地球的高龄，认为年轻地球创造论至少在两方面需要修正。第一，希伯来词 yom 可能要被解释为"不定的时间助词"，就像"一段时间"，表示一段不确定的时间，需要根据背景具体说明。换句话说，《创世记》创造故事中的"天"应当被解释为很长一段时间，而不是特定的二十四小时。第二，《创世记》1章1节与1章2节之间可能有很大空隙。换句话说，创造故事不应当被理解为连续的，而是让"最初创造宇宙"与"地球上出现生命"之间可以插入很长一段时间。尽管著名的《斯科菲尔德串珠圣经》（*Schofield Reference Bible*）于1909年的第一版便倡导年老地球创造论，但是，这种观念可以追溯到19世纪初的一些神学家，如苏格兰神学家托马斯·查莫斯（Thomas Chalmers，1780—1847年）。

智能设计论

智能设计论（intelligent design）近年来在美国极具影响力，认为生物圈有"不可简化的复杂性"，根本不可能有解释其起源和发展的方法，只能提出智能设计论。智能设计论不否定生物的进化；它对达尔文主义最根本的批判是目的论的——进化根本没有目标。智能设计论认为，标准的达尔文主义遇到重要的解释难题，只有个体物种的有目的性创造才能将难题充分解决。智能设计论的批判者认为，这些难题是夸大其词，未来的理论进展将及时解决难题。虽然智能设计论避免将上帝直接等同于那位智能设计者（或许是因为政治原因），但是，这个假设显然是智能设计论固有的基本原理。迈克尔·比希（Michael Behe，1952— ）和威廉·登布斯基（William Dembski，1960— ）特别倡导智能设计论。比希著有《达尔文的黑匣子》（*Darwin's Black Box*，1996），登布斯基著有《智能设计论：科学与神学之间的桥梁》（*Intelligent Design: The Bridge Between Science and Theology*，1999），他们都是西雅图"发现研究院"（Discovery Institute）的研究员。

有神进化论

最后，有神进化论（evolutionary theism）认为，进化应当被理解为上帝选择的方法，即从无机物中创造生命，在生命中创造复杂性。达尔文主义认为，随机事件在进化过程中十分重要，而有神进化论相信，上帝指导进化过程。可以在希波的奥古斯丁那里找到有神进化论的根源，尤其是他对《创世记》第1章、第2章的解释，以及他使用的一种观念，即受上帝指导的宇宙发展过程中的"理性种子"。一些有神进化论者提出，复杂性的每一个层面都可以根据"上帝在体系中做工"加以解释，或许是在量的层面上。其他有神进化论者认为，"创造完全是恩赐"，当最初进行创造时，上帝便内置一种潜能，即生命会出现，生命会变得复杂，所以不需要上帝进一步介入。英国生物学家和神学家亚瑟·皮科克（Arthur Peacocke，1924—2006年）特别倡导有神进化论。

我们如何评价这些理论？如何评价它们背后的宗教与科学顾虑？或许最重要的一点只是：自然科学，包括各种达尔文主义范式，能忍受无神论者、有神论者和不可知论者的解释和调和，但却完全不需要它们，认为它们都没有必要。达尔文主义是被"织成的"，所以既看似完全符合基督教信仰，又好像彻底反对基督教信仰。"达尔文主义"和"基督教"都指明一系列可能性，导致确定它们概念上的重叠和矛盾问题重重，完全取决于如何定义。当代宗教舞台上较为有趣的悖论之一是，正是因为这些原因，达尔文主义被理查德·道金斯（Richard Dawkins，1941— ）等左派神学家和美国各种右派创造论者与拥护创造论的组织不成熟地、不必要地贴上"无神论"的标签。

保守的新教神学家本杰明·沃菲尔德（1851—1912年）毫无争议地指出，圣经解释的严重问题是这些争辩的原因。沃菲尔德还注意到——或许更有争议，却几乎肯定是正确的，科学成果提供一种方法，教会可以用来"检验"自己对《圣经》的解释，避免被困在秘传或陈旧的圣经解释中——只是凭借传统的力量，这种解释才被认为是《圣经》不证自明的意义。正是因为这个原因，达尔文主义才在美国保守的新教徒中特别有争议，他们对圣经解释的普遍看法通常基于一种看似简单（其实却非常微妙复杂）的观念，即"《圣经》的意义清楚明了"。（类似问题也出现在伊斯兰教徒对《古兰经》的解释中。）由于同样的原因，达尔文主义其实更能被天主教神学家接受，因为他们有这样一种观念，即天主教对偶尔很难理解的经文有权威的解释。

然而，最后必须说明一点。归根结底，达尔文主义是科学理论，它的威望是暂时的，它可以被修改、更正，甚至随着科学继续进步而最终被抛弃。它可能是我们这个时代被认可的科学智慧；理论彻底改变，正是以往科学进步的特点，任何科学史研究都不会极不明智地提出，达尔文主义一定是，或可能是惟一不会彻底改变的理论。那么，达尔文争辩在未来一个世纪将会怎样？我们还会继续在科学和神学上争辩吗？我不是先知，所以根本没有答案。但是，如果提出现代已经解决，或已经开始解决这个问题，即宗教信仰与对生命生物学起源的科学探索之间的关系，便是极不明智之举。

本章概览了大量资料，都是关于基督教对人性、罪与恩典的理解，却只探讨了基督教传统中的一小部分争辩。但是，我们已经谈到其中重要的里程碑，它们仍对基督教就这些问题的持续争辩至关重要。

研讨问题

1. 简述伯拉纠争辩的主要问题。

2. 为什么奥古斯丁相信原罪？

3. 假如你要在有限的时间内向不懂神学的人解释"恩典"的观念，你将如何用两百字左右介绍？

4. 马丁·路德倡导"惟独因信称义"的教义。他的意思是什么？他否定哪些看法？

5. "如果你没有被预定,就去让你自己被预定。"加尔文主义者的这种态度与韦伯关于资本主义起源的理论有什么关系?

6. 为什么达尔文主义会对传统的基督教信仰构成有力挑战?基督教神学是如何回应的?

第十五章 论教会

在基督教神学中，关于教会教义的神学通常被称为教会论（ecclesiology，"教会"的希腊文为 ekklesia），对于所有想从事教会任何一种牧会工作的人都非常重要。在牧会工作中，教会论的问题不时出现。教会是什么样的团体？对教会本质的理解如何影响到教会应当开展的工作？教会论是要为一个历经各种不同社会文化环境、数千年来已经有了发展变化的组织给出合理的理论依据。

然而，需要理解的重要一点是，作为一种机构，教会在历史上真实地存在，基督徒后来才开始认真、系统地反思教会应当是怎样一种机构。教会先是作为信仰团契而存在，然后才是反思教会的身份和呼召。研究基督教对教会的理解，便可以明白，为了生存与发展，一些机构是如何适应环境的。本章旨在探讨数千年来这一奇妙的发展史中出现的问题。

15.1 《圣经》中的教会

要想研究基督教教会论的发展，必须先来研究《圣经》所描述的这一信仰团契的起源，以及后来出现的对这一信仰团契的本质和身份的理解。教会始终强调自身与以色列人的历史与神学延续性。因此，我必须先从《旧约》开始探讨。

《旧约》

以色列人如何理解自己的身份？如何在他们的机构中保持自己的身份？著名的美国旧约学者沃尔特·布吕格曼（Walter Brueggemann, 1933—　）认为，作为一个民族，在理解自己的身份和目标的过程中，以色列人经历了三个不同的发展阶段。

以色列人的第一个生存阶段一直持续到建立扫罗（Saul，约前 1250—前 1000 年）统治下的君主政体。在这一阶段，以色列人生存在没有圣殿、祭司、圣贤和先知的时代。作为一个民族，以色列人的身份不是由机构界定的，而是通过"对以色列人核心历史的共同委身"。

第二个阶段从公元前 1000 年持续到公元前 587 年。在这个漫长阶段——止于耶路撒冷的以色列人被掳到巴比伦，以色列人由君主统治。布吕格曼指出让以色列人得以保持、巩固自己身份的四个重要特征：

1. 在这一漫长阶段，圣殿和其中的祭司提供合法、稳定的领导。
2. 国王是以色列民族主要的世俗统治者，同时和圣殿的祭司委身于相同的宗教观念与价值观。
3.《箴言》为一群"圣贤"做出见证，他们相当于西方观念中的"知识分子"，让以色列民族在知识层面有了合法性。
4. 在这一阶段，先知在特别艰难和动荡的时期代表上帝给人引导。

布吕格曼发现，在耶路撒冷的以色列人从巴比伦流亡回归之后，便出现第三种模式。在这个"流亡后"或"第二圣殿"阶段，以色列人成为更小的民族，所面临的严重问题是，先后被波斯人和希腊人征服时保持自己的身份。当面对这些"普世文化"侵蚀他们的独特身份时，以色列人试图通过与过去的联系找到自己的身份。布吕格曼强调"经典"在这一阶段的重要性，因为它们提供一种方式，使"目前受到威胁的这一代人"可以联系"过去的参照点"。

《新约》

《新约》强调以色列人与基督教会的延续性，给出理解教会神学身份的一系列模式。在以下部分中，我们将解释其中五种模式。

1. **教会为上帝的子民**：这个意象强调教会与以色列人的延续性，教会也得到上帝与亚伯拉罕所立之约的应许。因此，对保罗特别重要的是，基督徒也有亚伯拉罕那样的信仰（罗马书 4：1—6；加拉太书 3：6—8）。教会被拣选或蒙召成为上帝的子民，就像上帝过去对以色列人的呼召。"惟有你们是被拣选的族类，是有君尊的祭司，是圣洁的国度，是属上帝的子民，要叫你们宣扬那召你们出黑暗、入奇妙光明者的美德。"（彼得前书 2：9）

2. **教会为拯救的团契**：这个意象强调，上帝建立教会，这既回应了上帝的拯救工作，也是一种宣扬上帝的拯救工作并将其带给世界的方法。这一主题明确地体现在《新约》对传福音的命令中，耶稣说教会是蒙召做见证的团契，是"世上的盐"和"世上的光"（马太福音 5：13—16），有责任去"使万民做我的门徒"（马太福音 28：19）。

3. **教会为基督的身体**：尤其能在保罗书信中看到这个意象，特别是《哥林多前书》12 章 12 至 31 节。每一个信徒的信仰和洗礼都应当被理解为进入基督身体的保证。《新约》的其他意象巩固对教会的这种团契性理解，如《约翰福音》把信徒比作葡萄树的枝子，附属于或连接于"真葡萄树"，即耶稣基督（约翰福音 15：5）。

4. 教会为仆人：这个意象再次强调《新约》与《旧约》的延续性。上帝拣选、呼召以色列人服侍他；同样，上帝也拣选、呼召教会服侍人。初期教会用来称呼教会领袖的术语反映出这一主题。主要用来称呼教会领袖的两个希腊词是 doulos（"仆人"，甚至可能是"奴隶"）和 diakonos（"在桌旁服侍的人"）。保罗明显以这一主题为核心，因为他告诉哥林多的基督徒，他和自己的同工"乃是传基督耶稣为主，并且自己因耶稣做你们的仆人"（哥林多后书 4：5）。

5. 教会为圣灵的团契：教会的初期历史——如《使徒行传》讲述的历史——强调圣灵在教会中的同在和作为。圣灵的同在能让教会做出见证，发展壮大。对于保罗来说，圣灵不只是教会事工中有用的神学源泉。圣灵与教会的同在说明，上帝的新时代已经到来，就在世上建立上帝的国而言，教会有独特的作用。圣灵应当被视为每一个基督徒得救和教会使命的"印记"（以弗所书 4：30）。

教会的这五种模式可以在《新约》中看到。但是，它们还没有被充分阐发。《新约》的作者将阐发基督教对教会身份之理解的任务交给自己的继任者。在以下部分中，我们将探讨他们的一些做法。

15.2 教会论的早期发展

在初期教会中，教会论不是主要问题。东方教会根本没有意识到这个问题潜在的重要性。最初五个世纪中，大多数希腊教父都只满足于用可在《圣经》中找到的意象说明教会，没有选择进一步探讨。因此，佩鲁修姆的伊西多尔（Isidore of Pelusium）将教会定义为"因正确的信仰和生活中卓越的品行而联合在一起的圣徒集会"。可以认为，以下因素是当时一致认同的：

1. 教会是属灵的团契，取代以色列人成为上帝在世上的子民。
2. 尽管有不同的出身和背景，但是，所有基督徒都在基督里成为一体。
3. 教会是资源库，保存基督教的真教导。
4. 教会将全世界的信徒聚在一起，使他们能在信仰和圣洁上成长。

从某种程度上讲，这种对教会论缺乏兴趣的现象，反映出当时的政治局势。在敌对的异教国家——罗马帝国——的权威下，教会最多只是被勉强容忍的组织，最糟则是受到残酷迫害。

随着君士坦丁归信基督教，情况彻底改变。神学家逐渐将罗马帝国与基督教会并列在一起，无论是负面的〔如罗马的希波里图斯（Hippolytus of Rome）将罗马帝国视为撒旦对教会的模仿〕，还是正面的（如凯撒利亚的尤西比乌将教会看作上帝命定的政权，所肩负的使命是预备世界，等候基督的国降临）。

一种实际情况导致对教会论的问题更深入的反思。从很早开始，教会的领袖便有竞争，尤其是罗马和君士坦丁堡的教会领袖。在最初五个世纪中，基督教的许多中心特别受人推崇，亚历山大、安提阿、君士坦丁堡、耶路撒冷和罗马是最有影响力的。然而，到了公元4世纪末，越来越明显的是，作为罗马帝国的中心，罗马的地位格外重要。"教宗"（pope）一词源于拉丁文 papa，即"父亲"，最初用来称呼任何一位基督教主教；渐渐地，这个术语被更多地用来称呼教会最重要的主教，即罗马主教。从1073年起，"教宗"这一头衔被专门用于罗马主教。因此，问题便出现了：罗马主教在自己的教区之外有多大的权威？

实际上，答案非常简单：很大。罗马主教（我们此后将用"教宗"一词，尽管稍有时代错误之嫌）经常被请来裁决整个地中海沿岸教会的各种争端。公元5世纪，聂斯托利和耶路撒冷的西里尔卷入无休止的基督论争辩，根本看不出解决之道，于是二人匆匆赶往罗马，要争取教宗的支持。

然而，这种优越的地位有没有神学基础？东方教会毫不犹豫地说：没有。但是，其他人却不敢这么肯定。圣彼得在罗马殉道，教宗是他的继任者。《新约》中似乎有"彼得居首位"的意思（马太福音16：18），这不能让彼得的继任者有高于他人的权力吗？对于许多人来说，似乎通过某种不可思议的方式，彼得的灵性权威被传给自己的继任者，就是罗马主教。甚至在东方教会，也有人持这种看法。此外，罗马是"永恒之城"，伟大的罗马帝国的首都。不难发现，这种政治权力是如何被转化进神学体系的。迦太基的奚普里安（死于258年）便是西方神学家的一个例子。他极力捍卫罗马教廷在整个基督教世界居首位。在教会史上的许多关键时刻，这个问题还将成为重要问题，宗教改革便是特别明显的例子。

15.3 多纳图争辩

最终，西方教会加速了对教会的本质和身份的神学反思。基督教教义的发展似乎有一个普遍规律，即神学争辩促进教义的发展。似乎需要某种刺激，激发持续的神学反思。对于教会论而言，这种刺激是以罗马帝国的北非为中心的一场争辩，史称"多纳图争辩"。

在罗马帝国皇帝戴克里先（284—313年）统治之下，基督教会受到不同程度的迫害。迫害始于公元303年；君士坦丁归信基督教和《米兰敕令》（Edict of Milan）于公元313年的颁布结束迫害。公元303年2月的谕令规定，焚烧基督教著作，拆毁基督教堂。凡是交出书籍焚烧的基督教领袖后来被称为 traditores——交出（自己书籍）的人。现代英文"叛徒"（traitor）源自同一词根。阿普汤加的菲利克斯（Felix of Aptunga）便是"交出的人"，后来，他于公元311年将凯基利安（Caecilian）按立为迦太基的主教。

迦太基的许多基督徒被激怒，因为这种人竟被允许参与圣职按立，因此，他们宣称，自己难以接受凯基利安的权威。他们认为，新任主教的权威受到损害，因为给他按立圣职的主教曾在迫害的压力之下叛教。因此，这种做法玷污大公教会的教阶制度。教会应当追求圣洁，不应该允许这种人留在教会中。

到了奥古斯丁于公元388年回到非洲时，已经有一小群信徒脱离教会，成为当地主要的基督教团体，并得到当地非洲人的大力支持。社会问题笼罩着神学争辩；多纳图派（Donatists，得名于分裂的非洲教会领袖多纳图［Donatus］）往往争取当地非洲人的支持，而大公教会信徒则争取罗马帝国殖民者的支持。

争辩所涉及的神学问题非常重要，直接关乎一位教会领袖神学中的尖锐矛盾，他便是公元3世纪非洲教会的主要领袖迦太基的奚普里安。在《论大公教会的合一》（251年）中，奚普里安为两种相关信念辩护。首先，分裂是完全不合理的，绝对错误的。不能以任何理由破坏教会的合一。走出教会，便等于放弃一切得救的可能性。其次，由此可见，叛教或造成分裂的主教根本没有资格施行圣礼或担任基督教会的圣职。由于脱离教会，他们已经失去自己的灵性恩赐和权柄。因此，他们不能按立神父或主教。他们所按立的人，其圣职都应当被视为无效的；受他们洗礼的人，其洗礼都必须被视为无效的。

然而，如果某位主教在迫害中叛教，随后又悔改，这该怎么办呢？奚普里安的理论可以有两种截然不同的解释。

1. 由于叛教，主教犯下叛教的罪。〔"叛教"（apostasy）直译为"背离"。〕因此，他使自己脱离教会，不能再认为他可以施行有效的圣礼。
2. 通过悔改，主教可以重获恩典，便能继续有效地施行圣礼。

多纳图派采取第一种看法，而大公教会信徒（因他们的对手而闻名天下）持第二种立场。多纳图派通常是非洲当地的柏柏尔人（Berbers），而大公教会信徒主要是罗马帝国的殖民者。因此，公元4世纪初的多纳图争辩所牵涉的政治问题及其政治意义，便令这场正常的神学争辩变得更加微妙复杂。

奥古斯丁对多纳图派的挑战做出回应。他相信，同多纳图派的教导相比，他提出的教会论在《新约》中有更坚实的基础。奥古斯丁特别强调**基督徒的罪性**。教会不必是由圣徒组成的"纯洁的身体"，而是由圣徒和罪人共同构成的"混合的身体"（corpus permixtum）。奥古斯丁在《圣经》的两个比喻中看出这一点：撒网的比喻，网捕到许多种鱼，以及麦子和稗子的比喻（马太福音13：24—31）。麦子和稗子的比喻特别重要，需要进一步探讨。

麦子和稗子的比喻说，一个农夫播种，后来发现长出的庄稼既有麦子，也有稗子。怎么处理呢？要想在麦子和稗子都生长时分开它们，将导致灾难，或许在拔出稗子的同时还会伤及麦子。但是，到了收割的时候，所有庄稼——无论是麦子，还是稗子——都会被割下分类，这样才不会伤及麦子。因此，分别善恶是在末世进行的，不是在历史之中。对于奥古斯丁来说，这个比喻正是指世界上的教会。教会必定既有圣徒，也有罪人。要想在今世将他们分开，时机既不成熟，也不合适。到了上帝自己的时候，就是历史的末了，才会区分圣徒与罪人。没有人可以代替上帝做出这种审判或区分。

施洗约翰（John the Baptist）的预言是一段相关的《圣经》章节。施洗约翰预言，拿撒勒人耶稣将要进行一场可被比作打谷的审判（马太福音 3：11—12）。堆在谷仓里的麦子和糠将被分开。那么，如何解释这个比喻呢？出现两种截然不同的解释。对于多纳图派来说，谷仓是指这个世界，其中既有麦子，也有糠。麦子将与糠分开，组成教会，是无罪之人的团契，而糠仍属于世界。奥古斯丁认为，教会就是谷仓，因为它的成员既包括麦子，也有糠。

那么，教会是哪种意义的"圣洁"呢？对于奥古斯丁来说，教会的"圣洁"不是教会成员的圣洁，而是基督的圣洁。教会不可能是这个世界的圣徒所组成的集会，因为教会成员被原罪玷污。但是，基督令教会成为圣洁——就是在末日审判时最终实现、达至完美的圣洁。除了对圣洁进行这种神学剖析之外，奥古斯丁还机警地注意到，多纳图派没有活出他们自己崇高的道德标准。奥古斯丁指出，在道德方面，多纳图派同他们的对手一样堕落。

在圣礼神学中，奥古斯丁也提出类似看法。对于多纳图派来说，圣礼——如洗礼和圣餐（Eucharist）或主餐（Lord's Supper）——只有在施行者的道德与神学纯洁性毫无争议时才有效。这种态度可以在锡尔塔（Cirta）的多纳图派主教佩蒂利安（Petillian）的书信中看到。公元402年，佩蒂利安给奥古斯丁写了一封信，较为详细地阐释多纳图派对圣礼有效性的看法。他们坚持认为，圣礼的有效性完全取决于施行者在道德上是否配得施行圣礼。在下一章中，我们将进一步探讨这一点。

奥古斯丁对此做出回应，认为多纳图主义过于强调代理者——人——的品质，却忽视耶稣基督的恩典。在奥古斯丁看来，堕落的人根本不可能分辨谁是道德的，谁是不道德的，谁配施行圣礼，谁不配施行。这种看法完全符合奥古斯丁对教会的理解——教会是由圣徒和罪人共同构成的"混合的身体"，认为圣礼的功效不在于每一位施行者的功德，而是首先在于设立者——耶稣基督——的功德。因此，圣礼的有效性不取决于施行者的功德。或许就教会牧养而言，由无可指摘的人施行的圣礼是有利的；但是，这在神学上根本没有必要。基督是圣礼有效性的最终保障；施行者只是起到次要、从属的作用。

多纳图和他的追随者坚持认为，教会及其圣礼制度的功效取决于教会代表在道德和崇拜方面的纯洁性。因此，基督教福音的恩典和医治的能力被理解为视教会及其牧师的纯洁性而定。对于奥古斯丁来说，这相当于令拯救间接取决于人是否纯洁，而不是基督的恩典。

牧师和圣礼只是上帝恩典的渠道，不是起因。多纳图主义的威胁是，让人的得救在于圣洁的代理者，即人，而不再决定于耶稣基督的死亡和复活。因此，就确保或维系拯救而言，基督的作用是次要的，而作为代理者的人却起到至关重要的主要作用。

在此，关于希波的奥古斯丁对基督教信仰的理解，我们看到一个重要主题：人性是堕落的，受伤了，是脆弱的，需要上帝恩典的医治，才能复原。奥古斯丁认为，宁可将教会比作医院，也不能把它比作健康人的俱乐部。教会是医治这些人的场所：他们知道，自己需要赦罪和康复。基督教生命是从罪中得医治的过程，不是无罪的生命，仿佛治疗已经完成，病人已经完全健康。教会是病人和康复中病人的医院。只有在天堂里，我们才最终成为义人，彻底健康。

因此，奥古斯丁认为，多纳图主义具有致命缺陷。教会是，也应当是混合的身体。在目前的时代中，罪是教会生活不可避免的一部分，不应当成为分裂的原因和理由。但是，奥古斯丁所担心、所憎恶的分裂终于在16世纪发生，由于宗教改革，西欧的一些教会脱离天主教（译者注：以前的大公教会），成为新教。现在，我们就来看这些重要发展。

15.4 初期新教的教会教义

就反思基督教会的本质和身份而言，16世纪是至关重要的时期。改教家相信，他们时代的教会忽视了恩典教义，而路德认为，那是基督教福音的核心。路德宣称，他的惟靠信仰称义的教义是"教会能靠此站立或倾倒的信条"（articulus stantis et cadentis ecclesiae）。他相信，天主教已经忽视这个教义，于是得出结论（却似乎不太情愿），天主教已经失去自称为真基督教会的资格。

在天主教中，反对这种看法的人讥讽道：路德只是在制造分裂，分裂与教会无关。换句话说，路德是分裂者——奥古斯丁本人不是谴责过分裂吗？奥古斯丁不是特别强调过路德现在威胁要打破的教会合一吗？似乎只有否定奥古斯丁的教会教义，路德才能维护奥古斯丁的恩典教义。奥古斯丁思想的这两个方面存在这种矛盾，在16世纪其实是难以调和的。我们要在这个背景下探讨宗教改革对教会本质的理解。

在以下部分中，我们将思考初期新教的教义，探讨主流（或"官化"）宗教改革和宗教改革中较小的激进派一些最独特的进展。我们先来思考马丁·路德著作中的新进展。

马丁·路德（1483—1546年）

路德早期对教会本质的看法，反映出他强调上帝的道：上帝的道是去征服，凡是它征服、获得对上帝真顺服的地方，都是教会。

> 现在，无论任何地方，只要你听见或看见（上帝的道）被宣讲，被相信，被承认，被遵照而行，就不要疑惑，那里一定有真正的"圣洁的基督徒子民"（ecclesia sancta catholica），即使他们的数量很少。因为上帝的道"绝不徒然返回"（以赛亚书55：11），必须至少在田里收获四分之一或一部分。即使除此之外，再没有其他任何迹象，也足以证明那里必有圣洁的基督徒子民，因为上帝的道不能没有上帝的子民；相反，上帝的子民也不能没有上帝的道。因为如果根本没有上帝的子民，谁还会宣讲上帝的道呢？谁还会听到上帝的道被宣讲呢？如果根本没有上帝的道，上帝的子民又能相信什么呢？又会相信什么呢？

因此，主教按立的圣职和使徒教会体制的延续都不一定保证教会的存在，而福音的宣讲才是验证教会的基本要素。"哪里有上帝的道，哪里便有信仰；哪里有信仰，哪里就有真教会。"宣讲上帝的道构成可见的教会；根本没有任何一个人的集会可以自称是"上帝的教会"，除非它是建立在福音的基础之上。同加入一个历史上源于使徒的机构相比，和使徒宣讲同一个福音更重要。菲利普·梅兰希顿（1497—1560年）——路德在维腾堡的同工——也对教会持类似看法，认为教会主要在于它的作用，即教会是传递恩典的工具。

然而，如果不以**机构**定义教会，而是通过福音的宣讲理解，路德如何区分自己的观点与激进派改教家的看法呢？路德本人承认，"教会是圣洁的，即使狂热分子（路德对激进分子的称呼）所主导的教会也是如此，只要他们不否认上帝的道和圣礼。"路德赞成需要建立体制教会，宣称教会历史上的体制是上帝命定的恩典工具。在驳斥激进分子时，路德坚持认为，教会是可见的，是体制性的；但是，这样一来，他发现，难以区分自己的看法与天主教对手的有何不同。因此，路德不得不声明，"尽管假教会也有基督教圣职，但是，那只是徒有虚表。"换句话说，中世纪的教会可能**看起来像**真教会，其实却不是那一回事。

因此，路德的看法显然有一定的困难和缺陷。从某种程度上讲，这可能反映出16世纪20年代改教家的普遍信念，即脱离大公教会只是暂时的。如果与改革后的大公教会重新合一只是时间问题，何必费力去阐发详尽的教会理论，为脱离大公教会的福音派找借口呢？只是到了16世纪40年代，当这种重新合一终究成为梦想时，新教神学家才开始持续关注构建新教独特的教会教义。约翰·加尔文或许是其中最重要的神学家。

约翰·加尔文（1509—1564年）

对于宗教改革来说，1541年发生了一件大事。拉蒂斯邦和谈破裂。在拉蒂斯邦举行的这次和谈是天主教徒与新教徒达成妥协的最后努力，要使暂时脱离大公教会的新教徒重返教会。在此必须强调，改教家最初认为，自己只是暂时脱离大公教会。一旦形势好转，他们完全有望回来。但是，拉蒂斯邦和谈破裂，使这一希望化为泡影。

现在，情况有了新进展。1541 年以前，新教神学家还不必真阐发教会理论。路德早期的教会论其实只是一种试探，想要证明暂时脱离教会是正确的。它并不严谨，也不具说服力，正是因为他相信，根本没必要阐发完善的教会理论。毕竟回归大公教会是迟早的事。第二代改教家（其中最重要的是加尔文）认识到，脱离大公教会将无限期地持续下去，所以他们面临的挑战是，必须阐发前后一致、系统的教会论。

加尔文对这一挑战做出回应，他提出的教会论被普遍视为 16 世纪最完善的新教教会论。对于加尔文来说，真教会的标记是：

1. 必须宣讲上帝的道；
2. 必须正确施行圣礼。

> 无论任何地方，只要我们看见上帝的道被纯正地宣讲与聆听，圣礼遵照基督所设立的那样施行，就绝不要怀疑上帝教会的存在。因为他的应许不会落空："无论在哪里，有两三个人奉我的名聚会，那里就有我在他们中间。"（马太福音 18：20）……如果圣工有、尊崇上帝的道，如果圣工包括圣礼的施行，毫无疑问，它配被视为教会。

因此，哪里正确地宣讲福音，哪里正确地施行圣礼，哪里便有真教会。

加尔文做出一个重要区分，即**可见的教会**与**不可见的教会**。从一方面而言，教会是基督信徒的团契，是可见的团体。但是，它也是圣徒和蒙拣选者的团契——**不可见的**实体。在不可见的这一层面，教会是蒙拣选者不可见的集会，只有上帝知道；就可见的层面而言，它是信徒在世界上的团契。不可见的教会只有被拣选者；可见的教会既包括好人，也包括坏人，既包括被拣选者，也包括被摈弃者。前者是信仰和盼望的目标；后者是现今的经验。它们的区别是末世性的：不可见的教会将在末世出现，就是上帝对人类开始最后审判的时候。加尔文强调，为了不可见的教会——基督的真身体，所有信徒都必须尊崇可见的教会，委身其中，尽管它还有缺陷。即便这样，教会只有一个，是单一的实体，耶稣基督是它的头。

区分可见的教会与不可见的教会，有两个重要结果。首先，必须期待，可见的教会既包括蒙拣选者，也包括被摈弃者。我们之前已经讲过，希波的奥古斯丁在驳斥多纳图派时便已经提出这一点，依据是麦子与稗子的比喻（马太福音 13：24—30）。人没有能力辨别它们的差异，揣测人的品质与上帝恩惠的关系（不管怎样，加尔文的预定论排除拣选的这种基础）。

在定义教会的本质之后，加尔文开始探讨它的重要性。究竟为什么需要教会——是指一个机构，而不是一座建筑？就像上帝通过道成肉身在历史进程中拯救人类，为了让人成圣，上帝也采取一种类似方法，即在历史中建立一个致力于使人成圣的机构。上帝通过某种明显属世的途径完成对蒙拣选者的拯救。因此，教会被视为上帝设立的团体，上帝在其中做工，使蒙拣选者成圣。加尔文是这样阐释这种观念的：

> 那么，我要从教会讲起。上帝愿意将自己的孩子聚在教会的怀抱中，不仅因为还是婴儿和孩子的他们可以由教会的扶助与牧养得以养育，也因为教会慈母般的关怀可以引导他们，直到他们长大成熟，实现信仰的目标。因为"上帝所配合的，人不可分开"（马可福音10：9）。凡以上帝为父的人，教会也是他们的母亲。

加尔文引用迦太基的奚普里安所说的关于教会的两句名言支持这一崇高的教会论："如果不以教会为母，你便不能以上帝为父"和"在教会之外，根本没有赦罪和得救的希望"。因此，教会的体制被视为必要的、有用的、上帝所赐的、上帝为灵性的成长与发展所命定的工具。

激进的宗教改革

激进的改教家——如塞巴斯蒂安·弗兰克（1499—1543年）和门诺·西蒙斯（1496—1551年）——认为，自罗马帝国皇帝君士坦丁归信基督教以来，使徒教会已经完全妥协，因为它与国家建立了紧密联系。作为一个机构，教会被人的权力斗争和野心所败坏。弗兰克这样写道：

> 我相信，基督外在的教会，包括它的一切恩赐和圣礼，由于使徒死后被敌基督的权力所侵入与败坏，已经升到天堂，隐藏在圣灵和真理之中。因此，我相当确信，一千四百年来，根本没有聚在一起的教会，也没有圣礼。

真教会在天堂，世上的教会只是在体制上对它的拙劣模仿。激进的改教家强调，教会必须与世俗社会分开，这在他们对权力——尤其是行政官员的权力——的态度中表现得特别明显。激进的宗教改革认为，教会就像16世纪欧洲主流文化中的"另类团体"。在君士坦丁时代之前，教会生存在罗马帝国中，却拒绝遵从帝国的标准。同样，激进的改教家认为，他们与16世纪的环境并列存在，而不是生活在其中。对于门诺·西蒙斯来说，教会是"义人的集会"，与世界是不同的，并不是"混合的身体"：

> 事实上，只夸耀自己的人不是基督的真会众。基督的真会众是真正归信的人，他们由上帝从上面而生，因圣灵的工作而聆听上帝的道，从而心灵获得重生，

已经成为上帝的儿女。

由此可见,就教会论而言,激进的改教家与多纳图派非常相似:教会是神圣、纯洁的身体,与世界的败坏势力隔绝,预备所有必要的管教方法,来保持它的纯洁和独特性。

这种教会论认为,教会是忠实的余民,与世界是矛盾的。这正符合再洗礼派的经验,因为化身为世俗官员的敌基督者迫害他们。激进的宗教改革普遍反对使用暴力,提倡不抵抗的政策。雅克布·胡特尔(Jakob Hutter,约1500—1536年)引用基督的例子,为这种政治立场给出合理的神学理由:

> 所有人都可以看到,我们根本没有枪矛这样的武器。我们希望通过自己的言行表明,我们是真正追随基督的人。

汉斯·登克(Hans Denck,1495—1527年)指出基督的软弱,在控告者面前一言不发,从而宣称:"暴力不是上帝的属性。"

《斯莱特海姆信条》(Schleitheim Confession,1527)最清楚地说明再洗礼派对世俗权力的普遍看法,第6条和第7条解释、论证不参与世俗事务和不抵抗世俗权力的政策。暴力"在基督的完全之外"(即在激进派团体之外);在激进派团体中,身体暴力根本没有地位。

> 刀剑是上帝在基督的完全之外设立的。……基督徒不适合做行政官员,原因如下。政府的行政官员按照肉体行事,而基督徒按照圣灵行事;他们的家和住所在这个世界,而基督徒的却在天堂;他们是这个世界的公民,而基督徒是天堂的子民;他们作战与争斗的武器是物质的,是与肉体争战,而基督徒的武器是属灵的,对象是魔鬼的营垒;世俗之人的武装是铜铁,而基督徒以上帝的铠甲武装自己,就是真理、公义、和平、信仰、救恩和上帝的道。

再洗礼派通过"逐出教会"维护教内纪律,即再洗礼派可以将自己的成员逐出教会。这种惩罚方式被视为真教会的基本特征。再洗礼派彻底脱离主流教会的原因之一,是因为这些教会没有在自己的信徒中维护良好的教纪。〔宾夕法尼亚州兰开斯特县(Lancaster)的阿米什人(Amish)今天仍在这样做。〕《斯莱特海姆信条》以基督的话作为"逐出教会"教义的基础,即《马太福音》18章15至20节。

> 所有献身于主、遵照主的命令生活、受洗加入基督惟一的身体、被称为弟

兄姐妹的人，如果偶尔堕落，因疏忽而落入错误和罪中，就要将他们逐出教会。应当先对这种人秘密规劝两次，到了第三次，他们应该当众受罚，或按照基督的命令被逐出教会（马太福音18）。

再洗礼派认为，"逐出教会"既有威慑作用，也有挽救的功效，既能激励被逐出的人痛改前非，也能让其他人引以为戒。波兰的《拉科维亚教义问答》（Racovian Catechism）列出必须在再洗礼派教会中保持严格教纪的五个原因，大多数原因都反映出再洗礼派"彻底分离"的政策：

1. 使堕落的教会成员可以得到医治，被带回教会的团契之中。
2. 防止其他人犯同样的罪。
3. 消除教会的丑闻和混乱。
4. 防止主的话在教会之外声名狼藉。
5. 防止主的荣耀被亵渎。

尽管有牧养的用意，但是，"逐出教会"经常被解释得非常严厉，以致教会信徒尽量避免与被逐出的人及其家人有任何接触（被称为"回避"）。

15.5 基督与教会：20世纪的一些主题

20世纪对教会论重燃兴趣，一个原因是普世教会运动（致力于促进基督教合一）的兴起，另一个原因是教会论有了极大动力，因为第二次梵蒂冈会议（1962–1965年）发起更新与改革，尤其是宪章《外邦人之光》（Lumen Gentium）。（请注意，罗马天主教权威的大公会议和教宗的声明通常都以其中的拉丁文开头语命名。）我们很快便会思考第二次梵蒂冈会议的教导。

要想给20世纪教会论的一些主题归类，一个简便的方法是，思考公元1世纪的神学家安提阿的伊格纳修的名言，他宣称："哪里有基督，哪里也有大公教会。"在整个基督教史上，这句令人难忘的名言对新教、天主教和东正教的教会论反思都产生了深远影响。在以下部分中，我们将探讨20世纪对这句名言三种不同的理解。

基督通过圣礼同在

第二次梵蒂冈会议对教会论的发展最独特的贡献之一，是肯定教会的圣礼性。《外邦人之光》写道："在基督里，教会像一种圣礼——一个标记和工具，表明与上帝的团契，以及所有人的合一。"此次会议没有提出，教会是圣礼；教会仍保留传统的七个圣礼。相反，教会"像圣礼"。在发表这项声明时，此次会议似乎想将两种教会观整合在一起：教会是上帝的道设立的，以及教会是可见的实体。奥古斯丁曾提出这种观念，将圣礼视为"可见的道"。

教会像圣礼的观念对 20 世纪天主教的教会论产生了重大影响。早在第二次梵蒂冈会议之前，这种观念便已经在教会中迅速发展。从某种程度上讲，这反映出"神学复古"的兴起，这种做法试图重新取用教会史较早时期——最重要的是教父时期——一系列具有巨大影响力的主题；而教父时期对教会本质的理解与 16 世纪以来占上风的、较为体制性的理解截然不同。

这种看法可以在亨利·德·吕贝克（1896—1991 年）的著作中清楚看出。他是第二次梵蒂冈会议之前的神学家，因精通教父传统而闻名于世。他在重要的著作《大公主义》（*Catholicism*）中写道：

> 如果基督是上帝的圣礼，教会对我们而言就是基督的圣礼；她代表他，按照古代的完整意义，她真正使他同在。她不仅继续他的工作，她就是他的延续，这远比说任何人的机构是创建者的延续更真实。

尽管仍然认为教会是机构，但是，吕贝克给天主教的教会观注入新的特征和目的：教会的存在是要使耶稣基督与世界同在。因此，认为教会有圣礼的作用，让伊格纳修的名言有了新的意义。

有人接着阐发这种观念。1953 年，德国耶稣会神学家奥托·泽梅尔罗特（Otto Semmelroth，1912—1979 年）出版一本极具影响力的研究著作，题为《基督为原初的圣礼》（*The Christ as Primordial Sacrament*）。他在书中认为，教会是"原初的圣礼"（Ursakrament），说明上帝有能力用物质见证灵性的事。道明会神学家爱德华·谢列比克斯（1914—2009 年）在《基督：与上帝相遇的圣礼》（*Christ, The Sacrament of the Encounter with God*，1963）中阐发类似观念。这种看法总的效果是，将基督论、教会论和圣礼论整合成条理清晰的整体。汉斯·乌尔斯·冯·巴尔塔萨（1905—1988 年）对教会的理解具有强烈的道成肉身色彩，认为教会是"基督的延伸"（elongetur Christi）——基督在时空中的延伸。耶稣会神学家卡尔·拉纳（1904—1984 年）继续从圣礼的角度理解教会，宣称教会的存在是要让基督以历史的、可见的、具体的形式与世界同在。

拉纳的看法引起许多人的兴趣。对于拉纳来说，教会"是延续，在当代显现真实的、末世的胜利，也是上帝在基督里已经确立的、不可改变的拯救旨意在世界上的显现"。因此，教会"具体彰显上帝对人类的拯救"，是上帝与世界的持续同在（16 世纪西班牙神秘主义者阿维拉的特蕾莎的著作便已经有这种看法）。由于教会在历史上真实地与世界同在，它必然需要体制。

因此，拉纳认为，可以证明天主教对教会本质的理解是正确的，即教会仍是机构；与此同时，他坚持认为，这些特定的体制就定义而言不一定非常重要。此外，拉纳愿意承认，这些体制应当有一定的灵活性。过去特定历史环境中所适用的体制，现在未必合适。教会必须可以自由地以新的历史体制完成自己的圣礼使命。

谢列比克斯与拉纳在某些要点上不同，主要是他否定拉纳的主张，即认为教会为"原初的圣礼"（如前所述，这种观念可以追溯到奥托·泽梅尔罗特）。对于谢列比克斯来说，基督必须被视为原初的圣礼；无论教会有圣礼的哪些特征，都必须被理解为源于教会与基督的关系。

这种看法的新教批判者担心，它相对缺少《圣经》的依据，也没有给讲道神学留有余地。由于这一点非常重要，我们将继续思考对伊格纳修的名言更具新教特色的解释，重点在于，基督的同在源自宣讲上帝的道。

基督通过上帝的道同在

新教对教会本质的一个重要理解，在于基督的同在源自宣讲他的道——在讲道和圣礼中。例如，我们已经讲过加尔文的看法：宣讲上帝的道、正确施行圣礼与基督的同在联系在一起——基督在哪里，哪里也有他的教会。

这种福音宣讲式（kerygmatic，希腊文：kerygma，意为"宣传"）的看法于20世纪仍然非常重要，尤其是在卡尔·巴特（1886—1968年）的著作中。在巴特看来，教会是回应上帝之道的宣讲而存在的团契。教会被视为福音宣讲式团契，宣讲上帝在基督里为人类所做之事的好消息，无论在哪里，只要上帝的道被如实宣讲，并被接受，哪里就存在教会。巴特在1948年于世界基督教联合会（World Council of Churches）的演讲中说，教会的组成是"一群男女（fidelium）聚集在一起（congregatio），永生的主耶稣基督拣选、呼召他们为他已经取得的胜利做见证，传扬这个胜利未来的彰显"。在这一点上，巴特的教会论完全是三位一体的，他对教会本质的理解是动态的，将父、子和圣灵都包括在内。对于巴特来说，教会不是基督的外延，而是与基督合一，蒙他所召，被他委派，去服侍世界。基督通过圣灵与自己的教会同在。

圣灵的作用特别重要。尽管我们不能说巴特对教会的理解是"灵恩"式的，但是，他从教会论的角度理解教会的身份，认为圣灵具有特定而独特的作用。巴特在《教义学大纲》（*Dogmatics in Outline*，1947）中是这样概括的：

"我信教会"（credo ecclesiam）的意思是，我相信，在这个地方，在这群会众中，圣灵做工了。这不是指受造物的神化；教会不是信仰的对象，我们不相信教会；但是，我们的确相信，在这群会众中，圣灵的工作成为真实发生的事。

因此，教会被视为一个事件，而不是一个机构。巴特没有把圣灵等同于教会，也没有将圣灵的工作只局限在教会的体制之内。他认为，圣灵赋予教会能力，更新教会，将教会与基督在十字架上的拯救工作结合在一起，也是复活的主与上帝的子民同在的途径。这样，圣灵保卫教会，使教会的身份和使命不致从纯粹的世俗角度理解。

鲁道夫·布尔特曼（1884—1976年）也强烈主张从福音宣讲的角度理解教会的本质，将巴特所强调的"宣讲"的基本作用与"教会为事件"的观念联系起来：

> 上帝的道与教会不可分割。教会是上帝的道设立的，是拣选者的集会，上帝的道不是陈述抽象的真理，而是经过正式授权的宣讲，从而需要宣讲者有有效的凭证（哥林多后书5：18—19）。就像上帝的道只在事件中成为他的道，教会也只有在成为事件时才是真正的教会。

基督通过圣灵同在

20世纪一个重要的教会论主题，核心在于圣灵在构建教会方面的作用。在此，伊格纳修的名言被解释为，强调必须通过圣灵实现基督的同在。我们已经看到这一点在巴特教会论中的重要性；但是，巴西天主教神学家莱昂纳多·波夫（1938—　）和东正教神学家约翰·齐齐乌拉斯（1930—　）将这一点进一步阐发。他们用不同的方式解释自己对教会的圣灵式理解。尽管强调圣灵，但是，波夫仍以基督为中心，因为西方的三位一体论对他的影响很大；齐齐乌拉斯阐发更具东正教特色的看法，基础是卡帕多西亚三杰对圣灵在三一上帝里作用的理解。

莱昂纳多·波夫是解放神学的主要代表之一，对于他来说，圣灵具有构建教会的作用，这在于一个事实，即圣灵是耶稣基督的灵。拉纳和冯·巴尔塔萨等神学家认为，教会是基督在世界上的具体（物质的）体现或"再现"；但是，波夫主张，教会主要是基督的灵性身体，从而不局限于任何现存的体制中。可以认为，就这一点而言，波夫是在批判将教会视为机构的看法，尤其是第二次梵蒂冈会议之前盛行的这种观念。

在《教会的起源：基础共同体改造教会》（*Ecclesiogenesis: The Base Communities Reinvent the Church*，1986）中，波夫对教会的定义同福音宣讲式教会观有些类似：

> 当人意识到耶稣基督里救恩的呼召，聚集成团契，宣认相同的信仰，欢庆同样的末世解放，寻求活出耶稣基督门徒的生活时，教会便成为教会。只有当

这种教会意识形成时，我们才能说是**本来意义**的教会。

对于波夫来说，这种教会意识是圣灵工作的结果，他的位格和工作与复活的基督密不可分。波夫认为，信经的教义"圣灵从父**和子**而出"肯定了这一点。

然而，在齐齐乌拉斯这里，圣灵被赋予截然不同的作用。齐齐乌拉斯指出，保罗似乎认为，圣灵在教会中有构建的作用，《哥林多前书》12章特别明显。因此，圣灵论不是关于"教会的福祉……而就是教会的本质"。齐齐乌拉斯独特的看法可以概括如下：教会过去可能是**耶稣基督设立的**，现在却是**圣灵构建的**。

15.6 第二次梵蒂冈会议论教会

第二次梵蒂冈会议为讨论教会教义注入新的活力，一个原因是会议重新诠释《圣经》有关教会的意象。在此次会议之前，天主教神学家往往将教会理解为"完美的社会"。这种意象始于16世纪后半叶，强调教会为机构，尤其因为当时欧洲单一民族国家的权力不断壮大。教会强调，它独立于势力正在壮大的国家，这种策略是要肯定它自己为一个社会身份。

这种看法在罗贝托·贝拉明（1542—1621年）的著作中特别明显。贝拉明是天主教改革中最重要的神学家之一，他认为，教会是可见的、具体的社会实体，就像"法国或威尼斯共和国"。19世纪末和20世纪初的多数时间里，天主教主要将教会理解为机构。因此，阿道夫·坦克莱（Adolphe Tanquerey，1854—1932年）的标准神学教科书用大约64页说明教会是（1）不会犯错的社会；（2）完美的社会；（3）有教制的社会；（4）君主制的社会。这种教会论特别强调教会的体制性，必然导致教会主要从可见的层面定义，尤其是可见的管理体制和信仰与行为的准则。事实上，教会模仿了16世纪末的社会机构。

我们现在需要明白，基督教的教会教义总会有机构性层面，无论是新教，还是天主教。因此，路德和加尔文都强调，正确的教会治理非常重要。但是，这两位改教家都不认为，就**定义教会**而言，机构的因素非常重要。福音——而非机构——才是至关重要的。教父和14世纪之前的中世纪神学家普遍持类似见解。14世纪，教宗的政治权力不断增长，不让教会的制度（尤其是教宗制度和教阶制度）受到攻击的决心越来越强，导致教会越来越想维护这些制度，所以便将它们纳入对教会的正确理解中。

普遍认为，这种倾向于19世纪达到顶峰。欧洲的政治局势越来越危险，世俗主义和反天主教的力量越来越强大，为了应对这种局势，第一次梵蒂冈会议极力捍卫教会的教阶制度，教会对"牧人与羊群"的严格区分或许可以最清楚地说明这一点。

在第二次梵蒂冈会议之前，对教会论的这种普遍看法主导着天主教神学。根据这种看法，基督的教会不是平等的团契，所有信徒都有同样的权利。它是不平等之人的社会，不仅是因为信徒中有些是神职人员，有些是平信徒，更是因为教会中有从上帝而来的权柄，有些人被赐予这些权柄做圣化、教导和治理的工作，其他人则没有这种权柄。这一点通常用"教导的教会"（ecclesia docens）和"学习的教会"（ecclesia discens）说明，它们的区别是，前者指神职人员，后者指平信徒，他们的责任主要是尊敬、顺服自己的上级。

然而，到了20世纪中叶，天主教的学者和神学家对这种模式越来越担忧。从某种程度上讲，这反映出一种意识，即越来越多的证据表明，初期教会没有完全统一的整体结构，却在制度和结构上至少有一定的灵活性。越来越多的人认为，组织性极强的体制教会始于使徒时代之后，在一定程度上是应对政治压力，如君士坦丁统治下的罗马帝国承认基督教。由于体制化的趋势，《圣经》和教父的见解常常被忽视，比利时圣经学者吕西安·塞尔夫（Lucien Cerfaux，1883—1968年）和其他天主教神学家为寻回这些见解开辟了道路。另外，孔加尔（1904—1995年）等天主教神学家致力于恢复平信徒神学，关注平信徒在体制教会中所处的边缘地位。结果，第二次梵蒂冈会议复兴天主教对这一重要神学领域的思考，这对普世教会运动和传福音有重要意义，《外邦人之光》便能说明效果。

我们已经思考过第二次梵蒂冈会议对"教会像圣礼"的教导，以及卡尔·拉纳等神学家对这种看法的阐发。在以下部分中，我们将探讨此次会议对教会本质的其他三种教导。

教会为团契

1943年，德国天主教神学家路德维希·冯·赫特林（Ludwig von Hertling）发表一部研究著作，名为《团契：初期基督教的教会与教宗制度》（*Communio: Church and Papacy in Early Christianity*），书中提出，"团契"（通常以希腊文koinonia表达）这个主题对正确理解教会的本质非常重要。该书对第二次梵蒂冈会议的反思产生了深远影响，它独特的主题在最后论教会的声明中都可以看到。"团契"所说明的基本的圣经主题，是分享同样的生命，无论这种生命被理解为三位一体本身的生命，还是信徒在教会内共有的生命。"团契"包括纵向和横向两个方面，前者指信徒与上帝的关系，后者指信徒的相互关系。

恢复这种圣经观念，其实有力地修正了于19世纪占优势的教会观，即教会纯粹是机构。基督的死亡和复活建立信徒与上帝的团契，要在教会生活中活出这种关系；现在，这种更基本的团契观的一个方面，被视为监管这种团契生活的具体实行。

教会为上帝的子民

第二次梵蒂冈会议提出各种教会模式，教会为"上帝的子民"是最重要的。这是有深厚《圣经》基础的观念，在《旧约》和《新约》中都根深蒂固。此次会议非常谨慎，避免将"上帝的子民"直接等同于"天主教",或提出教会已经以某种方式取代以色列人,成为上帝的子民。事实上,此次会议论教会内部生活文件的第二章,将教会描述为"上帝的新子民",是以色列人的延续。教会被拣选为上帝的子民,没有使以色列人被弃绝,而是扩张上帝的国。

此次会议的《论非基督宗教宣言》(Declaration on Non-Christian Religions)特别清楚地说明这一点,承认在上帝的拯救计划之中,犹太人仍有继续存在的特殊地位。

> 基督的教会承认,在上帝拯救的计划里,她的信仰和拣选是在列祖、摩西和先知中开始的。她承认,基督的所有信徒在信仰上都是亚伯拉罕的子孙(加拉太书 3:7),包括在同一位祖先的蒙召中,教会的得救已经在上帝的选民逃出奴役之地时被神秘地预表出来。因此,教会不能忘记,她通过那一群子民接受《旧约》的启示,上帝以难以形容的仁慈与他们建立古老之约。她也不能忘记,她是从那颗好的橄榄树得到滋养,外邦人的野橄榄枝已被接在其上(罗马书 11:17—24)。教会相信,基督是我们的平安,他已经通过十字架使犹太人与外邦人和好,将他们合而为一(以弗所书 2:14—16)。

教会为灵恩的团契

当第二次梵蒂冈会议召开时,正值灵恩运动广受关注。这场运动影响到天主教的一些教会,令比利时枢机主教利奥·约瑟夫·苏南斯(Leo Josef Suenens,1904—1996 年)强烈呼吁,当反思教会的本质时,此次会议应当考虑到这一进展。《外邦人之光》的回应是,明文承认灵恩的恩赐在教会生活中的重要性。此次会议用"灵恩"(charism,希腊文:charisma,意为"礼物")指某些被赐给个人进行某些特殊服侍的天赋或能力。这个词的使用由来已久,不一定指灵恩运动特别强调的某种"属灵恩赐"(如说方言或医治的恩赐)。但是,保罗所使用的希腊词 charisma 明显包括这种恩赐。由此可见,对 20 世纪基督徒经验中这一越来越重要的方面,此次会议还是很开放的。

15.7 教会的"标志"

教会论的一个核心主题,涉及教会的四个"标志"或"记号"——即基督教国家的信经所说的、可定义教会的四个根本特征。这些信经肯定,我们相信"一个圣洁、大公的使徒教会"。这句话中的四个词——"一个""圣洁""大公"和"使徒"——已被视为教会的四个"标志"或"记号",自公元 4 世纪以来始终对教会论的讨论非常重要。在以下部分中,我们将简单地思考它们。

一 个

教会的合一对基督教思考教会至关重要。世界基督教联合会是现代关注基督教合一较为重要的机构，它将自己定义为："认信我们的主耶稣基督为上帝和救主的教会的团契"。但是，这种定义承认，存在许多不同的教会：圣公会、浸信会、天主教、路德宗、循道宗、东正教、长老会等等。既然存在这么多教会，我们怎能说"一个教会"呢？在体制层面这么不合一，我们怎能说教会的"合一"呢？

关于这个问题，教会史上的两起事件尤为重要，需要特别讲到。第一件事于公元3世纪发生在北非，当时，教会内的分裂可能毁掉教会。德西乌斯的迫害（250—251）导致许多基督徒在迫害时叛教或放弃信仰。在商量如何处置这些基督徒时，立刻出现了分裂：这种叛教是否标志他们信仰的结束，还是他们可以通过悔改与教会和好？意见的分歧很大，结果便是严重的不合与冲突。（之前讨论过的多纳图争辩可以被视为源于这个尚未解决的难题，在后来的戴克里先迫害之后爆发。）

迦太基的奚普里安的《论大公教会的合一》（251年）便是直接回应戴克里先迫害的危机。在这篇重要的论文中，奚普里安坚持教会的绝对合一，将教会比作"基督无缝的长袍"，是不能分裂的，因为它是上下一片织成的。破坏它的合一，它的身份同时也被破坏。

> 任何脱离教会、与淫妇结合的人，便是与教会的应许隔绝；任何离开基督的教会的人，便不能得到基督的奖赏。这样的人是陌生人、流浪的人和敌人。如果你不以教会为母，便不能以上帝为父。如果在诺亚方舟之外还有生路，教会之外的人才可能另有生路。

只有一个教会，它之外不可能有救恩。"教会之外无救恩"（extra ecclesiam nulla salus）。奚普里安后来殉道，于公元258年被罗马当局杀害，结果，他对教会合一的独特理解在罗马极具影响力。作为一位地区殉道士，奚普里安受到的尊敬和爱戴很容易被转化为对他神学观念的尊敬和爱戴。这使奥古斯丁在自己论教会合一的著作中特别强调奚普里安的观念。

16世纪的宗教改革也爆发了关于这个问题的争辩。宗教改革的批判者问道：改教家怎能合理地脱离已经建立的教会，建立分裂的教会？这不肯定会破坏教会的合一吗？（必须记住，宗教改革在西欧爆发，这里惟一重要的教会是没有丝毫分裂的天主教。）如前所述，改教家对这个重要批判的回应是，中世纪的教会已经腐败到必须改革的地步。在他们看来，中世纪的教会仍是**基督教的**教会。但是，它处于危险之中，即已经忘记自己独特的身份和呼召，需要改革和更新。如果这不能从教会内部进行，不得不通过分裂实现，在中世纪的基督教之外建立改革过的教会。

只要以教义的理由脱离母教会的原则成立,便几乎无法再进行约束。这经常导致已经脱离天主教的教会又出现许多分裂。英国圣公会于 16 世纪脱离天主教;英国圣公会的内部争辩又导致一些神职人员和平信徒离开,他们成立了循道宗;循道宗内部于 19 世纪的争辩又产生了卫斯理派和加尔文派,他们都自称是"循道宗"。自 16 世纪以来,古代信经"一个教会"的观念显然不能再从机构或体制的角度理解。但是,教会不应当首先这样理解吗?较早的基督教神学家——尤其是最早的教父——已经认识到这种矛盾,也深知它的重要性。

理论上信仰"一个教会",但是,摆在面前的残酷现实是存在许多教会。面对这种明显的矛盾,基督教神学家阐发一些看法,把"残酷的现实"放在"理论的信仰"这个框架中理解。关于教会合一的问题,需要特别指出四种看法,每一种都有各自独特的优点和缺点。

1. **帝国式看法**:宣称只有一个经验的——即看得见的——教会,只有这个教会才有资格被称为真教会。其他所有教会都是骗子,都是真教会头衔的觊觎者,充其量只是近似真教会。第二次梵蒂冈会议(1962—1965 年)之前的大公教会坚持这种看法。但是,此次会议迈出重要一步,承认其他基督教会是"分离的"基督徒弟兄姐妹。

2. **柏拉图式看法**:从根本上区分经验的教会(即历史上可见的实体)与理想的教会。这种看法在主流的基督教神学中得到的支持相对较少,但是,一些学者提出,加尔文对"可见的教会"与"不可见的教会"的区分暗含一些这种看法。但是,如前所述,这种区分最好从末世的角度理解。

3. **末世式看法**:认为教会目前的不合一在末日都会被废除。目前的情形是暂时的,在末世到来时将会解决。这种理解是加尔文区分"可见的教会"与"不可见的教会"的基础。

4. **生物式看法**:将教会的历史发展比作树枝的生长。这个意象是 18 世纪的敬虔派神学家尼古拉斯·冯·亲岑道夫(1700—1760 年)提出的,也被 19 世纪的圣公会神学家热情地接受。这种看法将不同的经验教会(如天主教、东正教和圣公会)视为有机的统一体,尽管它们的体制是不同的。

然而,近年来,许多关注普世教会运动的神学家认为,在经过几百年的曲解之后,需要重新发现"教会合一"的真正基础。〔ecumenism(普世教会运动),希腊文 oecumene,意为"整个世界";普世教会运动现在被普遍理解为"致力于促进基督教合一的运动"。〕安提阿的伊格纳修说:"哪里有基督,哪里也有大公教会"(ubi Christus, ibi ecclesia)。这句名言说明,教会的合一在于基督,不在于任何历史或文化的元素。他们认为,在整部《新约》中,地方教会的多样性没有被认为是破坏教会的合一。教会已经拥有合一,因为它从上帝那里领受了同一个呼召,只是在不同的文化和处境中的教会有不同的表现。"合一"不可以从**社会**或**组织**的角度理解,而是必须从**神学**上理解。汉斯·昆在他的权威著作《教会》(*The Church*,1967)中强调这一点:

> 教会的合一是灵性的实体。在历世历代，在各个地方，同一位上帝召集四散的人，使他们成为上帝的同一群子民。同一位基督，通过他的道和圣灵，将所有人联合在基督同一个身体的团契中。……教会是一个，所以**应当是一个**。

汉斯·昆在此说明的要点是，教会合一的基础是上帝在基督里的拯救工作。这与教会的合一根本不矛盾，因为为了适应地方文化状况，合一的教会自然会产生地方教会。正如汉斯·昆所说：

> 教会的多样性是教会合一的前提。各种教会不需要否定自己的起源或独特处境；它们的语言、历史、习俗与传统、生活与思考的方式，各自的结构，将存在根本性差异，任何人都无权将其夺走。同一件事不见得适合每一个人、每一个时候和每一个地方。

圣公会可以说明这一点，从历史上讲，它是源于英国宗教改革的"一类"教会。《三十九条》（*The Thirty-Nine Articles*，1571）当时确定这场运动的身份，没有让圣公会成为别的教会，只是肯定基督教信仰的主要内容，对于可能导致分裂的信仰，它给予相当大的自由（第十七条便是非常明显的例子，这一条对预定这个极具争议问题的讨论存在细微差别）。如果圣公会有"基本信仰"，也是和上帝整个教会同样的"基本信仰"，而圣公会只是其中一员。可以认为，圣公会的独特特征是，将福音应用在特殊的历史处境中——英国和后来的英国殖民地。美国圣公会神学家路易斯·韦尔（Louis Weil）是这样说明这一点的：

> 因此，圣公会的福音是一块大镶嵌图案中的一小块。就本质而言，它符合在全世界宣扬的、为全世界人相信的福音。但是，它也有自己的特点，因为它在独特的文化中经历上帝的拯救工作，是由这样一群人的见解和局限塑造的：他们争取在独特的处境中活出福音。

这肯定基督教会根本上的合一，同时指出必须适应地方的各种环境。

福音派在现代教会中的迅速壮大对教会论非常重要。福音派是一场全世界范围内的超宗派运动，能在西方教会所有大宗派中同时存在，包括天主教。福音派不完全局限于某个特定宗派。福音派坚持认为，基督教生活是全体基督徒的共同生活；但是，这不代表必须明确限定教会的某个神学。正是因为福音派根本没有限定或限制教会论，它才能融入几乎每一种教会体制。

福音派的历史可以很好地说明这一点。我们现在知道，福音派的态度在16世纪20和

30 年代的意大利教会中就已经根深蒂固，意大利杰出的教会领袖（包括数位枢机主教）经常在许多城市聚在一起研究《圣经》和新教改教家的著作。在福音派的灵修与天主教的教会论之间，根本看不出任何矛盾；只是到了 16 世纪 40 年代，由于帝国政治侵入神学争辩而导致时局被彻底政治化，福音派才被视为意大利教会中破坏稳定的力量。

我们现在知道，美国的天主教也有类似进展，越来越多的天主教徒发现，福音主义有助于他们的灵性需要，却不觉得（也没有让他们觉得），他们对福音派灵修的拥护必然让他们不再忠于天主教的教会体制。在此，教会合一的基础不是任何特定的教会组织制度，而是在于共同委身于福音——耶稣基督的好消息。

圣　洁

我们之前讲过，泛滥的宗派主义似乎致命地损害到教会合一的观念。教会理论上的合一似乎与经验上的实事矛盾，因为实际的教会似乎四分五裂。当宣扬教会的"圣洁"时，同样出现理论与经验的矛盾：教会过去的历史和现在的经验都表明，教会及其成员都是有罪的。

如何调和教会理论上的圣洁与教会信徒的罪呢？为了让经验符合理论，一些宗派运动的尝试是最重要的，如多纳图派和再洗礼派。这两场运动都十分强调教会成员经验上的圣洁，以致将被认为违背圣洁这些公共标准的成员逐出教会。这种严格的看法似乎有悖于《新约》的实质，因为《新约》肯定，信徒可能犯错，可能被赦免。其他人主张，应当区别对待教会的圣洁与其成员的罪。这导致一个理论难题，即教会没有了成员还可以存在吗？这似乎暗示一种没有实体的教会，与人没有任何实际联系。

一种不同的看法着眼于末世。现在，教会与它的成员一样有罪；但是，到了末日，它将最终被洁净。"每当说到教会没有污渍和褶皱时，我不是想说，它现在已经这样，而是它应当预备自己成为这样，到了时候，它也要在荣耀中显现。"（希波的奥古斯丁）"教会将……没有污渍和褶皱……只有在我们永恒的家中这样，却不在这里。如果说自己没有罪，我们便是自欺，好像《约翰一书》1 章 8 节对我们的提醒。"（托马斯·阿奎那）

理解教会的这个标志最有用的方法，可能是更深入地探讨"圣洁"的意义。在日常用语中，"圣洁"让人联想到"道德""神圣"或"纯洁"，而这似乎通常与堕落人类的行为无法匹配。在《新约》中，"圣洁"这一观念的基础是希伯来文 kalad，意为"被割断"或"被分离"。这有强烈的献身意味："圣洁"就是被分别出来，**献身**于服侍上帝。

在《旧约》中，"圣洁"这个观念的一个根本意义——甚至可能是**惟一**的根本意义——是，"上帝分别出来的某人或某物"。《新约》将这种观念几乎完全用于个人的圣洁。它将这种观念用于人，却放弃"圣地"或"圣物"的观念。人是"圣洁的"，因为他们是献身给上帝的，由于被上帝呼召而与世人不同。许多神学家提出，"教会"（它的希腊原文意为"被呼召出来的人")与"圣洁"(即因上帝的呼召而从世界中分别出来)是关联在一起的。

因此,说到"教会的圣洁",主要是指呼召教会及其成员的那位是圣洁的。教会已经从世界中分别出来,为要见证上帝的恩典和拯救。从这种意义上讲,教会的"圣洁"与教会的"使徒性"显然联系在一起。"圣洁"的内涵是神学的,不是道德的;它肯定教会及其成员的蒙召,以及教会有一天将分享上帝的生命和荣耀的盼望。

《天主教教义问答》(1994年)解释关于教会圣洁的问题,不仅强调这一信仰的神学基础,也强调它的实际应用:

> 基督是圣洁的、无罪的、洁净的,他根本不知道罪,只是来赎人的罪。但是,教会将罪人紧紧抱在怀中,虽然是圣洁的,却总需要洁净,始终走在赎罪和更新的路上。教会的所有成员,包括神职人员,都必须承认自己是罪人。在每一个人身上,罪的稗子仍与福音的好麦子混杂在一起,直到末世。因此,教会召聚已经接受基督的拯救却仍在圣洁的路上前行的罪人。

在此,基督是教会圣洁的基础。因追求圣洁而进入教会的人,开始改造、赎罪和更新的旅程。但是,这段旅程还在继续,尚未结束。

大 公

在现代英文中,catholic(大公)经常与 Roman Catholic(罗马天主教)混淆,尤其是在非宗教人士中。尽管这种混淆可以理解,但是,必须将二者加以区别。罗马天主教不是惟一的大公教会,就像东正教(Eastern Orthodox)神学家的神学不是惟一正统的(orthodox)神学。事实上,在信经中使用 catholic 一词让许多新教教会感到尴尬,它们用不太引起争议的 universal(普世的)代替 catholic,认为相信"一个圣洁、**普世**、使徒的教会"更容易让人理解。

"大公"一词源于希腊词 kath' holou(指"全体")。后来,这个希腊词成为拉丁词 catholicus,渐渐有了"普世的或一般的"含义。英文短语 catholic taste 保留了这种含义,意思是"广泛的喜好",而不是"喜好天主教的东西"。较老版本的英文《圣经》通常将《新约》的一些书信(如《雅各书》和约翰书信)称为 catholic epistles("一般书信"或"大公书信"),意思是写给所有基督徒的信(不像保罗的书信,经常针对个别教会的需要和情况而写,如罗马或哥林多的教会)。

《新约》没有任何一处经文用"大公"一词指全体教会。《新约》用 ekklesia 指地方性教会或崇拜团体,但是,它被理解为代表或体现超越那个地方团体的东西。尽管单个教会不是全体教会，但是，它属于这个整体。正是这种"全体"的观念，后来被压缩进"大公"一词。这个词后来几百年才被引用，试图整合《新约》的核心见解，用一个词表达。根据现有的资料，安提阿的伊格纳修——大约于公元110年在罗马殉道——在著作中第一次使用"大公教会"："哪里有基督，哪里也有大公教会。"公元2世纪的其他著作用"大公教会"指与地方会众一同存在的普世教会。

随着君士坦丁归信基督教，"大公"这个词的意义发生根本性改变。到了公元4世纪末，"大公教会"（ecclesia catholica）逐渐用来指帝国教会——罗马帝国惟一合法的宗教。任何其他形式的信仰——包括偏离主流的基督教信仰——都被宣布为非法。

教会在这一时期的进一步扩张促进"大公"一词含义的发展。到了公元5世纪初，基督教已经在整个地中海世界站稳脚跟。为了回应这个进展，"大公"逐渐被解释为"包括整个世界"。

在"大公"一词的早期发展中，它被用于教会，因此，它的意义经历三个阶段的发展：

1. **普世的、包含一切的教会**，是单个地方教会的基础，并巩固它们。从这种意义上讲，"大公"一词是描述性的，不会引起争议，并说明一个事实，即地方教会是普世教会的代表。在此，"合一性"与"大公性"这两个观念明显是相关的。

2. **神学合乎正统的教会**。现在，"大公"一词有了极强的规定性，并引起巨大争议。"大公主义"与"分裂"和"异端"形成鲜明对比，分裂者和异端指身处教义合乎正统的教会之外的人。

3. **遍及世界各地的教会**。在基督教会的第一个阶段，根本不可能这样解释"大公"一词，因为基督教是地方性的。但是，基督教极强的传教性（我们将看到，这与"使徒性"的观念有关）使教会扩张到地中海的文明世界。因此，这个词渐渐有了它最初所没有的地理含意。

耶路撒冷的西里尔于公元4世纪的教理著作，或许能最好地说明"大公"一词的成熟含意。在第18篇教理讲稿中，西里尔梳理出希腊词 katholikos 的许多含意：

> 因此，教会被称为"大公的"，因为它遍及整个有人居住的世界（oikoumene），从世界的这一端到那一端，也因为它教导的整全性（katholikos），没有漏掉任何人们需要知道的、关于天上地下所有可见与不可见之事的教义。教会被称为"大公的"，还因为它带领每一种人顺服上帝，无论是统治者，还是他们的臣民，不管是有教养的，还是没文化的。教会也对每一种罪都提供一种普世（katholikos）的补救和医治。

请注意，"大公"一词在这段话中有以下四种含意：

1. **"遍及整个有人居住的世界"**：在此，西里尔指出"大公"一词的地理含意。因此，"全体"或"普世"的观念被理解为要求教会扩张到世界的每一个地区。

2. **"没有漏掉任何教义"**：西里尔用这句话强调，教会的"大公性"包括完整地宣讲、解释基督教信仰。它是一种邀请，要确保完整地宣讲、教导福音。

3. **"每一种人"**：西里尔在此提出一种基本是社会学的看法。福音和教会是给每一种人的，不论他们的种族、性别或社会地位。我们可以清楚看到，这响应到保罗的著名宣告："并不分犹太人、希腊人、自主的、为奴的，或男或女，因为你们在基督耶稣里都成为一了。"（加拉太书3：28）

4. **"对每一种罪的一种普世的补救和医治"**：西里尔在此做出一种救赎性声明：福音和教会所宣讲的福音可以满足每一个人的需要，让他们走出困境。无论有什么罪，教会都能拿出医治的良方。

当讨论《使徒信经》关于教会教义的部分时，托马斯·阿奎那也清楚地说明"大公"一词的各种含义。在分析的过程中，阿奎那特别指出"大公性"这个观念的三个基本方面。

> 教会是大公的，即普世的，首先是按地点而言，因为教会遍及世界各地（per totum mundum），与多纳图派不同。《罗马书》1章8节说："你们的信德传遍了天下"；《马可福音》16章15节说："你们往普天下去，传福音给万民听。"在古代，上帝只在犹大地为人所知，而现在却为全世界人所知。此外，这个教会有三个部分。一个在地上，另一个在天上，第三个在炼狱中。其次，就人的情况而言，教会是普世的，因为没有人被弃绝，无论是主人或奴隶，男人或女人。《加拉太书》3章28节说："并不分犹太人、希腊人、自主的、为奴的，或男或女，因为你们在基督耶稣里都成为一了。"第三，在时间方面，教会是普世的。因为有些人说，教会只存在到某个时刻，但是，这是错误的，因为这个教会始于亚伯（Abel），将一直持续到世界的末了。《马太福音》28章20节说："我就常与你们同在，直到世界的末了。"在时代结束之后，教会仍将在天上存留。

请注意，在这段话中，托马斯·阿奎那从地理、人类学和时代的普世性理解大公性。

我们之前讲过，在宗教改革时期，神学家从根本上重新思考"大公性"的观念。在许多人看来，随着西欧教会于16世纪分裂，大公性和教会的合一同时也被摧毁。新教神学家认为，大公性的本质不在于教会体制，而在于教义问题。公元5世纪的神学家乐林斯的文森特（死于445年）对大公性的定义是："在所有时代、在每一个地方、被每一个人相信的"。改教家认为，尽管已经脱离中世纪的教会，但是，他们仍是大公的，因为他们保留基督教为普世所公认的核心教义。同忠诚于教义相比，历史或体制的延续性是次要的。

因此，主流的新教教会坚持认为，它们既是**大公的**，也是**改革的**，即它们在教导上延续使徒教会，同时根除不符合《圣经》的虚假做法和信仰。

近年来，"大公性"的观念——它最古老的含义"整体性"——渐渐走到前台，尤其是在第二次梵蒂冈会议之后普世教会运动的讨论中。地方教会和特殊的宗派被视为同一个普世教会的彰显、代表和体现。汉斯·昆是这样阐释的：

> 因此，教会的大公性在于整体性的观念，基础是同一性，结果是普世性。由此可见，合一性与大公性紧密联系在一起。如果教会是一个，它一定是普世的；如果它是普世的，它一定是一个。合一性和大公性是同一个教会两个相互交织的层面。

到了20世纪，西方神学家越来越关注东正教对"大公性"的主要理解。东正教通常用俄文Sobornost表达"大公性"，其他语言根本没有完全对等的词。这个词可以指一般的"普世性"观念，但是，它也强调信徒在教会团契中的合一。这种观念在阿列克谢·霍米亚科夫（Aleksei S. Khomyakov，1904—1960年）和谢尔盖·布尔加科夫（Sergi Bulgakov，1871—1944年）的著作中被阐释得最充分，它想一方面说明教会每一个成员的独特性，一方面强调教会集体生活的整体和谐。这与"会议性"（俄文sobor意为"会议"或"集会"）的观念有关，即通过把权力分配到所有信徒中的方式管理教会生活，而不是将权力集中在一位类似教宗的人物身上。

使　徒

同"大公"一样，"使徒"一词在《新约》中没有用来说明教会。同"大公"一词不同，它只被基督教使用，所以不会像教会的其他标志那样，同世俗观念混淆。这个词的基本含义是"源于使徒"或"与使徒直接有关"。它提醒我们，教会的基础是使徒的见证。

"使徒"一词需要解释。它在《新约》中的用法说明，它有两种相关含义：

1. 基督所任命的人，任务是传讲上帝之国的好消息。
2. 见证基督复活的人，或复活的基督向他亲自显现的人。

信经宣称，教会是"使徒的"，这似乎在强调福音的历史根源，教会通过基督所任命的使徒而得以延续，教会传福音和传教的使命还在继续。

从大约1870年到第一次世界大战于1914年爆发，英国神学家对教会的"使徒性"这种观念进行过大量讨论。在剑桥大学1913至1914学年的系列讲座中，斯韦特（H. B.

Swete, 1835—1917年) 概述以《圣经》为依据的教会论，他大量援用初期教父对教会的讨论。斯韦特——剑桥大学1890至1915年的皇家钦定神学讲座教授——阐释他所认为的教会的"使徒性"这种观念所包含的三个基本主题："大公教会在三个方面是使徒的：由使徒在世界上建立；坚守使徒教导；继续使徒的事工。"斯韦特认为，第一个方面可以在《新约》中看出，特别是《使徒行传》所记载的教会的扩张史。

> 在升天之前，我们的主交给使徒一项工作，即在犹太全地和撒玛利亚，直到地极，传讲福音。《使徒行传》记载，十二使徒和他们的同工在犹太全地和撒玛利亚传福音；就西方而言，主要由其他人负责向外邦人传教。但是，圣保罗的传教完全得到最初十二位使徒的认可，事实上，他完成他们自己难以胜任的一部分工作。十二使徒与圣保罗达成一致，结成伙伴（团契），这"让十二使徒觉得，他们其实是通过圣保罗扩展他们的传教范围，而这项工作是不可思议的，他们本打算放弃"〔霍特（H. J. A. Hort）〕。因此，外邦基督教国家是使徒最终建立的，尽管我们只承认有十二位使徒。圣保罗及其同工建立的教会具有使徒基础，不仅因为圣保罗是使徒，也因为最初的十二位使徒认可他的工作。

在证实基督教会的历史起源取决于使徒之后，斯韦特继续证明，这个教会的教导同样是使徒的：

> 《使徒行传》记载，最早归信基督的信徒"都恒心遵守使徒的教训"（使徒行传2：42）。有一种传统建立在他们的教导和圣保罗的教导之上，或像"牧函"所说，有了"存款"，它仍是教会永远的财富（帖撒罗尼迦后书2：15；3：6）。它的实质被称为"信仰准则"，是初期信经所说明的。……使徒时代的见证是大公教会的遗产；她宣称所有的使徒教导都是她自己的，绝不承认其他任何一套真理。

现在，斯韦特的注意力转向另一个问题，即教会事工的类型。他的观念再次结合历史反思与神学反思；所交给教会的事工源于使徒：

> 除了使徒传统以外，大公教会还有使徒事工。使徒有序地托付事工的权柄，这显然是第一个世纪的标志性原则。使徒共同选出七位执事，但是，在当选之后，他们被叫到使徒面前，由使徒认可他们的职分。在外邦人的新教会中，长老由巴拿巴和扫罗授任。后来，在以弗所和克里特，当使徒不在时，长老（主教）

和执事的按立,被圣保罗委托给他的代表:提摩太和提多。提摩太自己事工的恩典是通过使徒按手得到的(提摩太后书1:6)。

可以认为,斯韦特对这个问题的讨论反映出维多利亚晚期反思这一主题的普遍要旨。他确定了使徒性的三个标准:

1. 由使徒在世界上建立;
2. 坚守使徒的教导;
3. 继续使徒的事工。

这三个观念在英国圣公会中极具影响力(它们与英国圣公会中的教会论争辩有些关联,这场争辩源自19世纪的牛津运动);而且,它们在英国圣公会以外也被普遍接受。

然而,问题仍没有解决,还将激烈争论下去。例如,具有使徒教会的历史延续性便能在体制上保障教会的使徒性吗?或者说,仅仅复制这种观念和做法,而不一定有历史或体制的延续性就能保障教会的使徒性吗?通常来讲,前者是天主教和东正教所特有的立场,后者是新教特有的观念。

在思考过基督教对教会的一些理解之后,我们现在要来探讨一个相关的神学领域:圣礼。

研讨问题

1. 概述多纳图争辩的相关问题。
2. 希波的奥古斯丁写道:基督教会像医院。为什么?
3. 教会的教义经常被形容为"宗教改革的阿喀琉斯之踵"(致命的死穴)。为什么?
4. "既然基督教宗派林立,我们怎能说一个教会?"简述、评价对这种反对意见的几种回答。
5. "既然充满罪人,教会怎能是圣洁的?"怎么回答这个问题?
6. 肯定教会的"使徒性"有什么意义?

第十六章 论圣礼

在前一章中,我们思考了与基督教会的身份相关的问题。现在,我们要探讨一系列相关问题,即圣礼的问题。就如教会教义一样,对于所有读完神学想要牧会的人,这些问题非常重要。但是,任何一位从更学术的角度研究神学的人,也会对这些问题非常感兴趣。

我们很快便会看到,"圣礼"一词其实很难定义,因为基督教会中就圣礼的本质和数量爆发过争辩。一般来说,圣礼可以被视为外在的仪式或记号,以某种方式将恩典传给信徒,并坚固他们的信仰。在多纳图争辩中,就与圣礼的功效有关的一系列重要问题便有过激烈辩论,但是,教会内就圣礼的特性和功能最持久的争辩爆发于16世纪。因此,当讨论圣礼神学时,会经常提到这一时期的争辩。

在基督教历史中,关于圣礼的主要争辩涉及以下四个问题:

1. 圣礼是什么?
2. 圣礼有几个?
3. 基督教用不同的名字称呼一个圣礼,如"弥撒""圣餐""感恩礼""主餐"和"掰饼",究竟哪一个才是正确的名称?
4. "基督在圣餐中同在"是什么意思?

第三个问题无法回答!事实上,需要指出,"弥撒"是天主教的用法,"主餐"是新教的用法。为了方便起见,本书将使用"圣餐"。如果读者反对这种用法,或认为这可能引起争论,完全可以随意用更喜欢的词代替,只要代替得没错。这里无意规定"圣餐"一词就是正确的、标准的。

16.1 圣礼神学的早期发展

《新约》没有特别使用"圣礼"一词。事实上,我们发现,希腊词 mysterion(它自然被译为英文 mystery[奥秘])用来指上帝一般的拯救工作。这个希腊词从未用来指现在所谓的圣礼(如洗礼)。但是,根据我们所知的初期教会历史,上帝在基督里拯救工作的"奥秘"显然很早便与洗礼和圣餐这两个"圣礼"联系在一起。

圣礼神学可能于公元3世纪和公元4世纪在罗马帝国的北非有了最重要的进展，这可以从德尔图良、迦太基的奚普里安和希波的奥古斯丁的著作中看出。为什么这些进展偏偏发生在教会的这个地区？这是非常有趣的问题。一个可能的原因是，这个地区的教会处境特别艰难，包括受到迫害。（一定不要忘记，奚普里安于公元258年被罗马当局杀害而殉道。）因此，北非教会的特点是，在面对这些艰难环境时非常团结。结果，非洲教会特别强调信徒的团结，以及保持、巩固这种团结感的途径。我们将会看到，圣礼便是这种团结策略至关重要的一环。

德尔图良对圣礼神学发展的贡献可以概括为三个方面。

1. 用拉丁词 sacramentum（圣礼）翻译希腊词 mysterion（奥秘）。他很可能已经从当时《新约》的拉丁文译本中熟悉这种翻译。但是，我们之前讲过，德尔图良的著名之处在于，他可以发明新的拉丁词，来翻译希腊文的神学术语，这种译法完全可能是他自己的创见。

2. 将"圣礼"一词用作复数。《新约》所说的"奥秘"是单数的。我们刚刚讲过，德尔图良将"奥秘"译成"圣礼"，用它指这种奥秘；但是，他也用它的**复数**指各种与这种奥秘有关的圣礼。因此，德尔图良用拉丁词 sacramentum 指两个不同却明显相关的意义：第一个指上帝拯救的奥秘；第二个指与在教会生活中回忆与分配上帝的拯救有关的象征或仪式。

3. 比较圣礼与军人誓言的相似之处，发掘其中的神学意义。德尔图良指出，在正常的拉丁文用法中，sacramentum 一词指"神圣的誓言"，即要求罗马士兵拥护与效忠的誓言。德尔图良用这种对比说明，圣礼对基督徒在教会中的委身和忠诚非常重要——这个问题在教会受迫害时特别重要，忠诚在教会中至关重要。我们稍后会看到，这个主题也可以在瑞士改教家胡尔德里希·茨温利的圣礼神学中看到。对于茨温利来说，圣礼强调信仰团契的整体团结，以及信徒对上帝和教会的庄严责任。

在多纳图争辩中，希波的奥古斯丁将圣礼神学进一步阐发。他所反思的一个核心主题是，记号与所表示之物的关系。对于奥古斯丁来说，世界包含许多记号，都指向不同的实体；例如，烟是火的记号，字是它所指之物的记号。但是，也有"神圣记号"，它跨越上帝与我们之间的鸿沟，因为它们成为通往灵性实体的物质途径或大门。奥古斯丁用圣礼的许多定义说明这一点；最著名的可能是这种观念：圣礼为"不可见之恩典的可见形式"。但是，奥古斯丁非常清楚，圣礼不只是**表示**恩典；在某些方面，它们能唤起它们所表示的事，或使其产生效果。从某种意义上讲，可以认为，圣礼神学随后的发展涉及记号与它们所表示之物的关系。

要想探讨这个问题，我们可以先来思考圣礼的定义。

16.2 圣礼的定义

我们在前一章指出，基督教会最初几百年的特点是，对教会教义相对不感兴趣。可以说，圣礼也大致如此。公元 2 世纪，一些著作对一般圣礼的本质有过一些讨论，如《十二使徒遗训》和里昂的爱任纽的著作。只是在奥古斯丁的著作中，圣礼的问题——包括圣礼的定义——才有充分探讨。

一般认为，奥古斯丁为定义圣礼定下总的原则。这些原则是：

1. 圣礼是一种记号。"当用于上帝的事时，记号便被称为圣礼。"

2. 记号必须与它们所表示的事有些关系。"如果圣礼一点也不像圣礼所表示的事，它们便根本不是圣礼。"

这两个定义仍不够准确，也不够充分。例如，每一个"神圣之事的记号"都必然被视为圣礼吗？事实上，奥古斯丁所理解的"圣礼"有许多已经不再被视为圣礼；例如，信经和主祷文。随着时间的推移，越来越明显的是，只将圣礼定义为"神圣之事的记号"还不够充分。只是到了中世纪早期——圣礼发展的黄金时期，圣礼才被进一步阐明。

到了 12 世纪上半叶，巴黎的神学家圣维克托的于格（1096—1141 年）修正了奥古斯丁有些不太准确的定义：

> 并不是神圣之事的每一个记号都能被恰当地称为圣礼（因为《圣经》中的字，或雕像和图画，都是"神圣之事的记号"，却不能因此被称为圣礼）。……如果有人想更充分、更好地定义圣礼，可以这样定义："圣礼是自然或物质的元素，放在外在的感官之前，因相似而代表，因设立而表示，因祝圣而包含，一些不可见的灵性恩典。"

因此，圣礼的定义包含四个基本要素：

1. "自然或物质的元素"：如洗礼的水、圣餐的饼和酒或临终涂油的油。（"临终涂油"是用祝圣过的橄榄油涂抹临终的病人。）

2. 与所表示之物"相似"，所以可以代表所表示之物。因此，可以认为，圣餐的酒与基督的血"相似"，使它可以在圣礼中代表基督的血。

3. 有权表示所表示之物。换句话说，必须有充分的理由相信，这个记号**被授权**代表它所表示的灵性实体。例如，有一个"授权"的例子——其实是最重要的例子，便是由耶稣基督本人亲手设立。

4. 功效，指圣礼能够将所代表的好处传给参加圣礼的人。

　　上述第四点特别重要。中世纪神学仔细区分"《旧约》的圣礼"（如割礼）与"《新约》的圣礼"。中世纪早期的神学家认为，它们的本质区别是，《旧约》的圣礼只是**表示**灵性实体，而《新约》的圣礼能够**实现**它们所表示的事。13 世纪的方济会神学家波拿文都拉（1221—1274 年）用医药的类比说明这一点：

> 在旧的律法中，有一种药膏，却只是比喻的，不能真正带来医治。疾病是致命的，但是，涂抹药膏却是表面的。……能真正治愈疾病的药膏必须既能产生灵性的膏抹，又能带来赐予生命的能力；只有我们的主耶稣基督才能做到，因为……通过他的死，圣礼有了赋予生命的能力。

　　然而，圣维克托的于格对圣礼的定义仍不够令人满意。于格认为，"圣礼"包括道成肉身、教会和死亡。还缺少些什么。这时，教会已经就七项圣礼达成共识：洗礼、坚振礼、圣餐、告解、临终膏油、婚礼和按立（圣秩或神品）。但是，根据于格的定义，告解不能是圣礼。它根本不包含物质元素。因此，理论与实践有严重出入。这个难题亟需解决。

　　随后不久，彼得·伦巴德（约 1100—1160 年）给出圣礼的最终定义。他删掉于格的定义至关重要的一项，从而能使理论与实践一致。伦巴德的成就是，在他的定义中将"自然或物质的元素"删掉，所以他的定义是：

> 圣礼与所表示的事有相似的地方。"因为如果圣礼一点也不像所表示的事，便不能被恰当地称为圣礼。"（奥古斯丁）……如果有些东西表示上帝的恩典，是不可见恩典的一种形式，从而具有它的形象，并成为其成因，便可以被恰当地称为圣礼。因此，圣礼的设立是为了圣化，也是为了表示。……只为表示的目的而设立的东西只是记号，不是圣礼，就像旧律法的物质献祭和仪式，永远都不能使献祭的人成为义人。

　　上述七项圣礼都符合这个定义，信经和道成肉身却不符合。伦巴德在《箴言四书》中给出这个定义，而这本被广泛使用的神学教科书是一部权威之作，因此，这个定义在中世纪后期的神学中被广泛采用，几乎从未受到挑战，直到宗教改革时期才备受质疑。

　　新教改革质疑当时基督教思想的许多方面，尤其是对教会和圣礼的理解。1520 年，路德发表三篇重要的改革性论文，在其中的《教会的巴比伦之囚》中，路德猛烈抨击天主教对圣礼的理解。天主教承认七项圣礼，而路德最初承认三项（洗礼、圣餐和告解），但是，他不久便只承认两项（洗礼和圣餐）。这种看法的转变可以在《教会的巴比伦之囚》中看到，我们现在要停下来检视这种转变，并理解它的基础。

路德这篇论文开篇便有力地阐释一个原则，把中世纪对圣礼的一致看法抛在一旁：

> 首先，我必须否定有七项圣礼；目前，我只承认有三项：洗礼、告解和圣餐。这三项圣礼都悲惨地被罗马教廷囚禁，教会已经被掠夺走她的所有自由。

然而，到了论文结尾，路德渐渐特别强调，可见的物质记号非常重要。路德以下这段话标志他观念中的这个重要变化：

> 然而，只将上帝有记号的应许称为圣礼似乎是正确的。其余没有记号的只是应许。因此，严格来讲，上帝的教会只有两项圣礼——洗礼和圣餐。因为只有在这两项圣礼中，我们才看到上帝设立的记号和赦罪的应许。

因此，路德认为，告解不再具有圣礼的地位，因为圣礼必不可少的两个特点是：

1. 上帝的道；
2. 外在的圣礼记号（如洗礼的水和圣餐的饼与酒）。

因此，《新约》的教会只有洗礼和圣餐是真正的圣礼；告解根本没有外在的记号，不能再被视为圣礼。

同路德一样，瑞士改教家胡尔德里希·茨温利（1484—1531年）也对"圣礼"一词深感忧虑。他认为，这个词的基本意义是"誓言"，他最初将洗礼和圣餐这两项圣礼（天主教的其他五项圣礼被否定）视为记号，表示上帝对教会的信实，以及上帝施恩赦罪的应许。因此，他于1523年写道，"圣礼"一词可以用来指"上帝用道所设立、命令和命定的，它坚实可靠，就像上帝已经为此发誓"。但是，茨温利后来逐渐觉得，圣礼表示信徒对教会的忠诚，而不是上帝对信徒的忠诚，我们以后将讨论这一点。

特伦托会议反对新教对圣礼的看法，重申由彼得·伦巴德所概述的天主教立场。

> 如果有人说，新律法的圣礼不是我们的主耶稣基督设立的；或圣礼多于或少于七项，即洗礼、坚振礼、圣餐、告解、临终膏油、婚礼和按立（圣秩或神品）；或这七项圣礼有任何一个本质上不是真圣礼，愿他受诅咒。

自 16 世纪以来,这种基本立场始终是天主教神学的特点。

16.3 多纳图争辩:圣礼的功效

在上一章中,我们讲过多纳图争辩背后的一些问题。有一个重要问题与本章所要探讨的内容直接相关,即施行圣礼的神职人员是否有资格,或是否圣洁的问题。多纳图派拒绝承认,**叛教者**,就是在戴克里先迫害期间因与罗马当局合作而个人名誉受损的基督教神职人员,可以施行圣礼。因此,他们认为,这些神职人员施行的洗礼、按立和圣餐都是无效的。

从某种程度上讲,这种态度取决于迦太基的奚普里安的权威。奚普里安认为,教会之外没有真圣礼。因此,异端的洗礼是无效的,因为异端不接受教会的信仰,所以他们不属于教会。尽管奚普里安的看法在逻辑上可能无懈可击,却没有考虑到多纳图争辩期间的局面,即虽然神职人员有正统信仰,个人行为却被认为配不上所蒙的呼召。在教义上合乎正统却在道德上较差的神职人员有资格施行圣礼吗?这种圣礼有效吗?

多纳图派曲解了奚普里安的本意。他们认为,教会的行为应当被视为无效的,因为圣礼施行者本身并不完全。因此,多纳图派认为,由不属于多纳图派的大公教会的神父或主教洗礼或按立的人,都需要在多纳图派神职人员手下重新接受洗礼或按立。圣礼的有效性取决于施行者的个人品质。

这种态度可以从锡尔塔的多纳图派主教佩蒂利安于公元 402 年写给奥古斯丁的信中看出,他在信中批判奥古斯丁对神职人员的道德的看法。此前不久,佩蒂利安给自己的神父写了通函,对大公教会不纯洁的道德和教义错误做出警告。奥古斯丁于公元 401 年做出回应,这使佩蒂利安写了一封更详尽驳斥奥古斯丁的信。在这封信中——就是奥古斯丁引用的内容中,佩蒂利安充分阐释多纳图派坚持的立场,即圣礼的有效性完全取决于施行者的道德相称性。奥古斯丁的引文中带引号的部分是佩蒂利安的话:

> (佩蒂利安)说:"我们所指望的,是(圣礼)施行者的良心,他们献上圣洁,洁净领受者的良心。因为凡是故意从不信者那里领受'信仰'的人,没有领受信仰,而是罪。"然后,他会接着说:"那么,你如何检验这一点呢?"他说:"因为一切都有起因和根源;如果它没有什么作为自己的头,它便什么都不是。也没有什么能真正重生,除非它重生于好的种子。"

奥古斯丁对这种看法做出回应,认为多纳图主义过于强调作为人的圣礼施行者的品质，没有足够重视耶稣基督的恩典。他认为，堕落的人不可能分辨谁是纯洁的，谁不是，谁有资格施行圣礼，谁没有资格。这种看法完全符合他对教会的理解——即教会是圣徒和罪人所组成的"混合的身体"，认为圣礼的功效不在于每一位施行者的功德，而在于圣礼的最初设立者——耶稣基督——的功德。圣礼的有效性不取决于施行者的功德。

在说明这个关键的原则之后，奥古斯丁将它用于一种重要情况。他认为，必须区别"洗礼"与"施洗的权利"。即使是异端或分裂者施行的，洗礼也是有效的；但是，这不意味着，施洗的权利便被任意分配给所有人。施洗的权利只在教会中，尤其是蒙召与被授权施行圣礼的神职人员。施行基督圣礼的权力被基督传给使徒，又通过他们和他们的继任者——就是主教——传给大公教会的神职人员。

这里的神学问题可以用两句拉丁语口号说明，各自反映出对圣礼功效之基础的不同理解。

1. **因圣礼施行者有效**（ex opere operantis），直译为"由于工作者的工作"，即圣礼的功效取决于圣礼施行者的个人品质。

2. **因施行圣礼有效**（ex opere operato），直译为"由于所做的工作"，即圣礼的功效取决于基督的恩典，这是圣礼所代表与传达的。

多纳图派的立场是**因施行圣礼者有效**，而奥古斯丁的看法是**因施行圣礼有效**，他通过圣礼的结果理解圣礼。奥古斯丁的看法在西方教会中成为标准教义，也被16世纪的主流改教家所持守。

就圣礼的功效而言，英诺森三世（Innocent III，1160/1—1216年）于12世纪末极力捍卫**因施行圣礼有效**的看法。对于英诺森三世来说，神父是否具有功德对圣餐的功效没有任何影响。圣礼的最终基础是上帝的道，人的缺点或堕落不能约束上帝的道：

> 好的神父不能多成就什么，坏的神父也不会少成就什么，因为成事的是创造者的道，而非神父的功德。因此，神父的缺点不会使圣礼失去功效，就像医生的疾病不会导致他的药物失效。尽管"事情的运作"（opus operans）可能并不洁净，但是，"所做的事"（opus operatum）总是洁净的。

16世纪的主流新教神学家持类似看法。英国圣公会的《三十九条信纲》（1563年）清楚地阐释这一点。

> 如果人凭借信仰正确地领受圣礼，虽然施行者有缺点，基督圣礼的功效也不因此而失效，上帝恩赐的恩典也不因此而减少；因着基督的设立和应许，即

使它们由恶人施行，也仍是有效的。

16.4 圣礼的多种功能

在基督教神学史的进程中，形成对圣礼作用的许多理解。在以下部分中，我们将思考对圣礼的功能四种最重要的理解。必须强调，这些看法并不相互矛盾。例如，圣礼传达恩典的看法与一种相关看法并不矛盾，即圣礼是上帝对信徒之应许的确据。争辩的焦点往往在于，就正确理解圣礼而言，圣礼的哪一个功能才是至关重要的。大多数神学家对圣礼总的看法融合对圣礼功能的大多数理解，尽管他们就应当强调的重点存在分歧。

圣礼传达恩典

我们之前讲过，中世纪的神学家坚持认为，圣礼**传达**所表示的恩典。这种看法可以追溯到公元1世纪末和公元2世纪初。安提阿的伊格纳修宣称，圣餐是"永生的良药和解毒剂，因此，我们不会死亡，而是在耶稣基督里永远活着"。这里的观念显然是，圣餐不仅**表示**永生，也是**实现**永生的一种工具。这种观念后来被许多神学家加以阐发，尤其是米兰的安布罗斯（约337—397年）。安布罗斯于公元4世纪写道，在洗礼中，圣灵"与洗礼盆或受洗者同在，实现重生"。

奥古斯丁就这一点做出一种重要区分。他将圣礼与"圣礼的力量（virtus）"加以区分。圣礼只是记号，而"圣礼的力量"产生记号所表示的功效。在奥古斯丁和他中世纪继承者的思想中，圣礼的一个重要功能显然是有效地赐下恩典。

赞同邓斯·司各特（1266—1308年）的中世纪神学家认为，圣礼**导致**恩典的说法严格来讲并不正确。14世纪的神学家阿奎拉的彼得（Peter of Aquila）是这样说的：

> 彼得·伦巴德说，圣礼使所表示的产生功效；就恩典一词的严格意义而言，一定不能这样理解伦巴德的话，即圣礼本身导致恩典。相反，上帝在圣礼中赐下恩典。

因此，圣礼被视为"因"，指"不可或缺的先决条件"（causa sine qua non），而不是更严格意义的"因"。恩典"有起因"的观念并不意味着，圣礼独自产生恩典，与上帝的主动赐予和作为毫无关系。天主教神学始终坚持认为，在任何关于圣礼因果律的正统理论中，上帝应当被视为恩典的代理者、远程的有效因和最终因（用传统的因果律来说）。

新教改教家否定这种看法。他们发现，奥古斯丁所坚持的圣礼——尤其是洗礼——的功效性令他们非常尴尬。16 世纪的新教神学家彼得·马图·韦米利（1499—1562 年）便是一个例子，他批判奥古斯丁的这种看法：

> 奥古斯丁在这个教义上犯了严重错误，他过于看重洗礼。他并不承认，洗礼只是重生的外在记号，而是认为凭借受洗的行为，我们便得以重生，被上帝接纳，进入基督的家。

特伦托会议重申圣礼的功效性；此次会议批判新教的一种倾向，即只将圣礼视为恩典的记号，而不是恩典的因（如韦米利的上述看法）。

> 如果有人说，新律法的圣礼不包含所表示的恩典，或它们没有将恩典赋予未在圣礼之路上设置障碍的人（仿佛它们只是凭借信仰而得的恩典或义的外在记号；又仿佛它们只是承认基督教信仰的某些标志，从人的角度将信徒与非信徒加以区别），愿他们受诅咒。

特伦托会议更愿意称圣礼"赋予"恩典（而不是"导致"恩典），从而维护了上述司各特的看法。

圣礼坚固信仰

这样理解圣礼的作用在整个基督教史上并不罕见。它在 16 世纪的宗教改革时期特别重要，一个原因是主要的新教思想家十分重视"信靠"的观念，将其视为使人称义之信仰的定义性特征。对于第一代改教家来说，圣礼是上帝对人类软弱的回应。上帝知道，我们难以领受、回应他的应许，所以用可见而具体的恩典记号补充他的道。圣礼代表上帝的应许，通过日常生活的用品传达。在《关于弥撒的命题》（*Propositions on the Mass*，1521 年）中，德国路德宗神学家菲利普·梅兰希顿（1497—1560 年）强调，圣礼主要是上帝施恩迁就人的软弱。在 65 个系列命题中，梅兰希顿提出他所认为的对圣礼在基督教灵修中的地位可靠、负责的看法。"记号是一种途径，让我们想起信仰的道，也让我们对它放心。"

梅兰希顿提出，在理想的世界中，人类愿意只按照上帝的道信靠他。但是，堕落人性的一个软弱是，它需要记号（梅兰希顿用《旧约》基甸的故事说明这一点）。对于梅兰希顿来说，圣礼是记号："有些人称为圣礼的，我们称为记号——或者你若愿意，也可以称为圣礼记号。"这些圣礼记号增进我们对上帝的信靠。"为了消除人心中的不愿信靠，上帝已经给道加上记号。"因此，圣礼是上帝恩典的记号，被加在恩典的应许之上，以保证、坚固堕落人类的信仰。

> 记号不能使人称义，正如使徒所说："受割礼算不得什么"（哥林多前书 7：19）。因此，洗礼算不得什么，领受主餐（mensa domini）也算不得什么，但是，它们是上帝对你们旨意的见证和"印证"，如果你们的良心怀疑上帝对你们的恩典和慈爱，它们便消除你们良心的疑虑。……认识记号非常有益于健康，据我所知，再没有其他任何东西能比这样使用记号更有效地安慰、坚固良心。有些人称为圣礼的，我们称为记号——或者你若愿意，也可以称为圣礼记号。……有些人将这些记号比作符号或军事密码，这种做法值得称赞，因为记号只是标志，让得到上帝应许的人因此而为人所知。

路德也提出类似看法，将圣礼定义为"带记号的应许"或"上帝设立的记号和赦罪的应许"。有趣的是，路德用"抵押品"（pledge）一词强调圣餐可以提供保证的特点。饼和酒向我们保证，上帝赦罪的应许是真实的，使我们更容易接受，一旦接受，便能牢牢把握住。

一种相关看法与圣礼神学于 20 世纪在天主教内的复兴有关。天主教对圣礼神学重燃兴趣，这可以追溯到德国本笃会学者奥多·卡泽尔（Odo Casel，1886—1948 年），他在两次世界大战期间撰写大量论圣礼的著作。卡尔·拉纳（1904—1984 年）和爱德华·谢列比克斯（1914—2009 年）等天主教神学家将这种兴趣发展、延续下去，这在第二次梵蒂冈会议（1962—1965 年）中有所体现。此次会议最显著的特点之一，是从圣礼的角度理解教会，这个问题已经在别处较为详细地讨论过。

第二次梵蒂冈会议也强调圣礼对增进信仰的重要性，使个人的委身和对基督教信仰的理解都能加强。基督教神学一向承认，基督教信仰的外在行为与内容是不同的。从传统上讲，两个拉丁词用来说明这种差异，它们是：

1. **信仰行动**（fides qua creditur），直译为"借此而相信的信仰"，指信靠与同意的行动是基督教信仰的核心；
2. **信仰内容**（fides quae creditur），直译为"所相信的信仰"，指基督教信仰的特定内容，通过各种信经、信纲、教义和信仰声明表达出来。

对于第二次梵蒂冈会议来说，"信仰行动"和"信仰内容"意义上的圣礼都能维系、滋养信仰。

> 因为（圣礼）是记号，它们也能教导。它们不仅以信仰为先决条件，也通

过道和物品滋养、坚固和表达信仰。因此，它们被称为"信仰的圣礼"。它们的确可以传达恩典，但是，除此之外，举行圣礼的行动本身便能最有效地让信徒领受有益于他们的这个恩典，使他们正确地崇拜上帝，实践善行。

圣礼增进教会内的合一与委身

教会的合一是教父时期极为关注的问题，尤其是当德西乌斯和戴克里先的迫害导致分裂时。我们之前讲过，迦太基的奚普里安十分强调教会的合一，敦促教会成员要力求教会更为和谐，并委身于教会。奥古斯丁阐发这一点，他特别提到圣礼。如果一个团体要有一定的合一，便必须有某种活动，它得是所有人都能参与的，也是能展现并增进合一的。"凡是宗教，无论真假，除非有某种大家都能分享的可见的记号或圣礼，否则便无法召聚人在一起。"尽管中世纪神学家理解这一点，但是，它在宗教改革时期被最有力地阐释，尤其是在胡尔德里希·茨温利的著作中。

路德主张，圣礼的主要功能是让信徒放心，他们是基督身体的真正肢体，是上帝之国的继承人。在1519年的论文《基督圣洁、真实之身体的圣体圣事》（*The Blessed Sacrament of the Holy and True Body of Christ*）中，路德较为详细地阐释这一点，强调圣礼对信徒心理上的保证作用：

> 因此，在饼和酒中领受这个圣礼，正是领受一个可靠的记号，代表与基督和所有圣徒的这种团契和合一。这就像公民得到一个记号、一份证件或其他一些凭证，保证他们的确是这个城市的公民，是那个特定社区的一员。……因此，在这个圣礼中，我们从上帝那里得到可靠的记号，保证我们与基督和所有圣徒合一，与他们共享一切，基督的受苦和生命就是我们自己的受苦和生命。

我们马上便会看到，同路德相比，这样强调圣礼有如属于基督教团契的凭证，可能更是茨温利的特点；但是，就路德对圣礼的理解而言，它的确是路德思想的重要成分。

对于茨温利来说，圣礼的目的主要是表明，个体属于信仰团契。洗礼代表公开宣告，孩子是上帝家中的一员。茨温利指出，在《旧约》中，男婴出生不久便要受割礼，作为他们属于以色列民的记号。割礼是《旧约》设立的礼仪，要表明受过割礼的孩子属于约的团契。孩子生在这个团契之中，现在属于这个团契——割礼是孩子属于这个团契的记号。

基督教神学已经有一个很长的传统，将洗礼视为基督教的割礼。茨温利阐发这种看法，认为《新约》的洗礼相当于《旧约》的割礼。它比割礼更文明，因为它没有疼痛或流血，它也更包容，因为将男婴和女婴都包括在内。此外，茨温利强调，洗礼是属于一个团契——

教会——的记号。事实上，孩子没有意识到这种团契归属感；但是，这并不重要；他的确成为基督教团契的一员，洗礼是公开表明这种关系。在这一点上，他与路德显然不同。

同样，参加圣餐代表继续公开宣告忠于教会。茨温利用自己在瑞士联邦担任随军牧师的经验，借用军事类比阐释圣餐的这种意义：

> 如果一个人缝上白色十字架，便是在宣告他希望成为联邦的一员。如果他到奈亨弗尔斯（Nāhenfels）朝圣，为上帝赐予我们祖先的胜利而赞美、感谢上帝，便是证明他的确是联邦的一员。同样，无论是谁，只要接受洗礼的记号，便是决心聆听上帝对他说的话，学上帝的律例，并照此生话。无论是会众中的谁，只要他在纪念或晚餐（圣餐）中感谢上帝，便证明一个事实，即他真心因基督的死而欣喜，并因此感谢他。

这里提到的事件是格拉鲁斯州（Glarus）、乌里州（Uri）和斯维茨州（Schwyz）的瑞士居民于1388年4月9日在格拉鲁斯州附近的奈亨弗尔斯〔也被称为奈弗尔斯（Nāfels）〕对哈布斯堡家族（Habsburgs）取得的胜利。这次胜利通常被视为瑞士联邦〔或赫尔维蒂联邦（helvetic confederation）〕的开端。在4月的第一个星期四，朝圣者会到战争地举行纪念活动。

茨温利说明两点。第一，瑞士士兵佩戴白色十字架（现在当然已经被镶在瑞士国旗里），作为委身的记号（Pflichtszeichen），表明他公开效忠瑞士联邦。同样，基督徒公开表明忠于教会，最初通过洗礼，随后通过领受圣餐。洗礼是"以可见的方式进入基督里，也是进入基督里可见的印证"。

第二，导致瑞士联邦诞生的历史事件，作为忠于瑞士联邦的象征庆祝。同样，基督徒庆祝导致基督教会诞生的历史事件（耶稣基督的死亡），作为他委身于教会的象征。因此，圣餐是纪念导致基督教会诞生的历史事件，公开表明信徒忠于教会，是教会的一员。这与茨温利从纪念的角度理解圣餐有关，我们稍后将进一步探讨。

圣礼为上帝对我们之应许的确据

这种功能还是改教家特别倡导的，他们十分强调，信仰是人与上帝应许之间的相互关系。改教家深刻认识到堕落人性的弱点，知道它需要上帝的爱和应许的有力确据。路德认为，基督的死亡表明，上帝的恩典是可靠的，代价是巨大的。路德用"遗嘱"的观念阐释这一点，即"临终遗嘱"。在《教会的巴比伦之囚》（1520年）中，他充分阐释了这一点。

毫无疑问，遗嘱是临终之人的应许，在其中指明遗产和继承人。因此，遗嘱首先包括遗嘱人的死亡；其次是遗产的应许和继承人的确认。……基督证明自己的死亡，他说："这是我的身体，为你们舍的，这是我的血，是为你们流出来的。"（路加福音22：19—20）。当他说"使罪得赦"（马太福音26：28）时，他指明遗产。他也指定继承人，因为他说"为你们"（路加福音22：19—20；哥林多前书11：24），"为多人"（马太福音26：28；马可福音14：24），就是接受、相信遗嘱人应许的人。

路德在此的见解是，遗嘱包括应许，应许只有在应许者死后才有效。因此，圣餐礼有三个要点：
1. 它肯定恩典与赦罪的应许。
2. 它确认这些应许是给谁的。
3. 它宣告应许者的死亡。

因此，圣餐引人注目地宣告，恩典与赦罪的应许现在已经有效。它是"上帝对我们赦罪的应许，这种应许已经由上帝之子的死亡证实"。通过宣告基督的死亡，信仰团契肯定，赦罪与永生的宝贵应许现在已经对有信仰的人产生功效。路德自己是这样说的：

那么，你们看到了，我们所说的弥撒是上帝对我们赦罪的应许，上帝之子的死亡已经证实这个应许。因为应许与遗嘱的差别只在于，遗嘱包括遗嘱人的死亡。遗嘱人是即将死亡的应许者，而应许者（如果我可以这样说）是不会即将死亡的遗嘱人。上帝从创世以来的所有应许，都预示基督的这个遗嘱；事实上，这些古老的应许不论有什么价值，都完全源自这个将在基督身上成就的新应许。……现在，上帝立下遗嘱；因此，他必须死。但是，上帝不能死，除非他成为人。因此，道成肉身和基督的死亡都应当用"遗嘱"这个含义极为丰富的词理解。

复杂的案例研究：圣餐的功能

我们在这部分的讨论已经强调过圣礼的许多功能。现在，我们将结合迄今所讨论的一些主题，来探讨基督教思想中圣餐的许多功能，这样结束这部分非常有帮助。圣餐——或弥撒、感恩礼和主餐——是现在进行的活动，却有过去和未来的层面（参下图）。在以下部分中，我们将更详细地探讨这些层面。

回忆：着眼过去 首先，圣餐邀请基督徒回顾过去，回忆上帝一般的拯救作为，尤其是基督的十字架和复活。回忆上帝拯救作为的普遍原则在《旧约》中牢固确立。例如，在

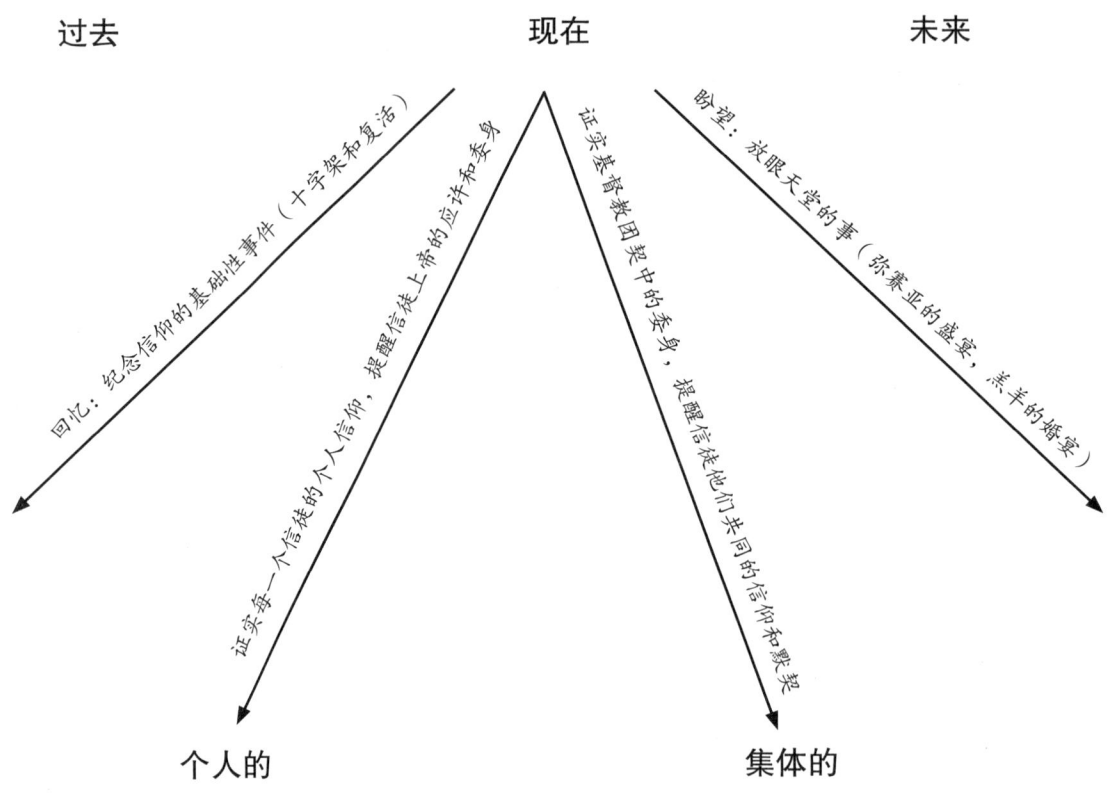

圣餐的神学功能

《诗篇》中，许多诗篇（如第 136 首）邀请以色列人纪念上帝过去的作为，即救他们出埃及，领他们进入应许之地。基本主题非常简单：上帝过去的作为是信实的，可以信靠他在现在和未来同样信实的作为。

回顾过去也强调教会与以色列人、《新约》与《旧约》的延续性。经常有人指出，圣餐可以被视为（尽管这种对比不是十分确切）基督教的逾越节——犹太人每年一度的重要节日，纪念他们出埃及的事件。逾越节是通过"晚餐"庆祝的。根据符类福音书记载，"最后的晚餐"是逾越节的晚餐，表示耶稣对追随者的希望：将过去救以色列人出埃及的作为与将来更大的拯救作为联系起来。

圣餐中最重要的物品是饼和酒，它们被认为是追忆基督掰开自己的身体和他在十字架上所流的血。在最后的晚餐中，饼和酒的作用是最重要的。《路加福音》记载在最后的晚餐中所发生的事（路加福音 22：19—20）：

（耶稣）又拿起饼来，祝谢了，就掰开，递给他们，说："这是我的身体，为你们舍的。你们也应当如此行,为的是记念我。"饭后也照样拿起杯来,说:"这杯是用我血所立的新约,是为你们流出来的。"

因此,圣餐是回顾过去的邀请,追忆上帝所做的一切。它纪念上帝过去伟大的拯救作为,如将以色列人从埃及的奴役中拯救出来;但是,最重要的是,圣餐礼追忆耶稣基督的死亡,体现出《圣经》所记载的最后的晚餐。

盼望:放眼未来 在邀请基督徒于纪念中回顾过去之后,圣餐随后放眼未来,邀请基督徒期盼将要发生的事。这个主题在《新约》中根深蒂固。例如,保罗对圣餐的记载特别提到对基督将来再来的盼望(哥林多前书11:23—26):

> 我当日传给你们的,原是从主领受的,就是主耶稣被卖的那一夜,拿起饼来,祝谢了,就擘开,说:"这是我的身体,为你们舍的。你们应当如此行,为的是记念我。"饭后,也照样拿起杯来,说:"这杯是用我的血所立的新约。你们每逢喝的时候,要如此行,为的是记念我。"你们每逢吃这饼、喝这杯,是表明主的死,直等到他来。

这个盼望的主题也以《圣经》另一个主题为焦点,即对新耶路撒冷的盼望。新耶路撒冷的异象出现在基督教《圣经》的最后一卷书《启示录》中,书中提到"羔羊的婚宴(启示录19:9)。这里提到耶稣基督是"上帝的羔羊,除去世人罪孽的"(约翰福音1:29)。重要的是,圣餐被视为现在预先品尝到这个未来的事件。因此,第二次梵蒂冈会议将圣餐称为"预先品尝到天上的盛宴"。莫普苏埃斯蒂亚的提奥多尔(约350—428年)特别清楚地阐释过这一点,他是安提阿学派神学家,站在安提阿学派的立场解释《圣经》。对于提奥多尔而言,圣餐让我们瞥见真实的天堂,盼望我们未来也会在那儿。

> 这个令人敬畏的献祭仪式明显反映出真实的天堂,每当举行时,我们都要想象,我们就在天堂。……信仰能使我们在心中想象天堂的真实情况,同时,我们要提醒自己,现在已在天堂里的基督在(也临在于)这些象征物之下。那么,当信仰使我们的双眼能注视正在发生的事时,我们得以再次看见,他已经为我们死去、复活、升天。

证实个人信仰 我们已经讲过,圣礼证实每一个信徒现在的信仰。这个证实的过程通过头脑和想象进行。尽管生活在现在,但是,信徒能反思上帝过去做过的事,盼望上帝将来会做的事，从而加深他或她对上帝的信仰和信靠。

证实集体的归属感 如前所述，圣礼可以被视为巩固基督教团契成员彼此的委身和支持。从某种意义上讲，可以认为，这是**圣礼**一词的原意，即顺服与委身的庄严誓言。

需要理解的重要一点是，不同的神学家有自己不同的侧重点。一些神学家想强调，圣餐是纪念上帝过去做过的事。其他神学家却要强调，圣餐有潜力增进教会的合一和委身。存在这些观念，问题是应该强调哪一个。

在思考过圣餐这四个功能之后，读者会注意到，我们还没有讨论圣餐可能最有趣也肯定是最有争议的问题，即真实的同在。如果有真实的同在，圣餐如何使基督与信徒同在？在以下部分中，我们将思考关于这个问题的争辩。

16.5 圣餐：真实同在的问题

对于基督教来说，圣礼从来不是纯粹的理论问题。从最一开始，圣礼便对基督教的生活和崇拜至关重要。圣餐尤其如此。甚至在《新约》中，我们也可以读到，最早的基督徒遵守耶稣基督的命令，通过饼和酒纪念他（哥林多前书11：20—27）。

因此，不可避免且完全合乎情理的是，解释这种做法的意义在神学上受到极大关注。圣餐的功效是什么？圣餐的饼和酒与普通的饼和酒有什么区别？耶稣基督在最后的晚餐中对饼和酒说的话，以及在教会的圣餐礼中重复这些话，显然是圣餐的基础，所以非常重要。

然而，"这是我的身体"（马太福音26：26）到底是什么意思？这句话一定指耶稣在圣餐掰饼时的真实同在——这种观念通常被称为"真实同在观"。这便是我们将在这部分中思考的问题。这个问题不仅本身非常有趣，就自宗教改革以来在基督教内产生的分歧而言，它也是非常重要的。

关于初期基督教如何理解饼和酒的意义，耶路撒冷的西里尔（约313—386年）的"教义问答讲稿"是特别重要的见证。这一系列讲稿有24篇，教导基督教会的信仰和实践，是西里尔于大约公元350年讲给准备受洗的新信徒的。这个重要的见证让我们了解到公元350年左右耶路撒冷教会中盛行的观念。西里尔显然认为，饼和酒以某种方式变成基督的身体和血。

> （耶稣基督）曾在加利利的迦南主动把水变为酒。那么，为什么我们不可以相信他能把酒变为血呢？……因此，我们应当完全相信，我们是在分享基督的身体和血。因为他的身体以饼的形式被赐给你们，他的血以酒的形式被赐给你们，所以通过吃基督的身体，喝基督的血，你们可以和他成为一体、一血。

这种改变是如何发生的？教父对这个问题非常感兴趣。大多数教父相信，证实这种奥秘非常简单。例如，伟大的希腊神学家大马士革的约翰（约676—749年）于公元8世纪写道：

> 那么，你们现在会问，饼如何变成基督的身体，酒和水如何变成基督的血。我要告诉你们。圣灵临到它们，完成任何言语都无法解释、任何思想都无法揣摩的事。……你们只要明白这是圣灵做的，这便够了。

然而，其他神学家更好思辨，导致一场关于这个问题的重要争辩。这场争辩于公元9世纪在西方教会中爆发，我们现在就来探讨。

公元9世纪关于真实同在的争辩

公元9世纪，皮卡地（Picardy）的科比（Corbie）修道院燃放了以预定教义和真实同在的本质为内容的绚烂烟火。两位重要的斗士是帕斯卡西乌斯·拉德柏尔图（Paschasius Radbertus，785—865年）和科比的拉特拉姆斯（Ratramnus of Corbie，死于约868年），他们当时都是法国这座大修道院的修道士。他们各自写了一部同名著作——《论基督的身体与血》（Concerning the Body and Blood of Christ）——却对真实同在有极为不同的理解。拉德柏尔图的著作完成于公元844年左右，他的观点是，饼和酒实际上变成基督的身体与血；拉特拉姆斯的著作稍晚完成，他捍卫的观点是，它们只是身体和血的象征。

尽管拉德柏尔图没有确切解释普通的饼如何变成基督的身体，但是，他相信，饼真的变成基督的身体，这种改变对基督徒的灵命非常重要：

> 圣灵当初在童贞女的子宫中，不用任何人的精子，便创造出耶稣基督的肉身；这同一位圣灵，现在每天用他看不见的能力，通过使这个圣礼成圣，创造出基督的身体和血，尽管这不能凭借视觉或味觉从外在理解。

拉特拉姆斯不这样认为，他的论证极为不同。普通的饼与圣饼的区别在于信徒的理解方式。圣饼仍是饼；但是，信徒能理解更深一层的灵性意义，因为它被祝圣过。因此，区别在于信徒，而不在于饼。

> 通过神父的祝圣，饼成为基督的身体，从外在向人的感觉显现一个样，却从内在向信徒的心灵指明不同的事。从表面看来，饼有同以前一样的形状、颜色和味道；但是，就内在而言，有件非常不同的事更宝贵、更美好，它被彰显出来，因为某件天上与神圣的事——耶稣基督的身体——被启示出来。这不是

肉体的感官所能察觉、领受或吃下的，而是只能被信徒看见。

第三种看法也在这一时期形成。富尔达是当时最著名的德国修道院之一，这里的神学家坎迪杜斯（Candidus）认为，"这是我的身体"（马太福音26：26）指另一种意义的"基督的身体"——基督教会。基督的身体与血的圣礼，目的在于滋养、完善作为基督身体的教会。

> 这是为你们舍的身体。他从芸芸众生中取了这个身体，在受难时掰开，掰开之后又让它从死人中复活。……他从我们这里取走的，他现在已经赐给我们。你们要"吃"，你们要使教会这个身体完全，因此，它可以成为完整、完全的一块饼，它的头是基督。

"记号"与"圣礼"的关系：中世纪的看法

圣礼教义在中世纪的发展产生一些术语，读者可能会发现，理解它们很有帮助。许多神学家发现思考圣礼最简单的方式，即区分"记号"与"它所表示的"；但是，中世纪神学家提出一种三重分类，我们马上就来探讨。

在12世纪的神学复兴期间，根据希波的奥古斯丁的著作，圣礼的各个方面通过三重区分分类。神学家认为，当思考圣餐时，应当区分圣礼的三个不同方面。经院神学家区分圣礼记号本身（sacramentum tantum）、圣礼所起到的媒介作用（res et sacramentum），以及圣礼的最终效果或"果实"（res et tantum）。在以下部分中，我们将探讨这三种区分，我们将使用你可能在更专业的讨论中遇到的术语。

1. 纯圣礼记号（sacramentum 或 sacramentum tantum）：这是指圣餐的饼和酒。在这三个观念中，这是最容易理解的。基本观念是，物质元素（如饼）能表示、引起它本身之外的东西。

2. 实体与圣礼（res et sacramentum）：某物既是实体，又是记号。以圣餐为例，这是指，经过祝圣的饼和酒应当被理解为变成基督的身体与血。饼和酒仍作为记号而存在；但是，现在又存在额外的实体（拉丁文 res，意为"物"）——基督的身体与血，这是以前不存在的。

3. 纯实体或圣礼实体（res tantum 或 res sacramenti）：这是指圣礼带来的内在与灵性的恩典。以圣餐为例，这应当被理解为领受者参与基督的死亡和复活，并从中受益。需要指出的重要一点是，这种圣礼实体一方面区别于纯标记（饼和酒），一方面有别于基督的身体和血。问题不是"饼和酒变成什么？"而是"基督的身体和血为它们的领受者带来什么益处？"

为了帮助我们理解这种难懂的区分，我们可以思考中世纪举行圣餐的方式，以及饼和酒的地位在圣餐礼中的变化。以下是托马斯·阿奎那在《神学大全》中对上述三种观念的笼统解释：

1. 在祝圣之前，饼和酒只是身体与血的记号，后来才变成身体与血。因此，饼和酒都是**纯圣礼记号**——纯粹的记号。

2. 在祝圣之后，饼和酒的"偶性"或"外观"仍是记号，表示基督的身体与血的真实本质。但是，饼和酒的本质现在已经变成身体与血，身体与血真实地与外在的记号同在。饼和酒现在起到两个作用（**实体与圣礼**）：第一，就"偶性"或"外观"而言，它们的作用是基督的身体和血的外在记号；第二，从"本质"或"内在特性"来看，它们真是基督的身体和血。因此，它们的作用既是圣礼**记号**，也是圣礼**实体**。但是，这不是圣礼所要达到的最终效果。圣礼的目的不是使基督的身体与血真实地与圣餐同在，而是传达这所带来的特殊恩典——这便是**纯实体**，我们现在就来解释。

3. 要想理解**纯实体**的观念，我们需要问一些问题：圣餐要成就什么？圣餐的目的是什么？圣餐要取得什么效果？既然饼和酒既是圣礼记号，又是圣礼实体，吃饼喝酒的功效是什么？饼和酒对它们的领受者有什么意义？圣餐的**纯实体**是信徒与基督的团契，是对未来天堂中荣耀的保证。基督真实地与圣餐同在；但是，他的同在不是目的，而是想要改变信徒。圣餐所要起到的作用或取得的最终功效，是使被视为基督奥秘身体之教会的信徒与作为他们头的基督合一，使信徒彼此合一，让他们安心盼望天堂的荣耀。

关于真实同在的争辩在后来的神学讨论中继续进行，尤其是在中世纪。这个问题到了宗教改革时特别有争议，今天在基督教中仍是争论的焦点。在以下部分中，我们将概述现代基督教的三种主要看法，说明它们的历史发展。

变质说

我们已经讲过，帕斯卡西乌斯·拉德柏尔图坚持认为，饼和酒因祝圣而变成基督的身体与血，尽管他难以用概念解释这种改变。变质教义是对这种看法的巩固与发展。

第四次拉特兰会议（1215年）正式规定这个教义，此次会议可能是天主教16世纪特伦托会议之前规模最大的会议。尽管此次会议没有正式进一步讨论变质的过程，但是，它明确阐述了变质的基本特征。

> 信徒的普世教会只有一个，没有人能在这个教会之外得救。在这个教会里，耶稣基督既是祭司，也是祭物，他的身体与血真实地包含在饼和酒的种类中，凭借上帝的能力，饼变质为身体（transsubstantis pane in corpus），酒变质为血。

在这段文字的讨论中，第四次拉特兰会议使用亚里士多德的用语——特别提到"本质"

（内在特性）和"种类"（外观）。但是，后来到了13世纪，托马斯·阿奎那以亚里士多德为更牢固的基础，来说明变质教义的原理。阿奎那用亚里士多德对"本质"与"偶性"的区分，来解释饼和酒被祝圣时所发生的事。某物的**本质**是它的本质属性，而它的**偶性**是它的外观（它的颜色、形状和气味等）。变质论肯定，饼和酒的偶性（它们的外观、味道和气味等）在祝圣时保持不变，而它们的本质从饼和酒变成耶稣基督的身体与血。阿奎那坚持认为，饼和酒的本质在祝圣后改变；它们的外观保持不变，但是，它们原来饼和酒的特性消失了。

到了宗教改革时，这种看法遭到新教神学家的猛烈批判，认为这将亚里士多德的观念引进基督教神学。尽管反对阿奎那对变质观的阐释，但是，路德自己的看法比许多人所意识到的更接近变质论。他对变质教义的主要批评是，这个教义取决于使用异教哲学范畴（即亚里士多德的"本质"和"偶性"的观念）。我们很快便会看到，路德自己的看法——被普遍（不是被他自己）称为"合质说"（consubstantiation），认为基督的身体和血的确同饼和酒在一起，或在饼和酒下面。其他新教神学家对这种观念的批判也较为猛烈，尤其是胡尔德里希·茨温利。

直到1551年的特伦托会议，在"论至圣的圣餐礼教令"（Decree on the Most Holy Sacrament of the Eucharist）中，天主教才最终提出明确的立场。在此之前，特伦托会议只是批判改教家，却没有阐释条理清晰的可选立场。现在，这个缺陷已被弥补。"论至圣的圣餐礼教令"开篇便有力地肯定基督真正的本质性同在："饼和酒被祝圣之后，我们的主耶稣基督以这些物体的外观真正、实际、本质性地包含在圣餐这个庄严的圣礼中。"特伦托会议极力捍卫"变质教义"和"变质"一词。"通过祝圣饼和酒，为整个本质带来变化，饼的本质完全变成基督的身体，酒的本质完全变成基督的血。神圣的大公教会将这种改变正确、恰当地称为变质。"

遵照特伦托会议的教令，变质观被视为天主教对真实同在的权威立场，在天主教内直到20世纪60年代才被严肃地辩论。这个教义也有难点，特别是自然暴露出它背后极为反直觉的观念。法国天主教哲学家勒内·笛卡尔（1596—1650年）为变质教义进行过最有趣的辩护之一。在1645年的一封信中，笛卡尔提出，人的消化系统是变质的天然类比。他认为，人的身体是变质过程的有机体模式。自然的消化过程不就是饼变成人的身体吗？根本不需要借助神迹。如果圣餐的变质真需要神迹，也只不过是不需要人体的器官功能为媒介，饼便同化为基督的身体。这是非常有趣的看法，却不受当时教会当局的欢迎。

意义变换与目的变换

20世纪60年代——天主教内神学发酵的一个年代，爱德华·谢列比克斯等天主教神学家对变质观进行批判研究。变质观的护教合理性越来越令人担忧，为了应对这种情况，两种重新理解变质观的方法形成。在这两种方法的倡导者看来，每一种都保留以前变质教义的本质特征，同时也回应当时形而上的怀疑主义。

目的变换（transfinalization）的观念指，祝圣改变饼和酒的目的或目标。相关观念**意义变换**（transignification）指，祝圣主要与饼和酒的**意义改变**有关。这两种观念都避免提到饼和酒的内在特性发生神秘的变化——这种观念在当时怀疑主义气息越来越浓的文化中被认为是不可信的。目的变换表示，饼和酒的目的发生功能性改变（例如，供养灵性的目的取代供养身体的目的）。意义变换意味着，饼和酒所表示或指明的对象发生根本性改变（例如，从表示食物变成表示基督）。这两种观念都基于一个假设，即饼和酒的特性不能孤立于它们的情境或使用。

"意义变换"和"目的变换"于 20 世纪 60 年代开始被广泛使用，尤其是被一群比利时天主教神学家，他们发现，自己对"变质"这一传统术语感到不安。在重要的研究著作《圣餐》（*The Eucharist*，1968 年）中，爱德华·谢列比克斯认为，变质观的基础是亚里士多德的哲学体系，这给许多现代人制造出难题。他认为，需要新的看法，它应当保留特伦托会议的基本神学见解，同时不用过时与易受批判的哲学体系说明这些见解。

谢列比克斯指出，在第二次世界大战之后的天主教中，越来越反对对圣餐进行本体论或"物理学的"解释，这与"重新发现圣礼为象征性活动"有关，即意识到"圣礼首先是像记号这样的象征性行为或活动"。谢列比克斯提出，在 20 世纪 50 年代，意大利神学家约瑟夫·德·巴乔基（Joseph de Baciocchi）为这种思维方式指明新的方向，用"功能变换"（transfunctionalism）、"目的变换"和"意义变换"解释他心中的看法。在说明皮特·斯洪嫩贝尔赫（Piet Schoonenberg）和卢凯西乌·施密茨（Luchesius Smits）等神学家对这种思维方式的贡献之后，谢列比克斯阐释自己对这个问题的看法：

> 基督将自己作为恩赐，但是，这终究不是赐给饼和酒，而是赐给信徒。真实同在的目的是为了信徒，但是，它是以饼和酒的恩赐为媒介，并**在其中**实现。换句话说，赐下自己的主通过圣礼而同在。在这种纪念性的一餐中，饼和酒成为重新**确立意义**的对象，这不是人确立的，而是教会永生的主，通过教会，它们成为将自己赐给我们的基督真实同在的记号。

谢列比克斯的要点是，对圣餐的饼和酒的意义的解释不是随意的，也不是人强行做出的；解释是教会做出的，这是基督已经**授权**教会去做的。

对于谢列比克斯来说，根本不需要援用的观念是，饼和酒的本质发生物理变化。基督的目的不是改变圣餐的饼和酒的形而上学，而是确保它们说明基督在作为信徒团契的教会中继续同在。

> 某物可以在本质上改变，而它的物理或生物结构却没有变化。例如，按照与人的关系来看，饼有了完全不同于它对物理学家或形而上学家所具有的意义。饼仍是物理学上的饼，但是，它被纳入纯生物学以外的意义范畴。因此，饼的确不是原来的饼，因为它与人的确定关系在决定我们所谈论的实体时发挥了作用。

天主教对这些进展的正式回应是，只要它们符合传统的变质论，便是可以接受的。如果饼和酒的确以上述额外教导所肯定的方式发生变化，饼和酒的目的和意义也必然发生变化。关于这一点，庇护六世（Pius VI）在通谕《信仰的奥秘》（*Mysterium fidei*，1965）中是这样说的：

> 由于变质，饼和酒的种类无疑有了新的意义和新的结局，因为它们不再是普通的饼和酒，而是某种神圣之物的记号和灵性之血的记号。但是，它们有了这种新意义，这个新结局，正是因为它们包含一种新"实体"。……因为现已在上述种类之下的（即饼和酒现在的新本质），不是以前在那儿的，而是完全不同的……即基督的身体和血。

合质说

马丁·路德特别倡导合质说，这种看法坚持认为，饼和基督的身体是同时存在的。本质根本没有改变；饼和基督身体的本质是同时存在的。在路德看来，变质教义似乎是谬论，是将奥秘理性化的尝试。

对于路德来说，至关重要的一点是，基督在圣餐时真正同在——不是某种他如何同在的特殊理论。他借用奥利金的意象说明这一点：如果铁被放进火里加热，它会发热，在发热的铁中，铁和热都是存在的。对于路德来说，他更喜欢用日常生活的这种简单类比，说明基督在圣餐中同在的奥秘，而不是用某种微妙玄奥的形而上学将它理性化。在路德看来，我们要相信的，不是具体的变质教义，而只是基督在圣餐时真实的同在。他认为，这个事实远比任何随后关于它真实性的理论或解释更重要。

真正的缺席：纪念说

对"真实同在"最不形而上学的理解，是瑞士新教改教家胡尔德里希·茨温利特别倡导的。对于茨温利来说，圣餐〔他更喜欢将其称为"纪念礼"（Remembrance）〕是"纪念基督的受苦，而不是献祭"。由于我们以下将探讨的原因，茨温利坚持认为，"这是我的身体"这句话不能按字面理解，从而排除所有圣餐中"基督真实同在"的观念。好像人要离家远行，他可能将戒指交给妻子，以纪念他，直到他回来；同样，基督留给自己的教会一个纪念品，来纪念他，直到他在荣耀中再来的那一天。

然而，"这是我的身体"（马太福音 26：26）是什么意思？天主教以此作为传统真实同在观的基础，路德也抓住这句话，为他自己的真实同在观辩护。茨温利认为，"在《圣经》无数的经文中，'是'的意思是'表示'。"因此，必须这样回答这个问题：

> 基督在《马太福音》26 章所说的"这是我的身体"，也可以从隐喻或比喻的角度理解。我们已经可以十分清楚地看出，在这个语境中，"是"这个字不能按字面解释。因此，它必须从隐喻或比喻的角度理解。在"这是我的身体"这句话中，"这"指饼，"身体"指将为我们而死的身体。因此，"是"这个字不能按字面解释，因为饼不是身体。

因此，茨温利阐发"意义变换"的理论，饼和酒改变它们的意义，因为它们被用在圣餐礼中。改变是主观的，不是客观的，在于崇拜者如何看待饼和酒，而不在于它们的实际特性。因此，饼和酒是基督不在时对他的提醒，是教会盼望的核心，即他的主有一天会再来。基督在圣餐中的同在根本不存在形而上学的难题，正是因为根本没有所要讨论的同在。

16.6 婴儿洗礼的争辩

在基督教中，洗礼是几乎被一致承认的第二个重要圣礼。关于这个圣礼最重要的争辩，可能是婴儿洗礼的合理性；如果是合理的，这种做法的神学依据是什么？我们并不清楚，初期教会是否为婴儿施洗。《新约》根本没有特别提到婴儿洗礼。但是，《新约》也没有明确禁止这种做法，甚至有许多经文可以被解释为赞同婴儿洗礼；例如，有几处经文提到全家（可能包括婴儿）受洗（使徒行传 16：15，33；哥林多前书 1：16）。保罗将洗礼视为灵性割礼（歌罗西书 2：11—12），说明婴儿洗礼也可以被视为灵性割礼。

为基督徒父母的婴儿施洗的做法，通常被称为**婴儿洗礼**（paedobaptism），这种做法可能是在许多压力下出现的。可能是与犹太教的割礼类似，导致基督徒发明出相应的仪式，用于基督教的婴儿身上。更为普遍的是，在有基督教信仰的家庭中为孩子庆生的基督徒父母似乎始终有牧养的需求。从某种程度上讲，婴儿洗礼很可能源于这种需求。但是，必须强调的是，我们其实不清楚这种做法的历史起源和社会或神学起因。

我们只能说，到了公元2世纪或3世纪，这种做法即使不算普遍，也是很正常的。通过一场重要的神学争辩——伯拉纠争辩，这种做法变得更有影响力。公元3世纪，奥利金认为，婴儿洗礼应当成为普及的做法，他的理由是，全人类都需要基督的恩典。后来，希波的奥古斯丁进行类似论证：既然基督是所有人的救主，所有人——包括婴儿——必然需要拯救，至少从某种程度上讲，这是洗礼所能带来的。反对婴儿洗礼的看法可以在德尔图良的著作中看到，他认为，孩子的洗礼应当等到他们"认识基督"之后再进行。

近年来，卡尔·巴特在著作中对婴儿洗礼的仔细研究得出负面结论，他给出反对这种做法的三个重要理由。

1. 婴儿洗礼缺乏《圣经》的依据。所有能证明婴儿洗礼的证据都是在使徒时代之后，不是在新约时代。

2. 婴儿洗礼的做法已经导致一种灾难性假设，认为人生来便是基督徒。巴特认为，婴儿洗礼贬低上帝恩典的价值，将基督教简化为一种纯粹的社会现象。在这一点上，巴特的看法明显类似于一个著名观念，即迪特里希·朋霍费尔（1906—1945年）所提出的"廉价恩典"。朋霍费尔认为，"廉价的恩典"是"宣讲无需悔改的赦罪、无需操练的洗礼"。

3. 婴儿洗礼的做法削弱洗礼与做基督门徒的重要联系。洗礼见证上帝的恩典，标志人开始回应上帝的恩典。既然婴儿不能有意义地做出这种回应，洗礼的神学意义便模糊不清。

尽管巴特的所有理由都可以被驳斥，但是，它们给人留下的印象深刻，说明至少有一些主流教会始终担心婴儿洗礼可能被滥用。

关于婴儿洗礼的问题，基督教传统中有三种重要看法。在以下部分中，我们将分别探讨。

婴儿洗礼除去原罪的罪咎

这种看法源于迦太基的奚普里安，他宣称，婴儿洗礼不仅除去罪行，也除去原罪。希波的奥古斯丁最终为这种做法找到神学理由，这是他在回应伯拉纠争辩所涉及的问题时提出的。信经不是主张"使罪得赦的独一洗礼"吗？因此，婴儿洗礼必然除去原罪。

这导致一个潜在的难题。如果洗礼除去原罪，为什么受过洗的婴儿长大后还会有罪人的举止？奥古斯丁回应这种反驳的方式是，区分原罪的**罪咎**与原罪的**疾病**。洗礼除去原罪的罪咎，却没有除去它的影响力，这只能通过恩典不断在信徒里工作除去。

这种看法对没有受洗便死去之人的命运有重要意义，无论是婴儿，还是成人。如果洗礼除去原罪的罪咎，没有受洗便死去的人仍然有罪。那么，他们会怎样呢？奥古斯丁的看法断定，这种人不能得救。奥古斯丁本人当然坚持这种信仰，极力主张没有受洗的婴儿会被永远定罪。然而，他承认，这种婴儿不会像活到成年、实际犯过罪的人那样，在地狱里受苦。这种考量极大地增加了对地狱观念的恐惧，我们以后将看到。

然而，由于大众的压力，奥古斯丁的看法得以修正，大家显然认为，他的教义不公平。彼得·伦巴德认为，未受洗的婴儿只受到"定罪的惩罚"，不会受到更痛苦的"感官惩罚"。尽管他们被定罪，但是，所定的罪不包括身体在地狱中经受的痛苦。这种观念通常被称为"地狱边境"（英文 limbo，源自拉丁文 limbus，意为"边缘"或"边界"），但是，它从未被列入任何基督教会的正式教义，只是一个有些模糊的观念。它在但丁对地狱的描述中有所反映，我们以后会思考。2007 年，国际神学委员会（International Theological Commission）——最初由保罗六世委任的机构——就"地狱边境"的观念发表报告。报告指出，它仍是"可能的神学观点"，但是，报告同时强调，"一种盼望有坚实的基础，即上帝会拯救这些婴儿；尽管我们没能为他们做我们本希望做的，就是为他们施洗，让他们进入信仰和教会生活。"

婴儿洗礼的基础是上帝与教会的约

我们之前讲过，许多神学家对圣礼的解释是，圣礼**肯定团契的归属感**。许多新教神学家试图证明婴儿洗礼的做法合理，将婴儿洗礼视为上帝与自己子民之约的记号。教会的婴儿洗礼被视为直接对应犹太教的割礼。

这种看法源于茨温利。他极度怀疑"原罪"的观念，这同一些教父一样，尤其是东方教会的教父。怎能说婴儿有什么罪咎？罪咎意味着某种程度的道德责任，这是婴儿完全没有的。茨温利否定奥古斯丁的"原罪"观，发现自己暂时根本无法证明婴儿洗礼的做法合理；但是，他认为，按照《新约》来看，这种做法是合理的。那么，如何在理论上证明这种做法合理呢？

茨温利在《旧约》中找到自己的答案。《旧约》规定，以色列人的男婴应当有外在的记号，说明他们属于上帝的子民。这个外在的记号是割礼，即割掉包皮。因此，婴儿洗礼应当被比作割礼，即属于约的团契的记号。茨温利认为，婴儿洗礼公开证实，基督教更包容、更文明。基督教更具**包容性**，男婴和女婴的洗礼都可以证实；相反，犹太教只承认男婴的记号。洗礼没有痛苦和流血，这公开表明，福音是更**文明的**。基督受苦——他不仅受过割礼，而且死在十字架上——使自己的子民不需要再这样受苦。

婴儿洗礼不合理

激进的宗教改革于 16 世纪兴起，浸信会后来于 17 世纪在英国诞生，这两场运动都否定传统的婴儿洗礼。当人们表现出恩典、悔改或信仰的迹象时，才可以受洗。《新约》没有记载婴儿洗礼，可以认为，这说明，任何婴儿洗礼都在《圣经》中找不到依据。

从某种程度上讲，这种看法在于对一般的圣礼——特别是洗礼——的功能独特的理解。基督教传统中长久以来的一场争辩是，圣礼是**成因性的**（causative），还是**宣告性的**。换句话说，洗礼导致赦罪吗？还是洗礼表示或宣告已经赦罪？"信徒洗礼"的做法基于一个假设，即洗礼代表一个已经归信基督教的人公开宣告自己的信仰。归信已经发生；洗礼只是公开宣告这已经发生。

这种看法类似于上述茨温利的看法；茨温利的看法与这种浸信会看法的本质区别是，对洗礼所公开宣告的事有不同的理解。茨温利认为，这事是**出生在有信仰的团契中**；而浸信会神学家的普遍理解是，这事是**一个人在人生中开始走上信仰之路**。

贝纳亚·哈维·卡罗尔（Benajah Harvey Carroll，1843—1914 年）——得克萨斯州美南浸信会（Southern Baptist Convention）的一位主要领袖——简明地阐释过这种看法。卡罗尔认为，洗礼要想有效，必须符合四个要求：

1. 正确的**权威**：必须由教会施行这个圣礼。
2. 正确的**主体**：必须是悔改的信徒领受这个圣礼。卡罗尔坚持认为，归信必须在洗礼之前。
3. 正确的**做法**：洗礼必须是完全浸入水中。
4. 正确的**设计**：洗礼是象征，绝不能被理解为有使受洗者归信的功效。

在早期的美南浸信会，詹姆斯·罗宾逊·格雷夫斯（James Robinson Graves，1820—1893 年）可能是最重要的思想家，他曾为洗礼立下标准，而上述四点正是稍微扩展他的标准。格雷夫斯确定洗礼的三个基本特点：正确的主体（有信仰的基督徒）；正确的模式，完全浸入水中奉三一上帝的名洗礼；正确的执行者，他必须是"受过浸水洗礼的信徒，在福音教会的授权下执行"。

现在，我们已经思考过基督教会生活各个重要的神学问题，包括教会及其圣礼与福音的关系。但是，一大堆新问题正等着我们。基督教团契与其他信仰团体该有怎样的关系？这个问题十分重要，因为西方社会承认自己是多元文化社会。基督教会如何理解自身与非基督宗教的关系？在下一章中，我们将思考这些问题。

研讨问题

1. "圣礼是神圣之物的记号。"这个早期的定义为什么最后被认为不够充分?
2. 列出中世纪教会承认的七项圣礼。
3. 改教家将七项圣礼减少到两项。他们的标准是什么?
4. 茨温利否定基督在圣餐中的"真实同在"。他的理由是什么?
5. "意义变换"的观念与"变质说"有什么关系?如果没有"变质说""意义变换"还能成立吗?
6. 概述赞同与反对婴儿洗礼的主要理由。洗礼对受洗的婴儿有什么意义?

第十七章　基督教与世界宗教

基督教是一个世界宗教，从发源地巴勒斯坦开始扩张，现在已经在世界的几乎每一个角落扎根。在扩张的过程中，基督教遇到其他宗教传统，被迫思考自己与它们的关系。应当记住的重要一点是，基督教孕育于犹太教中，《新约》的许多经文想阐明福音与其犹太教背景的关系。

基督徒自己始终非常清楚，基督教与犹太教一脉相承。"亚伯拉罕、以撒、雅各的上帝"便是"我们的主耶稣基督的上帝和父"。初期基督教诞生在犹太教中，最早归信基督教的大多数人是犹太人。《新约》经常提到基督徒在地方的犹太会堂里布道。在外人眼中，基督教与犹太教非常相似，例如，罗马当局往往认为，基督教是犹太教内的一个教派，而不是一场有独特身份的新运动。

强调基督教与犹太教的延续性，给初期基督徒提出许多严肃的难题。第一个问题是，犹太教的律法在基督教生活中的作用。犹太教的传统礼仪和习俗在基督教会中还有继续存在的意义吗？有证据表明，这个问题在公元50和60代特别重要，当时，坚持保留自己传统礼仪和习俗的犹太基督徒，给归信基督教的非犹太信徒带来了巨大压力。割礼的问题特别敏感，因为归信基督教的外邦人经常被迫按照律法受割礼。

然而，随着基督教的扩张，它遇到其他信仰体系，与它们没有任何明显的历史或文化联系。基督教与这些神秘宗教是什么关系？同诺斯替主义是什么关系？随着基督教继续扩张，它与伊斯兰教是什么关系？与印度教呢？与非洲的本土宗教呢？与各种佛教呢？研究基督教神学的历史，便会看到这些问题越来越重要。事实上，可以公平地提出，在西方神学传统中，对这些问题的严肃讨论始于18世纪末。

令人惊讶的是，中世纪与宗教改革时期的神学著作很少关注这些问题。有很明显的迹象表明，个别神学家意识到这个问题。彼得·阿伯拉尔（1079—1142年）写道过"异教圣徒"，如约伯、诺亚和以诺。格列高利七世（Gregory VII，死于1085年）承认，遵守《古兰经》的穆斯林可能在亚伯拉罕的怀中得救。托马斯·阿奎那于13世纪在巴黎大学时完全意识到犹太哲学和伊斯兰哲学的重要性，他阐释一种观念，即一些人有"隐性信仰"和"洗礼的渴望"，尽管从未听过福音，但是，他们一旦听到便会接受。然而，与我们的期待不同，问题没有引起很多严肃的反思。

从某种程度上讲，这是因为基督教国家的兴起。从大约 1000 到 1800 年，西欧是世界大多数基督徒的据点，西欧社会往往一律是基督教社会，几乎没有宗教多样性。中世纪的西班牙是一个重要例外，在 1492 年之前，基督徒、犹太教徒和穆斯林共同生活在这里，尽管他们不是总能和平相处。从 1000 到 1800 年这段时间里，西方神学只是认为，其他宗教的问题并不重要，尽管其间仅有过几次例外。两个进展改变了这一认识。

第一，西方的殖民扩张导致基督教直接遭遇其他宗教，尤其是在东南亚和非洲。英国占领印度便是很好的例子，这导致旨在提高文化素养的学校和大学建立起来。尤其是在 19 世纪，在印度任教的英国神学家发现，他们不得不设法解决以印度教为主体的文化所引发的问题，而任何西方社会都没有类似文化。如何从基督教的角度融合这种文化？

第二，在第二次世界大战之后的一段时间内，西方的移民来自以印度教和伊斯兰教为主体文化的地区，他们在社会上非常重要。非基督教团体在西方越来越多，这再次提出令人关注的问题，即基督教如何理解这些信仰团体。例如，宗教哲学家约翰·希克（1922—　　）曾经说过，他与英国第二大城市伯明翰其他信仰信徒的私交，促成自己独特的宗教理论。

17.1　西方多元主义与其他宗教的问题

基督教始终在多元化的世界中宣扬福音，同各种宗教与知识上的对手竞争。福音孕育于犹太教中，在希腊文化中发展壮大，初期基督教在异教的罗马扩张，马多马教会在印度东南方建立起来。这一切都说明，基督教护教家和神学家——更不用说普通基督徒——都已经意识到，除了基督教之外，人们还有其他选择，他们必须恰当地应对这种情况。

到了 19 世纪末和 20 世纪初，北美和西欧的大多数基督徒很可能都不熟悉世界的宗教多样性，从而没有意识到这些问题的重要性。对于这种基督徒来说，"不同的宗教"可能被理解为指新教与天主教几个世纪以来的矛盾。他们几乎不知道东方的伟大宗教。德国东方学家马克斯·缪勒（Max Müller, 1823—1900 年）改变了这种情况，他发表过系列巨著《东方圣书》（*The Sacred Books of the East*），第一卷于 1875 年问世。

然而，到了 20 世纪下半叶，西方的情况彻底改变。有东方信仰的人——尤其是中国人——涌入美国和加拿大的西海岸，以及澳大利亚的许多城市。来自印度次大陆的移民不可逆转地改变英国的情况，印度教和伊斯兰教成为少数民族的标志，就像来自前法属北非殖民地的伊斯兰教新移民彻底改变法国的情况。结果，西方神学家（他们似乎仍主导着全世界对这类问题的讨论）越来越意识到，事实上，世界许多地区的基督徒在每天的日常生活中都要面对这类问题。结果，对基督教与其他宗教的关系做出神学解释，在现代世界变得十分重要。

就宗教研究而言，可以采取两种根本不同的方法，每一种都可以在现代西方学术界非常清楚地看出。

1. 超然的看法，就是尝试从哲学或社会科学的角度，或用宽松的"宗教观"（就像美国许多现代的"宗教系"）解释宗教，包括基督教。这种方法很好的例子是安东尼·吉登斯（Anthony Giddens）极具影响力的教科书《社会学》（Sociology，1989），该书从社会学的角度探讨宗教问题。吉登斯的方法很有启发性；例如，他举出四个例子，说明宗教**不是**什么，以说明西方的文化偏见可以侵入对宗教的思考。吉登斯从社会学的角度著述，认为宗教不是：

（1）等同于**一神论**；
（2）等同于**道德训令**；
（3）一定关于**对世界的解释**；
（4）等同于**超自然的事**。

吉登斯认为，宗教太容易被等同于一神论，这个评论很值得重视：

> 宗教不应当被等同于一神论（信仰独一的上帝）。尼采"上帝之死"的论点是很强的民族中心主义，只关乎西方的宗教理念。大多数宗教包括许多神祇。……在某些宗教中，根本没有神祇。

作为社会学家，吉登斯只想记录宗教现象，而不是强行提出框架，约束对宗教现象的解释。

2. 委身的看法，就是试图完全从基督教的角度解释宗教的起源和功能。本书只采用这种方法，因为本书只探讨**基督教神学**，而不是漫谈一般的宗教理论。

然而，在现代文化中，宗教问题十分重要，因此，我们先来思考对世界宗教的"超然"看法，然后再专门探讨基督教的看法。

17.2 对宗教的看法

探讨"基督教与其他宗教"这个主题，立刻提出一个问题，即如何定义宗教。迄今为止，还没有一个被普遍接受的定义，因此，这一事实令定义宗教的问题更是问题重重。在 19 和 20 世纪，出现许多对宗教的本质极为不同的理解，每一种都声称是"科学的"或"客观的"。某些尝试〔卡尔·马克思、西格蒙德·弗洛伊德和埃米尔·涂尔干（Emile

Durkheim）是最著名的〕是简化论，普遍反映出倡导者的个人或制度的议题。这些简化论显然不够充分，从而受到许多学者的严厉批判，如以下将讲到的米尔恰·伊利亚德（Mircea Eliade）。

罗伯特·陶勒（Robert Towler）观察到，托马斯·卢克曼（Thomas Luckmann）的《无形的宗教》（*The Invisible Religion*，1967）是对宗教社会学最后的重要贡献，该书以涂尔干的方式使用"宗教"一词，指"根本没有超经验或超自然所指的信仰"；现在，"宗教"一词已经被许多学者普遍接受，被他们用来指"有超自然所指的信仰和实践"。但是，正如安东尼·吉登斯清楚评论的那样（参上文），这根本没有被普遍接受，尤其是被这样一些社会学家——他们为既得利益而认为，宗教是一种社会现象，是人构建起来的。

必须强调，宗教的定义很少有中立的，通常有利于下定义者赞同的信仰或制度，不利于下定义者反对的信仰或制度。宗教的定义表现出一种明显的倾向，即取决于每一位学者所特有的目的和偏见。因此，如果某位学者特别想说明所有宗教都能引人认识同一位神祇，他对宗教的定义便会体现出这种信仰（例如，马克斯·缪勒对宗教的著名定义是，"一种倾向，使人能理解有不同的名字和伪装的无限者"）。类似议题也是近年来一些著作的基础，它们都坚持这种观念：所有宗教都只是对同一个基本的超越性终极者受到地方文化制约的回应。可以认为，这些尝试通常由于过于依赖康德对"现象"（phenomena）与"本体"（noumena）过时的区分，各种宗教相当于"现象""终极实体"相当于"本体"。这种区分已经受到"语言整体释义法"（holistic linguistic interpretative approach）兴起的挑战，在唐纳德·戴维森（Donald Davidson）和其他学者的著作中，我们可以看到这种方法，它极度怀疑，在康德的看法被应用到宗教时，它们是否还前后一致。

研究专业为人类学的学者〔如埃文斯-普里查德（E. E. Evans-Pritchard）和克利福德·格尔茨（Cilfford E. Geertz）〕提出更复杂、更具反思性的宗教模式。在当代宗教人类学和宗教社会学中，一场重要的争辩是如何定义宗教：从"功能上"定义（宗教与理念和仪式的某些社会或个人功能有关），还是从"本质上"定义（宗教与对神祇或灵性存在者的某些信仰有关）。尽管在术语上存在普遍分歧（许多学者就如何正确使用"超自然""灵性"和"神秘"等关键术语存在分歧），但是，至少存在某种程度的真正共识：无论怎样理解宗教，它在某些方面都包含与超自然领域的神祇或灵性存者有关的信仰和行为。

在以下部分中，我们将思考对世界宗教的许多重要看法。一些是世俗的；另一些明显以基督教为取向。我们先来思考启蒙运动时期出现的看法。

启蒙运动：宗教为原始自然宗教的堕落

启蒙运动时期，有一种看法逐渐成形：宗教基本是原始理性世界观的堕落，由祭司所策划，成为巩固、保护他们社会地位的途径。在《宇宙的真知识体系》（*True Intellectual*

System of the Universe，1678）中，拉尔夫·卡德沃思（Ralph Cudworth）认为，所有宗教的最终基础都是一种共同的伦理一神论——一种朴素的自然宗教，基本是伦理性的，没有任何基督教或犹太教的武断的教义和宗教仪式。这种原始的理性自然宗教被其初期解释者腐化。这种看法也可以在马修·廷德尔极具影响力的著作《基督教与创世同龄，或福音为自然宗教的翻版》（Christianity as Old as Creation, or, The Gospel a Republication of the Religion of Nature，1730）中看到。根据启蒙运动的基本假设，即实体具有合理性，人能够发现、理解这种合理性，可以认为，无论世界宗教的背后有什么，终究都是合理的，从而能被人的理性发现、说明和分析。

然而，这种普世理性宗教的观念与世界宗教的多样性产生矛盾。欧洲人对世界宗教的认识逐渐加深。因为"航海游记"这类文学越来越多，中文、印度文、波斯文和吠陀梵文的宗教著作也越来越多，因此，越来越明显的是，普世理性宗教的观念遇到难题，因为人类的宗教信仰和实践显然有惊人的多样性。启蒙运动时期的许多学者可能更拥护理性，较少斟酌经验证据，他们所阐发的一种宗教理论至少在某种程度上可以解释这种多样性。

特别广为流传的理论是，世界各种宗教只是宗教领袖或祭司的发明，他们的主要动机是保护自己的利益和地位。罗马历史学家塔西托（Tacitus）已经提出，摩西发明犹太教的宗教仪式，以确保出埃及之后的宗教凝聚力；启蒙运动初期的许多学者阐发这种观念，认为人类的各种宗教仪式和实践只是人自己的发明，以应对特殊的历史环境，现在，它们深深植根于过去。重新发现普世原始自然宗教之路已经开启，这种宗教将结束人类在宗教上的争执。

"迷信"的观念在这一时期显得非常重要，经常成为蔑称"宗教"的同义词。在《迷信的自然史》（Natural History of Superstition，1709）中，约翰·特伦查德（John Trenchard）阐发一种观念，即人类天生非常轻信，这使自然一神论沦为人类的各种宗教传统。这种观念受到热烈欢迎，《独立辉格党》（Independent Whig，1720年12月31日）甚至评论道："人类古怪的癖好就是迷信，或对看不见的不明上帝天生感到恐惧。"

对于特伦查德来说，宗教代表迷信战胜理性。只有消灭这种迷信的信仰和仪式，才能恢复普世与朴素的自然宗教。在法国启蒙运动中，保尔·亨利·提利·霍尔巴赫男爵（Paul Henri Thiry, Baron d'Holbach）阐发过类似观念，认为宗教只是一种病态的紊乱。法国大革命似乎决心消灭这种紊乱；它彻底失败，导致启蒙运动对宗教的普遍看法受到尴尬的质疑。因此，在不满欧洲当时宗教局势的人看来，路德维希·费尔巴哈的看法似乎带来新的曙光。

路德维希·费尔巴哈：宗教为人类情感的客体化

在《基督教的本质》（1841年）第一版的序言中，路德维希·费尔巴哈表明，该书的目的是"要说明，宗教的超自然奥秘基于相当简单的自然真理"。该书的主导观念看似简单：人类创造出他们自己的神祇和宗教，它们体现出他们自己理想化的抱负、需求和恐惧。我们已经思考过费尔巴哈看法的某些方面；现在需要更详细地探讨。

认为费尔巴哈只是将神祇简化为自然，是不正确的。费尔巴哈的工作具有永恒的意义，因为他详细分析宗教观念源于人类意识的方式。人类按照他们自己的形象创造神祇，这个论点是根据黑格尔的"自我异化"与"自我投射"观来彻底批判宗教观念的形成所得出的结论。

黑格尔对意识的分析，要求主体与客体必须有形式关系。"意识"的观念不能是抽象的，因为它必须与某个对象联系在一起；要去"意识"，便是要去意识**某物**。人的情感意识，如恐惧或爱，会导致它们的客体化，从而导致这些情感的具体化。因此，上帝的谓项被视为人的属性。

> 对上帝的意识是人的自我意识；对上帝的认识是人的自我认识。通过上帝，你认识人，相反，通过人，你认识上帝。两者是同一回事。……以前的宗教所认为的客观的事，后来被承认是主观的；以前所认为是上帝的，并被这样崇拜的，现在被承认是人的。以前是宗教，后来被视为偶像崇拜：人被视为崇拜自己的本性。人将自己客体化，却没有认识到自己便是这个客体。后来的宗教也采取这一步骤；因此，宗教的每一个进步都是自我认识的深化。

在《基督教的本质》中，费尔巴哈显然始终都将"基督教"和"宗教"作为两个可以互换的词使用，从而掩饰一个事实，即他的理论在解释无神的宗教时遇到一些难题。但是，他将基督教神学简化为人类学显然相当重要。

在《基督教的本质》中，在认识论上最重要的分析，涉及情感在宗教概念形成过程中的作用，这对"宗教情感观"产生非常重要的影响，而这种看法是施莱尔马赫和后来自由派传统的特点。对于费尔巴哈来说，基督教神学倾向于将"情感"或自我意识的外化形象解释为完全的他者和绝对的本质，但是，它其实是"自我情感的情感"；人的宗教情感或经验不能被解释为对上帝的意识，而只是被误解的自我意识。"如果情感是宗教的基本工具或器官，那么，上帝的本质只是表达出情感的本质。……情感所理解的上帝的本质，其实正是情感的本质，对自身的喜悦和狂喜——只不过是自我陶醉、自我满足的情感。"

尽管费尔巴哈的分析可能非常重要，但是，卡尔·马克思的看法夺去了它的光彩。我们现在就来探讨马克思的分析。

卡尔·马克思：宗教为社会经济异化的产物

在1844年论政治与经济的手稿中，黑格尔左派政治思想家卡尔·马克思（1818—

1883年）对宗教所阐发的看法基于明显是费尔巴哈的观念。宗教根本不是真实、独立存在的，而是物质世界的映像，源自人的社会需要和盼望。"宗教世界只是真实世界的映像。"马克思认为，"宗教只是虚构的太阳，人以为它绕着自己旋转，直到他们认识到，他们自己才是自己旋转的中心。"换句话说，上帝只是人所关注之事的映射。人"在幻想的天堂中寻找超人，却在那里只找到自己的映射"。

然而，产生宗教观念的人性是**异化的**。异化的观念对马克思解释宗教信仰的起源至关重要。"人创造宗教；不是宗教创造人。宗教是找不到自我或再次失去自我之人的自我意识和自尊。"宗教是社会经济异化的产物。它源于这种异化，同时又促进这种异化，通过灵性中毒，它使大众无法认清自己的状况，也不去设法改变自己的状况。宗教是一种慰藉，让人能容忍自己的经济异化。如果没有这种异化，宗教便没有必要存在。社会分工和私有财产的存在，导致社会经济制度出现异化与隔阂的现象。

唯物主义肯定，物质世界的事件使理智世界发生相应的变化。因此，宗教是某些社会经济状况的产物。改变这些状况，便能消除经济异化，宗教将不复存在。它将不会再有任何有用的功能。不公平的社会状况产生宗教，反过来又被宗教支持。"因此，同宗教的斗争便是直接与宗教散发灵性芬芳之气的**世界**进行斗争。"

因此，马克思认为，只要宗教能满足异化之人的生活需要，它就将继续存在。"只有当日常生活的实际关系让人能有与其他人和自然完全明了且合理的关系时，现实世界的宗教映像……才会消失。"费尔巴哈曾认为，宗教是人类需要的映射，表达"灵魂所述说的痛苦"。

马克思赞同这种解释。但是，他的看法更极端。单单解释宗教源于痛苦和不公平还远远不够。通过改造世界，才能消除宗教的成因。需要指出的重要一点是，马克思认为，费尔巴哈对宗教起源的分析是正确的，但是，他没有看出，在理解宗教的起源之后，便可以最终消灭宗教。他对费尔巴哈的第11条评论（1845年）——也是经常被引用的评论——正是基于这种见解。他是这样说的："哲学家只是用各种方法解释世界；但是，关键是要改变世界。"

西格蒙德·弗洛伊德：宗教为欲望的实现

我们之前探讨过路德维希·费尔巴哈的极端观念，即上帝的观念基本是人根据人类根本的渴望和欲望的"映像"构建起来的。奥地利心理分析学家西格蒙德·弗洛伊德（1856—1939年）在著作中借用费尔巴哈的基本观念，并赋予它新的方向。"我所做的一切——这是我的解释中惟一新的东西——只是为我伟大前辈们的批判加上一些心理学基础。"事实上，可以公平地说，费尔巴哈的"映像说"或"愿望实现说"在今天最为人所知的版本是弗洛伊德的版本，而不是费尔巴哈的原版。弗洛伊德写道："宗教是一种幻想，它的力量源自一个事实，即它满足我们本能的欲望。"

在《幻想的未来》(The Future of an Illusion, 1927)中，弗洛伊德对自己的看法进行过最有力的阐释，该书对宗教的看法是极强的简化论。对于弗洛伊德来说，宗教观念只是"幻想，满足人类最古老、最强烈、最迫切的欲望"。在这一点上，他显然很像费尔巴哈；但是，基于新兴的学科心理分析学的见解，弗洛伊德对宗教进一步做出极端与独到的解释，这使费尔巴哈对宗教的批判上升到新的高度。幻想不是蓄意欺骗；它们只是源于人类潜意识中的观念，因为人的潜意识想要满足它最深的欲望和渴望。对于马克思来说，这些渴望是社会异化的可悲产物，需要改造社会才能除掉。在弗洛伊德看来，它们不是源于社会，而是源自人的潜意识。

关于弗洛伊德对宗教起源的看法——他越来越多地将自己的分析称为"宗教心理进化学"(psychogenesis of religion)，他在《图腾与禁忌》(Totem and Taboo, 1913)中进行第一次重要的阐释。他以前观察到，宗教仪式类似于他的精神病病人的强迫性动作，因此，弗洛伊德进一步宣称，宗教基本是一种扭曲的强迫性神经官能症。他认为，所有宗教的关键要素都是崇拜父亲般的人物（如上帝或耶稣基督），信仰灵性力量，注重正确的仪式。

根据弗洛伊德的历史解释，宗教源于内在的心理压力，反映出人类复杂的进化史。特别是弗洛伊德认为，人类需要一位父亲般的人物，这是信仰上帝的起源。在《幻想的未来》中，弗洛伊德认为，宗教说明成年人的生命中永远有一些婴儿的行为。宗教是对无助感不成熟的回应，包括退化到孩童时期受到父亲照顾的经验中："我的父亲将保护我；他掌控一切。"因此，信仰有位格的上帝只是婴儿般的幻想。宗教是一厢情愿的妄想，是一种幻想。因此，人类强烈的潜意识欲望的映像，是人信仰上帝的心理学起源。上帝应当被视为愿望的实现，源于被压抑的、潜意识中对保护和安全婴儿般的渴望。因此，宗教信仰源于孩子般的无助感，这源自对外在的危险、内在的冲动和死亡恐惧的反应。就像孩子指望父母保护他们脱离危险，这种婴儿般的模式被转移到成年，因为成年人之所以为自己创造出神祇，正是因为他们在成长的过程中在自己家中有类似的"神祇"。

弗洛伊德的看法的文化影响力是巨大的，尤其是在北美。可以公平地说，从大约1920年起，弗洛伊德对宗教的解释在美国知识界占主导地位，近年来所吸引的追随者甚至比保罗·德·曼(Paul de Man)和米歇尔·福柯(Michel Foucault)等后现代学者的追随者还多。弗洛伊德为当时一代人和下一代人拟定文化议题，这令人钦佩地证明，奥登(W. H. Auden)对弗洛伊德的著名评价是有道理的：弗洛伊德"不是一个人，而是一整场思潮"。可以认为，弗洛伊德已经科学地解开了人类心灵中隐藏的、被压抑的秘密，从而让人能自信地、满怀希望地面对未来——即便没有宗教。尽管弗洛伊德的宗教起源论现在被普遍视为不科学的思辨，但是，它的影响力还在，仍将在一些关于宗教的本质和起源的讨论中偶尔遇到。

埃米尔·涂尔干：宗教与仪式

在《宗教生活的基本形式》（*Elementary Forms of Religious Life*，1912）中，法国社会学家埃米尔·涂尔干探讨宗教与一般社会制度的关系。他的大多数观念都基于一个案例研究，即澳大利亚土著居民社会的**图腾崇拜**。对于涂尔干来说，图腾崇拜代表"宗教生活的基本形式"。**图腾**原本是一种动物或植物，被视为对某个民族具有特殊的象征意义，从而被尊为神圣的——同人类生活的日常方面分开。

涂尔干认为，这是因为图腾逐渐代表社会最核心的价值。结果，它渐渐成为群体的象征。事实上，对图腾的崇敬，是崇敬群体本身和支撑群体的价值观。因此，崇拜的真正对象不是图腾，而是社会本身。图腾崇拜所用的礼仪和仪式，被视为反映出对社会凝聚力的需要。同出生、结婚和死亡相关的特殊宗教仪式，应当被视为在表达文化的重要性时重申群体的团结。因此，葬礼表明，尽管社会的任何个体成员都会死亡，但是，社会的价值观将延续下去。

涂尔干相信，无论科学的世界观如何发展，宗教将继续在未来发挥重要作用，因为它能为社会提供社会凝聚力（我们在探讨圣礼时曾提到这一点，参 409—410 页）。在美国，出现以总统或星条旗的象征为中心的"公民宗教"，这可以被视为对这种看法的肯定；同样，在列宁和斯大林领导之下的前苏联，也可以出现无神的"国家宗教"。

米尔恰·伊利亚德：宗教与神话

罗马尼亚裔学者米尔恰·伊利亚德（1907—1986 年）因其在宗教系统研究中的开创性工作而闻名于世。尽管他的兴趣广泛，但是，他专注于宗教文化的本质，尤其是神话与神秘经验的作用。伊利亚德对"通过仪式"〔rites of passage，即标志生命循环重要的过度时刻（包括生与死）的仪式〕的分析影响到许多人类学家。他经常引起争议的著作包括《永恒回归的神话》（*The Myth of the Eternal Return*，1949）和《神圣与世俗》（*The Sacred and the Profane*，1959）等学术著作。

"神圣"的观念在伊利亚德的思想中非常重要。伊利亚德认为，"神圣"应当被视为重要性、意义、力量、存在及其表现形式的源头。"神圣"也是许多重要争辩的主题。伊利亚德的观念明显类似于德国神学家鲁道夫·奥托（Rudolf Otto, 1869—1937 年）提出的观念，即神圣的经验是"神秘者"（numinous）或"完全的他者"。他的观念也类似于埃米尔·涂尔干对"神圣"极具社会影响力的讨论。

尽管伊利亚德不断将"神圣"等同于某种真实的东西，但是，他坚持认为，"'神圣'

是人类意识的结构。"伊利亚德认为，如果有恰当的准备，感知者可以将任何现象实体——如树——理解为**显圣物**（hierophany），就是对"神圣"的启示。对于某些人来说，树揭示出"神圣"；在其他人看来，树仍旧是树。树变成对"神圣"的启示，赋予树这种功能的体系是由将树视为"神圣"之人的经验决定的。这说明，至少从某种程度上讲，"神圣"不是普遍、客观的观念，而是一种社会建构，由感知者的历史决定。

特别有趣的一点是，伊利亚德强调"神话"的重要性。他认为，神话是一种特殊的记述，其特点是真实与实际，它优于对历史事实较为科学的记载，因为它有能力回答更深奥的生命问题。"讲述万物如何存在，便是解释它们，同时也是间接回答另一个问题：它们**为什么**存在？"由于真实，神话能成为显圣物——对"神圣"的启示。神话记述神圣的历史。因此，伊利亚德怀疑一切从现代文化中根除神话的尝试。神话是人性普遍的特点，是宗教继续发扬与体现的。伊利亚德认为，我们应当努力理解"神圣"如何说明人性及其最终的抱负，而不是尝试将其理性化或根除。

卡尔·巴特与迪特里希·朋霍费尔：宗教为人的发明

最后一种十分重要的看法出现在基督教内，尤其是在卡尔·巴特（1886—1968年）的辩证神学中。这种看法认为，"宗教"纯粹是人构建的，通常是一种违抗上帝的举动。在此，宗教被视为人向上寻找上帝。这与上帝的自我启示针锋相对，暴露出宗教是人捏造出来的。

我们还会记得，巴特在德国自由派新教中接受神学教育。当时的"文化新教"特别强调人类宗教性的重要性。1961年，在一次题为"上帝的义"的演讲中，巴特宣称，人的宗教性只是一种巴别塔：纯粹是人因违抗上帝而建造的。上帝的自我启示能让人产生信仰，人对上帝的寻求却产生宗教，两者毫无关联。

因此，巴特可以按照费尔巴哈和马克思的思路批判宗教，正是因为他相信，他们的批判是针对由人发明的宗教。对于巴特来说，如果想认识基督里的上帝，宗教是必须清除的障碍。最糟糕的是，宗教是偶像崇拜，因为它包括人崇拜人自己构建的东西。

许多学者试图用"废除宗教"概括巴特对宗教的看法。当然，《教会教义学》第1卷第2部分第17章的标准英译的确是"上帝的启示为宗教的废除"。但是，这种英译极易误导人，需要仔细解释。一定要记住，巴特用德文写作，不是用英文。被译为"废除"的德文是 Aufhebung，就使用而言，这个词在德国哲学传统中，尤其是在黑格尔哲学中，有很长一段显赫的历史。它是极易引起歧义的词，有两种根义："除去"和"提升"。

当然，在早期的著作中，巴特的确对宗教持非常负面的态度，将宗教理解为人的发明。但是，巴特这时强调的是，人天生有一种倾向，即用概念说明上帝，证明它们是合理的。他不是在批评其他**诸多宗教**，而是一般而言的**整个宗教**。巴特认为，基督教中起作用的"宗教"现象，同其他所有宗教中的都一样。文化价值观侵入福音，和福音融为一体。巴特对这种进展非常担心，尤其是德国教会在 20 世纪 30 年代的斗争，他相信，日耳曼的理想当时被融入基督教信仰。但是，巴特的态度在自己的晚年缓和。他越来越看到，永恒的这一边（世界）需要宗教。"宗教"更多是指"人的制度"或"崇拜模式"，而不是"人试图决定上帝的样子"。

巴特坚持认为，"宗教"将继续存在到末世，成为信仰必要的支撑或扶持。事实上，巴特想要在此强调，凭借上帝的恩典，这种宗教被上帝超越。它是中性的，不是负面的。因此，巴特所谓的"废除"（Aufhebung）宗教不是真正意义的**废除**。事实上，巴特的 Aufhebung 应当被解释为宗教的"改造"，甚至是"升华"。一定要批判人构建的、与上帝的启示针锋相对的宗教——但它发挥着有益的作用。

需要特别强调，这**不是**朋霍费尔的看法。一般认为，朋霍费尔对现代神学最重要的贡献，是他对文化环境的分析，即在现代世界传扬基督的背景。1943 年 4 月 5 日，朋霍费尔被盖世太保逮捕，罪名是参与谋杀阿道夫·希特勒的所谓阴谋。在柏林的泰格尔（Tegel）监狱被监禁的 18 个月期间，他写了著名的《狱中书简》（*Letters and Papers from Prison*），他在书中的反思是，在"成年的世界""根本没有宗教"时，耶稣基督将有怎样的身份。他极力倡导"非宗教的基督教"（religionless Christianity）。

这个有力的见解经常被误解，尤其是约翰·罗宾逊（1919—1983 年）在极具影响力的流行著作《对上帝诚实》（1963 年）中的误解。朋霍费尔所批判的各种基督教基于一个假设，即人天生就有宗教性；但是，朋霍费尔认为，由于新的无神环境，这种假设不堪一击。"非宗教的基督教"是一种信仰，它的基础不是不堪一击、不足为信的"人天生便有宗教性"的观念，而是上帝在基督里的自我启示。因此，应当避免援用文化、形而上学或宗教，因为它们在新的世俗世界中本来就难以让人相信，也必然导致对上帝的曲解（巴特与朋霍费尔在这一点上非常相似）。

对于朋霍费尔来说，被钉十字架的基督为我们提供一种上帝的模式，非常适合现代世界：这位上帝"让自己被赶出世界，推上十字架。"这些观念与新的世俗主义以及需要为神学在宗教或形而上学之外找到基础特别有关，事实上，它们对战后德国的基督论产生了重大影响，也对美国 20 世纪 60 年代的许多神学家有着深刻影响。

然而，这显然造成混乱。当时许多更激进的神学家认为，朋霍费尔的"非宗教的基督教"和巴特的"废除宗教"指结束所有集体式的基督教生活，或抛弃传统的基督教观念。这些误解可以在 20 世纪 60 年代的"神死运动"和约翰·罗宾逊的《对上帝诚实》等极具影响力的流行著作中看到。

宗教的三位一体神学

如前所述，三位一体神学的复兴结出累累硕果，极大地丰富了对三位一体神学的解释和运用；三位一体神学被拓展到曾被视为它无力触及的基督教神学领域，包括其他宗教的神学。雷蒙多·潘尼卡的《三位一体与人的宗教经验》（*Trinity and the Religious Experience of Man*，1973）通常被视为这一领域的开创性著作。潘尼卡认为，三位一体的框架提供一种方法，可以用来理解人类灵修的复杂本质，包括宗教经验及其表现形式。尼尼安·斯马特（Ninian Smart）和斯蒂芬·康斯坦丁（Stephen Konstantine）于 1991 年将这些观念进一步阐发。斯马特是世界宗教的资深评论家，在他与康斯坦丁合著的《世界背景中的基督教系统神学》（*Christian Systematic Theology in World Context*）中，他们认为，"社会三位一体"的观念终究是上帝的实相，构成人类所有宗教经验的基础。三一上帝有三个"方面的神圣生命"，人类不同形式的灵修应当被理解为源自对其中某一个方面的经验。

1996 年，在《迈向宗教多元主义的基督教神学》（*Toward a Christian Theology of Religious Pluralism*）中，雅克·迪皮依（Jacques Dupuis, 1923—2005 年）阐释了不同看法。迪皮依是耶稣会神学家，在印度有过一段重要的经历。他认为，三位一体教义"是解释其他宗教所证明的绝对本体之经验的解释学关键"。对于迪皮依来说，这个反思进一步打开了他的耶稣会同工卡尔·拉纳已经阐发的思路。"可以说，无论在哪里，只要人让影响他们的上帝实相进入他们的生命，便经验到神圣的三位一体，尽管是隐秘地、'匿名地'。在每一种真的宗教经验中，基督教启示的三一上帝都是同在的，都在做工。"我们稍后将在本章探讨拉纳的"匿名基督徒"的观念。

加文·德·科斯塔（Gavin D'Costa）的《宗教与三位一体的相遇》（*The Meeting of Religions and Trinity*，2000）进一步证实，从三位一体的角度理解其他宗教结出了累累硕果。科斯塔谨慎地强调，基督教是上帝救恩的独特渠道；但是，他认为，圣灵的普遍同在对其他宗教是有意义的。例如，他提出，通过接触其他宗教的信徒，可以让基督教会更加深入上帝的生命，由于圣灵普遍的同在和工作，基督徒可以在其他宗教的信徒身上看到"基督的样式"。五旬节派神学家杨伟明也有类似看法，尤其是他的《分辨（诸）圣灵：五旬节灵恩派对宗教的基督教神学的贡献》（*Discerning the Spirit(s):A Pentecostal-Charismatic Contribution to Christian Theology of Religions*，2000）。

关于从三位一体的角度对其他宗教的这些理解，特别重要的一点是，它们没有采纳巴特对"宗教"的批判，而是试图在三位一体的框架中理解宗教和宗教观念。

在探讨过对一般宗教这个问题的一些看法（包括基督教的看法）之后，我们现在继续检视基督教对其他宗教的一些看法。

17.3 基督教对其他宗教的看法

现在，我们再来思考基督教如何理解自身与其他宗教传统的关系。基督教相信上帝拯救全人类的旨意，这通过耶稣基督显明出来，在这个背景下，基督教如何理解其他宗教传统？必须强调，基督教想要**从基督教自己的角度**评价其他宗教传统。这种反思不是回应其他宗教传统的信徒或它们的世俗观察者，也不是要赢得他们的赞同。

一般来说，可以确定三种看法：

1. **排他论**（exclusivism），又被称为**特殊论**（paticularism）：认为惟有听到、回应基督教福音的人才能得救。
2. **包容论**（inclusivism）：认为尽管基督教代表上帝标准的启示，但是，属于其他宗教传统的人也可能得救。这种看法包括**并行论**（parallelism），它是包容论的一种，承认宗教之间的明显差异，认为每一种宗教都应当被视为有效的，因为它们实现各自独特的目标。
3. **多元论**（pluralism）：认为人类的所有宗教传统都同样有效地彰显、通往宗教真相的同一个核心。

我们将分别探讨这三种看法。但是，排他论、包容论和多元论这种传统的三分法也有难题。读者必须理解，虽然这种分类便于教学，但是，它们其实经常不足以对基督教神学现有的各种看法分类。最好把它们视为简便的方法，用来将基督教对其他宗教的看法系统化；它们不是独特的、前后一致的思想流派。

例如，很难用这种三分法为一些神学看法定位，主要因为它没能区分其他宗教的真理问题与拯救问题。许多神学家对基督教会之外的真理持"包容论"，同时对拯救持"排他论"。例如，卡尔·巴特尴尬地跨坐在这三种分类上，提出要想成为解释说明的有效工具，它们需要修正。可以被归入某一类的思想家却可能对他们的主题持完全不同的看法。此外，从某种意义上讲，这三种定位的每一种——排他论、包容论和多元论——本身便都是"排他论"。每一种都假设其他种是错误的，从而最终表明自己本身便是"排他论"。

这些担忧众所周知，当然还有其他看法。例如，芬兰学者韦利-马蒂·凯尔凯宁（Veli-Matti Kärkkäinen）已经提出另一种三分法，即"教会中心论"（ecclesiocentrism）、"基督中心论"（Christocentrism）和"上帝中心论"（theocentrism）。但是，这三种可选的看法都没有被普遍认同。因此，我们将采取传统的三分法，尽管它们还有明显的局限性。

我们先来思考传统上被称为"排他论"的看法。

排他论

被普遍称为**排他论**的看法也被称为**特殊论**,因为它肯定基督教信仰的特殊性和独特性。对这种看法最有影响力的阐释可能出现在亨德里克·克雷默(Hendrik Kraemer,1888—1965年)的著作中,尤其是他的《非基督教世界中的基督教信息》(*Christian Message in a Non-Christian World*, 1938)。克雷默强调,"上帝已经在耶稣基督里启示出**惟一的道路、惟一的真理和惟一的生命**,希望这被全世界人知道。"这个启示是**独一无二**的;它自成一类,不能与其他宗教传统的启示观相提并论。

就这一点而言,这种看法有一定的广度,可以容纳几种观点。克雷默本人似乎认为,在基督之外,存在对上帝的真认识,因为他说上帝"以一种不完整、令人费解的方式在理性、自然和历史中"照耀。问题是,只能通过基督认识上帝,还是基督提供惟一的框架,用来分辨或解释在其他地方所获得的对上帝的认识。

卡尔·巴特等一些排他论者(有些人更喜欢将他们称为"特殊论者")的看法是,除了通过基督之外,根本无法获得对上帝的认识;另一些人(如克雷默)却容许上帝的自我启示以多种方式、在许多地方出现,但是,他们坚持认为,只有根据上帝在基督里的决定性启示,才能正确解释、真正认识这种启示。(这里的争辩类似于关于上帝的自然认识和启示认识的争辩。)

那么,没有听到基督的福音的人怎么办呢?他们会怎样呢?没有听到基督的人或听到而拒绝接受的人不会得救,特殊论者岂不是这样认为吗?特殊论的批评者经常搬出这种批判。因此,主张多元论的约翰·希克提出,只能通过基督得救的教义不符合上帝希望拯救全人类的信仰。事实上,如果思考巴特的看法便很容易明白,事实并非如此。在20世纪为排他论辩护的人中,巴特的观念是最复杂的。

巴特宣称,拯救只能通过基督实现。但是,他坚持认为,恩典在末世将最终战胜不信——在历史终结的时候(我们之前在探讨他的拣选教义时已经谈到这一点,参369—370页)。到了最后,上帝的恩典将大获全胜,所有人都会信仰基督。这是惟一的得救之路,但是,这条路因上帝的恩典而对所有人有效。对于巴特来说,上帝通过基督进行启示的特殊性同拯救的普世性并不矛盾。

近年来,斯蒂芬·尼尔(Stephen C. Neill,1900—1984年)和莱斯利·纽比金(1909—1998年)解释特殊论者的看法;他们都是英国神学家,平生大部分时间在印度担任基督教主教。纽比金认为,肯定基督教的独特地位与对其他宗教的尊重和兴趣根本不矛盾。但是,他非常清楚,由于基督教的本质,基督教怀疑其他信仰体系的真理。

> 基督教信仰自称是人类惟一的信仰形式;由于它自称占有真理,便为其他所有信仰体系都蒙上一层阴影,认为它们是假的,至少是不完全真实的。基督

教的这个主张自然冒犯其他所有宗教体系的信徒。它几乎同样冒犯在相对主义的氛围中成长起来的现代人，在相对主义中，宽容几乎被视为最崇高的美德。但是，我们一定不能认为，这种普世有效性的主张可以完全从福音中除去，却一点也不改变福音的原貌。

尼尔承认，对于非基督徒来说，这听起来一定很像"疯狂的妄自尊大和最糟糕的宗教帝国主义"。但是，他相信，尽管对基督教信仰这一方面的阐释与应用可能非常敏感，但是，它却不能被否定或淡化。

莱斯利·纽比金同样肯定基督教信仰的独特性，以及传教需要回应基督教信仰对现实的独特理解。纽比金对排他论最重要的贡献之一，在于他捍卫基督教信仰的独特性。他强烈反对所有这样的企图：认为基督教只是对上帝的一种看法，或一种看见更伟大实体的方法。他认为，用多元论取代传统的思维方式是有缺陷的。他说明的方式是，指出威尔弗雷德·坎特韦尔·斯密斯（Wilfred Cantwell Smith，1916—2000年）的多元论的一些难题；斯密斯的多元论认为，所有宗教都有一个共同的核心经验。

> 根据斯密斯的看法，"超越者"显然纯粹是一种形式范畴。崇拜者可以任意选择构想他、她或它的方法。因此，根本没有任何错误或被误导的崇拜，因为作为崇拜对象的实体是不可知的。《瑜伽·吠世斯泰》（Yoga Vasistha）有这样一句话："你是没有形状的。你惟一的形状是我们对你的认识。"斯密斯引用这句话，认为它是"我所知道的最有神学见识的话之一"。凡是宣称某个"超越者"的观念是独一无二的，例如，基督教声称，"超越者"完全在耶稣里（歌罗西书1：19），便应当被视为完全不可接受的。根本没有任何标准可以用来检验对超越者不同的观念。主观性把我们完全困住："超越者"是不可知的。

因此，纽比金重申他所认为的基督教的经典看法：耶稣基督是独一无二的信仰独一无二的基础和中心。

包容论

包容论认为，基督教为其他宗教留出空间。包容论者认为，它们不是贬低或否定真理，而是通往基督教信仰之路的里程碑。可以看到，这些观念于19世纪下半叶在英属印度形成，因为越来越多的英国神学家直接了解到印度教。法奎尔（J. N. Farquhar，1861—1929年）特别倡导"实现假说"（fulfillment hypothesis），认为其他信仰表明它们将在基督教里的实现。

就基督教与其他信仰的关系而言，英国神学家莫里斯（F. D. Maurice，1805—1872年）

为"实现"的模式奠定基础，他的《世界宗教和它们与基督教的关系》（*Religions of the World and Their Relations to Christianity*, 1846）标志传教士开始不再"毁谤"其他宗教传统。韦斯科特（B. E. Westcott, 1825—1901 年）也阐发类似观念，说到在世界的宗教中，有"上帝之道的渐进作为"和"上帝教育世界的计划"。神学家开始在印度的背景下反思这些观念。于 1876 年在马德拉斯讲座的过程中，斯莱特（T. E. Slater）阐释"实现"模式的指导原则：

> 不要在世界的其他宗教中将基督教介绍成敌对的宗教，在非基督教国家听起来像是末日丧钟的哀鸣，而是要坚定有力地劝说，所有人天生都是基督徒；要这样高举基督教：印度教徒将发现，在基督教中，他们圣贤最崇高、最早的理念和他们心灵最真实的情感与渴望得以实现和满足。

这些观念于 19 世纪 90 年代越来越受欢迎，同文化观与神学观的转变产生共鸣。在 1908 年的一篇社论中，《马德拉斯基督教学院杂志》（*Madras Christian College Magazine*）引用拿撒勒人耶稣登山宝训的一句话（马太福音 5：17），为越来越成为传教新正统的观念制定指导原则："'我来不是要废除，乃是要成全'，这句话不能只用于犹太教。凡是其他宗教的真理和启示都一定在耶稣基督里实现。"

第一次世界大战的爆发结束这些神学思辨。尽管这些观念随后几十年偶尔也被探讨，但是，它们从未得到所需的系统解释。从"实现"的角度理解其他宗教，在第二次世界大战之后复兴，尤其是在天主教神学中。让·达尼埃卢（1905—1974 年）认为，基督教应当被视为成全人对得救与被接纳的渴望。达尼埃卢是著名的教父学者，他阐发殉道士查斯丁等教父的论证，认为异教徒的宗教应当被视为"上帝的教学法"。教会"不鄙视异教的教导，而是给它自由，成全它，使它圆满"。这在教会论上有非常重要的意义：有些人将通过基督得救，尽管他们不属于可见的教会。

> 基督和教会的领域超越基督明显的启示与教会可见的扩张的界限。在每一个时代，在每一片土地，都有人在不认识基督时信仰他，都有人无形之中属于可见的教会。

这种看法一个极具影响力的变体是重要的耶稣会神学家卡尔·拉纳阐发的，他很快便作为这种"包容论"的主要倡导者而闻名于世。拉纳所阐发的看法远非以前那些温和的包容论。

在《神学研究》第 5 卷中，拉纳提出四个论点，所阐释的看法是，不仅每一个非基督徒都可以得救，一般的非基督教宗教传统也可能得到上帝在基督里拯救的恩典。卡尔·拉纳的宗教神学基于两个核心原理：上帝拯救旨意的普世性和基督教独特信仰的必要性。

  1. 基督教是绝对的宗教，基于上帝在基督里自我启示的独特事件。但是，这个启示发生在历史的特定时空中。因此，生活在此前的人或还没有听过这件事的人似乎被排除在救恩之外——这有悖于上帝拯救的旨意。
  2. 因此，尽管有错误和不足，但是，非基督教宗教传统仍是有效的，能够传达上帝的拯救恩典，直到福音被它们的成员知道。福音被传给这些非基督教宗教传统的信徒之后，从基督教神学的角度来看，它们便不再有效。
  3. 因此，非基督教宗教传统的忠实信徒应当被视为"匿名基督徒"。
  4. 其他宗教传统不会被基督教取代。宗教多元化仍将是人类生活的特点。

我们可以更详细地探讨前三个论点。
  拉纳显然特别肯定一个原则，即根据基督教传统对基督的解释，只能通过基督得救。"基督教自认为是绝对的宗教，是给所有人的，它不能承认其他任何宗教还与它有同样的权利。"但是，拉纳补充这一点，强调上帝拯救旨意的普世性：上帝希望所有人都得救，尽管不是所有人都认识基督。"不管怎样，所有人必定都能成为教会的成员。"
  因此，拉纳认为，拯救的恩典一定能在教会之外获得——所以可以在其他宗教传统中得到。他强烈反对采取过于简单的解决方案的人，就是坚持宗教传统**或是**来自上帝，**或是**不真实的，纯粹是人的发明的。克雷默认为，非基督教宗教传统只是自我辩解的人为构建；相反，拉纳认为，这些传统很可能包含真理的成分。
  拉纳通过思考《旧约》与《新约》的关系证明这种看法。严格来讲，《旧约》代表非基督教（犹太教）的世界观，但是，基督徒能在其中读到、看到仍然有效的成分。《旧约》要根据《新约》评价，结果，某些习俗（如关于饮食的律法）因不可接受而被抛弃，而其他习俗（如道德方面的律法）则被保留。拉纳认为，对其他宗教应当采取同样看法。
  因此，上帝拯救的恩典可以通过非基督教宗教传统得到，尽管它们有不足之处。拉纳认为，这些宗教的信徒便这样接受这个恩典，只是他们没有完全明白它的内涵。正是这个原因，拉纳用"匿名基督徒"指经历过上帝的恩典却不一定认识他的人。
  "匿名基督徒"的观念受到严厉批判。例如，约翰·希克提出，这是家长式统治，"单方面将荣耀的地位给人，对方却没有表现出对这种地位的渴望。"但是，拉纳旨在让上帝的恩典在属于非基督教传统之人的生命中产生真实的效果。能完全认识上帝的真理（即在基督教传统中所认识的），不一定是获得上帝救恩的先决条件。
  拉纳不允许基督教被等同于其他宗教传统，也不承认它们是特殊的实例，都同样是与上帝相遇。对于拉纳来说，基督教和基督具有其他宗教所没有的独一无二的地位。问题是，其他宗教传统能同样得到基督教所提供的救恩吗？拉纳的看法让他提出，非基督教宗教传统的信仰不一定正确，却可能通过它们所带来的生活方式——如无私地爱邻舍——传达上帝的恩典。因此，拉纳认为，其他宗教是"合法的"，同时坚持这种合法性只是暂时的，到了在历史和生命中遇到基督教时便无效了。

第二次梵蒂冈会议倡导一种稍有不同的看法。在论其他信仰的教令《在我们的时代》（nostra aetate，1965）中，此次会议跟随拉纳的主张，肯定上帝的真理之光的确可以在其他宗教中看到。拉纳允许其他信仰有拯救的潜力，而此次会议在这一点上持守基督教信仰的独特性。

> 天主教绝不否定这些宗教中真实与神圣的部分。虽然有些生活与行为的方式以及训诫和教导在许多方面都与她自己的教导不同，却时常反映出一束启迪所有人的真理之光，因此，她对这些是十分尊重的。但是，她宣扬且有义务宣扬的是，基督就是道路、真理、生命（约翰福音14：6），在他里面，上帝叫万物与自己和好（哥林多后书5：18—19），人找到他们完满的宗教生活。

拉纳与第二次梵蒂冈会议的差异可以概括如下：拉纳在启示和拯救方面都持包容论，而第二次梵蒂冈会议只在启示上持包容论，却在拯救上持特殊论。

在福音派内，宗教多元化的问题现在正被广泛讨论。现在，福音派内的普遍共识是坚定的排他论。但是，一小群神学家的看法值得关注。在论证全人类都能得救时，加拿大神学家克拉克·平诺克（Clark H. Pinnock，1937—   ）援用类似于公元2世纪护教家的**逻各斯**基督论，他的包容论在某些方面与拉纳的相似。以下考量明显影响到他的思想。

> 如果上帝真的爱全世界，渴望每一个人都得救，从逻辑上讲，每一个人必然都能得救。所有人必须都有分享上帝救恩的机会。如果基督在所有人仍是罪人时就为所有人而死，所有人必须都有机会对这件为他们而做的事做出决定。他们不能只因为没有人把基督的福音传给他们便没有机会。上帝普世拯救的旨意意味着，普世的所有人都能得救。

近年来，由于对多元论的缺陷越来越不满，出现一种包容论的变体，有时被称为**并行论**。多元论试图将所有宗教都强行塞进同一个基本模式（我们马上就会思考），这激怒了约瑟夫·迪诺亚（Joseph Di Noia）和马克·海姆等神学家，他们坚持认为，必须尊重每一种宗教的独特特征。在《宗教的多样性》（The Diversity of Religion，1992）中，迪诺亚呼吁重视宗教的多样性，批判他所认为的简化论的缺陷。在《各种拯救：宗教的真理与差异》

(*Salvations: Truth and Difference in Religion*，1995）中，海姆批判三位重要的多元论思想家：约翰·希克、威尔弗雷德·坎特韦尔·斯密斯和保罗·尼特。他认为，这三位思想家创建的范式都源于并依靠西方的自由思想。必然的后果是，他们最终强迫宗教进入事先做好的模具。

对于海姆来说，尊重宗教的本来面目至关重要。他不主张，所有宗教最终都通向基督教真理（包容论者的看法），或通向某位超越所有宗教传统的终极实在（多元论者的看法）；相反，他坚持认为，我们必须重视每一种宗教对自己的信仰和目标的理解。基督教的信仰和实践将实现基督教的目标——新耶路撒冷。穆斯林将根据自己的信仰和实践进入穆斯林的天堂。佛教的信仰和实践将实现佛教的目标，等等。海姆不强迫所有宗教最终都走到同一个地方；他坚持认为，我们应当尊重它们自己对它们正在努力实现的目标的憧憬。

海姆的看法本身便是一种宗教特殊论。他从基督教的角度著述，坚持认为每一个人都必须承认其他宗教特殊论的**现状**和可能有的**价值**，而不是设法将它们全部纳入某种在宗教上保持中立的宏大理论。海姆认为，多元论其实是隐秘的包容论，因为它自称相信许多目标，而实际上只相信一个——约翰·希克的"实在中心论"（reality-centeredness）、保罗·尼特的"从社会压迫中的解放"和威尔弗雷德·坎特韦尔·斯密斯的"普世的信仰和理性"。

并行论容许有这样一种可能性：不同的宗教可能真的极为不同，为它们的信徒提供矛盾的目标，尽管每一个目标都可能是好的，却很难同时实现。这便是海姆上述著作的书名《**各种拯救**》非常重要的原因。多元论坚持认为，所有宗教最终都能实现同样的拯救；海姆反对这种看法，认为我们必须承认、尊重各种宗教自己对实际拯救的独特理解。"基督徒始终可以承认，某些传统所包含的宗教目标是人发生改变的真实状态，这不同于基督徒的追求。"因此，基督教神学应当始终承认，有（或可能有）许多不同的宗教目标，从而有不同的拯救。

并行论提出许多问题。它的基本看法可以被描述为"绝对者多元论"（plurality of absolutes）。应当承认，所有宗教本身都是完全正确的。但是，这怎么可能呢？可能都是对的吗？事实上，海姆的论点是，尽管这些主张可能是错误的，但是，从认识论上讲，它们都是合理的。这个结论反映出，后现代主义者反对现代主义者对证实信仰的单一标准的坚持。各种宗教都提出自己证实信仰的标准，它们的信仰由它们自己的标准证实。这个论点也不是没有问题。但是，它肯定让我们远离构成多元论基础的现代主义者的假设。现在，我们仍不知道后人将如何评价这种新看法。

克拉克·平诺克和其他包容论者显然相信，可以用"包容论"解决从"特殊论"或"排他论"的角度理解基督教与其他宗教的关系所遇到的难题。其他人并不同意；虽然他们承认"特殊论"的模式遇到极大难题，但是，他们相信，"多元论"可以更有效地解决难题，我们现在就来探讨。

多元论

关于基督教与其他信仰的关系，多元论的基本特点是，认为每一种宗教都应当被视为代表对某个终极灵性实体独特而同样有效的理解，某些宗教将它称为"上帝"，而其他宗教对它的定义更像无神论的。因此，多元论者倾向于将他们所相信的构成所有宗教基础的灵性实体称为"终极实体"或"实在者"，从而避免明确使用"上帝"一词。

约翰·希克（1922— ）是宗教传统多元论最重要的倡导者。在《上帝与信仰的宇宙》（*God and the Universe of Faiths*，1973）和《第二个基督教》（*The Second Christianity*，1983）等著作中，希克认为，必须从"基督中心论"转到"上帝中心论"。他将这种转变称为"哥白尼式革命"。希克宣称，必须远离"基督教为中心的教条，从而认识到**上帝**才是中心，所有宗教……包括我们自己，都侍奉他，都围绕着他"。希克是这样说的：

> 今天，我们当中的许多人似乎认为，在我们对宗教的理解中，我们需要一场哥白尼式革命。传统的教条始终是，基督教是信仰之宇宙的中心，其他所有宗教都被视为在不同的距离围绕着基督里的启示旋转，等级的划分是根据它们距离它的远近而定。但是，过去的几百年来，我们不断有新发现，认识到其他宗教中有对上帝深深的热爱、真圣徒和深入的灵性生活；因此，我们创造出自己的本轮理论，如匿名基督教和隐性信仰。但是，现在，从基督教为中心转变到上帝为中心，并将我们自己的宗教和世界其他伟大的宗教都视为绕着同一个神圣实体旋转，岂不是更实际吗？

在阐发这种看法时，希克提出，上帝本质的一个方面对其他信仰这个问题至关重要，即他普世拯救的旨意。如果上帝希望所有人都得救，不可想象的是，上帝的自我启示只达到一小群人得救的效果。事实上，我们已经看到，这不一定是特殊论或包容论的特点。但是，希克得出结论，认为必须承认所有宗教都通向同一位上帝。基督徒根本没有通向上帝的特别渠道，通过所有宗教传统，上帝可以被全世界的人认识。

希克以基本是康德的哲学体系为理论基础，认为必须区分构成世界各种宗教体系基础的终极灵性实体与这些体系中对这个实体的感知。康德坚持认为，"物自体"不能被直接认识；人只能反思现象世界，它最多只能提供对那一实体的间接认识。因此，"实在者"是无法理解的；宗教为人提供对那一"实在者"的回应，反映出世界各种宗教发展的历史与社会背景。

> 这种区分让我们能认识一位无限、超越的神圣实体，也认识到不同的人对

那一实体的概念、形象、经验和回应的多元化。人对"实在者"不同的认知和回应是世界各种宗教传统塑造的，反过来也丰富这些宗教传统。其中反映出在普世人类大家庭中形成的不同的思考、感受和经验的方式。

这个主张也有问题。例如，十分明显的是，世界各种宗教传统的信仰和实践完全不同。希克对这一点的处理是，提出这种差异可以用"都可以"而非"非此即彼"解释；它们应当被理解为互补的，而不是矛盾的，都是对同一个神圣实体的洞见。这个实体是所有宗教的核心；但是，"它们对那个实体的不同经验，以及历代以来与不同文化的不同思维模式的互动，导致它们的分歧越来越大，它们的阐释越来越不同。"希克在《第二个基督教》中是这样说的：

> 因此，神的观念具体形成一系列神圣**位格**（personae）——耶和华、天父、阿拉、克立须那神（krishna）和湿婆神（shiva）等。在人的经验中，神圣实体影响到人类某些特定的生活，这产生这些神圣位格。因此，耶和华是向犹太人显现、被他们所认识的神，或用较为哲学化的术语来说，是犹太人所经验的无限神圣实体的具体形式。因此，从本质上讲，耶和华的存在与希伯来人有关，约的观念确定他们的关系。我们不能将他的角色从希伯来人的历史经验中抽离。他是犹太人历史的一部分，他们是他历史的一部分。因此，耶和华是与克立须那神完全不同的神圣位格，因为克立须那神是向印度毗湿奴派（vaishnavite）传统中数百万人显现、被他们所认识的神。

显而易见，这种观念与自然神论者提出的历经数代而堕落的"普世理性的自然宗教"非常相似。

这些难题与各种宗教传统显著的特点有关。换句话说，非基督教宗教的信仰让人难以接受它们都是在论述同一位上帝。但是，还有一个更基本的神学隐忧：希克真是在探讨**基督教的**上帝吗？基督教的核心信仰是，上帝在耶稣基督里明确启示出来，如果希克想继续下去，便必须把这个信仰搁置一旁。希克认为，他的看法只是**以上帝为中心**，而不是**以基督为中心**。但是，基督教坚持认为，上帝只能通过基督认识，这是标准；这意味着，通过基督而有的认识才确实是基督教对上帝的认识。因此，对于许多批判者来说，希克放弃以基督为基准点，便是放弃从**基督教的**角度发言的权利。

这里的真正问题是，希克等多元论者被困在他们不能解决的矛盾之中：一方面，需要暗自论证他们自己对人的本性与命运的多元论看法优于、反对传统的宗教观；另一方面，这同时明显需要坚持一个原则，即否定这些论证的合理性。多元论者想要批判、挑战（他们所认为的）基督教的这种倾向：当评判非基督教宗教时，基督教往往是帝国主义者，有居高临下的姿态。但是，在批判、质疑的同时，多元论者自己却恰恰在做自己所希望批判的事，即批判基督徒有基督教的看法。但是，为什么要批判基督徒有基督教的观念呢？或批判穆斯林有伊斯兰教的观念呢？根本没有一个思想体系能忍受这种矛盾。

更为重要的是，始终有人质疑这种模式的知识基础。加文·德·科斯塔援用哲学家阿拉斯代尔·麦金太尔的见解，指出根本没有对宗教"超然的"或"客观的"看法。启蒙运动相信，这些看法是客观的，但是，所有这种反思都是在传统中产生的。因此，德·科斯塔认为，希克的宗教多元论其实"代表某个特定传统的看法，有排他论的所有特点，只不过它是西方自由现代性的排他论"。希克多元论的知识基础具有根深蒂固的现代性。

因此，人们近年来对一种可选看法的兴趣日渐浓厚，它可能避免多元论的知识缺陷。这种新看法被称为"并行论"，之前在本章已经讨论过；事实上，它提供对宗教关系这个问题的后现代看法，避免希克的多元论绝对的现代主义。

在很长一段时间内，关于基督教如何理解自身与其他宗教传统之间关系的争辩还将继续下去，兴起于西方社会的多元文化主义更是增添了燃料。在未来的一段时间里，以上概述的三种看法很可能将继续出现在基督教著作中。

现在，我们要把注意力转向基督教神学的最后一个方面，传统上被称为"末后的事"，更专业地说是**末世论**（eschatology）。

研讨问题

1. 你如何定义"宗教"？
2. 为什么"非宗教的基督教"这个观念会深深吸引迪特里希·朋霍费尔？
3. 所有宗教都能通向上帝吗？
4. 基督教实现人类的宗教抱负。为什么人们近年来始终对这种观念兴趣盎然？
5. 你认为卡尔·拉纳的"匿名基督徒"这个观念有多大好处？又有多大说服力？
6. 为什么复活和基督的神性等观念其实是信仰之间对话的极大障碍？为了使这种对话更富有成效，便可以废除这些观念吗？

第十八章　末后的事：基督徒的盼望

在之前讨论复活和拯救的教义时，我们曾提到**末世论**的一些方面，即基督教如何理解"末后的事"。"末世论"（eschatology）一词于 20 世纪逐渐被广泛使用，它源自希腊文 ta eschata，即"末后的事"，指基督徒对复活和审判等事的期待。在本书的最后一章，我们将更详细地探讨这个主题。

这个主题的一些重要方面在本书其他地方已经讲过，尤其是以下几方面的讨论应当特别注意：

1. 关于耶稣基督的复活及其神学意义的争辩。
2. 19 世纪末重新发现《新约》"上帝的国"的末世层面。
3. 基督教拯救教义的末世层面。

就最广泛的意义而言，"末世论"是"讨论末了的事"。所谓的"末了"可以指一个人的存在，或目前这个世代的终结。在这个方面，基督教的一种信仰至关重要，即时间是线性的，不是循环的。历史有一个起点；它有一天会走到尽头。"末世论"所处理的一连串信仰同生命和历史的终结有关，无论是个人的，还是世界的。难怪它曾在基督教内激起与推动过一些最富创造力、最奇异的运动。

近年来，"末世的"（eschatological）与"启示的"（apocalyptical）这两个词被区别使用。过去，这两个词被认为意义大致相同。自大约 1980 年以来，人们越来越认识到这两个词的不同意义。"末世论"仍指与"末后的事"相关的基督教神学，如从死人中复活、天堂和地狱。现在，"启示的"一词用来指一种特殊的文学种类或体裁，它普遍注重"末后的事"，却不只局限于此。为了把这个难懂的观念解释得更清楚，我们需要更深入地探讨。

"启示的"一词（源自希腊文 apocalypsis，意为"揭开""揭露"或"揭示"）现在用来指一种特殊种类的著作，是基督之前大约 200 年到之后大约 200 年间某些犹太教派的著作。在这 400 年间，这些犹太教派所撰写的著作反映出一种独特的世界观和写作风格。启示文学通常专注于盼望上帝即将介入世事，从而拯救上帝的子民，消灭他们的敌人，目前的世界秩序将被推翻，由更新的受造物取而代之。

启示文学特别强调异象和异梦的作用，由此，作者得知上帝的秘密计划。因此，启示文学显然对"末后的事"感兴趣,而"启示的"一词最好用来指一种神学类型和写作风格。

18.1 末世论的发展

在以下部分中,我们将简要思考末世论在《新约》中的基础,然后继续探讨近年来在学术神学中对它们的解释。当反思末后的事时,中世纪或当代的通俗神学都始终更自由,更生动,本身便值得研究。遗憾的是,这不在本书探讨的范围之内。

《新约》

《新约》充满一种信仰,即通过耶稣基督的生与死,尤其是通过他从死人中复活,人类历史中发生一件新事。盼望的主题支配一切,甚至在面对死亡时。既然《新约》的资料在塑造基督教对末世论的思考方面非常重要,我们将思考其中一些重要主题。一般认为,耶稣本人的讲道和保罗的著作是两个重要的资料来源。在以下部分中,我们将思考这些。

耶稣讲道的一个重要主题是上帝的国即将来临。"上帝的国"在当时犹太人的著作中很少出现,被普遍视为耶稣的讲道最独特的方面之一。"上帝的国"或与其密切相关的概念在符类福音书中出现大约 70 次。这里,"国"与上帝连用很可能产生误解。自 16 世纪以来,英文常用 kingdom(国)翻译希腊文 basileia(统治),但是,kingship(王权)一词更恰当。kingdom 暗示所统治的一片特定的地理区域,而希腊文 basileia 主要是指"统治"的行为。在新约研究中,"上帝君王般的统治"常用来说明这一点。

在耶稣的讲道中,"上帝的国"很容易让人联想到末世。许多 19 世纪的自由派神学家——如阿尔布雷希特·本杰明·利策尔——试图以现世的一套道德价值观解释"上帝的国",但是,它显然会让人联想到现世和未来。"上帝的国近了"(马可福音 1:15),但是,它仍要在未来才能完全到来。在基督徒个人与集体的祷告和崇拜中,主祷文至关重要,其中便提到"上帝的国"在未来到来(马太福音 6:10)。

在最后的晚餐中,拿撒勒人耶稣对门徒说到未来的事,那时,他们将在上帝的国中喝新葡萄汁(马可福音 14:25)。新约学者一致同意,"上帝的国"有"现在"和"还未"的矛盾,就像芥菜种长大的比喻要影射类似的事(马可福音 4:30—32)。"开始性末世论"(inaugurated eschatology)一词被普遍用来指上帝的国现在已经开始,到未来才会完全到来。

保罗的末世论也显示出"现在"和"还未"的矛盾。这一点是用许多重要的意象说明的,可以概括如下:

1. "新世代"的出现。保罗有时强调,基督的到来开启新的纪元或"世代"(希腊文:

aionos）。虽然这个新世代——保罗将它称为"新创造"（哥林多后书5：17）——还未完全到来，但是，现在已经可以经历它的存在。因此，保罗可以说基督里的"末世"（哥林多前书10：11）。保罗在《哥林多前书》前几章反对的观点，显然相当于一种实现性末世论，认为未来世代的每一个方面都已在现今实现。保罗在哥林多的反对者似乎教导，末世便是现在，此时此刻就已得到永恒的所有好处。对于保罗来说，重要的一点延迟了：世界最终的改变还未发生，却可以自信地等候。

2. 耶稣的复活被保罗视为末世的事件，肯定"新世代"其实已经开始。尽管这不是基督复活的全部意义（它还有重要的拯救意义），但是，保罗显然认为，基督的复活能让信徒明白，死亡——"现今世代"的重要特点——已经被打败。

3. 保罗盼望耶稣基督在未来再来，在末世审判众人，证实信徒的新生命，以及他们战胜罪和死亡。许多意象都用来指这一点，包括"主的日子"。保罗有一次（哥林多前书16：22）用亚兰文maranatha（直译为："来吧，主！"）说明基督教盼望。希腊文parousia（基督再来）经常用来指基督未来的再来（例如，哥林多前书15：23；帖撒罗尼迦后书2：1，8—9）。对于保罗来说，基督最后再来与施行最后审判有密切关系。

4. 保罗末世论的一个重要主题是圣灵的降临。这个主题基于犹太人长久以来的一个盼望，将圣灵这个恩赐视为新世代已经在基督里开始的确据。在这一点上，保罗的思想最重要的方面之一，是他将信徒所得到的圣灵这个恩赐解释为"凭据"（arrabon；哥林多后书1：22，5：5）。这个词很少在《新约》中使用，它的基本意义是"保证"或"誓言"，肯定信徒可以确信自己最终的得救，因为他们现在已经拥有圣灵。虽然得救仍在未来才会完全实现，但是，圣灵住在他们里面，所以他们现在可以确信这件未来的事。

因此，《新约》的末世论显然非常复杂。但是，一个重要的主题是，某件过去发生的事已经开始一件新事，新事将在未来最终圆满。因此，基督徒陷入"现在"和"还未"的矛盾之中。如何理解与解释这种矛盾，本身便是极为有趣的主题，将在本章不时加以探讨。我们现在要来探讨末世论的主题在后来的基督教传统中的发展。

初期基督教与罗马人对死后团聚的信仰

在面对死亡时，人渴望安慰，这种情感可以追溯到古代。被迫**分离**可能是死亡的最大痛苦：分离似乎无法改变，离开密友和亲人，永远不会再与他们相见。古代的悼念仪式和葬礼的装饰说明，重要人物的逝去往往带来极大的悲痛。希腊世界听惯了地狱的神话：神话将卡戎（Charon）描述成在冥河（Sytyx）上摆渡死者的神，他将死者送到冥河对岸的地狱，为此，死者要在口中放有一枚奥波勒斯（obolos）（奥波勒斯是古希腊的一种银币，价值为六分之一德拉克马〔drachma〕）才能渡过冥河。一旦到达冥河对岸，死者便可以与家人团聚。

这种基本信仰是罗马哲学家西塞罗（前106—前43年）两部重要著作的基础：一部是对话录《论老年》（*On Old Age*），另一部是可能更重要的《论共和国》（*On the Republic*）的最后一部分——被称为"西庇阿之梦"（Scipio's Dream）。在"西庇阿之梦"中，西塞罗描述西庇阿与一位杰出的罗马公民在天堂中会面，借此机会向他讲论政治伦理。但是，"西庇阿之梦"有了新基调，因为西塞罗描述了西庇阿与父亲的团聚："我看见去世的父亲保罗斯（Paulus）向我走来，我失声痛哭。父亲把我搂在怀中，劝我不要哭泣。"

这种家人在来世团聚的经典场景对当时基督教著作的风格和主题产生了重要影响，尽管基督教著作有相当不同的神学基础。迦太基的奚普里安是于公元3世纪殉道的主教，他鼓励基督徒同工在迫害中面对痛苦和死亡时要想象天堂。在天堂中，他们将亲眼见到殉道士和使徒。更重要的是，他们将与自己所深爱与珍视的人团聚。在此，天堂被视为基督徒的"家乡"。在世时，他们背井离乡，在世上流亡。回到家乡，在那里同认识与深爱的人团聚，这种盼望被持守为在遭受试练和痛苦时极大的安慰。

> 我们将天堂视为我们的家乡（Patriam nostram paradisum computamus）……我们许多亲爱的人在那里等候我们，一大群父母、兄弟、孩子在盼望我们，他们已经确信自己安全了，仍渴望我们得救。当我们来到他们面前，同他们相拥时，我们和他们将多么高兴啊！

公元258年，奚普里安本人因信仰而殉道，可能正是他极力安慰其他基督徒的观念给了他莫大的安慰。

公元395年1月，皇帝狄奥多西（Theodosius）在米兰去世。米兰的安布罗斯在皇帝的葬礼上所致的悼词也有上述主旨。公元390年，狄奥多西决定下令屠杀帖撒罗尼迦（Thessalonica）的七千公民，以报复罗马总督布特里克（Butheric）被谋杀，所以他以前曾与安布罗斯有过严重冲突。安布罗斯和自己的主教同工商议之后，告知狄奥多西必须当众严肃忏悔，然后才被允许继续领受圣礼。最终，狄奥多西带着自己所有的诚意当众忏悔自己的罪。在他的葬礼上致辞时，安布罗斯让听众想象天堂的场景：狄奥多西拥抱妻子芙拉茜拉（Flaccila）和女儿普尔喀丽亚（Pulcheria），然后与父亲和前辈罗马帝国的基督徒皇帝君士坦丁团聚。

奥古斯丁：两座城

在《上帝之城》中，希波的奥古斯丁在整体上改进《新约》的末世论，他的改进是最具影响力的工作之一。《上帝之城》的成书背景无疑可以被形容为"启示性的"——罗马这座伟大的城市被毁，罗马帝国瓦解。《上帝之城》的核心主题是两座城的关系："上帝之城"与"世俗之城"或"世界之城"。基督教生活的复杂性——尤其在政治层面——是由于这两座城的辩证性。

信徒生活在"这个中间时期",一边是基督的道成肉身,一边是基督最后在荣耀中归来。教会应当被视为在"世界之城"中流亡:在这个世界,却不属于这个世界。现在的现实是,教会在世界上流亡,四周都是不信的人,但是,教会总要保持自己独特的理念;而未来的盼望是,上帝将把教会从世界中拯救出来,最终允许教会分享上帝的荣耀;在现实与盼望之间,有强烈的末世论矛盾。奥古斯丁显然不认同多纳图派的观念,即教会是圣徒的团体。对于奥古斯丁来说,教会也有世界堕落的特点,所以其中既有纯洁的人,也有不纯洁的人,既有圣徒,也有罪人。只有到了末世,这种矛盾才能最终得以解决。

然而,在从整体上理解末世论的同时,奥古斯丁也意识到基督教盼望的个体层面。在他讨论人性现在的状况与最后将有的状况之间的矛盾时,这一点特别明显。信徒得救、被洁净、得以完全——但这是在盼望中(in spe),而不是在现实中(in re)。拯救已经在信徒的生命中开始,却只有到历史终结之时才会最终完成。如前所述,马丁·路德也阐发过这种观念。

因此,当基督徒沉思自己生命中的罪性,怀疑如何调和这与福音所要求的像上帝一样圣洁的命令时,奥古斯丁能带给他们盼望。对于奥古斯丁来说,信徒能在盼望中生活,超越现在的状况。这不是伪造或虚构的盼望,而是可靠无疑的盼望,基于基督的复活。

奥古斯丁意识到一个事实,即"末了"有两种意义。"末了"的意义"可以是终止现在的状况,也可以是完成已经开始的事"。永生被视为一种状态,我们从今生便开始爱上帝,通过与我们所爱的上帝结合最终达到完全。永生是"使人完全的奖赏",是基督徒在信仰生活中从始至终的盼望。

费奥雷的约阿基姆:三个时代

奥古斯丁曾对基督教历史做出相对简单的规划,只将教会时期视为基督到来与基督再来之间的时代。但是,这不能让后来的解释者满意。费奥雷的约阿基姆(Joachim of Fiore,约1132—1202年)以更为思辨的方式理解历史,他的理解有强烈的末世论取向,大致以三位一体教义为基础。约阿基姆在科拉佐(Corazzo)的本笃修道院成为修道士,于1177年当选为这里的修道院院长。他不喜欢这个职务,最终获准在锡拉(Sila)山建立自己的修道院。

约阿基姆认为,宇宙的历史可以分为三个时代或纪元:

1. **圣父时代,**相当于旧约时代。约阿基姆将这个时代称为"新婚时代"(odo

conjugatorum），人类生活在律法之下，直到旧约时代结束。

2. **圣子时代**，相当于新约时代，包括教会。约阿基姆将这个时代称为"教士时代"（odo clericorum）。

3. **圣灵时代**，将见证新的宗教运动兴起，带来教会的改革和更新，最终在世界上建立和平与统一。约阿基姆将这个时代称为修道士的时代"修士时代"（odo monachorum）。

约阿基姆为这些时代准确地划定日期，这让他的看法有一种特别的紧迫感。他认为，每一个时代有42代，每一代有30年。结果，"圣子时代"将于1260年结束，紧接着全新的"圣灵时代"。这种看法预示了我们今天的许多千禧年运动。

当时，约阿基姆的看法引起恐慌，尤其是随着1260年的日益临近，教会越来越担心他的看法对大众的影响。他的看法被第四次拉特兰会议谴责，被托马斯·阿奎那称为"揣测的"。1255年——约阿基姆的新"圣灵时代"开始前仅5年，教宗的神学委员会谴责了他的预言，认为它们是错误的。但是，其他人更愿意相信约阿基姆。对教会高度体制化的不满导致许多人欢迎约阿基姆所预想的新"圣灵时代"，希望"灵性教会"取代当时的教会。

但丁·阿利盖利：《神曲》

在十分尊重约阿基姆的人中，我们要提到托斯卡纳诗人但丁·阿利盖利（1265—1321年），他把约阿基姆送入天堂。但丁生活在佛罗伦萨，所著的《神曲》（*Divine Comedy*）一方面在用诗表达基督教盼望，一方面在评论当时佛罗伦萨的教会与城市生活。《神曲》的写作背景是1300年，描写了异教罗马诗人维吉尔（Vigil）如何带领但丁走下地狱：作为他的向导，维吉尔领他穿过地狱和炼狱。

《神曲》非常重要，反映出中世纪的世界观：死者的灵魂要历经一系列洁净与净化的过程，然后才能瞥见上帝的美景——基督教生活的终极目标。就我们这部分的目的而言，《神曲》的重要性在于生动地描述末后之事的灵性景象。

《神曲》共有三首相关的诗：《地狱》（*Inferno*）、《炼狱》（*Purgatorio*）和《天堂》（*Paradiso*）。《神曲》大量采用基督教神学与灵修的重要主题，同时评论当时的政治与社会事件。它描写了1300年圣周（Holy Week）的一次旅行——在但丁被逐出佛罗伦萨之前。从诗中大量线索来看，这次旅行始于耶稣受难日（Good Friday）的黄昏。在进入地狱之后，但丁向下走了一整天，然后开始走向上面的炼狱。在爬过炼狱山（Mount Purgatory）之后，但丁继续向上走，最终来到上帝面前。

在整个旅程中，但丁始终有向导陪伴。第一位向导是维吉尔，伟大的罗马诗人，写过《爱涅阿斯纪》（Aeneid）。一般认为，但丁用维吉尔象征古代的知识和人的理性。随着他们走向炼狱山的山顶，维吉尔落后了，但丁找到另一位向导比阿特丽斯（Beatrice）〔她的原型被认为是但丁追求过的心爱之人比阿特丽斯·波尔蒂纳里（Beatrice Portinari），她死于1290年，但丁在诗中将她理想化〕。比阿特丽斯引领但丁走过天堂的外层。最后，但丁遇见中世纪的伟大神学家和圣徒明谷的伯尔纳（1090—1153年），他将但丁带到上帝面前。

《神曲》的结构错综复杂，可以从多个角度解读。例如，它可以被解读为评论中世纪的意大利政治，尤其是1300至1304年间佛罗伦萨错综复杂的政治生活；它也可以被视为对基督教关于来生的信仰充满诗意的导读。更重要的是，它可以被解读为一次自我发现与灵性启蒙之旅：诗人最终发现与遇见自己内心的渴望。

但丁对地狱的地形描述得特别有趣，因为他将地狱想象成一组同心圆——古代几何学所认为的完美形状。"地狱的9个圈"是：

层数	名称
1	地狱边境
2	好色者
3	饕餮者
4	贪婪者
5	愤怒者
6	异端
7	强暴者
8	欺诈者
9	背叛者

但丁将自己描写成这样一个人：他向下逐层走过地狱，遇见被罚入地狱各层的形形色色的人。但丁研究最有趣的问题之一，是弄清但丁为什么赋予各色人物不同的命运——通常反映出当时教宗和佛罗伦萨的政治情况。例如，"地狱边境"被视为一种"前地狱"（ante-hell），其中根本经历不到痛苦，被相当于人类理性之光的"半球形光体"照亮。但丁让这里住满品德高尚的非基督徒，尤其是异教哲学家，如亚里士多德（他显然是但丁心中**惟一的哲学家**）、塞涅卡、欧几里德和维吉尔。"地狱边境"之下是地狱的第二圈，但丁把所有"让理性成为欲望奴隶"的人放在这里，阿喀琉斯、克里奥帕多拉、特洛伊的海伦和特里斯坦（中世纪许多浪漫文学的男主人公）被但丁变成这里的居民。

从很大程度上讲，但丁的《神曲》有助于确立中世纪的地狱观。或许值得特别指出的一点是，《圣经》对地狱的记载非常少，但丁的想象在很大程度上是对这些资料的详细阐述（当然极具揣测性）。但丁知道，揣测末世有助于他的著作被广泛阅读，使他的著作生动地评论当时佛罗伦萨与教会的政治。无论作为文学作品，还是作为中世纪世界观的见证，《神曲》都值得研读。

死亡面前的盼望：杰里米·泰勒

很容易忽视基督教神学与基督教生活的重要联系。本书主要探讨神学的学术问题，这一事实意味着，不可能总能清楚说明基督徒的信仰与他们的生活（和死亡）方式之间密切而自然的联系。在这个部分中，我们将思考 17 世纪的一位重要神学家，他想探讨基督教复活和永生的信仰与每一个基督徒灵修的关系。

杰里米·泰勒（Jeremy Taylor，1609—1667 年）被普遍视为 17 世纪最优秀的灵修神学家之一。他经常被称为"查理时期神学家"（Caroline Divine），指活跃在查理一世或查理二世统治期间的英国圣公会神学家。在 17 世纪的英国内战期间，泰勒支持保皇党的事业，所以在清教徒英联邦（Puritan Commonwealth）期间不受喜爱，并被监禁一段时间；获释之后，他在护国公时期生活在威尔士，是卡伯里（Carbery）的伯爵理查德·沃恩（Richard Vaughan）的私人牧师。

在此期间，泰勒完成了让他闻名于世的著作，包括《圣洁生活的法则与操练》（*The Rules and Exercises of Holy Living*，1650）和《圣洁死亡的法则与操练》（*The Rules and Exercises of Holy Dying*，1651）。《圣洁死亡的法则与操练》在泰勒的妻子去世这一年出版。人们可能更熟悉这两部著作的简称：《圣洁生活》和《圣洁死亡》，它们通常以单卷本刊印发行。

泰勒在这部著作的序言中评论道："好好地死去是一门伟大的艺术。"这部著作旨在说明，基督徒如何体面而平静地死去。泰勒相信，基督徒可以克服死亡的恐惧，一个主要的方式是默想死后的盼望：

> 如果你要不畏惧死亡，竭力去爱圣徒和天使的幸福，同时信服有比这更好的生活状况；有比我们更高贵的受造物；在天上，有个家乡比我们的更好。居民知道得更多，理解得更好，住在希望和安逸的地方；首先要学会重视它，然后学会赢得它，死亡便不可能是可怕的事，它让我们得到极大的喜乐和幸福。如果不去和愚蠢的暴君与知识的敌人对话，而是去和荷马与柏拉图对话，和苏格拉底与西塞罗对话，和普鲁塔克（Plutarch）与法布里奇乌斯（Fabricius）对话，谁不会真心认为他的状况好转了呢？异教徒这样猜测，但是，我们思考的层次更高。"在主里逝去的死者"将和圣保罗、所有十二位使徒、所有圣徒与殉道士对话，和所有我们纪念的尊敬的好人对话，和杰出的国王与圣洁的主教对话，

和我们灵魂的大牧人与主教对话，和上帝本人对话。

我们可以看到，这段文字清楚阐释出，基督教对天堂的信仰影响到基督教生活。泰勒显然相信，默想基督教盼望可以抚慰恐惧死亡的人，提醒他们死后还有更好的事等着他们。

启蒙运动：末世论为迷信

在启蒙运动强烈的理性氛围中，基督教末世的教义被批判为无知的迷信，在现实生活中毫无根据。批评的矛头尤其指向地狱的观念。到了启蒙运动后期，实用主义世界观大行其道，从而导致人们越来越相信，永罚完全没有用处。路德维希·费尔巴哈认为，"天堂"或"永生"的观念只是映射出人对不朽的渴望，没有任何客观的基础。

卡尔·马克思（1818—1883年）在著作中更是不断批判基督教盼望的教义。马克思认为，一般的宗教试图安慰正在受苦的人，劝说他们相信来世的喜乐。这样一来，宗教便干扰了他们的使命：改造现在的世界，从而消灭苦难。从许多方面而言，马克思主义可以被视为世俗化的基督教末世论，它的"革命"相当于世俗化的"天堂"。

在19世纪的自由主义中，也可以看出相关进展。历史的结局是灾难性的，这种观念被抛弃，盼望的教义大行其道，基础是进化的理念，认为人类逐渐在道德与社会上臻于完美。达尔文的自然选择论是被阐释得非常通俗的进化论，似乎对人类历史做出解释：同人类生活的方方面面一样，历史正向前朝着更高、更复杂的目标发展。末世论渐渐被贬低为神学猎奇。"上帝的国"这个观念被剥夺了《新约》的启示性含义，被视为一套静态的道德价值体系（如阿尔布雷希特·利策尔），社会将通过不断进化的过程稳步向这种境界前进。

20世纪：重新发现末世论

从很大程度上讲，两个进展导致启蒙运动的看法名誉扫地。首先，在19世纪的最后10年，约翰尼斯·魏斯（1863—1914年）和阿尔伯特·史怀哲（1875—1965年）重新发现耶稣讲道的启示性特点，他们极力主张，"上帝的国"是末世的观念。耶稣不应当被视为人类的道德导师，而是宣讲末世的"上帝的国"即将到来的传道者。这个新重点其实至关重要，因为它使末世论于20世纪复兴。

必须强调，不是所有新约学者都赞同魏斯和史怀哲的发现。例如，英国新约学者查尔斯·多德（Charles H. Dodd，1884—1973年）认为，耶稣所宣讲的上帝的国不是未来的国，盼望还未发生的事，而是"已经实现的事"——即上帝的国已经出现。在《使徒的讲道及其发展》（The Apostolic Preaching and Its Development，1936）中，多德认为，"末后的事"已经在耶稣的事工中发生。《旧约》的先知所认为的未来（如"主的日子"的到来）已经在耶稣的生、死亡和复活中实现或应验。

多德指出，耶稣自己宣告，"上帝的国近了"。上帝的国不是在遥不可及的未来；它已经降临到人们当中（马太福音 12：28）。未来不是在前面或在远处——它已经在耶稣的到来中发生。

这种看法的批判者认为，多德是夸大其词。例如，有人提出，"上帝的国近了"的希腊原文意思更可能是"上帝的国现在比以前更近了"。换句话说，上帝的国还未到来，但是，它比以前更近一些。在后来的一些著作中，多德似乎回应了这种批判。他在著述时开始使用已经"开始"，而不是已经"到来"或"实现"。换句话说，多德承认，"末后的事"还未全部发生，尽管它们已经开始出现。

在基督教对《新约》的末世论的讨论中，20 世纪普遍有下面三种看法。应当指出，被称为"开始性"的第二种看法在新约研究中是最受支持的。

1. **未来性**：上帝的国仍是未来的国，将介入、颠覆人类历史（魏斯）。
2. **开始性**：上帝的国已经开始在人类历史中施加影响力，尽管它在未来才能最终实现与应验。
3. **实现性**：上帝的国已经在耶稣的到来中实现（多德）。

我们需要思考的第二个进展与普遍丧失的信心有关：不再相信人类文明可以实现上帝的国。在这个方面，第一次世界大战尤其在精神上带给人们难以磨灭的重创。对犹太人的大屠杀、核武器的发展、核战争的威胁，以及人类滥用资源所导致的环境持续遭受破坏的威胁，都令人怀疑自由派对人文主义式基督教的构想是否可信。

然而，如何处理末世论的观念呢？在 20 世纪 50 年代和 60 年代初，一种看法引起极大关注，它是马尔堡（Marburg）的新约学者鲁道夫·布尔特曼（1884—1976 年）提出来的。我们现在就来探讨。

鲁道夫·布尔特曼：末世论的去神话化

对于有关历史终结的信仰而言，布尔特曼极具争议的"去神话化"计划其实特别重要。布尔特曼认为，这种信仰都是"神话"，需要从存在主义的角度解释。《新约》用"故事"讲述遥不可及的时间和空间（如"起初"或"天上"），还包括超自然的使者或事件。布尔特曼声称，这些故事背后都有存在的意义，通过恰当的解释过程便能明白它们的意义。

末世的神话可能是其中最重要的：世界会因上帝的直接介入而立即结束，进入审判和其后的奖赏或惩罚。这种见解对我们的故事至关重要，因为它让布尔特曼用一套全面的去神话化过程处理史怀哲所证明的《新约》"彻底的末世状况"。对于布尔特曼来说，这个与其他类似的"神话"都可以从存在主义的角度重新解释。

因此，就末世的神话而言，承认历史其实还未终结，不一定导致神话毫无价值：从存在主义的角度解释，"神话"指人类此时此刻存在的状况——即人类必须面对自己会死的事实，从而被迫做出存在的决定。所谓的"审判"不是未来**上帝的**审判，在世界终结时才会进行，而是现在**我们对自己的审判**，根据我们所知的上帝在基督里成就的事。

布尔特曼认为，这种去神话化的方法可以在第四福音书中明确看到。《约翰福音》写于公元1世纪末，当时，基督教群体初期的末世盼望正在消失。"审判"被布尔特曼解释为存在的危机时刻，因为人类正面对着上帝对他们的**福音宣讲**。《约翰福音》"实现性末世论"的出现，是因为这部福音书的编写者已经认识到，"**基督再来**不是未来的事件，而是已经发生，是在信徒听到**福音宣讲**时发生的。"

> 启示者要来的"现在"正相当于宣讲上帝的道为历史事实的"现在"，是现在的"现在"，此刻的"现在"……这个在某个特定时刻所宣讲的"现在"是末世的"现在"，因为生与死的决定是在那一时刻做出的。这个"现在"是即将到来的，是正在被宣讲的，它就是现在。……因此，其他人所期待的会发生在时间之内的**基督再来**，其实现在没有被《约翰福音》否定，或被转化成灵魂的一种过程，一种经验。《约翰福音》开启读者的双眼：**基督再来已经发生！**

因此，布尔特曼认为，从某种程度上讲，《约翰福音》按照末世的神话对人类存在的重要性来重新解释它。基督不是过去的现象，而是上帝永存的道，不是说明一般的真理，而是针对我们的具体宣讲，要求我们做出存在的决定。对于布尔特曼来说，末世的过程变成世界历史的一起事件，在当代基督教的宣讲中又再次成为一起事件。

然而，许多批判者不满意这种看法，他们觉得，布尔特曼已经放弃基督教盼望教义太多的核心特点。例如，布尔特曼的末世论纯粹是个人性的；《圣经》的末世观显然是整体性的。另一种看法于20世纪60年代末开始兴起，在许多人看来，同布尔特曼精简过的盼望观相比，它似乎提供了更多盼望的东西。

于尔根·莫尔特曼：希望神学

1964年，德国新教神学家于尔根·莫尔特曼（1926— ）的《希望神学》出版，该书产生了极大影响。在《希望神学》中，莫尔特曼援用恩斯特·布洛赫的名著《希望原理》（1938—1947年）的见解。在《希望原理》中，布洛赫从新马克思主义的角度分析人类经验，其基础是这种信仰：人类的所有文化都是由对未来的热切盼望推动的，这种盼望超越现在的所有异化。布洛赫自认为同《圣经》革命性的启示盼望完全站在同一阵营。布尔特曼想借去神话化使人接受末世论，而布洛赫为末世论辩护，指出在《圣经》末世论的原始情境中，这些观念包括对社会的猛烈批判和对社会变革的先知性异象。在20世纪60年代，欧洲和北美都迸发出对人类未来的乐观态度。一切似乎都充满希望。

这种世俗的盼望观通常以马克思主义的意识形态为基础，在这个背景下，莫尔特曼主张必须恢复基督教整体的盼望观，作为个人和教会在思想和生活中的核心推动力。必须将末世论从"基督教教义末尾无伤大雅的一小篇章"（卡尔·巴特）的地位中拯救出来，赋予它有尊严的地位。莫尔特曼认为，末世论对基督教思想至关重要。

莫尔特曼着眼于未来，这个未来是上帝的应许所界定与说明的，可以概括为这个口号："盼望寻求理解，我盼望，为了我能理解"（spes quaerens intellectum, spero, ut intellectum）。这句口号是对坎特伯雷的安瑟伦的看法所做的重要改编，他强调信仰的重要性，他的口号可以概括为："信仰寻求理解，我相信，为了我能理解"（fides quaerens intellectum, credo, ut intellectum，参038页）。对于莫尔特曼来说，基督教神学通过上帝改变的工作提供盼望的异象，它与世俗的盼望观和社会变革针锋相对。

> 如果是盼望维持、支撑信仰，使信仰持续不断，如果是盼望吸引信徒进入爱的生命，那么，盼望同样也是推动力，激发信仰的思想，信仰对人性、历史和社会的认识与反思。信仰满怀希望，为了理解它所相信的。因此，它的所有认识都将是期待性的、不全面的认识，构成应许之未来的序幕，并这样委身于盼望。……基督教盼望的对象是新终极（novum ultimum），是指向上的借着耶稣基督的复活所成就的新创造，如此便开启新的未来景象，包括万有，也包括死亡，也必须将生命的更新、鼓舞、重新得到生气与方向等有限的盼望包括在内。

对于莫尔特曼来说，这里的"盼望"不是个人的、存在主义的或私有的；它是所有受造物公开的盼望，因为它正等候"使人有盼望的上帝"进行更新的工作。因此，基督教必须重新发现自己的末世论，认识到它对渴求盼望与在基督教传统之外寻找盼望的世界有多么重要。只有重新发现自己的希望神学，教会才能盼望在世俗文化中有发言权。

赫尔穆特·蒂利克：伦理学与末世论

德国路德宗神学家赫尔穆特·蒂利克（Helmut Thielicke，1908—1986年）对末世论的神学重要性进行了现代最重要的讨论之一。在主要著作《神学伦理学》（*Theological Ethics*，1958—1964）中，蒂利克着手探讨基督教伦理学的神学基础。他研究伦理学的原因是他不满意路德宗对伦理学的传统看法——认为伦理学有"两个国度"或"两种范畴"。

蒂利克认为，这种看法没有认真看待末世论。《神学伦理学》共有三卷，他在书中始终在强调"基督教伦理学的末世特点"。他的意思是，基督教伦理学必须严肃对待《新约》的主张，即信徒和教会处于"现代"〔蒂利克用的是"永世"（aeon〕）与"未来时代"之间的矛盾之中。现在，信徒同时处于这两个时代中，基督教伦理学必须承认"现代"的现实与"未来时代"的盼望之间的矛盾。这两个永世"在同时进行"；对于信仰来说，这两个永世都是"现在"。现在的时代正在消逝；未来的时代才正值黎明，还未完全破晓。但是，未来的时代一定已经影响到基督教的伦理思想：

> 因此，伦理学在新旧永世之间的矛盾之中是有地位的，不只在旧的永世，也不只在新的永世。……伦理学的问题在于一个事实，即两个永世于"末世"在同时进行，就是主升天与末日之间的时代。……这意味着，严格来讲，伦理学的问题是**神学**问题。因为它是由这两个永世的相互关系提出的。

对于蒂利克来说，从基督教的角度判断，纯粹基于世俗标准的伦理学（如康德主义）必然存在缺陷，因为它们没有理解伦理学的末世论。或许可以公平地认为，还不清楚蒂利克对末世论的强调究竟会如何影响实际的伦理决定；但是，他的分析显然是对伦理学家和神学家的提醒，基督教信仰过去曾被忽视的这个方面非常重要。

时代主义：末世论的结构

时代主义（Dispensationalism）是在20世纪福音派中极具影响力的一场运动，尤其是在20世纪20到70年代之间。这个名称源自它对拯救历史一系列"时代"（dispensation）的理解。这场运动的肇始者是英国人尼尔森·达比（Nelson Darby，1800—1882年）。但是，这场运动在美国因赛勒斯·英格森·斯科菲尔德（Cyrus Ingerson Scofield，1843—1921年）的影响变得特别重要，他的《斯科菲尔德串珠圣经》（1909）成为时代主义思想的里程碑。

时代主义最独特的特色是将历史划分为时代。斯科菲尔德将拯救历史划分为7个时期或"时代"，每一个代表上帝与自己子民所立的不同的约。这7个时代是：

1. **纯真时代**，从创世到堕落。
2. **良心时代**，从堕落到挪亚的洪水。
3. **人治时代**，从洪水到亚伯拉罕蒙召。
4. **应许时代**，从亚伯拉罕到摩西。

5. **律法时代**，从摩西到基督死亡。
6. **教会时代**，从基督复活到现代。
7. **千禧年**。

在时代主义中，其他人对时代进行了不同的划分，但是，斯科菲尔德的划分被普遍视为最有影响力的。

典型的时代主义最重要的特点之一，是对"以色列人"的解释。对于斯科菲尔德和查尔斯·赖里（Charles C. Ryrie, 1925— ）等时代主义者来说，"以色列人"始终指地上的犹太人，从来不代表基督教会。以色列人和教会是两个完全不同的实体，各有各的历史和命运。"以色列人"指地上的一群人，他们的盼望在于地上的国度；"教会"指天上的子民，他们的命运不在于这个世界。

因此，时代主义者对以色列国（成立于1948年）的现代历史特别感兴趣，将这个进展视为证实了时代主义者对《旧约》的理解。应当指出，近年来的时代主义者往往不再那么坚持区分以色列人与教会。

在时代主义中，有两个独特的核心观念，即"被提"和"大灾难"。"被提"指基督再来时，信徒"被提到云里"与主相遇（帖撒罗尼迦前书4：15—17）。"大灾难"基于但以理的先知性异象（但以理书9：24—27），认为上帝将对世界施行七年的审判。时代主义者就"被提"是在**大灾难前**（即信徒可以免受"大灾难"之苦）还是在**大灾难后**（信徒必须忍受"大灾难"，以确保随后与基督结合）仍存在分歧。

《在希望中得救》：本笃十六世论基督教盼望

最后，我们要思考近年来教宗论基督教盼望的一份通谕。2007年末，本笃十六世（Benedict XVI）签发通谕《在希望中得救》（*Spe salvi*），这份通谕取名于保罗的宣告："我们得救是在乎盼望"（罗马书8：24）（《武加大译本》的这节经文是 spe salvi facti sumus）。《在希望中得救》是近年来论基督教盼望最重要的文献之一，它不仅对世俗的盼望观进行文化探讨，也重申基督教对盼望的独特理解。

在详细阐释《新约》的盼望观之后，《在希望中得救》探讨世俗的盼望观，如马克思主义的盼望观。盼望从上帝转移到人，从来世转移到今生，从上帝的国转移到社会主义革命。但是，这种世俗的盼望观现在成为废墟，被一个事实所挫败，即人性也成为废墟。特奥多尔·阿多尔诺（Theodor W. Adorno）对信仰在进步的问题阐释得十分透彻，他说："准确来讲，进步是从投石器到原子弹。……进步显然模棱两可。进步无疑为善带来新的可能性，却也为恶创造出可怕的可能性。"

在对世俗的进步观这么不再抱有幻想时，《在希望中得救》重申基督教的盼望观。这份通谕值得关注，不是因为它阐释了任何新的观念，而是因为它将传统的末世论主题处境化。其中两点值得注意：首先，鉴于世俗幻想的破灭，重申基督教盼望是切合实际的主张；其次，重申盼望在人类面对苦难时的重要性。

《在希望中得救》提出，基督教盼望是一种原理，它能让人解决模棱两可的存在，因为它重申上帝在生命的幽谷有充满爱的同在。它提供可靠而安全的框架，有信仰的人能在其中生存与相信，信靠在基督里成为肉身的上帝那无条件的爱和委身，从而是用行动彰显上帝的信实和委身，而不仅仅是通过言语。得救的生命是由信仰这样一位上帝塑造的："他不是世界遥远的'第一因'"，而是作为委身的保证而进入历史。"尽管有一切失望，但是，坚定不移的伟大而真实的盼望只能是上帝——上帝已经爱我们，他将爱我们到底，直到万事都成就了。"

《在希望中得救》也探讨人类苦难的问题。尼采指责基督教鼓励荣耀苦难的心态。《在希望中得救》持更积极的看法，指出基督教信仰有过"特殊的功劳"，带给人心中"新而更深刻的能力，接受对我们人类至关重要的这些苦难"。上帝为我们受苦，和我们一起受苦；《在希望中得救》将这种观念称为安慰（con-solatio），即"一同受苦"。

> 基督教信仰已经向我们表明，真理、公义和爱不只是理想，而是非常重要的实体。它已经向我们表明，上帝——真理和爱本身——渴望为我们并与我们一同受苦。明谷的伯尔纳创造出一句绝妙的表达：上帝不能受苦，但是，他能**一同受苦**（Impassibilis est Deus, sed non incompaasibilis）。……因此，在人类的所有苦难中，我们由那位经历并与我们**一同**忍受痛苦者陪伴；因此，安慰在一切痛苦之中，上帝怜悯之爱的安慰。

因此，《在希望中得救》可以被视为重申一些非常传统的基督教观念，以适应启蒙运动之后的世界。于尔根·莫尔特曼等神学家担心，这份通谕仍将盼望局限在教会的范围之内。莫尔特曼批判它的疏忽，即没有提到"拯救在痛苦呻吟的受造物，盼望公义居于其间的新世界"。这种批判无疑有些价值，但是，《在希望中得救》是当代对基督教盼望非常重要的重申。

18.2 末后的事

在最后一章的最后一个部分，我们将思考基督教对"末后的事"的教导。这些是基督教的生活和信仰不可或缺的方面，始终是许多神学思辨的主题，尤其是在流行的讲道和著作中。

地 狱

对地狱的兴趣在中世纪达到高潮,可以认为,当时的艺术家或许乐于描述义人看着罪人受火刑和其他酷刑的折磨。鹿特丹的伊拉斯谟评论过巴黎某些神学家描写地狱的热情,说他们自己显然去过那里。在《神曲》三首诗的第一首中,但丁形象地描绘出中世纪的地狱观。但丁描述,地狱位于地球中心,共有九层,是撒旦的居所。在地狱的门上,但丁注意到这个题词:"凡进入这里的人,都放弃希望!"

地狱的第1层住着没有受洗而死的人和品德高尚的异教徒(这一层相当于此前第442页讲过的"地狱边境")。但丁宣称,在被钉十字架与复活之间,基督所"降在的阴间(地狱)"就是这一层。这里没有任何痛苦。随着但丁继续深入地狱,他发现,那些人犯的罪越来越重。第二层住满好色者,第三层是饕餮者,第四层是贪婪者,第五层是愤怒者。这几层共同构成"上层地狱"。但丁没有提到地狱的这一部分有火。之后,但丁援用希腊罗马神话,提出冥河将"上层地狱"与"下层地狱"分开。我们在这里第一次看到火。第六层住着异端,第七层是强暴者,第八层是欺诈者(包括几位教宗),第九层是背叛者。

这种静态的中世纪地狱观在当时无疑极具影响力,直到现代时期依然非常重要。乔纳森·爱德华兹讲于1741年7月8日的著名讲章"愤怒的上帝手中的罪人"(Sinners in the Hands of an Angry God)清楚讲到了它:

> 哪怕片刻遭受全能上帝的愤怒就已经够可怕了;但是,你们必须永远承受。这种异常可怕的苦难无穷无尽。……你们将知道,你们必须在漫长的岁月中,在亿万年又亿万年中,在这全能而无情的报应中苦苦挣扎。

然而,地狱的观念越来越受到批判,以下几种看法值得注意。

1. 基督教宣称,上帝将最终战胜恶,地狱的存在被认为与这种信仰矛盾。这种批判与教父奥利金特别有关。他曾提出万物复原的教义,基础最终在于肯定上帝最后将彻底战胜恶。在现代时期,哲学家莱布尼茨认为,这种考量是地狱教义的一大难题:

> 即使在伟大的永恒未来中,在至善者的至高权威之下,恶还一定战胜善,这似乎非常奇怪。毕竟蒙召的人多,而蒙拣选或得救的人少。

2. 《新约》的许多经文提到上帝的怜悯,因此,在许多思想家看来,报复性的公义似乎不符合基督教。特别在19世纪,许多思想家发现难以调和这两种观念:"慈爱的上帝"与"为报复或报应而不断惩罚罪人"。主要的难题是,被定罪的人受苦似乎毫无意义。

虽然可以回答这些反对意见,但是,可以看到普通人和基督教学术界似乎都对地狱的观念失去兴趣。现在，福音派的讲道似乎集中在积极肯定上帝的爱，而不在消极强调抗拒上帝之爱的下场。在福音派中，对这一点的回应是"有条件的永生"（conditional immortality）这个教义，我们现在就来探讨。

自20世纪80年代初以来，福音派内部就一系列末世的问题争辩越来越激烈，焦点是永生的问题。为了回应现代时期对地狱教义的批判，一些福音派学者阐发"有条件的永生"这个教义。菲利普·埃奇库姆·休斯（Philip Edgcumbe Hughes）的《真形象》（*The True Image*，1989）便是一个例子。休斯认为，人类被造成时具备永生的**潜力**：

> 人是具有肉体和灵体的受造物，永生或不死不是人固有的本性；但是，既然人是按照上帝的形象所造，便有这种潜力。因罪而失去的这种潜力已经被基督所恢复与实现。

休斯认为，拯救的本质是实现永生的潜力，条件是对福音的回应。没有回应的人不会进入永生。因此，死后不必再区分善与恶、信与不信。奥古斯丁认为，"在复活之后，最终的普世审判已经完成，那时将有两个国度，界限分明，一个是基督的，一个是魔鬼的。"休斯认为，那时只有一个国度。"当基督充满万有时……怎能想象受造物的一个部分或领域不属于这种完满呢？它的存在岂不是自相矛盾吗？"

然而，在福音派内，这种"条件主义"或"有条件的永生"遭到强烈反对，詹姆斯·帕克等神学家反对的理由是，它在逻辑上前后不一，也缺乏《圣经》的根据。这场争辩还将继续，可能将在基督教会内蔓延得更广。

炼 狱

就理解"末后的事"而言，"炼狱"（purgatory）的问题是新教与天主教的最大差异之一。或许最好将炼狱视为中间阶段，死于恩典中的人最后进入天堂之前有机会洁净自己的罪。在《圣经》中，这种观念没有明确的依据，但是，根据《马加比二书》（*2 Maccabees*）（新教神学家将这卷书视为次经，所以不具有权威）12章39至46节，犹大马加比"为死去的人赎罪，使他们能脱离自己的罪"。

这种观念在教父时期得以阐发。亚历山大的克雷芒和奥利金都教导，在去世之前没有时间进行悔改的人将在来生"被火洁净"。为死者祷告的习俗于公元4世纪在东方教会十分普遍，对神学发展产生了重要影响，也是一个很好的研究案例，即仪式如何影响神学。有人会问，如果为死者祷告不会改变死者存在的状况，为他们祷告还有什么意义？奥古斯丁也有类似看法，教导必须在进入来生的喜乐之前洁净今生的罪。

到了公元4世纪，为死人祷告的做法似乎已经成为习俗，但是，大格列高利（约

540—604年）可能在两个世纪以后才在著作中明确阐释"炼狱"的观念。大格列高利于公元593或594年讲解《马太福音》12章32节，提出罪"在来世"可以被赦免的观念。他的解释是，未来有一个时期，在地上没被赦免的罪那时会被赦免。请注意他特别提到"洁净的火"（pugatorius ignis），中世纪对炼狱的大多数描述都提到这个词，它是"炼狱"（purgatory）一词的来源：

> 至于某些较小的过错，我们必须相信，在最后审判之前，有一种洁净的火，因为真理本人说："凡说话干犯圣灵的，今世来世总不得赦免"（马太福音12：31）。由此可知，某些过犯在今世可以赦免，有些则在来世可以赦免。

"洁净之火"与"惩罚之火"不同，热亚那的凯瑟琳（Catherine of Genoa，1447—1510年）在《论炼狱》（*Treatise on Purgatory*）中进一步阐发洁净之火的主题，该书大约于1490年写成：

> 因为炼狱中的灵魂没有罪咎，人和上帝之间没有任何障碍，除了他们的痛苦，痛苦阻碍他们，因此，他们不能通过这个天性达到完美。他们也可以看见，对义的需要是这个天性的阻碍。因此，便出现了烈火，就像地狱之火，只是没有罪咎。上帝不将自己的良善赐给被罚入地狱的人，罪咎使他们的意志邪恶；因此，他们仍有恶的意志，违抗上帝的旨意。

到了16世纪，改教家否定炼狱的观念。针对它主要有两种批判。第一，它在《圣经》中缺乏实质性依据。第二，它与因信称义教义矛盾，这个教义宣称，每一个人都可以通过信仰"同上帝和好"，这种关系一旦建立，便不再需要炼狱。在放弃炼狱的观念之后，改教家认为，根本不需要为死者祷告，所以在新教的仪式中删除这种习俗。天主教继续保留炼狱的观念和为死者祷告的习俗。

千禧年

初期基督教对天堂的讨论往往聚焦于一种相关却不完全相同的观念：千禧年（millennium）或在基督到来与建立全新的宇宙秩序之间，地上复兴的国将持续一千年。这种观念的一个基础是《启示录》的一段经文（启示录20：2—5），对于初期基督教神学家极具吸引力。公元2世纪的里昂的爱任纽便是很好的例子。对于爱任纽来说，许多考量可以证实世上千禧年的观念，尤其是基督在最后晚餐时的应许：将再与自己的门徒喝新葡萄汁。爱任纽问道：如果他们是没有肉体的灵，这怎么可能呢？既然提到未来喝葡萄汁，肯定说明在最后的审判之前，上帝的国将在地上建立。公元3世纪的德尔图良在著作中对这种观念的阐释可能是最清晰的。

> 因为我们也相信上帝给我们的应许，先有地上的国度，在天堂之前——却是在另一种情形中，在复活之后。这将持续一千年，在上帝亲自建立的城中，就是已经从天而降的耶路撒冷，使徒也将它称为"那在上的耶路撒冷……是我们的母"（加拉太书4：26）。当宣告"我们却是天上的国民"（腓立比书3：20）时，即"天上的"公民，他肯定指天上的城。……我们肯定，这是上帝建立的城，为要在复活时迎接圣徒，使他们享有一切丰盛的祝福，当然是灵性的祝福，以补偿我们在今世所鄙视或失去的祝福。上帝这样做的确是对的，也确实与他相配，因为他的仆人也应当在他们为他的名受苦的地方欢喜快乐。这便是那个国度的目的，它将持续一千年，圣徒迟早将按照自己的功德复活。当圣徒全部复活时，世界将毁灭，审判的大火会燃起；我们将"就在一霎时，眨眼之间改变"，变成天使的本质，"变成（原文为'穿'）不朽坏的"（哥林多前书15：52—53），我们将被接入天国。

对于德尔图良来说，千禧年是这样一个时期：在最终被接入天堂之前，义人曾为信仰所受的苦得到补偿。

然而，公元3世纪，千禧年的观念受到越来越多的反对。例如，希波里图斯认为，提到一千年的经文不应当按照字面理解，以为是预言将持续一千年的地上国度，而应当是寓意的说法，说明天国的宏伟壮丽。结果，复活的主题逐渐对于教父更加重要。

但是，近年来，千禧年的观念在新教流行的神学和讲道中渐渐重要起来。在以下部分中，我们将概述读者可能遇到的三种主要看法，以及它们的一些代表。

无千禧年主义 如前所述，大多数神学家不认为，千禧年在基督教对于未来的盼望中非常重要。大约公元400年以后的大约1500年间，这种看法是基督教的典型思想。随着基督教国家在西欧和西欧之外稳固建立起来，人们普遍对末世论失去兴趣。尽管费奥雷的约阿基姆等神学家偶尔能激起人们对这个问题的兴趣，但是，相对较少的主流神学家详细探讨过这些问题。例如，新教改革时期，对末世论问题的讨论少得惊人。几乎没有主流的新教改教家注释过《启示录》。虽然有过例外，但是，对于大多数基督教神学家而言，千禧年的观念几乎没有任何作用。

然而，随着特别强调千禧年作用的看法兴起，使得上述看法被称为"无千禧年主义"（amillennialism），以区别两种可选的看法，我们现在就来讨论。

前千禧年主义 这种看法与时代主义有关（却不局限于此），认为所谓的"敌基督者"将在世上出现,造成七年所谓的"大灾难"。如前所述,这是公元 400 年以前的初期教会的主要看法。根据对末世的这种解释,上帝在善恶决战(Armageddon)中击败魔鬼,结束地上七年漫长的毁灭、战争和灾难。此后,基督将回到世上统治一千年(千禧年),邪恶的势力被彻底击败。这通常与另一种信仰为伴,即"大灾难之前被提"(pretribulation rapture),认为基督徒将在大灾难和基督复临之前从地上被提升天。需要理解的重要一点是,前千禧年主义(premillennialism)是十分悲观的世界观,相信世上的事情正变得越来越糟,直到上帝终结历史。如果读者想更好地理解这种看法,我建议阅读《末世迷踪》(*Left Behind*),这是蒂姆·拉哈伊(Tim LaHaye,1926—)和杰里·詹金斯(Jerry B. Jenkins,1949—)的系列畅销小说,其中反映出前千禧年主义。

后千禧年主义 这种看法于 19 世纪在美国新教中兴起。后千禧年主义(postmillennialism)认为,基督将在很长一段公义与和平的时期(不一定是一千年)之后复临,这段时期通常被称为千禧年。查尔斯·霍奇(1797—1878 年)和本杰明·沃菲尔德(1851—1921 年)等普林斯顿学者(主要的新教保守派神学家)认为,通过人类在对抗恶的过程中取得稳步进展,逐渐建立基督教化世界,上帝正在实现自己的目标。后千禧年论认为,教会在基督复临之前在改造整个社会结构方面发挥着重要作用,努力缔造和平与繁荣的"黄金时代",教育、艺术、科学和医学都取得巨大进步。前千禧年主义普遍是悲观主义,而后千禧年主义乐观得多。后千禧年主义的批判者认为,两次世界大战的苦难和伤害极大地损害了后千禧年主义的可信性,也加增了前千禧年主义的吸引力,尤其是在北美。

天 堂

基督教的天堂观基本是上帝的同在和能力在末世的实现,以及罪最终的消除。最有帮助的思路是,将它视为拯救教义的圆满成功,罪不再存在,罪的惩罚和势力最终被彻底消灭,上帝与每一个信徒和信仰团契都完全同在。

应当指出,《新约》天堂的比喻带有极强的团体性;例如,天堂被描述为宴席、婚宴或一座城——新耶路撒冷。也可以认为,从个人的角度解释天堂或永生存在不足,因为基督教将上帝理解为三位一体。因此,永生不是映射个人的存在,而是应当被视为与得救的整个团体分享满有爱的上帝的团契。

"天堂"一词在《新约》的保罗书信中经常使用。虽然很自然将天堂视为未来的实体,但是,保罗的思想似乎既包括未来的实体,也包含与时空的物质世界同时共存的灵性领域或国度。因此"天堂"既指信徒未来的家(哥林多后书 5∶1—2;腓立比书 3∶20),也指耶稣基督现在的居所,在最后审判时,他将从那里降临(罗马书 10∶6;帖撒罗尼迦前书 1∶10,4∶16)。

保罗对天堂最重要的阐释之一,核心是信徒为"天上的国民"这个观念(腓立比书 3∶

20），从某些方面而言，信徒现在便享受到天堂的生活。保罗对天堂的阐释明显有"已经"与"还未"的矛盾，这令我们不能简单地认为，天堂在未来才会实现，或天堂是现在无法经历的。

特别是在说希腊语的教会，复活身体的本质是思辨的焦点。当最终从死人中复活时，信徒会有怎样的身体？对千禧年的强调不再使人关注这个问题，因为它的焦点是信徒在地上身体的复原，他们在地上仍有人的身体。但是，焦点现在转移到复活，奥利金（约185—254年）很快便成为思考这个问题的主要神学家。

奥利金发现，自己不得不为复活的教义辩护，驳斥两种敌对的教导，在他看来，每一种似乎都歪曲了基督教信仰。一方面，有些神学家认为，复活只是在末日重组人的身体，包括身体的所有物质的方面和功能。另一方面，批判基督教的诺斯替派认为，所有物质都是恶的，从而否定从物质的角度对复活的所有理解。对于奥利金来说，复活的身体显然是纯粹的灵性实体。复活的身体没有适合地上生活的物质方面，而是能适应天上的灵性生活。从某种程度上讲，这反映出他的柏拉图主义前提，最明显的是柏拉图哲学对灵魂不朽的教导。

> 按照上帝的命令，地上动物的身体将被灵性身体取代，从而能住在天堂；甚至是较低微的人，受鄙视的人，价值不足挂齿的人，身体的荣耀和价值仍将按照每一个生命和灵魂应得的比例赐下。

然而，奥利金也坚持认为，复活的身体拥有和地上身体一样的"形式"（eidos）。因此，复活包括灵性的改变，却没有失去各自的特性。但是，在许多人看来，奥利金所持的看法似乎将身体与灵魂彻底分开。这种二元论源自希腊哲学，而不是《圣经》。

奥利金后来的批判者认为，奥利金对复活身体的教导的另一个方面，也显露出他的柏拉图主义。公元6世纪，罗马帝国皇帝查斯丁尼批判奥利金教导复活的身体是球状的。在对话录《蒂迈欧》中，柏拉图认为，球体是完美的形状，因此，奥利金可能把这种信念纳入到自己的教导中。但是，奥利金已知的著作都没有明确提到这种观念。

奥林匹斯的美多狄乌斯（Methodius of Olympus，死于约311年）对奥利金的批判更为猛烈，他在著作中提出修正的看法。美多狄乌斯认为，奥利金不能真说"身体的复活"，原因非常简单：复活的不是身体，而是某种难以捉摸的"形式"。美多狄乌斯与亚格劳封（Aglaophon）的对话录写于大约公元300年，其中提出另一种看法，仍然强调未来身体复活的真实的物质层面，依据是金属雕像的熔化和重铸的类比。

> 这好像某位技艺娴熟的艺术家创作一尊贵重的雕像，用金子或其他材料镶

铸，形态优美匀称；后来，这位艺术家突然发现，雕像的外观被心存嫉妒的人毁坏，他不能忍受雕像的美丽，所以决定毁掉它，以满足自己的嫉妒心，从而获得毫无意义的快乐。因此，这位艺术家决定重铸这尊贵重的雕像。现在请注意，最聪明的亚格劳封，他曾在这尊雕像上花费那么多工夫，精心照料，尽心完成，如果他想确保雕像完美无瑕，便必须将它熔掉，还以原貌。……在我看来，上帝的计划似乎与这个人类的例子大同小异。……因此，上帝再次将人类熔化成他的原始材料，所以能重铸他，使他完美无瑕。因此，雕像的熔化相当于人类身体的死亡和分解，重铸材料相当于死后的复活。

希波的奥古斯丁也批判奥利金的看法，他的解释是，保罗所说的复活身体的灵性本质不是纯粹的灵性身体，而是顺服圣灵。

那么，复活的身体是什么样子呢？人在天堂中将是什么样子呢？如果某人在60岁时去世，当他出现在新耶路撒冷的街上时，他看起来会像60岁吗？如果某人在10岁时去世，他还将是孩子的样子吗？这个问题让神学家颇费笔墨，尤其是在中世纪。到了13世纪末，可以看到正在形成的共识。每一个人30岁左右都是最完美的，他们复活时将是这时的样子——即使他们从未活到这个年龄。因此，新耶路撒冷将住满有30岁相貌的男男女女，却没有一丁点瑕疵。既然基督去世时是30岁左右，这应当被视为完美的年龄——所以是在天堂中复活得荣耀之人的年龄。彼得·伦巴德（约1100—1160年）以当时典型的方式讨论这个问题：

> 出生之后便立刻死去的男孩复活时的样子，将是如果他能活到30岁时该有的样子，根本不会受到他身体任何缺陷的妨碍。由此可见，这个出生时非常小的物质复活时变得非常大，因为它在自我繁衍，自我增加。由此可见，即使他还活着，物质也不是来自其他源头，而是自我增加，就像亚当的肋骨，女人是用它造的，也像福音书中大量增加的饼。

基督教后来对复活身体的讨论，试图探讨对这个问题两种看法之间的矛盾，即从物质的角度与从灵性的角度理解复活身体之间的矛盾。但是，必须指出，争辩被普遍视为思辨性的，毫无意义。其他争辩也可以被视为这种争辩，包括天堂中的人是否也有相对的等级或地位。公元5世纪的神学家居比路的狄奥多莱（Theodoret of Cyrrhus）认为，既然"在我父的家里有许多住处"（约翰福音14：2），天堂中的人在世时的成就必然决定他们在天堂中相对的地位和特权。这种"功德决定地位"（status by merit）的教义在米兰的安布罗斯的著作中仍然存在，在中世纪神学中也有所反映。

到了宗教改革时期，这种教义声名狼藉，一个原因是新教通常不喜欢"功德"的观念。但是，"不同程度的祝福"这个观念在16世纪末和17世纪初清教徒的灵修著作中似乎一直存在。因此，威廉·富尔克（William Fulke, 1939—1989年）承认天堂中有不同程度的荣耀，但是，他认为，这是上帝对万物满有恩典的安排，而不是因为特别蒙恩的人有任何功德：

> 正如星的荣耀各有不同，不是因为它们的功德，而是按照上帝创造它们时的恩赐；同样，圣徒的身体也将各有各的荣耀，不是按照它们的功德，而是根据上帝在复活时无偿的恩赐。

在本书的最后，基督教对天堂的盼望有一个方面特别值得关注：荣福直观（beatific vision）。基督徒最终得以完全见到迄今只能片面认识的上帝。完全见到上帝威严的荣面，始终是许多基督教神学的主题，尤其是在中世纪。但丁的《神曲》这样结尾：诗人终于瞥见上帝，那是"移动太阳和其他星星的爱"。对这种奇妙而荣耀的异象的盼望被视为有力的动力，推动基督教生活持续下去。正如英国诗人约翰·邓恩（1572—1631年）于三百年前所说："没有人曾见到上帝还能存活。然而，我见到上帝才能存活；当我见到他时，我将永远不死。"

基督教神学永远无法完全捕捉那个上帝的异象。但是，它至少向我们发起一个挑战，要我们更深刻地思考上帝，使我们对它的主题兴奋不已。它甚至可能激发我们对未来的兴趣——以这个注释结束这部基督教神学主题的基本概论一定非常合适。

研讨问题

1. 任选以下一种观念，探讨它在《新约》中的用法：上帝的国、天堂、复活和永生。在探讨时，使用经文汇编会非常有帮助。

2. 概述鲁道夫·布尔特曼或沃尔夫哈特·潘能伯格对复活的解释。（你需要参考第12章的一部分内容回答这个问题。）

3. 研究在本章遇到的以下术语：圣灵时代、去神话化、被提、大灾难和两座城。它们各与以下哪位神学家或哪场运动有关？希波的奥古斯丁、鲁道夫·布尔特曼、时代主义和费奥雷的约阿基姆。（请注意：其中两个术语与同一位神学家或同一场运动有关。）

4. 为什么今天在许多（而不是全部）基督徒中探讨地狱越来越不流行？

5. 人人都会上天堂吗？（要回答这个问题，你需要参考第17章介绍的一些内容。）

6. 基督教盼望是关乎现在，还是关乎未来？

神学术语表

以下将简短讨论读者在阅读本书和其他基督教神学著作时遇到的一系列术语。

adoptionism 嗣子论 一种异端,认为耶稣在其事工的某个时候被"收养"为上帝的儿子,同正统的教导对立,即耶稣在其成孕时天生便是上帝的儿子。

aggiornamento 现代化 更新教会的过程,特别与教宗约翰二十三世和第二次梵蒂冈会议(1962—1965年)有关。这个意大利词可以译为"使现代化"或"更新",指源于第二次梵蒂冈会议的神学、灵性和体制的更新。

Alexandrian School 亚历山大学派 教父时期的学派,与埃及的亚历山大城特别有关,最著名的是其基督论(强调基督的神性)和《圣经》的解释(运用寓意解经)。在这两个方面与安提阿学派不相上下。

allegory 寓言 对解释《圣经》经文的一种理解,认为《圣经》的某些意象具有更深一层的灵性意义,是解释者可以发现的。

Anabaptism 再洗礼派 这个词源于希腊文"再施洗者",用来指16世纪宗教改革的激进派,倡导者是门诺·西蒙斯和巴尔塔萨·胡伯迈尔(Balthasar Hubmaier)。

analogy of being; analogia entis 本体类比 这个理论与阿奎那特别有关,意指受造秩序与上帝之间有一种相对或类比的关系,这是因为上帝是创造者。根据这个观念,从已知事物和自然界与上帝的关系推理而得出的结论便是合理的。

analogy of faith; analogia fidei 信仰类比 这个理论与巴特有关,主张受造秩序与上帝的任何对应都只能建立在上帝的自我启示之上。

anthropomorphism 拟人论 将人的特征或特点(如手和胳膊)归属于上帝的倾向。

Antiochene School 安提阿学派 教父时期的一个学派,与现今位于土耳其的安提阿城有关,最著名的是其基督论(强调基督的人性)和解释《圣经》的方法(采用字义解经)。在这两个方面与亚历山大学派相持不下。

anti-Pelagian writings 驳伯拉纠著作 希波的奥古斯丁与伯拉纠争辩相关的著作,他在其中为自己的恩典观和称义观辩护。参"伯拉纠主义"。

apocalyptic 启示性 以末世的事和世界的终结为焦点的著作或宗教观点，通常以异象形式出现，充满复杂的象征主义。《但以理书》的后半部（《旧约》）和《启示录》《新约》是这类著作的代表。

apologetics 护教学 一种基督教神学，重点为维护基督教信仰，采用理性的方式说明基督教信仰与教义。

apophatic 否定的 这个词指一种神学，强调通过人的范畴不能认识上帝。这个词源自希腊文 apophasis，意为"反面"或"否定"。这种神学看法与东正教的修道院特别有关。

apostolic era 使徒时代 这是指教会的一段时期，许多人将其定义为耶稣基督复活（约公元 35 年）到最后一位使徒去世（约公元 90 年？）之间。这段时期的思想和做法至少在某种意义或程度上被许多教会内的成员视为标准。

appropriation 归名法 这个词与三位一体教义有关，肯定一件事，即三一上帝在所有的作为中，三个位格都同时参与；因此，将某个作为视为某一个位格的特殊工作也是合适的。所以，可以视创造为父的工作，拯救为子的工作，尽管三个位格都参与到这些工作中。

Arianism 阿里乌主义 基督论的一个主要异端，将耶稣基督视为最高受造物，否定他具有神性的地位。阿里乌争辩在公元 4 世纪基督论的发展中非常重要。

atonement 赎罪 这个英文词是威廉·廷德尔（William Tyndale）首先用来翻译拉丁文的 reconciliatio。以后则发展成为指"基督的工作"或"基督以死亡和复活为信徒得到的好处"。

Barthian 巴特观 瑞士神学家卡尔·巴特（1886—1968 年）的神学观点，其重点是强调启示的首要性，其焦点为耶稣基督。巴特的神学也被称为"新正统神学"和"辩证神学"。

beatific vision 荣福直观 这个词指上帝完全的异象，是在死亡之后没有人性局限时得见的。一些神学家（包括托马斯·阿奎那）认为，某些蒙恩的人——如摩西和保罗——在生前就得以看见。

Beatitudes 八福 登山宝训开篇八个蒙福的应许（马太福音 5：3—11）。如"清心的人有福了，因为他们必得见上帝"和"使人和睦的人有福了，因为他们必称为上帝的儿子"。

Calvinism 加尔文主义 这个词的含义模糊，常指两个特别的意思。第一，它指深受约翰·加尔文及其著作影响的宗教团体（如归正宗）和个人（如西奥多·伯撒）的观念。第二，它指加尔文本身的宗教理念。虽然第一种含义比较常见，但是，越来越多的人认为，这种用法有误导之嫌。

Cappadocian fathers 卡帕多西亚三杰 教父时期说希腊语的三位重要教父：大巴西勒、纳西盎的格列高利和尼撒的格列高利。他们都生活在公元 4 世纪末。卡帕多西亚指小亚细亚（今天的土耳其）的一个地区，就是这些教父的基地。

Cartesianism　笛卡尔哲学　这是特别与勒内·笛卡尔有关的哲学思想，强调将认知者与已知之事分开，并坚持哲学反思的起点是个人思想的存在。

catechism　教义问答　通俗的基督教教义手册，常用问答形式写成，为宗教性教导之用。

catharsis　清洁　清洁或净化的过程，个人不再有灵性成长和发展的障碍。

catholic　大公　这个形容词一方面指时空之内的普世教会，一方面指特别强调这一点的教会团体（有时也称之为罗马天主教会）。

Chalcedonian definition　卡尔西顿信仰定义　卡尔西顿会议（451 年）的正式公告，宣称耶稣基督具有神人二性。

charisma，charismatic　灵恩　这两个词特别与圣灵的恩赐有关。在中世纪神学中，"灵恩"（charisma）一词用来指一种灵性恩赐，是上帝在恩典中赏给某些人的。到了 20 世纪初期，charismatic 一词渐渐特指强调圣灵同在和圣灵经历的神学与崇拜模式。

Charismatic movement　灵恩运动　一种基督教运动，特别强调在个人与团契生活中亲自经历圣灵，通常伴有各种"灵恩"现象，如说方言。

Christology　基督论　基督教神学中讨论耶稣基督身份的部分，特别是他的人性与神性之间的关系。

circumincessio　参"互渗互存"（perichoresis）

conciliarism　大公会议主义　一种对教会或神学权威的理解，强调普世大公会议在决定信仰与行为问题方面的重要性。

confession　认罪、信纲　虽然这个词原本指认罪，但是，在 16 世纪，它成为一种术语，指表达新教原则的文件，如路德宗的《奥格斯堡信纲》，宣示了初期路德宗的观念，又如归正宗的《第一瑞士信纲》（*First Helvetic Confession*）。

consubstantial　同质的　这是拉丁词，源自希腊文 homoousios，直译为"同样的实质"。这个词用来肯定耶稣基督完全的神性，特别是反对阿里乌主义。

consubstantiation　合质说　这个词是指真正同在的理论，与马丁·路德有关，认为圣餐的饼和酒就是基督的身体与血的实质。

contemplation　默祷　祷告的一种形式，同冥想（meditation）有别，个人避免或最少地使用语言或意象，以便直接经验上帝的同在。

creed　信经　对基督教信仰正式的定义或简述，是所有信徒都承认的。最重要的是《使徒信经》和《尼西亚信经》。

Deism　自然神论　这个词指一群英国思想家的观点，尤其是 17 世纪的，反映出启蒙运动的理性主义思想。这个词所指对上帝的看法是，承认上帝是创造者，却否定上帝继续参与在世界中。

dialectic theology　辩证神学　同 20 世纪 20 年代瑞士神学家卡尔·巴特（1886—1968 年）及其同工特别有关的思想流派，强调上帝与人类之间的张力、悖论和矛盾，以及人性与神性之间绝对的鸿沟。

Docetism　幻影论　初期基督论的异端，将耶稣基督视为纯粹的上帝，只有人的"外貌"。

Donatism　多纳图主义　公元 4 世纪以罗马帝国北非为中心的运动，对教会和圣礼的要求极为严格。

doxology　颂荣　一种赞美形式，通常用在正式的崇拜中。对神学的"颂荣式"看法强调赞美与崇拜在神学反思中的重要性。

Ebionitism　伊便尼主义　初期的基督教异端，将耶稣基督视为纯粹的人，承认他具有特别的灵恩，所以与众不同。

ecclesiology　教会论　基督教神学中讨论教会理论的部分。

Enlightenment, the　启蒙运动　西方文化中始于 1750 年左右的运动，强调人的理性和自主权，于 18 世纪成为西欧和北美许多思想的特色。

eschatology　末世论　基督教神学讨论"末世"的部分，特别是复活、地狱、最后的审判和永生。

Eucharist　圣餐　本书用这个词指被称为"弥撒""主餐"和"圣餐"的圣礼。

evangelical　福音派　这个词最初用来指 16 世纪 10 和 20 年代在德国或瑞士的改革运动。但是，在说英语的神学中，现在常用这个词强调《圣经》的最高权威和基督赎罪性的死亡。

exegesis　解经　解释经文的学问，通常指《圣经》的经文。biblical exegesis 基本指"解释《圣经》的过程"。诠释《圣经》的学术一般称为"释经学"（hermeneutics）。

exemplarism　榜样论　对赎罪的特殊看法，强调耶稣基督成为信徒的道德或宗教榜样。

fideism　惟信主义　基督教神学的一种看法，拒绝以基督教信仰以外的资源来进行批判，认为没有这种需要。

filioque　和子　拉丁文，直译为"和子"，见于西方教会的《尼西亚信经》。根据这种看法，圣灵源自与出自父和子，而不是只出自父（东方教会的看法）。

Five Ways　五法　托马斯·阿奎那的五个"上帝存在的论证"。

fourth gospel　第四福音书　即《约翰福音》。这个词强调这卷福音书的文学与神学独特性，与前三卷福音书有别，后者通常被称为"符类福音书"。

fundamentalism　基要主义　基督教新教的一种，起源于美国，特别强调《圣经》的权威和无误性。

hermeneutics　释经学　解释或诠释经文（尤其是《圣经》）的原则，特别注重经文现在的应用。

hesychasm 静修 这是一种与东方教会相关的传统，相当强调"内在的安静"（希腊文：hesychia），被视为能得见上帝异象的途径。特别相关的神学家包括新神学家西门（949—1022 年）和格列高利·帕拉玛斯（约 1296—1359 年）。

historical Jesus 历史的耶稣
19 世纪时用这个词指历史上真正的拿撒勒人耶稣，认为与基督教——尤其是《新约》和信经——对他的解释不同。

historico-critical method 历史考证法 对历史资料（包括《圣经》）的一种看法，主张惟有依据写作时候特殊的历史情况才能判断其意义。

history of religions school 宗教历史学派 这是一种研究基督教历史的方法，特别是基督教历史，认为《旧约》和《新约》的发展是对其他宗教的回应，如诺斯替主义。

homoousion 本体相同 希腊名词，直译为"同样的实质"，于公元 4 世纪广泛使用，指主流的基督论看法，即基督与上帝实质相同。这个词具有护教意味，直接反对阿里乌的看法，即基督与上帝"本体类似"。参"同质的"。

humanism 人文主义 严格来讲，这个词指与欧洲文艺复兴相关的一种知性运动。这场运动的核心（不像现代对这个词的理解）不是指一套世俗（或世俗化的）观念，而是对古代文化成就新的兴趣。在文艺复兴时代，这些成就被视为更新欧洲文化与基督教的重要资源。

hypostatic union 位格合一 在耶稣基督里神性与人性的结合，而二者的实质没有相混淆的教义。

icons 圣像 神圣的图画，尤其是耶稣的，作为"上帝的窗户"，圣像在东正教的灵修中非常重要。

ideology 意识形态 一套主导某一社会或团体之行为与表现的信念和价值观，通常是世俗的。

incarnation 道成肉身 这个词指在耶稣基督里，上帝取得人性。道成肉身论（incarnationalism）通常用来指强调上帝成为人的神学看法。

justification by faith alone, doctrine of 因信称义教义 基督教神学中讨论个别罪人如何能与上帝相交的部分。这个教义在宗教改革时期格外重要。

kenoticism 虚己论 这是一种基督论，强调基督在成为肉身时"放下"某些上帝的属性，或至少"倒空自己"某些上帝的属性，特别是全知和全能。

kerygma 福音宣讲 鲁道夫·布尔特曼（1884—1976 年）及其追随者特别爱使用的一个词，指《新约》有关耶稣基督重要性的核心信息，或对它的宣扬。

liberal Protestantism 自由派新教 这是一场特别与 19 世纪的德国有关的运动，强调宗教与文化的延续性，在施莱尔马赫（1768—1834 年）和保罗·蒂里希（1886—1965 年）

的时代特别兴旺。

liberation theology　解放神学　虽然这个词是指强调福音解放方面的神学运动,但是,它逐渐专指20世纪60年代末在拉丁美洲发展的运动,重点放在政治行动,以在政治上脱离贫穷和压迫为目标。

liturgy　礼文　公开崇拜所用的经文,特别是在圣餐中。在希腊东正教中,这个词通常指"圣餐"。

logos　道或"逻各斯"　希腊名词,意思是"话语",在教父的基督论中扮演重要角色。耶稣基督被认为是"上帝的道";这种看法的含义,特别是上帝的"道"在耶稣基督里与他人性的关系,都成为讨论的要点。

Lutheranism　路德宗主义　与马丁·路德有关的宗教信念,尤其是《小教义问答》和《奥格斯堡信纲》所表达的看法。

Manicheism　摩尼教　摩尼教的主张强调宿命论,希波的奥古斯丁本人早年受其吸引。它区分善与恶两个神。因此,恶被视为受恶神影响的结果。

modalism　形态论　三位一体的异端,将三一上帝的三个位格视为上帝的不同"模式"。其典型的主张为,上帝在创造时以父出现,在拯救时以子出现,在成圣时以圣灵出现。

monophysitism　基督一性论　主张基督只有一性,就是神性(源自希腊文 monos 和 physis,前者指"只有一个",后者意为"本性")。这种看法与正统不符。卡尔西顿会议(451年)主张基督有神人二性。

neo-orthodoxy　新正统神学　这个词用来指卡尔·巴特(1886—1968)的一般立场,尤其指他引用归正宗正统主义时期的主题。

ontological argument　本体论论证　这个词指一种上帝存在的论证,与经院神学家坎特伯雷的安瑟伦(约1033—1109年)特别有关。它声称,上帝是"无法设想比之更伟大的存在者",上帝一定比一切只作为理念而存在的存在者伟大,所以上帝一定在现实中存在。

orthodoxy　正统主义　这个名词有好几种含义,以下是较为重要的意义:指"正确的信仰",与异端不同;其大写英文(Orthodoxy)指基督教的一支(东正教),主要在俄罗斯和希腊;另外一种意思是指新教内的一种运动,特别是在16世纪末和17世纪初期,强调教义定义的需要。

parousia　基督再来　希腊名词,直译为"来到"或"抵达",用来指基督第二次来。"基督再来"的观念是基督教对"末后的事"重要的看法。

patripassionism　圣父受难论　兴起于公元3世纪的异端,与内奥图斯、帕克西亚和撒伯里乌等神学家有关,焦点为相信父与子一同受苦。换句话说,基督在十字架上所受的苦被视为父所受的苦。按照这些神学家的说法,三一上帝内部惟一的区分是一连串的形态或作为,因此,父、子和圣灵只是同一个上帝实体的三种形态或三种表达。

patristic 教父时期的 这个形容词是指教会历史的头几个世纪，在《新约》成书之后（"教父时期"），也指当时的神学家（"教父"）。因此，许多人认为，这段时期应当指约公元 100 年至公元 451 年（换句话说，在《新约》最后一卷书写成之后到卡尔西顿会议之间）。

Pelagianism 伯拉纠主义 对人如何配得救恩的一种解释，与希波的奥古斯丁完全相反，强调人的行为，而贬低上帝的恩典。

perichoresis 互渗互存 这个词与三位一体教义有关，拉丁文以 circumincessio 表达。其基本观念是，三位一体的三个位格生命互享，所以任何一位的行动都不是单独的，与另外两位无关。

Pietism 敬虔主义 对基督教的一种看法，特别与 17 世纪的德国神学家有关，强调个人的信仰，以及基督教生活的圣洁。这场运动在英语世界最著名的形式是循道宗。

postliberalism 后自由主义 这是一种神学运动，在 20 世纪 80 年代特别与杜克大学和耶鲁神学院有关，批判自由派对人类经验的依赖，重新提倡神学应以团体的传统为主导。

postmodernism 后现代主义 这是一种文化运动，尤其出现在北美，是对启蒙运动普世理性原则失去信心的结果。特点是否定绝对的事物，以及客观、理性地定义实体。

praxis 实际行动 希腊名词，直译为"行动"，马克思用来强调，在思想时必须考虑到行动。这种对于"实际行动"的重视，对于拉丁美洲的解放神学有很大的影响。

Protestantism 新教 在施派尔帝国会议（1529 年）之后使用的名词，指那些"抗议"（protest）罗马天主教做法和信仰的人。在 1529 年之前，这些人和团体自称为"福音派"。

Quadriga 四重解经 这个拉丁文词指《圣经》的"四重解释"，即一段经文字面、寓意、道德比喻、类比的意思。

radical reformation 激进的宗教改革 这个名词经常指再洗礼派运动，就是宗教改革的一支，他们不同意路德和茨温利的教会教义。

Reformed 归正宗 这个名词经常指源于加尔文及其追随者的神学传统。这个名词现在比"加尔文派"更常用，尽管后者仍经常可以在文献中遇到。

Sabellianism 撒伯里乌主义 初期的三位一体异端，将三位一体的三个位格视为一位上帝，在历史上以不同的方式彰显。它通常被视为一种形态论。

sacrament 圣礼 耶稣亲自设立的教会聚会或仪式。罗马天主教神学和教会礼仪承认七项圣礼：洗礼、坚振礼、圣餐、告解、临终膏油、婚礼和按立（圣秩或神品）；新教神学家通常认为，《新约》只有两项圣礼：洗礼和圣餐。

schism 分裂 故意打破教会的合一，初期教会极具影响力的神学家强烈谴责这种做法，如迦太基的奚普里安（死于 258 年）和希波的奥古斯丁（354—430 年）。

scholasticism 经院神学 中世纪对基督教神学研究的一种独特方法，强调合理化与系统化地介绍基督教神学。

Scripture principle 圣经原则 归正宗神学家特别注重的理论，即教会的实践和信仰都应当以《圣经》为依据。凡是不以《圣经》为依据的东西，对信徒便无约束力。这个原则的名言为"惟靠圣经"。

Socinianism 索奇尼主义 一种基督教异端，特别与意大利神学家福斯托·保罗·索奇尼有关。尽管索奇尼的著名之处在于明确批判三位一体教义和道成肉身，但是，"索奇尼主义"逐渐专指一种观念，即基督在十字架上的死亡没有任何超自然或超越的意义。根据这种看法，基督作为杰出的道德榜样而死，以鼓励人类避免罪；基督的死亡不是为了赎人类的罪。

soteriology 救赎论 基督教神学中讨论拯救（希腊文：soteria）教义的部分。

synoptic gospels 符类福音 这个词指前三卷福音书（马太福音、马可福音和路加福音）。这个词（源于希腊文 synopsis，意为"摘要"）指这三卷福音书对耶稣的一生、死亡和复活做了类似的"摘要"。

synoptic problem 符类福音问题 研究三卷福音书彼此关系的学术问题。

theodicy 神义论 德国哲学家戈特弗里德·威廉·莱布尼茨（1646—1716年）发明的词，这个理论说明面对世界恶的存在，上帝仍是美善的理由。

theopaschitism 上帝受难论 公元6世纪一种有争议的教导，有人认为它是异端，倡导者包括约翰·马克森提，其口号为"三位一体的一位被钉于十字架"。这句口号可以按正统教义来解释，拜占庭的莱昂提乌便这样解释。但是，更谨慎的神学家，包括教宗何尔米斯达斯（死于523年），则认为它可能产生误导，使人困惑。这句口号后来逐渐不再为人使用。

theotokos 上帝之母 直译为"生上帝的人"。这个希腊名词是指耶稣的母亲玛利亚，旨在巩固道成肉身教义的核心见解，即耶稣基督就是上帝。东方教会的许多神学家使用这个词，尤其是在聂斯托利争辩的时候，以说明基督的神性和道成肉身的真实性。

transubstantiation 变质说 主张饼和酒在圣餐时虽然外观没有改变，但实质变成基督的身体和血的教义。

trinity 三位一体 基督教关于上帝独特的教义，反映出基督徒对上帝复杂的经验。这个教义经常概括为一句名言："三个位格，一位上帝。"

two natures, doctrine of 二性的教义 这个词是指耶稣基督神人二性的教义。相关名词包括"卡尔西顿信仰定义"和"位格合一"。

typology 预表论 解释《圣经》的一种方法，认为《旧约》的某些人物和事件预示福音的某些方面。因此，挪亚方舟被视为教会的"预表"（希腊文：typos，意为"图形"）。

Vulgate **《武加大译本》** 《圣经》的拉丁文译本，大部分由哲罗姆完成，中世纪神学大多以此为依据。

Zwinglianism **茨温利主义** 胡尔德里希·茨温利的思想，特别是他对"真实同在"的看法（对于茨温利来说，其实是"真正的缺席"）。

出版后记

《基督教神学导论》（*Christian Theology: An Introduction*）自 1993 年初版以来，不断修订再版，至今已出到第 5 版，本中译本即依此版译出。

本书作者阿利斯特·麦格拉斯（Alister E. McGrath），1953 年出生，英国北爱尔兰人，获得牛津大学神学、文学和分子生物物理学三个博士学位。享誉世界的基督教神学家、护教学家，英国牛津大学神学与宗教学系 Andreas Idreos 科学与宗教讲席教授，牛津大学威克里夫学院前院长，同时兼任剑桥大学教授。主要研究领域为历史神学、系统神学以及科学与宗教的关系，反对新无神论和反宗教主义，拥护神学批判实在论。著有《基督教神学导论》《基督教神学原典菁华》《科学与宗教引论》《无神论的黄昏》《道金斯的迷思》《历史神学》《追求真理的激情》《基督教的未来》等作品。

麦格拉斯的很多重要作品都已译成中文，本书是作者在基督教神学领域沉潜几十年的心得之作。正如美国安德沃·牛顿神学院（原属哈佛大学）教授加百利·法克利（Gabriel Fackre）所言："麦格拉斯既精通神学思想史，又善于写作表达，二者的融合最终产生出这部在该领域普遍适用的教材佳作。"作者以丰富的教学经验和简练的行文风格，使这部作品成为有关基督教神学的教材佳作。本书与作者的《基督教神学原典菁华》相互配合，概述了历代以来基督教伟大传统中的核心主题，向读者展现出基督教神学的丰富思想及其历史渊源，出色地提供了该领域的完备知识地图。

除了内容完备系统，本书还有行文简练、选材精当、编排合理的优点。尤为重要的是，作者常常将各种思想观点相互勾连、对比阐述，让读者理解每种思想的优缺点，以开放讨论而非单纯罗列观点的方式，带领读者在深入思考中充分掌握基督教神学的基本观点与深刻洞见。本书作为当今国际上最受欢迎的基督教神学教科书，广受世界各地师生欢迎。无论是研习基督教神学，还是了解基督教文化，本书都是必读的入门佳作。

第 5 版《基督教神学导论》保留之前版本的成功布局，并增补了体现读者反馈意见的拓展与更新，新增内容包括：探讨哥白尼学说与达尔文主义的全新章节；更深入地讨论奥古斯丁的创造教义、三位一体神学、基督教与其他信仰的关系；保留第 4 版的章节布局，确保与以前数版的章节布局相互一致；彻底更新的网络资源，请登录：www.wiley.com/go/mcgrath，其中包括新的学习资料，如研讨问题，以及新增加的麦格拉斯的讲座。

本书译者为赵城艺和石衡潭。赵城艺，先后毕业于大连外国语学院、金陵协和神学院、博塞普世神学院（日内瓦大学），现任教于江苏神学院，译著有《基督教神学导论》《基督教教义简史》《基督教史》等。石衡潭，中国社会科学院世界宗教研究所研究员。本书前 7 章为石衡潭所译，全书其他部分为赵城艺所译。赵城艺还承担了全书译文的统校工作。

本书尤其适合作为基督教神学的教材使用。有了麦格拉斯教授这部杰作充当灯塔与向导，我们希望，无论是宗教学专业的学生，还是人文社科学生，甚或普通大众，都能从中有所受益并满载而归。

服务热线：133-6631-2326　188-1142-1266
服务信箱：reader@hinabook.com

后浪出版公司
2017 年 4 月

图书在版编目（CIP）数据

基督教神学导论 /（英）阿利斯特·麦格拉斯著；赵城艺，石衡潭译.
—北京：北京联合出版公司，2017.4（2025.7重印）
ISBN 978-7-5502-9656-5

Ⅰ.①基⋯ Ⅱ.①阿⋯②赵⋯③石⋯ Ⅲ.①基督教—神学—研究 Ⅳ.①B972

中国版本图书馆CIP数据核字（2017）第043149号

Christian Theology: An Introduction, 5th Edition
Alister E. McGrath
ISBN: 978-1-4443-3514-9
Copyright © Alister E. McGrath 2011
All Rights Reserved. Authorised translation from the English language edition published by John Wiley & Sons Limited. Responsibility for the accuracy of the translation rests solely with Beijing United Publishing Co., Ltd and is not the responsibility of John Wiley & Sons Limited. No part of this book may be reproduced in any form without the written permission of the original copyright holder, John Wiley & Sons Limited.
Copies of this book sold without a Wiley sticker on the cover are unauthorized and illegal.

版权所有。本书原版由John Wiley & Sons出版公司出版，并经其授权翻译出版。北京联合出版公司为本书中文简体翻译版的准确性负责。未经出版者书面许可，不得以任何方式复制或发行本书的任何部分。
本书封底贴有Wiley防伪标签，无标签者不得销售。

基督教神学导论

著　　者：［英］阿利斯特·麦格拉斯
译　　者：赵城艺　石衡潭
出 品 人：赵红仕
选题策划：后浪出版公司
出版统筹：吴兴元
责任编辑：刘　恒　徐秀琴
特约编辑：陆　炎
营销推广：ONEBOOK
装帧制造：墨白空间·张静涵

北京联合出版公司出版
（北京市西城区德外大街83号楼9层　100088）
天津中印联印务有限公司印刷　新华书店经销
字数700千字　787毫米×1092毫米　1/16　34印张　插页4
2017年4月第1版　2025年7月第6次印刷
ISBN 978-7-5502-9656-5

定价：138.00元

后浪出版咨询(北京)有限责任公司　版权所有，侵权必究
投诉信箱：editor@hinabook.com　fawu@hinabook.com
未经书面许可，不得以任何方式转载、复制、翻印本书部分或全部内容
本书若有印、装质量问题，请与本公司联系调换，电话010-64072833